Norstedts fickordböcker

Norstedts amerikanska fickordbok

Norstedts danska fickordbok

Norstedts engelska fickordbok

Norstedts franska fickordbok

Norstedts italienska fickordbok

Norstedts spanska fickordbok

Norstedts tyska fickordbok

Norstedts engelska fickordbok

Engelsk-svensk
Svensk-engelsk

Norstedts Akademiska Förlag

Norstedts engelska fickordbok har utarbetats av:

Redaktion
Maria Sjödin (projektledare), Håkan Nygren,
Stieg Hargevik (huvudredaktör), Yvonne Martinsson-Visser
(huvudredaktör), David Minugh (huvudredaktör), Inger
Hesslin Rider, Peter Beskow (inkodning)

Dataprogram
Compulexis, Oxford (Henning Madsen)

Typografi
Ingmar Rudman

Omslag
Lars E. Pettersson

Första upplagan, elfte tryckningen
ISBN 13: 978-91-7227-095-4
ISBN 10: 91-7227-095-0
© 1995, Norstedts Akademiska Förlag (Norstedts Förlag AB)

www.norstedtsakademiska.se

Tryckt hos William Clowes, England 2006

*Norstedts Akademiska Förlag ingår i
Norstedts Förlagsgrupp AB, grundad 1823*

III

Innehåll

Förord

Norstedts engelska fickordbok är en helt ny ordbok, som redovisar brittisk engelska vad gäller ordurval, översättning, stavning och uttal.
I serien ingår även Norstedts amerikanska fickordbok som på motsvarande sätt redovisar amerikansk engelska.

I arbetet med denna ordbok har vi strävat efter att göra boken så aktuell och användbar som möjligt. Ordboken innehåller 32.000 moderna, allmänspråkliga ord och fraser, med en liten tyngdpunkt på det ordförråd man kan behöva då man är på resa.

Varje ordboksartikel har utformats enkelt och tydligt så att även den ovane ska kunna hitta rätt bland delbetydelser, fraser och översättningar.

Uttal anges med ett förenklat system som inte förutsätter tidigare erfarenhet av fonetisk skrift.

Typografin är mycket tydlig och lättläst. Varje uppslagsord står fullt utskrivet på egen rad, och det är lätt att hitta i artiklarna.

Vi hoppas att alla som behöver en fullmatad engelsk ordbok i fickformat ska ha nytta och glädje av Norstedts engelska fickordbok.

Ordbokstecken

Krok ~

Krok står i exempel i stället för uppslagsordet:

allergisk; ~ *mot ngt* (= allergisk mot ngt)

Asterisk *

Asterisk används för att markera oregelbundna verb som finns upptagna i verblistan under avsnittet *Engelsk minigrammatik* i slutet av boken. När man stöter på en asterisk kan man alltså gå till verblistan för att få hjälp med böjningen av verbet.

Bindestreck -

Bindestreck används

a) vid svenska böjningsändelser. Om det svenska ordet har lodstreck ersätter bindestrecket den del av ordet som står före lodstrecket, annars ersätter det hela ordet:

annons -en -er (= annonsen, annonser)
artikel -eln -lar (= artikeln, artiklar)

Detta är en hjälp för de användare som inte har svenska som modersmål. Utförligare information om användandet finns på engelska under avsnittet *Swedish Grammar in Brief* i slutet av boken.

b) vid avstavning av engelska eller svenska ord.

Lodstreck |

Lodstreck används i kombination med bindestreck (se ovan).

Rund parentes ( )

Rund parentes används runt ord som kan ersätta närmast föregående:

> bläddra; ~ *igenom (i) en bok*
> (= bläddra igenom en bok, bläddra i en bok)

Punkter ...

Punkter används:

a) vid avbrutna exempel:

> begrepp; *stå i ~ att...*

b) för att markera ett ords placering:

> skruva; ~ *på* t.ex. lock screw...on

Siffror

Romerska siffror används för uppdelning i ord-klasser:

direkt I *adj* direct **II** *adv* straight, directly

Arabiska siffror används

a) för att ange homografer, d.v.s. ord med samma stavning, men med olika ursprung och betydel-se. Homografer står som separata uppslagsord, och föregås av arabisk siffra:

1 disk i affär counter
2 disk odiskad disk dishes

b) för att ange olika delbetydelser:

bud 1 budskap message **2** anbud offer

Förkortningslista

adj	adjektiv
adv	adverb
allm.	allmän, allmänhet
best art	bestämd artikel
bet.	betydelse
bildl.	bildligt
el.	eller
etc.	etcetera
förk.	förkortning
ibl.	ibland
imperf.	imperfekt
interj	interjektion
konj	konjunktion
m.fl.	med flera
m.m.	med mera
mus.	musik
ngn	någon
ngns	någons
ngt	något
o.	och
obest art	obestämd artikel
oböjl.	oböjligt
o.d.	och dylikt
osv.	och så vidare

X

perf. p.	perfekt particip
pl.	plural
prep	preposition
pron	pronomen
®	inregistrerat varumärke
resp.	respektive
räkn	räkneord
sb.	somebody
sb.'s	somebody's
sport.	sport, idrott
sth.	something
subst	substantiv
subst pl	substantiv i pluralform
sv.	svensk, svenska
tekn.	teknik
t.ex.	till exempel
ung.	ungefär
utt.	uttalas
vanl.	vanligen
vard.	i vardaglig stil
vulg.	vulgärt
äv.	även

Uttal

I den engelsk-svenska delen anges uttal till så gott
som samtliga uppslagsord. Uttalet anges enligt ett
mycket förenklat system, och vi har velat ge varje
uppslagsord de uttalsangivelser som bäst visar hur
just detta ord uttalas.

Ett förenklat system medför naturligtvis att vissa
nyansskillnader försvinner, men är i gengäld mycket lättare att använda för den som är ovan vid vanlig fonetiskt skrift.

I engelskan uttalas de flesta konsonanter ungefär
som på svenska. Skillnader finns dock, t.ex. r, som
inte uttalas som svenskans tungspets- eller tungrots-r. Engelskans r-ljud liknar det r-ljud som kan
förekomma i stockholmskan. Tungspetsen lyfts
upp mot den bakre tandvallen, utan att röra vid
den.

Engelskans w uttalas ungefär som ett kraftigt artikulerat svenskt o. Uttalet för w anges av tydlighetsskäl omväxlande som o eller w, beroende på
vilka andra bokstäver som förekommer i anslutning till w.

De engelska sje-ljuden anges i uttalsangivelserna
aldrig med något annat än *sch*, *tch*, eller 3. Bok-

stavskombinationer av typen *sj*, *sk*, *ti* m.fl. som i
svenska ord kan uttalas som ett sje-ljud ska i uttals-
angivelserna alltid uttalas var för sig som s + j,
s + k, t + i osv. I det engelska ordet **skin** t.ex., där
uttalet anges som [**skinn**], ska inte *sk* uttalas som
i svenskans *skina*, utan som i svenskans *skola*.

Vokalerna uttalas enligt följande:

a kort, som i svenskans *katt*
a: långt, som i svenskans *far*
e kort, som i svenskans *helg*
e: långt, som i svenskans *ner*
i kort, som i svenskans *mitt*
i: långt, som i svenskans *mil*
o kort, som i svenskans *bott*
o: långt, som i svenskans *kjol*
å kort, som i svenskans *gått*
å: långt, som i svenskans *får*
ä kort, som i svenskans *ärta*
ö: långt, som i svenskans *för*

Följande fonetiska tecken används, eftersom ljudet saknar motsvarighet på svenska:

ə   obetonat ö-ljud, som ett mellanting mellan
    e och ö.
θ   läspljud
ʒ   tonande sje-ljud
ð   tonande läspljud

Tecknet ' anger betoning, och placeras framför den stavelse som är betonad:

['bå:ring]

Tecknet , anger en svagare betoning, och förekommer endast i ord som även innehåller '. Den stavelse som föregås av ' betonas alltså mest, och den som föregås av , något mindre:

['nitting,ni:dl]

Norstedts engelska fickordbok

Engelsk-svensk

A

A, a [ej] *subst* A, a; *A road* ung. riksväg, huvudväg; *he knows the subject from A to Z* han kan ämnet utan och innan

a [ə] *obest art* **1** en, ett; någon, något **2** per

aback [ə'bäck], *be taken ~* baxna, häpna

abandon [ə'bänndən] *verb* överge; ge upp

abate [ə'bejt] *verb* avta; mojna

abbey ['äbbi] *subst* kloster; klosterkyrka

abbot ['äbbət] *subst* abbot

abbreviation [ə,bri:vi'ejschən] *subst* förkortning

abdicate ['äbbdikejt] *verb* **1** abdikera **2** avsäga sig

abdomen ['äbbdəmən] *subst* buk, mage

abduct [äb'dakt] *verb* röva bort

aberration [,äbbə'rejschən] *subst* villfarelse; avvikelse

abeyance [ə'bejəns], *be in ~* vila, ligga nere, få anstå

abide [ə'bajd] *verb* **1** i nekande el. frågande satser tåla, stå ut med **2** foga sig efter

ability [ə'billəti] *subst* förmåga; skicklighet

abject ['äbdʒekt] *adj* usel, eländig; ynklig

ablaze [ə'blejz] *adv* o. *adj* **1** i brand **2** starkt upplyst

able ['ejbl] *adj* skicklig, duglig; *be ~ to do sth.* kunna göra ngt, vara i stånd att göra ngt

able-bodied [ejbl'båddidd] *adj* stark, arbetsför

ably ['ejbli] *adv* skickligt, dugligt

abnormal [äb'nå:məl] *adj* abnorm, onormal

aboard [ə'bå:d] *adv* o. *prep* ombord, ombord på

abolish [ə'bållisch] *verb* avskaffa

aborigine [,äbə'riddʒini] *subst* urinvånare

abort [ə'bå:t] *verb* **1** göra abort på **2** avbryta; misslyckas

abortion [ə'bå:schən] *subst* abort; *have an ~* göra abort; *spontaneous ~* missfall

abortive [ə'bå:tivv] *adj* bildl. dödfödd; misslyckad

abound [ə'baond] *verb* finnas i överflöd

about [ə'baot] **I** *prep* **1** om kring i (på) **2** på sig; hos, med **3** om; *what ~...?* el. *how ~...?* hur är det med...?; hur skulle det smaka med...?; ska vi...? II *adv* **1** omkring, runt **2** i omlopp; liggande framme **3** ungefär, nästan; *that's ~ it!* vard. ungefär så, ja!; det blir bra; så kan man säga **4** *be ~ to* stå i begrepp att, ska just

about-turn [ə,baot'tö:n] *subst* helomvändning; kovändning

above [ə'bavv] I *prep* över högre än; ovanför; *~ all* framför allt; *he is ~ suspicion* han är höjd över alla misstankar II *adv* **1** ovan; ovanför **2** över, däröver

abrasive [ə'brejsivv] I *subst* slipmedel II *adj* **1** slip- **2** påstridig

abreast [ə'brest] *adv* i bredd, sida vid sida

abridge [ə'bridʒ] *verb* förkorta, korta av

abroad [ə'brå:d] *adv* utomlands

abrupt [ə'brappt] *adj* abrupt, tvär; brysk

abscess ['äbbsess] *subst* böld, bulnad

abscond [əb'skånd] *verb* avvika, rymma

absence ['äbbsəns] *subst* frånvaro

absent ['äbbsənt] *adj* frånvarande

absentee [,äbsən'ti:] *subst* frånvarande; skolkare

absent-minded [,äbsənt'majndidd] *adj* tankspridd

absolute ['äbbsəlo:t] *adj* absolut, fullständig

absolutely ['äbbsəlo:tli] *adv* absolut, fullständigt

absorb [əb'så:b] *verb* **1** absorbera, suga upp **2** uppsluka, helt uppta

abstain [əb'stejn] *verb, ~ from* avstå från; avhålla sig från; *~ from voting* lägga ned sin röst

abstract ['äbbsträkt] I *adj* abstrakt II *subst* utdrag, kort referat

absurd [əb'sö:d] *adj* orimlig, absurd; dum

abuse I [ə'bjo:s] *subst* **1** missbruk **2** ovett II [ə'bjo:z] *verb* **1** missbruka **2** skymfa **3** misshandla

abusive [ə'bjo:sivv] *adj* ovettig; skymflig

abysmal [ə'bizməl] *adj* avgrundsdjup

abyss [ə'biss] *subst* avgrund

AC [,ej'si:] (förk. för *alternating current*) växelström

academic [,äkkə'demmikk] I *adj* akademisk; *~ ability* studiebegåvning II *subst* akademiker

academy [ə'käddəmi] *subst* akademi; högskola; *Academy award* Oscar filmpris

accelerate [ək'sellərejt] *verb*
accelerera

accelerator [ək'sellərejtə]
subst gaspedal

accent ['äksənt] *subst* **1** beto-
ning, tonvikt; *with the ~ on*
med tonvikt på **2** accent,
brytning

accept [ək'sept] *verb* accepte-
ra; ta emot; godta

acceptable [ək'septəbl] *adj*
godtagbar

access ['äksess] *subst* tillträ-
de; tillgång; *~ road* tillfarts-
väg till motorväg; *~ television*
ung. lokal-TV

accessible [ək'sessəbl] *adj*
tillgänglig, åtkomlig

accessory [ək'sessəri] **I** *adj*
åtföljande **II** *subst* **1** *acces-
sories* tillbehör; accessoarer
2 medbrottsling

accident ['äksidənt] *subst*
1 tillfällighet; *by ~* av en
händelse **2** olyckshändelse,
olycka

accidental [äksi'dentl] *adj*
tillfällig, oavsiktlig

accidentally [äksi'dentəli] *adv*
av en händelse; oavsiktligt

accident-prone
['äksidəntprəon] *adj* olycks-
benägen

accommodate [ə'kåmmədejt]
verb **1** inhysa **2** anpassa

accommodating
[ə'kåmmədejting] *adj* tillmö-
tesgående

accommodation
[ə‚kåmmə'dejschən] *subst*
1 logi, inkvartering **2** an-
passning

accompany [ə'kampəni] *verb*
1 följa med, göra sällskap
med; *accompanied with* bildl.
åtföljd av, förenad med
2 ackompanjera

accomplish [ə'kamplisch]
verb utföra, uträtta

accomplishment
[ə'kamplischmənt] *subst*
1 utförande; fullbordande
2 prestation; *accomplish-
ments* talanger

accordance [ə'kå:dəns] *subst*
överensstämmelse

according [ə'kå:ding], *~ to*
enligt, efter

accordingly [ə'kå:dingli] *adv*
1 i enlighet därmed **2** såle-
des, därför

accordion [ə'kå:diən] *subst*
dragspel

accost [ə'kåst] *verb* **1** gå fram
till och tilltala **2** antasta

account [ə'kaont] **I** *verb*, *~ for*
redovisa för; svara för; *that
accounts for it* det förklarar
saken **II** *subst* **1** räkning,
konto; *keep accounts* föra
räkenskaper; *open an ~ with*
öppna konto hos; *on one's*

own ~ för egen räkning; **on no** ~ el. **not on any** ~ på inga villkor **2** redovisning **3** berättelse; **take into** ~ ta med i beräkningen; ta hänsyn till
accountancy [əˈkaontənsi] subst bokföring
accountant [əˈkaontənt] subst revisor
accumulate [əˈkjoːmjolejt] verb hopa sig, ackumuleras; samla på hög
accuracy [ˈäkjorəsi] subst precision; noggrannhet
accurate [ˈäkjorət] adj precis; noggrann
accusation [ˌäkjoːˈzejʃən] subst anklagelse
accuse [əˈkjoːz] verb anklaga
accustom [əˈkastəm] verb vänja; vänja sig
accustomed [əˈkastəmd] adj **1** ~ **to** van vid **2** sedvanlig
ace [ejs] **I** subst **1** ess, äss; ~ **of hearts** hjärteress **2** i tennis serveess **II** adj stjärn-, topp-
ache [ejk] **I** verb värka, göra ont **II** subst värk
achieve [əˈtʃiːv] verb **1** åstadkomma, prestera **2** uppnå
achievement [əˈtʃiːvmənt] subst utförande, prestation
acid [ˈässidd] **I** adj sur **II** subst syra
acid rain [ˌässidˈrejn] subst surt regn

acknowledge [əkˈnållidʒ] verb erkänna, kännas vid
acknowledgement [əkˈnållidʒmənt] subst erkännande; bekräftelse
acne [ˈäkkni] subst akne
acorn [ˈejkåːn] subst ekollon
acoustic [əˈkoːstikk] adj akustisk
acoustics [əˈkoːstikks] subst akustik
acquaint [əˈkwejnt], **be acquainted with** vara bekant med; vara insatt i
acquaintance [əˈkwejntəns] subst **1** kännedom **2** bekant person
acquiesce [ˌäkwiˈess] verb samtycka
acquire [əˈkwajə] verb förvärva, skaffa sig
acquit [əˈkwitt] verb frikänna
acre [ˈejkə] subst ung. tunnland (4 047 m²)
acrid [ˈäkkridd] adj bitter, skarp; kärv, frän äv. bildl.
acrobat [ˈäkrəbätt] subst akrobat
across [əˈkråss] **I** adv över; på tvären **II** prep över, tvärsöver, genom
acrylic [əˈkrillikk] subst akryl
act [äkt] **I** subst **1** handling; **caught in the** ~ tagen på bar gärning **2** beslut; lag **3** på teatern akt; nummer **II** verb **1** handla; agera; spela teater,

äv. bildl. **2** ~ *as* fungera som; verka som

acting ['äkting] *adj* tillförordnad

action ['äkschən] *subst* handling; agerande; *take* ~ ingripa, vidta åtgärder

activate ['äktivejt] *verb* aktivera

active ['äktivv] *adj* aktiv; verksam

activity [äk'tivvəti] *subst* aktivitet, verksamhet

actor ['äktə] *subst* skådespelare

actress ['äktrəs] *subst* skådespelerska

actual ['äktchoəll] *adj* faktisk, verklig

actually ['äktchoəlli] *adv* **1** egentligen, i själva verket **2** faktiskt, verkligen

acute [ə'kjo:t] *adj* **1** akut **2** skarp, intensiv

AD [,ej'di:] e. Kr.

ad [ädd] *subst* vard. kortform för *advertisement*

adamant ['äddəmənt] *adj* orubblig, benhård

adapt [ə'däppt] *verb* **1** anpassa **2** bearbeta, omarbeta

add [ädd] *verb* **1** tillägga; tillsätta **2** addera; *it doesn't* ~ *up* vard. det stämmer inte, det går inte ihop

adder ['äddə] *subst* huggorm; giftorm

addict ['äddikt] *subst* slav under arbete, passion o.d.; missbrukare

addiction [ə'dikschən] *subst* böjelse; missbruk

addictive [ə'diktivv] *adj* beroendeframkallande

addition [ə'dischən] *subst* **1** tillsats; *in* ~ dessutom, därtill **2** addition

additional [ə'dischənl] *adj* ytterligare

additive ['ädditivv] *subst* tillsatsämne

address [ə'dress] **I** *verb* **1** tilltala; hålla tal till **2** adressera **II** *subst* **1** adress **2** offentligt tal

adept ['äddept] *adj* skicklig

adequate ['äddikwət] *adj* **1** tillräcklig **2** fullgod; adekvat

adhesive [əd'hi:sivv] **I** *adj* självhäftande **II** *subst* lim; häftplåster; ~ *tape* tejp; klisterremsa

adjective ['ädʒiktivv] *subst* adjektiv

adjoining [ə'dʒåjning] *adj* angränsande

adjourn [ə'dʒö:n] *verb* ajournera, flytta fram

adjust [ə'dʒast] *verb* **1** rätta till; justera **2** anpassa; anpassa sig

adjustable [ə'dʒastəbl] *adj*

inställbar, reglerbar; ~ *spanner* skiftnyckel

adjustment [ə'dʒastmənt] *subst* **1** justering; inställning **2** anpassning

ad-lib [ädd'libb] *adj* improviserad

administer [əd'minnistə] *verb* sköta, administrera

administration [əd‚minni'strejschən] *subst* **1** skötsel, administrering **2** förvaltning

administrative [əd'minnistrətivv] *adj* administrativ

admiral ['ädmərəl] *subst* amiral

admire [əd'majə] *verb* beundra

admission [əd'mischən] *subst* **1** tillträde; inträde; intagning; ~ *fee* inträdesavgift; ~ *free* fritt inträde **2** medgivande

admit [əd'mitt] *verb* **1** släppa in; anta **2** medge

admittance [əd'mittəns] *subst* inträde, tillträde; *no ~* tillträde förbjudet

admittedly [əd'mittiddli] *adv* erkänt, medgivet

admonish [əd'månnisch] *verb* förmana

ado [ə'do:] *subst* ståhej, väsen

adolescence [‚äddə'lesns] *subst* ungdomstid, tonåren

adolescent [‚äddə'lesnt] **I** *subst* ungdom, tonåring **II** *adj* tonårs-

adopt [ə'dåppt] *verb* **1** adoptera **2** anta, lägga sig till med åsikt, vana

adopted [ə'dåptidd] *adj* adoptiv-

adoption [ə'dåppschən] *subst* **1** adoption **2** antagande; införande

adore [ə'då:] *verb* dyrka; vard. avguda, älska

adorn [ə'då:n] *verb* pryda, smycka, utsmycka

Adriatic [‚ejdri'ättikk], *the ~ Sea* Adriatiska havet

adrift [ə'drift] *adv* o. *adj* på drift; bildl. på glid

adult ['äddalt] *adj* o. *subst* vuxen; *adults only* endast för vuxna, barnförbjuden

adultery [ə'daltəri] *subst* äktenskapsbrott

advance [əd'va:ns] **I** *verb* **1** flytta fram; gå framåt; göra framsteg **2** avancera, bli befordrad **3** förskottera lån **II** *subst* **1** framryckning **2** framsteg, befordran **3** *make advances* göra närmanden **4** förskott **5** *in ~* i förväg; i förskott

advanced [əd'va:nst] *adj* **1** långt framskriden **2** avancerad

advantage [əd'va:ntidʒ] *subst*

fördel äv. i tennis; *take ~ of
utnyttja*
adventure [əd'ventchə] *subst*
äventyr
adverb ['äddvö:b] *subst* ad-
verb
adverse ['äddvö:s] *adj* ogynn-
sam
advertise ['äddvətajz] *verb*
annonsera; göra reklam för
advertisement [əd'vö:tismənt]
subst ánnons
advertiser ['äddvətajzə] *subst*
annonsör
advertising ['äddvətajzing]
subst reklam; reklambran-
schen; ~ *agency* annonsbyrå,
reklambyrå
advice [əd'vajs] *subst* råd
advisable [əd'vajzəbl] *adj*
tillrådlig
advise [əd'vajz] *verb* råda; ~
against avråda från
adviser [əd'vajzə] *subst* rådgi-
vare
advisory [əd'vajzəri] *adj* råd-
givande
advocate I ['ädvəkət] *subst*
förespråkare **II** ['ädvəkejt]
verb förespråka
aerial ['äəriəl] *subst* antenn
aerobics [äə'rəobikks] *subst*
aerobics
aeroplane ['äərəplejn] *subst*
flygplan
aesthetic [i:s'θettikk] *adj*
estetisk

affair [ə'fäə] *subst* **1** angelä-
genhet, sak; *public affairs*
offentliga angelägenheter
2 affär, historia
1 affect [ə'fekt] *verb* **1** beröra,
påverka **2** göra intryck på
2 affect [ə'fekt] *verb* låtsas
vara, spela
1 affected [ə'fektidd] *adj* **1** ~
with angripen av **2** ~ *by*
upprörd av, rörd av **3** på-
verkad
2 affected [ə'fektidd] *adj*
tillgjord
affection [ə'fekschən] *subst*
ömhet, tillgivenhet
affectionate [ə'fekschənət]
adj tillgiven, öm
affinity [ə'finnəti] *subst*
1 släktskap **2** samhörighets-
känsla
afflict [ə'flikkt] *verb* drabba,
hemsöka
affluence ['äfloənns] *subst*
rikedom, välstånd
affluent ['äfloənnt] *adj* rik,
förmögen
afford [ə'få:d] *verb, I can ~ it*
det har jag råd med
afloat [ə'flåot] *adv* o. *adj*
flytande äv. bildl.
afraid [ə'frejd] *adj*, ~ *of* rädd
för; ~ *about* (*for*) orolig för;
I'm ~ not tyvärr inte
afresh [ə'fresch] *adv* ånyo, på
nytt
Africa ['äffrikə] Afrika

African ['äffrikən] **I** subst afrikan; afrikanska **II** adj afrikansk

after ['a:ftə] **I** adv o. prep efter, bakom; efteråt, senare; ~ all när allt kommer omkring; ändå; be ~ sth. vara ute efter ngt **II** konj sedan

aftermath ['a:ftəmäθ] subst efterdyningar

afternoon [,a:ftə'no:n] subst eftermiddag

afters ['a:ftəz] subst pl vard. efterrätt

afterwards ['a:ftəwədz] adv efteråt, sedan

again [ə'genn] adv **1** igen, en gång till; ~ and ~ el. time and ~ gång på gång **2** å andra sidan

against [ə'gennst] prep mot, emot; vid, intill

age [ejdʒ] **I** subst **1** ålder **2** tid; period **3** for ages i (på) evigheter **II** verb åldras

aged adj **1** [ejdʒd] i en ålder av **2** ['ejdʒidd] ålderstigen

age-group ['ejdʒgro:p] subst åldersgrupp

agency ['ejdʒənsi] subst **1** agentur; byrå **2** medverkan

agenda [ə'dʒendə] subst dagordning

agent ['ejdʒənt] subst **1** agent, ombud **2** medel; verkande kraft

aggravate ['äggrəvejt] verb

1 förvärra **2** vard. reta, förarga

aggregate ['äggrigətt] verb hopa, hopa sig; samla

aggressive [ə'gressivv] adj **1** aggressiv **2** offensiv-; framåt

aggrieved [ə'gri:vd] adj sårad, kränkt

aghast [ə'ga:st] adj förskräckt, bestört

agitate ['ädʒitejt] verb upprö-ra, oroa; uppvigla

ago [ə'gəo] adv för...sedan

agonizing ['äggənajzing] adj hjärtslitande

agony ['äggəni] subst vånda; svåra plågor

agree [ə'gri:] verb **1** samtycka; säga 'ja' **2** komma (vara) överens **3** passa, stämma

agreeable [ə'griəbl] adj angenäm, trevlig

agreed [ə'gri:d] adj avgjord, beslutad; ~? är vi överens?; ~! avgjort!, kör för det!

agreement [ə'gri:mənt] subst **1** överenskommelse, avtal **2** enighet i åsikter

agricultural [,äggri'kaltʃərəl] adj jordbruks-

aground [ə'graond] adv o. adj på grund

ahead [ə'hedd] adv o. adj före; i förväg; framåt; bildl. kommande; straight ~ rakt fram; be ~ of bildl. vara före

9 alas

aid [ejd] **I** *verb* hjälpa, bistå
 II *subst* hjälp, bistånd
Aids o. **AIDS** [ejdz] *subst* aiɔs
ailing ['ejling] *adj* krasslig,
 sjuk
ailment ['ejlmənt] *subst*
 krämpa, sjukdom
aim [ejm] **I** *verb* måtta, sikta
 med; ~ *at* sikta på; syfta till;
 sträva efter **II** *subst* **1** sikte
 2 mål, målsättning
aimless ['ejmləss] *adj* utan
 mål, planlös
ain't [ejnt] ovårdat el. dialektalt
 för *am* (*are*, *is*) *not*; *have not*,
 has not
1 air [ää] **I** *subst* **1** luft; *the
 open* ~ fria luften; *go by* ~
 flyga; *on the* ~ i radio (TV), i
 sändning **2** fläkt, drag **II** *verb*
 vädra, lufta
2 air [ää] *subst* **1** utseende;
 prägel **2** min; *airs* förnäm
 (viktig) min
air bed ['ääbedd] *subst*
 luftmadrass
airborne ['ääbå:n] *adj* luftbu-
 ren
air-conditioned
 ['ääkən,dischənd] *adj* luft-
 konditionerad
air-conditioning
 ['ääkən,dischəning] *subst*
 luftkonditionering
aircraft ['ääkra:ft] *subst* flyg-
 plan
airfield ['ääfi:ld] *subst* flygfält

air force ['ääfå:s] *subst* flygva-
 pen
airgun ['äägann] *subst* luftge-
 vär
air hostess ['ää,həostiss] *subst*
 flygvärdinna
air letter ['ää,lettə] *subst*
 aerogram
airlift ['äälift] *subst* luftbro
airline ['äälajn] *subst* **1** fly-
 glinje **2** flygbolag
airliner ['ää,lajnə] *subst* trafik-
 flygplan
airmail ['äämejl] *subst* flygpost
airplane ['ääplejn] *subst* flyg-
 plan
airport ['ääpå:t] *subst* flygplats
air-raid ['äärejd] *subst* flygan-
 fall
air-sick ['ääsikk] *adj* flygsjuk
air terminal ['ää,tö:minl] *subst*
 flygterminal
airtight ['äätajt] *adj* lufttät
airy ['ääri] *adj* **1** luftig **2** tunn
aisle [ajl] *subst* **1** i kyrka
 sidoskepp; mittgång; *walk
 down the* ~ vard. gifta sig **2** i
 flygplan, buss etc. mittgång
ajar [ə'dʒa:] *adv* på glänt
akin [ə'kinn] *adj* släkt,
 besläktad
alarm [ə'la:m] **I** *subst* **1** larm
 2 oro **II** *verb* **1** larma **2** oroa
alarm clock [ə'la:mklåkk]
 subst väckarklocka
alas [ə'läss] *adv* tyvärr

album ['älbəmm] *subst* **1** album **2** LP-skiva

alcohol ['älkəhåll] *subst* alkohol, sprit

alcoholic [,älkə'hållikk] **I** *adj* alkoholhaltig; alkohol- **II** *subst* alkoholist

ale [ejl] *subst* öl

alert [ə'lö:t] **I** *adj* alert, på alerten **II** *subst* flyglarm **III** *verb* larma, varna

algebra ['äldʒibrə] *subst* algebra

alias ['ejliäss] *subst* o. *adv* alias

alibi ['älibaj] *subst* alibi

alien ['ejljən] **I** *adj* utländsk; främmande **II** *subst* **1** främling; utlänning **2** rymdvarelse

alienate ['ejljənejt] *verb* stöta bort; alienera

alike [ə'lajk] **I** *adj* lik, lika **II** *adv* på samma sätt

alive [ə'lajv] *adj* vid liv; levande; *come ~* bildl. vakna till liv; *no man ~* ingen i hela världen; *~ and kicking* pigg och nyter

all [å:l] **I** *adj* o. *pron* all, allt, alla; *not at ~* inte alls; *not at ~!* som svar på tack el. ursäkt för all del!, ingen orsak!; *~ in ~* allt som allt; på det hela taget **II** *subst* allt, allthop, allting; alla **III** *adv* alldeles, helt och hållet

allay [ə'lej] *verb* dämpa, lindra

allege [ə'ledʒ] *verb* uppge som ursäkt m.m.; påstå

allegedly [ə'ledʒidli] *adv* efter vad som påstås

allegiance [ə'li:dʒəns] *subst* lojalitet, trohet

allergic [ə'lö:dʒikk] *adj* allergisk

allergy ['älədʒi] *subst* allergi

alleviate [ə'li:viejt] *verb* lätta, lindra

alley ['älli] *subst* **1** gränd; gång **2** vard., *bowling ~* bowlinghall

alliance [ə'lajəns] *subst* **1** förbindelse **2** förbund, allians

allied [ə'lajd] *adj* allierad

all-in [,å:l'inn] *adj* allt-i-ett; allt inkluderat

all-night [,å:l'najt] *adj* nattöppen, natt-

allocate ['äləokejt] *verb* tilldela, anslå

allot [ə'lått] *verb* fördela; tilldela

allotment [ə'låttmənt] *subst* **1** jordlott, koloni **2** tilldelning; andel

all-out [,å:l'aot] *adj* fullständig

allow [ə'lao] *verb* **1** tillåta, låta **2** bevilja **3** erkänna

allowance [ə'laoəns] *subst* underhåll; bidrag, understöd; *make allowances for* ta hänsyn till

alloy ['äläj] *subst* legering

all-rounder [ˌå:l'raondə] *subst*
allround idrottsman (spelare
etc.); mångsidig begåvning

all-time ['å:ltajm] *adj* vard.
rekord-

ally ['ällaj] *subst* bundsför-
vant, allierad

almighty [å:l'majti] *adj* alls-
mäktig

almond ['a:mənd] *subst* man-
del

almost ['å:lməost] *adv* nästan

alms [a:mz] *subst* allmosa,
allmosor

alone [ə'ləon] **I** *adj* ensam
II *adv* endast, enbart

along [ə'lång] **I** *prep* längs,
utmed **II** *adv* **1** framåt, i väg
2 med sig (mig etc.); *come ~!*
kom nu!, kom så går vi!; *~
with* tillsammans med

alongside [əˌlång'sajd] *adv*
vid sidan; på båt långsides
II [ə'långsajd] *prep* vid sidan
av; båt långsides med

aloof [ə'lo:f] *adj* reserverad

aloud [ə'laod] *adv* högt, med
hög röst

alphabet ['älfəbett] *subst* alfa-
bet

alphabetical [ˌälfə'bettikəl] *adj*
alfabetisk

alpine ['älpajn] *adj* alpin;
fjäll-, berg-

already [å:l'reddi] *adv* redan

Alsatian [äl'sejschjən] *subst*
schäfer

also ['å:lsəo] *adv* också, även;
dessutom

altar ['å:ltə] *subst* altare

alter ['å:ltə] *verb* ändra,
förändra; förändras

alternate I [å:l'tö:nətt] *adj*
omväxlande, alternerande
II ['å:ltənejt] *verb* växla,
alternera

alternative [å:l'tö:nətivv]
subst o. *adj* alternativ

although [å:l'ðəo] *konj* fastän,
även om

altitude ['ältitjo:d] *subst* höjd

alto ['ältəo] *subst* alt; altstäm-
ma

altogether [ˌå:ltə'geðə] *adv*
1 helt och hållet, alldeles
2 sammanlagt

aluminium [ˌälə'minnjəm]
subst aluminium

always ['å:lwejz] *adv* alltid,
jämt

am [ämm], *I am* jag är, jfr äv.
be

a.m. [ˌej'emm] på förmiddag-
en, f.m.

amalgamate [ə'mällgəmejt]
verb slå samman (ihop) t.ex.
två företag

amateur ['ämmətə] *subst*
amatör

amateurish ['ämmətərisch]
adj amatörmässig

amaze [ə'mejz] *verb* förvåna

amazement [ə'mejzmənt]

subst häpnad; *much to my ~*
till min stora förvåning
amazing [ə'mejzing] *adj* häpnadsväckande
ambassador [äm'bässədə]
subst ambassadör
amber ['ämbə] *subst* bärnsten
ambiguous [äm'biggjoəs] *adj*
tvetydig
ambition [äm'bischən] *subst*
1 ärelystnad **2** ambition;
framåtanda
ambitious [äm'bischəs] *adj*
1 ärelysten **2** ambitiös
amble ['ämbl] *subst* passgång;
at an ~ i sakta mak
ambulance ['ämmbjoləns]
subst ambulans
ambush ['ämmbosch] **I** *subst*
bakhåll **II** *verb* överfalla från
bakhåll
amenable [ə'mi:nəbl] *adj*
mottaglig; medgörlig
amend [ə'mend] *verb* göra en
ändring i lagförslag m.m.;
ändra; förbättra
America [ə'merrikə] Amerika
American [ə'merrikənn] **I** *adj*
amerikansk **II** *subst* amerikan, amerikanska kvinna
amiable ['ejmjəbl] *adj* vänlig,
älskvärd
amicable ['ämmikəbl] *adj*
vänskaplig, vänlig
amid [ə'midd] o. **amidst**
[ə'middst] *prep* mitt i, mitt
ibland

amiss [ə'miss] *adv* o. *adj* på
tok, fel, galet
ammonia [ə'məonjə] *subst*
ammoniak
ammunition [ämmjo'nischən]
subst ammunition
amok [ə'måkk] *adv*, *run ~*
löpa amok
among [ə'mang] o. **amongst**
[ə'mangst] *prep* bland,
ibland; *~ themselves (yourselves* etc.) sinsemellan, inbördes; *they had £100 ~
them* de hade tillsammans
hundra pund
amorous ['ämmərəs] *adj* amorös, kärleksfull
amount [ə'maont] **I** *verb*, *~ to*
uppgå till; innebära **II** *subst*
1 belopp **2** mängd
ampere ['ämmpäə] *subst*
ampere
ample ['ämmpl] *adj* **1** riklig;
we have ~ time vi har gott
om tid **2** fyllig, yppig
amplifier ['ämmplifajə] *subst*
förstärkare i radio o.d.
amuse [ə'mjo:z] *verb* roa,
underhålla
amusement [ə'mjo:zmənt]
subst nöje; förströelse
an [ən] *obest art* se *a*
anaemic [ə'ni:mikk] *adj* blodfattig, anemisk
anaesthetic [ännəs'θettikk]
subst bedövningsmedel; bedövning

analogue ['ännəlågg] *subst*
1 motsvarighet **2** ~ *clock*
analog klocka

analyse ['ännəlajz] *verb* ana-
lysera

analysis [ə'nälləsiss] *subst*
analys

analyst ['ännəlist] *subst*
1 analytiker **2** psykoanalyti-
ker

anarchist ['ännəkist] *subst*
anarkist

anarchy ['ännəki] *subst* anarki

anatomy [ə'nättəmi] *subst*
anatomi

ancestor ['ännsəstə] *subst*
stamfader; *ancestors* förfä-
der

anchor ['ängkə] **I** *subst* anka-
re; bildl. äv. stöd **II** *verb*
förankra; ankra

anchovy ['äntʃəvi] *subst*
sardell

ancient ['ejnschənt] *adj* forn-
tida, gammal; ~ *Greece* det
antika Grekland

and [ənd] *konj* och; ~ *so on* el.
~ *so forth* och så vidare, osv.

anew [ə'njo:] *adv* ånyo, på
nytt; om igen

angel ['ejndʒəl] *subst* ängel

anger ['änggə] *subst* vrede,
ilska

angina [än'dʒajnə] *subst*, ~
pectoris kärlkramp

1 angle ['änggl] **I** *subst* vinkel;

synvinkel **II** *verb* vinkla,
tillrättalägga

2 angle ['änggl] *verb* meta

angler ['änggə] *subst* metare

Anglican ['ängglikən] **I** *adj*
anglikansk **II** *subst* medlem
av anglikanska kyrkan

angling ['änggling] *subst*
metning

Anglo- ['ängglə] i samman-
sättningar engelsk-, anglo-

angrily ['änggrəli] *adv* argt,
ilsket

angry ['änggri] *adj* arg, ilsken

anguish ['änggwisch] *subst*
kval, ångest

animal ['ännəməl] **I** *subst* djur
II *adj* animalisk; djurisk

animate I ['ännimət] *adj* le-
vande **II** ['ännimejt] *verb* ge
liv åt; animera

ankle ['ängkl] *subst* vrist,
ankel

annexe ['ännekks] *subst* an-
nex

anniversary [ˌänni'vö:səri]
subst årsdag; bröllopsdag

announce [ə'naons] *verb* till-
kännage, meddela

announcement [ə'naonsmənt]
subst tillkännagivande; an-
nons om födelse etc.; *an-
nouncements* i tidning, ung.
familjesidan

announcer [ə'naonsə] *subst*
hallåa, programpresentatör

annoy [ə'nåj] *verb* förarga, reta, irritera

annoyance [ə'nåjəns] *subst* irritation, besvär; plåga

annoying [ə'nåjing] *adj* förarglig; besvärlig

annual [ˈännjoəl] *adj* **1** årlig **2** ettårig

annul [ə'nal] *verb* annullera, upphäva

anonymous [ə'nånniməs] *adj* anonym

anorak [ˈännəräkk] *subst* anorak, vindjacka

another [ə'naðə] *pron* **1** en annan **2** en till, en ny **3** one ~ varandra

answer ['a:nsə] **I** *subst* svar; lösning **II** *verb* svara; bemöta; *answering machine* telefonsvarare; ~ *the door* gå och öppna dörren; ~ *back* svara emot, käfta emot; ~ *for* ansvara för; stå till svars för

answerable ['a:nsərəbl] *adj* ansvarig

ant [änt] *subst* myra

antagonism [änn'täggənizəm] *subst* fiendskap; antagonism

antarctic [änt'a:ktikk] **I** *adj* antarktisk **II** *the Antarctic* Antarktis

anthem [ˈännθəm] *subst* hymn; *national* ~ nationalsång

anti-aircraft [‚änti'äəkra:ft] *adj* luftvärns-

antibiotics [‚äntibaj'åttikks] *subst pl* antibiotika

anticipate [än'tissipejt] *verb* förutse; vänta sig; föregripa

anticipation [än,tissi'pejschən] *subst* förväntan; aning

anticlimax [‚änti'klajmäkks] *subst* antiklimax

anticlockwise [‚änti'klåkwajz] *adv* motsols

antifreeze [ˈänntifri:z] *subst* kylarvätska

antiquated [ˈänntikwejtidd] *adj* föråldrad

antique [än'ti:k] **I** *adj* **1** antik **2** gammaldags **II** *subst* antikvitet

antiseptic [‚änti'septikk] *adj* antiseptisk

antisocial [‚änti'səoschəl] *adj* asocial; osällskaplig

anvil [ˈänvill] *subst* städ

anxiety [äng'zajəti] *subst* ängslan, oro; ångest

anxious [ˈängkschəs] *adj* **1** ängslig, rädd **2** angelägen

any [ˈenni] **I** *pron* **1** någon, något, några **2** vilken (vilket, vilka) som helst, varje; ~ *one* vilken som helst **II** *adv* något el. vanl. utan svensk motsvarighet; *I can't stay* ~ *longer* jag kan inte stanna längre

anybody [ˈenni,båddi] *pron* **1** någon **2** vem som helst

anyhow [ˈennihao] *adv* **1** på

något sätt; hur som helst **2** i
alla (varje) fall; ändå
anyone ['enniwan] se *anybody*
anything ['enniθing] *pron*
1 något, någonting **2** vad
som helst; allt; ~ *but*
pleasant allt annat än trevlig
anyway ['enniwej] se *anyhow*
anywhere ['enniwää] *adv*
1 någonstans **2** var som
helst, överallt
apart [ə'pa:t] *adv* avsides; var
för sig; ifrån varandra; ~
from bortsett från, utom
apartment [ə'pa:tmənt] *subst*
gemak
ape [ejp] **I** *subst* stor svanslös
apa **II** *verb* apa efter
aperitif [ə'perritif] *subst* ape-
ritif
aperture ['äppətjoə] *subst*
1 öppning; glugg **2** bländare
på kamera
apex ['ejpekks] *subst* spets,
topp
apiece [ə'pi:s] *adv* per styck;
vardera
apologetic [ə,pållə'dʒetikk]
adj ursäktande; urskuldande
apologize [ə'pållədʒajz] *verb*
be om ursäkt, ursäkta sig
apology [ə'pållədʒi] *subst*
ursäkt
apostrophe [ə'påstrəfi] *subst*
apostrof
appal [ə'på:l] *verb* förfära;

appaling skrämmande, för-
färlig
apparatus [,äppə'rejtəs] *subst*
apparat; maskineri
apparent [ə'pärrənt] *adj*
1 uppenbar **2** skenbar
apparently [ə'pärrəntli] *adv*
till synes; uppenbarligen
appeal [ə'pi:l] **I** *verb* vädja;
överklaga; ~ *to* vädja till;
tilltala, falla i smaken
II *subst* **1** vädjan; överkla-
gande **2** dragningskraft
appealing [ə'pi:ling] *adj*
1 tilltalande **2** vädjande
appear [ə'piə] *verb* **1** bli
synlig; uppträda; om bok
komma ut **2** förefalla
appearance [ə'piərəns] *subst*
1 framträdande; offentligt
uppträdande **2** utseende;
appearances yttre sken
appease [ə'pi:z] *verb* stilla,
dämpa, lugna
appendicitis [ə,pendi'sajtiss]
subst blindtarmsinflamma-
tion
appendix [ə'penndikks] *subst*
bilaga; *the* ~ blindtarmen
appetite ['äppətajt] *subst* ap-
tit, matlust
appetizer ['äppətajzə] *subst*
aptitretare
applaud [ə'plå:d] *verb* applå-
dera
applause [ə'plå:z] *subst* ap-
plåd, applåder

apple ['äppl] *subst* äpple

appliance [ə'plajəns] *subst* apparat; hjälpmedel

applicable [ə'plikkəbl] *adj* tillämplig

applicant ['äpplikənt] *subst* sökande

application [,äppli'kejschən] *subst* 1 ansökan 2 tillämpning 3 *for external ~ only* för utvärtes bruk

applied [ə'plajd] *adj* tillämpad

apply [ə'plaj] *verb* 1 applicera 2 använda; praktiskt tillämpa 3 ansöka; *~ for a post* söka en plats

appoint [ə'påjnt] *verb* utnämna

appointment [ə'påjntmənt] *subst* 1 avtalat möte, träff; *make an ~ with* stämma träff med, beställa tid hos t.ex. läkare 2 utnämning

appraisal [ə'prejzəl] *subst* uppskattning

appreciate [ə'pri:schiejt] *verb* uppskatta; sätta värde på

appreciation [ə,pri:schi'ejschən] *subst* uppskattning

apprehensive [,äpri'hensivv] *adj* rädd, ängslig; misstänksam

apprentice [ə'prentiss] *subst* 1 lärling 2 nybörjare

approach [ə'prəotch] I *verb* 1 närma sig 2 ta kontakt med II *subst* 1 närmande; flygplans inflygning 2 infart, tillfart 3 infallsvinkel; syn; *his whole ~ to life* hela hans livsinställning

appropriate [ə'prəopriət] *adj* lämplig, passande

approval [ə'pro:vəl] *subst* gillande; godkännande

approve [ə'pro:v] *verb* 1 godkänna 2 *~ of* gilla; samtycka till

approximate [ə'pråkksimət] *adj* ungefärlig

approximately [ə'pråkksiməttli] *adv* ungefär

apricot ['ejprikått] *subst* aprikos

April ['ejprəl] *subst* april

apron ['ejprən] *subst* förkläde

apt [äpt] *adj* lämplig; träffande

Aquarius [ə'kwääriəs] *subst* Vattumannen stjärntecken

Arab ['ärrəb] I *subst* arab äv. om häst; arabiska kvinna II *adj* arabisk, arab-

Arabic ['ärräbikk] I *adj* arabisk II *subst* arabiska språket

arbitrary ['a:bitrəri] *adj* 1 godtycklig 2 egenmäktig

arcade [a:'kejd] *subst* galleria täckt butiksgata

arch [a:tch] I *subst* 1 valv 2 hålfot; *~ support* hålfotsinlägg II *verb* välva sig; *~*

one's back om katt skjuta rygg

archaeologist [ˌaːkiˈælədʒist] *subst* arkeolog

archaeology [ˌaːkiˈælədʒi] *subst* arkeologi

archbishop [ˌaːtchˈbischəpp] *subst* ärkebiskop

archery [ˈaːtchəri] *subst* bågskytte

architect [ˈaːkitekkt] *subst* arkitekt

architecture [ˈaːkitekktchə] *subst* arkitektur

archives [ˈaːkajvz] *subst pl* arkiv

arctic [ˈaːktikk] **I** *adj* arktisk **II** *subst, the Arctic* Nordpolen

ardent [ˈaːdənt] *adj* ivrig, glödande

are [aː], *you are* du (ni) är; *we (they)* ~ vi (de) är, jfr äv. *be*

area [ˈäəriə] *subst* **1** yta; area **2** område; kvarter

aren't [aːnt] = *are not*

argue [ˈaːgjoː] *verb* **1** argumentera; resonera; påstå **2** gräla

argument [ˈaːgjomənt] *subst* **1** argument; resonemang **2** gräl

Aries [ˈäəriːz] *subst* Väduren stjärntecken

arise [əˈrajz] *verb* uppstå, uppkomma

aristocrat [ˈärristəkrätt] *subst* aristokrat

arithmetic [əˈriθmətikk] *subst* räkning

ark [aːk] *subst* ark

1 arm [aːm] *subst* **1** arm **2** ärm

2 arm [aːm] **I** *subst, arms* vapen; *small arms* handeldvapen **II** *verb* beväpna; *armed robbery* väpnat rån

armchair [ˈaːmtchäə] *subst* fåtölj, länstol

armed [aːmd] *adj* beväpnad, rustad

armour [ˈaːmə] *subst* rustningar; pansar; *armoured car* pansarbil

armpit [ˈaːmpitt] *subst* armhåla

armrest [ˈaːmrest] *subst* armstöd

army [ˈaːmi] *subst* armé

aroma [əˈrəomə] *subst* arom, doft

arose [əˈrəoz] *imperf. av* arise

around [əˈraond] **I** *adv, ~* el. *all ~* omkring, runt omkring; överallt; *be* ~ finnas, vara här (där) **II** *prep* runtom, runt omkring; *~ the clock* dygnet runt

arouse [əˈraoz] *verb* väcka, väcka till liv; egga

arrange [əˈrejndʒ] *verb* ordna; arrangera; avtala

arrangement [əˈrejndʒmənt]

subst arrangemang; uppgörelse

arrest [ə'resst] **I** *verb* anhålla; bildl. fängsla **II** *subst* arrestering

arrival [ə'rajvəl] *subst* ankomst; *arrivals* ankommande passagerare (flyg, tåg etc.)

arrive [ə'rajv] *verb* anlända

arrogant [ˈärrəgənt] *adj* arrogant

arrow [ˈärrəo] *subst* pil

arson [ˈaːsn] *subst* mordbrand

art [aːt] *subst* konst

artery [ˈaːtəri] *subst* pulsåder

artful [ˈaːtfol] *adj* slug, listig

arthritis [aːˈθrajtiss] *subst* reumatism

artichoke [ˈaːtitʃəok] *subst* kronärtskocka; *Jerusalem ~* jordärtskocka

article [ˈaːtikl] *subst* **1** sak; artikel, vara **2** artikel i tidning o.d.

articulate I [aːˈtikjolətt] *adj* **1** tydlig, klar **2** vältalig **II** [aːˈtikjolejt] *verb* tala tydligt

artificial [ˌaːtiˈfiʃʃəl] *adj* konstgjord, artificiell

artist [ˈaːtist] *subst* artist, konstnär

artistic [aːˈtistikk] *adj* konstnärlig

as [äz] **I** *adv* så, lika **II** *adv* o. *konj* **1** jämförande som, liksom **2** såsom, till exempel **3** med-

givande hur...än, hur mycket...än **4** tid just då, när **5** orsak eftersom **III** *~ for* vad beträffar; *~ good ~* så gott som, nästan; *~ yet* ännu så länge

asbestos [äzˈbesståss] *subst* asbest

ascend [əˈsennd] *verb* bestiga; stiga uppåt

ascent [əˈsennt] *subst* bestigning; uppfärd

ascertain [ˌässəˈtejn] *verb* förvissa sig om

ascribe [əˈskrajb] *verb* tillskriva

1 ash [äsch] *subst* ask träd

2 ash [äsch] *subst, ashes* aska, stoft

ashamed [əˈschejmd] *adj* skamsen

ashen [ˈäschn] *adj* askgrå

ashore [əˈschaː] *adv* i (på) land

ashtray [ˈäschtrej] *subst* askkopp

Asia [ˈejschə] *subst* Asien

Asian [ˈejschən] **I** *adj* asiatisk **II** *subst* asiat

aside [əˈsajd] *adv* avsides, åt sidan

ask [aːsk] *verb* **1** fråga; *~ for* fråga efter **2** begära; be **3** bjuda

askance [əˈskänns], *look ~ at sb.* snegla misstänksamt på ngn

asleep [ə'sli:p], *be* ~ sova
asparagus [ə'spärrəgəs] *subst* sparris
aspect ['äspekt] *subst* aspekt; sida
aspire [ə'spajə] *verb* sträva
aspirin ['äspərinn] *subst* aspirin
ass [äss] *subst* åsna; *make an* ~ *of oneself* skämma ut sig
assailant [ə'sejlənt] *subst* angripare
assassinate [ə'sässinejt] *verb* lönnmörda
assassination [ə‚sässi'nejschən] *subst* lönnmord
assault [ə'så:lt] **I** *subst* **1** anfall, angrepp **2** överfall **II** *verb* **1** anfalla, angripa **2** överfalla
assemble [ə'sembl] *verb* sammankalla; samla, samlas
assembly [ə'sembli] *subst* **1** sammankomst, möte **2** montering
assembly line [ə'semblilajn] *subst* monteringsband, löpande band
assent [ə'sennt] **I** *verb* samtycka, instämma **II** *subst* bifall
assert [ə'sö:t] *verb* hävda, påstå
assess [ə'sess] *verb* **1** beskatta, taxera **2** värdera
assessment [ə'sessmənt]

subst **1** beskattning, taxering **2** värdering
asset ['ässett] *subst* tillgång; *assets* tillgångar förmögenhet
assign [ə'sajn] *verb* tilldela, anslå
assignment [ə'sajnmənt] *subst* uppgift, uppdrag
assist [ə'sist] **I** *verb* hjälpa, hjälpa till, assistera **II** *subst* sport. målgivande passning
assistance [ə'sistəns] *subst* hjälp, assistans
assistant [ə'sistənt] *subst* medhjälpare, assistent
associate I [ə'səoschiət] *subst* delägare, kompanjon **II** [ə'səoschiejt] *verb* förena; associera
association [ə‚səosi'ejschən] *subst* **1** förbund, sällskap **2** association
assorted [ə'så:tidd] *adj* klassificerad; sorterad
assortment [ə'så:tmənt] *subst* sortiment; blandning t.ex. av karameller
assume [ə'sjo:m] *verb* **1** förutsätta **2** anta; ta på sig
assumption [ə'sampschən] *subst* antagande, förutsättning
assurance [ə'schoərəns] *subst* **1** försäkring; garanti **2** självsäkerhet
assure [ə'schoə] *verb* försäkra; övertyga; trygga

asthma ['ässmə] *subst* astma

astonish [ə'stånnisch] *verb* förvåna

astonishment [ə'stånnischmənt] *subst* förvåning

astound [ə'staond] *verb* slå med häpnad

astray [ə'strej] *adv* vilse

astride [ə'strajd] **I** *adv* grensle **II** *prep* grensle över

astrology [ə'strålləd:ji] *subst* astrologi

astronaut ['ässtrənå:t] *subst* astronaut

astronomy [ə'strånnəmi] *subst* astronomi

astute [ə'stjo:t] *adj* skarpsinnig, listig

asylum [ə'sajləm] *subst* asyl

at [ätt] *prep* **1** på; vid; i; genom; till; åt; mot; med; ~ *five o'clock* klockan fem **2** för, till ett pris av, à

ate [ett] *imperf.* av *eat*

atheist ['ejθiist] *subst* ateist

Athens ['äθinz] Aten

athlete ['äθli:t] *subst* idrottsman

athletic [äθ'lettikk] *adj* idrotts-; atletisk

athletics [äθ'lettikks] *subst* friidrott

Atlantic [ət'läntikk] **I** *adj* atlant- **II** *the* ~ Atlanten

atlas ['ätləs] *subst* atlas, kartbok

atmosphere ['ätmə‚sfiə] *subst* atmosfär

atom ['ättəm] *subst* atom

atomizer ['ättəomajzə] *subst* sprejflaska

atone [ə'təon] *verb*, ~ *for* sona, gottgöra

atrocious [ə'trəoschəs] *adj* ohygglig; vard. gräslig

attach [ə'tättch] *verb* **1** fästa, sätta fast **2** bildl. binda; knyta

attaché case [ə'täschikejs] *subst* attachéväska

attachment [ə'tättchmənt] *subst* tillgivenhet

attack [ə'täkk] **I** *subst* anfall; attack **II** *verb* anfalla, attackera

attempt [ə'tempt] **I** *verb* försöka **II** *subst* försök

attend [ə'tend] *verb* bevista, delta i, närvara; ~ *to* ge akt på; ägna sig åt, sköta; se till; *are you being attended to?* i affär är det tillsagt?

attendance [ə'tenndəns] *subst* **1** närvaro **2** skötsel; vård

attendant [ə'tenndənt] *subst* vaktmästare; skötare

attention [ə'tennschən] *subst* uppmärksamhet; tillsyn

attentive [ə'tenntivv] *adj* uppmärksam

attest [ə'test] *verb* vittna om, visa; intyga

attic ['ättikk] *subst* vind,
vindsvåning

attitude ['ättitjo:d] *subst* atti-
tyd

attorney [ə'tö:ni] *subst* befull-
mäktigat ombud

attract [ə'träkkt] *verb* dra till
sig, attrahera

attraction [ə'träkkschən]
subst **1** dragningskraft **2** at-
traktion, dragplåster; *at-
tractions* nöjen, sevärdheter

attractive [ə'träkktivv] *adj*
attraktiv, tilldragande

attribute I ['ättribjo:t] *subst*
attribut; kännetecken
II [ə'tribjo:t] *verb* tillskriva,
tillräkna

aubergine ['əobəʒi:n] *subst*
aubergine

auction ['å:kschən] *subst* auk-
tion

auctioneer [,å:kschə'niə] *subst*
auktionsförrättare

audience ['å:djəns] *subst*
publik

audiovisual [,å:diəo'vizjoəl]
adj audivisuell

audit ['å:ditt] **I** *subst* revision
II *verb* revidera, granska

audition [å:'dischən] *subst*
provsjungning, provspelning
för engagemang o.d.

August ['å:gəst] *subst* augusti

aunt [a:nt] *subst* faster,
moster; som tilltal tant

auntie o. **aunty** ['a:nti] *subst*
smeksamt för *aunt*

au pair [,əo'päa] *subst* au pair

auspicious [å:'spischəs] *adj*
gynnsam

Australia [å'strejljə] Australien

Australian [å'strejljən] **I** *adj*
australisk **II** *subst* australier,
australiensare

Austria ['åstriə] Österrike

Austrian ['åstriən] **I** *adj* öster-
rikisk **II** *subst* österrikare

authentic [å:'θenntikk] *adj*
autentisk, äkta

author ['å:θə] *subst* författare

authoritarian [,å:θåri'täəriən]
adj auktoritär

authoritative [å:'θårittətivv]
adj **1** auktoritativ **2** befal-
lande

authority [å:'θårrəti] *subst*
1 myndighet; *the authorities*
myndigheterna **2** befogenhet
3 auktoritet **4** källa

authorize ['å:θərajz] *verb*
1 auktorisera, bemyndiga
2 godkänna

autobiography
[,å:təobaj'ågrəffi] *subst* själv-
biografi

autograph ['å:təgra:f] *subst*
autograf

automatic [,å:tə'mättikk] **I** *adj*
automatisk; ~ *vending ma-
chine* varuautomat **II** *subst*
automat; automatvapen

automatically
[å:tə'mättikkəli] *adv* automatiskt

autonomy [å:'tånnəmi] *subst* autonomi, självstyre

autumn ['å:təm] *subst* höst

auxiliary [å:g'ziljəri] *adj* hjälp-

avail [ə'vejl] I *verb* gagna
II *subst* nytta

availability [ə,vejlə'billəti]
subst tillgänglighet; anträffbarhet

available [ə'vejləbl] *adj* tillgänglig; anträffbar; *be ~ stå till förfogande; finnas att få

avalanche ['ävvəla:nsch] *subst* lavin

avenge [ə'vendʒ] *verb* hämnas

avenue ['ävvənjo:] *subst* allé; aveny

average ['ävvəridʒ] I *subst* genomsnitt II *adj* 1 genomsnittlig 2 ordinär

averse [ə'vö:s], *be ~ to* ogilla, tycka illa om

avert [ə'vö:t] *verb* avleda; förhindra

avocado [,ävvəo'ka:dəo] *subst* avokado

avoid [ə'våjd] *verb* undvika, hålla sig ifrån

await [ə'wejt] *verb* vänta på, emotse

awake [ə'wejk] I *verb* vakna
II *adj* vaken

awakening [ə'wejkning] *subst* uppvaknande mest bildl.

award [ə'wå:d] I *verb* tilldela; belöna med II *subst* tilldelat pris; belöning; stipendium

aware [ə'wäə] *adj* medveten; uppmärksam; *be ~ känna till, inse

awareness [ə'wäənəs] *subst* medvetenhet; uppmärksamhet

away [ə'wej] I *adv* 1 bort, i väg, sin väg; undan, åt sidan; ur vägen 2 borta 3 vidare, 'på II *subst* sport. bortamatch

awe [å:] *subst* vördnad; fruktan

awe-inspiring ['å:in,spajəring] *adj* vördnadsbjudande

awesome ['å:səm] *adj* skräckinjagande; väldig

awful ['å:foll] *adj* 1 ohygglig, fruktansvärd 2 vard. hemsk, förfärlig

awfully ['å:folli] *adv* ohyggligt, hemskt

awhile [ə'wajl] *adv* en stund; en tid

awkward ['å:kwəd] *adj* 1 tafatt 2 bortkommen 3 besvärlig; pinsam

awoke [ə'wəok] imperf. o. perf. p. av *awake*

awoken [ə'wəokən] perf. p. av *awake*

awry [ə'raj] *adj* sned, på sned

axe [äkks] I *subst* yxa II *verb* vard. skära ned

ay [aj] *subst* jaröst

B

B, b [bi:] *subst* B, b; *B road*
ung. länsväg

babble ['bäbbl] **I** *verb* babbla;
jollra **II** *subst* babbel; joller

baby ['bejbi] *subst* barn,
spädbarn, baby

baby carriage ['bejbi,kärridʒ]
subst barnvagn

baby-sit ['bejbisitt] *verb* sitta
barnvakt

baby-sitter ['bejbi,sittə] *subst*
barnvakt

bachelor ['bätchələ] *subst*
ungkarl

back [bäkk] **I** *subst* **1** rygg;
baksida **2** sport. back **II** *adj*
1 på baksidan, bak- **2** ~
taxes kvarskatt **III** *adv* bakåt;
tillbaka; åter, igen **IV** *verb*
1 dra (skjuta o.d.) tillbaka;
backa bil, båt etc. **2** ~ *away*
backa; rygga; ~ *down* bildl.
retirera, backa ur; ~ *off*
rygga för, dra sig undan; ~
out bildl. backa ur, hoppa av;
~ *up* underbygga; backa
upp, stödja; backa fram

backbone ['bäkkbəon] *subst*
ryggrad; *to the* ~ ut i
fingerspetsarna

backcloth ['bäkklåθ] *subst*
fondkuliss

backdate [,bäkk'dejt] *verb*
antedatera

backdrop ['bäkkdråpp] *subst*
1 fondkuliss **2** bildl. bak-
grund

backfire [,bäkk'fajə] *verb*
1 baktända **2** bildl. slå slint

background ['bäkkgraond]
subst bakgrund; miljö

backhand ['bäkkhänd] *subst*
backhand i tennis o.d.

backhander ['bäkk,händə]
subst **1** backhandslag **2** bildl.
sidohugg

backing ['bäkking] *subst*
1 stöd, uppbackning **2** ac-
kompanjemang, komp

backlash ['bäkkläsch] *subst*
bakslag

back number [,bäkk'nambə]
subst gammalt nummer av
tidning

backpack ['bäkkpäkk] *subst*
ryggsack

backside [,bäkk'sajd] *subst*
baksida

backstage [,bäkk'stejdʒ] *adv*
bakom scenen; i kulisserna

backstroke ['bäkkstrəok]
subst ryggsim

backup ['bäkkapp] *subst* stöd;
förstärkning

backward ['bäkkwəd] *adj*
1 baklänges- **2** sent utveck-
lad

backwards ['bäkkwədz] *adv*
bakåt; tillbaka

backwater ['bäkk,wå:tə] *subst*
1 bakvatten **2** bildl. avkrok
backyard [,bäkk'ja:d] *subst*
bakgård
bacon ['bejkən] *subst* bacon
bacterium [bäkk'tiəriəm]
subst bakterie
bad [bäd] *adj* **1** dålig, usel;
not ~ el. not so ~ vard. inte så
illa; riktigt skaplig **2** onyttig,
skadlig; rutten, skämd
3 sjuk, krasslig **4** tråkig,
sorglig; *that's too ~!* vard. vad
tråkigt! **5** illa till mods
6 omoralisk; elak **7** oäkta,
falsk; ogiltig **8** ~ *luck* otur;
have a ~ time of it ha det
jobbigt; *go ~* ruttna, bli
skämd
bade [bäd] imperf. o. perf. p. av
bid
badge [bäddʒ] *subst* märke,
emblem; polis bricka
badger ['bäddʒə] **I** *subst* gräv-
ling **II** *verb* trakassera
badly ['bäddli] *adv* dåligt;
svårt; *be ~ off* ha det dåligt
ställt
badminton ['bäddmintən]
subst badminton
bad-tempered [,bädd'tempəd]
adj vresig, sur
baffle ['bäffl] *verb* förbrylla
bag [bägg] *subst* påse; säck;
bag; väska
baggage ['bäggidʒ] *subst* ba-
gage

baggy ['bäggi] *adj* påsig,
säckig
1 bail [bejl] *verb*, ~ el. ~ *out*
ösa; ösa läns
2 bail [bejl] *subst* borgen för
anhållens inställelse inför rätta
bailiff ['bejliff] *subst* utmät-
ningsman; delgivningsman
bait [bejt] **I** *verb* agna krok;
locka **II** *subst* agn, bete
bake [bejk] **I** *verb* ugnssteka;
baka; *baked beans* vita
bönor i tomatsås **II** *subst*
utomhusfest där ugnsstekt mat
serveras
baker ['bejkə] *subst* bagare;
baker's dozen tretton styc-
ken
bakery ['bejkəri] *subst* bageri
baking ['bejking] *adj* stekhet,
gassig
baking powder
['bejking,paodə] *subst* bak-
pulver
balance ['bälləns] **I** *subst*
1 våg; vågskål **2** balans
II *verb* **1** balansera **2** avväga
balanced ['bällənst] *adj* ba-
lanserad, i jämvikt; *~ diet*
allsidig kost
balcony ['bällkəni] *subst* bal-
kong; altan
bald [bå:ld] *adj* flintskallig
1 bale [bejl] *subst* bal, packe
2 bale [bejl] *verb*, ~ *out* vard.
rädda; klara sig ur
1 ball [bå:l] *subst* bal

2 ball [bå:l] *subst* boll; klot;
kula; nystan

ballast ['bälləst] *subst* barlast,
ballast

ballerina [,bällə'ri:nə] *subst*
ballerina

ballet ['bällej] *subst* balett

ballet-dancer ['bällej,da:nsə]
subst balettdansör, balett-
dansös

balloon [bə'lo:n] *subst* ballong

ballot ['bällət] *subst* **1** röstse-
del **2** omröstning; omröst-
ningsresultat

ballot paper ['bällət,pejpə]
subst röstsedel

ballpoint ['bå:lpåjnt] *subst*, ~
el. ~ *pen* kulspetspenna

ballroom ['bå:lro:m] *subst*, ~
dance sällskapsdans

balm [ba:m] *subst* **1** balsam
2 bildl. tröst, lindring

ban [bänn] **I** *subst* officiellt
förbud **II** *verb* förbjuda;
bannlysa

banana [bə'na:nə] *subst* ba-
nan

1 band [bänd] *subst* band;
bindel; ~ *conveyor* trans-
portband

2 band [bänd] *subst* **1** skara;
gäng **2** mindre orkester, band;
musikkår

bandage ['bändidʒ] **I** *subst*
bandage **II** *verb* förbinda

bandwagon ['bänd,wäggən],

climb on to the ~ ansluta sig
till vinnarsidan

bandy ['bändi] **I** *verb* bolla
med **II** *subst* bandy

bandy-legged ['bändileggd]
adj hjulbent

bang [bäng] **I** *verb* smälla, slå
II *subst* slag, smäll; brak;
with a ~ bums, tvärt

banish ['bännisch] *verb* **1** för-
visa **2** slå ur tankarna

banisters ['bännistəss] *subst*
pl trappräcke, ledstång

1 bank [bängk] *subst* **1** strand
vid flod el. kanal **2** sandbank

2 bank [bängk] **I** *subst*
1 bank; ~ *manager* bank-
kamrer **2** bank på kasino o.d.;
break the ~ spränga banken
II *verb* sätta in pengar på
banken

banker ['bängkə] *subst*
1 bankir **2** på tipskupong säker
match

bank holiday [,bängk'hållədej]
subst bankfridag, allmän
helgdag

banking ['bängking] *subst*
bankväsen

banknote ['bängknəot] *subst*
sedel

bankrate ['bängkrejt] *subst*
ränta centralbanks räntefot

bankrupt ['bängkrapt] *adj*
bankrutt; *go* ~ göra konkurs

banner ['bännə] *subst* baner,
fana

banns [bännz] *subst pl*
lysning

baptism ['bäpptizəm] *subst*
dop

bar [ba:] **I** *subst* **1** stång, spak;
ribba; ~ *of chocolate* cho-
kladkaka **2** bom; regel; *be-
hind bars* bakom lås och
bom i fängelse **3** bar, bardisk
II *verb* **1** regla; blockera
2 *bildl.* utesluta, avstänga

barbaric [ba:'bärrikk] *adj* bar-
barisk

barbecue ['ba:bikjo:] **I** *subst*
grillfest, barbecue **II** *verb*
grilla *utomhus;* helsteka

barber ['ba:bə] *subst* frisör;
barber's shop frisersalong

bar-code ['ba:kaod] **I** *subst*
streckkod **II** *verb* streckkoda

bare [bää] **I** *adj* bar, naken;
kal **II** *verb* blotta

bareback ['bääbäkk] *adv* bar-
backa

barefaced ['bääfejst] *adj*
skamlös, fräck

barefoot ['bääfott] *adj o. adv*
barfota

barely ['bääli] *adv* nätt och
jämnt, knappt

bargain ['ba:ginn] **I** *subst* köp;
fynd **II** *verb* köpslå, pruta

barge [ba:dʒ] *subst* kanal-
pråm

1 bark [ba:k] *subst* bark

2 bark [ba:k] **I** *verb* **1** om djur

skälla **2** om person ryta, skälla
II *subst* **1** skall **2** rytande

barley ['ba:li] *subst* korn
sädesslag

barley sugar ['ba:li,schoggə]
subst bröstsocker

barmaid ['ba:mejd] *subst* bar-
flicka, kvinnlig bartender

barman ['ba:mən] *subst* bar-
tender

barn [ba:n] *subst* lada

barometer [bə'råmmitə] *subst*
barometer

baron ['bärrən] *subst* baron;
friherre

baroness ['bärrənəs] *subst*
baronessa; friherrinna

barracks ['bärräks] *subst pl*
kasern; barack

barrel ['bärrəl] *subst* fat, tunna

barren ['bärrən] *adj* **1** karg
2 torftig

barricade [,bärri'kejd] **I** *subst*
barrikad **II** *verb* barrikadera

barrier ['bärriə] *subst* barriär;
bom; spärr

barring ['ba:ring] *prep* utom;
bortsett från

barrister ['bärristə] *subst*
överrättsadvokat *medlem av
engelska advokatsamfundet med
rätt att föra parters talan vid
överrätt*

1 barrow ['bärrəo] *subst*
skottkärra

2 barrow ['bärrəo] *subst*
kummel, gravhög

bartender ['ba:ˌtendə] *subst* bartender

barter ['ba:tə] I *verb* pruta II *subst* byteshandel; byte

1 base [bejs] *adj* simpel, tarvlig

2 base [bejs] I *subst* bas i olika bet.; grundval II *verb* **1** basera, grunda **2** stationera *trupper o.d.*

baseball ['bejsbå:l] *subst* baseball, baseboll

basement ['bejsmənt] *subst* **1** källare **2** bottenplan

1 bases ['bejsiz] *subst* plural av *2 base I*

2 bases ['bejsi:z] *subst* plural av *basis*

bashful ['bäschfol] *adj* blyg, skygg

basic ['bejsikk] I *adj* bas-, grundläggande II *get back to basics* ta ngt från grunden

basically ['bejsikkəli] *adv* i grund och botten

basil ['bäzl] *subst* basilika

basin ['bejsn] *subst* **1** handfat; skål **2** hamnbassäng

basis ['bejsis] *subst* bas; grundval

bask [ba:sk] *verb* gassa

basket ['ba:skitt] *subst* korg; bildl. paket-; ~ *of currencies* valutakorg

basketball ['ba:skittbå:l] *subst* basketboll

1 bass [bäss] *subst* havsabborre

2 bass [bejs] *subst* bas; basröst

bassoon [bə'so:n] *subst* fagott

bastard ['ba:stəd] I *subst* utomäktenskapligt barn; som skällsord skitstövel II *adj* oäkta; bastard-

1 bat [bätt] *subst* fladdermus

2 bat [bätt] *subst* slagträ; racket

batch [bätch] *subst* bak av samma deg; sats

bath [ba:θ] I *subst* **1** bad **2** badkar **3** *baths* badhus; kurort II *verb* bada

bathe [bejð] *verb* bada i det fria

bathing ['bejðiŋ] *subst* badning; ~ *season* badsäsong

bathing cap ['bejðiŋkäpp] *subst* badmössa

bathing costume ['bejðiŋˌkåstjo:m] *subst* baddräkt

bathrobe ['ba:θrəob] *subst* badkappa

bathroom ['ba:θro:m] *subst* badrum; ~ *cabinet* badrumsskåp

bath towel ['ba:θˌtaoəl] *subst* badlakan

baton ['bätån] *subst* **1** batong **2** stafettpinne

1 batter ['bättə] *verb* slå, bulta på

2 batter ['bättə] *subst* vispad smet

3 batter ['bättə] *subst* slagman i kricket el. baseball

battered ['bättəd] *adj* illa medfaren; misshandlad

battery ['bättəri] *subst* **1** batteri i olika bet. **2** misshandel

battle ['bättl] **I** *subst* strid, fältslag **II** *verb* kämpa

battlefield ['bättlfi:ld] *subst* slagfält

battleship ['bättlschipp] *subst* slagskepp

bawdy ['bå:di] *adj* oanständig

bawl [bå:l] **I** *verb* vråla; tjuta **II** *subst* vrål; tjutande

1 bay [bej] *subst* lagerträd

2 bay [bej] *subst* bukt

3 bay [bej] *subst* alkov; burspråk

4 bay [bej] **I** *subst* skall **II** *verb* skälla, yla

5 bay [bej] **I** *adj* brun om häst **II** *subst* brun häst

bay leaf ['bejli:f] *subst* lagerblad

bazaar [bə'za:] *subst* basar

BBC [‚bi:bi:'si:] BBC radio- och TV-bolag

BC [‚bi:'si:] f. Kr.

be* [bi:] *verb* **1** vara; bli; *there is, there are* det är, det finns **2** vara; finnas till, existera; äga rum, ske; kosta; må, känna sig; *how are you?* hur mår du?; hur står det

till?; *that is* det vill säga **3** ~ *about* handla om; hålla på med; ~ *at* ha för sig; vara på någon; ~ *for* förorda, vara för; ~ *in* on sth. vara med om ngt; ~ *into* sth. vard. vara intresserad av ngt, syssla med ngt; ~ *off* ge sig i väg (av); ~ *on* at sb. ligga efter ngn, tjata på ngn **4** bli, bliva; *he was saved* han räddades, han blev räddad **5** *they are building a house* de håller på och bygger ett hus **6** *am (are, is) to* ska, skall; *was (were) to* skulle; kunde

beach [bi:tch] *subst* strand; ~ *ball* badboll

beacon ['bi:kən] *subst* **1** mindre fyr **2** trafikljus som markerar övergångsställe

bead [bi:d] *subst* pärla av glas o.d.; *beads* äv. pärlhalsband

beak [bi:k] *subst* näbb

beaker ['bi:kə] *subst* mugg

beam [bi:m] **I** *subst* **1** bjälke **2** stråle, ljusstråle **II** *verb* utstråla, skina

bean [bi:n] *subst* böna

1 bear [bäə] *subst* **1** björn **2** bildl. brumbjörn

2 bear [bäə] *verb* **1** bära, föra; ~ *oneself* föra sig; uppföra sig **2** hålla **3** bildl. hysa; uthärda; ~ *with* sb. fördra ngn **4** föda, se vid. *born* **5** *bring to* ~ applicera; utöva

beard [biəd] *subst* skägg
bearded ['biədidd] *adj* skäggig, med skägg
bearer ['bäərə] *subst* bärare
bearing ['bäəriŋ] *subst*
1 hållning, uppträdande
2 betydelse; *have ~ on* stå i samband med **3** *have lost one's bearings* ha tappat orienteringen
beast [bi:st] *subst* **1** djur; best **2** bildl. kräk
beastly ['bi:stli] *adj* djurisk, rå
beat [bi:t] **I** *verb* **1** slå; bulta **2** vispa **3** besegra; *there is nothing to ~ it* ingenting går upp mot det; *~ up* slå, misshandla **II** *subst* slag; takt **III** *adj* vard. utmattad, slagen
beating ['bi:tiŋ] *subst* stryk
beautiful ['bjo:təfəl] *adj* skön, vacker
beauty ['bjo:ti] *subst* **1** skönhet **2** pärla, praktexemplar
beaver ['bi:və] *subst* bäver
became [bi'kejm] *imperf.* av *become*
because [bi'kåz] **I** *konj* därför att, eftersom **II** *adv, ~ of* för...skull, på grund av
beckon ['bekkən] *verb* göra tecken åt
become* [bi'kamm] **I** *verb* bli, bliva **II** *verb* passa, anstå, klä
becoming [bi'kamiŋ] *adj* passande, klädsam
bed [bedd] **1** bädd; säng; ~

and breakfast rum inklusive frukost; *go to ~* lägga sig **2** rabatt med blommor o.d.
bedclothes ['beddkloŏz] *subst pl* sängkläder
bedridden ['bedd,riddn] *adj* sängliggande
bedroom ['beddro:m] *subst* sovrum
bedside ['beddsajd], *at the ~* vid sängkanten
bedsitter [,bedd'sittə] *subst* möblerat hyresrum
bedspread ['beddspredd] *subst* sängöverkast
bedtime ['beddtajm] *subst* läggdags
bee [bi:] *subst* bi
beech [bi:tch] *subst* bok
beef [bi:f] *subst* oxkött, nötkött
beefburger ['bi:f,bö:gə] *subst* hamburgare
beefeater ['bi:f,i:tə] *subst* populär benämning på livgardist; vaktare i Towern
beehive ['bi:hajv] *subst* bikupa
been [bi:n] *perf. p.* av *be*
beer [biə] *subst* öl
beet [bi:t] *subst* beta rotfrukt
beetle ['bi:tl] *subst* skalbagge
beetroot ['bi:tro:t] *subst* rödbeta
before [bi'få:] **I** *prep* framför; före **II** *adv* framför, före;

förut; förr **III** *konj* innan, förrän

beforehand [bi'få:händ] *adv* på förhand; i förväg

beg [begg] *verb* **1** tigga **2** be om

began [bi'gän] *imperf.* av begin

beggar ['beggə] *subst* tiggare

begin* [bi'ginn] *verb* börja; börja med; börja på

beginner [bi'ginnə] *subst* nybörjare

beginning [bi'ginning] *subst* början, begynnelse

behalf [bi'ha:f], *on sb.'s ~* i ngns ställe; å ngns vägnar

behave [bi'hejv] *verb* uppföra sig, bete sig

behaviour [bi'hejvjə] *subst* uppförande; beteende

behead [bi'hedd] *verb* halshugga

behind [bi'hajnd] **I** *prep* bakom, efter; *try to put it ~ you!* försök att glömma det! **II** *adv* bakom; baktill; bakåt; efter sig; efter; kvar

beige [bej3] *adj* beige

being ['bi:ing] **I** *for the time ~* för närvarande; tillsvidare **II** *subst* **1** tillvaro **2** varelse

belated [bi'lejtidd] *adj* senkommen

belch [beltch] **I** *verb* rapa **II** *subst* rap

belfry ['belfri] *subst* klocktorn, klockstapel

Belgian ['beldʒən] **I** *adj* belgisk **II** *subst* belgare, belgier

Belgium ['beldʒəm] Belgien

belief [bi'li:f] *subst* tro; övertygelse

believe [bi'li:v] *verb* tro; *~ in* tro på; *make ~* låtsas

believer [bi'li:və] *subst* troende person

belittle [bi'littl] *verb* förringa

bell [bell] *subst* ringklocka

belligerent [bə'lidʒərənt] *subst* krigförande makt

bellow ['belləo] *verb* böla, råma

belly ['belli] *subst* buk; mage

belong [bi'lång] *verb* **1** ha sin plats, höra hemma **2** passa in

beloved [bi'lavd] **I** *adj* älskad **II** *subst* älskling

below [bi'ləo] *prep* o. *adv* nedanför, under; nedan; inunder

belt [belt] *subst* bälte i olika bet.; skärp

bench [bentsch] *subst* bänk; *the ~* domarkåren

bend [bend] **I** *verb* böja, kröka; böja (kröka) sig **II** *subst* böjning; krök; kurva

beneath [bi'ni:θ] *adv* o. *prep* nedanför, under; nedan

benefactor ['bennifäkktə] *subst* välgörare

beneficial [,benni'fischəl] *adj* välgörande, fördelaktig

benefit ['bennifitt] I *subst*
1 förmån, fördel **2** bidrag
II *verb* gagna

benevolent [bi'nevvələnt] *adj*
välvillig, generös

benign [bi'najn] *adj* **1** välvillig
2 godartad om tumör

bent [bent] I *subst* böjelse;
fallenhet II *imperf.* av *bend*
III *adj* böjd, krokig

bequest [bi'kwest] *subst* testamente

beret ['berrej] *subst* basker
mössa

berry ['berri] *subst* bär

berserk [bə'sö:k], *go* ~ gå
bärsärkagång

berth [bö·θ] *subst* **1** koj; hytt
2 kajplats

beset [bi'sett] *verb* **1** belägra
2 *bildl.* ansätta

beside [bi'sajd] *prep* bredvid,
vid sidan av (om); ~ *oneself*
ifrån sig

besides [bi'sajdz] I *adv* dessutom; för övrigt II *prep*
förutom

besiege [bi'si:dʒ] *verb* **1** belägra **2** *bildl.* bestorma

best [best] I *adj* o. *adv* bäst
II *subst* **1** det, den, de bästa; *all
the* ~ lycka till!; *at* ~ i bästa
fall; *at one's* ~ som mest till
sin fördel **2** finkläder

bestow [bi'stəo] *verb* skänka,
ge

bet [bett] I *subst* vad II *verb*
slå vad; slå vad om

betray [bi'trej] *verb* förråda

betrayal [bi'trejəl] *subst* förräderi, svek

1 better ['bettə] I *adj* o. *adv*
bättre II *subst, so much the* ~
el. *all the* ~ så mycket (desto)
bättre; *the sooner the* ~ ju
förr dess bättre III *verb*
förbättra; bättra på

2 better ['bettə] *subst* vadhållare

betting ['betting] *subst* vadhållning

between [bi'twi:n] *prep* o. *adv*
emellan

beverage ['bevvəridʒ] *subst*
dryck

beware [bi'wäə], ~ *of pickpockets!* varning för ficktjuvar!

beyond [bi'jånd] I *prep* o. *adv*
bortom; på andra sidan
II *subst, the* ~ det okända,
livet efter detta

bias ['bajəs] *subst* förutfattad
mening

biased ['bajəst] *adj* partisk;
fördomsfull

bib [bibb] *subst* haklapp

bible ['bajbl] *subst* bibel

bicker ['bikkə] *verb* gnabbas,
kivas

bicycle ['bajsikl] I *subst* cykel
II *verb* cykla

bid [bidd] I *verb* bjuda på

bidder

auktion el. i kortspel **II** *subst* bud på auktion el. i kortspel

bidder ['biddə] *subst* person som bjuder på auktion el. i kortspel; *the highest (best)* ~ den högstbjudande

bidding ['bidding] *subst* bud på auktion; budgivning i kortspel

bide [bajd], ~ *one's time* bida sin tid

big [bigg] *adj* stor, storväxt, kraftig; *Big Dipper* berg- -och-dal-bana; *the Big Smoke* vard. beteckn. för *London*

bigot ['biggət] *subst* bigott person

bigoted ['biggətidd] *adj* bigott; trångsynt

bigotry ['biggətri] *subst* bigotteri; trångsynthet

bike [bajk] vard. förk. för *bicycle*

bikini [bi'ki:ni] *subst* bikini

bilingual [baj'linggwəl] *adj* tvåspråkig

1 bill [bill] *subst* näbb

2 bill [bill] *subst* **1** lagförslag **2** räkning, nota; *foot the* ~ vard. betala kalaset räkningen **3** affisch

billiards ['billjədz] *subst* biljard

billion ['billjən] *subst* miljard

bin [binn] *subst* lår, binge; låda

bind [bajnd] *verb* binda,

binda fast; binda ihop; reda sås o.d.

binge [bindʒ], *go on a* ~ vard. vara ute och svira

bingo ['binggəo] *subst* o. *interj* bingo

biography [baj'ȧggrəfi] *subst* biografi

biological [ˌbajəo'låddʒikəl] *adj* biologisk

biology [baj'ȧllədʒi] *subst* biologi

birch [bö:tch] *subst* björk

bird [bö:d] *subst* fågel; ~ *of prey* rovfågel

bird's-eye view [ˌbö:dzaj'vjo:] *subst* överblick

bird-watcher ['bö:dˌwåtchə] *subst* fågelskådare

birth [bö:θ] *subst* **1** födelse **2** börd, härkomst

birth certificate ['bö:θəˌtiffikətt] *subst* födelseattest

birth control ['bö:θəkənˌtrəol] *subst* födelsekontroll

birthday ['bö:θdej] *subst* födelsedag

birthplace ['bö:θplejs] *subst* födelseort

biscuit ['biskitt] *subst* kex; skorpa

bishop ['bischəpp] *subst* **1** biskop **2** i schack löpare

1 bit [bitt] *subst* egg, skär; borr

2 bit [bitt] *subst* bit i allm.

3 bit [bitt] imperf. av bite

bitch [bitch] subst hynda, tik

bite* [bajt] I verb 1 bita; bita i 2 svida II subst 1 bett; stick 2 tugga

bitter ['bittə] I adj bitter, besk II subst slags beskt öl; **bitters** bitter alkoholhaltig dryck

bitterness ['bittənəs] subst bitterhet

blab [bläbb] verb skvallra; babbla

black [bläkk] adj svart; mörk; ~ bread mörkt bröd; rågbröd; ~ coffee kaffe utan grädde (mjölk)

blackberry ['bläkkbərri] subst björnbär

blackbird ['bläkkhö:d] subst koltrast

blackboard ['bläkkbå:d] subst svart tavla

blackcurrant [,bläkk'karənt] subst svart vinbär

blacken ['bläkkən] verb 1 svärta 2 svärta ned

blackleg ['bläkklegg] subst strejkbrytare

blacklist ['bläkklist] verb svartlista

blackmail ['bläkkmejl] I subst utpressning II verb utöva utpressning mot

blackout ['bläkkaot] subst 1 mörkläggning; strömavbrott 2 blackout

blacksmith ['bläkksmiθ] subst smed; hovslagare

bladder ['bläddə] subst blåsa; urinblåsa

blade [blejd] subst blad på kniv, åra m.m.; skena på skridsko

blame [blejm] I verb klandra; lägga skulden på II subst skuld

blameless ['blejmləs] adj oskyldig, skuldfri

bland [bländ] adj förbindlig; blid, mild

blank [blängk] I adj ren, tom II subst 1 tomrum 2 oskrivet blad 3 nit i lotteri 4 löst skott

blanket ['blängkitt] subst filt

blast [bla:st] I subst 1 stark vindstöt 2 tryckvåg vid explosion II verb spränga

blatant ['blejtənt] adj flagrant; uppenbar

blaze [blejz] I subst flammande eld II verb stå i ljusan låga

blazer ['blejzə] subst klubbjacka; blazer

bleach [bli:tch] I verb bleka II subst blekmedel

1 bleak [bli:k] adj dyster

2 bleak [bli:k] subst löja

bleary-eyed ['bliəriajd] adj skumögd

bleat [bli:t] verb bräka, böla

bleed [bli:d] verb blöda; ~ white bildl. suga ut; skinna

bleeper ['bli:pə] subst personsökare

blemish ['blemmisch] *subst* fläck; skavank

blend [blend] **I** *verb* blanda; förena **II** *subst* blandning

bless [bless] *verb* välsigna

blessing ['blessing] *subst* välsignelse

blew [blo:] imperf. av 1 *blow*

blight [blajt] *subst* bildl. pest, fördärv

blind [blajnd] **I** *adj* blind; ~ *alley* återvändsgränd **II** *subst* rullgardin; markis; *Venetian* ~ persienn, spjäljalusi **III** *verb* göra blind; blända

blindfold ['blajndfåold] **I** *verb* binda för ögonen på **II** *adj* med förbundna ögon **III** *subst* ögonbindel

blindness ['blajndnəs] *subst* blindhet

blink [blingk] **I** *verb* **1** blinka **2** blänka till **II** *subst* **1** glimt **2** blink

bliss [bliss] *subst* sällhet; lycka

blister ['blistə] *subst* blåsa; blemma

blizzard ['blizəd] *subst* häftig snöstorm

bloated ['blǝotidd] *adj* plufsig; uppblåst

blob [blåbb] *subst* droppe; klick

block [blåkk] **I** *subst* **1** kloss, block **2** kvarter **3** stopp; blockering **II** *verb* **1** blockera; skymma **2** stoppa

blockade [blå'kejd] *subst* blockad

blockage ['blåkkidʒ] *subst* stopp; blockering

bloke [blǝok] *subst* vard. karl, kille

blond [blånd] **I** *adj* blond **II** *subst* blond person

blonde [blånd] **I** *adj* blond, ljuslagd **II** *subst* blondin

blood [bladd] *subst* blod i div. bet.; *in cold* ~ med berått mod

blood-donor ['bladd,dǝonə] *subst* blodgivare

blood group ['bladdgro:p] *subst* blodgrupp

bloodhound ['bladdhaond] *subst* blodhund

blood-poisoning ['bladd,påjzning] *subst* blodförgiftning

blood pressure ['bladd,preschə] *subst* blodtryck

bloodshed ['bladdschedd] *subst* blodsutgjutelse

bloodshot ['bladdschått] *adj* blodsprängd

bloodstream ['bladdstri:m] *subst* blodomlopp

blood test ['bladdtest] *subst* blodprov

bloodthirsty ['bladd,θö:sti] *adj* blodtörstig

blood vessel ['bladd,vessl]
subst blodkärl

bloody ['bladdi] *adj* **1** blodig
2 vard. jäkla

bloom [blo:m] **I** *subst* blom-
ning **II** *verb* blomma

blossom ['blåssəm] **I** *subst*
blomma **II** *verb* blomma;
bildl. blomma upp

blot [blått] *subst* **1** plump
2 skamfläck

blotting-paper
['blåtting,pejpə] *subst* läsk-
papper

blouse [blaoz] *subst* blus

1 blow [bləo] *verb* **1** blåsa;
blåsa i; blåsa ut t.ex. rök
2 spränga; *the fuse has
blown* proppen har gått **3** ~
out släcka; ~ *over* gå över,
lägga sig; ~ *up* blåsa upp,
förstora; spränga

2 blow [bləo] *subst* **1** slag,
stöt **2** bildl. hårt slag

blow-dry ['bləodraj] *verb* föna
håret

blowlamp ['bləolämp] *subst*
blåslampa

blow-up ['bləoapp] *subst* **1** ex-
plosion **2** förstoring av foto

blue [blo:] *adj* **1** blå; ~ *cheese*
ädelost **2** vard. deppig

bluebottle ['blo:,båttl] *subst*
1 spyfluga **2** blåklint

blueprint ['blo:print] *subst*
1 blåkopia **2** planritning

blues [blo:z] *subst pl* blues

bluff [blaff] **I** *verb* bluffa
II *subst* bluff

blunder ['blandə] *subst* blun-
der, tabbe

blunt [blant] **I** *adj* **1** slö; trög
2 rättfram **II** *verb* trubba av

blur [blö:] **I** *subst* fläck,
plump; *a* ~ äv. något suddigt
II *verb* göra suddig; flyta
ihop

blurb [blö:b] *subst* baksides-
text på bok

blush [blasch] **I** *verb* rodna
II *subst* rodnad

boar [bå:] *subst* galt

board [bå:d] **I** *subst* **1** bräda
2 anslagstavla **3** kost; *full* ~
helpension **4** *on* ~ ombord på
fartyg, flygplan **5** *the boards*
teatern **II** *verb* gå ombord på

boarder ['bå:də] *subst* inne-
boende

boarding card ['bå:dingka:d]
subst ombordstigningskort,
boardingcard

boarding house ['bå:dinghaos]
subst pensionat

boarding school
['bå:dingsko:l] *subst* internat

boardroom ['bå:drom] *subst*
styrelserum

boast [bəost] *verb* skryta

boat [bəot] *subst* båt

1 bob [båbb] *subst* bob

2 bob [båbb] **I** *subst* knix;
bockning **II** *verb* bocka;
knixa

bobby ['båbbi] *subst* 'bobby';
brittisk polisman
bode [bəod] *verb* båda, varsla
bodily ['båddəli] *adj* kroppslig,
fysisk
body ['båddi] *subst* **1** kropp;
in a ~ mangrant **2** lik
bodyguard ['båddiga:d] *subst*
livvakt
bodywork ['båddiwö:k] *subst*
kaross
bog [bågg] *subst* mosse, kärr
boggle ['båggl], *the mind
boggles* tanken svindlar
bogus ['bəogəs] *adj* falsk,
sken-, bluff-
1 boil [båjl] *subst* böld
2 boil [båjl] **I** *verb* koka; *~
down* koka ihop; *it all boils
down to...* det hela går i
korthet ut på... **II** *subst*
kokning
boiler ['båjlə] *subst* **1** ångpan-
na **2** varmvattenberedare
boiling point ['båjlingpåjnt]
subst kokpunkt
boisterous ['båjstərəs] *adj*
bullersam
bold [bəold] *adj* djärv; vågad;
fräck
bollard ['båla:d] *subst* låg
stolpe, trafikkon
bolster ['bəolstə] **I** *subst* lång
underkudde **II** *verb* stödja
1 bolt [bəolt] **I** *subst* **1** bult
2 låskolv **II** *verb* **1** rusa i väg;
skena **2** regla

2 bolt [bəolt] *verb* sikta mjöl
bomb [båmm] **I** *subst* bomb
II *verb* bomba
bombastic [båmm'bässtikk]
adj svulstig
bomber ['båmmə] *subst*
bombplan; bombfällare
bombshell ['båmmschell]
subst granat
bona fide [,bəonə'fajdi] *adj* o.
adv bona fide, i god tro
bond [bånd] **I** *subst* **1** band
bildl.; *bonds* äv. förpliktelser
2 obligation **II** *verb* förena
bondage ['båndidʒ] *subst*
träldom
bone [bəon] **I** *subst* ben; *~ of
contention* tvistefrö; *the bare
bones of sth.* ngts byggstenar
II *verb* bena fisk
bone-idle [,bəon'ajdl] o. **bone-
lazy** [,bəon'lejzi] *adj* urlat
bonfire ['bånn,fajə] *subst* bål,
brasa
bonnet ['bånnitt] *subst* **1** hät-
ta **2** motorhuv
bonus ['bəonəs] *subst* bonus,
premie
bony ['bəoni] *adj* benig
boo [bo:] **I** *subst* burop **II** *verb*
bua, bua ut
booby trap ['bo:biträpp] *subst*
1 fälla **2** minfälla
book [bokk] **I** *subst* **1** bok; *by
the ~* efter reglerna **2** tele-
fonkatalog **II** *verb* **1** boka,

reservera **2** *be booked* i fotboll
få en varning
bookcase ['bokkejs] *subst*
bokhylla
booking-office
['bokking,åffiss] *subst* biljett-
kontor
bookkeeping ['bokk,ki:ping]
subst bokföring
booklet ['bokklət] *subst* häfte,
broschyr
bookmaker ['bokk,mejkə]
subst bookmaker vadförmed-
lare
bookseller ['bokk,sellə] *subst*
bokhandlare
bookshop ['bokkschåpp] *subst*
bokhandel
bookstore ['bokkstå:] *subst*
bokhandel
1 boom [bo:m] **I** *verb* dåna
II *subst* dån
2 boom [bo:m] **I** *subst* boom;
uppsving **II** *verb* få ett
uppsving
boon [bo:n] *subst* välsignelse,
förmån
boost [bo:st] **I** *verb* öka
II *subst* lyft; puff
booster ['bo:stə] *subst* för-
stärkare i radio
boot [bo:t] *subst* **1** känga,
läderstövel; *boots* äv. boots;
skiing ~ pjäxa **2** bagagelucka
i bil
booth [bo:ð] *subst* **1** salustånd
2 bås avskärmad plats

booty ['bo:ti] *subst* byte, rov
booze [bo:z] vard. **I** *verb*
dricka, kröka **II** *subst* sprit
border ['bå:də] **I** *subst* gräns
II *verb*, *~ on* gränsa till
borderline ['bå:dəlajn] *subst*
gränslinje
1 bore [bå:] imperf. av **2** *bear*
2 bore [bå:] **I** *subst* borrhål
II *verb* borra
3 bore [bå:] **I** *subst* tråkmåns
II *verb* tråka ut
boredom ['bå:dəm] *subst*
långtråkighet
boring ['bå:ring] *adj* urtråkig,
långtråkig
born [bå:n] *adj* född; *a ~ liar*
en oförbätterlig lögnare;
when were you ~? när är du
född?
borne [bå:n] perf. p. av **2** *bear*
borough ['barrə] *subst* stad som
administrativt begrepp
borrow ['bårrəo] *verb* låna från
någon
bosom ['bozəm] *subst* barm,
sköte bildl.
boss [båss] vard. **I** *subst* bas,
chef **II** *verb* basa över; *~
about* köra med folk
bossy ['båssi] *adj* vard. domi-
nerande
botany ['båttəni] *subst* bota-
nik
botch [båttch] **I** *verb* schabbla
bort **II** *subst* röra

both [bəoθ] *pron* båda, bägge, båda två; ~ *of us* oss båda

bother ['bɒðə] I *verb* 1 besvära 2 besvära sig II *subst* besvär

bottle ['bɒtl] I *subst* flaska II *verb* buteljera

bottle bank ['bɒtlbæŋk] *subst* igloo för glasavfall

bottleneck ['bɒtlnekk] *subst* flaskhals mest bildl.

bottle-opener ['bɒtl,əopənə] *subst* kapsylöppnare

bottom ['bɒtəm] I *subst* 1 botten; underdel 2 bort- ända, slut 3 *at* ~ i grund och botten; *be at the* ~ *of* ligga bakom II *adj* 1 lägsta, sista, understa 2 grund-

bottomless ['bɒtəmləs] *adj* utan botten; bottenlös

bough [bao] *subst* större trädgren; lövruska

bought [bɑːt] imperf. o. perf. p. av *buy*

boulder ['bəoldə] *subst* sten- block

bounce [baons] I *verb* 1 stud- sa 2 vard. ej godkänna om check utan täckning II *subst* duns

bouncer ['baonsə] *subst* vard. 1 utkastare 2 ej godkänd check

1 bound [baond] I imperf. o. perf. p. av *bind* II *adj* bunden; inbunden; *be* ~ *to* vara tvungen; inte kunna undgå

2 bound [baond] *adj* destine- rad; ~ *for* på väg till

3 bound [baond] *verb* skutta

4 bound [baond] *subst*, *bounds* gräns, gränser; *keep within bounds* begränsa sig

boundary ['baondəri] *subst* gräns, gränslinje

boundless ['baondləs] *adj* gränslös

bout [baot] *subst* 1 dust 2 anfall, släng

1 bow [bao] I *verb* nicka II *subst* bugning

2 bow [bao] *subst*, *bows* bog; för, stäv

3 bow [bəo] *subst* 1 båge 2 pilbåge 3 stråke

1 bowl [bəol] *subst* 1 skål 2 bål dryck och skål

2 bowl [bəol] I *subst* klot; boll; *bowls* bowls spel II *verb* spela bowls; spela bowling

bow-legged ['bəoleggd] *adj* hjulbent

1 bowler ['bəolə] *subst* bowlare

2 bowler ['bəolə] *subst*, ~ *hat* plommonstop

bowling ['bəoliŋ] *subst* bow- ling

bowling alley ['bəoliŋ,ælli] *subst* bowlinghall

bowling green ['bəoliŋgriːn] *subst* gräsplan för bowls

bow tie [,bəo'taj] *subst* fluga

1 box [bɒkks] *subst* buxbom

2 box [båkks] *subst* **1** låda, kista; ask **2** bås; spilta **3** loge på teater

3 box [båkks] *verb* boxa, boxas

1 boxer ['båkksə] *subst* boxare

2 boxer ['båkksə] *subst* boxer hundras

boxing ['båkksing] *subst* boxning

Boxing Day ['båkksingdej] *subst* annandag jul

box office ['båkks,åffiss] *subst* biljettkontor för teater o.d.; *be a ~ success* vara en kassapjäs

boxroom ['båkksro:m] *subst* skrubb

boy [båj] *subst* pojke

boycott ['båjkått] **I** *verb* bojkotta **II** *subst* bojkott

boyfriend ['båjfrennd] *subst* pojkvän, kille

boyish ['båjisch] *adj* **1** pojkaktig; pojk- **2** barnslig

BR fork. för *British Rail*

bra [bra:] *subst* vard. bh, behå

brace [brejs] **I** *subst* **1** spänne; *braces* hängslen **2** tandställning **II** *verb* **1** spänna **2** ~ *oneself* stärka sig

bracelet ['brejslət] *subst* armband

bracket ['bräkkitt] **I** *subst* parentes **II** *verb* sätta inom parentes

brag [brägg] **I** *verb* skrävla **II** *subst* skrävel

braid [brejd] *subst* o. *verb* fläta

brain [brejn] *subst* hjärna; *brains* begåvning

brainchild ['brejntchajld] *subst* idé

brainwash ['brejnwåsch] **I** *subst* hjärntvätt **II** *verb* hjärntvätta

brainwave ['brejnwejv] *subst* snilleblixt

braise [brejz] *verb* bräsera

brake [brejk] **I** *subst* broms **II** *verb* bromsa

brake fluid ['brejkflo:id] *subst* bromsvätska, bromsolja

brake light ['brejklajt] *subst* bromsljus

bran [bränn] *subst* kli

branch [bra:ntsch] *subst* **1** trädgren **2** filial

brand [bränd] **I** *subst* **1** sort, märke **2** bildl. stämpel **II** *verb* bildl. brännmärka

brand-new [,bränd'njo:] *adj* splitt ny

brandy ['brändi] *subst* konjak

brash [bräsch] *adj* framfusig

brass [bra:s] *subst* mässing

brassiere ['bräsiə] *subst* behå

brat [brätt] *subst* barnunge, snorvalp

brave [brejv] *adj* modig, djärv

bravery ['brejvəri] *subst* mod, tapperhet

brawl [brå:l] **I** *verb* bråka **II** *subst* bråk

bray [brej] **I** *verb* om åsna skria
II *subst* åsnas skri
brazen ['brejzn] *adj* **1** av
mässing **2** fräck
breach [bri:tch] **I** *subst* över-
trädelse; bildl. brytning
II *verb* bryta
bread [bredd] **I** *subst* bröd;
bildl. levebröd **II** *verb* bröa,
panera
bread-and-butter
[,breddənd'battə] *adj* som
klarar livhanken
breadbin ['breddbinn] *subst*
brödburk
breadline ['breddlajn], *on the*
~ på existensminimum
breadth [breddθ] *subst* bredd,
vidd
breadwinner ['bredd,winnə]
subst familjeförsörjare
break* [brejk] **I** *verb* **1** bryta,
bryta av, bryta sönder; slå
sönder, gå sönder **2** knäcka,
ruinera; bryta ner; om djur
tämja **3** bryta mot regler o.d.
4 ~ *loose* om t.ex. djur slita sig;
~ *open* bryta upp; spränga;
dawn is breaking det gryr;
her waters have broken
vattnet har gått vid födsel **5** ~
away slita sig lös; göra sig
fri; ~ *down* bryta ner; bryta
ihop; gå sönder och stanna;
stranda; ~ *in* tämja, rida in;
~ *into a house* bryta sig in i
ett hus; ~ *into laughter*

brista ut i skratt; ~ *off*
avbryta; ~ *out* bryta ut; ~
through bryta sig igenom; ~
up bryta upp; gå skilda
vägar **II** *subst* avbrott; paus;
without a ~ utan avbrott
breakdown ['brejkdaon] *subst*
1 sammanbrott **2** maskin-
haveri; motorstopp
breaker ['brejkə] *subst* brän-
ning
breakfast ['brekfəst] **I** *subst*
frukost **II** *verb* äta frukost
break-in ['brejkinn] *subst*
inbrott
break-out ['brejkaot] *subst*
utbrytning, rymning
breakthrough ['brejkθro:]
subst genombrott
break-up ['brejkapp] *subst*
brytning; uppbrott
breakwater ['brejk,wå:tə]
subst vågbrytare, pir
breast [brest] *subst* bröst
breast-feed ['brestfi:d] *verb*
amma
breaststroke ['breststraok]
subst bröstsim
breath [breθ] *subst* ande-
dräkt; andetag; *a* ~ *of fresh
air* en nypa frisk luft
breathalyser o. **breathalyzer**
['breθəlajzə] *subst* alkotest-
apparat
breathe [bri:ð] *verb* andas
breather ['bri:ðə] *subst* vilo-
paus

breathing-space
['bri:ðɪŋspejs] *subst* andrum
breathless ['breθləs] *adj* and-
fådd; andlös bildl.
breathtaking ['breθ,tejkɪŋ]
adj nervpirrande; hisnande
breed [bri:d] I *verb* **1** föda
upp djur; odla **2** föröka sig
3 bildl. alstra II *subst* ras;
släkte
breeding ['bri:dɪŋ] *subst*
1 avel **2** god uppfostran
breeze [bri:z] *subst* bris, lätt
vind
breezy ['bri:zɪ] *adj* blåsig; frisk
brevity ['brevvəti] *subst* kort-
het
brew [bro:] I *verb* brygga
II *subst* brygd
brewery ['bro:əri] *subst* bryg-
geri
bribe [brajb] *subst* o. *verb*
muta
bribery ['brajbəri] *subst* be-
stickning
brick [brikk] *subst* tegelsten
bricklayer ['brikk,lejə] *subst*
murare
bridal ['brajdl] *adj* brud-,
bröllops-
bride [brajd] *subst* brud
bridegroom ['brajdgro:m]
subst brudgum
bridesmaid ['brajdzmejd]
subst brudtärna
1 bridge [bridʒ] *subst* bridge
spel

2 bridge [bridʒ] I *subst* bro;
brygga II *verb* bildl. över-
brygga
bridle ['brajdl] I *subst* betsel
II *verb* betsla
bridle path ['brajdlpa:θ] rid-
stig
brief [bri:f] I *subst*, briefs
trosor; kalsonger II *adj* kort-
fattad, kortvarig; *in ~* kort
sagt III *verb* instruera, briefa
briefcase ['bri:fkejs] *subst*
portfölj
bright [brajt] I *adj* **1** klar, ljus
2 vaken, skärpt II *adv* klart
brighten ['brajtn] *verb* lysa
upp; pigga upp
brilliance ['briljəns] *subst*
briljans
brilliant ['briljənt] I *adj* bril-
jant II *subst* briljant
brim [brim] I *subst* **1** brädd
2 brätte II *verb*, ~ *over* rinna
över
brine [brajn] *subst* saltvatten,
saltlake
bring* [brɪŋ] *verb* **1** ha med
sig; hämta **2** medföra; förmå
3 ~ *about* få till stånd; ~
along ha med sig; ~ *back*
memories väcka minnen till
liv; ~ *down* få ner; ~ *forward*
anföra; ~ *in* införa; dra in
pengar; ~ *off* klara av; ~ *out*
bringa i dagen; ~ *round* få
att kvickna till; ~ *up* föra på
tal

brink [bringk] *subst* rand; *be on the ~ of doing* vara nära att göra

brisk [brisk] *adj* rask

Britain ['brittn] Storbritannien; *North ~* el. *N.B.* i adresser o.d. Skottland

British ['brittisch] I *adj* brittisk; engelsk II *subst*, *the ~* britterna, engelsmännen

Brittany ['brittəni] Bretagne

brittle ['brittl] *adj* spröd, bräcklig

broach [brəotch] *subst* stekspett

broad [brå:d] *adj* **1** bred; vid **2** generell

broadcast ['brå:dka:st] I *verb* sända i radio el. TV II *subst* sändning i radio el. TV

broaden ['brå:dn] *verb* göra bredare; vidga

broadly ['brå:dli] *adv* brett, vitt; i största allmänhet

broad-minded [,brå:d'majndidd] *adj* vidsynt

broccoli ['bråkkəli] *subst* broccoli

brochure ['brəoschə] *subst* broschyr

broil [bråjl] *verb* steka, halstra, grilla

broke [brəok] I *imperf.* o. *perf. p.* av *break* II *adj* vard. pank

broken ['brəokən] *adj* bruten; trasig

broken-hearted [,brəokən'ha:tidd] *adj* med brustet hjärta

broker ['brəokə] *subst* mäklare

bronchitis [brång'kajtiss] *subst* luftrörskatarr

bronze [brånz] I *subst* brons II *verb*, *bronzed* solbränd

brooch [brəotch] *subst* brosch

brood [bro:d] *verb* ruva

broom [bro:m, brom] *subst* kvast

broomstick ['bro:mstikk] *subst* kvastskaft

broth [bråθ] *subst* buljong

brothel ['bråθl] *subst* bordell

brother ['brаðə] *subst* bror, broder

brother-in-law ['braðərinlå:] *subst* svåger

brought [brå:t] *imperf.* o. *perf. p.* av *bring*

brow [brao] *subst* ögonbryn

brown [braon] I *adj* **1** brun **2** solbränd II *verb* bryna

brownie ['braoni] *subst* tomte

browse [braoz] *verb* **1** beta **2 – through** botanisera bland

bruise [bro:z] *subst* blåmärke

brunette [bro:'nett] *subst* o. *adj* brunett

brush [brasch] I *subst* borste; pensel II *verb* **1** borsta; sopa **2 ~ against** snudda vid; *~ up* friska upp

brushwood ['braschwodd] *subst* småskog, snårskog

Brussels ['brasslz] Bryssel

brutal ['bro:tl] *adj* brutal, rå

brute [bro:t] **I** *adj* själlös, rå
II *subst* brutal (rå) människa

bubble ['babbl] *subst* o. *verb* bubbla

bubble bath ['babblba:θ] *subst* skumbad

bubble gum ['babblgamm] *subst* bubbelgum

buck [bakk] **I** *subst* bock, hanne av hjort, ren, kanin m. fl.
II *verb* stånga

bucket ['bakkitt] *subst* hink; *it was raining buckets* regnet öste ner

buckle ['bakl] *subst* spänne; buckla

bud [badd] **I** *subst* knopp
II *verb* knoppas

Buddhism ['boddizəm] *subst* buddism

budding ['badding] *adj* knoppande; bildl. spirande

budge [badʒ] *verb* vanl. med negation röra sig ur fläcken

budgerigar ['badʒəriga:] *subst* undulat

budget ['baddʒitt] **I** *subst* budget; lågpris- **II** *verb* göra upp en budget

buff [baff] **I** *subst* sämskskinn
II *adj* mattgul

buffalo ['baffələo] *subst* buffel; bisonoxe

buffer ['baffə] *subst* buffert

1 buffet ['baffitt] *verb* knuffa omkring

2 buffet ['bofej] *subst* buffé möbel el. måltid

bug [bagg] *subst* vägglus

bugle ['bjo:gl] *subst* jakthorn

build* [bild] **I** *verb* bygga
II *subst* kroppsbyggnad

builder ['bildə] *subst* byggare; byggmästare

building ['bilding] *subst* byggnad

building society ['bildingsə,sajəti] *subst* hypotekskassa

build-up ['bildapp] *subst* uppbyggnad

built [bilt] imperf. o. perf. p. av *build*

built-in [,bilt'in] *adj* inbyggd; bildl. inneboende

bulb [balb] *subst* **1** blomlök **2** glödlampa

bulge [baldʒ] **I** *subst* bula, buckla **II** *verb* bukta, bukta ut

bulk [balk] *subst* **1** volym **2** *in ~* i stora partier

bulky ['balki] *adj* skrymmande

1 bull [boll] *subst* påvebulla

2 bull [boll] *subst* **1** tjur **2** hanne av elefant, val m. fl.

bulldog ['bolldågg] *subst* bulldogg

bulldozer ['boll,dəozə] *subst* bulldozer

bullet ['bollitt] *subst* kula till
gevär o.d.

bulletin ['bollətinn] *subst*
bulletin

bulletproof ['bollitpro:f] *adj*
skottsäker

bullfight ['bollfajt] *subst* tjur-
fäktning

bullfighting ['boll,fajting]
subst tjurfäktning

bullion ['bolljən] *subst* guld-
tacka, silvertacka

bullock ['bollək] *subst* stut,
oxe

bullring ['bollring] *subst* tjur-
fäktningsarena

bull's-eye ['bollzaj] *subst* skott-
tavlas prick; fullträff

bully ['bolli] I *subst* översittare
II *verb* domdera

bumble-bee ['bamblbi:] *subst*
humla

bump [bamp] I *subst* **1** törn,
stöt **2** gupp; luftgrop II *verb*
törna, köra; ~ *into* äv. stöta
på

bumper ['bampə] *subst* stöt-
fångare på bil

bumpy ['bampi] *adj* om väg o.d.
ojämn; om luft gropig

bun [bann] *subst* **1** bulle
2 hårknut

bunch [bantsch] *subst* klase;
knippa, bunt

bundle ['bandl] *subst* bunt,
knyte

bungalow ['banggələo] *subst*
bungalow; stuga till uthyrning

bungle ['banggl] *verb* schabb-
la bort

bunion ['banjən] *subst* öm
inflammerad knöl på stortån

bunk [bangk] I *subst* koj, brits
II *verb* gå till kojs

bunker ['bangkə] *subst* bunker

bunny ['banni] *subst* barnspråk
kanin

1 bunting ['banting] *subst*
sparv

2 bunting ['banting] *subst*
flaggdekorationer

buoy [båj] *subst* boj

buoyant ['båjənt] *adj* **1** fly-
tande **2** hoppfull

burden ['bö:dn] I *subst* börda;
be a ~ to ligga till last II *verb*
belasta

bureau ['bjoərəo] *subst* **1** sek-
retär **2** ämbetsverk; byrå

bureaucracy [bjoə'råkrəssi]
subst byråkrati

burglar ['bö:glə] *subst* in-
brottstjuv

burglary ['bö:gləri] *subst* in-
brott

Burgundy ['bö:gəndi] Bour-
gogne

burial ['berriəl] *subst* begrav-
ning

burly ['bö:li] *adj* stor och
kraftig

burn* [bö:n] I *verb* bränna;
elda upp; brinna, brinna

buzz

upp; ~ *for* längta efter
II *subst* brännskada, bränn-
sår
burner ['bö:nə] *subst* bränna-
re; låga på gasspis
burning ['bö:ning] *adj* brin-
nande
burrow ['barrəo] I *subst* djurs
håla, lya II *verb* gräva
burst [bö:st] I *verb* **1** brista,
spricka **2** – *into* brista ut i
II *subst* plötsligt utbrott
bury ['berri] *verb* begrava
bus [bass] *subst* buss
bush [bosch] *subst* **1** buske
2 vildmark
bushy ['boschi] *adj* buskig;
yvig
business ['biznəs] *subst* **1** af-
färer, affärslivet; firma; ~
hours affärstid; kontorstid
2 ärende; sak; *it's none of
your* ~ det angår dig inte
businesslike ['biznislajk] *adj*
affärsmässig
businessman ['biznismän]
subst affärsman
businesswoman
['biznis,womən] *subst* affärs-
kvinna
busker ['baskə] *subst* gatu-
musikant
bus stop ['basståpp] *subst*
busshållplats
bust [bast] *subst* byst
1 bustle ['bassl] *subst* turnyr

2 bustle ['bassl] I *verb* jäkta
II *subst* fläng, jäkt
bustling ['bassling] *adj* livlig;
jäktig
busy ['bizzi] I *adj* **1** sysselsatt,
upptagen; *be* ~ äv. ha fullt
upp att göra **2** livlig II *verb*
sysselsätta
busybody ['bizzi,båddi] *subst*
beskäftig människa
but [batt] I *konj* men, utan;
utom; annat än II *adv* bara,
blott
butcher ['botchə] I *subst* slak-
tare; *the butcher's shop*
köttaffären II *verb* slakta
butler ['batlə] *subst* hovmäs-
tare
1 butt [batt] *subst* tunna för
regnvatten o.d.
2 butt [batt] *subst* fimp
3 butt [batt] *subst* skottavla
bildl.
4 butt [batt] *verb* knuffa
butter ['battə] I *subst* smör
II *verb* smöra
butterfly ['battəflaj] *subst*
fjäril; ~ *stroke* fjärilsim
button ['battn] I *subst* knapp
II *verb* knäppa
buttress ['battrəs] *subst* sträv-
pelare
buxom ['bakksəm] *adj* yppig
buy* [baj] *verb* köpa
buyer ['bajə] *subst* köpare
buzz [baz] I *subst* surr II *verb*
surra

buzzer ['bazə] *subst* summer på radio o.d.

buzz word ['bazwö:d] *subst* vard. slagord

by [baj] **I** *prep* **1** vid, bredvid; intill; genom; via; med; *travel ~ land* resa till lands; *~ itself* av sig själv; *~ the way* apropå; förresten **2** till, senast klockan, vid, mot; *~ night* nattetid **3** i, per **II** *adv* **1** i närheten, bredvid; förbi **2** *~ and large* på det hela taget

bye-bye [,baj'baj] *interj* vard. hejdå; ajö, ajö

by-election ['baji,lekschən] *subst* fyllnadsval

bygone ['bajgånn] *adj* svunnen

by-law ['bajlå:] *subst* lokal myndighets förordning

bypass ['bajpa:s] **I** *subst* bypassoperation **II** *verb* kringgå

by-product ['baj,pråddakt] *subst* biprodukt; sidoeffekt

bystander ['baj,ständə] *subst* åskådare

byword ['bajwö:d] *subst* **1** visa **2** favorituttryck

C, c [si:] *subst* C, c

cab [käbb] *subst* taxi bil

cabaret ['käbbərej] *subst* kabaré

cabbage ['käbbidʒ] *subst* kål, vitkål

cabin ['käbbinn] *subst* **1** stuga **2** hytt; kabin

cabinet ['käbbinət] *subst* skåp med lådor el. hyllor

cable ['kejbl] *subst* **1** kabel **2** telegram

cable car ['kejblka:] *subst* linbanevagn

cable television [,kejbl'telli,viʒən] *subst* kabel-TV

cackle ['käkkl] **I** *verb* kackla; pladdra **II** *subst* kackel

cactus ['käkktəs] *subst* kaktus

cadet [kə'dett] *subst* kadett

cadge [kädʒ] *verb* snylta; tigga

café ['käffej] *subst* kafé

cage [kejdʒ] *subst* bur

cajole [kə'dʒəol] *verb* lirka med

cake [kejk] *subst* tårta; mjuk kaka; bakelse

calculate ['kälkjolejt] *verb* beräkna, kalkylera

calculation [ˌkälkjoˈlejschən] *subst* beräkning, kalkyl

calculator [ˈkällkjolejtə] *subst* räknemaskin

calendar [ˈkälləndə] *subst* almanacka; kalender

1 calf [ka:f] *subst* kalv

2 calf [ka:f] *subst* vad kroppsdel

calibre [ˈkällibbə] *subst* kaliber

call [kå:l] **I** *verb* **1** kalla; *be called* heta, kallas för **2** kalla (ropa) på; ringa till **3** ~ *back* ringa upp senare; ~ *off* inställa; ~ *on* hälsa 'på **II** *subst* **1** rop **2** telefonsamtal; *on* ~ i beredskap; *be on* ~ äv. ha bakjour **3** kallelse **4** besök

callbox [ˈkå:lbåkks] *subst* larmskåp; brandskåp

call girl [ˈkå:lgö:l] *subst* callgirl

calling [ˈkå:ling] *subst* levnadskall

callous [ˈkälləs] *adj* känslokall

calm [ka:m] **I** *adj* o. *subst* lugn **II** *verb* lugna; ~ *down* lugna sig

Calor gas® [ˈkälləgäss] *subst* gasol

calorie [ˈkälləri] *subst* kalori

1 calves [ka:vz] *subst* pl. av *1 calf*

2 calves [ka:vz] *subst* pl. av *2 calf*

camber [ˈkämmbə] *subst* lätt välvning

camcorder [ˈkämmˌkå:də] *subst* videokamera med inbyggd bandspelare

came [kejm] imperf. av *come*

camel [ˈkämməl] *subst* kamel

camera [ˈkämmərə] *subst* kamera

cameraman [ˈkämmərəmän] *subst* kameraman

camouflage [ˈkämməfla:ʒ] **I** *subst* kamouflage **II** *verb* kamouflera

camp [kämp] **I** *subst* läger **II** *verb* campa

campaign [kämˈpejn] *subst* kampanj

camp bed [ˌkämpˈbed] *subst* tältsäng

camper [ˈkämpə] *subst* **1** campare **2** husbil

camping [ˈkämping] *subst* camping, lägerliv

camp site [ˈkämpsajt] *subst* campingplats

campus [ˈkämpəs] *subst* universitetsområde, campus

1 can [känn] *verb* **1** kan; orkar **2** kan få, får

2 can [känn] **I** *subst* burk **II** *verb* konservera

Canada [ˈkännədə] Kanada

Canadian [kəˈnejdjən] **I** *adj* kanadensisk **II** *subst* kanadensare; kanadensiska

canal [kə'näll] *subst* anlagd kanal

canary [kə'näɛri] **I** *adj* kanariegul; *the Canary Islands* el. *the Canaries* Kanarieöarna **II** *subst* kanariefågel

cancel ['kännsəl] *verb* inställa; avbeställa

cancellation [‚känsə'lejʃən] *subst* avbeställning

Cancer ['kännsə] *subst* Kräftan stjärntecken

cancer ['kännsə] *subst* cancer

candid ['känndidd] *adj* uppriktig; ~ *camera* dold kamera

candidate ['känndidət] *subst* kandidat, sökande

candle ['kändl] *subst* stearinljus

candlelight ['kändllajt] *subst* levande ljus; ~ *dinner* middag med levande ljus

candlestick ['kändlstikk] *subst* ljusstake

candour ['känndə] *subst* uppriktighet

candy ['känndi] *subst* kandisocker

candy floss ['känndiflåss] *subst* sockervadd

cane [kejn] *subst* rör; käpp

canned [kännd] *adj* konserverad; burk-

cannon ['kännən] *subst* kanon

cannot ['kännåt] kan (orkar, får) inte

canoe [kə'no:] **I** *subst* kanot **II** *verb* paddla kanot

canon ['kännən] *subst* kanon sångsätt

can-opener ['känn‚əopənə] *subst* konservöppnare

canopy ['kännəpi] *subst* baldakin; ~ *bed* himmelssäng

can't [ka:nt] se *cannot*

cantankerous [kän'tängkərəs] *adj* grälsjuk

canteen [kän'ti:n] *subst* lunchrum, matsal

canter ['käntə] **I** *subst* kort galopp **II** *verb* galoppera lätt

canvas ['känvəs] *subst* tältduk

canvass ['känvəs] *verb* värva röster

canyon ['känjən] *subst* kanjon djup trång floddal

cap [käpp] *subst* **1** mössa; keps **2** kapsyl, lock

capability [‚kejpə'billəti] *subst* förmåga; duglighet

capable ['kejpəbl] *adj* duglig, skicklig

capacity [kə'pässəti] *subst* kapacitet; *filled to* ~ fullsatt; *in the* ~ *of* i egenskap av

1 cape [kejp] *subst* udde, kap

2 cape [kejp] *subst* cape

1 caper ['kejpə] *subst, capers* kapris

2 caper ['kejpə] *verb* hoppa och skutta

capital ['käppitl] **I** *adj* **1** ~ *punishment* dödsstraff **2** stor

II *subst* **1** huvudstad **2** kapital

capitalism ['käppitəlizəm] *subst* kapitalism

capitalize ['käppitəlajz] *verb*, ~ **on** dra fördel av

Capricorn ['käpprikå:n] *subst* Stenbocken stjärntecken

capsize [käpp'sajz] *verb* kapsejsa

capsule ['käppsjo:l] *subst* kapsel i olika bet.

captain ['käpptin] *subst* kapten

caption ['käppschən] *subst* rubrik; bildtext

captive ['käpptivv] **I** *adj* fängslad **II** *subst* fånge

capture ['käpptchə] *verb* ta till fånga; bildl. fånga

car [ka:] *subst* bil

caramel ['kärrəmell] *subst* kola; ~ **custard** brylépudding

caravan ['kärrəvänn] *subst* **1** husvagn; ~ **site** campingplats för husvagnar **2** karavan

carbohydrate [,ka:bəo'hajdrejt] *subst* kolhydrat

carbon ['ka:bən] *subst* kol

carbon paper ['ka:bən,pejpə] *subst* karbonpapper

carburettor [,ka:bjo'rettə] *subst* förgasare

1 card [ka:d] *subst* o. *verb* karda

2 card [ka:d] *subst* kort; *cards* äv. kortspel

cardboard ['ka:dbå:d] *subst* papp, kartong

card game ['ka:dgejm] *subst* kortspel

cardiac ['ka:diäkk] *adj* hjärt-; ~ **arrest** hjärtstillestånd

cardigan ['ka:digən] *subst* cardigan, kofta

cardinal ['ka:dinl] **I** *adj*, ~ **sin** skämtsamt dödssynd **II** *subst* kardinal

card-index [,ka:d'indekks] *subst* kortregister

care [käə] **I** omsorg; vård; ~ **instructions** på plagg skötselråd; *take* ~ vara försiktig; *take* ~*!* sköt om dig! **II** *verb* bry sig om; *would you* ~ *for an ice cream?* vill du ha en glass?

career [kə'riə] *subst* karriär

career woman [kə'riə,wommən] *subst* yrkeskvinna

carefree ['käəfri:] *adj* bekymmerslös

careful ['käəfol] *adj* försiktig; aktsam

careless ['käələs] *adj* slarvig, vårdslös

carer ['käərə] *subst* ung. anhörigvårdare

caress [kə'ress] **I** *verb* smeka **II** *subst* smekning

caretaker ['käə‚tejkə] *subst*
vaktmästare, portvakt

car ferry ['ka:‚ferri] *subst*
bilfärja

cargo ['ka:gəo] *subst* skepps-
last

car-hire ['ka:‚hajə], ~ *service*
biluthyrning

Caribbean [‚käri'bi:ən], *the* ~
Västindien

caring ['käəring] *adj* som bryr
sig om

carnal ['ka:nl] *adj* köttslig

carnation [ka:'nejschən] *subst*
nejlika

carnival ['ka:nivəl] *subst*
karneval

carol ['kärəl] *subst*, *Christmas*
~ julsång

1 carp [ka:p] *subst* karp

2 carp [ka:p] *verb* gnata

car park ['ka:pa:k] *subst*
bilparkering

carpenter ['ka:pəntə] *subst*
snickare

carpet ['ka:pitt] *subst* större
mjuk matta

carpet-sweeper
['ka:pitt‚swi:pə] *subst* matt-
sopare redskap

car phone ['ka:fəon] *subst*
biltelefon

carriage ['kärridʒ] *subst*
1 vagn **2** frakt

carriageway ['kärridʒwej]
subst körbana

carrier ['kärriə] *subst* bärare;
bud

carrier bag ['kärriəbägg] *subst*
bärkasse

carrot ['kärrət] *subst* morot

carry ['kärri] *verb* bära; bära
på; ha med (på) sig; ~ *away*
bildl. rycka med sig; ~ *on*
fortsätta; ~ *out* utföra;
genomföra

carrycot ['kärrikått] *subst*
babylift bärkasse för spädbarn

carry-on ['kärriånn] *adj*, ~
baggage handbagage

cart [ka:t] *subst* tvåhjulig kärra

carton ['ka:tən] *subst* pappask

cartoon [ka:'to:n] *subst* teck-
nad serie (film)

cartridge ['ka:tridʒ] *subst*
patron i olika bet.

carve [ka:v] *verb* skära, snida

carving-knife ['ka:vingnajf]
subst förskärare

1 case [kejs] *subst* fall; sak,
fråga; *just in* ~ för säkerhets
skull; *in* ~ *of* i händelse av;
in any ~ i varje fall

2 case [kejs] *subst* låda;
monter

cash [käsch] *subst* kontanter;
~ *purchase* kontantköp; *pay*
~ betala kontant

cash card ['käschka:d] *subst*
ung. bankomatkort

cashdesk ['käschdesk] *subst*
kassa där man betalar

cash dispenser
['käschdis,pensə] *subst* bank-automat

cashier [kä'schiə] *subst* kas-sör, kassörska

cashmere [käsch'miə] *subst* kaschmir

cash register ['käsch,redʒistə] *subst* kassaapparat

casing ['kejsing] *subst* be-klädnad; infattning

casino [kə'si:nəo] *subst* kasino

casserole ['käsərəol] *subst* gryta maträtt

cassette [kə'sett] *subst* kas-sett; ~ *recorder* kassettband-spelare

cast [ka:st] **I** *verb* **1** kasta **2** stöpa **II** *subst* rollista

castaway ['ka:stəwej] *subst* utstött varelse

casting vote [,ka:sting'vəot] *subst* utslagsröst

cast-iron [,ka:st'ajən] *subst* gjutjärn

castle ['ka:sl] *subst* slott, borg

cast-off ['ka:stäff] *adj* kasse-rad, avlagd

castor ['ka:stə] *subst* ströare; ~ *sugar* strösocker

castor oil [,ka:stər'äjl] *subst* ricinolja

castrate [kä'strejt] *verb* ka-strera

casual ['käʒjoəl] *adj* **1** tillfällig **2** otvungen; ~ *dress* ledig klädsel

casually ['käʒjoəli] *adv* tillfäl-ligt; otvunget

casualty ['käʒjoəlti] *subst* **1** olycksfall; ~ *ward* akut-mottagning på sjukhus **2** *ca-sualties* döda och sårade

cat [kätt] *subst* katt; *it's raining cats and dogs* regnet står som spön i backen

catalogue ['kättəlågg] *subst* katalog

catalyst ['kättəlist] *subst* ka-talysator

catapult ['kättəpalt] *subst* katapult

catarrh [kə'ta:] *subst* katarr

catastrophe [kə'tässtrəffi] *subst* katastrof

catch* [kätch] **I** *verb* **1** fånga, gripa, ta fatt; *get caught* fastna i tid till; ~ *up with* hinna ifatt **3** få en sjukdom **II** *subst* **1** fångst **2** *there is a ~ in it* det finns en hake

catching ['kätching] *adj* smit-tande

catchphrase ['kätchfrejz] *subst* slagord, klyscha

catchy ['kätchi] *adj* klatschig, som slår

category ['kätəgəri] *subst* kategori; klass

cater ['kejtə] *verb* leverera mat; ~ *for* arrangera

catering ['kejtəring] *subst* catering

cathedral [kə'θi:drəl] *subst*
katedral

Catholic ['käθəlikk] I *adj* katolsk II *subst* katolik

cattle ['kättl] *subst pl* boskap

caucus ['kå:kəs] *subst* lokal
politisk valkommitté

caught [kå:t] imperf. o. perf. p.
av *catch*

cauliflower ['kålliflaoə] *subst*
blomkål

cause [kå:z] I *subst* **1** orsak
2 sak att kämpa för II *verb*
orsaka

caution ['kå:schən] I *subst*
försiktighet II *verb* varna

cautious ['kå:schəs] *adj* försiktig

cavalry ['kävvəlri] *subst* kavalleri

cave [kejv] *subst* grotta;
källare

caveman ['kejvmən] *subst*
grottmänniska

caviare ['kävia:] *subst* kaviar

CD [ˌsi:'di:] *subst* CD-skiva; ~
player CD-spelare

CD-ROM [ˌsi:di:'råm] *subst*
CD-ROM

cease [si:s] *verb* upphöra; ~
work lägga ned arbetet

cease-fire [ˌsi:s'fajjə] *subst* kort
vapenvila

ceaseless ['si:sləs] *adj* oupphörlig

cedar ['si:də] *subst* ceder

ceiling ['si:ling] *subst* tak i rum

celebrate ['selləbrejt] *verb*
fira, högtidlighålla

celebrated ['selləbrejtidd] *adj*
berömd

celebration [ˌsellə'brejschən]
subst firande; fest

celery ['selləri] *subst* selleri

cell [sell] *subst* cell i olika bet.

cellar ['sellə] *subst* källare

cello ['tchelləo] *subst* cello

cellphone ['sellfəon] *subst*
mobiltelefon

Celt [kelt] *subst* kelt

Celtic ['keltikk, fotbollslag
'seltikk] I *adj* keltisk II *subst*
keltiska språket

cement [si'ment] I *subst* cement II *verb* cementera

cemetery ['semmətri] *subst*
begravningsplats

censor ['sensə] I *subst* censor
II *verb* censurera

censorship ['sennsəschipp]
subst censur

censure ['sennschə] *subst*
censur

census ['sennsəs] *subst* ung.
mantalsskrivning

cent [sennt] *subst* cent mynt

centenary [sennt'ti:nəri] *subst*
hundraårsjubileum

centigrade ['senntigrejd] *adj*,
20 degrees ~ 20 grader
Celsius

centimetre ['sennti,mi:tə]
subst centimeter

centipede ['senntipi:d] *subst*
tusenfoting insekt

central ['senntrəl] *adj* central i
olika bet.; huvud-; ~ *heating*
centralvärme

centre ['sennta] **I** *subst* cent-
rum; *arts* ~ konstmuseum;
business and shopping ~
affärscentrum **II** *verb* kon-
centrera

century ['senntʃəri] *subst*
sekel; *in the 20th* ~ på
1900-talet

ceramics [sə'rämmikks] *subst*
keramik

cereal ['siəriəl] *subst* sädes-
slag; *cereals* äv. flingor

ceremony ['serəmənni] *subst*
ceremoni

certain ['sö:tən] *adj* **1** säker
2 viss ej närmare bestämd

certainly ['sö:tənli] *adv* **1** sä-
kert; förvisso **2** som svar ja
visst; ~ *not!* absolut inte!

certainty ['sö:tənti] *subst*
säkerhet; *a* ~ en given sak

certificate [sə'tiffikət] *subst*
intyg; betyg; *health* ~
friskintyg

certify ['sö:tifaj] *verb* intyga

cervix ['sö:vikks] *subst* livmo-
derhals

cf. [kəm'päə] jfr, jämför

CFC freon

chafe [tchejf] **I** *verb* gnida
II *subst* skavsår

chain [tchejn] **I** *subst* kedja;

chains bojor **II** *verb* kedja
fast; fjättra

chain reaction
[,tchejnri'äkschən] *subst*
kedjereaktion

chain stores ['tchejnstå:s]
subst butikskedja

chair [tchää] *subst* stol

chair lift ['tchäälift] *subst*
sittlift

chairman ['tchäəmən] *subst*
ordförande

chalet ['schälej] *subst* stuga i
stugby o.d.

chalice ['tchäliss] *subst* natt-
vardskalk

chalk [tchå:k] *subst* krita

challenge ['tchäləndʒ] **I** *subst*
utmaning **II** *verb* utmana

challenging ['tchäləndʒing]
adj utmanande

chamber ['tchejmbə] *subst*
kammare

chambermaid
['tchejmbəmejd] *subst* stä-
derska på hotell

chamber music
['tchejmbə,mjo:zikk] *subst*
kammarmusik

champagne [,schäm'pejn]
subst champagne

champion ['tchämmpjən]
subst mästare

championship
['tchämmpjənschipp] *subst*
mästerskap

chance [tcha:ns] **I** *subst*

1 tillfällighet; *by ~* av en slump **2** chans; *take chances* ta chanser (risker); *the chances are against it* allting talar mot det **II** *adj* oförutsedd

chancellor ['tcha:nsələ] *subst* kansler

chandelier [‚schändə'liə] *subst* ljuskrona

change [tchejndʒ] **I** *verb* **1** ändra; *~ one's mind* ändra sig **2** byta; byta kläder; *~ trains* byta tåg **3** växla pengar **II** *subst* **1** förändring; *~ of address* adressändring **2** byte; ombyte **3** växel; *keep the ~!* det är jämna pengar!

changeable ['tchejndʒəbl] *adj* föränderlig

change-over ['tchejndʒ‚əovə] *subst* **1** övergång **2** sport. sidbyte

changing ['tchejndʒing] *adj* växlande, föränderlig

changing-room ['tchejndʒingro:m] *subst* omklädningsrum

channel ['tchännl] **I** *subst* kanal i olika bet.; *the Channel* Engelska kanalen; *the Channel Islands* Kanalöarna **II** *verb* kanalisera

chant [tcha:nt] *verb* skandera, mässa

chaos ['kejås] *subst* kaos

chap [tchäpp] *subst* vard. karl; kille

chapel ['tchäppəl] *subst* kapell; kyrka

chaplain ['tchäpplin] *subst* präst

chapped [tchäppt] *adj* sprucken, narig

chapter ['tchäpptə] *subst* kapitel

char [tcha:] *verb* förkolna

character ['kärrəktə] *subst* karaktär; personlighet; *judge of ~* människokännare

characteristic [‚kärrəktə'ristikk] **I** *adj* karakteristisk **II** *subst* kännetecken

charcoal ['tcha:kəol] *subst* **1** träkol **2** grillkol

charge [tcha:dʒ] **I** *verb* **1** åtala **2** ta betalt; debitera **II** *subst* **1** åtalspunkt; *bring a ~ against* väcka åtal mot **2** pris, avgift; *free of ~* gratis **3** *man in ~* vakthavande; *be in ~ of* leda; ha vården om

charity ['tchärrəti] *subst* välgörenhet

charm [tcha:m] **I** *subst* **1** charm; behag **2** berlock **II** *verb* charma; förtrolla

charming ['tcha:ming] *adj* förtjusande; charmig

chart [tcha:t] *subst* **1** diagram **2** *the charts* försäljningslistorna över musik o.d.

charter ['tcha:tə] I subst charter; air ~ charterflyg II verb chartra

chase [tchejs] I verb jaga II subst jakt

chasm ['käzəm] subst klyfta mest bildl.

chat [tchätt] I verb prata II subst pratstund

chatter ['tchätta] I verb pladdra; tjattra II subst pladder, tjatter

chatterbox ['tchättəbåkks] subst pratkvarn

chatty ['tchätti] adj pratsam, pratig

chauffeur ['schəofə] subst privatchaufför

chauvinist ['schəovinist] subst chauvinist

cheap [tchi:p] I adj 1 billig 2 vulgär II adv billigt

cheat [tchi:t] verb lura; bedra

check [tchekk] I subst kontroll II verb kolla; ~ in anmäla sig; checka in; ~ out betala sin hotellräkning; checka ut

checkmate ['tchekkmejt] subst schackmatt

check-out ['tchekkaot] subst 1 snabbköpskassa; express ~ snabbkassa 2 utcheckning från hotell; ~ is at 12 noon motsv. gästen ombeds lämna rummet senast kl. 12 avresedagen

checkpoint ['tchekkpåjnt] subst kontroll; vägspärr

check-up ['tchekkapp] subst undersökning

cheek [tchi:k] subst 1 kind 2 vard. fräckhet

cheekbone ['tchi:kbəon] subst kindben

cheeky ['tchi:ki] adj vard. uppkäftig

cheer [tchiə] I subst hurrarop; cheers! skål! II verb 1 ~ up gaska upp sig 2 hurra

cheerful ['tchiəfol] adj glad, munter

cheerio [,tchiəri'əo] interj vard. hej då!

cheese [tchi:z] subst ost; ~ spread bredbar ost; say ~! säg omelett! vid fotografering

cheeseboard ['tchi:zbå:d] subst ostbricka

chef [scheff] subst köksmästare på restaurang

chemical ['kemmikəl] I adj kemisk II subst kemikalie

chemist ['kemmist] subst 1 kemist 2 apotekare; chemist's shop ung. apotek som äv. säljer kosmetika, film m.m.

chemistry ['kemməstri] subst kemi

cheque [tchekk] subst check; ~ account checkkonto

cheque book ['tchekkbokk] subst checkhäfte

chequered ['tchekkəd] *adj* rutig

cherish ['tcherisch] hysa; vårda

cherry ['tcherri] *subst* körsbär

chess [tchess] *subst* schack spel

chessboard ['tchessbå:d] *subst* schackbräde

chest [tchest] *subst* **1** kista, låda; ~ *of drawers* byrå **2** bröstkorg

chestnut ['tchesnatt] *subst* kastanj

chew [tcho:] *verb* tugga

chewing-gum ['tcho:inggamm] *subst* tugggummi

chic [schi:k] *adj* chic, smakfull

chicken ['tchikkin] *subst* kyckling

chicken pox ['tchikkinpåks] *subst* vattenkoppor

chicory ['tchikkəri] *subst* endiv

chief [tchi:f] **I** *subst* chef, ledare **II** *adj* **1** i titlar chefs- **2** viktigast

chiefly ['tchi:fli] *adv* framför allt

chiffon ['schiffån] *subst* chiffong

chilblain ['tchillblejn] *subst* frostknöl

child [tchajld] *subst* barn;

children's pool barnbassäng; *with* ~ gravid

childbirth ['tchajldbö:θ] *subst* förlossning

childhood ['tchajldhodd] *subst* barndom

childish ['tchajldisch] *adj* barnslig

childlike ['tchajldlajk] *adj* barnslig

childminder ['tchajld,majndə] *subst* dagmamma

children ['tchildrən] *subst* pl. av *child*

chill [tchill] **I** *subst* kyla; *take the* ~ *off the wine* temperera vinet **II** *verb* kyla

chilli ['tchilli] *subst* chilipeppar

chilly ['tchilli] *adj* kylig, kall

chime [tchajm] *subst* klockspel

chimney ['tchimni] *subst* skorsten

chimney-sweep ['tchimniswi:p] *subst* sotare

chimpanzee [,tchimpänn'zi:] *subst* schimpans

chin [tchinn] *subst* haka

China ['tchajnə] Kina

china ['tchajnə] *subst* porslin

Chinese [,tchaj'ni:z] **I** *subst* **1** kines **2** kinesiska *språket* **II** *adj* kinesisk

1 chink [tchingk] *subst* spricka

2 chink [tchingk] *verb* klirra,
skramla

chip [tchipp] **I** *subst* **1** flisa;
chips pommes frites **2** spel-
mark **II** *verb* flisa; *chipped*
äv. kantstött

chiropodist [ki'råpədist] *subst*
fotvårdsspecialist

chirp [tchö:p] **I** *verb* kvittra
II *subst* kvitter

chisel ['tchizl] **I** *subst* mejsel
II *verb* mejsla

1 chit [tchitt] *subst* barnunge

2 chit [tchitt] *subst* skuldsedel

chit-chat ['tchittchätt] **I** *subst*
småprat **II** *verb* småprata

chivalry ['schivalri] *subst* hö-
viskhet

chock-a-block [,tchåkkə'blåkk]
adj fullpackad

chocolate ['tchåkkələt] *subst*
choklad; *a ~* en fylld
chokladbit; *a bar of ~* en
chokladkaka

choice [tchåjs] **I** *subst* val;
urval **II** *adj* utsökt

choir ['koajə] *subst* kör

choirboy ['koajəbåj] *subst*
korgosse

choke [tchəok] **I** *verb* kväva;
~ on sth. sätta ngt i halsen
II *subst* **1** kvävning **2** choke

cholesterol [kə'lestərål] *subst*
kolesterol

choose* [tcho:z] *verb* välja

choosy ['tcho:zi] *adj* vard.
kinkig, kräsen

1 chop [tchåpp] **I** *verb* hugga
II *subst* **1** hugg **2** kotlett

2 chop [tchåpp], *~ and
change* idelingen ändra sig

chopper ['tchåppə] *subst*
1 köttyxa **2** vard. helikopter

choppy ['tchåppi] *adj* om sjö
krabb

chops [tchåps] *subst pl* käft;
käkar

1 chord [kå:d] *subst* bildl.
sträng

2 chord [kå:d] *subst* mus.
ackord

chore [tchå:] *subst* syssla;
chores äv. hushållsbestyr

chortle ['tchå:tl] *verb* skrocka

chorus ['kå:rəs] *subst* korus;
kör

chose [tchəoz] imperf. av
choose

chosen ['tchəozn] perf. p. av
choose

Christ [krajst] Kristus

christen ['krissn] *verb* **1** döpa
2 kalla

Christian ['kristchən] *adj* o.
subst kristen

Christianity [,kristi'änəti]
subst den kristna läran

Christmas ['kristməs] *subst*
jul; *~ Day* juldagen; *~ Eve*
julafton; *~ present* julklapp;
~ tree julgran

chrome [krəom] *subst* krom

chronic ['krånnikk] *adj* kro-
nisk

chronicle ['krånnikl] *subst*
krönika

chronological
[,krånnə'lådʒikəl] *adj* kronologisk

chrysanthemum
[kri'sänθəməm] *subst* krysantemum

chubby ['tchabbi] *adj* knubbig; trind

chuck [tchakk] *verb* kasta

chuckle ['tchakkl] I *verb*
skrocka II *subst* skrockande skratt

chug [tchagg] *verb* puttra, dunka

chum [tchamm] *subst* vard. kompis

chunk [tchangk] *subst* stor bit

church [tchö:tch] *subst* kyrka;
go to ~ gå i kyrkan

churchyard ['tchö:tchja:d]
subst kyrkogård kring kyrka

churn [tchö:n] *verb* kärna smör

chute [scho:t] *subst* sopnedkast

chutney ['tchattni] *subst*
chutney

CID [,si:aj'di:] kriminalpolisen i Storbr.

cider ['sajdə] *subst* cider

cigar [si'ga:] *subst* cigarr

cigarette [sigə'rett] *subst*
cigarett

cigarette end [,sigə'rettend]
subst fimp

Cinderella [,sində'rellə] *subst*
Askungen

cinecamera ['sinni,kämmərə]
subst filmkamera

cinema ['sinnəmə] *subst* bio;
go to the ~ gå på bio

cinnamon ['sinnəmən] *subst*
kanel

circle ['sö:kl] I *subst* 1 cirkel i
olika bet. 2 krets; in business
circles i affärskretsar II *verb*
kretsa

circuit ['sö:kitt] *subst*
1 strömkrets; short ~ kortslutning 2 racerbana

circuitous [sə'kjo:itəs] *adj*
kringgående

circular ['sö:kjələ] I *adj*, ~
road kringfartsled; ~ tour
rundresa II *subst* cirkulär

circulate ['sö:kjolejt] *verb*
cirkulera

circulation [,sö:kjo'lejschən]
subst 1 cirkulation 2 spridning

circumvent [,sö:kəm'vent]
verb kringgå

circus ['sö:kəs] *subst* cirkus

cistern ['sistən] *subst* cistern;
tank

citizen ['sittizn] *subst* medborgare; invånare

citizenship ['sittiznschipp]
subst medborgarskap

city ['sitti] *subst* stor stad; the
City City Londons finans- och

bankcentrum; **in the City** i
Londons City; i affärsvärlden
civic ['sivvikk] *adj* medbor-
gerlig; kommunal; **~ centre**
kommunalhus
civil ['sivvl] *adj* artig; civilise-
rad; civil-; **the Civil Service**
civilförvaltningen statsförvalt-
ningen utom den militära o.
kyrkliga
civilian [si'villjən] *adj* o. *subst*
civil
civilization [ˌsivvəllaj'zejschən]
subst civilisation
clad [klädd] *adj* klädd
claim [klejm] **I** *verb* **1** kräva
2 göra anspråk på **3** hävda
II *subst* **1** krav; påstående
2 baggage ~ på flygplats o.d.
bagageutlämning
clairvoyant [klää'våjənt] *adj*
klärvoajant
clam [kläm] *subst* ätlig mussla
clamber ['klämbə] *verb* klättra
clammy ['klämmi] *adj* fuktig,
klibbig
clamour ['klämmə] *subst*
skrik; larm
clamp [klämp] *subst* krampa;
klämma
clan [klänn] *subst* klan
clang [kläng] **I** *subst* skarp
klang **II** *verb* klinga
clap [kläpp] *verb* klappa;
klappa händer
claret ['klärrət] *subst* rödvin
av bordeauxtyp

clarinet [ˌklärri'net] *subst* kla-
rinett
clarity ['klärrəti] *subst* klarhet;
skärpa
clash [kläsch] **I** *verb* kollidera;
the colours ~ färgerna skär
sig **II** *subst* konflikt; *cultural*
~ kulturkrock
clasp [kla:sp] **I** *subst* knäppe,
spänne **II** *verb* hålla hårt
class [kla:s] **I** *subst* klass i olika
bet. **II** *verb* klassa
classic ['klässikk] **I** *adj* klas-
sisk **II** *subst* klassiker
classical ['klässikəl] *adj* klas-
sisk; traditionell
classified ['klässifajd] *adj*
1 klassificerad; ~ *results*
sport. fullständiga match-
resultat; ~ *telephone directory*
yrkesregister i telefonkatalogen
2 hemligstämplad
classmate ['kla:smejt] *subst*
klasskamrat
classroom ['kla:sro:m] *subst*
klassrum
clatter ['klättə] **I** *verb* slamra
II *subst* slammer
clause [klå:z] *subst* klausul;
paragraf
claw [klå:] **I** *subst* klo i olika
bet. **II** *verb* klösa
clay [klej] *subst* lera; ~ *court*
grusbana för tennis
clean [kli:n] **I** *adj* ren; *a ~
record* ett fläckfritt förflutet

II *verb* tvätta; städa; ~ *up* rensa upp i; städa

clean-cut [,kli:n'katt] *adj* skarpt skuren (tecknad)

cleaner ['kli:nǝ] *subst* **1** städare, städerska **2** rengöringsmedel

cleaning ['kli:ning] *subst* städning; *dry* ~ kemtvätt

cleanliness ['klennlinǝs] *subst* renlighet

cleanse [klennz] *verb* rengöra; rensa; *cleansing lotion* ansiktsvatten

cleanser ['klennzǝ] *subst* rengöringsmedel

clean-shaven [,kli:n'schejvn] *adj* slätrakad

clear [kliǝ] **I** *adj* klar, ljus; tydlig **II** *subst, in the* ~ utan skuld **III** *adv, keep* (*stay*) ~ *of* hålla sig ifrån **IV** *verb* **1** klarna **2** rensa **3** ~ *through the customs* förtulla **4** ~ *away* duka av; ~ *out* rensa ut; ~ *up* göra rent i; klarna

clearance ['kliǝrǝns] *subst* grönt ljus bildl.

clear-cut [,kliǝ'katt] *adj* skarpt skuren

clearing ['kliǝring] *subst* glänta

clearing-bank ['kliǝringbängk] *subst* clearingbank

clearly ['kliǝli] *adv* **1** tydligt **2** tydligen

clearway ['kliǝwej] *subst* väg med stoppförbud

clef [kleff] *subst* mus. klav

cleft [kleft] *subst* klyfta

clench [klentsch] **I** *verb* gripa hårt om; *clenched fist* knytnäve **II** *subst* tag, hårt grepp

clergy ['klö:dʒi] *subst* prästerskap

clergyman ['klö:dʒimǝn] *subst* präst

clerk [kla:k] *subst* kontorist; tjänsteman

clever ['klevvǝ] *adj* intelligent

click [klikk] **I** *verb* klicka till **II** *subst* klick

client ['klajǝnt] *subst* kund

cliff [kliff] *subst* klippa

climate ['klajmǝt] *subst* klimat; *change of* ~ klimatombyte

climax ['klajmäkks] *subst* klimax

climb [klajm] *verb* klättra

climb-down ['klajmdaon] *subst* bildl. reträtt

climber ['klajmǝ] *subst* klängväxt

clinch [klintsch] **I** *subst* i boxning clinch **II** *verb* ta hem

cling [kling] *verb* klänga sig fast

clinic ['klinnikk] *subst* klinik

clinical ['klinnikǝl] *adj* klinisk

clink [klingk] **I** *verb* klirra **II** *subst* klirr

1 clip [klipp] *subst* gem, klämma

2 clip [klipp] **I** *verb* klippa **II** *subst* urklipp

cloak [kləok] **I** *subst* slängkappa **II** *verb* svepa in

cloakroom ['kləokro:m] *subst* **1** kapprum **2** toalett

clock [klåkk] *subst* klocka; *round the* ~ dygnet runt; 12 (24) timmar i sträck

clockwise ['klåkkwajz] *adv* medurs

clockwork ['klåkkwö:k] *subst* urverk

clog [klågg] **I** *subst* träsko **II** *verb* täppa igen

cloister ['klåjstə] *subst* kloster

1 close [kləoz] **I** *verb* **1** stänga **2** sluta; ~ *down* slå igen; lägga ner; ~ *in* komma närmare **II** *subst* slut

2 close [kləos] **I** *adj* **1** nära **2** grundlig **II** *adv* tätt, nära; ~ *at hand* strax i närheten

closed [kləozd] *adj* stängd; *a* ~ *car* en täckt bil

close-knit [,kləos'nitt] *adj* sammansvetsad bildl.

closely ['kləosli] *adv* **1** nära, intimt **2** grundligt

closet ['klåzitt] *subst* skåp; garderob

close-up ['kləosapp] *subst* närbild

closure ['kləoȝə] *subst* stängning; slut

clot [klått] **I** *subst* klump **II** *verb* levra sig

cloth [klåθ] *subst* **1** tyg **2** trasa

clothe [kləoð] *verb* klä

clothes [kləoðz] *subst pl* kläder

clothes brush ['kləoðzbrasch] *subst* klädborste

clothes line ['kləoðzlajn] *subst* klädstreck

clothes peg ['kləoðzpegg] *subst* klädnypa

clothing ['kləoðiŋ] *subst* kläder; *men's* ~ herrkonfektion

cloud [klaod] **I** *subst* moln; *on* ~ *nine* (*seven*) i sjunde himlen **II** *verb* **1** mulna **2** bildl. fördunkla

cloudburst ['klaodbö:st] *subst* skyfall

cloudy ['klaodi] *adj* molnig; mulen

1 clove [kləov] *subst* klyfta av vitlök o.d.

2 clove [kləov] *subst* kryddnejlika

clover ['kləovə] *subst* klöver växt

clown [klaon] *subst* clown

cloying ['klåjiŋ] *adj* sliskig

club [klabb] *subst* **1** klubba **2** *clubs* klöver i kortlek **3** klubb

clubhouse ['klabbhaos] klubbhus

cluck [klakk] **I** verb skrocka
II subst skrockande

clue [klo:] subst ledtråd; *I
haven't a ~* vard. det har jag
ingen aning om

clump [klamp] **I** subst klump
II verb klumpa ihop

clumsy ['klamzi] adj klumpig

clung [klang] imperf. o. perf. p.
av *cling*

cluster ['klasstə] subst klunga

1 clutch [klatch] **I** verb gripa
II subst **1** grepp, tag
2 *clutches* bildl. klor

2 clutch [klatch] subst
äggrede

clutter ['klattə] subst virrvarr,
röra

c/o (förk. för *care of*) på brev
c/o

coach [kəotch] **I** subst **1** tu-
ristbuss, långfärdsbuss
2 tränare **II** verb träna ngn

coal [kəol] subst kol

coalfield ['kəolfi:ld] subst
kolfält

coalition [,kəoə'lischən] subst
koalition

coalmine ['kəolmajn] subst
kolgruva

coarse [kå:s] adj grov;
ohyfsad

coast [kəost] subst kust; *the ~
is clear* bildl. kusten är klar

coastal ['kəostl] adj kust-

coastguard ['kəostga:d] subst,
the ~ kustbevakningen

coastline ['kəostlajn] subst
kustlinje

coat [kəot] **I** subst rock;
kappa **II** verb täcka; dragera

coat hanger ['kəot,hängə]
subst klädgalge

coating ['kəoting] subst be-
läggning; överdrag

coax [kəoks] verb lirka med;
truga

cob [kåbb] subst **1** svanhane
2 majskolv

cobbler ['kåbblə] subst sko-
makare

cobweb ['kåbbwebb] subst
spindelnät

cocaine [kəo'kejn] subst ko-
kain

cock [kåkk] subst tupp

cockerel ['kåkkərəl] subst
ungtupp

cock-eyed ['kåkkajd] adj skel-
ögd, vindögd

cockle ['kåkkl] subst hjärt-
mussla

cockney ['kåkkni] subst cock-
ney londondialekt och person som
talar den

cockpit ['kåkkpitt] subst
cockpit, förarkabin

cockroach ['kåkkrəotch] subst
kackerlacka

cocktail ['kåkktejl] subst
cocktail; *~ lounge* cocktail-
bar

cocoa ['kəokəo] subst kakao;
choklad som dryck

coconut ['kəokənatt] *subst*
kokosnöt

COD [ˌsiːəo'diː] *mot* postför-
skott

cod [kådd] *subst* torsk

code [kəod] **I** *subst* kod;
dialling ~ riktnummer
II *verb* koda

cod-liver oil [ˌkåddlivvər'åjl]
subst fiskleverolja

coercion [kəo'öːschən] *subst*
tvång

coffee ['kåffi] *subst* kaffe;
black ~ kaffe utan grädde
(mjölk); *two coffees please!*
två kaffe, tack!; *make* ~
koka (brygga) kaffe

coffee bar ['kåffiba:] *subst*
cafeteria

coffee break ['kåffibrejk]
subst kafferast

coffee pot ['kåffipått] *subst*
kaffekanna

coffee-table ['kåffiˌtejbl] *subst*
soffbord

coffin ['kåffin] *subst* likkista

cog [kågg] *subst* kugge

cogent ['kəodʒənt] *adj* bin-
dande

coil [kåjl] **I** *verb* ringla (sling-
ra) sig **II** *subst* rulle; spiral

coin [kåjn] **I** *subst* slant, mynt;
the other side of the ~
medaljens baksida **II** *verb*
mynta

coinage ['kåjnidʒ] *subst*
myntning

coincide [ˌkəoin'sajd] *verb*
sammanfalla

coincidence [kəo'insidəns]
subst slump, tillfällighet

coke [kəok] *subst* koks

colander ['kaləndə] *subst*
durkslag

cold [kəold] **I** *adj* kall; ~
buffet kall buffé; ~ *snap*
köldknäpp; *be* ~ frysa
II *subst* **1** kyla **2** förkylning;
catch (*get*) *a* ~ bli förkyld

cold-shoulder
[ˌkəold'schəoldə] *verb* be-
handla som luft

coleslaw ['kəolslå:] *subst* vit-
kålssallad med majonnäsdressing

colic ['kållikk] *subst* kolik

collapse [kə'läpps] **I** *subst*
kollaps **II** *verb* kollapsa

collapsible [kə'läppsəbl] *adj*
hopfällbar

collar ['kållə] *subst* **1** krage
2 halsband t.ex. på hund

collar bone ['kålləbəon] *subst*
nyckelben

collateral [kə'lättərəl] *adj*
1 parallell **2** på sidolinjen

colleague ['kålliːg] *subst* kol-
lega, arbetskamrat

collect [kə'lekkt] *verb* samla
ihop (in); samla på; ~ *oneself*
ta sig samman

collection [kə'lekschən] *subst*
1 insamling **2** kollektion

collector [kə'lekktə] *subst*
samlare

college ['kållidʒ] *subst* college

collide [kə'lajd] *verb* krocka; ~ *with* äv. stå i strid med

collie ['kålli] *subst* collie
hundras

colliery ['kålljəri] *subst* kol-
gruva

collision [kə'liʒən] *subst* kol-
lision

colloquial [kə'ləokwiəl] *adj*
talspråks-

1 colon ['kəolən] *subst*
grovtarm

2 colon ['kəolən] *subst* kolon
skiljetecken

colonel ['kö:nl] *subst* överste

colony ['kålləni] *subst* koloni

colour ['kallə] I *subst* 1 färg;
the ~ magazines ung. den
kolorerade veckopressen
2 ansiktsfärg; *change ~* bli
blek (röd); *get a ~* få färg bli
solbränd 3 *colours* t.ex. lags
färger; flagga II *verb* 1 färga
2 rodna

colour bar ['kalləba:] *subst*
rasdiskriminering

colour-blind ['kalləblajnd] *adj*
färgblind

coloured ['kalləd] *adj* färgad

colourful ['kalləfol] *adj* färg-
stark

colouring ['kalləring] *subst*
1 färgning 2 färgmedel

colour scheme ['kalləski:m]
subst färgschema

colt [kəolt] *subst* föl

column ['kålləm] *subst* 1 ko-
lonn 2 kolumn

columnist ['kålləmnist] *subst*
krönikör

coma ['kəomə] *subst* koma

comb [kəom] I *subst* kam
II *verb* kamma

combat ['kåmmbätt] I *subst*
kamp II *verb* bekämpa

combination
[,kåmbi'nejschən] *subst*
kombination

combine [kəm'bajn] *verb* för-
ena; kombinera

come* [kam] *verb* 1 komma
2 ske; ~ *what may* hända
vad som hända vill 3 *to ~*
blivande; *how ~?* hur
kommer det sig?; ~ *easy to
sb.* falla sig lätt för ngn; ~
loose lossna 4 ~ *about*
inträffa, ske; ~ *across*
komma över; ~ *along* ta sig;
~ *by* komma förbi; ~
forward träda fram; ~ *from*
komma från; komma sig av;
~ *into fashion* komma på
modet; ~ *into power* komma
till makten; ~ *off* lossna; ~
on närma sig; *autumn is
coming on* det börjar bli
höst; ~ *out* komma ut; ~ *out
badly* klara sig dåligt; ~ *out
the winner* sluta som
segrare; ~ *round* kvickna till;
~ *through* klara sig; ~ *to
nothing* gå om intet; *how*

much does it ~ to? hur mycket blir det?; *when it comes down to it* när det kommer till kritan; *~ up* komma på tal

comeback ['kambäkk] *subst* comeback

comedian [kə'mi:djən] *subst* komiker

comedy ['kåmmədi] *subst* komedi

come-on ['kammån] *subst* vard. lockbete; invit

come-uppance [,kamm'apəns] *subst, get one's ~* vard. få vad man förtjänar

comfort ['kamfət] **I** *subst* **1** tröst **2** välbefinnande **II** *verb* trösta

comfortable ['kamfətəbl] *adj* bekväm; trygg; *be ~* trivas

comfortably ['kamfətəbli] *adv* bekvämt; *be ~ off* ha det bra ställt

comic ['kåmmikk] **I** *adj* komisk; *~ opera* operett; *~ strip* tecknad serie **II** *subst* **1** *the comics* seriesidan i tidning **2** komiker på varieté

coming ['kamming] *adj* kommande; framtids-

comma ['kåmmə] *subst* kommatecken

command [kə'ma:nd] **I** *verb* föra befäl **II** *subst* befallning; order

commander [kə'ma:ndə] *subst* befälhavare

commando [kə'ma:ndəo] *subst* kommandosoldat

commemorate [kə'memərejt] *verb* hedra minnet av

commence [kə'mens] *verb* börja

commend [kə'mend] *verb* berömma; anbefalla

commensurate [kə'menschərət] *adj* sammanfallande

comment ['kåmment] **I** *subst* kommentar **II** *verb, ~ on* kommentera

commentary ['kåmməntəri] *subst* **1** kommentar **2** reportage

commentator ['kåmmentejtə] *subst* kommentator

commerce ['kåmməs] *subst* handel

commercial [kə'mö:schəl] **I** *adj* kommersiell, handels-; *~ television* reklam-TV; *~ traffic* yrkestrafik **II** *subst* reklaminslag i radio el. TV

commiserate [kə'mizərejt] *verb* ha medlidande med

commission [kə'mischən] **I** *subst* **1** uppdrag **2** kommission **II** *verb* ge i uppdrag

commissionaire [kə,mischə'näə] *subst* dörrvakt på t.ex. biograf, varuhus

commit [kə'mitt] *verb* **1** förö-

va, begå **2** ~ *oneself* ta
ställning; binda sig; *commit-
ted* engagerad
commitment [kə'mittmənt]
subst engagemang
committee [kə'mitti] *subst*
utskott; kommitté
commodity [kə'måddəti] *subst*
handelsvara; *household
commodities* husgeråd
common ['kåmmən] **I** *adj*
1 gemensam **2** allmän; van-
lig; ~ *sense* sunt förnuft
II *subst* **1** *right of* ~ alle-
mansrätt **2** *in* ~ gemensamt
common-law ['kåmmənlå:]
adj, ~ *marriage* samvets-
äktenskap
commonly ['kåmmənli] *adv*
vanligen, i allmänhet
commonplace ['kåmmənplejs]
subst banalitet
commonsense
[‚kåmmən'sens] *adj* förnuftig,
nykter
Commonwealth
['kåmmənwelθ] *subst, the* ~
Brittiska samväldet
commotion [kə'məoschən]
subst tumult, väsen
communal ['kåmmjonl] *adj*
gemensam; ~ *kitchen* sopp-
kök
commune ['kåmmjo:n] *subst*
kollektiv
communicate [kə'mjo:nikejt]
verb kommunicera

communication
[kə‚mjo:ni'kejschən] *subst*
1 meddelande **2** kommuni-
kationer i olika bet.
Communion [kə'mjo:njən]
subst nattvard
community [kə'mjo:nəti] *subst*
1 samhälle **2** ~ *centre* ung.
allaktivitetshus; ~ *radio* när-
radio; ~ *service* samhälls-
tjänst
commute [kə'mjo:t] *verb*
pendla mellan orter
commuter [kə'mjo:tə] *subst*
pendlare
compact [kəm'päkkt] *adj*
kompakt; tät, solid
companion [kəm'pännjən]
subst följeslagare; sällskap
companionship
[kəm'pännjənschipp] *subst*
kamratskap
company ['kampəni] *subst*
1 sällskap **2** bolag
comparatively [kəm'pärrətivli]
adv jämförelsevis
compare [kəm'päə] *verb* jäm-
föra; ~ *to* jämföra med
comparison [kəm'pärrisn]
subst jämförelse; *without
(beyond all)* ~ utan jämfö-
relse
compartment [kəm'pa:tmənt]
subst kupé på tåg
compass ['kampəs] *subst*
1 kompass **2** *compasses*
passare

compassion [kəm'päschən] *subst* medlidande

compassionate [kəm'päschənət] *adj* medlidsam

compatible [kəm'pättəbl] *adj* förenlig; *they aren't ~* de passar inte ihop

compel [kəm'pell] *verb* tvinga, förmå

compelling [kəm'pelling] *adj* tvingande

compensate ['kåmpensejt] kompensera

compensation [,kåmpen'sejschən] *subst* kompensation

compere ['kåmpäə] *subst* konferencier

compete [kəm'pi:t] *verb* tävla, konkurrera

competent ['kåmpətənt] *adj* kompetent

competition [,kåmpə'tischən] *subst* **1** konkurrens **2** tävling

competitive [kəm'petətivv] *adj* **1** konkurrenskraftig **2** tävlingslysten

competitor [kəm'petitə] *subst* **1** tävlande **2** konkurrent

complain [kəm'plejn] *verb* klaga

complaint [kəm'plejnt] *subst* klagomål

complement ['kåmpliment] **I** *subst* komplement **II** *verb* komplettera

complementary [,kåmpli'mentəri] *adj* kompletterande

complete [kəm'pli:t] **I** *adj* fullständig **II** *verb* **1** avsluta **2** komplettera

completion [kəm'pli:schən] *subst* slutförande

complex ['kåmplekks] **I** *adj* sammansatt **II** *subst* komplex

complexion [kəm'plekkschən] *subst* hy

compliance [kəm'plajəns] *subst* medgörlighet

complicate ['kåmplikejt] *verb* komplicera

complicated ['kåmplikejtidd] *adj* komplicerad

complication [,kåmpli'kejschən] *subst* komplikation; *complications* äv. krångel

compliment ['kåmplimənt] *subst* komplimang; *compliments* hälsningar

complimentary [,kåmpli'mentəri] *adj* smickrande, artighets-

comply [kəm'plaj] *verb* ge efter, foga sig

compose [kəm'pəoz] *verb* **1** författa; komponera **2** ~ *oneself* samla sig

composed [kəm'pəozd] *adj* lugn, samlad

composer [kəm'pəozə] *subst* kompositör

composition [ˌkåmpəˈzischən]
subst **1** komposition **2** uppsatsskrivning

composure [kəmˈpəʊʒə] *subst*
fattning

compound [ˈkåmpaɒnd] *subst*
sammansättning, förening

comprehend [ˌkåmprɪˈhend]
verb fatta, begripa

comprehension
[ˌkåmprɪˈhenschən] *subst*
fattningsförmåga

comprehensive
[ˌkåmprɪˈhennsivv] *adj* uttömmande; ~ *school* ung.
grund- och gymnasieskola för
elever över 11 år

compress I [kəmˈpress] *verb*
pressa ihop; komprimera
II [ˈkåmpress] *subst* kompress

comprise [kəmˈpraɪz] *verb*
innefatta

compromise [ˈkåmprəmaɪz]
I *subst* kompromiss **II** *verb*
1 kompromissa **2** kompromettera

compulsion [kəmˈpallschən]
subst tvång

compulsive [kəmˈpallsivv] *adj*
tvångsmässig; *be a ~ eater*
ung. hetsäta

compulsory [kəmˈpallsəri] *adj*
obligatorisk

computer [kəmˈpjoːtə] *subst*
dator; ~ *game* dataspel

computerize [kəmˈpjoːtəraɪz]
verb datorisera

conceal [kənˈsiːl] *verb* dölja,
gömma

conceit [kənˈsiːt] *subst* inbilskhet

conceited [kənˈsiːtidd] *adj*
inbilsk

conceive [kənˈsiːv] *verb*
1 tänka (föreställa) sig **2** bli
gravid

concentrate [ˈkånnsəntrejt]
I *verb* koncentrera; koncentrera sig **II** *subst* koncentrat

concentration
[ˌkånnsənˈtrejschən] *subst*
koncentration

concept [ˈkånnsept] *subst*
begrepp; koncept

concern [kənˈsöːn] **I** *verb*
1 angå, röra **2** oroa **II** *subst*
1 angelägenhet **2** oro

concerning [kənˈsöːning] *prep*
angående

concert [ˈkånsət] *subst* konsert

concert hall [ˈkånsəthåːl]
subst konsertsal

concerto [kənˈtchäätəo] *subst*
konsert musikstycke för solo-
instrument och orkester

concession [kənˈseschən]
subst medgivande

conclude [kənˈkloːd] *verb*
1 sluta; *to ~* till sist **2** dra
slutsatsen

conclusion [kənˈkloːʒən] *subst*
1 avslutning; *in ~* slutligen
2 slutsats; *jump to conclu-*

sions dra förhastade slutsatser

conclusive [kən'klo:sivv] *adj* avgörande

concoct [kən'kåkt] *verb* koka ihop

concoction [kən'kåkkschən] *subst* hopkok

concrete ['kånnkri:t] **I** *adj* **1** konkret **2** betong- **II** *subst* betong

concur [kən'kö:] *verb* vara ense

concussion [kən'kaschən] *subst* hjärnskakning

condemn [kən'demm] *verb* döma; fördöma

condensation [ˌkånden'sejschən] *subst* kondensering; imma

condense [kən'dens] *verb* **1** kondensera **2** koncentrera

condition [kən'dischən] *subst* **1** villkor; *conditions* förhållanden; *on no ~* på inga villkor **2** tillstånd; *have a heart ~* lida av hjärtbesvär

conditional [kən'dischənl] *adj* villkorlig

condom ['kånndåmm] *subst* kondom

condone [kən'dəon] *verb* överse med, tolerera

conduct I ['kånndakt] *subst* uppförande **II** [kən'dakt] *verb* **1** föra, leda; *conducted party* guidad grupp; *~*

oneself uppföra (sköta) sig **2** dirigera orkester

conductor [kən'dakktə] *subst* **1** dirigent **2** konduktör

cone [kəon] *subst* **1** kon **2** strut

confectioner [kən'fekschənə] *subst, confectioner's shop* godisaffär

confectionery [kən'tekschnərt] *subst* godisaffär

confer [kən'fö:] *verb* förläna, tilldela

conference ['kånnfərəns] *subst* konferens; *be in ~* sitta i sammanträde

confess [kən'fess] *verb* bekänna

confession [kən'feschən] *subst* bekännelse

confetti [kən'fetti] *subst* konfetti

confide [kən'fajd] *verb* anförtro

confidence ['kånnfidəns] *subst* **1** förtroende **2** tillförsikt

confident ['kånnfidənt] *adj* säker; säker av sig

confidential [ˌkånnfi'denschəl] *adj* förtrolig

confine [kən'fajn] *verb* begränsa

confinement [kən'fajnmənt] *subst* fångenskap; isolering

confirm [kən'fö:m] *verb* bekräfta

confirmation [ˌkånnfə'mejschən] *subst* bekräftelse

confirmed [kən'fö:md] *adj* inbiten; obotlig

confiscate ['kånfiskejt] *verb* beslagta

conflict ['kånnflikkt] *subst* konflikt; motsättning; ~ *of opinion* meningsskiljaktighet

conflicting [kən'flikkting] *adj* motsägande; stridande

conform [kən'få:m] *verb* anpassa sig

confound [kən'faond] *verb* förvirra

confront [kən'frant] *verb* konfrontera

confrontation [ˌkånfran'tejschən] *subst* konfrontation

confuse [kən'fjo:z] *verb* **1** förvirra **2** förväxla

confused [kən'fjo:zd] *adj* förvirrad

confusion [kən'fjo:ʒən] *subst* förvirring

congeal [kən'dʒi:l] *verb* stelna; frysa till is

congenial [kən'dʒi:njəl] *adj* behaglig; ~ *task* arbete som passar en

congestion [kən'dʒestchən] *subst* **1** blodstockning; *nasal*

~ nästäppa **2** stockning i trafik o.d.

congratulate [kən'grättjolejt] *verb* gratulera

congregate ['kånggrigejt] *verb* samlas

congregation [ˌkånggri'gejschən] *subst* församling

congress ['kånggres] *subst* kongress

conjunction [kən'dʒangkschən], *in* ~ *with* i samverkan med

conjure ['kandʒə] *verb* trolla fram

conjurer ['kandʒərə] *subst* trollkarl

connect [kə'nekt] *verb* förena, ansluta

connection [kə'nekschən] *subst* förbindelse; anslutning; *have good connections* ha försänkningar

connive [kə'najv] *verb* intrigera

conquer ['kångkə] *verb* erövra

conquest ['kångkoest] *subst* erövring

conscience ['kånschəns] *subst* samvete

conscientious [ˌkånschi'enschəs] *adj* samvetsgrann

conscious ['kånschəs] *adj* **1** medveten **2** vid medvetande

consciousness ['kånschəsnəs] *subst* medvetande; medvetenhet

conscript ['kånnskript] *adj* o. *subst* värnpliktig

consent [kən'sent] **1** *subst* medgivande **II** *verb* samtycka

consequence ['kånnsikwəns] *subst* **1** konsekvens; *in ~* som en följd av detta **2** *it is of no ~* det har ingen betydelse

consequently ['kånnsikwəntli] *adv* följaktligen

conservation [,kånsə'vejschən] *subst* **1** bevarande; konservering **2** naturvård

conservative [kən'sö:vətivv] *adj* o. *subst* konservativ

conservatory [kən'sö:vətri] *subst* drivhus

conserve [kən'sö:v] **I** *verb* bevara **II** *subst, conserves* sylt; fruktkonserver

consider [kən'siddə] *verb* **1** överväga; *all things considered* när allt kommer omkring **2** ta hänsyn till

considerable [kən'siddərəbl] *adj* betydande; ansenlig

considerably [kən'siddərəbli] *adv* betydligt

considerate [kən'siddərətt] *adj* hänsynsfull

consideration [kən,siddə'rejschən] *subst* **1** övervägande **2** hänsyn

considering [kən'siddəring] *prep* o. *konj* med tanke på

consignment [kən'sajnmənt] *subst* varuparti

consist [kən'sist] *verb* bestå

consistency [kən'sistənsi] *subst* **1** konsistens **2** följdriktighet

consistent [kən'sistənt] *adj* **1** förenlig **2** konsekvent

consolation [,kånsə'lejschən] *subst* tröst

1 console [kən'səol] *verb* trösta

2 console ['kånnsəol] *subst* konsol

consonant ['kånnsənənt] *subst* konsonant

conspicuous [kən'spikkjoəs] *adj* iögonfallande

conspiracy [kən'spirrəsi] *subst* sammansvärjning

constable ['kannstəbl] *subst, police ~* polisassistent

constant ['kånstənt] *adj* konstant, oföränderlig

constantly ['kånstəntli] *adv* jämt och ständigt

constipation [,kånsti'pejschən] *subst* förstoppning

constituency [kən'stitjoənsi] *subst* valkrets

constituent [kən'stitjoənt] *subst* beståndsdel

constitution [,kånsti'tjo:schən] *subst* författning; grundlag

constitutional
[ˌkånsti'tjo:schənl] *adj*
grundlagsenlig

constraint [kən'strejnt] *subst*
1 tvång **2** restriktion

construct [kən'strakt] *verb*
konstruera; bygga

construction [kən'strakschən]
subst konstruktion; anläg-
gande; ~ *worker* byggnads-
arbetare

constructive [kən'straktivv]
adj konstruktiv

consul ['kånnsəl] *subst* konsul

consulate ['kånsjolət] *subst*
konsulat

consult [kən'salt] *verb* rådfrå-
ga, konsultera

consultant [kən'saltənt] *subst*
1 läkare **2** konsult

consulting-room
[kən'saltingro:m] *subst* mot-
tagningsrum

consume [kən'sjo:m] *verb*
förbruka; konsumera; *con-
sumed with* uppfylld av

consumer [kən'sjo:mə] *subst*
konsument; ~ *guidance*
konsumentupplysning; ~
goods konsumtionsvaror

consummate [kən'samət] *adj*
fulländad

consumption
[kən'sampschən] *subst* kon-
sumtion

contact ['kånntäkkt] **I** *subst*
1 kontakt, beröring **2** *busi-*

ness contacts affärskontakter
II *verb* kontakta

contact lenses
['kånntäkkt,lenziz] *subst pl*
kontaktlinser

contagious [kən'tejdʒəs] *adj*
smittsam

contain [kən'tejn] *verb* inne-
hålla

container [kən'tejnə] *subst*
1 behållare **2** container

contaminate [kən'tämminejt]
verb smitta; bildl. besmitta

contemplate ['kånntəmplejt]
verb fundera på

contemporary [kən'tempərəri]
adj samtida; nutida

contempt [kən'tempt] *subst*
förakt

contemptuous
[kən'temptjoəs] *adj* förakt-
full .

contend [kən'tend] *verb* häv-
da

contender [kən'tendə] *subst*
tävlande; utmanare

1 content ['kånntent] *subst*
innehåll

2 content [kən'tent] *adj* nöjd,
belåten

contention [kən'tenschən]
subst åsikt, argument

contents ['kånntents] *subst pl*
innehåll

contest I ['kånntest] *subst*
tävling **II** [kən'test] *verb* tävla

contestant [kən'testənt] *subst*
tävlande

context ['kånntekst] *subst*
sammanhang; kontext

continent ['kånntinənt] *subst*
kontinent; *the Continent*
kontinenten Europas fastland

continental [,kånti'nentl] *adj*
kontinental; *~ breakfast*
kontinental frukost med bröd,
smör och marmelad

continual [kən'tinjʊəl] *adj*
ständig, ihållande

continuation
[kən,tinjʊ'ejschən] *subst*
fortsättning

continue [kən'tinjʊ] *verb*
fortsätta

continuity [,kånti'njʊ:əti]
subst kontinuitet

continuous [kən'tinjʊəs] *adj*
kontinuerlig, fortlöpande

contort [kən'tå:t] *verb* för-
vränga

contour ['kånntʊə] *subst* kon-
tur

contraband ['kånntrəbänd]
subst smuggelgods; smugg-
ling

contraceptive
[,kånntrə'septivv] *subst* pre-
ventivmedel

contract ['kånnträkt] *subst*
kontrakt

contraction [kən'träkkschən]
subst sammandragning

contractor [kən'träkktə] *subst*
leverantör; entreprenör

contradict [,kånntrə'dikt] *verb*
säga emot

contraption [kən'träpschən]
subst apparat, grej

contrary ['kånntrəri] **I** *adj*
motsatt; *~ to* äv. tvärtemot
II *subst, rather the ~* snarare
tvärtom; *on the ~* tvärtom

contrast I ['kånntra:st] *subst*
kontrast; *by ~* el. *in ~*
däremot, å andra sidan
II [kən'tra:st] *verb* jämföra

contravene [,kånntrə'vi:n] *verb*
överträda lag o.d.

contribute [kən'tribjo:t] *verb*
bidra, medverka

contribution
[,kånntri'bjo:schən] *subst* bi-
drag

contributor [kən'tribjotə]
subst medarbetare i tidskrift
o.d.

control [kən'trəol] **I** *subst*
kontroll; *passport ~* pass-
kontroll; *be in ~* ha makten;
get out of ~ tappa kontrollen
över; *at the controls* vid
spakarna **II** *verb* kontrollera

control tower [kən'trəol,taoə]
subst trafiktorn

controversial
[,kånntrə'vö:schəl] *adj* kon-
troversiell

controversy [kən'tråvəsi]
subst kontrovers, tvist

convalescence
[ˌkånvəˈlessəns] *subst* till-
frisknande
convenience [kənˈvi:njəns]
subst bekvämlighet; *public ~*
offentlig toalett; *all modern
conveniences* alla moderna
bekvämligheter
convenient [kənˈvi:njənt] *adj*
lämplig, läglig
convent [ˈkånnvənt] *subst*
nunnekloster
convention [kənˈvenschən]
subst **1** konvention i olika bet.
2 konvent
conventional [kənˈvenschənl]
adj konventionell
conversation [ˌkånvəˈsejschən]
subst samtal; *make ~*
kallprata
1 converse [kənˈvö:s] *verb*
samtala
2 converse [ˈkånnvö:s] *adj*
omvänd, motsatt
conversely [ˌkånˈvö:sli] *adv*
omvänt
convert [kənˈvö:t] *verb* om-
vandla; omvända
convertible [kənˈvö:təbl] **I** *adj*
som kan omvandlas (om-
sättas) **II** *subst* cabriolet bil
convey [kənˈvej] *verb* för-
medla
convict I [kənˈvikkt] *verb*
döma **II** [ˈkånnvikkt] *subst*
fånge

conviction [kənˈvikkschən]
subst övertygelse
convince [kənˈvins] *verb*
övertyga
convoluted [ˈkånnvəlo:tidd]
adj bildl. invecklad
convulsion [kənˈvalschən]
subst kramp, skakning
coo [ko:] *verb* kuttra
cook [kokk] **I** *subst* kock; *she
is a good ~* hon lagar god
mat **II** *verb* **1** laga mat
2 koka
cookbook [ˈkokkbokk] *subst*
kokbok
cooker [ˈkokkə] *subst* spis
cookery [ˈkokkəri] *subst* kok-
konst, matlagning
cookery book [ˈkokkəribokk]
subst kokbok
cooking [ˈkokking] *subst* mat-
lagning
cool [ko:l] **I** *adj* sval, kylig;
keep ~! ta det lugnt! **II** *verb*
göra sval; lugna ner
co-op [ˈkəoåp] *subst* vard.
konsumbutik
co-operate [kəoˈåppərejt] *verb*
samarbeta
co-operation
[kəoˌåppəˈrejschən] *subst*
samarbete
co-operative [kəoˈåppərətivv]
adj samarbetsvillig
co-ordinate [kəoˈå:dinejt] *verb*
koordinera, samordna
cop [kåpp] *subst* vard. snut

cope [kəop] *verb*, ~ *with*
klara; orka med

1 copper ['kåppə] *subst* vard.
snut

2 copper ['kåppə] *subst*
koppar

copy ['kåppi] **I** *subst* **1** kopia
2 exemplar av bok, tidning
II *verb* kopiera; ta efter

coral ['kårrəl] *subst* korall; ~
reef korallrev

cord [kå:d] *subst* rep, snöre

cordial ['kå:djəl] **I** *adj* hjärtlig
II *subst* saft dryck

cordon ['kå:dn] *subst* avspärr-
ningskedja; *form a* ~ äv.
bilda häck

corduroy ['kå:dəråj] *subst*
manchester; *corduroys* man-
chesterbyxor

core [kå:] *subst* **1** kärnhus
2 bildl. kärna; *to the* ~ helt
och hållet; genom-

cork [kå:k] **I** *subst* kork ämne
el. propp **II** *verb* korka

corkscrew ['kå:kskro:] *subst*
korkskruv

1 corn [kå:n] *subst* säd;
spannmål

2 corn [kå:n] *subst* liktorn

corner ['kå:nə] **I** *subst* hörn,
hörna; *cut corners* bildl. ta
genvägar **II** *verb* tränga in i
ett hörn

cornerstone ['kå:nəstəon]
subst hörnsten

cornet ['kå:nitt] *subst* **1** kor-
nett **2** glasstrut

cornflakes ['kå:nflejks] *subst*
pl cornflakes

cornflour ['kå:nflaoə] *subst*
majsmjöl

Cornwall ['kå:nwəl] grevskap i
England

corny ['kå:ni] *adj* vard. fånig,
töntig

coronation [‚kårrə'nejschən]
subst kröning

1 corporal ['kå:pərəl] *subst*
furir; korpral

2 corporal ['kå:pərəl] *adj*
kroppslig

corporate ['kå:pərət] *adj* ge-
mensam

corporation [‚kå:pə'rejschən]
subst bolag; *municipal* ~
kommunstyrelse

corps [kå:] *subst* kår

corpse [kå:ps] *subst* lik

correct [kə'rekkt] **I** *verb* rätta;
rätta till **II** *adj* **1** rätt **2** kor-
rekt

correction [kə'rekkschən] *subst*
rättelse; korrigering

correspond [‚kårri'spånd] *verb*
1 motsvara **2** brevväxla

correspondence
[‚kårri'spånndəns] *subst* kor-
respondens; ~ *column* insän-
darspalt

correspondent
[‚kårri'spånndənt] **I** *subst*
1 brevskrivare **2** korrespon-

utsände medarbetare **ll** *adj*
motsvarande
corridor ['kårridå:] *subst* kor-
ridor
corrode [kə'rəod] *verb* fräta
corrupt [kə'rappt] **l** *adj* kor-
rumperad **ll** *verb* korrumpe-
ra; fördärva
corruption [kə'rapʃən] *subst*
korruption; fördärv
cosmetic [kåz'mettikk] **l** *adj*
kosmetisk **ll** *subst* skönhets-
medel; *cosmetics* äv. kosme-
tika
cosset ['kåssitt] *verb* klema
med
cost* [kåsst] **l** *verb* kosta
ll *subst* kostnad, pris; *the ~
of living* levnadskostnader-
na; *at the ~ of* bildl. på
bekostnad av; *at all costs* till
varje pris
co-star ['kəosta:] **l** *subst* mot-
spelare **ll** *verb*, ~ *with* spela
mot
cost-effective [ˌkåssti'fektivv]
adj lönsam
costly ['kåsstli] *adj* dyr,
kostsam
cost price [ˌkåsst'prajs] *subst*
inköpspris; *at* ~ äv. till
självkostnadspris
costume ['kåsstjo:m] *subst*
teaterkostym
cosy ['kəozi] *adj* hemtrevlig,
mysig

cot [kått] *subst* spjälsäng
cottage ['kåttidʒ] *subst* stuga;
~ *cheese* keso®; kvarg
cotton ['kåttn] *subst* bomull
växt el. tyg
cotton wool [ˌkåttn'woll] *subst*
bomullsvadd
couch [kaotch] *subst* soffa;
divan
couchette [ko:'schett] *subst*
liggvagnsplats på tåg
cough [kåff] **l** *verb* hosta
ll *subst* hosta
cough drop ['kåffdråpp] *subst*
halstablett
could [kodd] imperf. av 1 *can*
couldn't ['koddnt] = *could not*
council ['kaonsl] *subst* råd;
town (city) ~ stadsfullmäkti-
ge; ~ *houses* kommunala
bostäder
councillor ['kaonsəllə] *subst*,
town (city) ~ stadsfullmäktig
counsel ['kaonsəl] **l** *subst* råd
ll *verb* råda ngn
counsellor ['kaonsəllə] *subst*
rådgivare
1 count [kaont] *subst* icke-brit-
tisk greve
2 count [kaont] **l** *verb* **1** räk-
na **2** räknas; ~ *on* lita på;
räkna med **ll** *subst*, *keep ~ of*
hålla räkning på; *be down
for the ~* i boxning el. bildl. vara
nere för räkning
countdown ['kaontdaon] *subst*
nedräkning vid t.ex. start

countenance ['kaontənəns]
subst ansikte

1 counter ['kaontə] *subst* i
butik o.d. kassa, disk

2 counter ['kaontə] **I** *adj* mot-;
kontra- **II** *verb* bemöta

counteract [ˌkaontə'räkkt]
verb motarbeta

counterfeit ['kaontəfitt] **I** *adj*
förfalskad **II** *subst* förfalsk-
ning **III** *verb* förfalska

counterfoil ['kaontəfåjl] *subst*
talong; kvitto

countermand [ˌkaontə'ma:nd]
I *verb* annullera **II** *subst* an-
nullering

counterpart ['kaontəpa:t]
subst motsvarighet

countess ['kaontəs] *subst*
1 icke-brittisk grevinna
2 countess earls maka el. änka

countless ['kaontləs] *adj* ota-
lig, oräknelig

country ['kantri] *subst* **1** land,
rike **2** landsbygd; ~ *life*
lantliv; *in the* ~ på landet

country house [ˌkantri'haos]
subst lantgods

countryman ['kantrimən]
subst landsman

countryside ['kantrisajd] *subst*
landsbygd

county ['kaontl] *subst* grev-
skap; *the Home Counties*
grevskapen närmast London

coup [ko:] *subst* kupp

couple ['kappl] **I** *subst* par
II *verb* bildl. förena

coupon ['ko:pån] *subst* ku-
pong; rabattkupong

courage ['karridʒ] *subst* mod

courier ['koriə] *subst* **1** kurir
2 reseledare

course [kå:s] *subst* **1** lopp;
bana **2** lärokurs **3** rätt; *first*
~ förrätt; *main* ~ huvudrätt

court [kå:t] *subst* **1** gårdsplan
2 sport. plan, bana **3** hov; *at*
~ vid hovet **4** domstol; *in* ~
inför rätta; i rätten

courtesy ['kö:təsi] *subst* artig-
het

court house ['kå:thaos] *subst*
domstolsbyggnad

court-martial [ˌkå:t'ma:schəl]
subst krigsrätt

courtroom ['kå:tro:m] *subst*
rättssal

courtyard ['kå:tja:d] *subst*
gårdsplan

cousin ['kazn] *subst* kusin

cove [kəov] *subst* liten vik

covenant ['kavvənənt] *subst*
avtal; fördrag

cover ['kavvə] **I** *verb* **1** täcka i
olika bet. **2** omfatta **3** ~ *up*
tysta ner **II** *subst* **1** täcke,
överdrag **2** lock **3** omslag på
bok o.d.

coverage ['kavvəridʒ] *subst*
nyhetsbevakning

cover charge ['kavvətcha:dʒ]

subst kuvertavgift på restaurang

covert ['kavvət] *adj* förstulen, hemlig

cover-up ['kavvərapp] *subst* mörkläggning

covet ['kavvitt] *verb* trakta efter, åtrå

cow [kao] *subst* ko

coward ['kaoəd] *subst* fegis

cowardice ['kaoədiss] *subst* feghet

cowardly ['kaoədli] *adj* feg

cowboy ['kaobåj] *subst* cowboy

coy [kåj] *adj* sipp; chosig

crab [kräbb] *subst* krabba

crab apple ['kräbb,äppl] *subst* vildapel

crack [kräkk] **I** *verb* knaka; spricka; ~ *jokes* vitsa **II** *subst* spricka

cracker ['kräkkə] *subst* smörgåskex

crackle ['kräkkl] *verb* knastra, spraka

cradle ['krejdl] *subst* vagga

craft [kra:ft] *subst* hantverk; yrke

craftsman ['kra:ftsmən] *subst* skicklig yrkesman

craftsmanship ['kra:ftsmənschipp] *subst* yrkesskicklighet

crafty ['kra:fti] *adj* listig, slug

crag [krägg] *subst* brant klippa

cram [krämm] *verb* proppa (packa) full; *crammed with people* fullproppat med folk

cramp [krämp] **I** *subst* kramp **II** *verb* bildl. hämma

cramped [krämpt] *adj* trång

cranberry ['krännbərri] *subst* tranbär

crane [krejn] *subst* **1** trana **2** lyftkran

crank [krängk] *subst* vev

crankshaft ['krängkscha:ft] *subst* vevaxel

cranny ['kränni] *subst* springa

crash [kräsch] **I** *verb* **1** gå i kras **2** krocka; krascha **II** *subst* krasch; krock

crash helmet ['kräsch,hellmitt] *subst* störthjälm

crash-landing ['kräsch,länding] *subst* kraschlandning

crate [krejt] *subst* spjällåda; ~ *of beer* back öl

crave [krejv] *verb* törsta efter, åtrå

crawl [krå:l] **I** *verb* **1** krypa **2** crawla **II** *subst* crawl

crayon ['krejən] *subst* färgkrita

craze [krejz] *subst* mani, fluga

crazy ['krejzi] *adj* tokig, galen

creak [kri:k] *verb* knarra

cream [kri:m] **I** *subst* **1** grädde **2** kräm i olika bet. **II** *adj* gräddfärgad

cream cheese [ˌkriːmˈtchiːz] *subst* mjuk gräddost

creamy [ˈkriːmi] *adj* gräddig

crease [kriːs] **I** *subst* veck **II** *verb* skrynkla

create [kriˈejt] *verb* skapa

creation [kriˈejschən] *subst* skapelse

creative [kriˈejtivv] *adj* skapande, kreativ

creature [ˈkriːtchə] *subst* varelse

crèche [kresch] *subst* daghem

credence [ˈkriːdəns] *subst* trovärdighet

credentials [kriˈdenschəlz] *subst pl* vitsord, referenser

credit [ˈkredditt] **I** *subst* **1** kredit; *on* ~ på kredit; ~ *account* kundkonto i varuhus **2** ära, beröm; *do sb.* ~ lända ngn till heder; *take the* ~ ta åt sig äran **II** *verb.* ~ *sb. with sth.* ge ngn äran av ngt

credit card [ˈkreddittkaːd] *subst* kreditkort

creditor [ˈkreddittə] *subst* fordringsägare

creed [kriːd] *subst* trosbekännelse

creek [kriːk] *subst* långsmal vik

creep [kriːp] **I** *verb* krypa **II** *subst* vard. äckelpotta

creeper [ˈkriːpə] *subst* klätterväxt

creepy [ˈkriːpi] *adj* vard. läskig

cremate [kriˈmejt] *verb* kremera

crematorium [ˌkreməˈtɔːriəm] *subst* krematorium

crepe o. **crêpe** [krejp] *subst* **1** kräpp **2** crêpe

crept [krept] imperf. o. perf. p. av *creep*

crescent [ˈkrezznt] *subst* månskära

cress [kress] *subst* krasse

crest [krest] *subst* bildl. höjdpunkt

crestfallen [ˈkrestˌfɑːlən] *adj* slokörad, snopen

crevice [ˈkrevviss] *subst* skreva, spricka

crew [kruː] *subst* besättning; *ground* ~ markpersonal; *stage* ~ scenarbetare

crew cut [ˈkruːkatt] *subst* snagg

crewneck [ˌkruːˈnekk] *subst* rund halsringning

crib [krib] *subst* spjälsäng

1 cricket [ˈkrikkitt] *subst* insekt syrsa

2 cricket [ˈkrikkitt] *subst* sport kricket

crime [krajm] *subst* brott; kriminalitet

criminal [ˈkriminl] **I** *adj* kriminell **II** *subst* brottsling

crimson [ˈkrimzn] *adj* karmosinröd

cringe [krindʒ] *verb* krypa ihop liksom av rädsla

crinkle ['kriŋkl] I *verb* vecka, skrynkla II *subst* veck

cripple ['kripl] I *subst* krympling II *verb* göra till krympling

crisis ['krajsis] *subst* kris

crisp [krisp] *adj* knaprig, spröd; *potato crisps* potatischips

criss-cross ['krisskråss] I *adj* korsmönstrad II *verb* korsa varandra

criterion [kraj'tiəriən] *subst* kriterium

critic ['krittikk] *subst* kritiker

critical ['krittikkəl] *adj* kritisk

criticism ['krittisizəm] *subst* kritik

criticize ['krittisajz] *verb* kritisera

croak [krəok] I *verb* kraxa II *subst* kraxande

Croatia [krəo'ejschə] Kroatien

crochet ['krəoschej] I *subst* virkning II *verb* virka

crockery ['kråkkəri] *subst* porslin

crocodile ['kråkkədajl] *subst* krokodil

crocus ['krəokəs] *subst* krokus

crony ['krəoni] *subst* polare, kompis

crook [krokk] I *subst* 1 krok 2 vard. bov II *verb* kröka

crooked ['krokkidd] *adj* 1 krokig; sned 2 ohederlig

crop [kråpp] I *subst* skörd II *verb*, ~ *up* dyka upp

cross [kråss] I *subst* kors; kryss II *adj* ond, arg III *verb* korsa; kryssa över; *it crossed my mind* det slog mig; det föll mig in

crossbar ['kråssba:] *subst* tvärslå; målribba

cross-country [,kråss'kantri] I *adj*, ~ *skiing* längdåkning på skidor II *subst* terränglöpning

cross-examine [,kråssig'zämmin] *verb* korsförhöra

cross-eyed ['kråssajd] *adj* vindögd, skelögd

crossfire ['kråssfajə] *subst* korseld

crossing ['kråssing] *subst* korsning; övergångsställe

cross-section [,kråss'sekschən] *subst* tvärsnitt

crosswind ['kråsswind] *subst* sidvind

crossword ['kråsswö:d] *subst* korsord

crotch [kråttch] *subst* skrev, gren

crouch [kraotch] *verb* huka sig

1 crow [krəo] I *verb* gala II *subst* tupps galande

2 crow [krəo] *subst* kråka

crowbar ['krəoba:] *subst* kofot

crowd [kraod] I *subst* folk-

massa; *follow the ~* följa
med strömmen II *verb* skoc-
ka sig
crowded ['kraodidd] *adj* full
av folk
crown [kraon] I *subst* krona;
the Crown staten II *verb*
kröna
crown prince [,kraon'prins]
subst kronprins
crow's-feet ['krəozfi:t] *subst pl*
vard. rynkor kring ögonen
crucial ['kro:ʃəl] *adj* avgö-
rande, central
crucifix ['kro:sifikks] *subst*
krucifix
crucifixion [,kro:si'fikschən]
subst korsfästelse
crude [kro:d] *adj* rå, grov; *the
~ facts* kalla fakta; *~ oil*
råolja
cruel [kroəl] *adj* grym; elak
cruelty ['kroəlti] *subst* grym-
het
cruise [kro:z] I *verb* kryssa
med båt; glida fram i bil
II *subst* havskryssning
cruiser ['kro:zə] *subst* kryssare
crumb [kramm] *subst* smula
crumble ['krammbl] *verb*
smula sönder; falla sönder
crumpet ['krammpitt] *subst*
slags mjuk tekaka
crumple ['krammpl] *verb*
knyckla ihop
crunch [krantsch] *verb* knap-
ra

crunchy ['krantschi] *adj*
knaprig
crusade [kro:'sejd] *subst*
korståg
crush [krasch] *verb* krossa
crust [krast] *subst* 1 kant,
skalk på bröd o.d. 2 skorpa på
sår
crutch [kratch] *subst* 1 kryc-
ka; bildl. stöd 2 skrev
crux [krakks] *subst* krux; *the
~ of the matter* sakens kärna
cry [kraj] I *verb* 1 ropa; *~ out
for* ropa på; kräva 2 gråta
II *subst* rop, skrik
cryptic ['kripptikk] *adj* kryp-
tisk
crystal ['kristl] *subst* kristall;
kristallglas
crystal-clear [,kristəl'kliə] *adj*
kristallklar
cub [kabb] *subst* unge t.ex. av
björn, lejon, val
cubbyhole ['kabbihəol] *subst*
vrå, krypin
cube [kjo:b] *subst* kub;
tärning; *~ sugar* bitsocker
cubic ['kjo:bikk] *adj* kubik-
cubicle ['kjo:bikkl] *subst* om-
klädningshytt
cuckoo ['koko:] *subst* gök
cuckoo clock ['koko:klåkk]
subst gökur
cucumber ['kjo:kambə] *subst*
gurka
cuddle ['kaddl] *verb* krama,
kela med

1 cue [kjo:] *subst* stickreplik

2 cue [kjo:] *subst* biljardkö

1 cuff [kaff] I *verb* slå till med handen II *subst* örfil

2 cuff [kaff] *subst* **1** manschett **2** *off the* ~ på rak arm

cul-de-sac [ˌkoldə'säkk] *subst* återvändsgränd

culminate ['kallminejt] *verb* kulminera

culmination [ˌkallmi'nejschən] *subst* kulmen

culprit ['kallpritt] *subst* brottsling; *the* ~ äv. den skyldige

cult [kallt] *subst* kult

cultivate ['kalltivejt] *verb* odla

cultivation [ˌkallti'vejschən] *subst* odling

cultural ['kalltchərəl] *adj* kulturell

culture ['kalltchə] *subst* kultur

cumbersome ['kambəsəm] *adj* besvärlig

cunning ['kanning] *adj* slug, listig

cup [kapp] I *subst* **1** kopp **2** prispokal II *verb* kupa

cupboard ['kabbəd] *subst* skåp

cup tie ['kapptaj] *subst* cupmatch i fotboll

curator [ˌkjoə'rejtə] *subst* intendent vid museum o.d.

curb [kö:b] I *subst* bildl. tygel II *verb* tygla

cure [kjoə] I *subst* botemedel II *verb* bota

curfew ['kö:fjo:] *subst* utegångsförbud

curiosity [ˌkjoəri'åssəti] *subst* nyfikenhet

curious ['kjoəriəs] *adj* nyfiken

curl [kö:l] I *verb* locka sig II *subst* hårlock

curler ['kö:lə] *subst* hårspole

curly ['kö:li] *adj* lockig

currant ['karrənt] *subst* **1** korint **2** vinbär

currency ['karrənsi] *subst* valuta

current ['karrənt] I *adj* nuvarande; nu gällande; *at the* ~ *rate of exchange* till dagskurs II *subst* **1** ström **2** strömning

currently ['karrəntli] *adv* för närvarande

curriculum vitae [kəˌrikkjoləm'vi:taj] *subst* meritförteckning vid platsansökan o.d.

curry ['karri] *subst* curryrätt; ~ *powder* curry pulver

curse [kö:s] I *subst* förbannelse; svordom II *verb* **1** förbanna **2** svära

cursory ['kö:səri] *adj* flyktig

curt [kö:t] *adj* kort till sättet

curtail [kö:'tejl] *verb* minska

curtain ['kö:tn] *subst* gardin; *draw the curtains* dra för gardinerna

curtsy ['kö:tsi] I *subst* nigning II *verb* niga

curve [köːv] **I** *subst* kurva
II *verb* böja (kröka) sig
cushion ['koschən] **I** *subst*
kudde, dyna **II** *verb* dämpa
custard ['kastəd] *subst* slags
äggkräm
custody ['kastədi] *subst*
1 vårdnad om barn **2** *in* ~
anhållen; häktad
custom ['kastəm] *subst* **1** sed,
vana **2** *the Customs* tullen;
customs duties tullavgifter
customary ['kastəməri] *adj*
vanlig, bruklig
customer ['kastəmə] *subst*
kund
custom-made ['kastəmmejd]
adj gjord på beställning
cut* [katt] **I** *verb* **1** skära,
skära sig **2** klippa; *have
one's hair* ~ klippa håret
3 skära ner utgifter o.d.;
förkorta **4** ~ *across* bildl.
skära tvärsöver; ~ *back* bildl.
skära ner på; ~ *down* hugga
ner; dra ner på; ~ *in* tränga
sig emellan; ~ *off* skära av;
stänga av; bryta telefonsamtal;
be ~ *out for* vara som klippt
och skuren för; ~ *through* ta
en genväg **II** *adj*, ~ *flowers*
snittblommor; ~ *glass* slipat
glas **III** *subst* **1** skåra, jack;
skråma **2** klippning
3 minskning, nedskärning
cutback ['kattbäkk] *subst*
minskning, nedskärning

cute [kjoːt] *adj* söt, gullig
cutlery ['kattləri] *subst* mat-
bestick
cutlet ['kattlət] *subst* kotlett
cut-off ['kattåff] *subst* avbry-
tande
cut-out ['kattaot] *subst* klipp-
docka
cut-price ['kattprajs] *adj*, ~
shop ung. lågprisaffär
cutthroat ['kattθrəot] *adj* bildl.
mördande
cutting ['katting] **I** *adj* skarp
II *subst* **1** urklipp **2** stickling
cyanide ['sajənajd] *subst* cya-
nid
cycle ['sajkl] **I** *subst* cykel; ~
path cykelväg **II** *verb* cykla
cycling ['sajkliŋg] *subst* cyk-
ling
cyclist ['sajklist] *subst* cyklist;
Cyclists' Touring Club ung.
Cykelförbundet
cygnet ['signət] *subst* ung
svan
cylinder ['sillində] *subst* cy-
linder
cynic ['sinnikk] *subst* cyniker
cynical ['sinnikəl] *adj* cynisk
cynicism ['sinnisizəm] *subst*
cynism
cyst [sist] *subst* cysta
Czech [tchekk] **I** *subst* tjeck
II *adj* tjeckisk; *the* ~ *Repub-
lic* Tjeckien

D

D, d [di:] *subst* D, d
dab [däbb] *verb* badda
dabble ['däbbl] *verb*, ~ *in*
pyssla med
dad [dädd] o. **daddy** ['däddi]
subst vard. pappa
daffodil ['däffədill] *subst*
påsklilja
daft [da:ft] *adj* vard. dum
dagger ['däggə] *subst* dolk
daily ['dejli] **I** *adj* daglig **II** *adv*
dagligen **III** *subst* dagstidning
dainty ['dejnti] *adj* nätt, späd
dairy ['dääri] *subst* **1** mejeri
2 mjölkaffär
dais ['dejis] *subst* podium
daisy ['dejzi] *subst* tusensköna
dale [dejl] *subst* dal
1 dam [dämm] *subst* om djur
moder
2 dam [dämm] **I** *subst* damm
II *verb* dämma upp
damage ['dämmidʒ] **I** *subst*
skada, skador; *damages*
skadestånd **II** *verb* skada
damn [dämm] vard. **I** *interj*
jäklar! **II** *adv* o. *adj* jäkla
damp [dämp] **I** *subst* fukt
II *adj* fuktig
damson ['dämzən] *subst* kri-
kon plommonsort

dance [da:ns] **I** *verb* dansa
II *subst* dans
dance hall ['da:nshå:l] *subst*
dansställe
dancer ['da:nsə] *subst* dansa-
re; *be a good* ~ dansa bra
dandelion ['dänndilajən] *subst*
maskros
dandruff ['dänndraff] *subst*
mjäll
danger ['dejndʒə] *subst* fara,
risk; *be in* ~ *of losing one's*
life sväva i livsfara
dangerous ['dejndʒərəs] *adj*
farlig
dangle ['dänggl] *verb* dingla,
dingla med
Danish ['dejnisch] **I** *adj* dansk
II *subst* **1** danska språket
2 wienerbröd
dapper ['däppə] *adj* liten och
prydlig
dare [dää] *verb* **1** våga
2 utmana
daredevil ['dää,devl] *subst*
våghals
daring ['dääring] **I** *adj* djärv
II *subst* djärvhet
dark [da:k] **I** *adj* mörk **II** *subst*
mörker
darken ['da:kən] *verb* mörkna
darkness ['da:knəs] *subst*
mörker
darkroom ['da:kro:m] *subst*
mörkrum
darling ['da:ling] **I** *subst* älsk-

ling; *you're a ~!* vad du är
rar! II *adj* gullig, söt
1 darn [da:n] *adv* o. *adj* vard.
jäkla
2 darn [da:n] *verb* stoppa
strumpor o.d.
dart [da:t] I *subst* pil; *play
darts* spela dart II *verb* rusa
dartboard ['da:tbå:d] *subst*
darttavla, pilkastningstavla
dash [däsch] I *verb* rusa
II *subst* **1** *make a ~* rusa **2** *a
~ of* en skvätt
dashboard ['däschbå:d] *subst*
instrumentbräda
dashing ['däsching] *adj* ele-
gant; stilig
data ['dejtə] *subst* data,
information
1 date [dejt] *subst* dadel
2 date [dejt] I *subst* **1** datum;
out of ~ omodern; *up to ~* à
jour, med sin tid **2** vard. träff
II *verb* **1** datera **2** vard. vara
ihop med
dated ['dejtidd] *adj* gammal-
modig
daub [då:b] *verb* kladda
daughter ['då:tə] *subst* dotter
daughter-in-law ['då:tərinlå:]
subst svärdotter
dawdle ['då:dl] *verb* söla, såsa
dawn [då:n] I *verb* gry II *subst*
gryning
day [dej] *subst* **1** dag; *the ~
after tomorrow* i övermor-
gon; *the ~ before yesterday* i

förrgår; *some ~* en vacker
dag; *~ off* ledig dag **2** *days*
tid; glansperiod
daybreak ['dejbrejk] *subst*
gryning
daydream ['dejdri:m] I *subst*
dagdröm II *verb* dagdrömma
daylight ['dejlajt] *subst* dags-
ljus; gryning
day return [,dejri'tö:n] *subst*
tur och returbiljett för återresa
samma dag
daytime ['dejtajm] *subst* dag i
motsats till natt; *in* (*during*) *the
~* på dagtid, om (på) dagen,
om (på) dagarna
day-to-day [,dejtə'dej] *adj*
daglig; *~ loan* dagslån
daze [dejz] *verb* bedöva,
förvirra
dazzle ['däzl] *verb* blända
DC [,di:'si:] (förk. för *direct
current*) likström
dead [dedd] I *adj* död II *adv*
1 vard. döds- **2** tvärt
deaden ['deddn] *verb* dämpa
dead end [,dedd'end] *subst*
återvändsgränd
deadline ['deddlajn] *subst*
tidsgräns, deadline
deadlock ['deddlåkk] *subst*
dödläge
deadly ['deddli] I *adj* dödlig
II *adv* döds-
deaf [deff] *adj* döv
deafen ['deffn] *verb* göra döv

deaf-mute [ˌdeff'mjoːt] *subst*
dövstum

deal [diːl] **I** *subst* **1** affär;
avtal; *make a ~* göra en
affär; göra upp **2** *a great ~*
ganska mycket **II** *verb* **1** *~ in*
handla med **2** *~ with* hands-
kas med; ta itu med **3** ge i
kortspel

dealer ['diːlə] *subst* handlare

dean [diːn] *subst* **1** domprost
2 dekanus

dear [diə] **I** *adj* kär; käre, kära
II *subst* i tilltal kära du **III** *adv*
kärt **IV** *interj*, oh ~! kära
nån!

dearly ['diəli] *adv* innerligt

death [deθ] *subst* död;
dödsfall

deathly ['deθli] *adj* dödlig;
dödslik

death rate ['deθrejt] *subst*
dödlighet

debar [di'baː] *verb* utesluta

debase [di'bejs] *verb* försämra

debatable [di'bejtəbl] *adj*
diskutabel

debate [di'bejt] **I** *verb* disku-
tera **II** *subst* debatt

debt [dett] *subst* skuld; *be in
~* vara skuldsatt; stå i
tacksamhetsskuld

debtor ['dettə] *subst* gäldenär

decade ['dekkejd] *subst* de-
cennium

decadence ['dekkədəns] *subst*
dekadans

decanter [di'känntə] *subst*
karaff

decay [di'kej] **I** *verb* förfalla
II *subst* förfall

deceased [di'siːst] *adj* avliden

deceit [di'siːt] *subst* bedrägeri;
svek

deceive [di'siːv] *verb* bedra

December [di'sembə] *subst*
december

decent ['diːsnt] *adj* anständig

deception [di'seppschən]
subst bedrägeri

deceptive [di'sepptivv] *adj*
bedräglig

decide [di'sajd] *verb* bestäm-
ma; besluta sig för

decided [di'sajdidd] *adj* be-
stämd, avgjord

decimal ['dessiməl] **I** *adj* deci-
mal- **II** *subst* decimalbråk

decipher [di'sajfə] *verb* de-
chiffrera

decision [di'siʒən] *subst* be-
slut

decisive [di'sajsivv] *adj* **1** av-
görande **2** beslutsam

deck [dekk] *subst* **1** däck på
båt; våning i buss o.d.
2 kortlek

deckchair ['dekktchää] *subst*
fällstol

declare [di'klää] *verb* **1** till-
kännage **2** förtulla

decline [di'klajn] **I** *verb* **1** bildl.
avta **2** tacka nej **II** *subst*
nedgång

deflect

decoder [‚di:'kəodə] *subst*
dekoder
decorate ['dekkərejt] *verb*
1 dekorera; klä **2** inreda
decoration [‚dekə'rejschən]
subst dekoration
decorator ['dekkərejtə] *subst*
målare hantverkare
decoy ['di:kåj] *subst* lockfågel
decrease [di'kri:s] *verb* min-
ska
decree [di'kri:] *subst* dekret
dedicate ['deddikejt] *verb*
1 tillägna **2** ägna
dedication [‚deddi'kejschən]
subst **1** hängivenhet **2** tilläg-
nan
deduce [di'djo:s] *verb* sluta sig
till
deduct [di'dakt] *verb* dra
(räkna) ifrån
deduction [di'dakkschən]
subst **1** avdrag **2** slutsats
deep [di:p] **I** *adj* djup **II** *adv*
djupt **III** *subst* havsdjup
deepen ['di:pən] *verb* fördju-
pa
deep-freeze [‚di:p'fri:z] **I** *verb*
djupfrysa **II** *subst* frys
deep-fry [‚di:p'fraj] *verb* fritera
deep-seated [‚di:p'si:tidd] *adj*
djupt rotad
deer [diə] *subst* hjort; rådjur
deface [di'fejs] *verb* vanställa
default [di'få:lt] **I** *subst* för-
summelse **II** *verb* försumma
defeat [di'fi:t] **I** *subst* nederlag

II *verb* besegra; *be defeated*
äv. lida nederlag
defect ['di:fekt] *subst* brist;
defekt
defective [di'fekktivv] *adj*
bristfällig
defence [di'fenns] *subst* för-
svar
defenceless [di'fennsləs] *adj*
försvarslös
defend [di'fennd] *verb* för-
svara
defendant [di'fenndənt] *subst*
o. *adj* i domstol svarande
defender [di'fenndə] *subst*
försvarare; sport. försvars-
spelare
defer [di'fö:] *verb* skjuta upp
defiance [di'fajjəns] *subst*
utmaning; trots
defiant [di'fajjənt] *adj* utma-
nande; trotsig
deficiency [di'fischənsi] *subst*
bristfällighet
deficient [di'fischənt] *adj*
bristfällig
defile [di'fajl] *verb* besudla
define [di'fajn] *verb* definiera
definite ['deffinət] *adj* be-
stämd
definitely ['deffinətli] *adv*
absolut, definitivt
definition [‚deffi'nischən]
subst definition
deflate [di'flejt] *verb* **1** släppa
luften ur **2** bildl. platta till
deflect [di'flekkt] *verb* avleda

deformed [di'fɔ:md] *adj* vanställd

defraud [di'frɔ:d] *verb* bedra

defrost [,di:'frɒsst] *verb* tina upp fruset kött o.d.; frosta av

defroster [,di:'frɒsstə] *subst* defroster

deft [defft] *adj* flink, händig

defunct [di'fangkt] *adj* inte längre förekommande

defuse [,di:'fjo:z] *verb* desarmera

defy [di'faj] *verb* **1** trotsa **2** utmana

degenerate [di'dʒennərejt] *verb* degenerera

degree [di'gri:] *subst* grad; *to a certain* ~ i viss mån

de-ice [,di:'ajs] *verb* isa av

delay [di'lej] I *verb* **1** skjuta upp *planer o.d.* **2** försena II *subst* dröjsmål

delectable [di'lekktəbl] *adj* nöjsam, behaglig

delegate ['delligejt] *verb* delegera

delete [di'li:t] *verb* stryka ut

deliberate [di'libbərət] *adj* överlagd

deliberately [di'libbərətli] *adv* avsiktligt

delicacy ['dellikəsi] *subst* **1** finhet **2** delikatess

delicate ['dellikət] *adj* utsökt; delikat

delicatessen [,dellikə'tessn] *subst* delikatessaffär

delicious [di'lischəs] *adj* läcker, delikat

delight [di'lajt] I *subst* glädje II *verb*, ~ *in* njuta av

delighted [di'lajtidd] *adj* glad, förtjust

delightful [di'lajtfoll] *adj* förtjusande

delirious [di'lirriəs] *adj* yrande

deliver [di'livvə] *verb* **1** leverera **2** förlösa

delivery [di,livvəri] *subst* **1** leverans; *special* ~ expressbefordran **2** förlossning

delude [di'lo:d] *verb* vilseleda

delusion [di'lo:ʒən] *subst* självbedrägeri

delve [delv] *verb*, ~ *into* forska (gräva) i

demand [di'ma:nd] I *verb* kräva II *subst* **1** krav **2** efterfrågan

demanding [di'ma:nding] *adj* krävande

demeanour [di'mi:nə] *subst* uppförande

demented [di'mentidd] *adj* sinnessjuk

demise [di'majz] *subst* frånfälle

demister [di:'mistə] *subst* defroster

democracy [di'mɒkkrəsi] *subst* demokrati

democrat ['demmәkrätt] *subst* demokrat

deprived

democratic [,demə'krättikk] *adj* demokratisk

demolish [di'mållisch] *verb* rasera, riva

demonstrate ['demmənstrejt] *verb* demonstrera

demonstration [,demən'strejschən] *subst* demonstration

demonstrator ['demmənstrejtə] *subst* demonstrant

demote [di'məʊt] *verb* degradera

demure [di'mjʊə] *adj* stillsam

den [denn] *subst* djurs håla, lya

denial [di'najəl] *subst* förnekande

denim ['dennim] *subst* denim jeanstyg; *denims* jeans

Denmark ['dennma:k] Danmark

denounce [di'naʊns] *verb* peka ut; fördöma

dense [dens] *adj* **1** tät **2** bildl. dum

densely ['densli] *adv* tätt, tättdum

density ['densəti] *subst* täthet

dent [dennt] **I** *subst* buckla **II** *verb* buckla till

dental ['denntl] *adj*, ~ *care* tandvård; ~ *floss* tandtråd

dentist ['denntist] *subst* tandläkare

deny [di'naj] *verb* neka

deodorant [di'əʊdərənt] *subst* deodorant

depart [di'pa:t] *verb* om tåg o.d. avgå

department [di'pa:tmənt] *subst* avdelning

department store [di'pa:tməntstå:] *subst* varuhus

departure [di'pa:tchə] *subst* avresa; avgång; ~ *hall* avgångshall; ~ *indicator* avgångstavla

depend [di'pennd] *verb*, ~ *on* bero på; vara beroende av

dependable [di'penndəbl] *adj* pålitlig

dependent [di'penndənt] *adj* beroende

depict [di'pikkt] *verb* skildra

deport [di'på:t] *verb* utvisa ur land

deposit [di'påzzitt] **I** *verb* deponera **II** *subst* handpenning; depositionsavgift

depot ['deppəo] *subst* depå

depress [di'press] *verb* deprimera

depressed [di'presst] *adj* nere, deprimerad

depressing [di'pressing] *adj* deprimerande

depression [di'preschən] *subst* depression

deprive [di'prajv] *verb* beröva

deprived [di'prajvd] *adj* underprivilegierad, behövande

depth [depθ] *subst* djup; *in ~* ingående

deputize ['deppjotajz] *verb* vikariera

deputy ['deppjoti] *subst* 1 ställföreträdare 2 i titlar vice-

derail [di'rejl] *verb* om tåg o.d. spåra ur

Derby ['da:bi] *subst* Derby årlig hästkapplöpning i Epsom

derelict ['derrilikkt] *adj* förfallen, öde-

derive [di'rajv] *verb* härstamma

derogatory [di'råggətəri] *adj* nedsättande

descend [di'sennd] *verb* gå nedför, fara utför

descent [di'sennt] *subst* 1 nedfärd 2 härkomst

describe [di'skrajb] *verb* beskriva

description [di'skripschən] *subst* beskrivning

desecrate ['dessikrejt] *verb* vanhelga

desert I ['dezzət] *subst* öken **II** [di'zö:t] *verb* 1 överge; *deserted* folktom 2 desertera

deserter [di'zö:tə] *subst* desertör

deserve [di'zö:v] *verb* förtjäna, vara värd

deserving [di'zö:ving] *adj* förtjänt, värd

design [di'zajn] **I** *verb* formge

II *subst* 1 formgivning 2 avsikt

designer [di'zajnə] *subst* formgivare, designer

desire [di'zajə] **I** *verb* begära, önska **II** *subst* begär; önskan

desk [desk] *subst* 1 skrivbord 2 kassa i butik; reception på hotell

desolate ['dessələt] *adj* 1 ödslig 2 bedrövad

despair [di'späə] **I** *subst* förtvivlan **II** *verb* förtvivla

desperate ['despərət] *adj* desperat, förtvivlad

desperation [,despə'rejschən] *subst* desperation

despicable [di'spikkəbl] *adj* föraktlig

despise [di'spajz] *verb* förakta

despite [di'spajt] *prep* trots, oaktat

despondent [di'spånndənt] *adj* missmodig

dessert [di'zö:t] *subst* dessert, efterrätt

dessertspoon [di'zö:tspo:n] *subst* dessertsked

destination [,desti'nejschən] *subst* destination

destiny ['desttini] *subst* öde

destitute ['desstitjo:t] *adj* utfattig

destroy [di'stråj] *verb* förstöra

destruction [di'strakschən] *subst* förstörelse

detach [di'tätch] *verb* ta loss, avskilja

detached [di'tätcht] *adj* **1** ~ *house* villa **2** fristående, saklig

detachment [di'tätchmənt] *subst* saklighet

detail ['di:tejl] *subst* detalj

detain [di'tejn] *verb* uppehålla; hålla kvar i häkte

detect [di'tekkt] *verb* upptäcka

detection [di'tekschən] *subst* upptäckt

detective [di'tekktivv] *subst* detektiv, kriminalare

detention [di'tenschən] *subst* internering

deter [di'tö:] *verb* avskräcka

detergent [di'tö:dʒənt] *subst* tvättmedel, diskmedel

deteriorate [di'tiəriərejt] *verb* försämras

determine [di'tö:min] *verb* bestämma; fastställa

determined [di'tö:mind] *adj* bestämd, fast besluten

deterrent [di'terrənt] **I** *adj* avskräckande **II** *subst* avskräckningsmedel; *act as a* ~ verka avskräckande

detonate ['detəonejt] *verb* detonera, explodera

détour o. **detour** ['di:toə] *subst* omväg

detriment ['dettrimənt] *subst* skada; nackdel

detrimental [,detri'menntl] *adj* skadlig, menlig

devaluation [,di:välljo'ejschən] *subst* devalvering

devastating ['devəstejting] *adj* förödande

develop [di'velləpp] *verb* **1** utveckla; utveckla sig; *developing country* u-land **2** framkalla film

developer [di'velləppə] *subst, property* ~ ung. byggherre

development [di'velləpmənt] *subst* **1** utveckling; ~ *area* stödområde **2** *housing* ~ bostadsområde

device [di'vajs] *subst* **1** medel **2** apparat

devil ['devvl] *subst* djävul; sate; *the Devil* djävulen

devious ['di:vjəs] *adj* **1** bedräglig **2** ~ *ways* omvägar

devise [di'vajz] *verb* hitta på

devoid [di'våjd] *adj*, ~ *of* tom på; utan

devote [di'vəot] *verb* ägna

devoted [di'vəotidd] *adj* hängiven; tillgiven

devotee [,devəo'ti:] *subst* hängiven person

devotion [di'vəoschən] *subst* tillgivenhet; hängivenhet

devour [di'vaoə] *verb* sluka

devout [di'vaot] *adj* from

dew [djo:] *subst* dagg

diabetes [,dajə'bi:ti:z] *subst* diabetes

diabetic [ˌdajə'bettikk] **I** subst
diabetiker **II** adj för diabeti-
ker

diabolical [ˌdajə'bållikkəl] adj
vard. avskyvärd

diagnosis [ˌdajəg'nəosis] subst
diagnos

diagonal [daj'äggənl] adj o.
subst diagonal

diagram ['dajəgrämm] subst
diagram

dial ['dajəl] **I** subst **1** urtavla
2 nummerskiva på telefon
II verb slå telefonnummer

dialect ['dajəlekkt] subst dia-
lekt

dialogue ['dajəlågg] subst
dialog

diameter [daj'ämmitə] subst
diameter

diamond ['dajəmənd] subst
1 diamant **2** diamonds ruter

diaphragm ['dajəfrämm] subst
1 mellangärde **2** pessar

diarrhoea [ˌdajə'riə] subst
diarré

diary ['dajəri] subst dagbok;
almanacka

dice [dajs] **I** subst tärning,
tärningar; play ~ spela
tärning **II** tärna grönsaker o.d.

dictate I ['dikktejt] subst dik-
tat **II** [dik'tejt] verb diktera;
föreskriva

dictator [dik'tejtə] subst dik-
tator

dictatorship [dik'tejtəschipp]
subst diktatur

dictionary ['dikkschənri] subst
ordbok

did [didd] imperf. av do

didn't ['diddnt] = did not

die [daj] verb dö; I'm dying
for a cup of coffee jag är
fruktansvärt kaffesugen; ~
out dö ut

diesel ['di:zəl] subst diesel; ~
engine dieselmotor

diet ['dajət] subst diet; be on a
~ hålla diet; banta

differ ['diffə] verb skilja sig åt

difference ['diffrəns] subst
olikhet; make a ~ göra
skillnad; betyda något

different ['diffrənt] adj olik,
annorlunda

differentiate [ˌdifə'renschiejt]
verb skilja mellan (på)

difficult ['diffikəlt] adj **1** svår
2 besvärlig

difficulty ['diffikəlti] subst
svårighet; difficulties äv.
penningknipa

diffident ['diffidənt] adj osä-
ker; försagd

dig [digg] verb gräva; böka

digest [daj'dʒest] verb smälta
maten; smälta kunskaper o.d.

digestion [daj'dʒestchən]
subst matsmältning

digit ['diddʒitt] subst **1** siffra
2 finger; tå

digital ['diddʒittl] adj digital;

93

directly

~ *clock* digitalur; *go* ~
datorisera
dignified ['dignifajd] *adj* värdig
dignity ['diggnəti] *subst* värdighet
digress [daj'gress] *verb* göra en utvikning
digs [digz] *subst pl* vard. lya
dilapidated [di'läppidejtidd] *adj* fallfärdig
dilemma [di'lemmə] *subst* dilemma
diligent ['dillidʒənt] *adj* flitig
dilute [daj'lo:t] *verb* spä ut
dim [dimm] **I** *adj* dunkel; vag **II** *verb* fördunkla
dimension [daj'menschən] *subst* dimension
diminish [di'minnisch] *verb* förminska
diminutive [di'minnjotivv] *adj* mycket liten
dimple ['dimpl] *subst* smilgrop
din [dinn] *subst* dån, buller
dine [dajn] *verb* äta middag; ~ *out* äta middag ute
dinghy ['dinggi] *subst* jolle
dingy ['dindʒi] *adj* sjaskig
dining-car ['dajningka:] *subst* restaurangvagn på tåg
dining-room ['dajningro:m] *subst* matsal
dinner ['dinnə] *subst* middag måltid; *for* ~ till middag

dinner jacket ['dinnə,dʒäkkitt] *subst* smoking
dinner party ['dinnə,pa:ti] *subst* middag bjudning
dinnertime ['dinnətajm] *subst* middagsdags
dint [dint], *by* ~ *of* med hjälp av, genom
dip [dipp] **I** *verb* **1** doppa **2** *drive with dipped headlights* köra på halvljus **II** *subst* **1** dopp, bad **2** dipsås
diploma [di'pləomə] *subst* diplom
diplomacy [di'pləoməsi] *subst* diplomati
diplomat ['dipləmätt] *subst* diplomat
diplomatic [,diplə'mättikk] *adj* diplomatisk
dipstick ['dippstikk] *subst* oljemätsticka
dipswitch ['dippswitch] *subst* avbländare på bil
dire ['dajə] *adj* hemsk; ödesdiger
direct [di'rekkt] **I** *verb* **1** rikta **2** dirigera; regissera **II** *adj* direkt i olika bet.; rak; rakt på sak
direction [di'rekkschən] *subst* **1** riktning; ~ *indicator* blinker på bil; *sense of* ~ lokalsinne **2** regi **3** *directions for use* bruksanvisning
directly [di'rektli] *adv* direkt; rakt; genast

director [di'rektə] *subst*
1 ledare **2** regissör; dirigent
3 styrelsemedlem; *board of
directors* bolagsstyrelse
directory [di'rektəri] *subst*
telefonkatalog; ~ *inquiries*
nummerupplysningen
dirt [dö:t] *subst* smuts
dirty ['dö:ti] *adj* **1** smutsig
2 bildl. snuskig; *a ~ trick* ett
fult spratt
disability [,dissə'billəti] *subst*
handikapp
disabled [diss'ejbld] *adj* han-
dikappad
disadvantage
[,dissəd'va:ntidʒ] *subst* nack-
del
disagree [,dissə'gri:] *verb* vara
oense; *I ~* äv. det håller jag
inte med om
disagreeable [,dissə'gri:əbl]
adj obehaglig
disagreement [,dissə'gri:mənt]
subst oenighet; gräl
disappear [,dissə'piə] *verb*
försvinna
disappearance [,dissə'piərəns]
subst försvinnande
disappoint [,dissə'påjnt] *verb*
göra besviken; *be disap-
pointed* vara (bli) besviken
disappointing [,dissə'påjnting]
adj misslyckad; *the film was
~* filmen var en besvikelse

disappointment
[,dissə'påjntmənt] *subst* be-
svikelse
disapproval [,dissə'pro:vəl]
subst ogillande
disapprove [,dissə'pro:v] *verb,
~ of* ogilla
disarmament [diss'a:məmənt]
subst nedrustning
disarray [,dissə'rej] *subst* oreda
disaster [di'za:stə] *subst* kata-
strof
disband [diss'bänd] *verb* upp-
lösa
disbelief [,dissbi'li:f] *subst*
tvivel
disc [disk] *subst* rund skiva;
bricka; *parking ~* P-skiva
discard [diss'ka:d] *verb* kasta
bort
discern [di'ssö:n] *verb* urskilja
discerning [di'ssö:ning] *adj*
omdömesgill
discharge [diss'tcha:dʒ] **I** *verb*
tömma; släppa ut **II** *subst*
1 utsläpp **2** frigivning från
fängelse; utskrivning från sjuk-
hus; hemförlovning
discipline ['dissiplinn] **I** *subst*
disciplin **II** *verb* disciplinera
disc jockey ['disk,dʒåkki]
subst diskjockey
disclaim [diss'klejm] *verb*
frånsäga sig
disclose [diss'kləoz] *verb* av-
slöja

disclosure [diss'kləʊʒə] *subst* avslöjande

disco ['disskəʊ] *subst* vard. disco

discomfort [diss'kamfət] *subst* obehag

disconcert [ˌdisskən'sö:t] *verb* förvirra

disconnect [ˌdisskə'nekt] *verb* koppla ur, stänga av

discontent [ˌdisskən'tent] *subst* missnöje

discontented [ˌdisskən'tentidd] *adj* missnöjd

discontinue [ˌdisskən'tinjʊ] *verb* avbryta; sluta med

discord [ˈdisskå:d] *subst* missämja

discotheque [ˈdisskəʊtekk] *subst* diskotek

discount ['disskaʊnt] **I** *subst* rabatt; *cash* ~ kassarabatt **II** *verb* bortse ifrån

discourage [diss'karridʒ] *verb* göra modfälld

discover [di'skavvə] *verb* upptäcka; finna

discovery [di'skavvəri] *subst* upptäckt

discreet [di'skri:t] *adj* diskret, taktfull

discrepancy [diss'kreppənsi] *subst* avvikelse

discretion [di'skreschən] *subst* omdömesförmåga; takt

discriminate [di'skrimminejt]

verb **1** ~ *between* skilja på **2** ~ *against* diskriminera

discriminating [di'skrimminejting] *adj* kräsen

discrimination [diˌskrimmi'nejschən] *subst* **1** diskriminering **2** omdöme

discuss [di'skass] *verb* diskutera

discussion [di'skaschən] *subst* diskussion

disdain [diss'dejn] **I** *subst* förakt **II** *verb* förakta

disease [di'zi:z] *subst* sjukdom; bildl. ont

disembark [ˌdissim'ba:k] *verb* landsätta

disengage [ˌdissin'gejdʒ] *verb* lösgöra

disentangle [ˌdissin'tänggl] *verb* lösgöra

disfigure [diss'figgə] *verb* vanställa

disgrace [diss'grejs] **I** *subst* skamfläck **II** *verb* skämma ut

disgraceful [diss'grejsfoll] *adj* skamlig

disgruntled [diss'grantld] *adj* missnöjd

disguise [diss'gajz] **I** *verb* **1** ~ *oneself* förkläda sig **2** förställa **II** *subst* förklädnad; *in* ~ förklädd

disgust [diss'gast] **I** *subst* avsky **II** *verb*, *be disgusted* äcklas

disgusting

disgusting [diss'gasting] *adj* äcklig

dish [disch] *subst* **1** fat; karott; *dishes* odiskad disk; *do the dishes* diska **2** maträtt **3** *satellite* ~ parabolantenn

dishcloth ['dischklåθ] *subst* disktrasa; kökshandduk

dishearten [diss'ha:tn] *verb* göra modfälld

dishevelled [di'schevvəld] *adj* ovårdad

dishonest [diss'ånnist] *adj* oärlig

dishonour [diss'ånnə] *subst* o. *verb* vanära

dishonourable [diss'ånnərəbl] *adj* vanhedrande

dishwasher ['disch,oåschə] *subst* diskmaskin

disillusion [,dissi'lo:ʒən] *verb* desillusionera

disinfect [,dissin'fekkt] *verb* desinficera

disinfectant [,dissin'fekktənt] *subst* desinfektionsmedel

disintegrate [diss'intigrejt] *verb* sönderdela

disinterested [diss'intrəstidd] *adj* opartisk

disjointed [diss'dʒåjntidd] *adj* osammanhängande

diskette [di'skett] *subst* diskett

dislike [diss'lajk] **I** *verb* ogilla **II** *subst* motvilja; *likes and dislikes* sympatier och antipatier

dislocate ['dissləokejt] *verb* vricka, sträcka

dislodge [diss'lådʒ] *verb* flytta på

disloyal [diss'låjəl] *adj* illojal

dismal ['dizməll] *adj* dyster, trist

dismantle [diss'mäntl] *verb* montera ned

dismay [diss'mej] **I** *subst* bestörtning **II** *verb* göra bestört

dismiss [diss'miss] *verb* **1** avskeda **2** slå ur tankarna

dismissal [diss'missəl] *subst* **1** avsked **2** bildl. avvisande

dismount [,diss'maont] *verb* stiga av

disobedient [,dissə'bi:djənt] *adj* olydig

disobey [,dissə'bej] *verb* inte lyda

disorder [diss'å:də] *subst* **1** oreda **2** störning, sjukdom

disorderly [diss'å:dəli] *adj* **1** oordentlig **2** oregerlig

disown [dis'əon] *verb* ta avstånd från

dispassionate [dis'päschənətt] *adj* lidelsefri

dispatch [di'spätch] **I** *verb* skicka i väg **II** *subst*, *by* ~ med ilbud

dispel [di'spell] *verb* skingra

dispense [di'spenns] *verb* **1** dela ut, ge **2** ~ *with* avvara

dispenser [di'spennsə] *subst* varuautomat

disperse [di'spö:s] *verb* upplösa; sprida

dispirited [di'spirritidd] *adj* modfälld

displace [diss'plejs] *verb* förskjuta; ersätta

display [di'splej] **I** *verb* visa upp **II** *subst*, *window* ~ fönsterskyltning

displease [diss'pli:z] *verb* misshaga; *be displeased* vara missnöjd

disposable [di'spəozəbl] *adj* engångs-; ~ *napkin* blöja

disposal [di'spəozəl] *subst* **1** avyttrande **2** *be at sb.'s* ~ stå till ngns förfogande

dispose [di'spəoz] *verb*, ~ *of* göra sig av med

disposed [di'spəozd] *adj* benägen

disposition [,disspə'zischən] *subst* **1** uppställning **2** läggning **3** benägenhet

disprove [,diss'pro:v] *verb* vederlägga

dispute [di'spjo:t] **I** *verb* tvista om **II** *subst* dispyt

disqualify [diss'kòállifaj] *verb* diskvalificera

disregard [,dissri'ga:d] **I** *verb* ignorera **II** *subst*, *in* ~ *of* utan att ta hänsyn till

disreputable [diss'reppjotəbl] *adj* illa beryktad

disrespectful [,dissri'spektfoll] *adj* respektlös

disrupt [dis'rappt] *verb* splittra; störa

dissatisfied [,dis'sättisfajd] *adj* missnöjd; otillfredsställd

dissect [di'sekkt] *verb* dissekera

dissent [di'sennt] *verb* ha en annan mening

dissertation [,dissə'tejschən] *subst* doktorsavhandling

disservice [,dis'sö:vis] *subst* björntjänst

dissimilar [,di'ssimmilə] *adj* olik

dissipate ['dissipejt] *verb* **1** upplösa **2** slösa bort

dissolute ['dissəlo:t] *adj* utsvävande

dissolve [di'zålv] *verb* upplösa

distance ['distəns] *subst* **1** avstånd; *within easy* ~ *of* på bekvämt avstånd från **2** bildl. kyla; *keep one's* ~ el. *keep at a* ~ vara reserverad

distant ['distənt] *adj* avlägsen

distaste [,diss'tejst] *subst* avsmak

distasteful [diss'tejstfoll] *adj* osmaklig

distil [di'still] *verb* destillera

distillery [di'stilləri] *subst* spritfabrik

distinct [di'stingkt] *adj* **1** tydlig **2** olik; *be* ~ *from* skilja

sig från; *as ~ from* till
skillnad från
distinction [di'stingkschən]
subst **1** distinktion; *without*
~ utan åtskillnad **2** *a man of*
~ en framstående man
distinctive [di'stingktivv] *adj*
utpräglad
distinguish [di'stinggwisch]
verb **1** ~ *between* skilja på
2 urskilja
distinguished
[di'stinggwischt] *adj* **1** fram-
stående **2** distingerad
distinguishing
[di'stinggwisching] *adj* ut-
märkande
distort [di'stå:t] *verb* förvrida
distract [di'sträkkt] *verb* dis-
trahera
distracted [di'sträkktidd] *adj*
distraherad; förvirrad
distraction [di'sträkschən]
subst **1** distraktion **2** av-
koppling; *to* ~ vanvettigt
distraught [di'strå:t] *adj* ifrån
sig, utom sig
distress [di'stress] **I** *subst*
1 nöd **2** kval **II** *verb* plåga
distressing [di'stressing] *adj*
plågsam
distribute [di'stribbjo:t] *verb*
dela ut; distribuera
distribution [,distri'bjo:schən]
subst distribution
distributor [di'stribbjotə] *subst*
distributör

district ['disstrikkt] *subst* di-
strikt; ~ *heating power plant*
fjärrvärmeverk; ~ *nurse*
distriktssköterska; ~ *visitor*
socialarbetare
distrust [dis'trast] *subst* o.
verb misstro
disturb [di'stö:b] *verb* **1** störa
2 oroa
disturbance [di'stö:bəns]
subst **1** störning **2** orolighet
disused [,dis'jo:zd] *adj* oan-
vänd
ditch [ditch] *subst* dike
dither ['diðə] *verb* tveka, vela
dive [djav] **I** dyka **II** *subst*
dykning
diver ['djavə] *subst* dykare
diversion [daj'vö:schən] *subst*
1 omläggning **2** förströelse
divert [daj'vö:t] *verb* avleda;
dirigera (lägga) om
divide [di'vajd] **I** *verb* dela;
fördela **II** *subst* bildl. klyfta
divine [di'vajn] **I** *adj* gudomlig
II *verb* gissa sig till
diving ['djaving] *subst* dyk-
ning; sport. simhopp
diving-board ['djavingbå:d]
subst trampolin, svikt
divinity [di'vinnəti] *subst*
gudomlighet
division [di'viʒən] *subst*
1 delning; division **2** avdel-
ning
divorce [di'vå:s] **I** *subst* skils-
mässa **II** *verb* skilja sig

domestic

divorcee [di‚vå:'si:] *subst* frånskild

divorcée [di‚vå:'si:] *subst* frånskild kvinna

DIY [‚di:aj'oaj] *förk.* för *do-it-yourself*

dizzy ['dizzi] *adj* **1** yr **2** svindlande

do* [do:] **1** göra; utföra; bära sig åt; *what can I ~ for you?* vad kan jag stå till tjänst med?; till kund i butik vad får det lov att vara?; *please, ~!* var så god!, ja, gärna! **2** syssla med **3** må; *how ~ you ~?* hälsningsformel god dag **4** passa; vara nog; *that'll ~* det är bra **5** *you saw it, didn't you?* du såg det, eller hur?; *~ come!* kom för all del!; *~ you like it?* tycker du om det?; *I don't dance* jag dansar inte **6** *~ away with* få slut på; *~ for* duga till (som); *~ with* göra (ta sig till) med; *have to ~ with* ha att göra med; *I could ~ with a drink* det skulle smaka bra med en drink; *let's have done with it* låt oss få slut på det; *~ without* klara sig utan

dock [dåkk] **I** *subst* skeppsdocka; *docks* hamn; varv **II** *verb* docka

docker ['dåkkə] *subst* hamnarbetare

dockyard ['dåkkja:d] *subst* skeppsvarv

doctor ['dåkktə] *subst* läkare, doktor

document ['dåkkjomənt] *subst* dokument, handling

documentary [‚dåkkjo'mentəri] *adj o. subst* dokumentär

dodge [dådʒ] *verb* väja undan för; undvika

doe [dəo] *subst* hind

does [dazz], *he (she, it) ~* han (hon, det) gör, se vid *do*

doesn't ['dazznt] = *does not*

dog [dågg] **I** *subst* hund **II** *verb* förfölja

dog collar ['dågg‚kållə] *subst* hundhalsband

dogged ['dåggidd] *adj* envis; hårdnackad

do-it-yourself [‚do:itjə'self] *adj* gör-det-själv-; *~ kit* byggsats; *~ store* byggmarknad

doldrums ['dålldrəmz] *subst pl* stiltje

dole [dəol], *be on the ~* gå och stämpla

doleful ['dəolfoll] *adj* sorgsen

doll [dåll] *subst* docka leksak; *doll's house* dockskåp

dollar ['dållə] *subst* dollar

dolphin ['dållfinn] *subst* delfin

dome [dəom] *subst* kupol

domestic [də'messtikk] *adj* **1** hushålls-; *~ life* hemliv

2 inrikes **3** ~ *animal* husdjur; tamdjur
dominate ['dåmminejt] *verb* dominera
domineering [,dåmmi'niəring] *adj* dominerande
dominion [də'minnjən] *subst* herravälde
dominoes ['dåmminəos] *subst pl* domino spel
don [dånn] *subst* universitetslärare i synnerhet vid Cambridge el. Oxford
donate [dəo'nejt] *verb* skänka; donera
done [dann] **I** perf. p. av *do* **II** *adj, well* ~ genomstekt
donkey ['dångki] *subst* åsna
donor ['dəonə] *subst* donator; givare
don't [dəont] = *do not*
doodle ['do:dl] *subst* klotter, krumelurer
doom [do:m] **I** *subst* undergång **II** *verb, be doomed* vara dömd att misslyckas
doomsday ['do:mzdej] *subst* domedag
door [då:] *subst* dörr
doorbell ['då:bell] *subst* ringklocka på dörr
doorman ['då:mən] *subst* dörrvakt, vaktmästare
doormat ['då:mätt] *subst* dörrmatta
doorstep ['då:stepp] *subst* tröskel

doorway ['då:wej] *subst* dörröppning
dormant ['då:mənt] *adj* slumrande mest bildl.
dormitory ['då:mətri] *subst* sovsal
dormouse ['då:maos] *subst* sjusovare djur
dose [dəos] *subst* dos
dot [dått] **I** *subst* punkt; prick **II** *verb* pricka
dote [dəot] *verb*, ~ *on* vara mycket svag för
double ['dabbl] **I** *adj* dubbel **II** *adv* dubbelt **III** *subst* **1** dubbelgångare **2** i tennis o.d. *men's doubles* herrdubbel; *women's doubles* damdubbel **IV** *verb* fördubbla, dubblera
double bass [,dabbl'bejs] *subst* kontrabas
double-breasted [,dabbl'bresstidd] *adj* om plagg dubbelknäppt
double-cross [,dabbl'kråss] *verb* vard. lura
double-decker [,dabbl'dekkə] *subst* dubbeldäckare
double-glazing [,dabbl'glejzing] *subst* koll. tvåglasfönster
doubly ['dabbli] *adv* dubbelt
doubt [daot] **I** *subst* tvivel; *no* ~ otvivelaktigt; *beyond* ~ utom (höjd över) allt tvivel **II** *verb* tvivla

doubtful ['daotfoll] *adj* tvivel-
aktig
doubtless ['daotləss] *adv* utan
tvivel
dough [dəo] *subst* deg
doughnut ['dəonatt] *subst*
munk bakverk
douse [daos] *verb* släcka
dove [davv] *subst* duva
dovetail ['davvtejl] bildl. passa
in i varandra
dowdy ['daodi] *adj* sjaskig,
gammalmodig
1 down [deon] *subst* dun; ~
quilt duntäcke
2 down [deon] **I** *adv* o. *adj*
1 ned, ner; utför **2** *be* ~ bildl.
vara nere; *be* ~ *with the flu*
ligga sjuk i influensa **3** ~
payment handpenning
II *prep* nedför, utför; längs
med, utefter
down-and-out [,daonən'aot]
adj utslagen
downcast ['daonka:st] *adj*
nedslagen
downfall ['daonfå:l] *subst* fall,
fördärv
downhearted [,daon'ha:tidd]
adj nedstämd
downhill [,daon'hil] **I** *adj* slut-
tande; ~ *run* (*skiing*) utförs-
åkning **II** *adv* nedför bac-
ken, utför; *go* ~ bildl. förfalla
downpour ['daonpå:] *subst*
störtskur

downright ['daonrajt] *adv*
riktigt; fullkomligt
downstairs [,daon'stääz] *adv*
nedför trappan; i nedre
våningen
downstream [,daon'stri:m] *adj*
som går med strömmen
down-to-earth [,daonto'ö:θ]
adj praktisk; jordnära
downtown [,daon'taon] *subst*
stads centrum
downward ['daonwəd] *adj*
som går utför
downwards ['daonwədz] *adv*
nedåt, utför
dowry ['daoəri] *subst* hemgift
doze [dəoz] **I** *verb* slumra
II *subst* tupplur
dozen ['dazzn] *subst* dussin;
dozens of dussintals
drab [dräbb] *adj* trist
draft [dra:ft] **I** *subst* utkast till
tal, bok o.d. **II** *verb* **1** ta ut för
särskilt uppdrag **2** skriva ett
utkast till
drag [drägg] *verb* **1** släpa, dra
2 dragga
dragon ['dräggən] *subst* drake
dragonfly ['dräggənflaj] *subst*
trollslända
drain [drejn] **I** *verb* **1** dränera
2 bildl. tömma **II** *subst* **1** av-
loppsrumma; avlopp **2** bildl.
åderlåtning
drainage ['drejnidʒ] *subst*
1 dränering **2** avloppssystem

draining-board ['drejnɪŋbå:d]
subst torkbräda på diskbänk

drainpipe ['drejnpajp] *subst*
1 stuprör **2** *drainpipes* stup-
rörsbyxor

drama ['dra:mə] *subst* drama,
skådespel

dramatic [drə'mättikk] *adj*
dramatisk

dramatist ['drämmətist] *subst*
dramatiker

dramatize ['drämmətajz] *verb*
dramatisera

drank [drängk] *imperf.* av *drink*

drape [drejp] *verb* drapera

drastic ['drässtikk] *adj* dras-
tisk

draught [dra:ft] *subst* **1** klunk
2 luftdrag **3** ~ *beer* fatöl
4 *draughts* dam spel

draughtboard ['dra:ftbå:d]
subst damspelsbräde

draughtsman ['dra:ftsmən]
subst ritare

draw* [drå:] **I** *verb* **1** dra i
olika bet.; dra till sig **2** rita
3 ta ut pengar **4** sport. spela
oavgjort **5** ~ *near* närma sig,
nalkas **6** ~ *in* om dagar bli
kortare; ~ *into* dra in i,
delta; ~ *on* (*upon*) bildl. dra
växlar på; ~ *out* om dagar bli
längre; ~ *up* utarbeta **II** *subst*
sport. oavgjord match; i schack
remi

drawback ['drå:bäkk] *subst*
nackdel

drawbridge ['drå:bridʒ] *subst*
klaffbro

drawer [drå:] *subst* byrålåda

drawing ['drå:ɪŋ] *subst* rit-
ning, teckning

drawing-board ['drå:ɪŋbå:d]
subst ritbord

drawing-pin ['drå:ɪŋpinn]
subst häftstift

drawing-room ['drå:ɪŋro:m]
subst salong rum

drawl [drå:l] **I** *verb* tala släpigt
II *subst* släpigt tal

drawn [drå:n] **I** *perf. p.* av *draw*
II *adj* **1** oavgjord **2** ~ *cur-
tains* fördragna gardiner

dread [dredd] **I** *verb* frukta
II *subst* fruktan

dreadful ['dreddfoll] *adj* för-
skräcklig

dream* [dri:m] **I** *subst* dröm;
sweet dreams! sov gott!
II *verb* drömma

dreamy ['dri:mi] *adj* dröm-
mande

dreary ['driəri] *adj* dyster

dredge [dredʒ] *verb* botten-
skrapa; muddra

drenched [drentscht] *adj* ge-
nomblöt

dress [dress] **I** *verb* **1** klä; klä
sig, klä på sig **2** lägga om
II *subst* klänning; *full* ~ gala;
högtidsdräkt

dresser ['dressə] *subst*
1 skänk **2** *he is a careful* ~
han klär sig med stor omsorg

dressing ['dressing] *subst*
1 salladssås, dressing **2** förband för sår o.d.
dressing-gown
['dressinggaon] *subst* morgonrock
dressing-room ['dressingro:m]
subst omklädningsrum; på teater o.d. klädloge
dressing-table ['dressing,tejbl]
subst toalettbord
dressmaker ['dress,mejkə]
subst sömmerska
dress rehearsal
[,dressrí'hö:səl] *subst* generalrepetition
drew [dro:] imperf. av *draw*
dribble ['dribbl] **I** *verb*
1 droppa **2** sport. dribbla
II *subst* **1** droppe **2** sport. dribbling
drift [drift] **I** *subst* **1** driva
2 tendens **II** *verb* driva; ~ *apart* glida ifrån varandra
driftwood ['driftwodd] *subst* drivved
drill [drill] **I** *verb* **1** borra
2 drilla **II** *subst* **1** borrmaskin **2** exercis
drink* [dringk] **I** *verb* dricka; supa; ~ *to sb.* skåla för ngn **II** *subst* **1** klunk; glas, järn; *a ~ of water* ett glas vatten
2 dryck; sprit
drinker ['dringkə] *subst*, *heavy ~* storsupare

drinking-water
['dringking,oå:tə] *subst* dricksvatten
drip [dripp] **I** droppa **II** *subst* **1** droppe **2** dropp
drip-dry [,dripp'draj] *verb* dropptorka
dripping ['dripping] *adv* drypande
drive* [drajv] **I** *verb* **1** köra; köra bil **2** driva; ~ *sb. crazy* göra ngn galen **II** *subst* **1** bilresa **2** kampanj, drive
drivel ['drivvl] *subst* dravel
driver ['drajvə] *subst* bilförare
driveway ['drajvwej] *subst* privat uppfartsväg
driving instructor
['drajvingin,strakktə] *subst* bilkollärare
driving licence
['drajving,lajsəns] *subst* körkort
driving school ['drajvingsko:l]
subst bilskola
driving test ['drajvingtest]
subst körkortsprov
drizzle ['drizzl] *subst* duggregn
drone [drəon] **I** *subst* **1** drönare hanbi **2** surr **II** *verb* surra
drool [dro:l] *verb* dregla
droop [dro:p] *verb* sloka
drop [dråpp] **I** *subst* **1** droppe
2 slags karamell **3** nedgång
II *verb* **1** droppa **2** falla, sjunka **3** sluta med **4** ~ *me a line!* skriv ett par rader! **5** ~

by (*in*) titta 'in; ~ *off* släppa av; ~ *out* gå ur tävling, hoppa av studier

dropout ['dråppaot] *subst* avhoppare från studier o.d.

droppings ['dråppingz] *subst pl* spillning av djur

drought [draot] *subst* torka

drove [dråov] imperf. av *drive*

drown [draon] *verb* drunkna; dränka

drowsy ['draozi] *adj* dåsig

drudgery ['dradʒəri] *subst* slit och släp

drug [dragg] **I** *subst* drog, läkemedel; *drugs* äv. narkotika; *take drugs* sport. dopa sig **II** *verb* droga

drug addict ['dragg,äddikt] *subst* narkoman

drum [dramm] *subst* o. *verb* trumma

drummer ['drammə] *subst* trumslagare

drunk [drangk] **I** perf. p. av *drink* **II** *adj* full berusad **III** *subst* fyllo

drunken ['drangkən] *adj* **1** full berusad; ~ *driving* rattfylleri **2** fylle-

dry [draj] **I** torr **II** *verb* torka

dryer ['drajə] *subst* torkskåp, torktumlare

dryness ['drajnəs] *subst* torka; torrhet

dual ['djo:əl] *adj* tvåfaldig, dubbel

dubious ['djo:bjəs] *adj* tvivelaktig

duchess ['datchəs] *subst* hertiginna

duck [dakk] **I** *subst* anka; and **II** *verb* dyka; ducka

duckling ['dakkling] *subst* ankunge

duct [dakt] *subst* rörledning

due [djo:] **I** *adj* **1** förfallen till betalning **2** *after* ~ *consideration* efter moget övervägande; *in* ~ *course* i sinom tid **3** *be* ~ väntas; *be* ~ *to* bero på **II** *subst*, *membership dues* medlemsavgift

duet [djo'et] *subst* duett, duo

1 dug [dagg] *subst* juver; spene

2 dug [dagg] imperf. o. perf. p. av *dig*

duke [djo:k] *subst* hertig

dull [dall] *adj* **1** matt; mulen **2** tråkig

duly ['djo:li] *adv* vederbörligen; i rätt tid

dumb [damm] *adj* stum

dummy ['dammi] *subst* skyltdocka

dump [damp] **I** *verb* tippa, dumpa **II** *subst* soptipp

dumpling ['dampling] *subst* slags klimp

dumpy ['dampi] *adj* kort och tjock

dunce [dans] *subst* dummerjöns

dynamo

dune [djo:n] *subst* sanddyn
dung [dang] *subst* dynga
dungeon ['dandʒən] *subst* underjordisk fängelsehåla
duplex ['djo:plekks] *adj* tvåfaldig
duplicate ['djo:plikətt] **I** *adj* dubblett- **II** *subst* dubblett; *in* ~ i två likalydande exemplar
durable ['djoərəbl] *adj* varaktig, bestående
duration [djoə'rejʃən], *for the* ~ så länge det (den) varar
duress [djoə'ress] *subst* olaga tvång
during ['djoəring] *prep* under, under loppet av
dusk [dask] *subst* skymning
dust [dast] **I** *subst* damm, stoft **II** *verb* damma
dustbin ['dastbinn] *subst* soptunna
duster ['dastə] *subst* dammtrasa, dammvippa
dustman ['dastmən] *subst* vard. sopgubbe
dusty ['dasti] *adj* dammig
Dutch [datch] **I** *adj* holländsk, nederländsk; *go* ~ vard. betala var och en för sig **II** *subst* nederländska (holländska) språket
Dutchman ['datchmən] *subst* holländare, nederländare

Dutchwoman ['datch,wommən] *subst* holländska, nederländska kvinna
dutiful ['djo:tifoll] *adj* plikttrogen
duty ['djo:ti] *subst* **1** plikt **2** *off* ~ inte i tjänst; ledig; *on* ~ i tjänst; vakthavande **3** tull
duty-free [,djo:ti'fri:] *adj* tullfri
duvet ['djo:vej] *subst* duntäcke
dwarf [doå:f] *subst* dvärg
dwell [doell] *verb*, ~ *on* bre ut sig över
dwindle ['dwindl] *verb* krympa ihop
dye [daj] **I** *subst* färgmedel **II** *verb* färga hår, kläder o.d.
dying ['dajing] *adj* döende
dynamic [daj'nämmikk] *adj* dynamisk
dynamite ['dajnəmajt] *subst* dynamit
dynamo ['dajnəməo] *subst* generator

E

E, e [i:] E, e

each [i:tch] *pron* var för sig; varje; ~ *other* varandra

eager ['i:gə] *adj* ivrig, angelägen

eagle ['i:gl] *subst* örn

1 ear [iə] *subst* sädesax

2 ear [iə] *subst* öra; *be all ears* vara idel öra; *have an ~ for music* ha musiköra

earache ['iərejk] *subst* örsprång; *have an ~* äv. ha ont i öronen

eardrum ['iədramm] *subst* trumhinna

earl [ö:l] *subst* brittisk greve

early ['ö:li] **I** *adv* tidigt; för tidigt **II** *adj* tidig; för tidig; första; *as ~ as* redan; *~ tomorrow morning* i morgon bitti; *tomorrow at the earliest* tidigast i morgon

earmark ['iəma:k] *verb* sätta av, öronmärka

earn [ö:n] *verb* tjäna, förtjäna

earnest ['ö:nist] *adj* allvarlig

earnings ['ö:ningz] *subst pl* inkomst, inkomster

earring ['iəring] *subst* örhänge; örring

earshot ['iəschått] *subst* hörhåll

earth [ö:θ] **I** *subst, the ~* jorden **II** *verb* jorda

earthenware ['ö:θənoäə] *subst* lergods

earthquake ['ö:θkoejk] *subst* jordbävning

earthy ['ö:θi] *adj* **1** jordaktig **2** jordnära

ease [i:z] **I** *subst* **1** välbefinnande; *at ~* väl till mods; obesvärad; *ill at ~* illa till mods; besvärad **2** lätthet **II** *verb* **1** lindra **2** lätta på; minska

easel ['i:zl] *subst* staffli

easily ['i:zəli] *adv* lätt, med lätthet

east [i:st] **I** *subst* **1** öst **2** *the East* Orienten; *the Middle East* Mellanöstern **II** *adj* östra; *the East End* östra London med dock- och fabriksområden samt arbetarbostäder **III** *adv* österut

Easter ['i:stə] *subst* påsk

easterly ['i:stəli] *adj* östlig

eastern ['i:stən] *adj* **1** östlig; öst- **2** *Eastern* orientalisk

eastward ['i:stəd] o. **eastwards** ['i:stədz] *adv* mot (åt) öster

easy ['i:zi] *adj* **1** lätt, enkel **2** lugn, sorglös

easy chair ['i:zitchäə] *subst* länstol, fåtölj

easy-going ['i:zi,gəoing] *adj* lättsam

107 effeminate

eat* [i:t] *verb* äta

eavesdrop ['i:vzdråpp] *verb* tjuvlyssna

ebb [ebb] **I** *subst* ebb; ~ *and flow* ebb och flod; bildl. uppgång och nedgång **II** *verb* bildl. ebba ut

ebony ['ebbəni] *subst* ebenholts

eccentric [ik'sentrikk] *adj* excentrisk

echo ['ekəo] **I** *subst* eko **II** *verb* eka

eclipse [i'klipps] *subst* förmörkelse, eklips

ecology [i:'kållədʒi] *subst* ekologi

economic [ˌi:kə'nåmmikk] *adj* ekonomisk

economical [ˌi·kə'nåmmɪilkkəl] *adj* ekonomisk, sparsam

economics [ˌi:kə'nåmmikks] *subst* nationalekonomi

economize [i'kånnəmajz] *verb* spara, hushålla med

economy [i'kånnəmi] *subst* ekonomi; hushållning; ~ *class* t.ex. på flygplan ekonomiklass, turistklass

economy-size [i'kånnəmisajz] *adj* i ekonomiförpackning (storpack)

ecstasy ['ekkstəsi] *subst* extas

ecstatic [ek'stättikk] *adj* extatisk; hänförd

ecu ['ekjo:] (förk. för *European currency unit*) ecu

eczema ['ekksəmə] *subst* eksem

edge [edʒ] *subst* **1** egg; *on* ~ på helspänn **2** kant, rand

edgeways ['edʒwejz] *adv* på tvären; *get a word in* ~ få en syl i vädret

edgy ['edʒi] *adj* nervös, lättretad

edible ['eddəbl] *adj* ätlig ej giftig

edict ['i:dikkt] *subst* påbud

edit ['edditt] *verb* redigera; klippa film

edition [i'dischən] *subst* upplaga

editor ['edditə] *subst* redaktör

editorial [ˌeddi'tå:riəl] **I** *adj* redaktionell **II** *subst* ledare i tidning

educate ['eddjokejt] *verb* utbilda

education [ˌeddjo'kejschən] *subst* utbildning; fostran

educational [ˌeddjo'kejschənl] *adj* utbildnings-; fostrande

eel [i:l] *subst* ål

eerie o. **eery** ['iəri] *adj* kuslig

effect [i'ffekkt] **I** *subst* effekt i olika bet.; *in* ~ i själva verket **II** *verb* verkställa

effective [i'ffekktivv] *adj* **1** effektiv **2** i kraft

effectively [i'ffekktivvli] *adv* **1** effektivt **2** i själva verket

effeminate [i'femminət] *adj* effeminerad, vek

effervescent [,effə'vessnt] *adj* mousserande; bildl. upprymd

efficiency [i'fischənsi] *subst* effektivitet

efficient [i'fischənt] *adj* effektiv

effort ['effət] *subst* ansträngning

effortless ['effətləss] *adj* obesvärad

effusive [i'ffjo:sivv] *adj* översvallande

e.g. [,i:'dʒi:] t.ex.

1 egg [egg] *verb*, ~ *on* egga

2 egg [egg] *subst* ägg; *bad* ~ bildl. rötägg

egg cup ['eggkapp] *subst* äggkopp

egg plant ['eggpla:nt] *subst* aubergine

eggshell ['eggschell] *subst* äggskal

ego ['i:gəo] *subst* ego; självkänsla

egotism ['i:gəotizzəm] *subst* egoism

egotist ['i:gəotist] *subst* egoist

elderdown ['ajdədaon] *subst* ejderdun

eight [ejt] *räkn* åtta

eighteen [,ej'ti:n] *räkn* arton; *18* åldersgräns arton år på bio

eighth [ejtθ] *räkn* åttonde

eighty ['ejti] *räkn* åttio

Eire ['äərə] Eire Irländska republiken

either ['ajðə] **I** vilken (vilket)

som helst **II** *adv* heller **III** *konj*, ~...*or* antingen...eller; varken...eller

eject [i'dʒekkt] *verb* skjuta (stöta) ut; kasta ut

eke [i:k] *verb*, ~ *out* dryga ut; få att räcka till

elaborate [i'läbbərətt] *adj* i detalj utarbetad

elapse [i'läpps] *verb* förflyta, gå

elastic [i'lässtikk] **I** *adj* elastisk **II** *subst* resår, gummiband

elated [i'lejtidd] *adj* upprymd

elation [i'lejschən] *subst* upprymdhet

elbow ['ellbəo] *subst* armbåge

1 elder ['elldə] *adj* äldre

2 elder ['elldə] *subst* fläder buske

elderly ['elldəli] *adj* äldre, litet till åren

eldest ['elldist] *adj* äldst

elect [i'lekkt] *verb* välja genom röstning; utse

election [i'lekkschən] *subst* val genom röstning; *a general* ~ allmänna val

elector [i'lekktə] *subst* väljare

electorate [i'lekktərətt] *subst* väljarkår

electric [i'lekktrikk] *adj* **1** elektrisk, el-; ~ *bulb* glödlampa; ~ *cooker* elspis **2** bildl. laddad

electrician [ilekk'trischən]
subst elektriker

electricity [ilekk'trissəti] *subst*
elektricitet, ström

electrify [i'lekktrifaj] *verb*
1 elektrifiera **2** bildl. elda

electronic [ilekk'trånnikk] *adj*
elektronisk

electronics [ilekk'trånnikks]
subst elektronik

elegant ['elligənt] *adj* elegant

element ['ellimənt] *subst*
beståndsdel; element; *the
human element* den mänsk-
liga faktorn

elementary [ˌeli'menntəri] *adj*
elementär

elephant ['elləfənt] *subst* ele-
fant

elevation [ˌelli'vejschən] *subst*
upphöjelse

eleven [i'levvn] *räkn* elva

elevenses [i'levvnziz] *subst pl*
vard. elvakaffe

eleventh [i'levvnθ] *räkn* elfte

elicit [i'lissitt] *verb* framkalla,
väcka

eligible ['ellidʒəbl] *adj* berät-
tigad, lämplig

elm [elm] *subst* alm

elope [i'ləop] *verb* rymma för
att gifta sig

eloquent ['elləokoənt] *adj*
vältalig

else [ells] *adv* **1** annars
2 annan, mer, fler, annat;
everywhere ~ på alla andra

ställen; *little ~* inte mycket
mer (annat); *not anywhere ~*
inte någon annanstans

elsewhere [ˌells'oäə] *adv* nå-
gon annanstans

elude [i'lo:d] *verb* undslippa,
undfly

elusive [i'lo:sivv] *adj* gäckan-
de; ogripbar

emancipate [i'männsipejt]
verb frigöra, emancipera

embark [im'ba:k] *verb* gå
ombord

embarkation
[ˌemba:'kejschən] *subst* om-
bordstigning

embarrass [im'bärrəss] *verb*
göra generad

embarrassed [im'bärrəst] *adj*
förlägen, generad

embarrassing [im'bärrəsing]
adj pinsam

embarrassment
[im'bärrəsmənt] *subst* förlä-
genhet

embassy ['emmbəsi] *subst*
ambassad

embellish [im'bellisch] *verb*
försköna

embezzle [im'bezzl] *verb*
förskingra

embezzlement [im'bezzlmənt]
subst förskingring

embody [im'båddi] *verb* ge
uttryck åt

embrace [im'brejs] **I** *verb*
krama **II** *subst* kram

embroider [im'bråjdə] *verb*
brodera

embroidery [im'bråjdəri] *subst*
broderi

emerald ['emmərald] *subst*
smaragd; *the Emerald Isle*
den gröna ön Irland

emerge [i'mö:dʒ] *verb* uppstå;
dyka upp

emergency [i'mö:dʒənsi]
subst **1** *in case of ~* i ett
nödläge **2** *~ brake* nöd-
broms; *~ exit (door)* nödut-
gång; *~ ward* akutmottag-
ning på sjukhus

emergent [i'mö:dʒənt] *adj*
frambrytande

emery board ['emməribå:d]
subst sandpappersfil

emigrate ['emmigrejt] *verb*
emigrera

eminent ['emminənt] *adj*
framstående

emit [i'mitt] *verb* avge, utstöta

emotion [i'məoschən] *subst*
känsla

emotional [i'məoschənl] *adj*
känslomässig, emotionell

emotive [i'məotivv] *adj*
känslobetonad

emperor ['emmpərə] *subst*
kejsare

emphasis ['emmfəsiss] *subst*
eftertryck, emfas

emphasize ['emmfəsajz] *verb*
framhäva

emphatic [im'fättikk] *adj* ef-
tertrycklig, bestämd

emphatically [im'fättikəlli]
adv eftertryckligen

empire ['emmpajə] *subst*
1 kejsardöme **2** imperium

employ [im'plåj] *verb* **1** an-
ställa **2** använda

employee [,emplåj'i:] *subst*
arbetstagare

employer [im'plåjə] *subst*
arbetsgivare

employment [im'plåjmənt]
subst arbete; anställning; *~
office* (privat *agency*) arbets-
förmedling

empower [im'paoə] *verb* be-
myndiga

empress ['emmprəss] *subst*
kejsarinna

emptiness ['emptinəs] *subst*
tomhet

empty ['empti] **I** *adj* tom i div.
bet. **II** *verb* tömma

empty-handed
[,empti'hänndidd] *adj* tom-
hänt

emulate ['emjolejt] *verb* söka
efterlikna

enable [i'nejbl] *verb*, *~ sb. to*
göra det möjligt för ngn att

enamel [i'nämməl] **I** *subst*
1 emalj **2** lack **II** *verb* emal-
jera

enamoured [i'nämməd] *adj*
förälskad

enchant [in'tcha:nt] *verb*
förtrolla; hänföra

enchanting [in'tcha:nting] *adj*
bedårande

enclose [in'kləoz] *verb* **1** in-
hägna; omge **2** i brev o.d.
bifoga

enclosure [in'kləoʒə] *subst*
inhägnad

encompass [in'kampəs] *verb*
1 omge **2** omfatta

encore [ång'kå:] **I** *interj*, ~! en
gång till! **II** *subst* extranum-
mer

encounter [in'kaontə] **I** *verb*
möta, stöta på **II** *subst* möte

encourage [in'karridʒ] *verb*
uppmuntra

encouragement
[in'karridʒmənt] *subst* upp-
muntran

encroach [in'krəotch] *verb*
inkräkta

encyclopedia
[en,sajkləo'pi:djə] *subst* upp-
slagsverk

end [ennd] **I** *subst* **1** slut;
ände; *put an ~ to* sätta stopp
för; *in the ~* till slut; när allt
kom (kommer) omkring; *to
the bitter ~* in i det sista;
come to an ~ ta slut **2** mål,
syfte; *an ~ in itself* ett
självändamål **II** *verb* sluta,
avsluta; göra slut på

endanger [in'dejndʒə] *verb*
äventyra

endearing [in'diəring] *adj*
älskvärd

endeavour [in'devvə] *subst*
strävan

ending ['ennding] *subst* slut,
avslutning

endive ['enndivv] *subst* frisé-
sallat

endless ['enndləs] *adj* oändlig

endorse [in'då:s] *verb* skriva
under på bildl.

endorsement [in'då:smənt]
subst stöd bildl.

endow [in'dao] *verb* bildl.
begåva

endure [in'djoə] *verb* uthärda

enemy ['ennəmi] *subst* fiende;
make enemies skaffa sig
fiender

energetic [,enə'dʒetikk] *adj*
energisk

energy ['ennədʒi] *subst* energi

engage [in'gejdʒ] *verb* enga-
gera; *~ in* ägna sig åt

engaged [in'gejdʒd] *adj*
1 upptagen **2** förlovad

engagement [in'gejdʒmənt]
subst **1** förlovning **2** engage-
mang

engaging [in'gejdʒing] *adj*
intagande

engine ['endʒin] *subst* motor

engine-driver ['endʒin,drajvə]
subst lokförare

engineer [,endʒi'niə] *subst*
ingenjör

England ['inggländ] England

English ['ingglisch] **I** *adj* engelsk; ~ *breakfast* engelsk frukost ofta med bacon och ägg m.m. **II** *subst* engelska språket

Englishman ['ingglischmən] *subst* engelsman

Englishwoman ['ingglisch,wommən] *subst* engelska kvinna

engraving [in'grejving] *subst* gravyr

enhance [in'ha:ns] *verb* förhöja

enjoy [in'dʒåj] *verb* **1** njuta av **2** åtnjuta

enjoyable [in'dʒåjəbl] *adj* njutbar

enjoyment [in'dʒåjmənt] *subst* njutning; nöje

enlarge [in'la:dʒ] *verb* förstora upp; ~ *on* breda ut sig över

enlighten [in'lajtn] *verb* upplysa

enlightened [in'lajtnd] *adj* upplyst

enlightenment [in'lajtnmənt] *subst* upplysning

enlist [in'list] *verb* ta värvning

enmity ['ennməti] *subst* fiendskap

enormous [i'nå:məs] *adj* enorm

enough [i'naff] *adj* o. *pron* o. *adv* nog, tillräckligt

enrage [in'rejdʒ] *verb* göra rasande

enrol [in'rəol] *verb* skriva in sig

ensure [in'schoə] *verb* säkerställa; ~ *that* se till att

entail [in'tejl] *verb* medföra

enter ['enntə] *verb* **1** gå in i **2** anmäla sig till

enterprise ['enntəprajz] *subst* företag

enterprising ['enntəprajzing] *adj* företagsam

entertain [,entə'tejn] *verb* underhålla

entertainer [,entə'tejnə] *subst* underhållare

entertaining [,entə'tejning] *adj* underhållande

entertainment [,entə'tejnmənt] *subst* **1** underhållning **2** ~ *allowance* representationskonto

enthusiasm [in'θjo:ziäzəm] *subst* entusiasm

enthusiast [in'θjo:ziäst] *subst* entusiast

enthusiastic [in,θjo:zi'ässtikk] *adj* entusiastisk

entice [in'tajs] *verb* locka, lura

entire [in'tajə] *adj* hel

entirely [in'tajəli] *adv* helt och hållet

entitle [in'tajtl] *verb* berättiga

entrance ['enntrəns] *subst* **1** ingång **2** inträde

entrance examination ['enntrəns ig,zämmi-

'nejschən] *subst* inträdes-
prov
entrance fee ['enntrənsfi:]
subst **1** inträdesavgift **2** an-
mälningsavgift
entrepreneur [,a:ntrəprə'nö:]
subst företagare
entrust [in'trasst] *verb*, ~ *sb.
with sth.* anförtro ngn ngt
entry ['enntri] *subst* inträde
entry phone ['enntrifəon]
subst porttelefon
envelop [in'velləp] *verb* sve-
pa in
envelope ['ennvələop] *subst*
kuvert
envious ['ennviəs] *adj* avund-
sjuk
environment [in'vajərənmənt]
subst miljö
environmental
[in,vajərən'mentl] *adj* miljö-;
~ *party* miljöparti
environment-friendly
[in'vajərənmənt,frenndli]
subst miljövänlig
envisage [in'vizzidʒ] *verb*
föreställa sig
envoy ['ennvåj] *subst* sande-
bud
envy ['ennvi] **I** *subst* avund
II *verb* avundas
epidemic [,epi'demmikk] *subst*
epidemi
epilepsy ['eppileppsi] *subst*
epilepsi

episode ['eppisəod] *subst*
1 episod **2** avsnitt av TV-serie
equal ['i:koəl] **I** *adj* lika; lika
stor; jämlik **II** *subst* like;
jämlike **III** *verb* kunna mäta
sig med; vara lika med
equality [i'koålləti] *subst* jäm-
likhet
equalize ['i:koəlajz] *verb* ut-
jämna
equally ['i:koəli] *adv* lika;
likaså
equanimity [,ekoə'nimməti]
subst jämnmod
equate [i'koejt] *verb* jämställa
equation [i'koejʒən] *subst*
ekvation
equator [i'koejtə] *subst* ekva-
tor
equilibrium [,i:kwi'libbriəm]
subst jämvikt
equip [i'kwipp] *verb* utrusta
equipment [i'kwippmənt]
subst utrustning
equivalent [i'kwivvələnt] **I** *adj*
likvärdig **II** *subst* motsvarig-
het
equivocal [i'kwivvəkəl] *adj*
tvetydig
era ['iərə] *subst* era, epok
eradicate [i'räddikejt] *verb*
utrota
erase [i'rejz] *verb* radera
eraser [i'rejzə] *subst* rader-
gummi
erect [i'rekkt] **I** *adj* upprätt
II *verb* resa, uppföra

erection [i'rekschən] *subst*
erektion

erode [i'rəod] *verb* **1** fräta
bort **2** bildl. undergräva

erotic [i'råttikk] *adj* erotisk

err [ö:] *verb* fela

errand ['errənd] *subst* ärende

erratic [i'rättikk] *adj* planlös

error ['errə] *subst* fel; misstag

erupt [i'rappt] *verb* bryta ut

eruption [i'rapschən] *subst*
utbrott

escalate ['eskəlejt] *verb* trap-
pa upp

escalator ['eskəlejtə] *subst*
rulltrappa

escapade [,eskə'pejd] *subst*
eskapad

escape [i'skejp] **I** *verb* fly,
rymma **II** *subst* rymning

escapism [i'skejpizəm] *subst*
verklighetsflykt

escort ['eskå:t] *subst* **1** eskort
2 kavaljer

especially [i'speschəli] *adv*
särskilt

espionage [,espiə'na:3] *subst*
spioneri

essay ['essej] *subst* essä;
uppsats

essence ['essns] *subst* inner-
sta väsen; *in* ~ i huvudsak

essential [i'senschəl] *adj* vä-
sentlig

essentially [i'senschəli] *adv* i
huvudsak

establish [i'stäbblisch] *verb*
1 etablera **2** fastställa

established [i'stäbblischt] *adj*
fastställd; vedertagen

establishment
[i'stäbblischmənt] *subst*
1 företag; butik **2** *the Esta-
blishment* etablissemanget

estate [i'stejt] *subst* lantegen-
dom; ~ *agent* fastighetsmäk-
lare; ~ *car* herrgårdsvagn

esteem [i'sti:m] *subst* hög-
aktning

estimate ['esstimət] *subst*
1 kostnadsförslag **2** uppfatt-
ning

etching ['etching] *subst* ets-
ning

eternal [i'tö:nl] *adj* evig

eternity [i'tö:nəti] *subst* evig-
het

ethical ['eθikəl] *adj* etisk

ethics ['eθikks] *subst* etik

ethnic ['eθnikk] *adj* etnisk

etiquette ['ettikett] *subst* eti-
kett, god ton

euro ['joərəo] *subst* euro

Europe ['joərəpp] Europa

European [,joərə'pi:ən] **I** *adj*
europeisk; *the ~ Union* (förk.
EU) Europeiska unionen
II *subst* europé

evacuate [i'väkkjoejt] *verb*
evakuera

evade [i'vejd] *verb* undvika

evaporate [i'väppərejt] *verb*
dunsta bort

evasion [i'vejʒən] *subst* und-
vikande

eve [i:v] *subst*, *on the* ~ *of*
kvällen (dagen) före

even ['i:vən] **I** *adj* jämn i olika
bet. **II** *adv* även, också, till
och med; *not* ~ inte ens; ~ *if*
även om; ~ *so* trots det

evening ['i:vning] *subst*
1 kväll; *this* ~ i kväll; *make
an* ~ *of it* göra sig en
helkväll **2** ~ *class* kvällskurs

event [i'vennt] *subst* händel-
se; *in the* ~ *of* i händelse av

eventful [i'venntfoll] *adj* hän-
delserik

eventual [i'venntchoəl] *adj*
slutgiltig

eventuality [i,venntcho'älləti]
subst eventualitet

eventually [i'venntchoəli] *adv*
slutligen

ever ['evvə] *adv* någonsin; *for*
~ för alltid; ~ *since* ända
sedan

evergreen ['evvəgri:n] *subst*
vintergrön växt

everlasting [,evvə'la:sting] *adj*
beständig

every ['evvri] *pron* varje, var,
varenda; ~ *two days* varan-
nan dag

everybody ['evvri,båddi] *pron*
var och en, alla; ~ *else* alla
andra

everyday ['evvridej] *adj* var-
daglig

everyone ['evvrioann] *pron* se
everybody

everything ['evvriθing] *pron*
allt, allting; alltsammans; ~
but allt möjligt utom

everywhere ['evvrioäə] *adv*
överallt

evict [i'vikkt] *verb* vräka

eviction [i'vikkschən] *subst*
vräkning

evidence ['evvidəns] *subst*
bevis

evident ['evvidənt] *adj* tydlig

evidently ['evvidəntli] *adv*
tydligen

evil ['i:vl] **I** *adj* ond, elak
II *subst* ondskan

evoke [i'vəok] *verb* väcka
minnen o.d.

evolution [,i:və'lo:schən] *subst*
utveckling

evolve [i'vålv] *verb* utvecklas

ewe [jo:] *subst* tacka får

ex- [ekks] *prefix* f. d., ex-

exact [ig'zäkkt] *adj* exakt;
noggrann

exacting [ig'zäkkting] *adj*
fordrande

exactly [ig'zäkktli] *adv*
1 exakt; ~! just precis!
2 noga

exaggerate [ig'zäddʒərejt]
verb överdriva

exaggeration
[ig,zäddʒə'rejschən] *subst*
överdrift

exalted [ig'zå:ltidd] *adj* hänförd

exam [ig'zämm] *subst* vard. tenta

examination [ig‚zämmi'nejschən] *subst* **1** undersökning **2** tentamen

examine [ig'zämmin] *verb* undersöka

examiner [ig'zämminə] *subst* examinator

example [ig'za:mpl] *subst* exempel

exasperate [ig'zäspərejt] *verb* göra rasande (förtvivlad)

exasperation [ig‚zäspə'rejschən] *subst* ursinne; förtvivlan

excavate ['ekkskəvejt] *verb* gräva ut

excavation [‚ekkskə'vejschən] *subst* utgrävning

exceed [ik'si:d] *verb* överskrida

excellent ['eksələnt] *adj* utmärkt

except [ik'seppt] *prep* o. *konj* utom, förutom

exception [ik'sepschən] *subst* undantag

exceptional [ik'sepschənl] *adj* ytterst ovanlig

excerpt ['ekksö:pt] *subst* utdrag

excess [ik'sess] *subst* **1** överdrift, excess **2** ~ *luggage* övervikt bagage

excessive [ik'sessivv] *adj* överdriven

exchange [iks'tchejndʒ] **I** *subst* **1** byte, utbyte **2** växlingskontor **II** *verb* byta, utbyta

excise ['eksajz] *subst* accis

excite [ik'sajt] *verb* tända, upphetsa

excitement [ik'sajtmənt] *subst* upphetsning

exciting [ik'sajting] *adj* spännande

exclaim [ik'sklejm] *verb* utropa

exclamation [‚eksklə'mejschən] *subst* utrop

exclude [ik'sklo:d] *verb* utesluta; undanta

exclusive [ik'sklo:sivv] *adj* exklusiv

excruciating [ik'skro:schiejting] *adj* olidlig

excursion [ek'skö:schən] *subst* utflykt; ~ *ticket* billigare utflyktsbiljett

excuse I [ik'skjo:z] *verb* ursäkta; ~ *me!* förlåt!, ursäkta! **II** [ik'skjo:s] *subst* ursäkt

ex-directory [‚eksdi'rekktəri] *adj*, ~ *number* hemligt telefonnummer

execute ['ekksikjo:t] *verb* **1** avrätta **2** utföra

execution [‚ekksi'kjo:schən]

subst **1** avrättning **2** utförande

executive [ig'zekkjotivv] **I** *adj* verkställande; chefs- **II** *subst* chef

exemplify [ig'zemplifaj] *verb* exemplifiera

exempt [ig'zempt] *adj* befriad, frikallad

exercise ['ekksəsajz] **I** *subst* träning; motion **II** *verb* träna; motionera

exercise book ['ekksəsajz bokk] *subst* skrivbok

exert [ig'zö:t] *verb* utöva

exhaust [ig'zå:st] **I** *verb* **1** uttömma **2** utmatta **II** *subst* avgasrör

exhausted [ig'zå:stidd] *adj* utmattad, slut

exhaustion [ig'zå:stchən] *subst* utmattning

exhaustive [ig'zå:stivv] *adj* uttömmande

exhibit [ig'zibbitt] *verb* **1** visa **2** ställa ut

exhibition [,ekksi'bischən] *subst* utställning

exile ['ekksajl] *subst* exil

exist [ig'zist] *verb* existera; finnas till

existence [ig'zistəns] *subst* tillvaro, existens

existing [ig'zisting] *adj* befintlig

exit ['ekksitt] **I** *verb* gå ut

II *subst* utgång; avfart från motorväg

exonerate [ig'zånnərejt] *verb* rentvå

exotic [ig'zåttikk] *adj* exotisk

expand [ik'spänd] *verb* **1** utvidga **2** ~ *on* utveckla resonemang o.d.

expansion [ik'spänschən] *subst* expansion

expect [ik'spekkt] *verb* **1** förvänta sig **2** *be expecting* vänta barn

expectation [,ekkspekk'tejschən] *subst* förväntan

expedient [ik'spi:djənt] **I** *adj* ändamålsenlig **II** *subst* medel

expedition [,ekkspi'dischən] *subst* expedition

expel [ik'spell] *verb* utesluta; relegera från skola

expend [ik'spennd] *verb* lägga ner, använda

expenditure [ik'spennditchə] *subst* utgifter

expense [ik'spenns] *subst* utgift; *travelling expenses* resekostnader; *at sb.'s* ~ på ngns bekostnad

expense account [ik'spennsə,kaont] *subst* representationskonto

expensive [ik'spennsivv] *adj* dyr

experience [ik'spiəriəns]

I *subst* **1** erfarenhet **2** upplevelse **II** *verb* uppleva, erfara
experienced [ik'spiəriənst] *adj* erfaren
experiment [ik'sperrimənt] *subst* försök, experiment
expert ['ekkspö:t] *subst* expert, specialist
expertise [,ekspö:'ti:z] *subst* expertis
expire [ik'spajə] *verb* upphöra att gälla
expiry [ik'spajəri] *subst*, ~ *date* förfallodatum; sista förbrukningsdag
explain [ik'splejn] *verb* förklara
explanation [,ekksplə'nejschən] *subst* förklaring
explanatory [ik'splännətəri] *adj* förklarande
explicit [ik'splissitt] *adj* tydlig, klar
explode [ik'spləod] *verb* explodera
1 exploit ['ekksplåjt] *subst* bedrift
2 exploit [ik'splåjt] *verb* exploatera
exploitation [,ekksplåj'tejschən] *subst* exploatering
explore [ik'splå:] *verb* utforska
explorer [ik'splå:rə] *subst* upptäcktsresande

explosion [ik'spləoʒən] *subst* **1** explosion **2** bildl. utbrott
explosive [ik'spləosivv] **I** *adj* explosiv **II** *subst* sprängämne
exponent [ekk'spəonənt] *subst* representant
export I [ekk'spå:t] *verb* exportera **II** ['ekkspå:t] *subst* export
exporter [ekk'spå:tə] *subst* exportör
expose [ik'spəoz] *verb* **1** utsätta **2** avslöja
exposé [ekk'spəozej] *subst* exposé
exposed [ik'spəozd] *adj* utsatt; oskyddad
exposure [ik'spəoʒə] *subst* **1** utsatthet **2** kort på filmrulle **3** avslöjande
express [ik'spress] **I** *adj* **1** uttrycklig **2** express-, il-; ~ *letter* expressbrev **II** *subst* **1** expressbefordran **2** expresståg **III** *verb* uttrycka
expression [ik'spreschən] *subst* yttrande; uttryck
expressly [ik'spressli] *adv* uttryckligen
exquisite [ekk'skoizzitt] *adj* utsökt, fin
extend [ik'stennd] *verb* sträcka sig; breda ut sig
extension [ik'stenschən] *subst* **1** förlängning **2** telefonanknytning

extensive [ik'stennsivv] *adj*
vidsträckt; omfattande

extensively [ik'stennsivvli]
adv i stor utsträckning

extent [ik'stennt] *subst* omfattning; *to a great* ~ till stor del; *to some* ~ i viss mån

exterior [ekk'stiəriə] **I** *adj* yttre
II *subst* utsida

external [ik'stö:nl] *adj* yttre;
extern; utvärtes

extinct [ik'stingkt] *adj* utdöd;
utslocknad

extinguish [ik'stinggoisch]
verb släcka

extinguisher [ik'stinggoischə]
subst eldsläckare

extort [ik'stå:t] *verb* pressa

extortionate [ik'stå:schənət]
adj utpressar-

extra ['ekkstrə] *adj* extra; ~
time i fotboll förlängning;
övertid

extract [ik'sträkkt] *verb* dra
ur; dra (ta) upp

extradite ['ekstrədajt] *verb*
utlämna brottsling till annan stat

extramarital [,ekstrə'märritl]
adj, ~ *relations* utomäkten-
skapliga förbindelser

extraordinary [ik'strå:dənəri]
adj märklig

extravagance [ik'strävvəgəns]
subst överdåd; onödig lyx

extravagant [ik'strävvəgənt]
adj extravagant

extreme [ik'stri:m] **I** *adj* **1** yt-

terst **2** extrem **II** *subst* ytter-
lighet

extremely [ik'stri:mli] *adv*
ytterst; extremt

extricate ['ekkstrikejt] *verb*
lösgöra, frigöra

extrovert ['ekkstrəvö:t] *adj*
utåtriktad

eye [aj] *subst* öga; *the naked*
~ blotta ögat; *an* ~ *for
colours* färgsinne; *have an* ~
for ha blick (sinne) för; *keep
an* ~ *on* hålla ett öga på;
make eyes at flörta med

eyeball ['ajbå:l] *subst* ögon-
glob

eyebrow ['ajbrao] *subst* ögon-
bryn

eyelash ['ajläsch] *subst* ögon-
frans

eyelid ['ajlidd] *subst* ögonlock

eyeliner ['aj,lajnə] *subst* eye-
liner

eye-opener ['aj,əopnə] *subst*
tankeställare; 'väckarklocka'

eyeshadow ['aj,schädəo] *subst*
ögonskugga

eyesight ['ajsajt] *subst* syn,
synförmåga

eyesore ['ajså:] *subst* an-
skrämlig syn

eyewitness ['aj,wittnəs] *subst*
ögonvittne

F

F, f [eff] F, f

fable ['fejbl] *subst* fabel

fabric ['fäbbrikk] *subst* tyg, textil

fabrication [,fäbbri'kejschən] *subst* dikt, påhitt

fabulous ['fäbbjoləs] *adj* sagolik; vard. fantastisk

face [fejs] **I** *subst* ansikte; min; *have the ~ to* ha fräckheten att; *lose ~* förlora ansiktet **II** *verb* inse; klara av; *be faced with* stå inför

face cloth ['fejsklåθ] *subst* tvättlapp

face cream ['fejskri:m] *subst* ansiktskräm

face-lift ['fejslift] *subst* ansiktslyftning

face powder ['fejs,paodə] *subst* puder

face value ['fejs,välju:] *subst* nominellt värde; *take sth. at ~* bildl. ta ngt för vad det är

facsimile [fäk'simməli] *subst* faksimil

fact [fäkt] *subst* faktum; *as a matter of ~* i själva verket; faktiskt

factor ['fäktə] *subst* faktor

factory ['fäktəri] *subst* fabrik

factual ['fäktchoəl] *adj* verklig, faktisk

faculty ['fäkəlti] *subst* förmåga; *~ of hearing* hörselförmåga; *mental faculties* själsförmögenheter

fad [fädd] *subst* modefluga

fade [fejd] *verb* blekna; *~ away* tona bort

fag [fägg] *subst* vard. cigg cigarett

fail [fejl] *verb* misslyckas

failing ['fejling] *subst* fel, brist

failure ['fejljə] *subst* **1** misslyckande; misslyckad person (sak) **2** *engine ~* motorstopp; *heart ~* hjärtsvikt; *power ~* strömavbrott

faint [fejnt] **I** *adj* svag, vag **II** *verb* svimma

1 fair [fää] *subst* **1** marknad; mässa **2** tivoli

2 fair [fää] **I** *adj* **1** rättvis; sport. just **2** ganska stor; rimlig **3** ljushårig **II** *adv* rättvist

fairly ['fääli] *adv* **1** rättvist **2** ganska

fairness ['fäänəs] *subst* rättvisa; *in all ~* i rättvisans namn

fairy ['fääri] *subst* fe; älva

faith [fejθ] *subst* **1** tro; tillit; *have ~ in* tro (lita) på **2** troslära

faithful ['fejθfoll] *adj* trogen, trofast

faithfully ['fejθfolli] *adv* troget

fake [fejk] I *verb* **1** förfalska; fejka **2** låtsas II *subst* förfalskning; bluff

falcon ['fɔ:lkən] *subst* falk

fall* [fɔ:l] I *verb* **1** falla; ramla **2** stupa **3** störtas **4** ~ *apart* gå sönder; bildl. rasa samman; ~ *back on* bildl. falla tillbaka på; ~ *behind* bli efter; ~ *for* falla för; gå 'på; ~ *in* störta in; ~ *out* bli osams; ~ *over* falla över ända; ~ *through* gå om intet II *subst* fall; nedgång

fallacy ['fæləsi] *subst* villfarelse

fallout ['fɔ:laot] *subst* radioaktivt nedfall

fallow ['fæləo] *adj* som ligger i träda

false [fɔ:ls] *adj* falsk

falter ['fɔ:ltə] *verb* **1** stappla **2** staka sig

fame [fejm] *subst* berömmelse

familiar [fə'miljə] *adj* **1** förtrolig; *be ~ with* äv. vara insatt i **2** välkänd

family ['fæmməli] *subst* familj; *a wife and* ~ hustru och barn; ~ *doctor* husläkare; ~ *guidance* familjerådgivning

famine ['fæmmin] *subst* hungersnöd

famished ['tæmmischt] *adj* utsvulten

famous ['fejməs] *adj* berömd

1 fan [fänn] *subst* **1** solfjäder **2** fläkt

2 fan [fänn] *subst* vard. fan; ~ *mail* beundrarpost

fanatic [fə'nättikk] I *adj* fanatisk II *subst* fanatiker

fan belt ['fännbelt] *subst* fläktrem

fanciful ['fännsifoll] *adj* inbillad, fantasi-

fancy ['fännsi] I *subst* **1** fantasi **2** infall **3** lust; tycke II *adj* fin; snobbig III *verb* **1** inbilla sig **2** tycka om; *fatta tycke för*

fancy-dress [,fännsi'dress] *adj*, ~ *ball* maskeradbal

fang [fäng] *subst* orms gifttand

fantastic [fänn'tässtikk] *adj* fantastisk

fantasy ['fänntəsi] *subst* fantasi

far [fa:] I *adj* **1** avlägsen; *the Far East* Fjärran Östern **2** bortre II *adv* **1** långt; långt bort; *as (so)* ~ *as* ända till; så vitt; *so* ~ hittills **2** vida, mycket; ~ *too much* alldeles för mycket

far-away ['fa:rəwej] *adj* fjärran

farce [fa:s] *subst* fars

farcical ['fa:sikəl] *adj* komisk

fare [fäə] *subst* **1** biljettpris, taxa **2** kost

farewell [,fäə'well] *interj* o. *subst* farväl

farm [fa:m] *subst* bondgård

farmer ['fɑ:mə] *subst* lantbru-
kare

farmhand ['fɑ:mhännd] *subst*
lantarbetare

farmhouse ['fɑ:mhaos] *subst*
mangårdsbyggnad

farming ['fɑ:ming] *subst* jord-
bruk

far-reaching [,fɑ:'ri:tching] *adj*
långtgående

farther ['fɑ:ðə] I *adj* bortre
II *adv* längre bort

farthest ['fɑ:ðist] I *adj* borterst
II *adv* längst bort

fascinate ['fässinejt] *verb*
fascinera

fashion ['fäschən] I *subst*
1 sätt, vis 2 mode; *in ~ på*
modet, inne; *out of ~*
omodernt II *verb* forma,
göra

fashionable ['fäschənəbl] *adj*
1 som är på modet 2 fashio-
nabel

1 fast [fɑ:st] *subst o. verb*
fasta

2 fast [fɑ:st] I *adj* 1 snabb,
hastig; *~ food* snabbmat; *~*
lane omkörningsfil 2 *lead a*
~ life leva rullan II *adv* fort;
snabbt

fasten ['fɑ:sn] *verb* fästa,
binda fast

fastening ['fɑ:sning] *subst*
knäppning; spänne

fastidious [fə'stiddiəs] *adj*
granntyckt

fat [fätt] I *adj* fet; tjock
II *subst* fett; *cooking ~*
matfett; *deep ~* flottyr

fatal ['fejtl] *adj* 1 dödlig
2 ödesdiger

fatality [fə'tälləti] *subst* döds-
olycka

fate [fejt] *subst* ödet

father ['fɑ:ðə] *subst* fader;
pappa; *Father Christmas*
jultomten

father-in-law ['fɑ:ðərinlɑ:]
subst svärfar

fatherly ['fɑ:ðəli] *adj* faderlig

fathom ['fäðəm] I *subst* famn
mått II *verb* förstå

fatigue [fə'ti:g] *subst* trötthet

fatten ['fättn] *verb* göda

fatty ['fätti] *adj* fet; oljig

fatuous ['fättjoəs] *adj* enfaldig

fault [fɑ:lt] *subst* 1 fel; *find ~*
with finna fel hos 2 tennis o.d.
felserve

faulty ['fɑ:lti] *adj* felaktig

fauna ['fɑ:nə] *subst* fauna

faux pas [,fəo'pɑ:] *subst* fadäs,
tabbe

favour ['fejvə] I *subst* ynnest;
favör; *in ~ of* till förmån för
II *verb* gynna

favourable ['fejvərəbl] *adj*
gynnsam, bra

favourite ['fejvəritt] *subst*
favorit

1 fawn [fɑ:n] *subst* hjortkalv;
kid

ferret

2 fawn [få:n] *verb* bildl.
svansa, krypa

fax [fäkks] **I** *subst* fax **II** *verb*
faxa

fear [fiə] **I** *subst* fruktan
II *verb* frukta; vara rädd för

fearful ['fiəfoll] *adj* **1** rädd
2 fruktansvärd

fearless ['fiələss] *adj* orädd

feasible ['fi:zəbl] *adj* möjlig,
görlig

feast [fi:st] **I** *subst* festmåltid;
kalas **II** *verb* festa, kalasa

feat [fi:t] *subst* bragd

feather ['feðə] *subst* fjäder

feature ['fi:tchə] **I** *subst* **1** *fea-
tures* anletsdrag **2** drag; in-
slag **3** långfilm **II** *verb* pre-
sentera som nyhet el. särskild
attraktion

February ['febbroəri] *subst*
februari

fed [fedd] imperf. o. perf. p. av
feed

federal ['feddərəl] *adj* för-
bunds-, federal

fed up [,fedd'app] *adj, be ~
with* vard. vara trött (utled)
på

fee [fi:] *subst* avgift

feeble ['fi:bl] *adj* svag

feed [fi:d] *verb* mata

feedback ['fi:dbäkk] *subst*
gensvar

feeding-bottle ['fi:ding,båttl]
subst nappflaska

feel* [fi:l] **I** *verb* **1** känna

2 känna sig, må; *~ sorry for*
tycka synd om; *~ ashamed*
skämmas; *~ like* känna sig
som; ha lust med **II** *subst*
känsla

feeler ['fi:lə] *subst* bildl. trevare

feeling ['fi:ling] *subst* **1** känsel
2 känsla; *hard feelings* agg

feet [fi:t] *subst* pl. av *foot*

feign [fejn] *verb* låtsas

1 fell [fell] imperf. av *fall*

2 fell [fell] *verb* fälla träd

fellow ['felləo] *subst* **1** vard.
karl **2** *~ being* medmänniska

fellowship ['felləoschipp]
subst kamratskap

1 felt [fellt] imperf. o. perf. p. av
feel

2 felt [fellt] *subst* filt tyg

female ['fi:mejl] *adj* kvinnlig

feminine ['femmininn] *adj*
kvinnlig, feminin

feminist ['femminist] *subst*
feminist

fence [fenns] **I** *subst* staket
II *verb* **1** inhägna **2** fäkta

fencing ['fennsing] *subst*
fäktning

fend [fennd] *verb, ~ off*
avvärja; parera

ferment [fə'mennt] *verb* jäsa

fern [fö:n] *subst* ormbunke

ferocious [fə'rəoschəs] *adj*
våldsam

ferret ['ferrət] *verb, ~ out*
luska reda på

ferry ['ferri] *subst* färja; ~ *service* färjförbindelse

fertile ['fö:tajl] *adj* **1** bördig **2** fertil

fertilizer ['fö:tilajzə] *subst* gödningsmedel

fester ['festə] *verb* **1** vara sig **2** bildl. fräta

festival ['festəvəl] *subst* festival

festive ['festivv] *adj* festlig, fest-; *the* ~ *season* julen

festoon [fe'sto:n] *subst* girland

fetch [fetch] *verb* hämta

fete o. **fête** [fejt] *subst* basar

fetish ['fi:tisch] *subst* fetisch

feud [fjo:d] *subst* fejd

fever ['fi:və] *subst* feber

feverish ['fi:vərisch] *adj* **1** febrig **2** bildl. febril

few [fjo:] *adj* o. *pron* få; *a* ~ några stycken; ~ *and far between* tunnsådda, sällsynta

fewer ['fjo:ə] *adj* o. *subst* färre; *no* ~ *than* inte mindre än

fewest ['fjo:ist] *adj* o. *subst* fåtaligast, minst

fiancé [fi'ånsej] *subst* fästman

fiancée [fi'ånsej] *subst* fästmö

fib [fibb] vard. *subst* liten (oskyldig) lögn

fibre ['fajbə] *subst* fiber; tråd i t.ex. kött, nerv

fibreglass ['fajbəgla:s] *subst* glasfiber

fickle ['fikkl] *adj* ombytlig

fiction ['fikschən] *subst* skönlitteratur på prosa

fictional ['fikschənl] *adj* uppdiktad; skönlitterär

fictitious [fik'tischəs] *adj* påhittad

fiddle ['fiddl] *subst* fiol

fidget ['fiddʒitt] *verb* inte kunna sitta stilla

field [fi:ld] *subst* fält i olika bet.; *football* ~ fotbollsplan

fieldwork ['fi:ldwö:k] *subst* fältarbete

fiend [fi:nd] *subst* **1** odjur, djävul **2** vard., *football* ~ fotbollsdåre; *be a golf* ~ vara golfbiten

fiendish ['fi:ndisch] *adj* ondskefull

fierce [fiəs] *adj* våldsam, häftig

fiery ['fajəri] *adj* glödande; eldig

fifteen [,fif'ti:n] *räkn* femton; *15 åldersgräns* femton år på bio

fifth [fifθ] **I** *räkn* femte **II** *subst* femtedel

fifty ['fifti] *räkn* femtio

fig [figg] *subst* fikon

fight [fajt] **I** *verb* slåss; gräla; boxas **II** *subst* slagsmål; kamp

fighter ['fajtə] *subst* slagskämpe; fighter

fighting ['fajting] *subst* kamp; slagsmål

finite

figment ['figgmənt] *subst,* ~
of the imagination fantasi-
foster

figurative ['figgjorətivv] *adj*
1 bildlig **2** figurativ

figure ['figgə] **I** *subst* **1** siffra
2 figur **II** *verb,* ~ out räkna
ut; förstå

figurehead ['figgəhedd] *subst*
bildl. galjonsfigur

1 file [fajl] **I** *subst* fil verktyg
II *verb* fila

2 file [fajl] **I** *subst* arkiv; akt
II *verb* **1** arkivera **2** lämna in
skrivelse

3 file [fajl] *subst* rad, led; *in
Indian* ~ i gåsmarsch

fill [fill] *verb* fylla; fyllas; ~ *in
(out)* fylla i blankett o.d.; ~ *in
for* vikariera; ~ *up* fylla i (på)

fillet ['fillitt] *subst* filé

filling ['filling] *subst* **1** fyllning
2 plomb

filling station ['filling‚stej-
schən] *subst* bensinstation

film [film] **I** *subst* **1** hinna
2 film; filmrulle **II** *verb* filma

filter ['filtə] **I** *subst* filter
II *verb* filtrera; sila

filter-tipped ['filtətippt] *adj*
filter-

filth [filθ] *subst* **1** smuts
2 snusk

filthy ['filθi] *adj* **1** smutsig
2 snuskig

fin [finn] *subst* fena

final ['fajnl] **I** *adj* slutlig, sista
II *subst,* ~ el. *finals* sport. final

finale [fi'na:li] *subst* final

finalize ['fajnəlajz] *verb* avslu-
ta; slutligen fastställa

finally ['fajnəlli] *adv* slutligen

finance ['fajnänns] **I** *subst,*
finances stats finanser; enskilds
ekonomi **II** *verb* finansiera

financial [faj'nänschəl] *adj*
ekonomisk

find * [fajnd] **I** *verb* **1** finna i
div. bet.; hitta, få tid, tillfälle
o.d.; tycka ngn (ngt) vara; *be
found* finnas; påträffas; ~
out ta reda på; upptäcka; ~
sb. out genomskåda ngn **2** ~
sb. guilty förklara ngn
skyldig **II** *subst* fynd

1 fine [fajn] **I** *subst* böter
II *verb* bötfälla

2 fine [fajn] **I** *adj* fin; *I feel* ~
jag mår bra **II** *adv* fint

finery ['fajnəri] *subst* finkläder

finger ['finggə] **I** *subst* finger
II *verb* fingra på

fingernail ['finggənejl] *subst*
fingernagel

fingerprint ['finggəprint] *subst*
fingeravtryck

fingertip ['finggətipp] *subst*
fingerspets

finish ['finisch] **I** *verb* **1** sluta,
avsluta; äta (dricka) upp
2 finputsa **II** *subst* **1** slut;
sport. upplopp **2** finputs

finite ['fajnajt] *adj* begränsad

Finland ['finnlənd] Finland

Finn [finn] *subst* finne, finländare; finska kvinna

Finnish ['finnisch] I *adj* finsk, finländsk II *subst* finska språket

fir [fö:] *subst* gran; tall

fire ['fajə] I *subst* eld; eldsvåda; ~! elden är lös! II *verb* 1 avlossa skott, skjuta; bildl. fyra av 2 vard. sparka avskeda

fire alarm ['fajərə‚la:m] *subst* brandalarm

firearms ['fajəra:ms] *subst pl* skjutvapen

fire brigade ['fajəbri‚gejd] *subst* brandkår

fire engine ['fajər‚endʒin] *subst* brandbil

fire escape ['fajəri‚skejp] *subst* brandstege

fire-extinguisher ['fajərik‚stinggoischə] *subst* brandsläckare

fireman ['fajəmən] *subst* brandman

fireplace ['fajəplejs] *subst* eldstad, öppen spis

fire station ['fajə‚stejschən] *subst* brandstation

firewood ['fajəwodd] *subst* ved

firing-squad ['fajəringskoådd] *subst* exekutionspluton

1 firm [fö:m] *subst* firma

2 firm [fö:m] *adj* o. *adv* fast

first [fö:st] I *adj* o. *räkn* första, förste; ~ *name* förnamn; *at* ~

sight vid första anblicken II *adv* först; ~ *of all* först och främst III *subst* första, förste; *at* ~ först, i början

first-aid [‚fö:st'ejd] *adj*, ~ *kit* förbandslåda

first-class [‚fö:st'kla:s] I *adj* förstaklass- II *adv* i första klass

first-hand [‚fö:st'hännd] *adj* o. *adv* i första hand

firstly ['fö:stli] *adv* för det första

first-rate [‚fö:st'rejt] *adj* o. *adv* förstklassig

fish [fisch] I *subst* fisk; ~ *and chips* friterad fisk och pommes frites köps ofta för omedelbar förtäring II *verb* fiska

fisherman ['fischəmən] *subst* fiskare yrkesman

fish farm ['fischfa:m] *subst* fiskodling

fishing-line ['fischinglajn] *subst* metrev

fishing-rod ['fischingrådd] *subst* metspö

fishy ['fischi] *adj* 1 fisk- 2 skum

fist [fist] *subst* knytnäve

1 fit [fitt] *subst* anfall av sjukdom, skratt o.d.

2 fit [fitt] I *adj* 1 lämplig 2 spänstig; kry II *verb* passa

fitful ['fittfoll] *adj* ryckig, ojämn

fitness ['fittnəs] *subst* **1** kondition **2** lämplighet

fitter ['fittə] *subst* montör, installatör

fitting ['fitting] **I** *adj* passande, lämplig **II** *subst* **1** ~ *room* provrum **2** *fittings* tillbehör, inredning

five [fajv] *räkn* fem

fiver ['fajvə] *subst* vard. fempundssedel

fix [fikks] **I** *verb* **1** fästa **2** bestämma **3** ordna, fixa **II** *subst* knipa

fixation [fik'sejschən] *subst* fixering

fixed [fikst] *adj* bestämd; fast

fixture ['fikstchə] *subst* fast inventarium

fizzle ['fizzl] *verb* pysa; ~ *out* vard. rinna ut i sanden

fizzy ['fizzi] *adj* brusande, mousserande

flabby ['fläbbi] *adj* fet och slapp

1 flag [flägg] *subst* flagga; fana

2 flag [flägg] *verb* bildl. börja dala

flagpole ['fläggpaol] *subst* flaggstång

flagship ['fläggschipp] *subst* flaggskepp

flair [fläə] *subst* väderkorn

flak [fläkk] *subst* luftvärn

flake [flejk] **I** *subst* flaga; flinga **II** *verb* flisa

flamboyant [flämm'båjjənt] *adj* **1** grann **2** översvallande

flame [flejm] *subst* flamma, låga

flammable ['flämməbl] *adj* lättantändlig

flan [flänn] *subst* pajdegsbotten; *fruit* ~ frukttårta

flank [flängk] **I** *subst* flank **II** *verb* flankera

flannel ['flännl] *subst* **1** flanell **2** tvättlapp

flap [fläpp] *verb* flaxa

flare [fläə] **I** *verb* flamma upp **II** *subst* låga; signalljus

flash [fläsch] **I** *verb* blixtra till; blinka **II** *subst* blixt till kamera; ~ *of lightning* åskblixt

flashbulb ['fläschballb] *subst* blixtljuslampa

flashcube ['fläschkjo:b] *subst* blixtkub

flashlight ['fläschlajt] *subst* blinkljus

flashy ['fläschi] *adj* vräkig

flask [fla:sk] *subst* plunta

1 flat [flätt] *subst* lägenhet; *block of flats* hyreshus

2 flat [flätt] **I** *adj* plan, platt; slät; ~ *tyre* punktering **II** *subst* b-förtecken

flatly ['flättli] *adv* **1** uttryckligen **2** avmätt

flatten ['flättn] *verb* göra (bli) plan

flatter ['flättə] *verb* smickra

flattering ['flättəring] adj
smickrande

flattery ['flättəri] subst smicker

flaunt [flå:nt] verb briljera
med

flavour ['flejvə] I subst smak
II verb smaksätta

flavouring ['flejvəring] subst
krydda; smaktillsats

flaw [flå:] subst fel; brist

flawless ['flå:ləs] adj felfri

flax [fläkks] subst lin

flaxen ['fläkksən] adj lin-;
lingul

flea [fli:] subst loppa; ~
market loppmarknad

fleck [flekk] subst fläck, stänk

flee [fli:] verb fly, ta till
flykten

fleece [fli:s] subst fårskinn

fleet [fli:t] subst flotta

fleeting ['fli:ting] adj hastig;
flyktig

Flemish ['flemmisch] adj
flamländsk

flesh [flesch] subst kött; in
the ~ i egen hög person

flesh wound ['fleschwo:nd]
subst köttsår

flew [flo:] imperf. av 1 fly

flex [flekks] subst sladd

flexible ['flekksəbl] adj 1 smidig 2 flexibel; ~ working
hours flextid

flick [flikk] verb snärta till

flicker ['flikkə] verb flämta,
fladdra

1 flight [flajt] subst 1 flygning, flyg 2 ~ of stairs
trappa

2 flight [flajt] subst flykt,
flyende

flimsy ['flimmzi] adj tunn;
svag

flinch [flintsch] verb rygga
tillbaka

fling [fling] verb kasta, slänga

flint [flint] subst flinta

flip [flipp] verb knäppa iväg;
slå upp (av, på, till)

flippant ['flippənt] adj nonchalant, lättsinnig

flipper ['flippə] subst grodmans,
säls m.m. simfot

flirt [flö:t] I verb flörta II subst
flört

flit [flitt] verb fladdra; flacka

float [fləot] I verb flyta
II subst flotte; simdyna

flock [flåkk] I subst flock;
hjord II verb flockas

flog [flågg] verb prygla

flood [fladd] I subst 1 högvatten, flod 2 översvämning
II verb översvämma

floodlight ['fladdlajt] I subst
strålkastare II verb belysa
med strålkastare

floor [flå:] I subst 1 golv
2 våning våningsplan; the first
~ en trappa upp II verb golva

floorboard ['flɔ:bɔ:d] *subst* golvtilja

floorshow ['flɔ:schəo] *subst* kabaré; krogshow

flop [flɔpp] I *verb* 1 dimpa (dunsa) ner 2 vard. göra fiasko II *subst* vard. fiasko, flopp

floppy ['flɔppi] *adj* som hänger och slänger; ~ *hat* slokhatt

flora ['flɔ:rə] *subst* flora

floral ['flɔ:rəl] *adj* blomster-

florid ['flɔrridd] *adj* 1 bildl. blomsterrik 2 rödlätt

florist ['flɔrrist] *subst* blomsterhandlare; *florist's shop* blomsteraffär

flounce [flaons] *verb* rusa

1 flounder ['flaondə] *subst* flundra

2 flounder ['flaondə] *verb* sprattla

flour ['flaoə] *subst* mjöl, vetemjöl

flourish ['flarrisch] *verb* blomstra

flout [flaot] *verb* trotsa; strunta i

flow [fləo] I *verb* flyta; strömma II *subst* flöde

flowchart ['fləotchɑ:t] *subst* flödesschema

flower ['flaoə] I *subst* blomma II *verb* blomma; bildl. blomstra

flowerbed ['flaoəbedd] *subst* blomrabatt

flowerpot ['flaoəpått] *subst* blomkruka; *hanging* ~ ampel

flowery ['flaoəri] *adj* blommig

flown [fləon] perf. p. av *1 fly*

flu [flo:] *subst* vard. influensa

fluctuate ['flakktjoejt] *verb* gå upp och ned

fluent ['flo:ənt] *adj* ledig; flytande

fluff [flaff] I *subst* ludd, dammtuss II *verb* burra upp

fluffy ['flaffi] *adj* luddig; fluffig

fluid ['flo:id] I *adj* flytande II *subst* vätska

flung [flang] imperf. o. perf. p. av *fling*

fluoride ['floərajd] *subst* fluor

flurry ['flarri] *subst* 1 by; snöby 2 uppståndelse

flush [flasch] I *verb* 1 spola ner 2 rodna II *subst, hot* ~ blodvallning

flute [flo:t] *subst* flöjt

flutter ['flattə] I *verb* fladdra II *subst* 1 fladder 2 oro

flux [flakks] *subst* ständig förändring

1 fly* [flaj] I *verb* 1 flyga 2 ~ *a flag* flagga II *subst,* ~ el. *flies* gylf

2 fly [flaj] *subst* fluga

flying ['flajing] *adj* 1 flygande; flyg- 2 ~ *visit* snabbvisit; ~ *squad* piket

flyover ['flaj,əovə] *subst* planskild korsning

flysheet ['flajschi:t] *subst* yttertält

foal [fəol] I *subst* föl II *verb* föla

foam [fəom] I *subst* skum, fradga; ~ *bath* skumbad II *verb* skumma

focus ['fəokəs] I *subst* **1** fokus; *out of* ~ oskarp **2** bildl. medelpunkt II *verb* **1** fokusera **2** ställa in skärpan på kamera

fodder ['fȧddə] *subst* torrfoder

fog [fȧgg] *subst* dimma

foggy ['fȧggi] *adj* dimmig

fog lamp ['fȧgglämp] *subst* dimstrålkastare

foil [fȧjl] *subst* folie

1 fold [fəold] *subst* fålla

2 fold [fəold] I *verb* vika; fälla ihop II *subst* veck

folder ['fəoldə] *subst* **1** mapp **2** broschyr

folding ['fəolding] *adj* hopfällbar; ~ *chair* fällstol; ~ *roof* soltak på bil

foliage ['fəoliidʒ] *subst* lövverk

folk [fəok] *subst* folk; *my folks* mina föräldrar

folklore ['fəoklå:] *subst* folklore

folk song ['fəoksång] *subst* folkvisa

follow ['fȧllə] *verb* **1** följa; *as follows* på följande sätt; som följer **2** förfölja

follower ['fȧlləoə] *subst* anhängare

following ['fȧlləoing] I *adj* följande II *prep* till följd av

follow-up ['fȧlləoapp] *subst* uppföljning; efterbehandling

folly ['fȧlli] *subst* dårskap

fond [fȧnnd] *adj* öm; *be ~ of* tycka om

fondle ['fȧnndl] *verb* kela med

font [fȧnnt] *subst* dopfunt

food [fo:d] *subst* mat; ~ *poisoning* matförgiftning

food processor ['fo:d,prəosessə] *subst* matberedare

fool [fo:l] I *subst* dåre; *make a ~ of oneself* göra bort sig II *verb* lura

foolish ['fo:lisch] *adj* dåraktig, dum

foolproof ['fo:lpro:f] *adj* idiotsäker

foot [fott] *subst* fot; *by ~* till fots

football ['fottbå:l] *subst* fotboll; *the Football League* engelska ligan

footbrake ['fottbrejk] *subst* fotbroms

footbridge ['fottbridʒ] *subst* gångbro

foothold ['fotthəold] *subst* fotfäste

footing ['fotting] *subst* **1** fotfäste **2** *be on an equal ~ with* vara jämställd med

footman ['fottmən] *subst* betjänt

footnote ['fottnəot] *subst* fotnot nederst på sida

footprint ['fottprint] *subst* fotspår

footstep ['fottstepp] *subst* steg

footwear ['fottwäə] *subst* skodon

for [få:] *prep* **1** för, åt; för att få; på; till **2** *as* ~ vad beträffar; *as* ~ *me* för min del; ~ *instance* (*example*) till exempel; ~ *now* för tillfället, tills vidare

foray ['fårej] *subst* räd

forbid [fə'bidd] *verb* förbjuda

forbidding [fə'bidding] *adj* avskräckande

force [få:s] **I** *subst* **1** styrka, kraft **2** *by* ~ med våld **3** *the Force* polisen; *air* ~ flygvapen **II** *verb* tvinga

force-feed ['få:sfi:d] *verb* tvångsmata

forceful ['få:sfoll] *adj* kraftfull

forcibly ['få:səbli] *adv* med våld

ford [få:d] *subst* vadställe

fore [få:], *come to the* ~ bli aktuell

forearm ['få:ra:m] *subst* underarm

foreboding [få:'bəodiŋ] *subst* ond aning

forecast ['få:ka:st] **I** *verb* förutsäga **II** *subst* prognos

forecourt ['få:kå:t] *subst* yttergård

forefinger ['få:ˌfiŋgə] *subst* pekfinger

forefront ['få:frant], *be in the* ~ *of* vara ledande inom

foreground ['få:graond] *subst* förgrund

forehead ['fårridd] *subst* panna

foreign ['fårrən] *adj* utländsk; utrikes; främmande; ~ *exchange* utländsk valuta

foreigner ['fårrənə] *subst* utlänning

foreleg ['få:legg] *subst* framben

foreman ['få:mən] *subst* förman

foremost ['få:məost] *adj* o. *adv* främst, först

forensic [fə'rennsikk] *adj* rättsmedicinsk

forerunner ['få:ˌrannə] *subst* förelöpare

foresee [få:'si:] *verb* förutse

foreseeable [få:'si:əbl] *adj* förutsebar

foreshadow [få:'schädəo] *verb* förebåda

foresight ['få:sajt] *subst* förutseende

forest ['fårrist] *subst* skog

forestall [få:'stå:l] *verb* förekomma

forestry ['fårrəstri] *subst* skogsvård

foretaste ['få:tejst] *subst* försmak

foretell [få:'tell] *verb* förutsäga

forever [fə'revvə] *adv* för alltid, evigt

foreword ['få:wö:d] *subst* förord

forfeit ['få:fitt] *verb* förverka

1 forge [få:dʒ] *verb*, ~ ahead kämpa (arbeta) sig fram

2 forge [få:dʒ] **I** *subst* smedja **II** *verb* **1** smida **2** förfalska

forger ['få:dʒə] *subst* förfalskare

forgery ['få:dʒəri] *subst* förfalskning

forget* [fə'gett] *verb* glömma

forgetful [fə'gettfoll] *adj* glömsk av sig

forget-me-not [fə'gettminnått] *subst* förgätmigej

forgive* [fə'givv] *verb* förlåta

forgiveness [fə'givvnəs] *subst* förlåtelse

forgo [få:'gəo] *verb* avstå från

fork [få:k] *subst* gaffel

forlorn [fə'lå:n] *adj* **1** ödslig **2** ömklig

form [få:m] **I** *subst* **1** form i olika bet. **2** blankett **3** årskurs **II** *verb* bilda; forma

formal ['få:məl] *adj* formell; ~ dress högtidsdräkt

formally ['få:məli] *adv* formellt

format ['få:mätt] *subst* boks format

formation [få:'mejschən] *subst* utformning

formative ['få:mətivv] *adj* formande, danande

former ['få:mə] *adj* **1** tidigare **2** f.d., ex-

formerly ['få:məli] *adv* förut

formidable ['få:midəbl] *adj* **1** fruktansvärd **2** formidabel

formula ['få:mjolə] *subst* **1** formel **2** modersmjölksersättning

forsake [fə'sejk] *verb* överge

fort [få:t] *subst* fort, fäste

forte ['få:tej] *subst* stark sida

forth [få:θ] *adv* **1** fram, ut **2** back and ~ fram och tillbaka; and so ~ och så vidare

forthcoming [få:θ'kamming] *adj* kommande

forthright ['få:θrajt] *adj* rättfram

fortify ['få:tifaj] *verb* **1** befästa stad o.d. **2** stärka

fortitude ['få:titjo:d] *subst* tapperhet

fortnight ['få:tnajt] *subst* fjorton dagar

fortunate ['få:tchənət] *adj*, be ~ ha tur

fortunately ['få:tchənətli] *adv* lyckligtvis

fortune ['få:tcho:n] *subst* **1** öde; tur; try one's ~ pröva lyckan **2** förmögenhet

fraud

fortune-teller ['få:tcho:n,tellə]
subst spåman; spåkvinna

forty ['få:ti] *räkn* fyrtio

forward ['få:wəd] I *adj* som för
framåt, fram- II *subst* sport.
forward III *adv* framåt, fram
IV *verb* eftersända

forwards ['få:wədz] *adv* fram-
åt; *backwards and* ~ fram
och tillbaka

fossil ['fåssl] *subst* fossil

foster ['fåstə] *verb* **1** fostra
2 stödja

foster-child ['fåstətchajld]
subst fosterbarn

fought [få:t] imperf. o. perf. p. av
fight

foul [faol] I *adj* **1** illaluktande;
förpestad **2** ojust, regelvidrig
II *subst* ojust spel

1 found [faond] imperf. o. perf.
p. av *find*

2 found [faond] *verb* grunda

foundation [faon'dejschən]
subst **1** stiftelse **2** grund;
grundval

1 founder ['faondə] *subst*
grundare

2 founder ['faondə] *verb*
1 sjunka om båt **2** bildl.
stranda

foundry ['faondri] *subst* gjuteri

fountain ['faontən] *subst* fon-
tän

fountain pen ['faontənpenn]
subst reservoarpenna

four [få:] *räkn* fyra

four-poster [,få:'pəostə] *subst*
himmelssäng

foursome ['få:səm] *subst* säll-
skap på fyra personer

fourteen [,få:'ti:n] *räkn* fjorton

fourth [få:θ] I *räkn* fjärde
II *subst* fjärdedel

fowl [faol] *subst* fågel, fåglar

fox [fåkks] *subst* räv

foyer ['fåjej] *subst* foajé

fraction ['fräkschən] *subst*
bråkdel

fracture ['fräktchə] *subst* ben-
brott

fragile ['frädd3ajl] *adj* bräcklig

fragment ['fräggmənt] *subst*
fragment

fragrant ['frejgrənt] *adj* väl-
luktande

frail [frejl] *adj* bräcklig, skör

frame [frejm] I *verb* rama in
II *subst* **1** ram äv. på t.ex. cykel
el. bilchassi **2** glasögonbågar

framework ['frejmwö:k] *subst*
1 stomme **2** bildl. ram

France [fra:ns] Frankrike

franchise ['fränntschajz]
subst, the ~ rösträtt

frank [frängk] *adj* uppriktig,
ärlig

frankly ['frängkli] *adv* upp-
riktigt; uppriktigt sagt

frantic ['fränntikk] *adj* despe-
rat

fraud [frå:d] *subst* **1** bedrägeri
2 bedragare

fraught [frå:t] *adj*, ~ *with* full av

fray [frej] *verb* bli nött

freak [fri:k] *subst* missfoster

freckle ['frekkl] *subst* fräkne

free [fri:] I *adj* 1 fri; ledig 2 - *kick* frispark II *verb* befria, frige

freedom ['fri:dəm] *subst* frihet; ~ *of the press* tryckfrihet; ~ *of speech* det fria ordet

freelance ['fri:la:ns] I *subst* frilans II *verb* frilansa

freely ['fri:li] *adv* fritt; obehindrat

freemason ['fri:,mejsn] *subst* frimurare

free-range ['fri:rejndʒ] *adj*, ~ *eggs* lantägg från spritthöns

free trade [,fri:'trejd] *subst* frihandel

free-will [,fri:'will] *subst* fri vilja

freeze [fri:z] I *verb* 1 frysa 2 frysa in II *subst* 1 frost 2 bildl. frysning

freezer ['fri:zə] *subst* frys

freezing ['fri:zing] *adj* iskall

freezing-point ['fri:zingpåjnt] *subst* fryspunkt

freight [frejt] *subst* frakt, last

French [frentsch] I *adj* fransk II *subst* franska språket

Frenchman ['frentschmən] *subst* fransman

Frenchwoman ['frentsch,wommən] *subst* fransyska

frenzy ['frenzi] *subst* ursinne; vansinne

frequency ['fri:koənsi] *subst* frekvens

frequent ['fri:koənt] *adj* ofta förekommande

frequently ['fri:koəntli] *adv* ofta

fresh [fresch] *adj* 1 ny 2 färsk; fräsch

freshen ['freschn] *verb*, ~ *up* friska upp; snygga till sig

freshly ['freschli] *adv* nyligen

freshness ['freschnəs] *subst* fräschör

freshwater ['fresch,oå:tə] *adj* sötvattens-

fret [frett] *verb* gräma sig

friar ['frajə] *subst* tiggarmunk

friction ['frikschən] *subst* friktion

Friday ['frajdej] *subst* fredag; *Good* ~ långfredagen

fridge [friddʒ] *subst* vard. kylskåp

friend [frennd] *subst* vän, väninna; *make friends* skaffa sig vänner; bli vänner

friendly ['frenndli] I *adj* vänlig II *subst* vänskapsmatch

friendship ['frenndschipp] *subst* vänskap

fright [frajt] *subst* skräck; *take* ~ bli skrämd

135   **fulfilment**

frighten ['frajtn] *verb* skrämma; *frightened of* rädd för

frightful ['frajtfoll] *adj* förskräcklig

frigid ['fridd3idd] *adj* frigid

frill [frill] *subst* krås

fringe [frind3] *subst* **1** frans; lugg hårfrisyr **2** utkant

frisk [frisk] *verb* skutta

fritter ['frita] *subst* beignet

frivolous ['frivvələs] *adj* lättsinnig

frog [frågg] *subst* groda

frogman ['fråggmən] *subst* grodman

frolic ['frållikk] **I** *subst* muntert upptåg **II** *verb* leka, skutta

from [frå̊mm] *prep* från; ur; av; på grund av; ~ *above* ovanifrån; ~ *behind* bakifrån; ~ *within* inifrån; ~ *without* utifrån

front [frant] **I** *subst* **1** framsida, främre del; fasad; *in* ~ *of* framför; inför **2** front i olika bet. **II** *adj* front-, första; ~ *door* ytterdörr; ~ *room* rum åt gatan **III** *verb* vetta mot

frontier ['frantiə] *subst* stats gräns

front-page ['frantpejd3] *adj*, ~ *news* förstasidesnyheter

frost [frå̊sst] *subst* frost

frostbite ['frå̊sstbajt] *subst* köldskada

frosty ['frå̊ssti] *adj* frost-, kylig

froth [frå̊θ] **I** *subst* fradga **II** *verb* skumma

frown [fraon] **I** *verb* rynka pannan **II** *subst* rynka ɸpanna

froze [frəoz] *imperf.* av *freeze*

frozen ['frəozn] **I** *perf. p.* av *freeze* **II** *adj* djupfryst

fruit [fro:t] *subst* frukt, bär

fruiterer ['fro:tərə] *subst* frukthandlare; *fruiterer's shop* fruktaffär

fruitful ['fro:tfoll] *adj* fruktbar

fruition [fro'ischən], *come to* ~ förverkligas

fruit machine ['fro:tmə,schi:n] *subst* spelautomat

frustrate [fra'strejt] *verb* **1** korsa **2** frustrera

1 fry [fraj] *verb* steka i panna

2 fry [fraj] *subst* yngel

frying-pan ['frajingpänn] *subst* stekpanna

ft. [fott] *förk. för* foot *resp.* feet

fudge [fadd3] *subst* fudge slags mjuk kola

fuel [fjoəl] **I** *subst* bränsle; *bildl.* näring **II** *verb* **1** tanka **2** *bildl.* underblåsa

fugitive ['fjo:d3ativv] *subst* flykting; rymling

fulfil [foll'fill] *verb* **1** uppfylla **2** ~ *oneself* förverkliga sig själv

fulfilment [foll'fillmənt] *subst* förverkligande; tillfredsställelse

full [foll] *adj* **1** full, fylld **2** ~ *board* helpension **3** fyllig

full-length [,foll'lengθ] *adj* hellång; oavkortad

full-scale ['follskejl] *adj* fullskalig

full-time ['folltajm] I *adj* heltids- II *adv* på heltid

fully ['folli] *adv* till fullo, helt; ~ *automatic* helautomatisk

fumble ['fammbl] *verb* fumla

fume [fjo:m] I *subst*, *fumes* rök; gaser II *verb* vara rasande

fun [fann] *subst* nöje; skoj; *have* ~ ha roligt

function ['fangkschən] I *subst* funktion, uppgift II *verb* fungera

functional ['fangkschənl] *adj* funktionell

fund [fand] I *subst* fond; *raise funds* samla in pengar II *verb* finansiera

fundamental [,fandə'mentl] *adj* grundläggande

funeral ['fjo:nərəl] *subst* begravning; ~ *service* jordfästning

funfair ['fannfäə] *subst* vard. nöjesfält

fungus ['fanggəs] *subst* svamp

funnel ['fannl] *subst* **1** tratt **2** skorsten på båt el. lok

funny ['fanni] *adj* **1** rolig, skojig **2** konstig

fur [fö:] *subst* päls äv. klädesplagg

furious ['fjoəriəs] *adj* rasande

furlough ['fö:ləo] *subst* permission

furnace ['fö:niss] *subst* smältugn

furnish ['fö:nisch] *verb* **1** förse **2** möblera

furniture ['fö:nitchə] *subst* möbler; *a piece of* ~ en möbel t.ex. soffa; ~ *van* flyttbil

furrow ['farrəo] *subst* **1** plogfåra **2** fåra i ansiktet

further ['fö:ðə] I *adj* bortre; ytterligare II *adv* längre, längre bort; ytterligare; ~ *on* längre fram

furthermore [,fö:ðə'må:] *adv* dessutom

furthest ['fö:ðist] I *adj* borterst; ytterst II *adv* längst bort; ytterst

fury ['fjoəri] *subst* raseri

1 fuse [fjo:z] I *verb* **1** smälta samman **2** *the lamp had fused* proppen hade gått II *subst* säkring, propp

2 fuse [fjo:z] *subst* stubintråd

fuss [fass] I *subst* bråk, väsen II *verb* tjafsa; fjanta sig

fussy ['fassi] *adj* tjafsig; petig; kinkig

future ['fjo:tchə] I *adj* framtida II *subst* framtid

fuzzy ['fazzi] *adj* suddig; oredig

G

G, g [dʒi:] *subst* G, g
gabble ['gäbbl] **I** *verb* babbla
II *subst* babbel
gable ['gejbl] *subst* gavel
gadget ['gäddʒitt] *subst* vard.
grej, pryl
Gaelic ['gejlikk] **I** *adj* gaelisk
II *subst* gaeliska språket
gag [gägg] *subst* **1** munkavle
2 vard. skämt, gag
gaiety ['gejəti] *subst* munter-
het
gain [gejn] **I** *subst* vinst i allm.
II *verb* **1** vinna **2** ~ 2 *kilos* gå
upp 2 kilo
gait [gejt] *subst* gång, sätt att
gå
gale [gejl] *subst* hård vind
gallant ['gällənt] *adj* **1** tapper
2 ridderlig
gall bladder ['gå:l,bläddə]
subst gallblåsa
gallery ['gälləri] *subst* **1** galleri
2 läktare
galley ['gälli] *subst* kabyss
gallon ['gällən] *subst* gallon
rymdmått för våta varor = 4,546
liter
gallop ['gälləpp] **I** *verb* galop-
pera **II** *subst* galopp
gallstone ['gå:lstəon] *subst*
gallsten

galore [gə'lå:] *adj* i massor
gambit ['gämmbitt] *subst* bildl.
utspel
gamble ['gämmbl] **I** *verb* spela
på hästar o.d.; chansa **II** *subst*
chansning
gambler ['gämmblə] *subst*
storspelare; chanstagare
gambling ['gämmbling] *subst*
hasardspel
game [gejm] *subst* **1** spel; lek;
games äv. idrott **2** match
3 villebråd
gamekeeper ['gejm,ki:pə]
subst skogvaktare
gammon ['gämmən] *subst*
rökt skinka
gamut ['gämmət] *subst* bildl.
skala
gang [gäng] **I** *subst* gäng; liga
II *verb*, ~ *up* gadda ihop sig
gangster ['gängstə] *subst*
gangster
gangway ['gängwej] *subst*
gång t.ex. mellan bänkrader
gaol [dʒejl] se *jail*
gap [gäpp] *subst* **1** hål, gap
2 bildl. lucka; klyfta
gape [gejp] *verb* gapa
gaping ['gejping] *adj* gapande
garage ['gärra:ʒ] *subst* garage;
bilverkstad
garbage ['ga:bidʒ] *subst*
skräp
garden ['ga:dn] *subst* träd-
gård; *gardens* offentlig park

gardener   138

gardener ['ga:dnə] *subst* träd-
gårdsmästare
gardening ['ga:dning] *subst*
trädgårdsskötsel
gargle ['ga:gl] *verb* gurgla sig
garish ['gäərisch] *adj* gräll
garland ['ga:lənd] *subst* krans
av blommor o.d.
garlic ['ga:likk] *subst* vitlök
garment ['ga:mənt] *subst*
klädesplagg
garrison ['gärrisn] *subst* gar-
nison
garrulous ['gärrələs] *adj* prat-
sam
garter ['ga:tə] *subst* strumpe-
band runt benet
gas [gäss] *subst* gas i allm.
gas cooker ['gäss,kokkə] *subst*
gasspis
gas fire ['gässfajə] *subst*
gaskamin
gash [gäsch] I *verb* skära
djupt II *subst* jack
gasket ['gässkitt] *subst* tekn.
packning
gasp [ga:sp] I *verb* flämta
II *subst* flämtning
gastric ['gässtrikk] *adj* mag-; ~
ulcer magsår
gate [gejt] *subst* port; grind;
vid flygplats o.d. gate
gatecrash ['gejtkräsch] *verb*
vard. våldgästa; smita in
gateway ['gejtwej] *subst*
1 port 2 bildl. nyckel

gather ['gäðə] *verb* samla;
samla ihop; samlas
gathering ['gäðəring] I *subst*
sammankomst II *adj* annal-
kande
gaudy ['ga:di] *adj* färggrann
gauge [gejdʒ] I *verb* 1 mäta
2 bildl. bedöma II *subst*
1 mätinstrument 2 bildl.
måttstock
gaunt [gå:nt] *adj* utmärglad
gauntlet ['gå:ntlət] *subst*
kraghandske
gauze [gå:z] *subst* gasväv; ~
bandage gasbinda
gave [gejv] *imperf.* av *give*
gay [gej] *adj* o. *subst*
homosexuell
gaze [gejz] I *verb* stirra
II *subst* blick
GB [,dʒi:'bi:] förk. för *Great
Britain*
gear [giə] *subst* 1 utrustning;
grejer 2 bils, cykels växel;
change ~ växla; *reverse* ~
back
gearbox ['giəbåkks] *subst*
växellåda
gearlever ['giə,li:və] *subst*
växelspak
geese [gi:s] *subst* pl. av *goose*
gel [dʒell] *verb* bildl. ta fast
form
gem [dʒemm] *subst* 1 ädel-
sten 2 bildl. pärla
Gemini ['dʒemminaj] *subst*
Tvillingarna stjärntecken

gender ['dʒenndə] *subst* kön
general ['dʒennərəl] **I** *adj*
allmän; generell; *a ~ election*
allmänna val; *~ practitioner*
allmänpraktiserande läkare
II *subst* general
generally ['dʒennərəli] *adv* i
allmänhet
generate ['dʒennərejt] *verb*
alstra, framkalla
generation [,dʒennə'rejʃən]
subst **1** alstring **2** generation
generator ['dʒennərejtə] *subst*
generator
generosity [,dʒennə'råssəti]
subst generositet
generous ['dʒennərəs] *adj*
generös
genetics [dʒə'nettikks] *subst*
genetik
genial ['dʒi:njəl] *adj* glad och
vänlig
genitals ['dʒennitlz] *subst pl*
genitalier
genius ['dʒi:njəs] *subst* **1** geni
2 ande, genie
genteel [dʒen'ti:l] *adj* strunt-
förnäm
gentle ['dʒentl] *adj* mild, blid
gentleman ['dʒentlmən] *subst*
1 herre; *gentlemen's lava-
tory* herrtoalett **2** gentleman
gently ['dʒentli] *adv* varsamt;
vänligt
genuine ['dʒenjoinn] *adj* äkta
geography [dʒi'åggrəfi] *subst*
geografi

geology [dʒi'ålədʒi] *subst*
geologi
geometry [dʒi'åmmətri] *subst*
geometri
geranium [dʒə'rejnjəm] *subst*
1 pelargonia **2** geranium
geriatric [,dʒerri'ättrikk] *adj*
åldrings-
germ [dʒö:m] *subst* **1** bakterie
2 bildl. frö
German [dʒö:mən] **I** *adj* tysk
II *subst* **1** tysk; tyska **2** tyska
språket
Germany ['dʒö:məni] Tysk-
land
gesture ['dʒestʃə] **I** *subst*
gest **II** *verb* visa med en gest
get* [gett] *verb* **1** få **2** skaffa
sig; ordna **3** vard. uppfatta
4 *have got to* vara (bli)
tvungen att **5** *~ going*
komma i gång **6** *~ across*
bildl. gå hem hos; *~ along* dra
jämnt; *~ at* syfta på; *~ away*
komma undan; *~ behind*
komma (bli) efter; *~ by* klara
sig; *~ into* råka (komma) i;
komma in i; *~ off* klara sig
undan; *~ on* dra jämnt;
fortsätta; *~ out* gå ur;
komma ut; *~ over* bildl.
komma över; *~ through* gå
(ta sig) igenom; bildl. komma
fram; *~ together* samlas,
träffas; *~ up* resa sig; gå upp
getaway ['gettəwej] *subst* vard.
flykt

geyser ['gi:zə] *subst* varmvattenberedare

ghastly ['ga:stli] *adj* hemsk

gherkin ['gö:kinn] *subst* liten inläggningsgurka

ghost [gəost] *subst* spöke; *the Holy Ghost* den Helige Ande

giant ['dʒajənt] **I** *subst* jätte **II** *adj* jättestor

gibberish ['dʒibbərisch] *subst* rappakalja

giblets ['dʒibləts] *subst pl* kycklings o.d. inkråm

giddy ['giddi] *adj* yr i huvudet

gift [gifft] *subst* **1** gåva; ~ *voucher* presentkort **2** talang; *the ~ of speech* talets gåva

gifted ['gifftidd] *adj* begåvad

gigantic [dʒaj'gänntikk] *adj* gigantisk

giggle ['giggl] **I** *verb* fnissa **II** *subst* fnitter

gill [gill] *subst* gäl

gilt [gillt] **I** *adj* förgylld **II** *subst* förgyllning

gilt-edged ['gilltedʒd] *adj* med guldsnitt

gimmick ['gimmikk] *subst* jippo; grej

gin [dʒinn] *subst* gin

ginger ['dʒindʒə] *subst* ingefära

ginger beer [ˌdʒindʒə'biə] kolsyrad ingefärsdricka

gingerbread ['dʒindʒəbredd] *subst* pepparkaka

gingerly ['dʒindʒəli] *adv* ytterst försiktigt

gipsy ['dʒippsi] *subst* zigenare, zigenerska

giraffe [dʒi'ra:f] *subst* giraff

girder ['gö:də] *subst* balk ofta av järn

girdle ['gö:dl] *subst* gördel

girl [gö:l] *subst* flicka

girlfriend ['gö:lfrennd] *subst* flickvän; väninna

girlish ['gö:lisch] *adj* flickaktig

giro ['dʒajrəo] *subst* postgiro; bankgiro

girth [gö:θ] *subst* omkrets

gist [dʒist] *subst* kärnpunkt

give* [givv] *verb* **1** ge; räcka; överlåta **2** framföra hälsning **3** hålla tal o.d.; avge, lämna svar o.d. **4** ~ *way* ge efter **5** ~ *away* ge bort; avslöja; ~ *back* ge tillbaka; ~ *in* ge vika; ~ *up* ge upp, sluta; ~ *oneself up* överlämna sig till polisen

giveaway ['givvəwej] *subst* **1** avslöjande **2** presentartikel som reklam

given ['givvn] **I** perf. p. av *give* **II** *adj* **1** ~ *to* fallen för **2** bestämd, given **III** *prep* o. *konj* förutsatt att

glacier ['glässjə] *subst* glaciär

glad [glädd] *adj* glad

gladly ['gläddli] *adv* med glädje

glamorous ['glämmərəs] *adj* glamorös

glamour ['glämmə] *subst* glamour

glance [gla:ns] I *verb* titta hastigt II *subst* ögonkast

gland [gländ] *subst* körtel

glare [glää] I *verb* blänga II *subst* ilsken blick

glaring ['glääring] *adj* påfallande; uppenbar

glass [gla:s] *subst* glas; *glasses* glasögon

glasshouse ['gla:shaos] *subst* växthus

glassware ['gla:soäə] *subst* föremål av glas

glaze [glejz] I *verb* **1** sätta glas i **2** glasera II *subst* glasyr; *glazed earthenware* fajans

glazier ['glejzjə] *subst* glasmästare

gleam [gli:m] *verb* skimra svagt

glean [gli:n] *verb* samla (skrapa) ihop

glee [gli:] *subst* glädje

glib [glibb] *adj* munvig; lättvindig

glide [glajd] *verb* glida

glider ['glajdə] *subst* segelflygplan

glimmer ['glimmə] I *verb* glimma II *subst* glimt; aning

glimpse [glimps] I *subst* skymt II *verb* se en glimt av

glisten ['glissn] *verb* glittra

glitter ['glittə] I *verb* glittra II *subst* glitter

gloat [gləot] *verb*, ~ *over* vara skadeglad över

global ['gləobəl] *adj* global

globe [gləob] *subst* jordglob; *the* ~ jordklotet

gloom [glo:m] *subst* **1** dunkel **2** dysterhet

gloomy ['glo:mi] *adj* **1** dunkel **2** dyster

glorious ['glå:riəs] *adj* strålande

glory ['glå:ri] *subst* ära

gloss [glåss] I *subst* glans II *verb*, ~ *over* släta över

glossary ['glåssəri] *subst* ordlista

glossy ['glåssi] *adj* glansig; ~ *magazine* modetidning på högglättat papper

glove [glavv] *subst* handske

glow [gləo] I *verb* glöda II *subst* glöd

glower ['glaoə] *verb* blänga ilsket

glue [glo:] I *subst* lim II *verb* limma

glum [glamm] *adj* trumpen

glut [glatt] *subst* överflöd

glutton ['glattn] *subst* matvrak

gnarled [na:ld] *adj* knotig

gnat [nätt] *subst* mygga; knott

gnaw [nå:] *verb* gnaga

go* [gəo] **1** resa, åka, köra

2 gå i olika bet. **3** bli; ~ *blind* (*crazy*) bli blind (galen) **4** försvinna; gå över **5** ~ *to* om pengar o.d. gå (användas) till att **6** ~ *about* ta itu med; ~ *against* strida (vara) emot; ~ *along with* instämma med; ~ *away* gå bort, försvinna; ~ *back* gå (åka) tillbaka; ~ *back on* bryta, svika; ~ *beyond* gå utöver; ~ *by* döma (gå) efter; ~ *down* gå ner; sjunka; ~ *for* gå lös på; gälla för; ~ *off* explodera, om skott gå av; ~ *on* fortsätta; ~ *out* slockna; dö ut; ~ *out with* vard. träffa; vara ihop med; ~ *over* gå igenom; granska; ~ *through* gå igenom i div. bet.; ~ *through with* fullfölja; ~ *together* gå väl ihop; ~ *under* gå under, göra konkurs; ~ *up* gå upp, stiga; ~ *with* passa (gå) till; ~ *without* få vara (reda sig) utan

goad [gəod] *verb* bildl. egga, sporra

go-ahead ['gəəhedd] **I** *adj* framåt av sig **II** *subst* vard. klarsignal

goal [gəol] *subst* mål; *score a* ~ göra mål

goalkeeper ['gəol,ki:pə] *subst* målvakt

goalpost ['gəolpəost] *subst* målstolpe

goat [gəot] *subst* get

gobble ['gåbbl] *verb*, ~ *up* (*down*) glufsa i sig

go-between ['gəobi,twi:n] *subst* mellanhand

god [gådd] *subst* gud; *God* Gud; *for God's sake!* för guds skull!

godchild ['gåddtchajld] *subst* gudbarn

goddaughter ['gådd,då:tə] *subst* guddotter

goddess ['gåddis] *subst* gudinna

godfather ['gådd,fa:ðə] *subst* gudfar

godforsaken ['gåddfəsejkn] *adj* gudsförgäten

godmother ['gådd,maððə] *subst* gudmor

godsend ['gåddsend] *subst* gudagåva

godson ['gåddsann] *subst* gudson

goggles ['gågglz] *subst pl* skyddsglasögon

going ['gəoing], *it's* ~ *to rain* det blir snart regn; *be* ~ *to* tänka, ämna; *get* ~ komma i gång; sätta i gång

gold [gəold] *subst* guld

golden ['gəoldən] *adj* guld-, gyllene; ~ *oldie* gammal goding

goldfish ['gəoldfisch] *subst* guldfisk

gown

gold-plated ['gəold,plejtidd]
  adj guldpläterad
goldsmith ['gəoldsmiθ] *subst*
  guldsmed
golf [gålf] *subst* golf
golf club ['gålfklabb] *subst*
  1 golfklubba **2** golfklubb
golf course ['gålfkå:s] *subst*
  golfbana
golfer ['gålfə] *subst* golfspelare
gone [gånn] **I** perf. p. av *go*
  II *adj* borta, försvunnen
gong [gång] *subst* gonggong
good [godd] **I** *adj* **1** god, bra
  2 nyttig **3** duktig **4** vänlig,
  snäll **5** moraliskt god, bra **6** ~
  afternoon god middag; god
  dag; adjö; ~ *day* adjö; god
  dag; ~ *evening* god afton;
  god dag; adjö; ~ *morning*
  god morgon; god dag; adjö;
  ~ *night* god natt, god afton,
  adjö **7** *make* ~ gottgöra,
  ersätta **II** *subst* **1** det goda
  2 *for* ~ för gott, för alltid
goodbye [godd'baj] *subst* o.
  interj adjö, farväl
good-looking [,godd'lokking]
  adj snygg
good-natured [,godd'nejtchəd]
  adj godmodig
goodness ['goddnəs] *subst*
  godhet
goods [goddz] *subst pl* varor
goodwill [,godd'will] *subst* god
  vilja, välvilja
goose [go:s] *subst* gås

gooseberry ['gozbərri] *subst*
  krusbär
gooseflesh ['go:sflesch] *subst*
  gåshud på huden
1 gore [gå:] *subst* levrat blod
2 gore [gå:] *verb* stånga
gorge [gå:dʒ] **I** *subst* trångt
  pass mellan branta klippor
  II *verb*, ~ *oneself with*
  proppa i sig
gorgeous [gå:dʒəs] *adj* vard.
  underbar
gorilla [gə'rillə] *subst* gorilla
  äv. livvakt o.d.
gory ['gå:ri] *adj* blodig;
  bloddrypande
go-slow [,gəo'sləo] *subst*
  maskning vid arbetskonflikt
gospel ['gåsspəl] *subst* evan-
  gelium
gossip ['gåssipp] **I** *subst*
  1 skvaller **2** skvallerbytta
  II *verb* skvallra
got [gått] imperf. o. perf. p. av
  get
gout [gaot] *subst* gikt
govern ['gavvən] *verb* styra,
  regera
governess ['gavvənəs] *subst*
  guvernant
government ['gavvnmənt]
  subst regering
governor ['gavvnə] *subst*
  1 guvernör **2** *board of gov-*
  ernors styrelse; ledning
gown [gaon] *subst* finare
  långklänning

GP [,dʒi:'pi:] förk. för *general practitioner*

grab [gräbb] *verb* hugga, gripa

grace [grejs] *subst* **1** behagfullhet, grace **2** nåd

graceful ['grejsfoll] *adj* behagfull, graciös

gracious ['grejschəs] *adj* älskvärd; *good ~!* du milde!, herre gud!

grade [grejd] **I** *subst* grad; rang **II** *verb* gradera; sortera

gradual ['gräddʒoəl] *adj* gradvis

gradually ['grädddʒoəli] *adv* gradvis, undan för undan

graduate ['gräddʒoət] **I** *subst* person med akademisk grundutbildning **II** *adj, ~ student* forskarstuderande

graduation [,gräddjo'ejschən] *subst* avslutande av akademisk grundutbildning, utexaminering

graft [gra:ft] **I** *subst* **1** ympkvist **2** transplantat **II** *verb* **1** ympa **2** transplantera

grain [grejn] *subst* **1** sädeskorn; spannmål **2** bildl. uns

grammar ['grämmə] *subst* grammatik

grammar school ['grämməsko:l] *subst* gymnasium

grammatical [grə'mättikkəl] *adj* grammatisk

gramme [grämm] *subst* gram

grand [gränd] **I** *adj* **1** stor; storslagen **2** *the Grand National* berömd årlig hinderritt i Liverpool England **II** *subst* vard. tusen pund

granddad ['gränndädd] *subst* vard. farfar; morfar

granddaughter ['gränn,då:tə] *subst* sondotter; dotterdotter

grandfather ['gränn,fa:ðə] *subst* farfar; morfar

grandma ['grännma:] *subst* vard. farmor; mormor

grandmother ['gränn,maðə] *subst* farmor; mormor

grandpa ['grännpa:] *subst* vard. farfar; morfar

grandson ['grännsan] *subst* sonson; dotterson

grandstand ['grännständ] *subst* sittplatsläktare

granite ['grännitt] *subst* granit

granny ['gränni] *subst* vard. farmor; mormor; gumma

grant [gra:nt] **I** *verb* **1** bevilja pengar **2** medge; *granted* (*granting*) *that* förutsatt att; *take sb. for granted* ta ngn för given **II** *subst* anslag, stipendium; *government ~* statsbidrag

grape [grejp] *subst* vindruva

grapefruit ['grejpfro:t] *subst* grapefrukt

graph [gra:f] *subst* diagram

graphic ['gräffikk] *adj* grafisk

graphics ['gräffikks] *subst pl* grafik

grapple ['gräppl] *verb, ~ with* brottas med

grasp [gra:sp] I *verb* **1** gripa **2** begripa II *subst* **1** grepp; *beyond* (*within*) *sb.'s ~* utom (inom) räckhåll för ngn **2** förståelse

grasping ['gra:sping] *adj* girig

grass [gra:s] *subst* gräs; gräsmatta; *~ court* i tennis gräsbana

grasshopper ['gra:s,håppə] *subst* gräshoppa

grass roots [,gra:s'ro:ts] *subst pl, the ~* gräsrötterna

1 grate [grejt] *verb* **1** riva ost o.d. **2** gnissla

2 grate [grejt] *subst* spisgaller

grateful ['grejtfoll] *adj* tacksam

grater ['grejtə] *subst* rivjärn

gratifying ['grättifajing] *adj* tillfredsställande

grating ['grejting] *subst* galler

gratitude ['grättitjo:d] *subst* tacksamhet

gratuity [grə'tjo:əti] *subst* **1** drickspengar **2** gratifikation

1 grave [grejv] *adj* allvarlig

2 grave [grejv] *subst* grav

gravel ['grävvəl] *subst* grus

gravestone ['grejvstəən] *subst* gravsten

graveyard ['grejvja:d] *subst* kyrkogård

gravity ['grävvəti] *subst* **1** allvar **2** tyngdkraft

gravy ['grejvi] *subst* sky, sås

1 graze [grejz] I *verb* skrapa II *subst* skrubbsår

2 graze [grejz] *verb* beta

grease I [gri:s] *subst* **1** fett **2** smörjmedel II [gri:z] *verb* smörja, olja

greasy ['gri:zi] *adj* flottig; oljig

great [grejt] *adj* stor; viktig; framstående; väldig; vard. utmärkt; *Great Britain* Storbritannien

great-grandfather [,grejt'gränn,fa:ðə] *subst* gammelfarfar; gammelmorfar

great-grandmother [,grejt'gränn,maððə] *subst* gammelfarmor; gammelmormor

greatly ['grejtli] *adv* mycket, i hög grad

greatness ['grejtnəs] *subst* storhet

Greece [gri:s] Grekland

greed [gri:d] *subst* girighet

greedy ['gri:di] *adj* girig

Greek [gri:k] I *subst* **1** grek; grekinna **2** grekiska språket II *adj* grekisk

green [gri:n] I *adj* **1** grön; grönskande **2** oerfaren II *subst* **1** gräsplan; bana

2 greens bladgrönsaker **3 the Greens** de Gröna

greenery ['gri:nəri] *subst* grönska

greengrocer ['gri:n,grəosə] *subst* grönsakshandlare; *greengrocer's shop* frukt- och grönsaksaffär

greenhouse ['gri:nhaos] *subst* växthus

greenish ['gri:nisch] *adj* grönaktig

greet [gri:t] *verb* hälsa; ta emot gäst, nyhet o.d.

greeting ['gri:ting] *subst* hälsning

gregarious [gri'gäəriəs] *adj* sällskaplig; flock-

grenade [gri'nejd] *subst* handgranat

grew [gro:] *imperf.* av *grow*

grey [grej] **I** *adj* grå **II** *verb* gråna

greyhound ['grejhaond] *subst* vinthund

grid [gridd] *subst* galler

grief [gri:f] *subst* sorg

grievance ['gri:vəns] *subst* klagomål

grievous ['gri:vəs] *adj* sorglig, smärtsam

grill [grill] **I** *verb* grilla **II** *subst* grill

grille [grill] *subst* **1** galler omkring el. framför ngt **2** grill på bil

grim [grimm] *adj* hård; dyster

grimace [gri'mejs] *subst* grimas

grime [grajm] *subst* ingrodd svart smuts

grin [grinn] **I** *verb* flina **II** *subst* flin; grin

grind [grajnd] **I** *verb* **1** mala; krossa **2** gnissla **II** *subst* slit

grip [gripp] **I** *subst* grepp; *take a ~ on* få grepp om; ta kontroll **II** *verb* gripa

gripping ['gripping] *adj* gripande

grisly ['grizzli] *adj* kuslig

grit [gritt] **I** *subst* grus **II** *verb* **1** ~ *one's teeth* skära tänder; bita ihop tänderna **2** sanda

groan [grəon] **I** *verb* stöna **II** *subst* stön

grocer ['grəosə] *subst* specerihandlare; *grocer's shop* speceriaffär, livsmedelsaffär

groin [gråjn] *subst* skrev

groom [gro:m] **I** *subst* **1** stalldräng **2** brudgum **II** *verb* rykta

groove [gro:v] *subst* fåra, spår

grope [grəop] *verb* treva

gross [grəos] **I** *adj* grov, plump **II** *subst* gross

grossly ['grəosli] *adv* grovt, starkt

grotto ['gråttəo] *subst* grotta

1 ground [graond] *imperf. o. perf. p.* av *grind*

2 ground [graond] **I** *subst* **1** mark; jord **2** område,

plan; *gain* ~ vinna terräng
3 grundval; orsak **II** *verb*
grunda
ground floor [,graond'flo:]
subst bottenvåning
grounding ['graonding] *subst*
grundkunskaper
groundless ['graondləs] *adj*
ogrundad
groundsheet ['graondschi:t]
subst liggunderlag
ground staff ['graondsta:f]
subst markpersonal på flyg-
plats
groundwork ['graondwö:k]
subst förarbete
group [gro:p] **I** *subst* grupp
II *verb* gruppera
1 grouse [graos] *subst* moripa
2 grouse [graos] *verb* knorra,
klaga
grove [grəov] *subst* dunge;
lund
grovel ['gråvvl] *verb* kräla i
stoftet
grow* [grəo] *verb* **1** växa; ~
up växa upp; bli stor **2** odla
grower ['grəoə] *subst* odlare
growing ['grəoing] *adj* växan-
de
growl [graol] *verb* morra;
mullra
grown [grəon] **I** perf. p. av *grow*
II *adj* vuxen
grown-up ['grəonapp] *adj* o.
subst vuxen
growth [grəoθ] *subst* tillväxt

grub [grabb] *subst* vard. käk
grubby ['grabbi] *adj* smutsig
grudge [graddʒ], *have a* ~
against sb. hysa agg till ngn
gruelling ['groəling] *adj* vard.
mycket ansträngande
gruesome ['gro:səm] *adj*
hemsk
grumble ['grammbl] *verb*
knota, klaga
grumpy ['grammpi] *adj* vresig
grunt [grannt] **I** *verb* grymta
II *subst* grymtning
guarantee [,gärrən'ti:] **I** *subst*
garanti; ~ *certificate* garan-
tibevis **II** *verb* garantera; gå i
borgen för
guard [ga:d] **I** *verb* **1** bevaka
2 skydda **II** *subst* **1** vakt;
väktare; *be on* ~ ha vakt; *be
on one's* ~ vara på sin vakt
2 bevakning; skydd
guarded ['ga:didd] *adj* beva-
kad, skyddad
guardian ['ga:djən] *subst*
1 väktare **2** vårdnadshavare
guess [gess] **I** *verb* gissa
II *subst* gissning
guesswork ['geswö:k] *subst*
rena spekulationer
guest [gest] *subst* gäst
guest-house ['gesthaos] *subst*
finare pensionat
guffaw [ga'ffå:] **I** *subst* gap-
skratt **II** *verb* gapskratta
guidance ['gajdəns] *subst*
vägledning

guide 148

guide [gajd] I *verb* **1** visa
vägen; guida **2** vägleda
II *subst* **1** guide, reseledare
2 handbok; resehandbok
guidebook ['gajdbokk] *subst*
resehandbok
guide dog ['gajddågg] *subst*
ledarhund för blinda
guild [gild] *subst* gille, skrå
guillotine [,gillə'ti:n] *subst*
giljotin
guilt [gilt] *subst* skuld
guilty ['gilti] *adj* **1** skyldig
2 skuldmedveten
guinea pig ['ginnipigg] *subst*
marsvin
guise [gajz] *subst* sken, mask
guitar [gi'ta:] *subst* gitarr
gulf [galf] *subst* **1** bukt **2** bildl.
klyfta
gull [gall] *subst* mås
gullet ['gallitt] *subst* matstru-
pe
gullible ['galləbl] *adj* lättrogen
gully ['galli] *subst* ravin
gulp [galp] I *verb* stjälpa i sig
II *subst* stor klunk
gum [gamm] *subst* **1** gummi
2 tuggummi
gumboots ['gammbo:ts] *subst*
pl gummistövlar
gums [gamms] *subst pl*
tandkött
gun [gann] I *subst* kanon;
gevär; pistol II *verb*, ~ *down*
skjuta ner

gunfire ['gann,fajə] *subst*
skottlossning
gunman ['gannmən] *subst*
pistolman
gunpoint ['gannpåjnt], *at* ~
under pistolhot
gunpowder ['gann,paodə]
subst krut
gunshot ['gannschått] *subst*
skott; skotthåll
gurgle ['gö:gl] *verb* **1** klucka
2 gurgla
gush [gasch] *verb* välla fram
gust [gast] *subst* vindil
gusto ['gastəo], *with* ~ med
stor förtjusning
gut [gatt] *subst* **1** *guts* inälvor
2 *guts* mod **3** ~ *feeling*
instinkt
gutter ['gattə] *subst* rännsten
guy [gaj] *subst* vard. karl, kille;
tjej
guzzle ['gazl] *verb* vräka i sig
gym [dʒimm] *subst* **1** gym-
nastiksal; gym **2** gympa
gymnast ['dʒimnäst] *subst*
gymnast
gymnastics [dʒim'nässtikks]
subst gymnastik
gym slip ['dʒimmslipp] o. **gym
suit** ['dʒimmso:t] *subst* gym-
nastikdräkt
gynaecologist
[,gajni'kållədʒist] *subst* gyne-
kolog
gypsy ['dʒipsi] *subst* zigenare,
zigenerska

H

H, h [eitch] *subst* H, h
haberdashery
['häbbədäschəri] *subst* sy-
behör
habit ['häbbitt] *subst* vana; *a
bad* ~ en ovana
habitual [hə'bittjoəl] *adj* van-
lig, vane-
1 hack [häkk] *verb* hacka
2 hack [häkk] *subst*, ~ el. ~
writer dussinförfattare
hackneyed ['häkknidd] *adj*
sliten, banal
had [hädd] *imperf. o. perf. p. av*
have
haddock ['häddəkk] *subst*
kolja
hadn't ['häddnt] = *had not*
haemorrhage ['hemmərid3]
subst inre blödning
haggle ['häggl] *verb* pruta
Hague [hejg], *The* ~ Haag
1 hail [hejl] **I** *subst* hagel
II *verb* hagla
2 hail [hejl] *verb* kalla på;
ropa till sig
hailstone ['hejlstəon] *subst*
hagelkorn
hair [hää] *subst* hår
hairbrush ['hääbrasch] *subst*
hårborste

haircut ['näəkatt] *subst* klipp-
ning; frisyr
hairdo ['häədo:] *subst* vard.
frisyr
hairdresser ['hää,dressə] *subst*
frisör; hårfrisörska; *hair-
dresser's* herrfrisering, dam-
frisering
hairgrip ['häəgripp] *subst* hår-
klämma
hairpin ['hääpinn] *subst* hår-
nål
hair-raising ['hää,rejzing] *adj*
vard. hårresande
hairspray ['hääsprej] *subst*
hårsprej
hairstyle ['häästajl] *subst* fri-
syr
hairy ['hääri] *adj* hårig; luden
hake [hejk] *subst* kummel fisk
half [ha:f] **I** *subst* halva **II** *adj*
halv; ~ *board* halvpension
III *adv* halvt; *at* ~ *past five*
klockan halv sex
half-baked [,ha:f'bejkt] *adj*
halvfärdig
half-hearted [,ha:f'ha:tidd] *adj*
halvhjärtad
half-mast [,ha:f'ma:st], *at* ~ på
halv stång
half-price [,ha:f'prajs] *adj* till
(för) halva priset
half-term [,ha:f'tö:m] *subst*
mitterminslov
half-time ['ha:f'tajm] *subst*
halvtid

halfway [,ha:fwej] *adv* halv-
vägs

hall [hå:l] *subst* **1** entré, hall
2 sal **3** *town* (*city*) ~ stads-
hus **4** ~ *of residence* stu-
denthem

hallmark ['hå:lma:k] *subst*
1 kontrollstämpel på guld o.d.
2 kännetecken

hallucination
[hə,lo:si'nejschən] *subst* hal-
lucination

halo ['hejləo] *subst* gloria
1 halt [hå:lt], *come to a* ~
stanna

2 halt [hå:lt] *verb* halta om
vers, jämförelse etc.

halve [ha:v] *verb* halvera

halves [ha:vz] *subst* pl. av *half*

1 ham [hämm] *subst* skinka

2 ham [hämm] *subst* buskis

hamburger ['hämmbö:gə]
subst hamburgare

hamlet ['hämmlət] *subst* liten
by

hammer ['hämmə] **I** *subst*
1 hammare **2** *come* (*go*)
under the ~ gå under
klubban på auktion **II** *verb*
hamra, bulta

hammock ['hämmək] *subst*
hängmatta

1 hamper ['hämpə] *subst* större
korg

2 hamper ['hämpə] *verb*
hindra

hamster ['hämstə] *subst*
hamster

hand [hännd] **I** *subst* **1** hand;
close at ~ för handen; till
hands; *by* ~ för hand; *in* ~
till sitt förfogande; för
händer; *off* ~ på rak arm;
out of ~ ur kontroll **2** sida;
on the one ~...*on the other* ~
å ena sidan...å andra sidan;
on the right ~ till höger
3 arbetare; sjöman **II** *verb*
räcka, ge; ~ *down* lämna i
arv; ~ *in* lämna in; ~ *out* dela
ut

handbag ['hännbägg] *subst*
handväska; ~ *snatcher*
väskryckare

handbook ['hännbokk] *subst*
handbok; resehandbok

handbrake ['hännbrejk] *subst*
handbroms

handful ['hännfoll] *subst*
handfull

handicap ['händikäpp] **I** *subst*
handikapp **II** *verb* handikap-
pa; *handicapped* handikap-
pad

handicraft ['händikra:ft] *subst*
hantverk

handiwork ['händiwö:k] *subst*
skapelse; verk

handkerchief ['hängkətchif]
subst näsduk

handle ['händl] **I** *verb* hantera;
handskas med **II** *subst* hand-
tag

handlebars ['händlba:s] *subst*
pl cykelstyre

handmade [‚hänn'mejd] *adj*
tillverkad för hand

handout ['händaot] *subst*
1 reklamlapp; stencil som
delas ut **2** allmosa

handrail ['händrejl] *subst* led-
stång

handshake ['hännschejk]
subst handslag

handsome ['hännsəm] *adj*
1 snygg, stilig **2** ansenlig

handwriting ['händ‚rajting]
subst handstil

handy ['händi] *adj* **1** händig
2 till hands

handyman ['händimän] *subst*
allt i allo

hang [häng] *verb* **1** hänga;
hänga upp **2** sväva **3** ~ *about*
el. ~ *around* stå och hänga; ~
on klamra sig fast vid; ~ *on
a moment* vard. dröj ett
ögonblick!; ~ *out* vard. hålla
till; *let it all* ~ *out* vard.
slappna av; ~ *up* lägga på
luren

hangar ['hängə] *subst* hangar

hanger ['hängə] *subst* kläd-
galge

hanger-on [‚hängər'ånn] *subst*
vard. påhang

hang-gliding ['häng‚glajding]
subst hängflyg

hangover ['häng‚əovə] *subst*
1 kvarleva **2** baksmälla

hangup ['hängapp] *subst* vard.
komplex

hanker ['hängkə] *verb*, ~ *for*
tråna efter

haphazard [‚häpp'häzzəd] *adj*
slumpmässig

happen ['häppən] *verb* **1** hän-
da; komma sig **2** råka

happening ['häppəning] *subst*
1 händelse **2** happening

happily ['häppəli] *adv* **1** lyck-
ligt **2** lyckligtvis

happiness ['häppinəs] *subst*
lycka

happy ['häppi] *adj* **1** lycklig;
nöjd; *Happy New Year!*
Gott nytt år! **2** lyckad

happy-go-lucky
[‚häppigəo'lakki] *adj* som tar
dagen som den kommer

harass ['härrəs] *verb* trakas-
sera

harassment ['härrəsmənt]
subst trakasseri

harbour ['ha:bə] **I** *subst* hamn
II *verb* **1** ge skydd åt **2** bildl.
hysa

hard [ha:d] **I** *adj* hård i olika
bet.; svår **II** *adv* hårt; *try* ~
verkligen försöka

hardback ['ha:dbäkk] *subst*
inbunden bok

harden ['ha:dn] *verb* hårdna;
härdas

hard-headed [‚ha:d'heddidd]
adj kall, förslagen

hardly ['ha:dli] *adv* knappast

hardship ['ha:dschipp] *subst*
vedermöda

hardware ['ha:dwäə] *subst*
järnvaror

hardwearing [,ha:d'wäring]
adj slitstark

hard-working ['ha:d,wö:king]
adj hårt arbetande

hardy ['ha:di] *adj* härdad, tålig

hare [hää] *subst* hare

hare-brained ['hääbrejnd] *adj*
tanklös

harm [ha:m] **I** *subst* skada,
ont **II** *verb* skada

harmful ['ha:mfoll] *adj* skadlig

harmless ['ha:mləs] *adj*
oskadlig; oförarglig

harmony ['ha:məni] *subst*
harmoni

harness ['ha:niss] **I** *subst* sele
II *verb* tämja

harp [ha:p] *subst* harpa

harrowing ['härəoing] *adj*
upprörande

harsh [ha:sch] *adj* hård,
sträng

harvest ['ha:visst] **I** *subst*
skörd **II** *verb* skörda

has [häzz], *he* (*she*, *it*) ~ han
(hon, det) har, jfr äv. *have*

hash [häsch] *subst* slags stuvad
pyttipanna

hasn't ['häzznt] = *has not*

hassle ['hässl] vard. **I** *subst*
käbbel **II** *verb* trakassera

haste [hejst] *subst* hast

hasten ['hejsn] *verb* påskynda

hastily ['hejstəli] *adv* i största
(all) hast

hasty ['hejsti] *adj* hastig;
förhastad

hat [hätt] *subst* hatt; ibl.
mössa

1 hatch [hätch] *subst* serve-
ringslucka

2 hatch [hätch] *verb* kläcka

hatchback ['hätchbäkk] *subst*
halvkombi

hatchet ['hätchitt] *subst* yxa

hate [hejt] **I** *subst* hat **II** *verb*
hata

hateful ['hejtfoll] *adj* avsky-
värd

hatred ['hejtridd] *subst* hat

haughty ['hå:ti] *adj* högdragen

haul [hå:l] *verb* hala, dra

haulier ['hå:ljə] *subst* åkare

haunch [hå:ntsch] *subst* höft,
länd

haunt [hå:nt] *verb* **1** spöka i
2 om tankar o.d. förfölja

have* [hävv] **I** *verb* **1** tempus-
bildande ha **2** ha, äga; hysa
3 ~ *a bath* (*a drink*) ta sig ett
bad (ett glas); ~ *dinner* äta
middag **4** ~ *it made* ha sitt
på det torra, ha lyckats; ~ *it
your own way!* gör som du
vill!; *I won't* ~ *it* jag tänker
inte finna mig i det **5** ~ *to*
vara (bli) tvungen att; *I* ~ *to
go* äv. jag måste gå **6** ~ *on* ha
kläder på sig **7** *you* (*I*) *had
better* det är bäst att du (jag)

II *subst, the haves and the have-nots* de rika och de fattiga

haven ['hejvn] *subst* **1** hamn **2** bildl. tillflyktsort

haven't ['hävvnt] = *have not*

havoc ['hävvǝkk] *subst* förstörelse

1 hawk [hå:k] *subst* hök

2 hawk [hå:k] *verb* bjuda ut t.ex. varor på gatan

hay [hej] *subst* hö

hay fever ['hej,fi:vǝ] *subst* hösnuva

haystack ['hejstäkk] *subst* höstack

haywire ['hejoajǝ] *adj* vard. **1** trasig **2** knasig

hazard ['häzǝd] **I** *subst* risk, fara **II** *verb* riskera

haze [hejz] *subst* dis, töcken

hazel nut ['hejzlnatt] *subst* hasselnöt

hazy ['hejzi] *adj* **1** disig **2** bildl. dunkel

he [hi:] *pron* han; om djur äv. den, det; om människan hon

head [hedd] **I** *subst* **1** huvud **2** chef; rektor; ~ *of state* statsöverhuvud **3** person; antal; *a* ~ per man (styck) **4** övre ända **II** *adj* huvud-; främsta **III** *verb* **1** anföra, leda **2** ~ *for* styra kosan mot; *be heading for* gå till mötes

headache ['heddejk] *subst*

1 huvudvärk **2** vard. huvudbry

headdress ['heddress] *subst* huvudbonad

heading ['hedding] *subst* rubrik

headland ['heddlǝnd] *subst* udde

headlight ['heddlajt] *subst, drive with headlights on* köra på helljus

headline ['heddlajn] *subst* rubrik; *headlines* nyhetssammandrag

headlong ['heddlång] *adv* huvudstupa; i blindo

headmaster [,hedd'ma:stǝ] *subst* rektor

headmistress [,hedd'misstrǝss] *subst* kvinnlig rektor

head-on [,hed'ånn] *adj* frontal

headquarters [,hedd'koå:tǝz] *subst* högkvarter; huvudkontor

headrest ['heddrest] *subst* nackstöd i bil

headroom ['heddro:m] *subst* på vägskylt fri höjd

headscarf ['heddska:f] *subst* sjalett

headstrong ['heddstrång] *adj* halsstarrig

head walter [,hedd'wejtǝ] *subst* hovmästare

headway ['heddwej] *subst* framsteg

headwind ['heddwind] *subst*
motvind

heady ['heddi] *adj* bildl.
berusande

heal [hi:l] *verb* bota; läka

health [helθ] *subst* hälsa; ~
hazard (*risk*) hälsorisk; ~
service hälsovård

health-food ['helθfo:d] *subst*
hälsokost

healthy ['helθi] *adj* **1** frisk
2 hälsosam

heap [hi:p] **I** *subst* hög, hop
II *verb* lägga i en hög

hear* [hiə] *verb* höra; få
höra; ~ *from* höra 'av; ~ *of*
höra talas om

hearing ['hiəring] *subst*
1 hörsel; *be hard of* ~ ha
nedsatt hörsel **2** utfrågning,
hearing

hearing aid ['hiəringejd] *subst*
hörapparat

hearsay ['hiəsej] *subst* hör-
sägen

hearse [hö:s] *subst* likvagn

heart [ha:t] *subst* **1** hjärta i
div. bet.; *a ~ condition*
hjärtbesvär; *at ~* i grund och
botten; *by ~* utantill **2** *hearts*
hjärter

heartbeat ['ha:tbi:t] *subst*
hjärtslag pulsslag

heartbreaking ['ha:t,brejking]
adj förkrossande

heartbroken ['ha:t,brəokən]
adj förtvivlad

heartburn ['ha:tbö:n] *subst*
halsbränna

heart failure ['ha:t,fejljə] *subst*
hjärtsvikt

heartfelt ['ha:tfelt] *adj* djupt
känd

hearth [ha:θ] *subst* härd

heartily ['ha:təli] *adv* **1** hjärt-
ligt **2** med god aptit

hearty ['ha:ti] *adj* **1** hjärtlig
2 hurtfrisk

heat [hi:t] **I** *subst* **1** hetta,
värme **2** sport. heat **II** *verb*, ~
up värma upp

heated ['hi:tidd] *adj* livlig

heater ['hi:tə] *subst* värmeele-
ment; varmvattenberedare

heath [hi:θ] *subst* hed

heather ['heðə] *subst* ljung

heating ['hi:ting] *subst* upp-
värmning; *central* ~ central-
värme

heatstroke ['hi:tstrəok] *subst*
värmeslag

heat wave ['hi:toejv] *subst*
värmebölja

heave [hi:v] *verb* **1** lyfta, häva
2 ~ *a sigh* sucka

heaven ['hevvn] *subst* **1** *heav-
ens* himmel konkret **2** himlen

heavenly ['hevvnli] *adj* him-
melsk; vard. gudomlig

heavily ['hevvli] *adv* **1** tungt;
kraftigt **2** i hög grad

heavy ['hevvi] *adj* tung;
kraftig; *a ~ eater* en storätare

heavyweight ['hevvioejt]

subst **1** tungvikt **2** tungviktare

Hebrides ['hebbriddi:z], *the ~* Hebriderna

hectic ['hekktikk] *adj* hektisk

he'd [hi:d] = *he had* o. *he would*

hedge [hedʒ] *subst* häck

hedgehog ['hedʒhågg] *subst* igelkott

heed [hi:d], *take ~ of* lyssna till

heel [hi:l] **I** *subst* häl; klack **II** *verb* klacka

height [hajt] *subst* **1** höjd **2** höjdpunkt

heighten ['hajtn] *verb* höja; förhöja

heir [äə] *subst* arvinge

heiress ['ääriss] *subst* arvtagerska

held [held] imperf. o. perf. p. av *hold*

helicopter ['hellikåpptə] *subst* helikopter

hell [hel] *subst* helvetet; *go to ~!* dra åt helvete!

he'll [hi:l] = *he will* o. *he shall*

hellish ['hellisch] *adj* helvetisk

hello [ˌhe'lläo] *interj* o. subst hallå; hej

helmet ['hellmitt] *subst* hjälm

help [hellp] **I** *verb* **1** hjälpa; *~ yourself!* var så god och ta!; *~ out* hjälpa till **2** rå för **II** *subst* hjälp

helper ['hellpə] *subst* hjälpreda

helpful ['hellpfoll] *adj* hjälpsam

helping ['hellping] *subst* portion

helpless ['hellpləs] *adj* hjälplös

hem [hemm] *subst* fåll

hen [henn] *subst* höna

hence [henns] *adv* följaktligen

henceforth [ˌhenns'få:θ] *adv* hädanefter

henchman ['henntchmən] *subst* hejduk

her [hö:] *pron* **1** henne; om tåg, bil, land m.m. den, det **2** hennes; sin; dess

herald ['herrəld] **I** *subst* bildl. förebud **II** *verb* förebåda

heraldry ['herrəldri] *subst* heraldik

herb [hö:b] *subst* ört; örtkrydda

herd [hö:d] *subst* hjord, flock

here [hiə] *adv* här; hit; *~ you are!* var så god!

hereby [ˌhiə'baj] *adv* härmed

hereditary [hi'redditərri] *adj* ärftlig

heresy ['herrəsi] *subst* kätteri

heritage ['herritidʒ] *subst* arv

hermit ['hö:mitt] *subst* eremit

hernia ['hö:njə] *subst* bråck

hero ['hiərəo] *subst* hjälte

heroin ['herrəoinn] *subst* heroin

heroine ['herrəoinn] *subst* hjältinna

heron ['herrən] *subst* häger

herring ['herring] *subst* sill

hers [hö:z] *pron* hennes; sin

herself [hə'self] *pron* sig, sig själv; hon själv, själv

he's [hi:z] = *he is* o. *he has*

hesitant ['hezzitənt] *adj* tveksam

hesitate ['hezzitejt] *verb* tveka

hesitation [,hezzi'tejschən] *subst* tvekan

hew [hjo:] *verb* hugga i ngt

heyday ['hejdej] *subst* glansdagar

hiatus [haj'ejtəs] *subst* paus

hibernate ['hajbənejt] *verb* gå i ide

1 hide [hajd] *subst* djurhud

2 hide [hajd] *verb* gömma; gömma sig

hide-and-seek [,hajdən'si:k] *subst* kurragömma

hide-away ['hajdə,wej] *subst* vard. gömställe

hideous ['hidiəs] *adj* otäck

1 hiding ['hajding] *subst* stryk

2 hiding ['hajding], *go into* ~ gömma sig

hierarchy ['hajərɑ:ki] *subst* hierarki

high [haj] **I** *adj* **1** hög; högre **2** upprymd **II** *subst* rekord

highbrow ['hajbrao] *adj* kultursnobbig

high chair [,haj'tchäə] *subst* hög barnstol

high jump ['hajdʒamp] *subst* höjdhopp

highlight ['hajlajt] **I** *subst* **1** höjdpunkt **2** *highlights* slingor i håret **II** *verb* framhäva

highly ['hajli] *adv* högst, i hög grad

highly-strung [,hajli'strang] *adj* överspänd

Highness ['hajnəs] *subst, His (Her, Your)* ~ Hans (Hennes, Ers) Höghet

high-pitched [,haj'pitcht] *adj* gäll

high-rise ['hajrajz] *adj, ~ building* höghus

high street ['hajstri:t] *subst* huvudgata

hijack ['hajdʒäkk] *verb* kapa t.ex. flygplan

hijacker ['haj,dʒäkkə] *subst* flygplanskapare

hike [hajk] **I** *subst* fotvandring **II** *verb* fotvandra

hiker ['hajkə] *subst* fotvandrare

hilarious [hi'läəriəs] *adj* dråplig

hill [hill] *subst* kulle, berg

hillside ['hillsajd] *subst* bergssluttning

hilly ['hilli] *adj* bergig

him [himm] *pron* honom
himself [himm'self] *pron* sig, sig själv; han själv, själv
1 hind [hajnd] *adj* bakre, bak-
2 hind [hajnd] *subst* hind
hinder ['hinndə] *verb* hindra
hindrance ['hinndrəns] *subst* hinder
hindsight ['hajndsajt] *subst* efterklokhet
Hindu [,hinn'do:] **I** *subst* hindu **II** *adj* hinduisk
hinge [hindʒ] **I** *subst* gångjärn **II** *verb*, ~ *on* bero på
hint [hint] **I** *subst* vink; *hints* äv. råd **II** *verb*, ~ *at* antyda
1 hip [hipp] *interj*, ~, ~, *hurray!* hipp hipp hurra!
2 hip [hipp] *subst* höft
hippopotamus [,hippə'påttəməs] *subst* flodhäst
hire ['hajə] **I** *subst* hyra; *for* ~ att hyra; på taxibil ledig; ~ *car* hyrbil; *car* ~ *service* biluthyrning **II** *verb* hyra
hire-purchase [,hajə'pö:tchəs] *subst* avbetalning
his [hizz] *pron* hans; sin
hiss [hiss] *verb* **1** väsa **2** vissla ut
historic [hi'stårrikk] *adj* historisk minnesvärd
historical [hi'stårrikkəl] *adj* historisk som tillhör historien
history ['hisstəri] *subst* historia

hit* [hitt] **I** *verb* **1** slå; träffa **2** köra på; ~ *and run* smita från olycksplatsen **II** *subst* **1** träff **2** succé; hit
hitch [hitch] **I** *verb* fästa **II** *subst* hake, aber
hitchhike ['hitchhajk] **I** *verb* lifta **II** *subst* lift
HIV [,ejtchaj'vi:] hiv
hive [hajv] *subst* bikupa
hoard [hå:d] **I** *subst* förråd **II** *verb* hamstra
hoarding ['hå:ding] *subst* affischplank
hoarse [hå:s] *adj* hes, skrovlig
hoax [həoks] *subst* bluff
hob [håbb] *subst* spishäll
hobble ['håbbl] *verb* halta
hobby ['håbbi] *subst* hobby
hobby-horse ['håbbihå:s] *subst* bildl. käpphäst
hockey ['håkki] *subst* landhockey
hog [hågg] *subst* svin
hoist [håjst] **I** *verb* hissa; lyfta upp **II** *subst* lyftanordning
hold* [həold] **I** *verb* **1** hålla, hålla i; hålla fast (kvar) **2** innehålla **3** inneha **4** ~ *sth. against sb.* lägga ngn ngt till last; ~ *back* hejda; ~ *off* hålla på avstånd; ~ *on!* vänta ett tag!; ~ *on to* (klamra) sig fast vid; ~ *out* hålla ut; ~ *together* hålla ihop; ~ *up* försena **II** *subst* tag, grepp

holdall 158

holdall ['həoldå:l] *subst* rymlig bag

holder ['həoldə] *subst* innehavare

holding ['həolding] *subst* aktieinnehav

hold-up ['həoldapp] *subst* rånöverfall

hole [həol] *subst* **1** hål **2** håla

holiday ['hålladej] *subst* semester; lov

holiday-maker ['hålladej,mejkə] *subst* semesterfirare

Holland ['hålland] Holland

hollow ['hålləo] *adj* ihålig

holly ['hålli] *subst* järnek

holster ['həolstə] *subst* pistolhölster

holy ['həoli] *adj* helig

homage ['håmmidʒ], *pay ~ to sb.* hylla ngn

home [həom] **I** *subst* hem; *at ~* hemma; hemmastadd **II** *adj* **1** hem-; hemma- **2** inrikes-

homeland ['həomländ] *subst* hemland

homeless ['həomləs] *adj* hemlös

homely ['həomli] *adj* enkel, anspråkslös

home-made [,həom'mejd] *adj* hemmagjord

Home Office ['həom,åffis] *subst, the ~* inrikesdepartementet

homesick ['həomsikk], *be ~* ha hemlängtan

homeward ['həomwəd] *adv* hemåt

homework ['həomwö:k] *subst* läxor

homosexual [,həomə'sekksjoəl] *adj* o. *subst* homosexuell

honest ['ånnist] *adj* ärlig

honestly ['ånnistli] *adv* **1** ärligt **2** uppriktigt sagt

honesty ['ånnisti] *subst* ärlighet

honey ['hanni] *subst* honung

honeycomb ['hannikəom] *subst* vaxkaka

honeymoon ['hannimo:n] *subst* smekmånad

honeysuckle ['hanni,sakkl] *subst* kaprifol

honk [hångk] *verb* tuta

honorary ['ånnərəri] *adj* heders-

honour ['ånnə] **I** *subst* ära, heder; *in ~ of* med anledning av **II** *verb* hedra

honourable ['ånnərəbl] *adj* hedervärd

hood [hodd] *subst* **1** kapuschong **2** huv

hoof [ho:f] *subst* hov

hook [hokk] **I** *subst* hake, krok; *off the ~* avlagd om telefonlur; ur knipan **II** *verb* kroka

hostel

hooligan ['ho:ligən] *subst* huligan

hooray [ho'rej] *interj* hurra

hoot [ho:t] *verb* **1** hoa **2** tuta

hooter ['ho:tə] *subst* tuta

Hoover® ['ho:və] I *subst* dammsugare II *verb, hoover* dammsuga

hooves [ho:vz] *subst* pl. av *hoof*

hop [håpp] I *verb* hoppa II *subst* skutt

hope [həop] I *subst* hopp II *verb* hoppas; *I ~ so* det hoppas jag

hopeful ['həopfoll] *adj* hoppfull

hopefully ['həopfolli] *adv* förhoppningsvis

hopeless ['həopləs] *adj* hopplös

hops [håpps] *subst pl* humle

horizon [hə'rajzn] *subst* horisont

horizontal [,hårri'zånntl] *adj* horisontal

horn [hå:n] *subst* **1** horn **2** tuta

horoscope ['hårrəskəop] *subst* horoskop

horrendous [hå'renndəs] *adj* fasansfull

horrible ['hårrəbl] *adj* fruktansvärd

horrid ['hårridd] *adj* avskyvärd

horrify ['hårrifaj] *verb, horrified* förfärad

horror ['hårrə] *subst* skräck; *chamber of horrors* skräckkammare

horse [hå:s] *subst* häst

horseback ['hå:sbäkk], *on ~* till häst

horse chestnut [,hå:s'tchesnatt] *subst* hästkastanj

horseman ['hå:smən] *subst* skicklig ryttare

horsepower ['hå:s,paoə] *subst* hästkraft

horse-racing ['hå:s,rejsing] *subst* kapplöpningssport

horseradish ['hå:s,räddisch] *subst* pepparrot

horseshoe ['hå:s,sscho:] *subst* hästsko

hose [həoz] *subst* slang

hospitable [hå'sspitəbl] *adj* gästvänlig

hospital ['håsspitl] *subst* sjukhus; *go to ~* åka in på sjukhus

hospitality [,håsspi'tälləti] *subst* gästfrihet

1 host [həost] *subst, a ~ of* mängder med

2 host [həost] I *subst* **1** värd **2** programledare II *verb* vara värd för; i TV vara programledare för

hostage ['håsstiddʒ] *subst* gisslan

hostel ['håsstəl] *subst* härbärge

hostess ['həostiss] *subst* värdinna

hostile ['hάsstajl] *adj* fientlig

hostility [hå'stilləti] *subst* fientlighet

hot [hått] *adj* **1** het, varm; *a ~ meal* lagad mat **2** om krydda stark **3** hetsig

hotbed ['hάttbedd] *subst* bildl. grogrund

hot dog [,hått 'dågg] *subst* korv med bröd

hotel [həo'tell] *subst* hotell

hot-headed [,hått'heddidd] *adj* hetlevrad

hothouse ['hάtthaos] *subst* växthus

hotplate ['hάttplejt] *subst* kokplatta

hound [haond] **I** *subst* jakthund **II** *verb* bildl. jaga

hour ['aoə] *subst* timme; *hours* äv. arbetstid; *twenty-four hours* ofta ett dygn

hourly ['aoəli] *adj* en gång i timmen; tim-

house I [haos] *subst* hus; vard. hem **II** [haoz] *verb* bo; härbärgera

house arrest [,haosə'rrest] *subst* husarrest

houseboat ['haosbəot] *subst* husbåt

household ['haoshəold] *subst* hushåll

housekeeper ['haos,ki:pə] *subst* hushållerska

housekeeping ['haos,ki:ping] *subst* hushållsskötsel

house-warming ['haos,oå:ming] *adj*, *~ party* inflyttningsfest

housewife ['haosoajf] *subst* hemmafru

housework ['haoswö:k] *subst* hushållsarbete

housing ['haozing] *subst* bostäder; *~ estate* bostadsområde; *be on the ~ list* stå i bostadskön

hovel ['hάvvəl] *subst* skjul

hover ['hάvvə] *verb* sväva

hovercraft ['hάvvəkra:ft] *subst* svävare

how [hao] *adv* **1** hur; *~ do you do?* god dag!; *~ are you?* hur står det till? **2** i utrop så, vad

however [hao'evvə] **I** *adv* hur...än **II** *konj* emellertid

howl [haol] **I** *verb* yla **II** *subst* ylande

hub [habb] *subst* **1** nav **2** centrum

hubbub ['habbabb] *subst* tumult

hub-cap ['habbkäpp] *subst* navkapsel

huddle ['haddl] **I** *verb* kura ihop sig **II** *subst*, *a ~ of* en massa

hue [hjo:] *subst* nyans

hue and cry [,hjo:ən'kraj] *subst* ramaskri

hug [hagg] I *verb* krama
II *subst* kram

huge [hjo:dʒ] *adj* väldig,
mycket stor

hulk [halk] *subst* åbäke, hulk

hull [hall] *subst* fartygsskrov

hum [hamm] *verb* **1** surra
2 gnola

human ['hjo:mən] I *adj*
mänsklig; ~ *being* människa;
~ *rights* de mänskliga
rättigheterna II *subst* männi-
ska

humane [hjo'mejn] *adj*
human

humanitarian
[hjo,männi'täəriən] *subst*
människovän

humanity [hjo'männəti] *subst*
mänskligheten

humble ['hambl] *adj* ödmjuk

humbug ['hammbagg] *subst*
slags pepparmyntskaramell

humdrum ['hammdramm] *adj*
enahanda

humid ['hjo:midd] *adj* fuktig

humiliate [hjo'milliejt] *verb*
förödmjuka

humiliation [hjo,milli'ejschən]
subst förödmjukelse

humorous ['hjo:mərəs] *adj*
humoristisk

humour ['hjo:mə] I *subst*
1 humor **2** humör II *verb*
blidka

hump [hamp] *subst* puckel

hunch [hantsch], *have a* ~ ha
på känn

hunchback ['hantschbäkk]
subst puckelrygg

hundred ['handrəd] *räkn*
hundra; *hundreds of* hund-
ratals

hung [hang] imperf. o. perf. p. av
hang

Hungary ['hanggəri] Ungern

hunger ['hanggə] *subst* hunger

hungry ['hanggri] *adj* hungrig;
be ~ *for* hungra efter

hunk [hangk] *subst* vard.
tjockt stycke

hunt [hant] I *verb* **1** jaga i
Storbritannien särsk. om hetsjakt
med hund II *subst* jakt; i
Storbritannien särsk. rävjakt till
häst med hundar som dödar räven

hunter ['hantə] *subst* jägare

hunting ['hanting] *subst* jakt

hurdle ['hö:dl] *subst* **1** *hurdles*
häck tävlingsgren **2** hinder

hurl [hö:l] *verb* slunga

hurrah [ho'rra:] o. **hurray**
[ho'rrej] *interj* hurra

hurricane ['harrikən] *subst*
orkan

hurried ['harridd] *adj* bråd

hurry ['harri] I *verb* skynda sig
II *subst* brådska, jäkt; ~ *up!*
skynda dig!; *be in a* ~ ha
bråttom

hurt [hö:t] I *verb* **1** skada
2 göra ont II *subst* oförrätt

hurtful ['hö:tfoll] *adj* sårande

hurtle ['hö:tl] *verb* susa fram

husband ['hazzbənd] *subst* man, make

hush [hasch] *verb* hyssja; ~ *up* tysta ner

husk [hask] *subst* skal, skida

husky ['haski] *adj* hes

hustle ['hassl] **I** *verb* knuffa **II** *subst*, ~ *and bustle* liv och rörelse

hut [hatt] *subst* koja; hytt

hyacinth ['hajəsinθ] *subst* hyacint

hydrant ['hajdrənt] *subst* vattenpost

hydraulic [haj'drå:likk] *adj* hydraulisk

hydrofoil ['hajdrəfåjl] *subst* bärplansbåt

hydrogen ['hajdrədʒən] *subst* väte

hyena [haj'i:nə] *subst* hyena

hygiene ['hajdʒi:n] *subst* hygien

hymn [him] *subst* hymn, lovsång

hype [hajp] *subst* vard. reklam, hype

hypermarket ['hajpə,ma:kitt] *subst* stormarknad

hyphen ['hajfən] *subst* bindestreck

hypnotize ['hippnətajz] *verb* hypnotisera

hypocrisy [hi'ppåkrəsi] *subst* hyckleri

hypocrite ['hippəkritt] *subst* hycklare

hypocritical [,hippəo'krittikəl] *adj* hycklande

hypothesis [haj'påθəsis] *subst* hypotes

hysteria [hi'steriə] *subst* hysteri

hysterical [hi'sterrikəl] *adj* hysterisk

I

I, I [aj] *subst* I, i
I [aj] *pron* jag
ice [ajs] **I** *subst* is **II** *verb*
  1 kyla ner **2** glasera
iceberg ['ajsbö:g] *subst* isberg;
  ~ *lettuce* isbergssallad
ice cream [,ajs'kri:m] *subst*
  glass; ~ *cone* glasstrut; ~
  parlour glassbar
ice cube ['ajskjo:b] *subst*
  istärning
ice hockey ['ajs,håkki] *subst*
  ishockey
Iceland ['ajslənd] Island
ice lolly ['ajs,lålli] *subst* isglass
  pinne; glasspinne
icicle ['ajsikkl] *subst* istapp
icing ['ajsing] *subst* glasyr
icy ['ajsi] *adj* iskall; isig
I'd [ajd] = I had, I would o. I
  should
idea [aj'diə] *subst* idé
ideal [aj'diəl] **I** *adj* idealisk
  II *subst* ideal
identical [aj'denntikkəl] *adj*
  identisk
identification
  [aj,denntifi'kejschən] *subst*
  identifiering; identifikation
identify [aj'denntifaj] *verb*
  identifiera; ~ *oneself* legiti-

mera sig; ~ *with* identifiera
  sig med
identity [aj'denntəti] *subst*
  identitet; ~ *card* ID-kort
ideology [,ajdi'ållədʒi] *subst*
  ideologi
idiosyncrasy [,idiə'singkrəsi]
  subst egenhet
idiot ['iddiətt] *subst* idiot
idiotic [,iddi'åttikk] *adj* idio-
  tisk
idle ['ajdl] *adj* sysslolös
idol ['ajdl] *subst* **1** avgud
  2 idol
idolize ['ajdəolajz] *verb* dyrka
i.e. [,aj'i:] d.v.s.
if [iff] *konj* **1** om; även om; *as*
  ~ som om; ~ *not* om inte;
  annars; ~ *only* om bara
  2 om, huruvida
ignite [igg'najt] *verb* tända
ignition [igg'nischən] *subst*
  tändning; ~ *key* startnyckel
ignorant ['iggnərənt] *adj*
  okunnig
ignore [igg'nå:] *verb* ignorera
ill [ill] *adj* **1** sjuk; *be taken* ~
  el. *fall* ~ bli sjuk **2** dålig
I'll [ajl] = I will o. I shall
ill-advised [,illəd'vajzd] *adj*
  oklok
illegal [i'lli:gəl] *adj* illegal,
  olaglig
illegible [i'lleddʒəbl] *adj* oläs-
  lig
illegitimate [,illi'dʒittimət] *adj*
  utomäktenskaplig

Ill-fated [ˌill'fejtidd] *adj*
olycksalig

Illiterate [i'llittərət] *adj* inte
läs- och skrivkunnig

Ill-mannered [ˌill'männəd] *adj*
ohyfsad

Illness ['illnəs] *subst* sjukdom

Illuminate [i'llo:minejt] *verb*
belysa

Illumination [i,llo:mi'nejschən]
subst belysning

Illusion [i'llo:ʒən] *subst* illu-
sion; *optical* ~ synvilla

Illustrate ['illəstrejt] *verb* illu-
strera

Illustration [ˌillə'strejschən]
subst illustration

Ill-will [ˌill'will] *subst* illvilja

I'm [ajm] = *I am*

Image [i'immidʒ] *subst* **1** bild
2 image, profil

Imagery ['immidʒəri] *subst*
bildspråk

Imaginary [i'mäddʒinəri] *adj*
inbillad; fantasi-

Imagination
[i,mäddʒi'nejschən] *subst*
1 fantasi **2** inbillning

Imaginative [i'mäddʒinətivv]
adj fantasirik

Imagine [i'mäddʒin] *verb*
föreställa sig

Imbue [im'bjo:] *verb* genom-
syra

Imitate ['immitejt] *verb* imi-
tera

Imitation [ˌimi'tejschən] *subst*
imitation

Immaculate [i'mäkkjolət] *adj*
obefläckad

Immaterial [ˌimmə'tiəriəl] *adj*
oväsentlig

Immature [ˌimmə'tjoə] *adj*
omogen bildl.

Immediate [i'mi:djət] *adj*
omedelbar

Immediately [i'mi:djətli] **I** *adv*
omedelbart **II** *konj* så snart
som

Immense [i'mens] *adj* ofantlig

Immerse [i'mö:s] *verb* lägga i
vätska; ~ *oneself in* fördjupa
sig i

Immigrant ['immigrənt]
I *subst* invandrare **II** *adj* in-
vandrar-

Immigration [ˌimmi'grejschən]
subst invandring

Imminent ['imminənt] *adj*
nära förestående

Immoral [i'mmårrəl] *adj*
omoralisk

Immortal [i'må:tl] *adj* odödlig

Immune [i'mjo:n] *adj* immun

Immunity [i'mjo:nəti] *subst*
immunitet i olika bet.

Impact ['immpäkkt] *subst*
inverkan

Impair [im'pää] *verb* försämra

Impartial [im'pa:schəl] *adj*
opartisk

Impassable [im'pa:səbl] *adj*
oframkomlig

impassive [im'pässivv] *adj*
känslolös

impatience [im'pejschəns]
subst otålighet

impatient [im'pejschənt] *adj*
otålig

impeccable [im'pekkəbl] *adj*
oklanderlig

impediment [im'peddimənt]
subst hinder

impending [im'pending] *adj*
hotande

imperative [im'perrətivv] *adj*
absolut nödvändig

imperfect [im'pö:fikkt] *adj*
ofullkomlig

imperial [im'piəriəl] *adj* **1** kej-
serlig **2** imperie-

impersonal [im'pö:sənl] *adj*
opersonlig

impersonate [im'pö:sənejt]
verb imitera

impertinent [im'pö:tinənt] *adj*
näsvis

impervious [im'pö:vjəs] *adj*
oemottaglig

impetuous [im'pettjoəs] *adj*
impulsiv

impinge [im'pinndʒ] *verb*
inkräkta

implement ['impliment]
verb förverkliga

implicit [im'plissitt] *adj* un-
derförstådd

imply [im'plaj] *verb* **1** medföra
2 antyda

impolite [,impə'lajt] *adj* oartig

import I ['immpå:t] *subst* im-
port **II** [im'på:t] *verb* impor-
tera

importance [im'på:təns] *subst*
betydelse

important [im'på:tənt] *adj*
viktig

importer [im'på:tə] *subst* im-
portör

impose [im'pəoz] *verb* införa;
~ *sth.* on *sb.* tvinga på ngn
ngt

imposing [im'pəozing] *adj*
imponerande

imposition [,impə'zischən]
subst införande

impossible [im'påssəbl] *adj*
omöjlig

impotent ['immpətənt] *adj*
1 maktlös **2** impotent

impregnable [im'preggnəbl]
adj ointaglig

impress [im'press] *verb* göra
intryck på

impression [im'preschən]
subst **1** intryck **2** imitation

impressionist [im'preschənist]
subst imitatör

impressive [im'pressivv] *adj*
imponerande

imprint ['immprint] *subst*
avtryck; bildl. prägel

imprison [im'prizzn] *verb*
sätta i fängelse

improbable [im'pråbbəbl] *adj*
osannolik

improper [im'prɔppə] *adj*
opassande

improve [im'pro:v] *verb* för-
bättra

improvement [im'pro:vmənt]
subst förbättring

improvise ['immprəvajz] *verb*
improvisera

impudent ['immpjodənt] *adj*
oförskämd

impulse ['immpalls] *subst*
impuls, ingivelse

impulsive [im'pallsivv] *adj*
impulsiv

in [inn] **I** *prep* **1** i, på, vid **2** ~
an hour om (inom) en
timma; på en timma **II** *adv*
1 in **2** inne, hemma; framme;
be ~ for kunna vänta sig; *be
~ on* vara med i (om)

inability [ˌinə'billəti] *subst*
oförmåga

inaccurate [in'äkkjorət] *adj*
felaktig

inadequate [in'äddikwət] *adj*
bristfällig

inadvertently [ˌinəd'vö:təntli]
adv av misstag

inadvisable [ˌinəd'vajzəbl] *adj*
inte tillrådlig

inane [i'nejn] *adj* idiotisk,
fånig

inanimate [in'ännimət] *adj*
inte levande

inappropriate [ˌinə'prəopriət]
adj olämplig

inarticulate [ˌinɑ:'tikkjolət] *adj*
oredig

inauguration
[i,nɔ:gjo'rejschən] *subst*
1 invigning **2** installation

inbred [in'bredd] *adj* inavlad

incapable [in'kejpəbl] *adj*
oduglig

incapacitate [ˌinkə'pässitejt]
verb göra arbetsoförmögen

1 incense ['innsens] *subst*
rökelse

2 incense [in'senns] *verb* reta
upp

incentive [in'senntivv] *subst*
sporre, motivation

incessant [in'sessnt] *adj* oav-
bruten

incessantly [in'sessntli] *adv*
oavbrutet

inch [intsch] *subst* tum 2,54
cm; bildl. grand

incident ['innsidənt] *subst*
händelse; incident

incidental [ˌinsi'denntl] *adj*
tillfällig

incidentally [ˌinsi'denntəli]
adv i förbigående

inclination [ˌinkli'nejschən]
subst benägenhet

incline [in'klajn] *verb* **1** luta
2 *inclined* benägen

include [in'klo:d] *verb* inbe-
gripa

including [in'klo:ding] *prep*
inklusive

inclusive [in'klo:sivv] *adj*

inberäknad; ~ **terms** t.ex. på
hotell: fast pris med allt
inberäknat
Income ['inkamm] *subst* in-
komst
Income tax ['inkammtäkks]
subst inkomstskatt; *in-*
come-tax return självdekla-
ration
Incoming ['in,kamming] *adj*
inkommande
Incompetent [in'kåmmpətənt]
adj inkompetent
Incomplete [,inkəm'pli:t] *adj*
ofullständig
Incongruous [in'kånggroəs]
adj oförenlig
Inconsiderate
[,inkən'siddərət] *adj* obe-
tänksam; taktlös
Inconsistency [,inkən'sistənsi]
subst inkonsekvens
Inconsistent [,inkən'sistənt]
adj inkonsekvent
Inconspicuous
[,inkən'spikkjoəs] *adj* föga
iögonenfallande
Inconvenience
[,inkən'vi:njəns] *subst*
olägenhet
Inconvenient [,inkən'vi:njənt]
adj oläglig
Incorporate [in'kå:pərejt] *verb*
införliva
Incorrect [,inkə'rekkt] *adj*
oriktig
Increase I [in'kri:s] *verb* öka,

tillta **II** ['innkri:s] *subst* ök-
ning; *on the* ~ i tilltagande
Increasing [in'kri:sing] *adj*
tilltagande
Increasingly [in'kri:singli] *adv*
mer och mer; ~ *difficult*
svårare och svårare
Incredible [in'kreddəbl] *adj*
otrolig
Incredulous [in'kreddjoləs] *adj*
klentrogen
Incubator ['innkjobejtə] *subst*
kuvös
Incur [in'kö:] *verb* ådra sig
Indebted [in'dettidd] *adj*, *be* ~
to sb. vara ngn tack skyldig
Indecent [in'di:snt] *adj* oan-
ständig
Indecisive [,indi'sajsivv] *adj*
obeslutsam
Indeed [in'di:d] *adv* verkligen,
faktiskt
Indefinitely [in'deffinətli] *adv*
på obestämd tid
Indemnity [in'demnəti] *subst*
skadeersättning
Independence
[,indi'penndəns] *subst* själv-
ständighet
Independent [,indi'penndənt]
adj självständig
Index ['indekks] *subst* index
Index-finger ['indekks,finggə]
subst pekfinger
India ['indjə] Indien
Indian ['indjən] **I** *adj* indisk;
indiansk; ~ *corn* majs; *in* ~

file i gåsmarsch; ~ *summer*
brittsommar **II** *subst* **1** indier
2 indian
Indicate ['indikejt] *verb* visa
(tyda) på
Indication [,indi'kejschən]
subst tecken
Indicative [in'dikkətivv], *be* ~
of tyda på
Indicator ['indikejtə] *subst* **1** ~
of tecken på **2** blinker på bil
3 *arrival* ~ ankomsttavla;
departure ~ avgångstavla
Indices ['indisi:z] *subst* pl. av
index
Indictment [in'dajtmənt]
subst åtal
Indifferent [in'diffrənt] *adj*
likgiltig
Indigenous [in'diddʒinəs] *adj*
infödd; inhemsk
Indigestion [,indi'dʒestchən]
subst dålig matsmältning
Indignant [in'diggnənt] *adj*
indignerad
Indignity [in'diggnəti] *subst*
skymf
Indirect [,indi'rekkt] *adj* indi-
rekt
Indiscreet [,indi'skri:t] *adj*
tanklös; taktlös
Indiscriminate
[,indi'skrimminət] *adj* ur-
skillningslös
Indisputable [,indi'spjo:təbl]
adj obestridlig
Individual [,indi'viddjoəl] **I** *adj*

individuell, enskild **II** *subst*
individ
Indoctrination
[in,dåkktri'nejschən] *subst*
indoktrinering
Indoor [in'indå:] *adj* inomhus-
Indoors [,in'då:z] *adv* inomhus
Inducement [in'djo:smənt]
subst motivation
Indulge [in'daldʒ] *verb*
1 skämma bort **2** ~ *in* tillåta
sig njutningen av
Indulgent [in'daldʒənt] *adj*
överseende
Industrial [in'dastriəl] *adj*
industriell, industri-; ~ *ac-
tion* strejk
Industrious [in'dastriəs] *adj*
arbetsam
Industry ['inndəstri] *subst*
1 flit **2** industri
Inedible [in'edəbl] *adj* oätlig
Ineffective [,ini'fekktivv] *adj*
ineffektiv
Inefficient [,ini'fischənt] *adj*
ineffektiv
Inequality [,ini'koåləti] *subst*
ojämlikhet
Inescapable [,ini'skejpəbl] *adj*
oundviklig
Inevitable [in'evvitəbl] *adj*
oundviklig
Inevitably [in'evvitəbli] *adv*
oundvikligen
Inexhaustible [,inig'zå:stəbl]
adj outtömlig

inexperienced
[ˌinik'spiəriənst] *adj* oerfaren
infallible [in'fälləbl] *adj* ofel-
bar
infamous ['innfəməs] *adj*
ökänd
infancy ['innfənsi] *subst*
1 tidiga barnaår **2** bildl.
barndom
infant ['innfənt] *subst* späd-
barn
infant school ['innfəntskoːl]
subst skola för elever mellan 5 - 7
år inom den obligatoriska skolan
infatuated [in'fätjoejtidd] *adj*
förälskad
infatuation [inˌfätjo'ejschən]
subst förälskelse
infect [in'fekkt] *verb* infektera
infection [in'fekkschən] *subst*
infektion
infer [in'föː] *verb* sluta sig till
inferior [in'fiəriə] *adj* under-
ordnad; mindervärdig
inferiority [inˌfiəri'årrəti] *subst*,
~ *complex* mindervärdes-
komplex
inferno [in'föːnəo] *subst* hel-
vete
infertile [in'föːtajl] *adj* ofrukt-
bar
infighting ['inˌfajting] *subst*
närkamp i boxning
infinite ['infinət] *adj* oändlig
infinity [in'finnəti] *subst*
1 oändlighet **2** oändligheten

inflammable [in'flämməbl] *adj*
lättantändlig
inflammation [ˌinflə'mejschən]
subst inflammation
inflatable [in'flejtəbl] *adj*
uppblåsbar
inflated [in'flejtidd] *adj*
1 uppblåst **2** inflaterad
inflation [in'flejschən] *subst*
inflation
inflationary [in'flejschnəri] *adj*
inflationsdrivande
inflict [in'flikkt] *verb* tillfoga
influence ['infloəns] **I** *subst*
inflytande; *driving under the*
~ rattfylleri **II** *verb* ha
inflytande på
influential [ˌinflo'enschəl] *adj*
inflytelserik
influenza [ˌinflo'enzə] *subst*
influensa
influx ['inflakks] *subst* till-
strömning
inform [in'fåːm] *verb* informe-
ra
informal [in'fåːml] *adj* infor-
mell
informality [ˌinfåː'mälləti]
subst informell karaktär
informant [in'fåːmənt] *subst*
källa person
information [ˌinfə'mejschən]
subst information; ~ *desk*
informationen på varuhus o.d.
informative [in'fåːmətivv] *adj*
upplysande

Informer

170

informer [inˈfɔ:mə] *subst* angivare

infringe [inˈfrindʒ] *verb* överträda, kränka

infringement [inˈfrindʒmənt] *subst* överträdelse, kränkning

infuriating [inˈfjoəriejting] *adj* fruktansvärt irriterande

ingenious [inˈdʒi:njəs] *adj* fyndig; genialisk

ingenuous [inˈdʒennjoəs] *adj* uppriktig; naiv

ingot [ˈingətt] *subst* tacka av guld o.d.

ingrained [inˈgrejnd] *adj* bildl. inrotad

ingredient [inˈgri:djənt] *subst* ingrediens; inslag

inhabit [inˈhäbbitt] *verb* bebo, befolka

inhabitant [inˈhäbbitənt] *subst* invånare

inhale [inˈhejl] *verb* andas in; dra halsbloss

inherent [inˈherrənt] *adj* inneboende; medfödd

inherit [inˈherritt] *verb* ärva

inheritance [inˈherritəns] *subst* arv

inhibit [inˈhibbitt] *verb* hämma

inhibition [ˌinhiˈbischən] *subst* hämning

inhuman [inˈhjo:mən] *adj* omänsklig

initial [iˈnischəl] **I** *adj* begyn-

nelse-, initial- **II** *subst, initials* initialer **III** *verb* signera med initialer

initially [iˈnischəlli] *adv* i början

initiate [iˈnischiejt] *verb* **1** ta initiativet till **2** initiera

initiative [iˈnischiətivv] *subst* **1** initiativ; *on one's own ~* på eget initiativ **2** initiativkraft

injection [inˈdʒekkschən] *subst* injektion äv bildl.

injure [ˈindʒə] *verb* skada

injury [ˈindʒəri] *subst* skada; *~ time* i fotboll o.d. förlängning på grund av skada

injustice [inˈdʒastis] *subst* orättvisa

ink [ingk] *subst* bläck

inkling [ˈingkling] *subst* aning, hum

inlaid [ˌinˈlejd] *adj* inlagd, mosaik-

inland [ˈinlənd] **I** *subst* inland **II** *adj* **1** inlands- **2** *~ revenue* statens skatteinkomster

inlet [ˈinlett] *subst* inlopp

inmate [ˈinmejt] *subst* intern, intagen på institution

inn [inn] *subst* värdshus

innate [ˌiˈnejt] *adj* medfödd

inner [ˈinnə] *adj* inre; inner-; *~ city* problemområde i innerstaden

innocent [ˈinnəosnt] *adj* **1** oskuldsfull **2** oskyldig

innocuous [i'nåkkjoəs] *adj*
oskadlig

innuendo [ˌinjo'enndəo] *subst*
insinuation

innumerable [i'njo:mərəbbl]
adj oräknelig

in-patient ['inˌpejschənt] *subst*
sjukhuspatient

input ['inpott] *subst* **1** insats
2 in-, ingångs-

inquest ['inkoest] *subst* rättslig
undersökning

inquire [in'koajə] *verb* fråga; ~
into undersöka, utreda

inquiry [in'koajəri] *subst*
1 förfrågan **2** efterforskning;
utredning

inquisitive [in'koizzitivv] *adj*
frågvis, nyfiken

insane [in'sejn] *adj* **1** sinnes-
sjuk **2** sanslös

insanity [in'sännəti] *subst*
1 sinnessjukdom **2** vanvett

inscription [in'skripschən]
subst inskription

inscrutable [in'skro:təbl] *adj*
outgrundlig

insect ['innsekkt] *subst* insekt

insecticide [in'sekktisajd]
subst insektsdödande medel

insecure [ˌinsi'kjoə] *adj*
osäker, otrygg

insensitive [in'sennsətivv] *adj*
okänslig

insert [in'sö:t] *verb* infoga

in-service ['inˌsö:vis] *adj*, ~
training internutbildning

inside [ˌin'sajd] **I** *subst* insida;
~ *out* med avigsidan ut **II** *adj*
inre, inner-; intern; ~ *lane*
innerfil **III** *adv* o. *prep* inuti,
inne i, där inne

insight ['innsajt] *subst* insikt

insignificant [ˌinsig'niffikənt]
adj betydelselös

insincere [ˌinsin'siə] *adj* falsk,
hycklande

insinuate [in'sinnjoejt] *verb*
insinuera

insist [in'sist] *verb* **1** insistera
2 vidhålla ståndpunkt

insistent [in'sistənt] *adj* envis,
enträgen

insolent ['innsələnt] *adj* oför-
skämd

insolvent [in'sålvənt] *adj* in-
solvent

insomnia [in'såmniə] *subst*
sömnlöshet

inspect [in'spekkt] *verb* in-
spektera, besiktiga

inspection [in'spekkschən]
subst undersökning, besikt-
ning

inspector [in'spekktə] *subst*
inspektör

inspire [in'spajə] *verb* inspire-
ra; besjäla

installation [ˌinstə'lejschən]
subst installation

instalment [in'stå:lmənt]
subst avbetalning

instance ['instəns] *subst* ex-
empel; *for* ~ till exempel

instant ['instənt] **I** *adj*
1 omedelbar **2** ~ *coffee*
snabbkaffe; ~ *replay* repris i
slow-motion **II** *subst* ögonblick
instantly ['instəntli] *adv*
omedelbart
instead [in'stedd] *adv* i stället;
~ *of* i stället för
instep ['innstepp] *subst* vrist
instigate ['instigejt] *verb* an-
stifta
instinct ['instiŋkt] *subst*
instinkt; ingivelse; *act on* ~
handla instinktivt
institute ['institjo:t] *subst*
institut
institution [,insti'tjo:schən]
subst institution
instruct [in'strakkt] *verb*
1 undervisa **2** instruera
instruction [in'strakkschən]
subst instruktion; *instruc-
tions* äv. bruksanvisning
instructor [in'strakktə] *subst*
lärare, instruktör
instrument ['innstromənt]
subst instrument; redskap; ~
panel instrumentbräda
instrumental [,instro'mentl]
adj **1** instrumental **2** *be* ~ *in*
bidra (medverka) till
insufficient [,insə'fischənt] *adj*
otillräcklig
insular ['innsjolə] *adj* trång-
synt
insulation [,insjo'lejschən]
subst isolering

insulin ['innsjolinn] *subst*
insulin
insult I ['innsalt] *subst* för-
olämpning **II** [in'salt] *verb*
förolämpa
insurance [in'schoərəns] *subst*
försäkring; ~ *company* för-
säkringsbolag; ~ *policy* för-
säkringsbrev
insure [in'schoə] *verb* försäk-
ra
intact [in'täkt] *adj* orörd,
intakt
intake ['inntejk] *subst* **1** intag
2 intagning
integral ['inntigrəl] *adj* nöd-
vändig, väsentlig
integrate ['inntigrejt] *verb*
integrera
intellect ['inntəlekt] *subst*
intellekt
intellectual [,intə'lektchoəl]
adj o. *subst* intellektuell
intelligence [in'telidʒəns]
subst **1** intelligens **2** ~ *service*
underrättelsetjänst
intelligent [in'telidʒənt] *adj*
intelligent
intend [in'tend] *verb* avse,
ämna
intended [in'tenndidd] *adj*
avsedd, planerad
intense [in'tenns] *adj* inten-
siv; häftig
intensely [in'tennsli] *adv*
intensivt
intensive [in'tennsivv] *adj*

intensiv; ~ *care unit* (*ward*)
intensivvårdsavdelning
intent [in'tennt] **I** *adj* spänt
uppmärksam **II** *subst* avsikt
intention [in'tenschən] *subst*
avsikt, syfte
intentional [in'tenschənl] *adj*
avsiktlig
intently [in'tenntli] *adv* med
spänd uppmärksamhet
interactiv [‚intər'äkktivv] *adj*
interaktiv
interchange ['intətchejndʒ]
subst utbyte
interchangeable
[‚intə'tchejndʒəbl] *adj* utbyt-
bar
intercom ['intəkåmm] *subst*
snabbtelefon
intercourse ['intəkå:s] *subst*
umgänge; ~ *el. sexual* ~
samlag
interest ['intrəst, 'intərest]
I *subst* **1** intresse **2** ränta;
take an ~ *in* intressera sig för
II *verb* intressera
interesting ['intrəsting] *adj*
intressant
interface ['intəfejs] *subst*
gränsyta; bildl. kontaktyta
interfere [‚intə'fiə] *verb* lägga
sig i; störa
interference [‚intə'fiərəns]
subst inblandning; störning
interim ['intərim] *adj* inte-
rims-, gällande tillsvidare
interior [in'tiəriə] *adj* inre;

invändig; inomhus-; ~ *deco-
ration* heminredning
interjection [‚intə'dʒekschən]
subst **1** inkast **2** interjektion
interlude ['intəlo:d] *subst*
mellanspel
intermediate [‚intə'mi:djət]
adj som utgör ett övergångs-
stadium; ~ *landing* mellan-
landning
internal [in'tö:nl] *adj* inre;
invärtes; inrikes; ~ *medicine*
invärtes medicin
internally [in'tö:nəli] *adv* i det
inre, invärtes
international [‚intə'näschənl]
I *adj* internationell **II** *subst*
sport. landskamp
interplay ['intəplej] *subst*
samspel
interpret [in'tö:pritt] *verb*
tolka
interpreter [in'tö:prittə] *subst*
tolk
interrogate [in'terrəogejt]
verb förhöra
interrogation
[in‚terrəo'gejschən] *subst*
förhör
interrupt [‚intə'rappt] *verb*
avbryta
interruption [‚intə'rappschən]
subst avbrott
intersect [‚intə'sekkt] *verb*
skära, korsa
intersection [‚intə'sekkschən]

subst gatukorsning, väg-
korsning

Intersperse [,intə'spö:s] *verb*
blanda in; blanda upp

Intertwine [,intə'toajn] *verb*
fläta samman

Interval ['inntəvəl] *subst* **1** in-
tervall **2** paus

Intervene [,intə'vi:n] *verb* gå
emellan

Intervention [,intə'venschən]
subst intervention

Interview ['inntəvjo:] **I** *subst*
intervju **II** *verb* intervjua

Interviewer ['inntəvjo:ə] *subst*
intervjuare

Intestines [in'tesstins] *subst*
pl tarmar; inälvor

Intimacy ['inntiməsi] *subst*
förtrolighet; intimitet

Intimate ['inntimət] *adj* för-
trolig, intim

Into ['innto] *prep* in i; ned i;
upp i; ut i; i

Intolerant [in'tållərənt] *adj*
intolerant

Intoxicated [in'tåksikejtidd]
adj berusad äv. bildl.

Intoxication
[in,tåksi'kejschən] *subst*
1 berusning äv. bildl. **2** för-
giftning

Intravenous [,intrə'vi:nəs] *adj*
intravenös

Intricate ['inntrikətt] *adj* bildl.
invecklad

Intrigue [in'tri:g] **I** *subst* intrig

II *verb* **1** intrigera **2** väcka
intresse

Intriguing [in'tri:ging] *adj*
fängslande

Intrinsic [in'trinnsikk] *adj*
inre; verklig

Introduce [,intrə'djo:s] *verb*
1 introducera **2** presentera

Introduction
[,intrə'dakkschən] *subst* in-
troduktion; inledning

Introductory [,intrə'dakktəri]
adj inledande, introduktions-

Intrude [in'tro:d] *verb* in-
kräkta

Intruder [in'tro:də] *subst* in-
kräktare

Intuition [,intjo'ischən] *subst*
intuition

Invade [in'vejd] *verb* invadera

1 Invalid ['innvəlidd] **I** *subst*
sjukling; invalid **II** *adj* sjuk-
lig; invalid-

2 Invalid [in'vällidd] *adj*
ogiltig

Invaluable [in'väljoəbl] *adj*
ovärderlig

Invariably [in'väəriəbli] *adv*
oföränderligt

Invent [in'vent] *verb* **1** upp-
finna **2** hitta på

Invention [in'venschən] *subst*
1 uppfinning **2** ren dikt

Inventive [in'venntivv] *adj*
uppfinningsrik

Inventor [in'venntə] *subst*
uppfinnare

inventory ['invəntri] *subst*
inventarieförteckning
invert [in'vö:t] *verb* vända
upp och ned på
invest [in'vest] *verb* investera
investigate [in'vestigejt] *verb*
undersöka; utreda
investigation
[in,vesti'gejʃən] *subst* ut-
redning
investment [in'vestmənt]
subst investering
investor [in'vestə] *subst* in-
vesterare
invisible [in'vizəbl] *adj* osynlig
invitation [,invi'tejʃən]
subst **1** inbjudan; ~ *card*
inbjudningskort **2** invit
invite [in'vajt] *verb* **1** bjuda
hem, på lunch o.d. **2** inbjuda till
inviting [in'vajting] *adj* inbju-
dande
invoice ['invåjs] *subst* faktura
involuntary [in'vålləntəri] *adj*
ofrivillig
involve [in'vålv] *verb* **1** dra in,
involvera **2** innebära
involved [in'vålvd] *adj* inblan-
dad; engagerad
involvement [in'vålvmənt]
subst engagemang
inward ['inwəd] **I** *adj* inre
II *adv* inåt
inwards ['inwədz] *adv* inåt
iodine ['ajəodi:n] *subst* jod
iota [aj'əotə] *subst* bildl. jota

IQ [,aj'kjo:] (förk. för *intelli-*
gence quotient) IQ
Iran [i'ra:n] Iran
Iraq [i'ra:k] Irak
Ireland ['ajələnd] Irland
Iris ['ajəriss] *subst* iris
Irish ['ajərisch] **I** *adj* irländsk;
the ~ Sea Irländska sjön
II *subst* irländska språket
Irishman ['ajərischmən] *subst*
irländare
Irishwoman
['ajərisch,wommən] *subst* ir-
ländska kvinna
iron ['ajən] **I** *subst* **1** järn
2 strykjärn **II** *adj* järn-; järn-
hård **III** *verb* stryka med
strykjärn
ironic [aj'rånnikk] *adj* ironisk
ironing ['ajəning] *subst* stryk-
ning med strykjärn
ironing-board ['ajəningbå:d]
subst strykbräde
irony ['ajərəni] *subst* ironi
irrational [i'räschənl] *adj*
irrationell
irregular [i'reggjolə] *adj* ore-
gelbunden
irrelevant [i'relləvənt] *adj*
irrelevant
irresistible [,irri'zistəbl] *adj*
oemotståndlig
irrespective [,irri'spektivv]
adj, ~ *of* utan hänsyn till
irresponsible [,irri'spånnsəbl]
adj ansvarslös

irrigate ['irrigejt] *verb* konstbevattna

irrigation [ˌirri'gejʃən] *subst* konstbevattning

irritate ['irritejt] *verb* irritera, reta

irritating ['irritejting] *adj* irriterande

irritation [ˌirri'tejʃən] *subst* irritation

is [izz], *he* (*she*, *it*) ~ han (hon, det) är, jfr äv. *be*

Islam ['izla:m] *subst* islam

island ['ajlənd] *subst* ö

islander ['ajləndə] *subst* öbo

isle [ajl] *subst* ö

isn't ['izznt] = *is not*

isolate ['ajsəlejt] *verb* isolera

isolated ['ajsəlejtidd] *adj* isolerad; enstaka

isolation [ˌajsəʊ'lejʃən] *subst* isolering; ~ *block* (*ward*) infektionsavdelning

issue ['ischo:] **I** *verb* utfärda **II** *subst* **1** fråga; *make an ~ of sth.* göra stor affär av ngt; *the point at* ~ själva sakfrågan **2** upplaga, nummer

IT [ˌaj'ti:] (förk. för *information technology*) IT

it [itt] *pron* den, det; sig

Italian [i'täljən] **I** *adj* italiensk **II** *subst* **1** italienare; italienska kvinna **2** italienska språket

Italy ['ittəli] Italien

itch [itch] **I** *subst* klåda **II** *verb* klia

item ['ajtəm] *subst* punkt; *news* ~ notis i tidning

itinerary [aj'tinnərəri] *subst* reseguide; resplan

it'll ['ittl] = *it will*

its [itts] *pron* dess; sin

it's [itts] = *it is*

itself [it'self] *pron* sig, sig själv; själv; *by* ~ av sig själv, automatiskt; *in* ~ i sig själv

I've [ajv] = *I have*

ivory ['ajvəri] *subst* elfenben

ivy ['ajvi] *subst* murgröna

J

J, J [dʒej] *subst* J, j

jab [dʒäbb] *verb* sticka, stöta

jack [dʒäkk] *subst* **1** knekt i kortlek **2** domkraft

jackal ['dʒäkkå:l] *subst* sjakal

jackdaw ['dʒäkkdå:] *subst* kaja

jacket ['dʒäkkitt] *subst* **1** jacka; kavaj **2** skal; ~ *potatoes* bakad potatis

jack-knife ['dʒäkknajf] *subst* stor fällkniv

jackpot ['dʒäkkpått] *subst* jackpot

jaded ['dʒejdidd] *adj* trött, sliten

jagged ['dʒäggidd] *adj* tandad

jail [dʒejl] *subst* fängelse

1 jam [dʒämm] *subst* sylt, marmelad

2 jam [dʒämm] **I** *subst* **1** trafikstockning **2** stopp i maskin o.d. **II** *verb* blockera; hänga upp sig

jangle ['dʒänggl] **I** *verb* skramla **II** *subst* skrammel

janitor ['dʒännitə] *subst* dörrvakt

January ['dʒännjoəri] *subst* januari

1 jar [dʒa:] *subst* kruka; burk

2 jar [dʒa:] *verb* **1** gnissla **2** ~ *on* gå på nerverna

jargon ['dʒa:gən] *subst* jargong

jaundice ['dʒå:ndiss] *subst* gulsot

javelin ['dʒävvlin] *subst* spjut

jaw [dʒå:] *subst* käke

jay-walker ['dʒej‚oå:kə] *subst* vard. oförsiktig fotgängare

jazz [dʒäzz] *subst* jazz

jealous ['dʒelləs] *adj* svartsjuk; avundsjuk

jealousy ['dʒelləsi] *subst* svartsjuka; avundsjuka

jeer [dʒiə] **I** *verb* håna **II** *subst* gliring

jelly ['dʒelli] *subst* gelé; fruktgelé

jellyfish ['dʒellifisch] *subst* manet

jeopardy ['dʒeppədi] *subst* fara, risk

jerk [dʒö:k] **I** *subst* ryck **II** *verb* rycka till

jersey ['dʒö:zi] **1** stickad tröja **2** jersey tyg

jet [dʒett] *subst* **1** stråle **2** jetplan

jet-black [‚dʒett'bläkk] *adj* kolsvart

jet-lag ['dʒettlägg] *subst* jetlag, rubbad dygnsrytm *efter längre flygning*

jettison ['dʒettisn] *verb* göra sig av med

jetty ['dʒetti] *subst* angörings-
brygga
Jew [dʒo:] *subst* jude
jewel ['dʒo:əl] *subst* juvel;
jewels äv. smycken
jeweller ['dʒo:ələ] *subst* juve-
lerare; *jeweller's shop* guld-
smedsaffär
jewellery ['dʒo:əlri] *subst*
smycken
Jewess ['dʒo:es] *subst* judinna
Jewish ['dʒo:isch] *adj* judisk
jigsaw ['dʒiggså:] *subst*, ~ el. ~
puzzle pussel
jilt [dʒilt] *verb* ge på båten
jingle ['dʒinggl] **I** *verb* pingla
II *subst* melodisnutt i reklam
job [dʒåbb] *subst* jobb; göra;
be out of a ~ vara arbetslös
jobcentre ['dʒåbb,sentə] *subst*
arbetsförmedling lokal
jobless ['dʒåbbləs] *adj* arbets-
lös
jockey, ['dʒåkki] **I** *subst* jockey
II *verb* manipulera
jocular ['dʒåkkjolə] *adj*
skämtsam
jog [dʒågg] *verb* **1** stöta till
2 jogga
jogging ['dʒågging] *subst*
joggning
join [dʒåjn] *verb* **1** förena
2 ansluta sig till; ~ *in* vara
med; ~ *up* ta värvning
joint [dʒåjnt] **I** *subst* **1** fog,
skarv **2** led i kroppen; *out of* ~

ur led; i olag **3** stek kött **II** *adj*
gemensam
joke [dʒåok] **I** *subst* skämt
II *verb* skämta
joker ['dʒåokə] *subst* **1** skäm-
tare **2** joker
jolly ['dʒålli] **I** *adj* glad **II** *adv*
vard. förbaskat
jolt [dʒåolt] **I** *verb* skaka;
skaka om **II** *subst* skakning;
omskakning
jostle ['dʒåssl] *verb* knuffas; ~
one's way armbåga sig fram
jot [dʒått] *verb*, ~ *down*
krafsa ned
journal ['dʒö:nl] *subst* **1** tid-
skrift **2** dagbok
journalism ['dʒö:nəlizəm]
subst journalistik
journalist ['dʒö:nəlist] *subst*
journalist
journey ['dʒö:ni] *subst* o. *verb*
resa
joy [dʒåj] *subst* glädje
joyful ['dʒåjfoll] *adj* glädjande;
lycklig
joystick ['dʒåjstikk] *subst*
styrspak
jubilant ['dʒo:bilənt] *adj* jub-
lande
judge [dʒadd3] **I** *subst* domare
II *verb* döma; bedöma
judgement ['dʒadd3mənt]
subst **1** dom **2** omdömesför-
måga; *against one's better* ~
mot bättre vetande

judicial [dʒo'dischəl] *adj* rättslig

judo ['dʒo:dəo] *subst* judo

jug [dʒagg] *subst* kanna

juggernaut ['dʒaggənå:t] *subst* långtradare

juggle ['dʒaggl] *verb* jonglera

juggler ['dʒagglə] *subst* jonglör

juice [dʒo:s] *subst* saft; juice

juicy ['dʒo:si] *adj* saftig

July [dʒo'laj] *subst* juli

jumble ['dʒambl] *subst* röra; ~ *sale* loppmarknad på välgörenhetsbasar

jumbo ['dʒambəo] *adj* jätte-; ~ *jet* jumbojet

jump [dʒamp] **I** *verb* hoppa; hoppa till; ~ *to conclusions* dra förhastade slutsatser **II** *subst* **1** hopp; ~ *the queue* tränga sig före i kön **2** plötslig höjning

jumper ['dʒampə] *subst* **1** jumper **2** ~ *cable* startkabel

jumpy ['dʒampi] *adj* vard. nervös

junction ['dʒangkschən] *subst* järnvägsknut; vägkorsning

June [dʒo:n] *subst* juni

jungle ['dʒanggl] *subst* djungel

junior ['dʒo:njə] *adj* yngre; underordnad

junk [dʒangk] *subst* skräp; lump; ~ *food* skräpmat; ~ *yard* skroten

juror ['dʒoərə] *subst* juryledamot

jury ['dʒoəri] *subst* jury

just [dʒast] **I** *adj* rättvis **II** *adv* **1** just; precis **2** nyss; strax; ~ *now* just nu; alldeles nyss **3** bara

justice ['dʒasstiss] *subst* rättvisa; *bring to* ~ dra inför rätta

justify ['dʒasstifaj] *verb* försvara

jut [dʒatt] *verb* sticka ut

juvenile ['dʒo:vənajl] **I** *subst*, *juveniles* minderåriga; ungdomar; *for juveniles* barntillåten **II** *adj* ungdoms-; ~ *delinquent* ungdomsbrottsling

180

K

K, k [kej] *subst* K, k
kangaroo [ˌkänggəˈroː] *subst* känguru
karate [kəˈraːti] *subst* karate
keel [kiːl] *subst* köl
keen [kiːn] *adj* skarp; ivrig; ~ *on* pigg på
keep* [kiːp] **I** *verb* **1** hålla; hålla sig **2** behålla; förvara **3** försörja **4** ~ *doing* fortsätta att göra; ~ *away* hålla på avstånd; ~ *back* hålla inne med; ~ *down* hålla nere; ~ *from* avhålla från; ~ *off* stänga ute; ~ *on* hålla i sig; fortsätta med; ~ *out of* hålla sig borta ifrån; ~ *to* hålla sig till **II** *subst* uppehälle
keeper [ˈkiːpə] *subst* djurskötare; intendent vid museum
keep-fit [ˌkiːpˈfitt] *adj* motions-
keepsake [ˈkiːpsejk] *subst* minnesgåva
kennel [ˈkennl] *subst* hundkoja; *kennels* kennel
kerb [köːb] *subst* trottoarkant
kernel [ˈköːnl] *subst* kärna
kettle [ˈkettl] *subst* vattenkokare
key [kiː] *subst* **1** nyckel **2** tangent

keyboard [ˈkiːbåːd] *subst* klaviatur; tangentbord
keyhole [ˈkiːhəol] *subst* nyckelhål
keynote [ˈkiːnəot] *subst* grundton
key-ring [ˈkiːring] *subst* nyckelring
khaki [ˈkaːki] *subst* kaki
kick [kikk] **I** *verb* sparka; ~ *off* sparka i gång; göra avspark; *be kicked out* bli utkastad; få sparken; ~ *up a row (fuss)* ställa till bråk **II** *subst* spark; *free* ~ frispark; *penalty* ~ straffspark
kick-off [ˈkikkåff] *subst* avspark
1 kid [kidd] *subst* vard. barn, unge
2 kid [kidd] *verb* lura; *no kidding!* det är säkert!
kidnap [ˈkiddnäpp] *verb* kidnappa
kidnapper [ˈkiddnäppə] *subst* kidnappare
kidney [ˈkiddni] *subst* njure
kill [kill] **I** *verb* döda; bildl. ta död på; *be killed* äv. omkomma **II** *subst* jaktbyte
killer [ˈkillə] *subst* mördare
killing [ˈkilling] *subst* mord
kill-joy [ˈkilldʒåj] *subst* glädjedödare
kiln [kiln] *subst* brännugn
kilo [ˈkiːləo] *subst* kilo

knock

kilogram ['kiləogrämm] *subst*
kilogram

kilometre ['kilə,mi:tə] *subst*
kilometer

kilowatt ['kiləowått] *subst*
kilowatt

kilt [kilt] *subst* kilt

1 kind [kajnd] *subst* **1** slag,
sort; ~ *of* slags; liksom **2** *in* ~
in natura

2 kind [kajnd] *adj* vänlig,
snäll

kindergarten ['kində,ga:tn]
subst lekskola

kind-hearted [,kajnd'ha:tidd]
adj godhjärtad

kindle ['kindl] *verb* tända eld

kindly ['kajndli] *adj* vänlig

kindness ['kajndnəs] *subst*
vänlighet

kindred ['kindrədd] *adj* be-
släktad

king [king] *subst* kung

kingdom ['kingdəm] *subst*
1 kungarike **2** bildl. rike; ~
come livet efter detta

king-size ['kingsajz] *adj* extra
stor (lång)

kinky ['kingki] *adj* vard. bisarr;
pervers

kiosk ['ki:åsk] *subst* kiosk

kipper ['kippə] *subst* 'kipper'
röktorkad sill

kiss [kiss] **I** *verb* kyssa; kyssas
II *subst* kyss, puss

kit [kitt] *subst* uppsättning;
byggsats

kitchen ['kittchinn] *subst* kök

kitchen sink [,kittchin'singk]
subst diskbänk

kite [kajt] *subst* drake av
papper o.d.

kitten ['kittn] *subst* kattunge

kitty ['kitti] *subst* pott; kassa

knack [näkk], *get* (*have*) *the* ~
of få (ha) kläm på

knapsack ['näppsäkk] *subst*
ryggsäck

knead [ni:d] *verb* knåda

knee [ni:] *subst* knä

kneecap ['ni:käpp] *subst* knä-
skål

kneel [ni:l] *verb* falla (ligga)
på knä

knew [nju:] imperf. av *know*

knickers ['nikkəz] *subst pl*
underbyxor för damer

knife [najf] **I** *subst* kniv **II** *verb*
knivhugga

knight [najt] **I** *subst* **1** riddare
2 häst i schack **II** *verb* adla

knit [nitt] *verb* sticka t.ex.
strumpor

knitting ['nitting] *subst* stick-
ning

knitting-needle ['nitting,ni:dl]
subst sticka för stickning

knitwear ['nittoäə] *subst* stic-
kade plagg

knives [najvz] *subst* pl. av
knife

knob [nåbb] *subst* knopp,
knapp

knock [nåkk] **I** *verb* **1** knacka

2 slå, slå till **3** ~ *about*
misshandla; ~ *back* vard.
svepa i sig; ~ *down* köra på;
riva ned; ~ *off* slå av på; ~
out knocka; ~ *up* slang göra
på smällen **II** *subst* slag;
knackning

knocker ['nåkkə] *subst* port-
klapp

knock-out ['nåkkaot] **I** *adj*
knockout- **II** *subst* knockout

knot [nått] **I** *subst* **1** knut
2 knop i timmen **II** *verb* knyta
en knut

knotty ['nåtti] *adj* kvistig

know* [nəo] *verb* **1** veta; ~
about känna till **2** kunna
3 känna vara bekant med; *get*
to ~ lära känna **4** uppleva, se

know-all ['nəoå:l] *subst* vard.
besserwisser

know-how ['nəohao] *subst*
vard. know-how, expertis

knowing ['nəoing] *adj* insikts-
full; menande

knowingly ['nəoingli] *adv*
1 medvetet **2** menande

knowledge ['nållidʒ] *subst*
kunskap

knowledgeable ['nållidʒəbl]
adj kunnig

known [nəon] perf. p. av *know*

knuckle ['nakkl] *subst* knoge

L, l [ell] *subst* L, l; *L*
övningskörning skylt på bil

label ['lejbl] **I** *subst* etikett
II *verb* sätta etikett på

laboratory [lə'bårrətəri] *subst*
laboratorium

labour ['lejbə] **I** *subst* **1** arbete
2 arbetskraft **3** *Labour* el.
the Labour Party arbetar-
partiet **4** värkar vid förlossning
II *verb* anstränga sig

laboured ['lejbəd] *adj* överar-
betad

labourer ['lejbərə] *subst* arbe-
tare

lace [lejs] **I** *subst* **1** snöre
2 spets **II** *verb* **1** snöra
2 spetsa kaffe o.d.

lack [läkk] **I** *subst* brist **II** *verb*
sakna

lacquer ['läkkə] **I** *subst* fernis-
sa **II** *verb* lackera

lad [lädd] *subst* grabb

ladder ['läddə] *subst* **1** stege
2 maska på strumpa o.d.

ladle ['lejdl] **I** *subst* slev **II** *verb*
ösa med slev

lady ['lejdi] *subst* dam; *ladies*
på skylt damer; *ladies'* ofta
dam-

ladybird ['lejdibö:d] *subst*
nyckelpiga

ladylike ['lejdilajk] *adj* elegant

1 lag [lägg] **I** *verb*, **~ behind**
ligga (sacka) efter **II** *subst*
försening

2 lag [lägg] *verb* värmeisolera

lager ['la:gə] *subst* ljus lager

lagoon [lə'go:n] *subst* lagun

laid [lejd] imperf. o. perf. p. av *3
lay*

laid-back [,lejd'bäkk] *adj* vard.
avspänd

lain [lejn] perf. p. av *2 lie*

lake [lejk] *subst* sjö; *the Lake
District* sjödistriktet i nord-
västra England

lamb [lämm] *subst* lamm;
roast ~ lammstek

lame [lejm] *adj* **1** halt **2** bildl.
lam

lamé ['la:mej] *subst* lamé

lament [lə'ment] *subst* ve-
klagan

lamp [lämp] *subst* lampa

lamppost ['lämppəost] *subst*
lyktstolpe

lampshade ['lämpschejd]
subst lampskärm

lance [la:ns] *subst* lans

land [länd] **I** *subst* land; mark
II *verb* **1** landa; landsätta **2** ~
up in hamna i

landing ['länding] *subst* land-
ning; *emergency* ~ nödland-
ning

landing-strip ['ländingstripp]
subst landningsbana

landlady ['länd,lejdi] *subst*
hyresvärdinna

landlocked ['ländlåkkt] *adj*
omgiven av land

landlord ['ländlå:d] *subst* hy-
resvärd

landmark ['ländma:k] *subst*
bildl. milstolpe

landowner ['länd,əonə] *subst*
jordägare

landscape ['ländskejp] *subst*
landskap; ~ *window* pano-
ramafönster

landslide ['ländslajd] *subst*
jordskred

lane [lejn] *subst* **1** smal väg
2 fil; sport. bana

language ['länggwidʒ] *subst*
språk

lanky ['längki] *adj* lång och
gänglig

lantern ['läntən] *subst* lanter-
na

1 lap [läpp] *subst* knä; *on her
lap* i knät på henne

2 lap [läpp] sport. **I** *verb* varva
II *subst* varv

3 lap [läpp] *verb* lapa; slicka i
sig

lapel [lə'pell] *subst* slag på
kavaj o.d.

lapse [läpps] *subst*, *I have a ~
of memory* minnet sviker
mig; *after a ~ of time* efter
en tid

laptop ['läpptåpp] *subst* bär-
bar dator

larceny ['la:səni] *subst* stöld
larch [la:tch] *subst* lärkträd
lard [la:d] *subst* ister
larder ['la:də] *subst* skafferi
large [la:dʒ] **I** *adj* stor **II** *subst*, at ~ i stort **III** *adv*, by and ~ i stort sett
largely ['la:dʒli] *adv* till stor del
large-scale ['la:dʒskejl] *adj* storskalig
lark [la:k] *subst* lärka
laryngitis [ˌlärrin'dʒajtiss] *subst* strupkatarr
laser ['lejzə] *subst* laser
lash [läsch] **I** *verb* piska **II** *subst* piskrapp
lass [läss] *subst* tös
1 last [la:st] *adj* sist; senast; till sist; ~ *evening* i går kväll; ~ *name* efternamn; ~ *time* förra gången; ~ *year* i fjol
2 last [la:st] *verb* vara; räcka; hålla
lasting ['la:sting] *adj* bestående
lastly ['la:stli] *adv* till sist
last-minute ['la:st,minnitt] *adj* i sista minuten
latch [lätch] **I** *subst* dörrklinka **II** *verb* låsa
1 late [lejt] **I** *adj* **1** sen; försenad **2** framliden; förre, förra; före detta **II** *adv* sent; för sent
latecomer ['lejt,kammə] *subst* person som kommer för sent

lately ['lejtli] *adv* på sistone
later ['lejtə] *adj* o. *adv* senare
latest ['lejtist] *adj* o. *adv* senast, sist
lathe [lejð] *subst* svarv
lather ['la:ðə] *subst* lödder
Latin ['lättin] **I** *adj* latinsk **II** *subst* latin
Latin-American [ˌlättinə'merrikən] **I** *adj* latinamerikansk **II** *subst* latinamerikan
latitude ['lättitjo:d] *subst* breddgrad
latter ['lättə] *adj* sista, senare
latterly ['lättəli] *adv* på sista tiden
laudable ['lå:dəbl] *adj* lovvärd
laugh [la:f] **I** *verb* skratta **II** *subst* skratt
laughable ['la:fəbl] *adj* skrattretande
laughing-stock ['la:fingståkk] *subst* föremål för åtlöje
laughter ['la:ftə] *subst* skratt
1 launch [lå:ntsch] *verb* **1** sjösätta; skjuta upp **2** lansera
2 launch [lå:ntsch] *subst* större motorbåt
Launderette® [ˌlå:ndə'rett] *subst* tvättomat
laundry ['lå:ndri] *subst* tvätt; ~ *room* tvättstuga
laureate ['lå:riət] *adj* lagerkrönt
laurel ['lårəl] *subst* lagerträd

lava ['la:və] *subst* lava

lavatory ['lävvətəri] *subst* toalett rum

lavender ['lävvəndə] *subst* lavendel

lavish ['lävvisch] **I** *adj* frikostig **II** *verb* slösa med

law [lå:] *subst* **1** lag; ~ *and order* lag och ordning **2** juridik; *court of* ~ domstol

law-abiding ['lå:ə,bajding] *adj* laglydig

law court ['lå:kå:t] *subst* domstol

lawful ['lå:foll] *adj* laglig

lawless ['lå:ləs] *adj* laglös

lawn [lå:n] *subst* gräsmatta

lawnmower ['lå:n,məoə] *subst* gräsklippare

lawn tennis ['lå:n,tennis] *subst* tennis på gräsplan

lawsuit ['lå:so:t] *subst* civilprocess

lawyer ['lå:jə] *subst* advokat

lax [läkks] *adj* slapp

laxative ['läkksətivv] *subst* laxermedel

1 lay* [lej] *adj* lekmanna-

2 lay [lej] *imperf.* av *2* **lie**

3 lay [lej] **1** lägga **2** duka **3** värpa **4** ~ *by* lägga bi; ~ *down* fastslå; ~ *down the law* tala om hur saker och ting skall vara; ~ *off* friställa; lägga av

layabout ['lejəbaot] *subst* vard. dagdrivare

lay-by ['lejbaj] *subst* parkeringsplats vid landsväg

layer ['lejə] *subst* lager, skikt

layman ['lejmən] *subst* lekman

lay-off ['lejåff] *subst* friställning

layout ['lejaot] *subst* **1** anläggning **2** layout

laze [lejz] *verb* lata sig

lazy ['lejzi] *adj* lat

lb. [paond] *subst* pund vikt = 454 gram

1 lead [ledd] *subst* **1** bly **2** blyerts

2 lead [li:d] **I 1** leda, föra; ~ *astray* föra vilse **2** ~ *to* leda till **3** leva **II** *subst* **1** ledning **2** ledtråd

leaden ['leddn] *adj* blytung

leader ['li:də] *subst* ledare

leadership ['li:dəschipp] *subst* ledning ledarskap

lead-free ['leddfri:] *adj* blyfri

leading ['li:ding] *adj* ledande; ~ *part* huvudroll

leaf [li:f] *subst* löv

leaflet ['li:flat] *subst* flygblad

league [li:g] *subst* **1** förbund **2** sport. serie; *the League* engelska ligan

leak [li:k] *subst* o. *verb* läcka

1 lean [li:n] *adj* smal; om kött mager

2 lean [li:n] *verb* luta, stödja

leaning ['li:ning] *subst* **1** lutning **2** böjelse

leap [li:p] I *verb* hoppa
II *subst* hopp
leap year ['li:pjö:] *subst*
skottår
learn [lö:n] *verb* **1** lära sig; ~
by heart lära sig utantill **2** få
veta
learned ['lö:nidd] *adj* lärd
learner ['lö:nə] *subst* elev
learning ['lö:ning] *subst* bild-
ning
lease [li:s] I *subst* uthyrning
II *verb* hyra
leash [li:sch] *subst* hundkop-
pel; *on the* ~ i koppel
least [li:st] I *adj* o. *adv* minst
II *pron, the* ~ det minsta; *at*
~ åtminstone
leather ['leðða] *subst* läder
leave* [li:v] I *verb* **1** lämna;
lämna kvar **2** resa, avgå
3 överge; ge sig av; sluta **4** ~
aside bortse ifrån; ~ *behind*
lämna för gott; ~ *out*
utelämna II *subst* tjänst-
ledighet
leaves [li:vz] *subst* pl. av *leaf*
lecherous ['lettchərəs] *adj*
liderlig
lecture ['lekktcha] I *subst*
föreläsning II *verb* föreläsa
lecturer ['lekktchərə] *subst*
föreläsare
led [ledd] imperf. o. perf. p. av **2**
lead
ledge [leddʒ] *subst* klippav-
sats

leech [li:tch] *subst* blodigel
leek [li:k] *subst* purjolök
leer [liə] I *subst* lömsk blick
II *verb* snegla lömskt
leeway ['li:wej] *subst* vard.
spelrum
1 left [left] imperf. o. perf. p. av
leave
2 left [left] I *adj* vänster II *adv*
till vänster III *subst* vänster
sida; *the Left* vänstern
left-handed [,left'hänndidd]
adj vänsterhänt
left-luggage [,left'laggidʒ]
subst, ~ office effektförva-
ring
left-wing ['leftwing] *adj* väns-
ter-, radikal
leg [legg] *subst* ben lem
legacy ['leggəsi] *subst* arv
legal ['li:gəl] *adj* laglig;
rättslig; ~ *aid* rättshjälp
legend ['leddʒənd] *subst* le-
gend
legislation [,leddʒis'lejschən]
subst lagstiftning
legislature ['leddʒislejtchə]
subst lagstiftande församling
legitimate [li'dʒittimət] *adj*
1 legitim **2** befogad
legroom ['leggro:m] *subst*
plats för benen
leisure ['leʒʒə] *subst* fritid
leisurely ['leʒʒəli] I *adj* lugn,
maklig II *adv* utan brådska
lemon ['lemmən] *subst* citron

liberal

lemonade [,lemmə'nejd] *subst* läskedryck

lend* [lennd] *verb* låna ut

length [lengθ] *subst* **1** längd **2** *at* ~ länge; utförligt

lengthen ['lengθən] *verb* förlänga

lengthy ['lengθi] *adj* långvarig

lenient ['li:njənt] *adj* mild

lens [lennz] *subst* objektiv på kamera; ~ *cap* objektivskydd

Lent [lennt] *subst* fastan

lent [lennt] *imperf. o. perf. p. av* lend

lentil ['lenntl] *subst* lins baljväxt

Leo ['li:əo] *subst* Lejonet stjärntecken

leprosy ['lepprəsi] *subst* lepra

lesbian ['lezbiən] **I** *adj* lesbisk **II** *subst* lesbisk kvinna

less [less] *adj o. adv* mindre

lessen ['lessn] *verb* minska

lesser ['lessə] *adj* mindre

lesson ['lessn] *subst* **1** lektion **2** bildl. läxa

let* [lett] *verb* **1** låta, tillåta **2** hyra ut **3** ~ *alone* låta vara i fred; ~ *loose* släppa lös **4** ~ *be* låta bli; ~ *go* släppa taget; ~ *down* bildl. svika; ~ *in* släppa in; ~ *into* låta få veta; ~ *off* slippa undan; ~ *out* släppa ut; ge ifrån sig; ~ *through* släppa igenom

lethal ['li:θəl] *adj* dödlig

letter ['lettə] *subst* **1** bokstav **2** brev

letter bomb ['lettəbåmm] *subst* brevbomb

letterbox ['lettəbåkks] *subst* brevlåda

lettering ['lettəring] *subst* textning

lettuce ['lettiss] *subst* salladshuvud

leukaemia [lo'ki:miə] *subst* leukemi

level ['levvl] **I** *subst* nivå **II** *adj* **1** plan **2** i jämnhöjd **III** *verb* jämna; jämna ut

level-headed [,levvl'heddidd] *adj* sansad

lever ['li:və] *subst* hävstång; spak

leverage ['li:vəridʒ] *subst* bildl. inflytande

levy ['levvi] **I** *subst* skatt **II** *verb* taxera

lewd [lo:d] *adj* liderlig

liability [,lajə'billəti] *subst* **1** ansvar **2** bildl. belastning

liable ['lajəbl] *adj* **1** ansvarig **2** benägen

liaison [li'ejzən] *subst* förbindelse

liar ['lajə] *subst* lögnare

libel ['lajbəl] *subst* ärekränkning

liberal ['libbərəl] *adj* **1** frikostig **2** frisinnad; *Liberal* liberal

liberation [ˌlibbəˈrejschən] *subst* befrielse

liberty [ˈlibbəti] *subst* frihet

Libra [ˈliːbrə] *subst* Vågen stjärntecken

librarian [lajˈbrääriən] *subst* bibliotekarie

library [ˈlajbrəri] *subst* bibliotek; ~ **ticket** lånekort

lice [lajs] *subst* pl. av *louse*

licence [ˈlajsəns] *subst* licens; tillstånd

license [ˈlajsəns] *verb* bevilja licens (tillstånd)

licensed [ˈlajsənst] *adj* med spriträttigheter

lick [likk] **I** *verb* slicka **II** *subst* slickning

lid [lidd] *subst* lock

1 lie [laj] **I** *subst* lögn **II** *verb* ljuga

2 lie* [laj] *verb* ligga i olika bet.; ~ *about* (*around*) ligga och skräpa; ~ *down* lägga sig och vila

lie-in [lajˈinn] *subst, have a* ~ vard. ligga och dra sig

lieutenant [leffˈtennənt] *subst* löjtnant

life [lajf] *subst* liv

life assurance [ˈlajf əˌschoərəns] *subst* livförsäkring

lifebelt [ˈlajfbelt] *subst* livbälte

lifeboat [ˈlajfbəot] *subst* livbåt

lifebuoy [ˈlajfbåj] *subst* livboj

lifeguard [ˈlajfgaːd] *subst* badvakt

life insurance [ˈlajf inˌschoərəns] *subst* livförsäkring

life jacket [ˈlajfˌdʒäkkitt] *subst* flytväst

lifeless [ˈlajfləs] *adj* livlös

lifelike [ˈlajflajk] *adj* verklighetstrogen

lifeline [ˈlajflajn] *subst* **1** livlina **2** räddningslina

lifelong [ˈlajflång] *adj* livslång

life sentence [ˈlajf ˌsenntəns] *subst* livstid som dom

life-size [ˌlajfˈsajz] *adj* i naturlig storlek

life span [ˈlajfspänn] *subst* livslängd

lifestyle [ˈlajfstajl] *subst* livsstil

lifetime [ˈlajftajm] *subst* livstid

lift [lift] **I** *verb* lyfta **II** *subst* **1** lift skjuts **2** hiss; skidlift

1 light [lajt] **I** *subst* ljus; *lights* ofta trafikljus; *can I have a* ~? kan jag få lite eld? **II** *adj* ljus **III** *verb* tända

2 light [lajt] *adj* lätt; lätt- med låg halt av fett o.d.

light bulb [ˈlajtballb] *subst* glödlampa

1 lighten [ˈlajtn] *verb* lätta, göra lättare

2 lighten [ˈlajtn] *verb* ljusna, klarna

lighter [ˈlajtə] *subst* tändare

light-headed [ˌlajtˈheddidd] *adj* yr i huvudet

light-hearted [ˌlajtˈhaːtidd] *adj* glad, sorglös

lighthouse [ˈlajthaos] *subst* fyr

lighting [ˈlajting] *subst* belysning

lightly [ˈlajtli] *adv* lätt; ~ *done* lättstekt

lightness [ˈlajtnəs] *subst* lätthet

lightning [ˈlajtning] *subst* blixten; *a flash of* ~ en blixt

lightning conductor [ˈlajtning kənˌdaktə] *subst* åskledare

lightweight [ˈlajtoejt] *subst* lättvikt; lättviktare

1 like [lajk] **I** *adj* lik; liknande **II** *prep* **1** som, såsom **2** likt **3** *nothing* ~ inte alls; *something* ~ ungefär

2 like [lajk] *verb* tycka om; vilja ha

likeable [ˈlajkəbl] *adj* sympatisk

likelihood [ˈlajklihodd] *subst* sannolikhet

likely [ˈlajkli] **I** *adj* trolig **II** *adv, very* ~ el. *most* ~ troligtvis

likeness [ˈlajknəs] *subst* likhet

likewise [ˈlajkoajz] *adv* **1** likaledes **2** också

liking [ˈlajking] *subst* tycke

lilac [ˈlajləkk] **I** *subst* syren **II** *adj* lila

lily [ˈlilli] *subst* lilja

lily of the valley [ˌlilli əv ðə ˈvälli] *subst* liljekonvalj

limb [limm] *subst* lem

1 lime [lajm] *subst* lime frukt

2 lime [lajm] *subst* lind

3 lime [lajm] *subst* kalk

limelight [ˈlajmlajt] *subst* bildl. rampljus

limestone [ˈlajmstəon] *subst* kalksten

limit [ˈlimmitt] **I** *subst* gräns **II** *verb* begränsa

limited [ˈlimmitidd] *adj* begränsad

1 limp [limp] *adj* slapp, lealös

2 limp [limp] *verb* linka

1 line [lajn] *subst* **1** linje i olika bet.; ledning **2** rad

2 line [lajn] *verb* fodra

1 lined [lajnd] *adj* linjerad

2 lined [lajnd] *adj* fodrad

linen [ˈlinninn] *subst* linne

liner [ˈlajnə] *subst* linjefartyg

linesman [ˈlajnzmən] *subst* linjeman

line-up [ˈlajnapp] *subst* uppställning; startfält

linger [ˈlinggə] *verb* dröja sig kvar

linguist [ˈlinggwist] *subst* lingvist

linguistics [lingˈgwistikks] *subst* språkvetenskap

lining [ˈlajning] *subst* foder

link [lingk] **I** *subst* länk; förbindelse **II** *verb* förbinda; ~ *up* länkas (kopplas) ihop

links [lingks] *subst pl* golfbana

lino ['lajnəo] *subst* vard. för *linoleum*

linoleum [li'nəoljəm] *subst* linoleum

lion ['lajən] *subst* lejon

lioness ['lajəness] *subst* lejoninna

lip [lipp] *subst* läpp

lip-read ['lippri:d] *verb* läsa på läpparna

lipsalve ['lippsälv] *subst* cerat

lip service ['lipp,sö:vis] *subst* tomma ord

lipstick ['lippstikk] *subst* läppstift

liqueur [li'kjoə] *subst* likör

liquid ['likkwidd] I *adj* flytande II *subst* vätska

liquidizer ['likkwidajzə] *subst* slags mixer

liquor ['likkə] *subst* starksprit

liquorice ['likkəriss] *subst* lakrits

lisp [lisp] *verb* läspa

list [list] *subst* o. *verb* lista

listen ['lissn] *verb* lyssna; ~ *to* lyssna på

listener ['lissnə] *subst* lyssnare

listless ['listləs] *adj* håglös

lit [litt] imperf. o. perf. p. av *1 light*

literacy ['littərəsi] *subst* läs- och skrivkunnighet

literal ['littərəl] *adj* bokstavlig

literally ['littərəli] *adv* bokstavligen

literary ['littərəri] *adj* litterär

literate ['littərət] *adj* läs- och skrivkunnig

literature ['littərətchə] *subst* litteratur

lithe [lajð] *adj* vig

litigation [,litti'gejschən] *subst* rättstvist

litre ['li:tə] *subst* liter

litter ['littə] I *subst* skräp II *verb* skräpa ner

litterbin ['littəbinn] *subst* papperskorg på allmän plats

little ['littl] I *adj* liten; små II *adj* o. *adv* o. *pron* lite, litet; ~ *by* ~ litet i sänder

1 live [lajv] *adj* **1** levande **2** direktsänd

2 live [livv] *verb* **1** leva; ~ *off* leva av (på); ~ *on* leva på; leva vidare **2** bo

livelihood ['lajvlihodd] *subst* levebröd

lively ['lajvli] *adj* livlig

liver ['livvə] *subst* lever

lives [lajvz] *subst* pl. av *life*

livestock ['lajvståkk] *subst* kreatursbesättning

livid ['livvidd] *adj* blygrå

living ['livving] I *adj* levande; levnads- II *subst* liv; uppehälle

living room ['livving ro:m] *subst* vardagsrum

lizard ['lizəd] *subst* ödla

load [ləod] **I** *subst* last; börda **II** *verb* lasta

loaded ['ləodidd] *adj* **1** lastad **2** bildl. laddad

loaf [ləof] *subst* limpa

loan [ləon] *subst* lån

loath [ləoθ] *adj* ovillig

loathe [ləoð] *verb* avsky

loaves [ləovz] *subst* pl. av *loaf*

lobby ['låbbi] **I** *subst* **1** lobby i hotell o.d. **2** intressegrupp, lobby **II** *verb* bedriva korridorpolitik

lobster ['låbbstə] *subst* hummer

local ['ləokəl] **I** *adj* lokal, orts-; *the ~ authorities* de lokala myndigheterna, kommunen **II** *subst* ortsbo

locality [ləo'källəti] *subst* plats, ställe

locate [ləo'kejt] *verb* lokalisera

location [ləo'kejschən] *subst* läge, plats

loch [låkk] *subst* sjö

1 lock [låkk] *subst* lock av hår

2 lock [låkk] **I** *subst* lås **II** *verb* låsa; *~ up* låsa efter sig, stänga

locker ['låkkə] *subst* låsbart skåp; *~ room* omklädningsrum

locket ['låkkitt] *subst* medaljong

lockout ['låkkaot] *subst* lockout

locksmith ['låkksmiθ] *subst* låssmed

lodge [låʤ] **I** *subst* stuga **II** *verb* logera

lodger ['låʤə] *subst* inneboende

loft [låfft] *subst* vind, loft

log [lågg] *subst* timmerstock; vedträ

logbook ['låggbokk] *subst* loggbok

logic ['låʤikk] *subst* logik

logical ['låʤikəl] *adj* logisk

loins [låjnz] *subst pl* länder kroppsdel

loiter ['låjtə] *verb* söla

loll [låll] *verb* ligga (sitta) och slappa

lollipop ['lållipåpp] *subst* slickepinne

London ['lanndən] London

Londoner ['lanndənə] *subst* londonbo

lone [ləon] *adj* ensam

loneliness ['ləonlinəs] *subst* ensamhet

lonely ['ləonli] *adj* ensam; enslig

1 long [lång] *verb* längta

2 long [lång] **I** *adj* lång; *~ jump* längdhopp **II** *adv* länge **III** *before ~* inom kort; *for ~* på länge

long-distance [,lång'disstəns] *adj* långdistans-, fjärr-

longing ['långing] *subst* längtan

longitude ['lånd3itjo:d] *subst*
längdgrad

long-range [,lång'rejnd3] *adj*
långsiktig

long-sighted [,lång'sajtidd] *adj*
långsynt

long-standing ['lång,ständing]
adj mångårig

long-suffering [,lång'saffəring]
adj tålmodig

long-term ['långtö:m] *adj*
långsiktig

long-winded [,lång'windidd]
adj långrandig

loo [lo:] *subst, the ~* vard. toa

look [lokk] **I** *verb* **1** se, titta
2 se ut, verka **3** vetta **4** *~*
after se efter, passa; *~ at* titta
på; *~ back* se (tänka)
tillbaka; *~ for* leta efter; *~*
into undersöka; *~ out!* se
upp!; *~ over* se (gå) igenom;
~ round se sig omkring; *~*
upon bildl. betrakta **II** *subst*
1 titt **2** utseende

lookout ['lokkaot] *subst* utkik
i alla bet.

1 loom [lo:m] *subst* vävstol

2 loom [lo:m] *verb* hotfullt
framträda

loony ['lo:ni] vard. **I** *adj* galen
II galning

loop [lo:p] **I** *subst* ögla **II** *verb*
1 göra en ögla **2** cirkla

loophole ['lo:phəol] *subst* bildl.
kryphål

loose [lo:s] *adj* **1** lös; slapp;

come ~ lossna; *set ~* släppa
lös (fri) **2** lättfärdig

loosely ['lo:sli] *adv* löst, slappt

loosen ['lo:sn] *verb* **1** lossa,
lossna **2** bildl. lätta på

loot [lo:t] **I** *subst* byte **II** *verb*
plundra

lop-sided [,låpp'sajdidd] *adj*
sned, skev

lord [lå:d] *subst* herre; *the*
Lord Herren; *the House of*
Lords överhuset

lore [lå:] *subst* folksagor och
sägner

lorry ['lårri] *subst* lastbil

lose* [lo:z] *verb* förlora;
tappa

loser ['lo:zə] *subst* förlorare

loss [låss] *subst* **1** förlust **2** *be*
at a ~ vara villrådig

lost [låsst] **I** imperf. av *lose*
II *adj, get ~* gå (köra) vilse

lot [lått] *subst* **1** lott i olika bet.
2 *a ~* mycket; *lots of* el. *a ~*
of en massa

lottery ['låttəri] *subst* lotteri

loud [laod] **I** *adj* hög; högljudd
II *adv* högt

loudly ['laodli] *adv* med hög
röst

loudspeaker [,laod'spi:kə]
subst högtalare

lounge [laond3] **I** *verb* slöa
II *subst* på hotell sällskapsrum;
på flygplats vänthall

lounge suit [,laond3 'so:t]
subst kostym

193

lure

louse [laos] *subst* lus
lousy ['laʊzi] *adj* vard. urdålig
lout [laʊt] *subst* slyngel
lovable ['lavvəbl] *adj* älskvärd
love [lavv] **I** *subst* **1** kärlek;
make ~ to älska (ligga) med;
fall in ~ bli kär **2** hälsningar
3 i tennis o.d. noll **II** *verb*
älska; tycka om
love affair ['lavv ə,fäə] *subst*
kärlekshistoria
lovely ['lavvli] *adj* förtjusande
lover ['lavvə] *subst* älskare
loving ['lavving] *adj* kärleks-
full, öm
low [ləʊ] **I** *adj* **1** låg i olika bet.
2 nere, deppig **II** *adv* lågt; *lie
~* vard. ligga lågt **III** *subst*
bottenläge
low-alcohol [,ləʊ'älkəhåll] *adj,
~ beer* lättöl
low-cut [,ləʊkatt] *adj* urringad
lower ['ləʊə] **I** *adj* o. *adv* lägre
II *verb* sänka
low-fat [,ləʊ'fätt] *adj* lätt-
loyalty ['låjəlti] *subst* lojalitet
lozenge ['låzindʒ] *subst* hals-
tablett
Ltd. ['limmitidd] (förk. för
Limited) AB
lubricant ['lo:brikənt] *subst*
smörjmedel
lubricate ['lo:brikejt] *verb*
smörja; olja
luck [lakk] *subst* tur; *bad ~*
otur; *good ~!* lycka till!

luckily ['lakkəli] *adv* lyckligt-
vis
lucky ['lakki] *adj* som har tur;
lyckosam
ludicrous ['lo:dikrəs] *adj* löjlig
luggage ['laggidʒ] *subst* ba-
gage
luggage rack ['laggidʒ räkk]
subst bagagehylla
lukewarm ['lo:kwå:m] *adj*
ljum
lull [lall] *verb* vyssja
lullaby ['lalləbaj] *subst* vagg-
visa
lumbago [lam'bejgəo] *subst*
ryggskott
1 lumber ['lambə] *verb* lufsa
2 lumber ['lambə] *subst* bråte
luminous ['lo:minəs] *adj* ly-
sande
lump [lamp] **I** *subst* **1** klump;
a ~ of sugar en sockerbit
2 knöl utväxt **II** *verb, ~
together* bunta ihop
lunar ['lo:nə] *adj* mån-
lunatic ['lo:nətikk] **I** *adj* van-
sinnig **II** *subst* galning
lunch [lantsch] **I** *subst* lunch
II *verb* äta lunch
luncheon ['lantschən] *subst*
lunch
lung [lang] *subst* lunga
lunge [landʒ] **I** *subst* utfall
II *verb* göra ett utfall
lure [ljoə] **I** *subst* **1** lockbete
2 lockelse **II** *verb* locka

lurid ['ljoəridd] *adj* **1** gräll
2 makaber
lurk [lö:k] *verb* stå (ligga) på
lur
luscious ['laschəs] *adj* läcker,
delikat
lush [lasch] *adj* **1** frodig
2 lyxig
lust [last] **I** *subst* lusta **II** *verb*,
~ *for* åtrå
lusty ['lasti] *adj* frisk och stark
Luxembourg ['lakksəmbö:g]
Luxemburg
luxurious [lag'zjoəriəs] *adj*
1 luxuös **2** njutningsfylld
luxury ['lakkschəri] *subst* lyx
lying ['lajing] *adj* lögnaktig
lyrical ['lirrikəl] *adj* lyrisk

M

M, m [emm] *subst* M, m
ma [ma:] *subst* vard. mamma
mac [mäkk] *subst* vard., se
(kortform av *mackintosh*)
regnrock
macaroni [,mäkkə'rəoni] *subst*
makaroner
machine [mə'schi:n] *subst*
maskin
machine gun [mə'schi:ngann]
subst kulspruta
machinery [mə'schi:nəri]
subst **1** maskiner **2** maskine-
ri
mackerel ['mäkkrəl] *subst*
makrill
mackintosh ['mäkkintåsch]
subst regnrock
mad [mädd] *adj* galen, tokig
madam ['mäddəm] *subst* frun,
fröken ofta utan motsv. i sv.
madden ['mäddn] *verb* göra
rasande
made [mejd] imperf. o. perf. p. av
make
made-to-measure
[,mejdtə'meʒʒə] *adj* måttbe-
ställd
madman ['mäddmən] *subst*
dåre
madness ['mäddnəs] *subst*
vansinne

magazine [ˌmäggə'ziːn] *subst*
veckotidning; månadstidning

maggot ['mäggət] *subst* flug-
larv

magic ['mäddʒikk] I *adj* ma-
gisk; trolsk II *subst* magi;
trolleri

magical ['mäddʒikəl] *adj* ma-
gisk; trolsk

magician [mə'dʒischən] *subst*
trollkarl

magistrate ['mäddʒistrejt]
subst fredsdomare

magnet ['mäggnət] *subst*
magnet

magnetic [mägg'nettikk] *adj*
magnetisk

magnificent [mägg'niffisnt]
adj magnifik

magnify ['mäggnifaj] *verb*
förstora; *magnifying glass*
förstoringsglas

magnitude ['mäggnitjoːd]
subst omfattning

magpie ['mäggpaj] *subst* skata

mahogany [mə'hågəni] *subst*
mahogny

maid [mejd] *subst* hembiträde

maiden ['mejdn] *adj* bildl.
jungfru-

1 mail [mejl] *subst* brynja

2 mail [mejl] I *subst* post
försändelser II *verb* posta

mail-order ['mejl,åːdə] *adj*
postorder-

maim [mejm] *verb* lemlästa

main [mejn] I *adj* huvud-

II *subst* huvudledning för
vatten, gas, elektricitet

mainframe ['mejnfrejm] *subst*
stordator

mainland ['mejnländ] *subst*
fastland

mainly ['mejnli] *adv* huvud-
sakligen

mainstay ['mejnstej] *subst*
bildl. stöttepelare

mainstream ['mejnstriːm]
I *subst* huvudströmning
II *adj* konventionell

maintain [mejn'tejn] *verb*
1 upprätthålla **2** underhålla

maintenance ['mejntənəns]
subst underhåll

maize [mejz] *subst* majs

majesty ['mäddʒisti] *subst*
majestät

major ['mejdʒə] I *adj* större,
viktigare II *subst* **1** major
2 dur

majority [mə'dʒårrəti] *subst*
majoritet

make* [mejk] I *verb* **1** göra;
tillverka; laga till, koka,
brygga; sy; ~ *the bed* bädda;
~ *a phone call* ringa ett
samtal **2** få att, tvinga att
3 tjäna; skaffa sig **4** bli, vara
5 ~ *believe* låtsas; ~ *do* klara
sig; ~ *it* vard. hinna; lyckas
6 ~ *out* skriva ut; förstå; ~
up utgöra; hitta på; ~ *oneself*
up måla sig; ~ *it up* bli sams

igen; ~ *up for* ersätta; ta igen
II *subst* märke fabrikat
make-believe ['mejkbi,li:v]
subst inbillning; *it is only* ~
äv. det är bara spelat
maker ['mejkə] *subst* till-
verkare
makeshift ['mejkschift] *adj*
provisorisk
make-up ['mejkapp] *subst*
1 smink **2** beskaffenhet
making ['mejking], *in the* ~ i
vardande; *have the makings
of...* ha goda förutsättningar
att bli...
malaria [mə'lääriə] *subst* ma-
laria
male [mejl] I *adj* manlig; han-
II *subst* **1** man **2** om djur hane
malevolent [mə'levvələnt] *adj*
illvillig
malfunction
[,mäll'fangkschən] *subst* tek-
niskt fel
malice ['mällis] *subst* illvilja
malicious [mə'lischəs] *adj*
illvillig
malignant [mə'liggnənt] *adj*
ondskefull
mall [må:l] *subst* **1** esplanad
2 köpcenter
mallet ['mällitt] *subst* klubba
för krocket och polo
malpractice [,mäll'präkttiss]
subst tjänstefel
malt [må:lt] *subst* malt

mammal ['mämməl] *subst*
däggdjur
mammoth ['mämməθ] *adj*
kolossal
man [männ] I *subst* **1** man,
karl; *men's* vanl. herr-
2 människan II *verb* beman-
na
manage ['männidʒ] *verb*
1 sköta, leda **2** klara sig
manageable ['männidʒəbl]
adj hanterlig
management ['männidʒmənt]
subst **1** förvaltning **2** direk-
tion
manager ['männidʒə] *subst*
1 direktör **2** manager; lag-
ledare
mandarin ['männdərin] *subst*
mandarin frukt
mandatory ['männdətəri] *adj*
obligatorisk
mane [mejn] *subst* man på djur
1 mangle ['mänggl] *subst*
mangel
2 mangle ['mänggl] *verb* illa
tilltyga
mango ['mänggəo] *subst*
mango
mangy ['mejndʒi] *adj* skabbig
manhandle [männ,händl]
verb illa tilltyga
manhole ['männhəol] *subst* i
gata o.d. inspektionsbrunn
manhood ['männhodd] *subst*
manlighet

man-hour ['männ,aoə] *subst* mantimme

manhunt ['männhant] *subst* människojakt

mania ['mejnjə] *subst* mani

maniac ['mejniäkk] *subst* galning

manic ['männikk] *adj* manisk

manicure ['männikjoə] *subst* manikyr

manifest ['männifest] *verb* visa

manifesto [,männi'festəo] *subst* manifest

manipulate [mə'nippjolejt] *verb* manipulera

mankind [männ'kajnd] *subst* mänskligheten

manly ['männli] *adj* manlig

manner ['männə] *subst* **1** sätt **2** beteende; *manners* belevat sätt

mannerism ['männərizəm] *subst* manér

manor ['männə] *subst* gods lantegendom

manpower ['männ,paoə] *subst* arbetskraft

mansion ['mänschən] *subst* herrgårdshus

manslaughter ['männ,slå:tə] *subst* dråp

mantelpiece ['männtlpi:s] *subst* spiselhylla

manual ['männjoəl] **I** *adj* manuell **II** *subst* handbok

manufacture [,männjo'fäktchə] **I** *subst* tillverkning **II** *verb* tillverka

manufacturer [,männjo'fäktchərə] *subst* tillverkare

manure [mə'njoə] *subst* gödsel

manuscript ['männjoskrippt] *subst* manuskript

many ['menni] *adj* o. *pron* många; mycket; *a great* ~ en massa, en hel del

map [mäpp] **I** *subst* karta **II** *verb*, ~ *out* kartlägga

maple ['mejpl] *subst* lönn träd

mar [ma:] *verb* fördärva

marathon ['märrəθən] *subst* maraton

marble ['ma:bl] *subst* marmor

March [ma:tch] *subst* månaden mars

march [ma:tch] **I** *verb* marschera **II** *subst* marsch

mare [mää] *subst* sto, märr

margarine [,ma:dʒə'ri:n] *subst* margarin

margin ['ma:dʒin] *subst* marginal

marginal ['ma:dʒinəl] *adj* marginell

marigold ['märrigəold] *subst* ringblomma

marijuana [,märri'joa:nə] *subst* marijuana

marina [mə'ri:nə] *subst* småbåtshamn

marine [məˈriːn] I *adj* marin;
havs- II *subst* marinsoldat

marital [ˈmärritl] *adj* äkten-
skaps-

marjoram [ˈmaːdʒərəm] *subst*
mejram

mark [maːk] I *subst* 1 märke;
tecken 2 betyg II *verb*
1 märka; markera 2 betyg-
sätta

marker [ˈmaːkə] *subst* markör

market [ˈmaːkitt] I *subst* torg;
marknad; *the black* ~ svarta
börsen II *verb* marknadsföra

market garden
[ˌmaːkittˈgaːdn] *subst*
handelsträdgård

marketing [ˈmaːkitting] *subst*
marknadsföring

marketplace [ˈmaːkittplejs]
subst marknad

marksman [ˈmaːksmən] *subst*
skicklig skytt

marmalade [ˈmaːmələjd] *subst*
marmelad av citrusfrukter

1 maroon [məˈroːn] *adj*
rödbrun

2 maroon [məˈroːn] *verb*
strandsätta

marquee [maːˈkiː] *subst* stort
tält

marriage [ˈmärridʒ] *subst*
äktenskap; ~ *counselling*
(*guidance*) äktenskapsråd-
givning; ~ *settlement* äkten-
skapsförord

married [ˈmärridd] *adj* gift

marrow [ˈmärrəo] *subst* märg

marry [ˈmärri] *verb* gifta sig

marsh [maːsch] *subst* sump-
mark

marshal [ˈmaːschəl] *subst*
marskalk

marshy [ˈmaːschi] *adj* sumpig

martyr [ˈmaːtə] *subst* martyr

martyrdom [ˈmaːtədəm] *subst*
martyrskap

marvel [ˈmaːvəl] *subst* under-
verk

marvellous [ˈmaːvələs] *adj*
underbar

marzipan [ˈmaːzipänn] *subst*
marsipan

mascara [mäˈskaːrə] *subst*
mascara

masculine [ˈmässkjolinn] *adj*
maskulin

mash [mäsch] *verb* mosa

mask [maːsk] I *subst* mask
II *verb* maskera

mason [ˈmejsn] *subst* sten-
huggare

masquerade [ˌmäskəˈrejd]
verb, ~ *as* uppträda som

Mass [mäss] *subst* mässa
gudstjänst el. musik

mass [mäss] *subst* massa; *the
masses* massorna

massacre [ˈmässəkə] I *subst*
massaker II *verb* massakrera

massage [ˈmässaːʒ] I *subst*
massage II *verb* massera

massive [ˈmässivv] *adj* massiv

mast [maːst] *subst* mast

master ['ma:stə] I *subst*
1 mästare **2** djurs husse **3** lä-
rare II *adj* mästar- III *verb*
behärska

masterly ['ma:stəli] *adj* mäs-
terlig

mastermind ['ma:stəmajnd]
verb vara hjärnan bakom

masterpiece ['ma:stəpi:s]
subst mästerverk

mastery ['ma:stəri] *subst*
1 herravälde **2** behärskande

mat [mätt] *subst* liten matta

1 match [mätch] *subst*
tändsticka

2 match [mätch] I *subst*
1 sport. match **2** like II *verb*
1 kunna mäta sig med
2 matcha

matchbox ['mätchbåkks] *subst*
tändsticksask

1 mate [mejt] *subst* matt i
schack

2 mate [mejt] I *subst* vard.
kompis II *verb* om djur para
sig

material [mə'tiəriəl] I *adj* ma-
teriell II *subst* **1** material
2 tyg

maternal [mə'tö:nl] *adj* mo-
derlig

maternity [mə'tö:nəti] *adj*, ~
leave mammaledighet; ~
ward BB-avdelning

mathematics [,mäθə'mättikks]
subst matematik

maths [mäθs] *subst* vard.
matte matematik

matinée ['mättinej] *subst*
matiné

matrimonial [,mättri'məonjəl]
adj äktenskaplig

matrimony ['mättrimənni]
subst äktenskap

matron ['mejtrən] *subst* hus-
mor på sjukhus o.d.

matt [mätt] *adj* matt

matted ['mättidd] *adj* tovig

matter ['mätə] I *subst* **1** ämne
2 sak; fråga; *a ~ of fact* ett
faktum **3** *no ~* det spelar
ingen roll II *verb* vara av
betydelse

matter-of-fact
[,mättərəv'fäkkt] *adj* torr och
saklig

mattress ['mättrəs] *subst* ma-
drass

mature [mə'tjoə] I *adj* mogen
II *verb* mogna

maul [må:l] *verb* klösa

mausoleum [,må:sə'li:əm]
subst mausoleum

mauve [məov] *adj* ljuslila

maximum ['mäkksiməm]
I *subst* maximum II *adj*
högst; maximal

May [mej] *subst* maj

may [mej] *verb* **1** kan kanske,
kan tänkas **2** ~ *I?* får jag?
3 må, måtte

maybe ['mejbi:] *adv* kanske

May-Day ['mejdej] *adj* första-maj-

mayhem ['mejhemm] *subst* förödelse

mayonnaise [,mejə'nejz] *subst* majonnäs

mayor [mää] *subst* borgmästare

maze [mejz] *subst* labyrint

MD (förk. för *Managing Director*) VD

me [mi:] *pron* mig

meadow ['meddəo] *subst* äng

meagre ['mi:gə] *adj* mager

meal [mi:l] *subst* måltid; ~ **ticket** vard. födkrok

mealtime ['mi:ltajm] *subst* måltid

1 mean [mi:n] *adj* snål; gemen

2 mean* [mi:n] *verb* **1** betyda **2** mena

meander [mi'änndə] *verb* snirkla sig fram

meaning ['mi:ning] *subst* mening; betydelse

meaningful ['mi:ningfoll] *adj* meningsfull

meaningless ['mi:ningləs] *adj* meningslös

meanness ['mi:nnəs] *subst* snålhet; gemenhet

means [mi:nz] *subst* **1** medel; *by ~ of* med hjälp av; *by no ~* inte alls **2** tillgångar förmögenhet

meant [mennt] *imperf. o. perf. p. av* 2 *mean*

meantime ['mi:ntajm] o.

meanwhile ['mi:noajl] *adv* under tiden

measles ['mi:zlz] *subst* mässling

measly ['mi:zli] *adj* vard. futtig

measure ['meʒʒə] **I** *subst* **1** mått **2** åtgärd **II** *verb* mäta

meat [mi:t] *subst* kött; *cold ~* kallskuret

meatball ['mi:tbå:l] *subst* köttbulle

mechanic [mə'kännikk] *subst* mekaniker

mechanical [mə'kännikkəl] *adj* mekanisk

mechanics [mə'kännikks] *subst* mekanik

mechanism ['mekkənizəm] *subst* mekanism

medal ['meddl] *subst* medalj

medallion [mə'dälljən] *subst* medaljong

medallist ['meddəlist] *subst* medaljör

meddle ['meddl] *verb* blanda (lägga) sig i

media ['mi:djə] *subst pl* media; *mass ~* massmedia

mediaeval [,medi'i:vəl] *adj* medeltida

mediate ['mi:diejt] *verb* medla

medical ['meddikkəl] *adj* medicinsk; ~ *care* läkarvård; ~ *certificate* friskintyg; läkarintyg vid sjukdom; ~ *examination* (*check-up*) hälsoundersökning

medication [,meddi'kejschən] *subst* medicin läkemedel

medicine ['meddsən] *subst* medicin vetenskap el. läkemedel

medieval [,meddi'i:vəl] *adj* medeltida

mediocre [,mi:di'əokə] *adj* medelmåttig

meditate ['medditejt] *verb* meditera, fundera

Mediterranean [,medditə'rrejnjən], *the ~* Medelhavet

medium ['mi:djəm] *subst* o. *adj* medium

medley ['meddli] *subst* potpurri

meek [mi:k] *adj* foglig

meet* [mi:t] **I** *verb* **1** möta; träffa **2** bemöta **II** *subst* sport. tävling

meeting ['mi:ting] *subst* möte; sammanträde

megaphone ['meggəfəon] *subst* megafon

melancholy ['mellənkəlli] *subst* melankoli

mellow ['mclləo] **I** *adj* fyllig, djup **II** *verb* mildra

melody ['mellədi] *subst* melodi

melon ['mellən] *subst* melon

melt [mellt] *verb* smälta

meltdown ['melltdaon] *subst* härdsmälta

melting-pot ['melltingpått] *subst* smältdegel

member ['memmbə] *subst* medlem

membership ['memmbəschipp] *subst* medlemskap

memento [mi'menntəo] *subst* minnessak

memo ['memməo] *subst* PM

memorandum [,memmə'ränndəm] *subst* promemoria

memorial [mi'må:riəl] *subst* minnesmärke

memorize ['memmərajz] *verb* memorera

memory ['memməri] *subst* minne; *loss of ~* minnesförlust

men [menn] *subst* pl. av *man*

menace ['mennəs] **I** *subst* hot **II** *verb* hota

mend [mennd] *verb* laga, reparera

mending ['mennding] *subst* lagning

menial ['mi:njəl] *adj* enkel

meningitis [,mennin'dʒajtis] *subst* hjärnhinneinflammation

menopause ['mennəopå:z] *subst* klimakterium

menstruation
[,mennstro'ejschen] *subst*
menstruation

mental ['menntl] *adj* mental;
~ *disorder* psykisk störning;
~ *state* sinnestillstånd

mentality [menn'tälləti] *subst*
mentalitet

mention ['mennschen] *verb*
nämna; *don't ~ it!* ingen
orsak!

menu ['mennjo:] *subst* meny

mercenary ['mö:sənerri] *subst*
legosoldat

merchandise ['mö:tchəndajz]
subst vara; varor

merchant ['mö:tchənt] *subst*
grossist

merciful ['mö:sifoll] *adj*
barmhärtig

merciless ['mö:siləs] *adj*
obarmhärtig

mercury ['mö:kjorri] *subst*
kvicksilver

mercy ['mö:si] *subst* nåd

mere [miə] *adj* blott

merely ['miəli] *adv* endast

merge [mö:dʒ] *verb* slå ihop
(samman)

merger ['mö:dʒə] *subst* sam-
manslagning

meringue [mə'räng] *subst*
maräng

merit ['merritt] I *subst* för-
tjänst, merit II *verb* förtjäna

mermaid ['mö:mejd] *subst*
sjöjungfru

merry ['merri] *adj* munter;
Merry Christmas! God Jul!

merry-go-round
['merrigəoraond] *subst* karu-
sell

mesh [mesch] *subst* nät

mesmerize ['mezzmərajz] *verb*
hypnotisera

mess [mess] I *subst* 1 röra;
knipa 2 mäss II *verb*, ~
about (around) slå dank; ~
up stöka till; sabba; ~ *with*
djävlas med

message ['messidʒ] *subst*
meddelande; budskap

messenger ['messindʒə] *subst*
budbärare

messy ['messi] *adj* stökig

1 Met [mett], *the ~* kortform
för *the Metropolitan Police*
Londonpolisen

2 Met [mett], *a ~ report* en
väderleksrapport

met [mett] *imperf. o. perf. p. av*
meet

metal ['mettl] I *subst* metall
II *adj* metall-

metallic [me'tällikk] *adj* me-
tall-

meteorology [,mi:tjə'rålledʒi]
subst meteorologi

meter ['mi:tə] *subst* mätare;
taxameter

method ['meθθəd] *subst* me-
tod

metre ['mi:tə] *subst* meter

metric ['mettrikk] *adj* meter-

metropolitan [,mettrə'pållitən]
adj storstads-; i England ofta
London-

mettle ['mettl] *subst* livlighet

mew [mjo:] **I** *verb* jama
II *subst* jamande

mews [mjo:z] *subst* bakgård;
bakgata

mice [majs] *subst* pl. av *mouse*

microchip ['majkrəotchipp]
subst mikrochips

microphone ['majkrəfəon]
subst mikrofon

microscope ['majkrəskəop]
subst mikroskop

microwave ['majkrəowejv]
subst mikrovåg

mid [midd] *adj* mitt-, i mitten
av

midday ['middej] *subst* mid-
dag, kl. 12 på dagen

middle ['middl] **I** *adj* meller-
sta; ~ *age* medelålder; *the
Middle Ages* medeltiden; *the
Middle East* Mellersta Ös-
tern **II** *subst* **1** *in the ~ of* i
mitten av (på) **2** midja

middle class [,middl'kla:s]
subst, the ~ medelklassen

middleman ['middlmänn]
subst mellanhand

middle-of-the-road
[,middləvðə'rəod] *adj* mo-
derat

middleweight ['middlwejt]
subst mellanvikt; mellanvik-
tare

midget ['middʒitt] *subst* dvärg

midnight ['middnajt] *subst*
midnatt

midriff ['middriff] *subst* mel-
langärde

midsummer ['midd,sammə]
subst midsommar

midway [,midd'wej] *adv* halv-
vägs

midwife ['middoajf] *subst*
barnmorska

midwinter [,midd'wintə] *subst*
midvinter

might [majt] *verb* **1** skulle
kanske kunna **2** fick

mighty ['majti] *adj* mäktig

migraine ['mi:grejn] *subst*
migrän

migrant ['majgrənt] *subst*
person som flyttar (drar)
från plats till plats

migrate [maj'grejt] *verb* flytta

mike [majk] *subst* vard. mick
mikrofon

mild [majld] *adj* mild

mildly ['majldli] *adv* milt

mile [majl] *subst* engelsk mil =
1609 m

mileage ['majlidʒ] *subst* antal
körda 'miles'

mileometer [maj'låmmitə]
subst vägmätare

milestone ['majlstəon] *subst*
milstolpe

militant ['millitənt] *subst* o.
adj militant

military ['millitərri] **I** *adj* mili-

tär-; ~ *service* militärtjänst
II *subst, the* ~ militären

militia [mi'lliscchə] *subst* milis

milk [milk] **I** *subst* mjölk
II *verb* mjölka

milkman ['milkmən] *subst*
mjölkbud

milkshake [‚milk'schejk] *subst*
milkshake

milky ['milki] *adj* mjölkaktig

mill [mill] *subst* kvarn

miller ['millə] *subst* mjölnare

milligram ['milligrämm] *subst*
milligram

millimetre ['milli‚mi:tə] *subst*
millimeter

million ['milljən] *subst* miljon

millionaire [‚milljə'näə] *subst*
miljonär

mime [majm] **I** *subst* panto-
mim **II** *verb* mima

mimic ['mimmikk] **I** *subst*
imitatör **II** *verb* härma

mince [minns] *verb* hacka
fint; *minced meat* finskuret
kött; köttfärs

mincemeat ['minnsmi:t] *subst*
blandning av torkad frukt m.m.
som fyllning i paj o.d.

mince pie [‚minns'paj] *subst*
paj med *mincemeat*

mincer ['minnsə] *subst* kött-
kvarn

mind [majnd] **I** *subst* sinne
II *verb* bry sig om; ~ *your
head!* akta huvudet!; *I don't*

~ gärna för mig; *never ~!*
strunt i det!

mindful ['majndfoll] *adj* upp-
märksam

mindless ['majndləs] *adj* me-
ningslös

1 mine [majn] *pron* min

2 mine [majn] *subst* **1** gruva
2 mina

minefield ['majnfi:ld] *subst*
minfält; bildl. krutdurk

miner ['majnə] *subst* gruv-
arbetare

mineral ['minnərəl] *subst*
mineral

mingle ['minggl] *verb* blanda,
blanda sig

miniature ['minnjətchə] *subst*
miniatyr

minibus ['minnibass] *subst*
minibuss

minim ['minnimm] *subst*
halvnot

minimal ['minniməl] *adj* mi-
nimal

minimize ['minnimajz] *verb*
begränsa till ett minimum

minimum ['minniməm] *subst*
minimum

mining ['majning] *subst* gruv-
drift

miniskirt ['minniskö:t] *subst*
kort-kort kjol

minister ['minnistə] *subst*
minister

ministerial [‚minni'stiəriəl] *adj*
minister-

ministry ['minnistri] *subst*
ministär, regering

mink [mingk] *subst* mink

minor ['majnə] **I** *adj* mindre,
mindre betydande **II** *subst*
1 minderårig **2** moll

minority [maj'nårrəti] *subst*
minoritet

1 mint [mint] *subst* **1** mynta;
~ *sauce* myntsås **2** mintka-
ramell

2 mint [mint] **I** *subst* mynt-
verk **II** *verb* mynta

minus ['majnəs] *subst* minus

1 minute [maj'njo:t] *adj*
ytterst liten

2 minute ['minnitt] *subst*
minut; *just a* ~*!* ett ögonblick
bara!

miracle ['mirrəkl] *subst* mira-
kel

mirage ['mira:ʒ] *subst* hägring

mirror ['mirrə] **I** *subst* spegel
II *verb* spegla

mirth [mö:θ] *subst* munterhet

misadventure
[ˌmissəd'venntchə] *subst*
missöde

misapprehension
['missˌäppri'henschən] *subst*
missuppfattning

misbehave [ˌmissbi'hejv] *verb*
bära sig illa år

miscalculate [ˌmiss'källkjolejt]
verb felbedöma

miscarriage [ˌmiss'kärridʒ]
subst missfall

miscellaneous [ˌmissə'lejnjəs]
adj blandad

mischief ['misstchiff] *subst*
ofog

mischievous ['misstchivvəs]
adj busig

misconception
[ˌmisskən'seppschən] *subst*
missuppfattning

misconduct [miss'kånndakt]
subst, professional ~ tjänste-
fel

misdemeanour [ˌmissdi'mi:nə]
subst förseelse

miser ['majzə] *subst* girigbuk

miserable ['mizzərəbl] *adj*
olycklig; bedrövlig

miserly ['majzəli] *adj* girig

misery ['mizzəri] *subst* elände;
misär

misfire [ˌmiss'fajə] slå slint

misfit ['missfitt] *subst* miss-
anpassad person

misfortune [miss'få:tchən]
subst olycka

misgiving [miss'givving] *subst*
farhåga; *misgivings* äv. onda
aningar

misguided [ˌmiss'gajdidd] *adj*
vilseförd

mishap ['misshäpp] *subst*
missöde

misinform [ˌmissin'få:m] *verb*
felunderrätta

misinterpret [ˌmissin'tö:pritt]
verb feltolka

misjudge [,miss'dʒaddʒ] *verb*
felbedöma

mislay [miss'lej] *verb* förlägga

mislead [miss'li:d] *verb* vilse-
leda

mismanage [,miss'männidʒ]
verb missköta

misplaced [,miss'plejs] *adj*
malplacerad; missriktad

misprint ['missprint] *subst*
tryckfel

Miss [miss] *subst* **1** fröken
före namn **2** skönhetsmiss

miss [miss] **I** *verb* **1** missa
2 sakna **II** *subst* miss

misshapen [,miss'schejpən]
adj missbildad

missile ['missajl] *subst* robot,
missil

missing ['missing] *adj* saknad;
be ~ saknas

mission ['mischən] *subst*
uppdrag

missionary ['mischənərri]
subst missionär

mist [misst] **I** *subst* dis; imma
II *verb* göra immig

mistake [mi'stejk] **I** *verb* ta
miste på **II** *subst* misstag;
make a ~ missta sig, begå ett
misstag

mistaken [mi'stejkən] *adj*
felaktig

mister ['misstə] *subst* herr,
herrn

mistletoe ['missltəo] *subst*
mistel

mistress ['misstrəs] *subst*
älskarinna

mistrust [,miss'trast] *subst* o.
verb misstro

misty ['missti] *adj* disig;
immig

misunderstand
[,missandə'stännd] *verb*
missförstå

misunderstanding
[,missandə'stännding] *subst*
missförstånd

mitigate ['mittigejt] *verb*
lindra; *mitigating circum-
stances* förmildrande om-
ständigheter

mitten ['mittn] *subst* tumvan-
te

mix [mikks] **I** *verb* **1** blanda;
mixa **2** umgås **II** *subst*
blandning; kakmix

mixed [mikkst] *adj* **1** blandad
2 gemensam, sam-

mixed-up [,mikkst'ap] *adj*
1 förvirrad **2** insyltad

mixer ['mikksə] *subst*, *hand ~*
elvisp; *food ~* mixer

mixture ['mikkstchə] *subst*
blandning

mix-up ['mikksapp] *subst* vard.
förväxling

moan [məon] **I** *verb* jämra sig
II *subst* jämmer

moat [məot] *subst* vallgrav

mob [måbb] **I** *subst*, *the ~*
pöbeln **II** *verb* ansätta

mobile ['məobajl] *adj* rörlig; ~

money

home husvagn som permanent bostad; ~ *library* bokbuss; ~ *telephone* mobiltelefon

mock [måkk] **I** *verb* driva med **II** *adj* falsk; sken-

mockery ['måkkəri] *subst* hån

mock-up ['måkkapp] *subst* modell

mode [məod] *subst* sätt; ~ *of payment* betalningssätt

model ['måddl] **I** *subst* modell; fotomodell **II** *adj* mönster-; perfekt **III** *verb* forma

moderate I ['måddərət] *adj* måttlig; moderat **II** ['måddərejt] *verb* mildra, dämpa

modern ['måddən] *adj* modern

modernize ['måddənajz] *verb* modernisera

modest ['måddist] *adj* anspråkslös

modesty ['måddisti] *subst* anspråkslöshet

modify ['måddifaj] *verb* modifiera

mogul ['məogəl] *subst* puckelpist

mohair ['məohäə] *subst* mohair

moist [måjst] *adj* fuktig

moisten ['måjsn] *verb* fukta

moisture ['måjstchə] *subst* fuktighet

moisturizer ['måjstchərajzə] *subst* fuktkräm

molar ['məolə] *subst* oxeltand

molasses [mə'lässiz] *subst* melass

1 mole [məol] *subst* födelsemärke

2 mole [məol] *subst* mullvad

molest [mə'lesst] *verb* antasta

mollycoddle ['mållikåddl] *verb* pjoska med

molten ['məoltən] *adj* smält

moment ['məomənt] *subst* ögonblick; *just a* ~ ett ögonblick; *at the* ~ för tillfället; *in a* ~ om ett ögonblick

momentary ['məoməntərri] *adj* en kort stunds

momentous [mə'mentəs] *adj* mycket viktig

momentum [mə'menntəm] fart; styrka

Monaco ['månnəkəo] Monaco

monarch ['månnək] *subst* monark

monarchy ['månnəki] *subst* monarki

monastery ['månnəstəri] *subst* munkkloster

Monday ['manndej] *subst* måndag; *Easter* ~ annandag påsk

monetary ['mannitəri] *adj* penning-; ~ *policy* valutapolitik

money ['manni] *subst* pengar; ~ *in hand* reda pengar

mongrel ['mɑnggrəl] *subst* byracka

monitor ['månnitə] **I** *subst* monitor **II** *verb* övervaka

monk [mɑngk] *subst* munk

monkey ['mɑngki] *subst* apa

monkey wrench ['mɑngkirentsch] *subst* skiftnyckel

monopoly [mə'nåppəli] *subst* monopol

monotonous [mə'nåttənəs] *adj* monoton

monsoon [mån'so:n] *subst* monsun

monster ['månnstə] *subst* monster

monstrous ['månnstrəs] *adj* monstruös; ohygglig

month [mɑnnθ] *subst* månad; *by the ~* månadsvis

monthly ['mɑnnθli] *adj* månatlig; *~ salary* månadslön

monument ['månnjomənt] *subst* monument; *ancient ~* fornminne

moo [mo:] **I** *verb* säga 'mu' **II** *subst* mu

mood [mo:d] *subst* sinnesstämning; *be in the ~* ha lust

moody ['mo:di] *adj* lynnig

moon [mo:n] *subst* måne; *full ~* fullmåne; *new ~* nymåne

moonlight ['mo:nlajt] **I** *subst* månsken **II** *verb* vard. extraknäcka

moonlighting ['mo:n,lajting] *subst* vard. extraknäck

moonlit ['mo:nlitt] *adj* månbelyst

1 moor [moə] *subst* hed

2 moor [moə] *verb* förtöja

moorland ['moələnd] *subst* ljunghedar

moose [mo:s] *subst* amerikansk älg

mop [måpp] **I** *subst* mopp **II** *verb* moppa

mope [məop] *verb* tjura

moped ['məopedd] *subst* moped

moral ['mårrəl] **I** *adj* moralisk **II** *subst* **1** sensmoral **2** *morals* moral

morale [må'ra:l] *subst* moral, kampanda

morality [mə'rälləti] *subst* moral

morass [mə'räss] *subst* träsk

more [må:] *adj, pron* o. *adv* **1** mer, mera; *no ~* el. *not any ~* inte mer **2** fler, flera **3** ytterligare; *once ~* en gång till

moreover [må:'rəovə] *adv* dessutom

morning ['må:ning] *subst* morgon, förmiddag; *this ~* i morse, i förmiddags

moron ['må:rån] *subst* vard. idiot

morsel ['må:səl] *subst* munsbit; smula

1 mortar ['må:tə] *subst* mortel

2 mortar ['må:tə] *subst* murbruk

mortgage ['må:giddʒ] **I** *subst* inteckning **II** *verb* inteckna

mortuary ['må:tjoərri] *subst* bårhus

mosaic [məˈzejikk] *subst* mosaik

mosque [måssk] *subst* moské

mosquito [məˈski:təo] *subst* mygga

moss [måss] *subst* mossa

most [məost] **I** *adj* o. *pron* mest, flest, den (det) mesta, de flesta **II** *adv* mest

mostly ['məostli] *adv* mestadels

MOT [,eməoˈti:], ~ *test* vard. kontrollbesiktning av fordon

motel [məoˈtell] *subst* motell

moth [måθθ] *subst* mal, mott

mothball ['måθθbå:l] *subst* malkula

mother ['maððə] **I** *subst* moder, mamma; ~ *tongue* modersmål **II** *verb* vara som en mor för

motherhood ['maððəhodd] *subst* moderskap

mother-in-law ['maððərinlå:] *subst* svärmor

motherly ['maððəli] *adj* moderlig

mother-of-pearl [,maððərəvˈpö:l] *subst* pärlemor

motion ['məoschən] *subst* rörelse; *in* ~ i rörelse, i gång

motionless ['məoschənləs] *adj* orörlig

motive ['məotivv] *subst* motiv

motley ['måttli] *adj* brokig

motor ['məotə] *subst* motor

motorbike ['məotəbajk] *subst* motorcykel

motorboat ['məotəbəot] *subst* motorbåt

motorcar ['məotəka:] *subst* bil

motorcycle ['məotə,sajkl] *subst* motorcykel

motorcyclist ['məotə,sajklist] *subst* motorcyklist

motoring ['məotəring] *adj* bil-, trafik-

motorist ['məotərist] *subst* bilist

motorway ['məotəwej] *subst* motorväg

motto ['måtəo] *subst* motto

1 mould [məold] *subst* mögel

2 mould [məold] **I** *subst* form **II** *verb* gjuta, stöpa

mouldy ['məoldi] *adj* möglig

moult [məolt] *verb* fälla hår; ömsa skal

mound [maond] *subst* hög, kulle

mount [maont] *verb* **1** montera; sätta upp **2** sitta upp på häst

mountain ['maontinn] *subst* berg

mountainbike ['maontənbajk]
subst terrängcykel

mountaineer [,maonti'niə]
subst bergsbestigare

mountaineering
[,maonti'niəring] *subst*
bergsbestigning

mountainous ['maontinnəs]
adj ofantlig

mountainside ['maontinnsajd]
subst bergssluttning

mourn [må:n] *verb* sörja

mourner ['må:nə] *subst* sör-
jande

mourning ['må:ning] *subst*
sorg; *in* ~ sorgklädd

mouse [maos] *subst* mus

mousetrap ['maosträpp] *subst*
råttfälla

mousse [mo:s] *subst* mousse

moustache [mə'sta:sch] *subst*
mustasch

mousy ['maosi] *adj* råttlik-
nande

mouth [maoθ] *subst* **1** mun;
shut your ~! håll mun!
2 mynning

mouthful ['maoθfoll] *subst*
munfull

mouth organ ['maoθ,å:gən]
subst munspel

mouthpiece ['maoθpi:s] *subst*
1 munstycke **2** språkrör

mouthwash ['maoθoåsch]
subst munvatten

mouth-watering
['maoθ,oå:təring] *adj* aptit-
retande

movable ['mo:vəbl] *adj* flytt-
bar

move [mo:v] **I** *verb* **1** flytta,
flytta på; ~ *house* flytta, byta
bostad **2** röra sig **3** göra
rörd; *be moved* bli rörd
II *subst* **1** flyttning **2** bildl.
drag; *a wrong* ~ ett feldrag

movement ['mo:vmənt] *subst*
rörelse

movie ['mo:vi] *subst* vard. film;
~ *star* filmstjärna

moviecamera
['mo:vi,kämmərə] *subst* film-
kamera

moving ['mo:ving] *adj* **1** rörlig
2 rörande

mow [məo] *verb* slå; klippa

mower ['məoə] *subst* slåtter-
maskin; gräsklippare

MP [,em'pi:] *subst* parla-
mentsledamot

mph (förk. för *miles per hour*)
'miles' i timmen, jfr *mile*

Mr ['misstə] hr, herr före namn

Mrs ['missizz] fru före namn

Ms [məzz] titel som ersätter Miss
el. Mrs före namn

much [*match*] *adj* o. *adv* o.
pron mycket; *how* ~ *is this?*
vad kostar den här?; *thank
you very* ~ tack så mycket

muck [makk] **I** *subst* gödsel;

muslin

vard. skit II *verb*, ~ *up* vard.
röra till

mud [madd] *subst* gyttja

muddle ['maddl] I *verb* **1** röra
ihop **2** förvirra II *verb* oreda

muddy ['maddi] *adj* lerig;
gyttjig

mudguard ['maddga:d] *subst*
stänkskärm på bil

muffin ['maffin] *subst* slags
tebröd som äts varma med smör

muffle ['maffl] *verb* dämpa

mug [magg] I *subst* mugg
II *verb* vard. överfalla och
råna

mugging ['magging] *subst*
vard. rånöverfall

muggy ['maggi] *adj* kvav

mule [mjo:l] *subst* mula

multiple ['malltipl] *adj* mång-
faldig; ~ *collision* seriekrock

multiplication
[,malltipli'kejschən] *subst*
multiplikation

multiply ['malltiplaj] *verb*
1 multiplicera **2** öka

multistorey [,mallti'stå:ri] *adj*
flervånings-

1 mum [mamm] *subst* mam-
ma

2 mum [mamm] *adj* vard. tyst

mumble ['mammbl] I *verb*
mumla II *subst* mummel

1 mummy ['mammi] *subst*
mumie

2 mummy ['mammi] *subst*
barnspråk mamma

mumps [mammps] *subst* päs-
sjuka

munch [mantsch] *verb* mum-
sa

mundane ['manndejn] *adj*
vardaglig

municipal [mjo'nissipəl] *adj*
kommunal; stads-; ~ *council*
kommunfullmäktige

murder ['mö:də] I *subst* mord
II *verb* mörda

murderer ['mö:dərə] *subst*
mördare

murderous ['mö:dərəs] *adj*
mordisk

murky ['mö:ki] *adj* mörk,
skum

murmur ['mö:mə] I *subst*
mummel II *verb* mumla

muscle ['massl] *subst* muskel

muscular ['masskjolə] *adj*
muskulös

1 muse [mjo:z] *subst* musa

2 muse [mjo:z] *verb* fundera

museum [mjo'ziəm] *subst*
museum

mushroom ['maschromm]
subst svamp; champinjon

music ['mjo:zikk] *subst* musik

musical ['mjo:zikkəl] I *adj*
musikalisk; musik- II *subst*
musikal

musician [mjo'zischən] *subst*
musiker

Muslim ['mozzləm] I *subst*
muslim II *adj* muslimsk

muslin ['mazzlin] *subst* muslin

mussel 212

mussel ['massl] *subst* mussla

must [masst] *verb* måste, är
tvungen att; ~ *not* får inte,
bör inte

mustard ['masstəd] *subst*
senap

muster ['masstə] *verb* uppbåda

mustn't ['massnt] = *must not*

mute [mjo:t] *adj* stum

mutiny ['mjo:tinni] *subst* myteri

mutter ['mattə] *verb* muttra

mutton ['mattn] *subst* fårkött

mutual ['mjo:tchoəl] *adj* ömsesidig

mutually ['mjo:tchoəlli] *adv*
ömsesidigt

muzzle ['mazzl] *subst* **1** nos
2 munkorg

my [maj] *pron* min

myself [maj'self] *pron* mig,
mig själv; jag själv, själv

mysterious [mi'stiəriəs] *adj*
mystisk

mystery ['misstəri] *subst* mysterium

mystify ['misstifaj] *verb* förbrylla

myth [miθθ] *subst* myt

mythology [mi'θålləʤi] *subst*
mytologi

N

N, n [enn] *subst* N, n

nag [nägg] *verb* tjata

nagging ['nägging] *adj* tjatig

nail [nejl] **I** *subst* **1** nagel
2 spik **II** *verb* spika

nail brush ['nejlbrasch] *subst*
nagelborste

nail file ['nejlfajl] *subst*
nagelfil

nail polish ['nejl,pållisch]
subst nagellack

nail scissors ['nejl,sizzəz]
subst pl nagelsax

nail varnish ['nejl,va:nisch]
subst nagellack

naive [naj'i:v] *adj* naiv

naked ['nejkidd] *adj* naken;
the ~ eye blotta ögat

name [nejm] **I** *subst* namn;
the ~ of the game vard. vad
det handlar om **II** *verb*
1 kalla för; ~ *after* uppkalla
efter **2** namnge; nämna

nameless ['nejmləs] *adj*
namnlös

namely ['nejmli] *adv* nämligen

namesake ['nejmsejk] *subst*
namne

nanny ['nänni] *subst* barnsköterska

nap [näpp] *subst* tupplur

nape [nejp] *subst* nacke

napkin ['näppkinn] *subst*
1 servett **2** blöja

nappy ['näppi] *subst* blöja

narcissus [na:'sissəs] *subst*
pingstlilja

narcotic [na:'kåttikk] *subst*
narkotiskt preparat; *narcot-*
ics äv. narkotika

narrative ['närrətivv] *subst*
berättelse

narrow ['närrəo] **I** *adj* **1** smal,
trång **2** *have a ~ escape*
undkomma med knapp nöd
II *verb* smalna av; *~ down*
begränsa

narrowly ['närrəoli] *adv* med
knapp nöd

narrow-minded
[,närrəo'majndidd] *adj*
trångsynt

nasty ['na:sti] *adj* otäck; elak;
besvärlig

nation ['nejschən] *subst* na-
tion

national ['näschənl] *adj* na-
tionell; *~ anthem* national-
sång; *~ hero* folkhjälte; *~*
holiday nationaldag

nationalism ['näschənəlizzəm]
subst nationalism

nationalist ['näschənəlist]
I *subst* nationalist **II** *adj* na-
tionalistisk

nationality [,näschə'nälləti]
subst nationalitet

nationalize ['näschənəlajz]
verb förstatliga

nationwide ['nejschənoajd]
adj landsomfattande

native ['nejtivv] **I** *adj* **1** födel-
se- **2** infödd **II** *subst* infödd

natural ['nättchrəl] **I** *adj* na-
turlig; *~ science* naturveten-
skap **II** *subst* vard. naturbe-
gåvning

naturalized ['nättchrəlajzd]
adj naturaliserad

naturally ['nättchrəlli] *adv*
naturligtvis

nature ['nejtchə] *subst* natur;
by ~ av naturen

naughty ['nå:ti] *adj* **1** om barn
stygg **2** oanständig

nausea ['nå:sjə] *subst* kvälj-
ningar

nauseate ['nå:sjejt] *verb* kväl-
ja; äckla

naval ['nejvəl] *adj* marin-

nave [nejv] *subst* nav

navel ['nejvəl] *subst* navel

navigate ['nävvigejt] *verb*
navigera

navigation [,nävvi'gejschən]
subst navigering

navy ['nejvi] *subst, the ~*
flottan

navy-blue [,nejvi'blo:] *adj* ma-
rinblå

near [niə] *adj* o. *adv* o. *prep*
nära; *come* (*get*) *~* närma sig

nearby ['niəbaj] *adj* närbelä-
gen **II** [niə'baj] *adv* i närheten

nearly ['niəli] *adv* nästan

near-sighted [ˌniəˈsajtidd] *adj*
närsynt

neat [niːt] *adj* ordentlig;
prydlig

necessarily [ˈnessəsərəlli] *adv*
nödvändigtvis

necessary [ˈnessəsərri] *adj*
nödvändig

necessity [nəˈsessiti] *subst*
nödvändighet; *the necessities
of life* livets nödtorft

neck [nekk] *subst* hals; *back
of the* ~ nacke; *save one's* ~
rädda skinnet

necklace [ˈnekkləs] *subst*
halsband

neckline [ˈnekklajn] *subst*
halsringning

necktie [ˈnekktaj] *subst* slips

need [niːd] **I** *subst* behov
II *verb* behöva

needle [ˈniːdl] *subst* **1** nål
2 kanyl

needless [ˈniːdləs] *adj* onödig

needlework [ˈniːdlwöːk] *subst*
handarbete

needn't [ˈniːdnt] = need not

needy [ˈniːdi] *adj* behövande

negative [ˈneggətivv] *adj* o.
subst negativ

neglect [niˈglekkt] **I** *verb* för-
summa **II** *subst* försummelse

negligee [ˈnegglizˌej] *subst*
negligé

negotiate [niˈgəoschiejt] *verb*
förhandla

negotiation
[niˌgəoschiˈejschən] *subst*
förhandling

Negro [ˈniːgrəo] *subst* neger

neigh [nej] *verb* gnägga

neighbour [ˈnejbə] *subst* gran-
ne

neighbourhood [ˈnejbəhodd]
subst grannskap; kvarter

neighbouring [ˈnejbəring] *adj*
grann-

neighbourly [ˈnejbəli] *adj* som
det anstår en god granne

neither [ˈnajðə] **I** *pron* ingen
II *konj* inte heller; ~ *she nor
me* varken hon eller jag

neon [ˈniːən] *subst* neon; ~
sign neonskylt

nephew [ˈneffjo] *subst* bror-
son, systerson

nerve [nöːv] *subst* **1** nerv
2 mod

nerve-racking [ˈnöːvˌräkking]
adj nervpåfrestande

nervous [ˈnöːvəs] *adj* nervös; *a
~ breakdown* ett nervsam-
manbrott

nest [nest] *subst* rede; näste

nest egg [ˈnestegg] *subst* bildl.
sparad slant

nestle [ˈnessl] *verb* trycka;
hålla ömt

1 net [nett] **I** *subst* nät **II** *verb*
göra mål; i tennis o.d. slå
bollen i nät

2 net [nett] *adj* netto

netball [ˈnettbɔːl] *subst*

nicely

1 korgboll **2** i tennis o.d. nätboll

Netherlands ['neððələndz], _the_ ~ Nederländerna

nettle ['nettl] _subst_ nässla

network ['netwö:k] _subst_ **1** nätverk **2** TV-bolag

neurotic [,njoə'råttikk] _adj_ neurotisk

neuter ['nju:tə] **I** _adj_ könlös **II** _verb_ kastrera

neutral ['nju:trəl] _adj_ neutral

neutralize ['nju:trəlajz] _verb_ neutralisera

never ['nevvə] _adv_ aldrig; ~ _again_ aldrig mera

nevertheless [,nevvəðə'less] _adv_ likväl, ändå

new [nju:] _adj_ **1** ny **2** färsk

newborn ['nju:bå:n] _adj_ nyfödd

newcomer ['nju:,kammə] _subst_ nykomling

newfangled [,nju:'fänggld] _adj_ nymodig

newly ['nju:li] _adv_ nyligen

newly-weds ['nju:lioedz] _subst pl, the_ ~ vard. de nygifta

news [nju:z] _subst_ nyheter; _there is no_ ~ _from him_ han har inte hört av sig

news agency ['nju:z,ejdʒənsi] _subst_ nyhetsbyrå

newsagent's ['nju:z,ejdʒənts] _subst_ tobaksaffär; tidningskiosk

newscaster ['nju:z,ka:stə] _subst_ nyhetsuppläsare

newsflash ['nju:zfläsch] _subst_ extra nyhetssändning

newsletter ['nju:z,lettə] _subst_ informationsblad

newspaper ['nju:s,pejpə] _subst_ tidning

newsreader ['nju:z,ri:də] _subst_ nyhetsuppläsare

newsreel ['nju:zri:l] _subst_ journalfilm

newsstand ['nju:zstännd] _subst_ tidningskiosk

newt [nju:t] _subst_ vattenödla

New Year [,nju:'jiə] _subst_ nyår; _New Year's Day_ nyårsdagen; _New Year's Eve_ nyårsafton

next [nekkst] **I** _adj_ o. _subst_ nästa; _the girl_ ~ _door_ en alldeles vanlig flicka; ~ _Sunday_ nu på söndag **II** _adv_ **1** därefter **2** näst

next-door [,nekks'då:] **I** _adj_ närmast **II** _adv_, _live_ ~ _to_ vara granne med

next-of-kin [,nekkstəv'kinn] _subst_ närmaste anhörig

nib [nibb] _subst_ stift på reservoarpenna

nibble ['nibbl] _verb_ knapra på; nafsa

nice [najs] _adj_ trevlig; snäll; skön

nicely ['najsli] _adv_ utmärkt

nick [nikk] **I** *subst* hack
II *verb* vard. knycka
nickel ['nikkl] *subst* nickel
nickname ['nikknejm] *subst*
smeknamn
niece [ni:s] *subst* brorsdotter,
systerdotter
night [najt] *subst* natt; *first* ~
premiär; *last* ~ i går kväll; i
natt; *make a* ~ *of it* vard.
göra sig en helkväll; *by* ~
nattetid
nightcap ['najtkäpp] *subst*
vard. sängfösare
nightclub ['najtklabb] *subst*
nattklubb
nightdress ['najtdress] *subst*
nattlinne
nightfall ['najtfå:l] *subst* mörk-
rets inbrott
nightgown ['najtgaon] *subst*
nattlinne
nightie ['najti] *subst* nattlinne
nightingale ['najtinggejl]
subst näktergal
nightly ['najtli] *adj* nattlig
nightmare ['najtmäa] *subst*
mardröm
night porter ['najt͵på:tə] *subst*
nattportier
nightschool ['najtsko:l] *subst*
aftonskola
nightshift ['najtschift] *subst*
nattskift
night-time ['najttajm], *in the* ~
nattetid

night watchman
[͵najt'oåtchmən] *subst* natt-
vakt
nil [nill] *subst* ingenting; noll
nimble ['nimbl] *adj* kvick,
flink
nine [najn] *räkn* nio
nineteen [͵najn'ti:n] *räkn*
nitton
ninety ['najnti] *räkn* nitti
ninth [najnθ] *räkn* nionde
nip [nipp] *verb* nypa; nafsa
nipple ['nippl] *subst* bröstvår-
ta
nitrogen ['najtrədʒən] *subst*
kväve
1 no [nəo] *adj* ingen, inte
någon; ~ *one* ingen, inte
någon; ~ *man's land* ingen-
mansland; ~ *parking* (*smok-
ing*) parkering (rökning)
förbjuden; ~ *way!* vard. aldrig
i livet!
2 no [nəo] *adv* nej
nobility [nəo'billəti] *subst*
1 adel **2** ädelhet
noble ['nəobl] *adj* **1** adlig
2 ädel
nobody ['nəobədi] *pron* ingen,
inte någon
nod [nådd] **I** *verb* nicka **II** *verb*
nick
noise [nåjz] *subst* ljud; oljud
noisy ['nåjzi] *adj* bullrig,
bråkig
nominate ['nåmminejt] *verb*
utnämna

nominee [ˌnåmmi'ni:] *subst* kandidat

non-alcoholic ['nånn͵älkə'hållikk] *adj* alkoholfri

non-committal [ˌnånnkə'mittl] *adj* till intet förpliktande

nondescript ['nånndiskripptt] *adj* obestämbar

none [nann] *pron* ingen, inte någon

nonentity [nå'nenntəti] *subst* obetydlig person

nonetheless [ˌnannðə'less] *adv* likväl, ändå

non-existent [ˌnånnig'zisstənt] *adj* obefintlig

non-fiction [ˌnånn'fikschən] *subst* sakprosa

nonsense ['nånnsəns] *subst* nonsens

non-smoker [ˌnånn'sməokə] *subst* icke-rökare

non-stick [ˌnånn'stikk] *adj* teflonbehandlad

non-stop [ˌnånn'ståpp] *adj* o. *adv* utan uppehåll

nook [nokk] *subst* vrå

noon [no:n] *subst* klockan tolv på dagen

noose [no:s] *subst* snara

nor [nå:] *konj* och inte heller; *neither she ~ me* varken hon eller jag

norm [nå:m] *subst* norm

normal ['nå:məl] *adj* normal

normally ['nå:məlli] *adv* normalt sett

north [nå:θ] **I** *subst* norr **II** *adj* nordlig **III** *adv* norrut

north-east [ˌnå:θ'i:st] *subst* nordost

northerly ['nå:ðəli] *adj* nordlig

northern ['nå:ðən] *adj* **1** nordlig; ~ *lights* norrsken **2** nordisk

northward ['nå:θwəd] *adv* norrut

north-west [ˌnå:θ'oest] *subst* nordväst

Norway ['nå:wej] Norge

Norwegian [nå:'wi:dʒən] **I** *adj* norsk **II** *subst* **1** norrman; norska kvinna **2** norska språket

nose [nəoz] *subst* näsa

nose-bleed ['nəoz͵bli:d] *subst* näsblod

nosedive ['nəozdajv] *subst* störtdykning

nosey ['nəozi] *adj* vard. nyfiken

nostalgia [nå'ställdʒiə] *subst* nostalgi

nostril ['nåsstrəl] *subst* näsborre

nosy ['nəozi] *adj* vard. nyfiken

not [nått] *adv* inte; ~ *until then* först då

notably ['nəotəbli] *adv* i synnerhet

notch [nåtch] *subst* hack, skåra

note [nəot] **I** *subst* **1** anteck-

ning; *make a ~ of* anteckna
2 mus. not **II** *verb* lägga
märke till
notebook ['nəotbokk] *subst*
anteckningsbok
noted ['nəotidd] *adj*, *~ for*
känd för
notepaper ['nəot,pejpə] *subst*
brevpapper
nothing ['naθθiŋ] *pron*
ingenting, inget; *~ but*
ingenting annat än; *~
much* inte särskilt mycket;
for ~ till ingen nytta
notice ['nəotiss] **I** *subst*
1 meddelande **2** uppmärk-
samhet **II** *verb* märka
noticeable ['nəotissəbl] *adj*
märkbar
notice board ['nəotissbå:d]
subst anslagstavla
notify ['nəotifaj] *verb* tillkän-
nage
notion ['nəoschən] *subst* upp-
fattning
notorious [nəo'tå:riəs] *adj*
ökänd
nought [nå:t] *subst* noll, nolla
noun [naon] *subst* substantiv
nourish ['narrisch] *verb* ge
föda åt
nourishing ['narrisching] *adj*
närande
nourishment ['narrischmənt]
subst näring, föda
novel ['nåvvəl] **I** *adj* ny
II *subst* roman

novelist ['nåvvəlist] *subst*
romanförfattare
novelty ['nåvvəlti] *subst* nyhet
November [nəo'vemmbə]
subst november
now [nao] **I** *adv* nu; *every ~
and then* då och då; *by ~* vid
det här laget; *for ~* tillsvidare
II *konj* nu då, när
nowadays ['naoədejz] *adv*
nuförtiden
nowhere ['nəwäə] *adv* ingen-
stans
nozzle ['nåzzl] *subst* munstyc-
ke, pip
nuclear ['njo:kliə] *adj* kärn-;
atom-; *~ bomb* atombomb; *~
family* kärnfamilj; *~ power*
kärnkraft; *~ power plant*
kärnkraftverk
nude [njo:d] *adj* naken
nudge [nadd3] *verb* knuffa,
puffa
nudist ['njo:dist] *subst* nudist
nuisance ['njo:sns] *subst* otyg,
elände
null [nall] *adj* ogiltig
numb [namm] **I** *adj* domnad
II *verb* förlama bildl.
number ['nammbə] **I** *subst*
1 antal **2** nummer; *~ one* en
själv; *~ plate* nummerplåt
II *verb* numrera
numerical [njo'merrikəl] *adj*
siffer-
numerous ['njo:mərəs] *adj*
talrik

nun [nann] *subst* nunna
nurse [nö:s] **I** *subst* sjukskö-
terska **II** *verb* sköta barn el.
sjuka
nursery ['nö:səri] *subst* barn-
kammare; ~ *school* förskola
nursing ['nö:sing] *subst* sjuk-
vård
nursing home ['nö:singhəom]
subst sjukhem
nut [natt] *subst* nöt
nutmeg ['nattmegg] *subst*
muskotnöt
nutritious [njo'trischəs] *adj*
näringsrik
nuts [natts] *adj* vard. knäpp
nutshell ['nattschell] *subst*
nötskal
nylon ['najlən] *subst* nylon

O

O, o [əo] *subst* O, o
oak [əok] *subst* ek
oar [å:] *subst* åra
oasis [əo'ejsiss] *subst* oas
oath [əoθ] *subst* ed
oatmeal ['əotmi:l] *subst*
havregryn
obedience [ə'bi:djəns] *subst*
lydnad
obedient [ə'bi:djənt] *adj* lydig
obey [əo'bej] *verb* lyda
obituary [ə'bittchoəri] *subst*
dödsruna
object I ['åbbdʒikt] *subst* fö-
remål; objekt **II** [əb'dʒekkt]
verb invända
objection [əb'dʒekkschən]
subst invändning
objective [əb'dʒekktivv] **I** *adj*
objektiv **II** *subst* mål syfte
obligation [,åbbli'gejschən]
subst förpliktelse
oblige [ə'blajdʒ] *verb* förplik-
tiga
obliging [ə'blajdʒing] *adj*
tjänstvillig
oblique [əo'bli:k] *adj* **1** sned
2 indirekt
obliterate [ə'blittərejt] *verb*
utplåna
oblivion [ə'blivviən] *subst*
glömska

oblivious [ə'blivviəs] *adj*
omedveten

obnoxious [əb'nåkkschəs] *adj*
motbjudande

obscene [əb'si:n] *adj* oanständig

obscure [əb'skjoə] *adj* dunkel

observant [əb'zö:vənt] *adj*
uppmärksam

observation [‚åbbzə'vejschən]
subst 1 observation 2 anmärkning

observatory [əb'zö:vətri] *subst*
observatorium

observe [əb'zö:v] *verb* 1 observera 2 iakttta

observer [əb'zö:və] *subst* observatör

obsess [əb'sess] *verb, be
obsessed with* vara besatt av

obsessive [əb'sessivv] *adj*
tvångsmässig

obsolete ['åbbsəli:t] *adj* föråldrad

obstacle ['åbbstəkl] *subst*
hinder

obstinate ['åbbstinət] *adj*
envis

obstruct [əb'strakkt] *verb*
1 blockera 2 hindra

obtain [əb'tejn] *verb* lyckas få

obtainable [əb'tejnəbl] *adj*
som kan fås

obvious ['åbbviəs] *adj* tydlig

occasion [ə'kejʒən] *subst*
tillfälle; *on ~* då och då

occasional [ə'kejʒənl] *adj*
enstaka

occasionally [ə'kejʒnəlli] *adv*
emellanåt

occupation [‚åkkjo'pejschən]
subst 1 ockupation 2 yrke

occupy ['åkkjopaj] *verb* 1 ockupera 2 sysselsätta 3 *be
occupied* vara upptagen

occur [ə'kö:] *verb* inträffa

occurrence [ə'karrəns] *subst*
förekomst

ocean ['əoschən] *subst* ocean

o'clock [ə'klåkk] *adv, it is ten
~* klockan är tio

October [åkk'təobə] *subst*
oktober

octopus ['åkktəpəs] *subst*
bläckfisk

odd [ådd] *adj* 1 udda 2 enstaka 3 underlig

oddity ['åddəti] *subst* underlighet

oddly ['åddli] *adv, ~ enough*
konstigt nog

odds [åddz] *subst* odds;
against the ~ mot alla odds

odour ['əodə] *subst* doft; odör

of [åvv] *prep* om; av; från;
med; *a cup ~ tea* en kopp te;
a boy ~ ten en pojke på tio
år

off [åff] I *adv* o. *adj* 1 bort; av
2 *be ~* vara av; ha lossnat; ge
sig av; vara ledig II *prep*
borta från

offal ['åffəl] *subst* inälvsmat

ominous

off-colour [ˌåffˈkallə] *adj* lite krasslig

offence [əˈfenns] *subst* **1** förseelse **2** anstöt

offend [əˈfennd] *verb* stöta; förolämpa

offender [əˈfenndə] *subst* lagbrytare

offensive [əˈfennsivv] **I** *adj* **1** anfalls- **2** stötande **II** *subst* offensiv

offer [ˈåffə] **I** *verb* erbjuda **II** *subst* erbjudande

off-hand [ˌåffˈhännd] *adv* på rak arm

office [ˈåfiss] *subst* **1** kontor; ~ *hours* kontorstid **2** ämbete

officer [ˈåfissə] *subst* officer

office-worker [ˈåfissˌwöːkə] *subst* kontorist

official [əˈfischəl] *adj* officiell

officiate [əˈfischiejt] *verb* förrätta gudstjänst

officious [əˈfischəs] *adj* beskäftig

offing [ˈåffing], *in the* ~ bildl. under uppsegling

off-licence [ˈåffˌlajsəns] *subst* spritbutik

off-peak [ˈåffpiːk] *adj* låg-; *at* ~ *hours* vid lågtrafik

offputting [ˈåffˌpotting] *adj* frånstötande om person

off-season [ˈåffˌsiːzn] *adj* lågsäsong-

offset [ˈåffsett] *verb* uppväga

offshoot [ˈåffschoːt] *subst* bildl. sidoskott

offshore [ˌåffˈschåː] *adj o. adv* utanför kusten

offside [ˌåffˈsajd] *subst* offside

offspring [ˈåffspring] *subst* avkomma

offstage [ˌåffˈstejdʒ] *adj o. adv* utanför scenen

off-white [ˌåffˈoajt] *adj* benvit

often [ˈåffn] *adv* ofta

ogle [ˈəogl] *verb* glo

oil [åjl] *subst* olja

oilfield [ˈåjlfiːld] *subst* oljefält

oil painting [ˈåjlˌpejnting] *subst* oljemålning

oily [ˈåjli] *adj* oljig

ointment [ˈåjntmənt] *subst* salva

OK [ˌəoˈkej] vard. **I** *adj o. adv* OK **II** *verb* godkänna

old [əold] *adj* gammal; ~ *people's home* ålderdomshem

old-fashioned [ˌəoldˈfäschənd] *adj* gammalmodig

olive [ˈålivv] *subst* oliv

olive oil [ˌållivˈåjl] *subst* olivolja

Olympic [əoˈlimmpikk] *adj*, *the* ~ *Games* de olympiska spelen

omelette [ˈåmmlət] *subst* omelett

omen [ˈəomen] *subst* omen

ominous [ˈåmminəs] *adj* illavarslande

omit [əo'mitt] *verb* utelämna
on [ånn] **I** *prep* på; vid; i; om;
this is ~ me vard. det är jag
som bjuder **II** *adv* o. *adj* **1** på
sig **2** på, vidare **3** *be ~* vara
på; spelas
once [oanns] *adv* en gång; *at
~ med detsamma
oncoming ['ånn,kamming] *adj*
förestående
one [oann] **I** *räkn* en, ett
II *pron* man; *~ another*
varandra
one-man [,oann'männ] *adj*
enmans-
one-off ['oannåff] *adj* enstaka
oneself [oann'sellf] *pron* sig;
sig själv; själv; en själv
one-sided [,oann'sajdidd] *adj*
ensidig
one-upmanship
[oann'appmənschipp] *subst*
konsten att psyka ngn
one-way ['oannwej] *adj*
1 enkelriktad **2** *~ ticket*
enkel biljett
ongoing ['ånn,gəoing] *adj*
pågående
onion ['annjən] *subst* lök
on-line ['ånnlajn] *adj* direkt-
ansluten
onlooker ['ånn,lokkə] *subst*
åskådare
only ['əonli] **I** *adj* enda **II** *adv*
1 bara **2** först; senast
onset ['ånnsett] *subst* början

onshore [,ånn'schå:] *adj* o. *adv*
på kusten
onslaught ['ånnslå:t] *subst*
våldsamt angrepp
onto ['ånnto] *prep* på
onward ['ånnwəd] *adj* framåt-
onwards ['ånnwədz] *adv*
framåt, vidare
ooze [o:z] *verb* sippra fram
opaque [əo'pejk] *adj* ogenom-
skinlig
open ['əopən] **I** *adj* öppen i
olika bet.; öppen för; *in the ~
air* i det fria **II** *verb* **1** öppna;
öppna sig **2** börja; ha
premiär
opening ['əopəning] **I** *adj*
öppnings-; *~ hours* öppettid;
~ night premiär **II** *subst*
öppning; premiär
openly ['əopənli] *adv* öppet
open-minded
[,əopən'majndidd] *adj* öppen
för nya idéer
opera ['åppərə] *subst* opera
operate ['åppərejt] *verb*
1 verka **2** operera **3** sköta
operation [,åppə'rejschən]
subst **1** operation **2** *be in ~
vara i gång
operative ['åppərətivv] *adj*
verkande
operator ['åppərejtə] *subst*
telefonist
opinion [ə'pinnjən] *subst*
åsikt; *~ poll* opinionsunder-
sökning

opinionated [ə'pinnjənejtidd] *adj* envis

opponent [ə'pəonənt] *subst* motståndare

opportunity [ˌɔppə'tjo:nəti] *subst* tillfälle, chans

oppose [ə'pəoz] *verb* motsätta sig

opposite ['ɔppəzitt] I *adj* o. *adv* o. *prep* mitt emot II *subst* motsats

opposition [ˌɔppə'zischən] *subst* motstånd

oppress [ə'press] *verb* förtrycka

oppressive [ə'pressivv] *adj* förtryckande

opt [ɔppt] *verb* välja

optical ['ɔpptikəl] *adj* optisk; syn-

optician [ɔpp'tischən] *subst* optiker

optimist ['ɔpptimist] *subst* optimist

optimistic [ˌɔppti'mistikk] *adj* optimistisk

option ['ɔppschən] *subst* val

optional ['ɔppschənl] *adj* valfri

or [å:] *konj* eller; ~ *else* annars så

oral ['å:rəl] *adj* muntlig

orange ['årrindʒ] *subst* apelsin

orchard ['å:tchəd] *subst* fruktträdgård

orchestra ['å:kisstrə] *subst* orkester

orchid ['å:kidd] *subst* orkidé

ordain [å:'dejn] *verb* prästviga

ordeal [å:'di:l] *subst* eldprov

order ['å:də] I *subst* 1 ordning; *out of* ~ ur funktion; opassande 2 order II *verb* 1 beordra 2 beställa

orderly ['å:dəli] I *adj* välordnad II *subst* manligt sjukvårdsbiträde

ordinary ['å:dnri] *adj* vanlig

ore [å:] *subst* malm

organ ['å:gən] *subst* 1 organ 2 orgel

organic [å:'gännikk] *adj* 1 organisk 2 biodynamisk

organization [ˌå:gənaj'zejschən] *subst* organisation

organize ['å:gənajz] *verb* organisera

organizer ['å:gənajzə] *subst* organisatör

orgasm ['å:gäzzəm] *subst* orgasm

oriental [ˌå:ri'entl] *adj* österländsk

origin ['årridʒinn] *subst* ursprung

original [ə'riddʒənl] I *adj* 1 ursprunglig 2 originell II *subst* original

originally [ə'riddʒənəlli] *adv* ursprungligen

originate [ə'riddʒənejt] *verb* härröra

ornament ['å:nəmənt] *subst*
ornament; prydnad

ornamental [å:nə'menntl] *adj*
prydnads-

ornate [å:'nejt] *adj* utsirad

orphan ['å:fən] *subst* föräldra-
löst barn

orthopaedic [,å:θəʊ'pi:dikk]
adj ortopedisk

ostensibly [å'stennsəbli] *adv*
till synes

ostentatious [,åstenn'tejschəs]
adj prålig

ostracize ['åsstrəsajz] *verb*
frysa ut

ostrich ['åsstritch] *subst* struts

other ['aðə] *pron* annan,
annat, andra; *the ~ day*
häromdagen; *every ~ week*
varannan vecka; *among ~
things* bland annat

otherwise ['aðəʊajz] *adv*
1 annorlunda, på annat sätt
2 annars

otter ['åttə] *subst* utter

ought [å:t] *verb* bör, borde

ounce [aons] *subst* uns = 28,35
gram

our ['aoə] *pron* vår

ours ['aoəz] *pron* vår

ourselves [,aoə'sellvz] *pron*
oss, oss själva; vi själva,
själva

out [aot] *adv* o. *adj* **1** ute,
borta; ut, bort **2** *be ~ after*
vara ute efter; *~ of* ut ur;

borta från; utav; *~ with it!*
ut med språket!

out-and-out [,aotnd'aot] *adj*
vard. tvättäkta

outboard ['aotbå:d] *adj* utom-
bords-

outbreak ['aotbrejk] *subst*
utbrott

outburst ['aotbö:st] *subst* ut-
brott, anfall

outcast ['aotka:st] *subst* ut-
stött person

outcome ['aotkamm] *subst*
utgång resultat

outcry ['aotkraj] *subst* rama-
skri

outdated [,aot'dejtidd] *adj*
omodern

outdo [,aot'do:] *verb* överträf-
fa

outdoor ['aotdå:] *adj* utom-
hus-; *~ clothes* ytterkläder

outdoors [,aot'då:z] *adv* utom-
hus

outer ['aotə] *adj* yttre; *~ lane*
ytterfil

outfit ['aotfitt] *subst* kläder

outgoing ['aot,gəoing] *adj*
1 utgående **2** utåtriktad

outgrow [,aot'grəo] *verb* växa
ifrån; växa ur kläder

outhouse ['aothaos] *subst*
uthus

outing ['aoting] *subst* utflykt

outlandish [,aot'länndisch] *adj*
besynnerlig

outlaw ['aotlå:] *subst* bandit

outlet ['aotlett] *subst* utlopp

outline ['aotlajn] **I** *subst*
1 kontur **2** utkast **II** *verb*
skissera

outlive [‚aot'livv] *verb* överleva

outlook ['aotlokk] *subst* utsikt;
bildl. sätt att se; ~ *on life*
livsinställning

outlying ['aot‚lajing] *adj* avlägsen

outmoded [‚aot'məodidd] *adj*
omodern

outnumber [‚aot'nammbə]
verb överträffa i antal

out-of-date [‚aotəv'dejt] *adj*
omodern

out-of-the-way [‚aotəvðə'wej]
adj avlägsen

out-patient ['aot‚pejschənt]
subst dagpatient

outpost ['aotpəost] *subst* utpost

output ['aotpott] *subst* produktion

outrage ['aotrejdʒ] **I** *subst*
1 skandal **2** indignation
II *verb* chockera

outrageous [‚aot'rejdʒəs] *adj*
skandalös

outright ['aotrajt] *adj* fullständig, total

outset ['aotsett] *subst* början

outside [‚aot'sajd] **I** *subst* utsida **II** *adj* utvändig, yttre;
utomhus- **III** *adv* ute; ut
IV *prep* utanför

outsider [‚aot'sajdə] *subst*
outsider

outskirts ['aotskö:ts] *subst pl*
utkanter av stad

outspoken [‚aot'spəokən] *adj*
frispråkig

outstanding [‚aot'stännding]
adj framstående

outstrip [‚aot'stripp] *verb* distansera

outward ['aotwəd] **I** *adj* **1** utgående **2** yttre **II** *adv* utåt

outwardly ['aotwədli] *adv* till
det yttre

outweigh [‚aot'wej] *verb* uppväga

outwit [‚aot'witt] *verb* överlista

oval ['əovəl] *adj* oval

ovary ['əovəri] *subst* äggstock

oven ['avvn] *subst* ugn

ovenproof ['avvnpro:f] *adj*
ugnseldfast

over ['əovə] **I** *prep* **1** över;
ovanför **2** på andra sidan
3 ~ *the years* genom åren
II *adv* **1** över **2** slut **3** ~ *and*
~ om och om igen

overall ['əovərå:l] **I** *subst*,
overalls blåställ, overall
II *adj* helhets-

overbearing [‚əovə'bääring]
adj högdragen

overboard ['əovəbå:d] *adv*
överbord

overcast [‚əovə'ka:st] *adj* mulen

overcharge [ˌəʊvəˈtchaːdʒ] *verb* ta för höga priser

overcoat [ˈəʊvəkəʊt] *subst* överrock

overcome [ˌəʊvəˈkamm] **I** *verb* övervinna **II** *adj* överväldigad

overcrowded [ˌəʊvəˈkraodidd] *adj* överbefolkad

overdo [ˌəʊvəˈduː] *verb* överdriva

overdose I [ˈəʊvədəos] *subst* överdos **II** [ˌəʊvəˈdəos] *verb* överdosera

overdraft [ˈəʊvədraːft] *subst* övertrassering

overdrawn [ˌəʊvəˈdrɑːn] *adj* övertrasserad

overdue [ˌəʊvəˈdjoː] *adj* **1** förfallen till betalning **2** försenad

overestimate [ˌəʊvərˈesstimejt] *verb* övervärdera

overflow [ˌəʊvəˈfləo] *verb* svämma över; bildl. svalla över

overgrown [ˌəʊvəˈgrəon] *adj* igenvuxen

overhaul [ˈəʊvəhɑːl] *subst* översyn

overheads [ˈəʊvəheddz] *subst pl* fasta utgifter

overhear [ˌəʊvəˈhiə] *verb* råka få höra

overheat [ˌəʊvəˈhiːt] *verb* överhetta

overjoyed [ˌəʊvəˈdʒåjd] *adj* utom sig av glädje

overland [ˌəʊvəˈländ] *adv* o. *adj* till lands

overlap [ˌəʊvəˈläpp] *verb* överlappa varandra

overload [ˌəʊvəˈləod] *verb* överbelasta

overlook [ˌəʊvəˈlokk] *verb* **1** ha utsikt över **2** förbise

overnight [ˌəʊvəˈnajt] *adv* **1** över natten **2** över en natt

overpowering [ˌəʊvəˈpaoəring] *adj* överväldigande

overrate [ˌəʊvəˈrejt] *verb* övervärdera; *an overrated film* en överreklamerad film

override [ˌəʊvəˈrajd] *verb* köra över bildl.

overrule [ˌəʊvəˈroːl] *verb* ogilla, upphäva

overrun [ˌəʊvəˈrann] *verb* invadera

overseas [ˈəʊvəsiːz] **I** *adj* utländsk **II** *adv* utomlands

overshadow [ˌəʊvəˈschäddəo] *verb* överskugga

oversight [ˈəʊvəsajt] *subst* förbiseende

oversleep [ˌəʊvəˈsliːp] *verb* försova sig

overstate [ˌəʊvəˈstejt] *verb* överdriva

overstep [ˌəʊvəˈstepp] *verb* överskrida

overt [əˈvöːt] *adj* öppen

227

padlock

overtake [,əovə'tejk] *verb* köra om

overthrow [,əovə'θrəo] *verb* störta, fälla

overtime ['əovətajm] *subst* övertid

overtone ['əovətəon] *subst* överton

overture ['əovətjoə] *subst* ouvertyr

overturn [,əovə'tö:n] *verb* välta; bildl. störta

overweight ['əovəoejt] *subst* övervikt

overwhelm [,əovə'oelm] *verb* överväldiga

overwhelming [,əovə'oelming] *adj* överväldigande

overwork [,əovə'wö:k] I *subst* för mycket arbete II *verb* arbeta för mycket

overwrought [,əovə'rå:t] *adj* överspänd

owe [əo] *verb* vara skyldig

owl [aol] *subst* uggla

own [əon] I *verb* äga II *adj* egen; *on one's ~* ensam; själv

owner ['əonə] *subst* ägare

ownership ['əonəschipp] *subst* äganderätt

ox [åkks] *subst* oxe

oxtail ['åkkstejl] *subst* oxsvans

oxygen ['åkksidʒən] *subst* syre

oyster ['åjstə] *subst* ostron

oz. [aons] *förk.* för *ounce*

P

P, p [pi:] *subst* P, p

p *förk.* för *penny, pence*

pa [pa:] *subst* vard. pappa

pace [pejs] I *subst* **1** steg **2** tempo II *verb* gå av och an i

Pacific [pə'siffikk], *the ~ Ocean* Stilla havet

pack [päkk] I *subst* **1** packe **2** hop **3** *a ~ of cards* en kortlek II *verb* packa

package ['päkkidʒ] *subst* paket

packet ['päkkitt] *subst* mindre paket

packing ['päkking] *subst* packning

packing-case ['päkkingkejs] *subst* packlår

pact [päkkt] *subst* fördrag

pad [pädd] *subst* **1** anteckningsblock **2** *shoulder ~* axelvadd

paddling ['pädding] *subst* vaddering

1 paddle ['päddl] I *subst* paddelåra II *verb* paddla

2 paddle ['päddl] *verb* vada

paddock ['päddək] *subst* paddock

padlock ['päddlåkk] *subst* hänglås

paediatrics [ˌpiːdiˈättrikks] *subst* pediatrik

pagan [ˈpejgən] **I** *subst* hedning **II** *adj* hednisk

1 page [pejdʒ] *subst* sida

2 page [pejdʒ] *verb* söka med personsökare o.d.

pageant [ˈpäddʒənt] *subst* historiskt festspel

pageantry [ˈpädʒəntri] *subst* pompa och ståt

pager [ˈpejdʒə] *subst* personsökare mottagare

paid [pejd] imperf. o. perf. p. av *pay*

pail [pejl] *subst* spann

pain [pejn] **I** *subst* **1** värk **2** *pains* besvär **II** *verb* smärta

painful [ˈpejnfoll] *adj* smärtsam

painkiller [ˈpejnˌkillə] *subst* smärtstillande medel

painless [ˈpejnləs] *adj* smärtfri

painstaking [ˈpejnzˌtejking] *adj* noggrann

paint [pejnt] **I** *subst* målarfärg; *mind the ~!* nymålat! **II** *verb* måla

paintbrush [ˈpejntbrasch] *subst* målarpensel

painter [ˈpejntə] *subst* målare

painting [ˈpejnting] *subst* tavla

pair [pää] *subst* par

palace [ˈpällis] *subst* slott

palatable [ˈpällətəbl] *adj* smaklig

palate [ˈpällət] *subst* gom

1 pale [pejl] *subst* påle

2 pale [pejl] **I** *adj* blek; *~ ale* ljust öl **II** *verb* blekna

palette [ˈpällət] *subst* palett

1 pall [påːl] *verb* förlora sin dragningskraft

2 pall [påːl] *subst* bår kista vid begravning

pallid [ˈpällidd] *adj* blek

1 palm [paːm] *subst* handflata

2 palm [paːm] *subst* palm

palpable [ˈpällpəbl] *adj* påtaglig

paltry [ˈpåːltri] *adj* futtig

pamper [ˈpämmpə] *verb* dalta med

pamphlet [ˈpämmflət] *subst* broschyr

pan [pänn] *subst* stekpanna

pancake [ˈpännkejk] *subst* pannkaka

pandemonium [ˌpänndiˈməonjəm] *subst* tumult

pander [ˈpänndə] *verb*, *~ to* ge efter för

pane [pejn] *subst* glasruta

panel [ˈpännl] *subst* **1** panel **2** instrumentbräda

panelling [ˈpännəling] *subst* träpanel

pang [päng] *subst* sting; kval; *pangs of conscience* samvetskval

panic [ˈpännikk] **I** *subst* panik **II** *verb* gripas av panik

panic-stricken ['pännikk,strikkən] adj panikslagen

pansy ['pännzi] subst pensé växt

pant [pännt] verb flämta

pantihose ['pänntihəoz] subst strumpbyxor

pantomime ['pänntəmajm] subst pantomim

pantry ['pänntri] subst skafferi

pants [pännts] subst pl kalsonger; trosor

paper ['pejpə] subst **1** papper **2** tidning

paperback ['pejpəbäkk] subst paperback

paper clip ['pejpəklipp] subst gem

paperweight ['pejpəoejt] subst brevpress

paperwork ['pejpəwö:k] subst pappersarbete

par [pa:], on a ~ with lika (jämställd) med

parable ['pärrəbl] subst liknelse

parachute ['pärrəscho:t] subst fallskärm

parade [pə'rejd] I subst parad II verb paradera

paradise ['pärrədajs] subst paradis

paradox ['pärrədåkks] subst paradox

paraffin ['pärrəfinn] subst fotogen

paragon ['pärrəgən] subst förebild

paragraph ['pärrəgra:f] subst paragraf

parallel ['pärrəlell] adj parallell

paralyse ['pärrəlajz] verb förlama; lamslå

paralysis [pə'rälləsiss] subst förlamning

paramount ['pärrəmaont] adj ytterst viktig

paranoid ['pärrənåjd] adj paranoid

paraphernalia [,pärrəfə'nejljə] subst grejer

parasol ['pärrəsåll] subst parasoll

paratrooper ['pärrə,tro:pə] subst fallskärmsjägare

parcel ['pa:sl] subst paket

parch [pa:tch] verb sveda

parchment ['pa:tchmənt] subst pergament

pardon ['pa:dn] I subst, ~ el. I beg your ~! förlåt!; hur sa? II verb förlåta

parent ['pärrənt] subst förälder

parish ['pärrisch] subst kyrklig församling

park [pa:k] I subst park II verb parkera

parking ['pa:king] subst parkering; No Parking Parkering förbjuden; ~ meter parkeringsautomat; ~ space

parkeringsplats; ~ *ticket*
parkeringsböter lapp
parliament ['pɑ:ləmənt] *subst*
parlament; *the Houses of
Parliament* parlamentshuset
i London
parliamentary
[ˌpɑ:lə'menntərri] *adj* parla-
mentarisk
parochial [pə'rəokjəl] *adj* för-
samlings-
parody ['pärrədi] *subst* parodi
parole [pə'rəol] *subst* villkor-
lig frigivning
parrot ['pärrət] *subst* papegoja
parry ['pärri] *verb* parera
parsley ['pɑ:sli] *subst* persilja
parsnip ['pɑ:snip] *subst* pals-
ternacka
parson ['pɑ:sn] *subst* kyrko-
herde
part [pɑ:t] **I** *subst* **1** del;
private parts könsdelar
2 roll **3** *take* ~ deltaga
II *verb* **1** skiljas åt **2** dela
part-exchange
[ˌpɑ:tikks'tchejndʒ] *subst*
dellikvid
partial ['pɑ:schəl] *adj* partisk
participate [pɑ:'tissipejt] *verb*
delta
participation
[pɑ:ˌtissi'pejschən] *subst* del-
tagande
particle ['pɑ:tikkl] *subst* parti-
kel
particular [pə'tikkjolə] *adj*

1 särskild; *in* ~ i synnerhet
2 nogräknad
particularly [pə'tikkjolälli] *adv*
särskilt
parting ['pɑ:ting] *subst* **1** av-
sked **2** bena
partisan [ˌpɑ:ti'zänn] *subst*
partisan
partition [pɑ:'tischən] *subst*
skiljevägg
partly ['pɑ:tli] *adv* delvis
partner ['pɑ:tnə] *subst* kom-
panjon; partner
partridge ['pɑ:tridʒ] *subst*
rapphöna
part-time ['pɑ:ttajm] *adj* del-
tids-
party ['pɑ:ti] *subst* **1** parti
2 fest; *birthday* ~ födelse-
dagskalas
party line ['pɑ:tilajn] *subst*
partilinje
pass [pɑ:s] **I** *verb* **1** passera,
gå (fara osv.) förbi **2** om tid
o.d. gå **3** godkänna; klara
examen **4** tillbringa **5** sport.
passa **6** ~ *away* dö; ~ *by* gå
(fara) förbi; ~ *on* skicka
vidare; ~ *out* svimma; ~
round skicka runt **II** *subst*
1 godkännande i examen
2 sport. passning **3** bergspass
passable ['pɑ:səbl] *adj* fram-
komlig
passage ['pässidʒ] *subst*
1 överfart **2** passage; korri-
dor

passenger ['pässindʒə] *subst*
passagerare

passer-by [,pa:sə'baj] *subst*
förbipasserande

passing ['pa:sing] *adj* över-
gående

passion ['päschən] *subst* pas-
sion

passionate ['päschənət] *adj*
passionerad

passive ['pässivv] *adj* passiv

passport ['pa:spå:t] *subst* pass

password ['pa:swö:d] *subst*
lösenord

past [pa:st] **I** *adj* förfluten
II *subst, the ~* det förflutna;
in the ~ förr i världen
III *prep* förbi; bortom; om tid
o.d. över; *at half ~ one*
klockan halv två **IV** *adv* förbi

pasta ['pässtə] *subst* pasta
spaghetti o.d.

paste [pejst] *subst* **1** deg
2 bredbar pastej

pastille ['pässtəl] *subst* tablett

pastime ['pa:stajm] *subst*
tidsfördriv

pastry ['pejstri] *subst* **1** kon-
ditorikaka **2** smördeg

pasture ['pa:stchə] *subst*
betesmark

pasty I ['pässti] *subst* pirog
II ['pejsti] *adj* blekfet

pat [pätt] **I** *subst* klapp **II** *verb*
klappa

patch [pättch] **I** *subst* lapp
II *verb* lappa

patchy ['pättchi] *adj* ojämn

pâté ['pättej] *subst* paté

patent ['pättənt] **I** *subst* pa-
tent **II** *verb* patentera

patent leather [,pejtənt'leððə]
subst lackskinn

paternal [pə'tö:nl] *adj* faderlig

path [pa:θ] *subst* stig

pathetic [pə'θettikk] *adj* pa-
tetisk

pathological [,päθə'låddʒikəl]
adj patologisk

pathos ['pejθås] *subst* patos

pathway ['pa:θwej] *subst* stig

patience ['pejschəns] *subst*
tålamod

patient ['pejschənt] **I** *adj* tål-
modig **II** *subst* patient

patriotic [,pättri'åttikk] *adj*
patriotisk

patrol [pə'trəol] **I** *subst*
patrull; *~ car* polisbil
II *verb* patrullera

patron ['pejtrən] *subst* mece-
nat

patronize ['pättrənajz] *verb*
behandla nedlåtande

1 patter ['pättə] **I** *verb* smattra
II *subst* smattrande

2 patter ['pättə] *subst* svada

pattern ['pättən] *subst* möns-
ter

paunch [på:ntsch] *subst* vard.
ölmage

pause [på:z] **I** *subst* paus
II *verb* göra en paus

pave [pejv] *verb* belägga med

sten m.m.; ~ *the way for* bana
väg för

pavement ['pejvmənt] *subst*
trottoar

pavillion [pə'viljən] *subst* ung.
klubbhus

paving-stone ['pejvingstəon]
subst gatsten

paw [på:] *subst* djurs tass

1 pawn [på:n] *subst* bonde i
schack

2 pawn [på:n] **I** *subst* pant
II *verb* pantsätta

pawnbroker ['på:n,brəokə]
subst pantlånare

pawnshop ['på:nschåpp] *subst*
pantbank

pay* [pej] **I** *verb* **1** betala
2 löna sig **3** få sota för **4** ~
back betala tillbaka; bildl. ge
igen; ~ *off* betala färdigt;
bildl. löna sig **II** *subst* lön

payable ['pejəbl] *adj* om växel
o.d. att betalas

payee [pej'i:] *subst* betal-
ningsmottagare

payment ['pejmənt] *subst*
betalning; *down* ~ hand-
penning

payoff ['pejåff] *subst* **1** betal-
ning **2** utdelning

pay packet ['pej,päkkitt] *subst*
lönekuvert

payphone ['pejfəon] *subst*
telefonkiosk

payroll ['pejrəol] *subst* löne-
lista

payslip ['pejslipp] *subst* löne-
besked

pay television
['pej,tellivizzən] o. **pay-TV**
['pej,ti:vi:] *subst* betal-TV

pea [pi:] *subst* ärta

peace [pi:s] *subst* fred; lugn

peaceful ['pi:sfoll] *adj* fridfull;
fredlig

peach [pi:tch] *subst* persika

peacock ['pi:kåkk] *subst* på-
fågel

peak [pi:k] *subst* **1** bergstopp
2 höjdpunkt; *at ~ hours*
under högtrafik

peal [pi:l] **I** *subst* klockspel
II *verb* runga

peanut ['pi:natt] *subst* jord-
nöt; ~ *butter* jordnötssmör

pear [pää] *subst* päron

pearl [pö:l] *subst* pärla

peasant ['pezzənt] *subst* bon-
de

peat [pi:t] *subst* torv

pebble ['pebbl] *subst* småsten

peck [pekk] *verb* **1** om fåglar
picka **2** kyssa lätt

peckish ['pekkisch] *adj* vard.
hungrig

peculiar [pi'kjo:ljə] *adj* märk-
lig, egendomlig

pedal ['peddl] *subst* pedal

pedantic [pi'dänntikk] *adj*
pedantisk

peddler ['peddlə] *subst* langa-
re

pedestal ['peddistl] *subst* piedestal

pedestrian [pə'desstriən] I *adj*, ~ *crossing* övergångsställe; ~ *street* gågata II *subst* fotgängare

pedigree ['peddigri:] *subst* stamträd

pee [pi:] *verb* vard. kissa

peek [pi:k] I *verb* kika II *subst* titt

peel [pi:l] I *subst* skal på frukt o.d. II *verb* skala

1 peep [pi:p] *subst* knyst

2 peep [pi:p] I *verb* kika; *peeping Tom* smygtittare II *subst* titt

peep hole ['pi:phəol] *subst* titthål

1 peer [piə] *verb* kisa

2 peer [piə] *subst* **1** jämlike **2** pär

peg [pegg] *subst* **1** klädnypa **2** hängare

Pekinese [,pi:ki'ni:z] *subst* pekines hund

pellet ['pellitt] *subst* liten kula av papper, bröd osv.

pelt [pellt] *verb* **1** bombardera **2** om regn vräka

pelvis ['pellviss] *subst* bäcken ben

1 pen [penn] *subst* fålla, kätte

2 pen [penn] *subst* penna

penal ['pi:nl] *adj* straff-; fångvårds-; ~ *code* brottsbalk

penalize ['pi:nəlajz] *verb* straffa

penalty ['pennlti] *subst* straff

penance ['pennəns] *subst* bot

pence [penns] *subst* pl. av *penny*

pencil ['pennsl] *subst* blyertspenna

pencil case ['pennslkejs] *subst* pennfodral

pencil-sharpener ['pennsl,scha:pənə] *subst* pennvässare

pendant ['penndənt] *subst* hängsmycke

pendulum ['penndjoləm] *subst* pendel

penetrate ['pennətrejt] *verb* tränga igenom

pen friend ['pennfrennd] *subst* brevvän

penguin ['penggwin] *subst* pingvin

penicillin [,penə'sillinn] *subst* penicillin

peninsula [pə'ninnsjolə] *subst* halvö

penis ['pi:nis] *subst* penis

penknife ['pennajf] *subst* pennkniv

pen name ['pennejm] *subst* pseudonym

penniless ['penniləs] *adj* utan ett öre

penny ['penni] *subst* penny eng. mynt = 1/100 pund; *look at every* ~ se på slantarna

pen pal ['pennpäll] *subst*
brevvän

pension ['pennschən] **I** *subst*
pension **II** *verb*, ~ *off* avske-
da med pension

pensioner ['pennschənə] *subst*
pensionär

penthouse ['pennthaos] *subst*
lyxig takvåning

pent-up ['penntapp] *adj* un-
dertryckt

penultimate [pə'nalltimət] *adj*
näst sista

people ['pi:pl] **I** *subst* folk
II *verb* befolka

pep [pepp] *verb* vard., ~ *up*
pigga (elda) upp

pepper ['peppə] **I** *subst* **1** pep-
par **2** paprika **II** *verb* peppra

peppermint ['peppəmənt]
subst pepparmint

per [pö:] *prep* per; ~ *cent*
procent

perceive [pə'si:v] *verb* upp-
fatta

percentage [pə'senntidʒ]
subst procent

perception [pə'seppschən]
subst uppfattningsförmåga

perceptive [pə'sepptivv] *adj*
insiktsfull

1 perch [pö:tch] *subst* abbor-
re

2 perch [pö:tch] **I** *subst* pinne
för höns o.d. **II** *verb* sitta
uppflugen

percolator ['pö:kəlejtə] *subst*
kaffebryggare

perennial [pə'rennjəl] **I** *adj*
evig **II** *subst* perenn flerårig
växt

perfect ['pö:fekt] *adj* **1** perfekt
2 fullkomlig

perforate ['pö:fərejt] *verb*
perforera

perforation [,pö:fə'rejschən]
subst perforering

perform [pə'få:m] *verb* **1** utfö-
ra **2** uppträda

performance [pə'få:məns]
subst **1** föreställning **2** pres-
tation

performer [pə'få:mə] *subst*
artist

perfume ['pö:fjo:m] *subst*
parfym

perfunctory [pə'fangktərri] *adj*
oengagerad

perhaps [pə'häpps] *adv* kan-
ske

perimeter [pə'rimmitə] *subst*
omkrets

period ['piəriəd] *subst* **1** pe-
riod **2** menstruation

periodic [,piəri'åddikk] *adj*
periodisk

periodical [,piəri'åddikkəl]
subst tidskrift

peripheral [pə'riffərəl] *adj*
perifer

perish ['perrisch] *verb* gå
under

235 **pet**

perishable ['perrischəbl] *adj*
lättförstörbar

perjury ['pö:dʒəri] *subst* men-
ed; *commit* ~ begå mened

1 perk [pö:k] *verb*, ~ *up*
piggna till

2 perk [pö:k] *subst* vard.
löneförmån

perky ['pö:ki] *adj* pigg

1 perm [pö:m] I *subst* perma-
nent; *have a* ~ permanenta
sig II *verb* permanenta hår

2 perm [pö:m] *subst* vard.
system vid tippning

permanent ['pö:mənənt] *adj*
bestående

permeate ['pö:miejt] *verb*
tränga in i; bildl. genomsyra

permissible [pə'missəbl] *adj*
tillåtlig

permission [pə'mischən] *subst*
tillåtelse

permissive [pə'missivv] *adj*
tolerant; släpphänt

permit I [pə'mitt] *verb* tillåta
II ['pö:mitt] *subst* tillstånd;
work ~ arbetstillstånd

perplex [pə'plekks] *verb* för-
brylla

persecute ['pö:sikjo:t] *verb*
förfölja

persevere [,pö:si'viə] *verb*
framhärda

persist [pə'sisst] *verb* fortsät-
ta, bestå

persistent [pə'sisstənt] *adj*
ihärdig

person ['pö:sn] *subst* person;
in ~ personligen

personal ['pö:sənl] *adj* per-
sonlig; privat

personality [,pö:sə'nällətti]
subst personlighet

personally ['pö:snəli] *adv*
personligen

personnel [,pö:sə'nell] *subst*
personal

perspective [pə'spekktivv]
subst perspektiv

Perspex® ['pö:spekks] *subst*
plexiglas

perspiration [,pö:spə'rejschən]
subst svett

persuade [pə'soejd] *verb*
1 övertyga 2 övertala

persuasion [pə'soejʒən] *subst*
övertalning

peruse [pə'ro:z] *verb* läsa
igenom

pervade [pə'vejd] *verb* ge-
nomsyra

perverse [pə'vö:s] *adj* egen-
sinnig

pervert I [pə'vö:t] *verb* för-
vränga II ['pö:vö:t] *subst*
pervers person

pessimist ['pessimisst] *subst*
pessimist

pessimistic [,pessi'misstikk]
adj pessimistisk

pest [pesst] *subst* plåga

pester ['pesstə] *verb* plåga;
tjata på

pet [pett] I *subst* 1 sällskaps-

djur; ~ *shop* zoologisk affär
2 favorit; ~ *name* smeknamn
II *verb* kela med

petal ['pettl] *subst* blomblad

petite [pə'ti:t] *adj* liten och
nätt om kvinna

petition [pə'tischən] *subst*
petition

petrol ['pettrəl] *subst* bensin; ~
station bensinmack

petroleum [pə'trəoljəm] *subst*
petroleum

petticoat ['pettikəot] *subst*
underkjol

petty ['petti] *adj* obetydlig

petulant ['pettjolənt] *adj* retlig

pew [pjo:] *subst* kyrkbänk

pewter ['pjo:tə] *subst* tenn

phantom ['fänntəm] *subst*
spöke

pharmacy ['fa:məsi] *subst*
apotek

phase [fejz] *subst* fas

pheasant ['fezznt] *subst* fasan

phenomenon [fə'nåmminən]
subst fenomen

philosophical [ˌfilə'såffikəl] *adj*
filosofisk

philosophy [fi'låssəfi] *subst*
filosofi

phobia ['fəobiə] *subst* fobi

phone [fəon] **I** *subst* telefon
II *verb* ringa till

phone box ['fəonbåkks] *subst*
telefonkiosk

phonecard ['fəonka:d] *subst*
telefonkort

phone-in ['fəonin] *subst* tele-
fonväktarprogram

phonetics [fəo'nettikks] *subst*
fonetik

phoney ['fəoni] vard. **I** *adj* falsk
II *subst* bluff

photo ['fəotəo] *subst* vard. foto

photocopier ['fəotəoˌkåppiə]
subst kopieringsapparat

photocopy ['fəotəoˌkåppi]
I *subst* fotokopia **II** *verb*
fotokopiera

photograph ['fəotəgra:f] *subst*
fotografi

photographer [fə'tåggrəffə]
subst fotograf

photography [fə'tåggrəffi]
subst fotografi som konst

phrase [frejz] **I** *subst* fras; *set*
~ stående uttryck **II** *verb*
formulera

phrase book ['frejzbokk] *subst*
parlör

physical ['fizzikəl] **I** *adj* fysisk;
kroppslig **II** *subst* vard. hälso-
kontroll

physician [fi'zzischən] *subst*
läkare

physicist ['fizzisisst] *subst*
fysiker

physics ['fizzikks] *subst* fysik
vetenskap

physiotherapy
[ˌfizziəo'θerrəpi] *subst* sjuk-
gymnastik

physique [fi'zi:k] *subst* fysik
kroppsbyggnad

pianist ['pjännist] *subst* pianist

piano [pi'ännəo] *subst* piano; *grand* ~ flygel

pick [pikk] **I** *verb* **1** plocka **2** välja **3** ~ *out* handplocka; ~ *up* plocka upp; lägga sig till med **II** *subst, take your* ~! varsågod och välj!

picket ['pikkitt] *subst* strejkvakt

pickle ['pikkl] **I** *subst, pickles* pickles **II** *verb* sylta; marinera

pickpocket ['pikk,påkkitt] *subst* ficktjuv

pick-up ['pikkapp] *subst* varubil, pickup

picnic ['pikknikk] **I** *subst* picknick **II** *verb* picknicka

picture ['pikktchə] **I** *subst* **1** bild **2** film **II** *verb* föreställa sig

picture book ['pikktchəbokk] *subst* bilderbok

picturesque [,pikktchə'resk] *adj* pittoresk

pie [paj] *subst* paj

piece [pi:s] **I** *subst* bit, stycke; del; *a* ~ *of advice* ett råd; *a* ~ *of furniture* en enstaka möbel; *come* (*go*) *to pieces* gå i kras **II** *verb*, ~ *together* laga (lappa) ihop

piecemeal ['pi:smi:l] *adv* o. *adj* gradvis

piecework ['pi:swö:k] *subst* ackordsarbete

pie chart ['pajtcha:t] *subst* tårtdiagram

pier [piə] *subst* pir

pierce [piəs] *verb* genomborra; *have one's ears pierced* göra hål i öronen

pig [pigg] *subst* gris

pigeon ['piddʒən] *subst* duva

pigeonhole ['piddʒənhəol] **I** *subst* postfack i hylla o.d. **II** *verb* bildl. placera i ett fack

piggy bank ['piggibängk] *subst* spargris

piglet ['pigglətt] *subst* spädgris

pigskin ['piggskinn] *subst* svinläder

pigsty ['piggstaj] *subst* svinstia

pigtail ['piggtejl] *subst* hårfläta

pike [pajk] *subst* gädda

pilchard ['pilltchəd] *subst* större sardin

1 pile [pajl] **I** *subst* hög, stapel **II** *verb* stapla; ~ *up* hopa sig; dra på sig

2 pile [pajl] *subst* lugg på tyg o.d.

piles [pajlz] *subst pl* hemorrojder

pile-up ['pajlapp] *subst* seriekrock

pilgrim ['pillgrimm] *subst* pilgrim

pill [pill] *subst* piller; *be on the ~* äta p-piller

pillage ['pillidʒ] I *subst* plundring II *verb* plundra

pillar ['pillə] *subst* **1** pelare **2** bildl. stöttepelare

pillar box ['pilləbåkks] *subst* brevlåda

pillow ['pilləo] *subst* kudde; *~ case* örngott

pilot ['pajlət] *subst* pilot

pilot light ['pajlətlajt] *subst* tändlåga på gasspis o.d.

pimp [pimp] *subst* hallick

pimple ['pimpl] *subst* finne

PIN [pinn] personlig kod till t.ex. kreditkort

pin [pinn] I *subst* knappnål II *verb* **1** nåla fast **2** *~ down* försöka fastställa; *~ up* sätta upp

pinafore ['pinnəfå:] *subst* förkläde plagg

pinball ['pinnbå:l] *subst* flipperspel

pincers ['pinnsəz] *subst pl* kniptång

pinch [pintsch] I *verb* **1** nypa **2** vard. sno II *subst* nypa

pincushion ['pinn,koschən] *subst* nåldyna

1 pine [pajn] *verb* **1** *~ away* tyna bort **2** tråna

2 pine [pajn] *subst* tall

pineapple ['pajn,äppl] *subst* ananas

ping [ping] *subst* pling

ping-pong ['pingpång] *subst* pingpong

pink [pingk] *adj* skär

pinpoint ['pinnpåjnt] *verb* precisera

pint [pajnt] *subst* ung. halvliter

pioneer [,pajə'niə] I *subst* pionjär II *verb* bana väg för

pious ['pajəs] *adj* from

1 pip [pipp] *subst* kärna i apelsin, äpple o.d.

2 pip [pipp] *subst* i tidssignal o.d. pip

pipe [pajp] *subst* **1** ledning **2** pipa

pipe-cleaner ['pajp,kli:nə] *subst* piprensare

pipe dream ['pajpdri:m] *subst* önskedröm

pipeline ['pajplajn] *subst* pipeline

piper ['pajpə] *subst* säckpipeblåsare

pique [pi:k] *subst* förtrytelse

pirate ['pajərət] I *subst* pirat II *verb* piratkopiera

Pisces ['pajsi:z] *subst* Fiskarna stjärntecken

pissed [pist] *adj* vard. **1** asfull **2** skitförbannad

pistol ['pisstl] *subst* pistol

piston ['pisstən] *subst* pistong

pit [pitt] *subst* **1** grop **2** avgrund

pitch [pitch] I *verb* **1** sätta upp **2** kasta II *subst* **1** tonläge **2** sport. plan

pitch-black [,pitch'bläkk] *adj* kolsvart

pitfall ['pittfå:l] *subst* fallgrop

pithy ['piθθi] *adj* bildl. kärnfull

pitiful ['pittifoll] *adj* ömklig

pitiless ['pittiləs] *adj* skoningslös

pittance ['pittəns] *subst* torftig lön

pity ['pitti] I *subst* medlidande; *what a ~!* så (vad) synd! II *verb* tycka synd om

pizza ['pi:tsə] *subst* pizza

placard ['pläkka:d] *subst* plakat

placate [plə'kejt] *verb* blidka

place [plejs] I *subst* ställe, plats; *in ~ of* i stället för; *out of ~* inte på sin plats; olämplig II *verb* placera

plague [plejg] *subst* pest; farsot

plaice [plejs] *subst* rödspätta

plaid [plädd] *subst* pläd

plain [plejn] I *adj* **1** tydlig **2** enkel; alldaglig II *subst* slätt; jämn mark

plain-clothes ['plejnkləoðz] *adj* civilklädd

plaintiff ['plejntiff] *subst* kärande

plait [plätt] *verb* o. *subst* fläta

plan [plänn] I *subst* plan II *verb* planera

1 plane [plejn] *subst* plan

2 plane [plejn] I *subst* hyvel II *verb* hyvla

planet ['plännitt] *subst* planet

plank [plängk] *subst* planka

planner ['plännə] *subst* planerare

planning ['plänning] *subst* planering

plant [pla:nt] I *subst* **1** planta **2** fabrik II *verb* plantera

plaster ['pla:stə] *subst* **1** murbruk **2** gips

plastered ['pla:stəd] *adj* packad berusad

plastic ['plässtikk] I *adj* **1** plast- **2** *~ surgery* plastikkirurgi II *subst* plast

plate [plejt] I *subst* **1** tallrik **2** platta II *verb* plätera

plateau ['plätəo] *subst* platå

plate glass [,plejt'gla:s] *subst* spegelglas

platform ['plättfå:m] *subst* plattform; *~ shoe* platåsko

platinum ['plättinəm] *subst* platina

plausible ['plå:zəbl] *adj* rimlig

play [plej] I *verb* **1** leka **2** spela i olika bet. **3** *~ along with* gå med på; *~ down* tona ner; *~ on* spela på bildl. II *subst* **1** lek **2** pjäs

player ['plejə] *subst* spelare

playful ['plejfoll] *adj* lekfull

playground ['plejgraond] *subst* lekplats

playgroup ['plejgro:p] *subst* lekskola

playing-card ['plejingka:d]
subst spelkort

playing-field ['plejingfi:ld]
subst idrottsplan

playmate ['plejmejt] *subst*
lekkamrat

play-off ['plejåff] *subst* omspel

playpen ['plejpenn] *subst*
lekhage

plaything ['plejθing] *subst*
leksak mest bildl.

playtime ['plejtajm] *subst*
lekstund

playwright ['plejrajt] *subst*
dramatiker

plea [pli:] *subst* vädjan

plead [pli:d] *verb* vädja

pleasant ['plezznt] *adj* ange-
näm

please [pli:z] *verb* **1** behaga
2 *coffee*, ~ kan jag få kaffe,
tack; *yes* ~ ja tack; *come in,*
~! var så god och kom in!

pleased [pli:zd] *adj* belåten,
glad

pleasing ['pli:zing] *adj* behag-
lig

pleasure ['pleʒʒə] *subst* nöje;
njutning; *with* ~ gärna

pleat [pli:t] *subst* veck

pledge [pledd3] **I** *subst* löfte
II *verb* lova

plentiful ['plentifoll] *adj* riklig

plenty ['plenti] *subst* massor;
~ *of* gott om

pliable ['plajəbl] *adj* böjlig

pliers ['plajəz] *subst* tång

plight [plajt] *subst* svår
situation

plod [plådd] *verb* lunka

1 plonk [plångk] *verb* ställa
ner med en duns

2 plonk [plångk] *subst* vard.
enklare vin

1 plot [plått] *subst* liten
jordbit

2 plot [plått] **I** *subst* **1** kom-
plott **2** handling i roman o.d.
II *verb* konspirera

plough [plao] **I** *subst* plog
II *verb* plöja

ploy [plåj] *subst* trick

pluck [plakk] *verb* plocka

plug [plagg] **I** *subst* **1** gummi-
propp **2** stickkontakt **II** *verb*
plugga igen

plum [plamm] *subst* plommon

plumber ['plammə] *adj* rör-
mokare

plumbing ['plamming] *subst*
rör i hus

plummet ['plammitt] *verb*
sjunka kraftigt

plump [plamp] *adj* knubbig

plunder ['planndə] *subst*
plundring

plunge [plannd3] **I** *verb* stör-
ta; dyka ner **II** *subst*, *take the*
~ våga språnget

plunger ['planndʒə] *subst*
vaskrensare sugklocka med skaft

plural ['ploərəl] *subst* plural

plus [plass] *subst* o. *prep* plus

plush [plasch] *adj* vräkig, lyxig

ply [plaj] *verb* trafikera

plywood ['plajwodd] *subst* plywood

p.m. [,pi:'em] på eftermiddagen, e.m.

pneumonia [njo'məonjə] *subst* lunginflammation

1 poach [pəotch] *verb* pochera

2 poach [pəotch] *verb* tjuvjaga, tjuvfiska

poacher ['pəotchə] *subst* tjuvskytt; tjuvfiskare

pocket ['påkitt] *subst* ficka

pocketknife ['påkittnajf] *subst* pennkniv

pocket money ['påkitt,manni] *subst* veckopeng

pod [pådd] *subst* skida, balja

podgy ['påddʒi] *adj* vard. knubbig

poem ['pəoim] *subst* dikt

poet ['pəoitt] *subst* poet

poetic [pəo'ettikk] *adj* poetisk

poetry ['pəoətri] *subst* poesi

poignant ['påjnənt] *adj* gripande

point [påjnt] **I** *subst* **1** punkt **2** tidpunkt **3** spets **4** poäng; *the ~ is that* saken är den att; *get the ~* förstå vad saken gäller; *what's the ~?* vad är det för mening med det? **II** *verb* peka

point-blank [,påjnt'blängk] *adj* o. *adv* rakt på sak

pointed ['påjntidd] *adj* spetsig

pointer ['påjntə] *subst* fingervisning

pointless ['påjntləs] *adj* meningslös

poise [påjz] *subst* värdighet

poison ['påjzn] **I** *subst* gift **II** *verb* förgifta

poisonous ['påjzənəs] *adj* giftig

poke [pəok] *verb* **1** peta **2** röra om eld o.d.

1 poker ['pəokə] *subst* poker

2 poker ['pəokə] *subst* eldgaffel

poky ['pəoki] *adj* kyffig

Poland ['pəolənd] Polen

polar ['pəolə] *adj* polar

Pole [pəol] *subst* polack

1 pole [pəol] *subst* stolpe

2 pole [pəol] *subst* pol

pole-vault ['pəolvå:lt] *subst* stavhopp

police [pə'li:s] *subst* polis; *~ force* poliskår; *~ officer* polis person; *~ station* polisstation

policeman [pə'li:smən] *subst* polis person

policewoman [pə'li:swommən] *subst* kvinnlig polis

1 policy ['pållisi] *subst* politik; policy

2 policy ['pållisi] *subst* försäkringsbrev

Polish ['pəolisch] **I** adj polsk
II subst polska språket

polish ['pållisch] **I** subst polermedel; polish **II** verb polera

polished ['pållischt] adj bildl. förfinad

polite [pə'lajt] adj artig

politeness [pə'lajtnəs] subst artighet

political [pə'littikəl] adj politisk; ~ science statsvetenskap

politician [,pålli'tischən] subst politiker

politics ['pållitikks] subst politik

poll [pəol] subst **1** the polls politiskt val **2** opinionsundersökning

pollen ['pållən] subst pollen

polling-day ['pəolingdej] subst valdag

polling-station ['pəoling,stejschən] subst vallokal

pollute [pə'lo:t] verb förorena

pollution [pə'lo:schən] subst miljöförstöring; air ~ luftförorening

polo ['pəoləo] subst polo sport

polyester [,pålli'estə] subst polyester

polytechnic [,pålli'tekknikk] subst ung. högskola

pomegranate ['påmmi,grännitt] subst granatäpple

pomp [påmmp] subst pomp

pompous ['påmmpəs] adj uppblåst

pond [månnd] subst damm
vatten

ponder ['pånndə] verb begrunda

pong [pång] vard. **I** verb stinka
II subst stank

pony ['pəoni] subst ponny

pony-tail ['pəonitejl] subst hästsvans frisyr

poodle ['po:dl] subst pudel

1 pool [po:l] subst **1** pöl
2 bassäng

2 pool [po:l] subst **1** pool slags biljard **2** the pools tipset

poor [poə] adj fattig

poorly ['poəli] adv illa

1 pop [påpp] **I** subst **1** smäll
2 vard. läsk **II** verb **1** smälla
2 kila **3** ~ up dyka upp

2 pop [påpp] subst pop; ~
music popmusik

pope [pəop] subst, the Pope påven

poplar ['påpplə] subst poppel

popper ['påppə] subst tryckknapp

poppy ['påppi] subst vallmo

Popsicle® ['påppsikəl] subst isglass pinne

popular ['påppjolə] adj populär

population [,påppjo'lejschən] subst befolkning

porcelain ['på:səlinn] *subst*
finare porslin

porch [på:tch] *subst* förstu-
kvist

porcupine ['på:kjopajn] *subst*
piggsvin

1 pore [på:] *subst* por

2 pore [på:] *verb*, ~ *over*
hänga med näsan över

pork [på:k] *subst* griskött

pornography [på:'någgrəffi]
subst pornografi

porridge ['pårriddʒ] *subst*
havregröt

1 port [på:t] *subst* portvin

2 port [på:t] *subst* hamn

3 port [på:t] *subst* babord

portable ['på:təbl] *adj* bärbar

1 porter ['på:tə] *subst* vakt-
mästare

2 porter ['på:tə] *subst* bärare
vid järnvägsstation o.d.

portfolio [,på:t'fəoljəo] *subst*
portfölj

porthole ['på:thəol] *subst*
hyttventil

portion ['på:schən] **I** *subst*
1 del **2** portion **II** *verb*, ~ *out*
fördela

portrait ['på:trət] *subst* por-
trätt

portray [på:'trej] *verb* porträt-
tera

portrayal [på:'trejəl] *subst*
framställning

Portugal ['på:tjogəl] Portugal

Portuguese [,på:tjo'gi:z] **I** *adj*

portugisisk II *subst* **1** portu-
gis **2** portugisiska språket

pose [pəoz] **I** *subst* pose;
ställning **II** *verb* **1** posera
2 utgöra

posh [påsch] *adj* vard. flott,
fin

position [pə'zischən] **I** *subst*
1 position **2** befattning
II *verb* placera

positive ['påzzətivv] *adj* posi-
tiv

possess [pə'zess] *verb* äga, ha

possession [pə'zeschən]
subst, possessions ägodelar

possibility [,påssə'billəti] *subst*
möjlighet

possible ['påssəbl] *adj* möjlig;
as far as ~ så långt som
möjligt

possibly ['påssəbli] *adv* möj-
ligtvis

1 post [pəost] *subst* stolpe

2 post [pəost] *subst* befatt-
ning

3 post [pəost] **I** *subst* post brev
o.d. **II** *verb* posta

postage ['pəostidʒ] *subst*
porto

postbox ['pəostbåkks] *subst*
brevlåda

postcard ['pəostka:d] *subst*
vykort

postcode ['pəostkəod] *subst*
postnummer

poster ['pəostə] *subst* affisch

postgraduate
[,pəost'gräddjoət] *subst*
forskarstuderande

posthumous ['påsstjomǝs] *adj*
postum

postman ['pǝostmǝn] *subst*
brevbärare

postmark ['pǝostma:k] *subst*
poststämpel

postmortem [,pǝost'må:təm]
subst obduktion

post office ['pǝost,åffiss] *subst*
post kontor

postpone [pǝost'pǝon] *verb*
skjuta upp i tiden

posture ['påsstchǝ] *subst*
kroppsställning

postwar [,pǝost'oå:] *adj* efter-
krigs-

posy ['pǝozi] *subst* liten bukett

pot [påt] *subst* burk; kruka;
gryta; kanna

potato [pǝ'tejtǝo] *subst* pota-
tis

potent ['pǝotǝnt] *adj* mäktig

potential [pǝo'tenschǝl] I *adj*
potentiell II *subst* potential

pot-hole ['påtthǝol] *subst* grop
i väg

pot-holing ['pått,hǝoling]
subst grottforskning

potted ['påttidd] *adj* planterad
i kruka

1 potter ['påttǝ] *verb*, ~ *about*
pyssla

2 potter ['påttǝ] *subst* kruk-
makare

pottery ['påttǝri] *subst* kera-
mik; lergods

potty ['påtti] *adj* vard. knasig

pouch [paotch] *subst* pung
påse

poultry ['pǝoltri] *subst* fjäderfä

pounce [paons] *verb* slå ner
på

1 pound [paond] *subst* **1** vikt
pund = 454 gram **2** myntvärde
pund = 100 pence

2 pound [paond] *verb* dunka,
bulta

pour [på:] *verb* **1** hälla
2 strömma; *in pouring rain* i
ösregn

pout [paot] *verb* pluta med
munnen

poverty ['påvvǝti] *subst* fattig-
dom

poverty-stricken
['påvvǝti,strikkn] *adj* utfattig

powder ['paodǝ] I *subst* **1** pul-
ver **2** puder II *verb* pudra

powder puff ['paodǝpaff] *subst*
pudervippa

powder room ['paodǝro:m]
subst damrum

power ['paoǝ] *subst* **1** makt;
be in ~ sitta vid makten
2 kraft

power cut ['paoǝkatt] *subst*
strömavbrott

power failure ['paoǝ,fejljǝ]
subst strömavbrott

powerful ['paoǝfoll] *adj* mäkt-
ig

powerless ['paoələs] *adj*
maktlös
power point ['paoəpåjnt] *subst*
vägguttag
power station
['paoə,stejschən] *subst* kraft-
verk
practical ['präkktikəl] *adj*
praktisk
practicality [,präkkti'källəti]
subst praktiskhet
practically ['präkktikkli] *adv*
så gott som
practice ['präkktiss] *subst*
1 praktik; *in ~* i praktiken
2 träning; *out of ~* otränad
practise ['präkktiss] *verb*
1 praktisera **2** öva
prairie ['prääri] *subst* prärie
praise [prejz] **I** *verb* berömma
II *subst* beröm
praiseworthy ['prejz,oö:ði] *adj*
lovvärd
pram [prämm] *subst* barnvagn
prance [pra:ns] *verb* kråma
sig
prank [prängk] *subst* upptåg
prawn [prå:n] *subst* räka
pray [prej] *verb* be en bön
prayer [prää] *subst* bön
preach [pri:tch] *verb* predika
precaution [pri'kå:schən]
subst försiktighet
precede [pri'si:d] *verb* föregå
precedent ['pressidənt] *subst*
precedensfall
precinct ['pri:singkt] *subst*,

shopping ~ bilfritt shopping-
center
precious ['preschəs] *adj* dyr-
bar; ~ *stone* ädelsten
precipitate [pri'sippitejt] *verb*
påskynda
precise [pri'sajs] *adj* exakt
precisely [pri'sajsli] *adv* exakt
precocious [pri'kəoschəs] *adj*
brådmogen
precondition
[,pri:kən'dischən] *subst* för-
utsättning
predecessor ['pri:disessə]
subst företrädare
predicament [pri'dikkəmənt]
subst besvärlig situation
predict [pri'dikkt] *verb* förut-
säga
predictable [pri'dikktəbl] *adj*
förutsägbar
pre-empt [pri'empt] *verb* i
förväg lägga beslag på
preen [pri:n] *verb* om fågel
putsa
prefab ['pri:fäbb] *subst* ele-
menthus
preface ['prefəs] *subst* förord
prefect ['pri:fekkt] *subst* ord-
ningsman
prefer [pri'fö:] *verb* föredra
preferably ['preffərəbbli] *adv*
helst
preference ['preffərəns] *subst*,
have a ~ for föredra; *in ~ to*
hellre än

preferential [,prefə'rennschəl]
adj förmåns-

pregnancy ['preggnənsi] *subst*
graviditet

pregnant ['preggnənt] *adj*
gravid

prehistoric [,pri:hi'stårrikk]
adj förhistorisk

prejudice ['preddʒodiss] *subst*
fördom, fördomar

prejudiced ['preddʒodist] *adj*
fördomsfull

premarital [pri'märritl] *adj*
föräktenskaplig

premature [,premmə'tjoə] *adj*
för tidig

premier ['premmjə] *subst*
premiärminister

première ['premmiäə] *subst*
premiär

premise ['premmiss] *subst*
antagande

premium ['pri:mjəm] *subst*
försäkringspremie

premonition [,pri:mə'nischən]
subst förvarning

preoccupied [pri'åkkjopajd]
adj helt upptagen

prepaid [,pri:'pejd] *adj* på
svarsbrev o.d. frankerat

preparation [,prepə'rejschən]
subst förberedelse

preparatory [pri'pärrətərri] *adj*
förberedande

prepare [pri'päə] *verb* förbe-
reda

preposition [,preppə'zischən]
subst preposition

preposterous [pri'påsstərəs]
adj befängd

prep school ['preppsko:l]
subst i Storbritannien privat
skola för elever mellan 6-13 år

prerequisite [,pri:'rekkwizitt]
subst förutsättning

prescribe [pri'skrajb] *verb*
ordinera

prescription [pri'skrippschən]
subst recept; *on* ~ receptbe-
lagd

presence ['prezzns] *subst*
närvaro

1 present ['prezznt] *adj*
1 närvarande **2** nuvarande

2 present I ['prezznt] *subst*
present **II** [pri'zennt] *verb*
1 presentera **2** lägga fram

presentation
[,prezzən'tejschən] *subst*
presentation

present-day ['prezzntdej] *adj*
nutidens

presenter [pri'zenntə] *subst*
presentatör

presently ['prezzntli] *adv*
snart; kort därefter

preservative [pri'zö:vətivv]
subst konserveringsmedel

preserve [pri'zö:v] **I** *verb*
1 bevara **2** konservera
II *subst, preserves* sylt; mar-
melad

247 **prim**

president ['prezzidənt] *subst*
president
press [press] I *subst* **1** tryck-
ning **2** *the* ~ pressen II *verb*
pressa; trycka
press conference ['press
,kånnfərəns] *subst* presskon-
ferens
pressing ['pressing] *adj*
brådskande
press stud ['presstadd] *subst*
tryckknapp
pressure ['preschə] I *subst*
tryck II *verb* pressa
pressure cooker
['preschə,kokkə] *subst* tryck-
kokare
pressure gauge
['preschəgejdʒ] *subst* tryck-
mätare
pressure group
['preschəgro:p] *subst* på-
tryckningsgrupp
prestige [pre'sti:ʒ] *subst* pres-
tige
presumably [pri'zjo:məbli]
adv antagligen
presume [pri'zjo:m] *verb* för-
moda
pretence [pri'tenns] *subst*
förespegling
pretend [pri'tennd] *verb* låtsas
pretext ['pri:tekkst] *subst*
förevändning
pretty ['pritti] I *adj* söt II *adv*
vard. rätt; ~ *much* så gott
som

prevail [pri'vejl] *verb* vara
rådande
prevailing [pri'vejling] *adj*
rådande
prevalent ['prevvələnt] *adj*
rådande
prevent [pri'vennt] *verb* för-
hindra
preventive [pri'venntivv] *adj*
förebyggande; ~ *medicine*
profylax
preview ['pri:vjo:] *subst* för-
handsvisning
previous ['pri:vjəs] *adj* före-
gående
previously ['pri:vjəsli] *adv*
förut
prewar [,pri:'oå:] *adj* förkrigs-
prey [prej] *subst* rov; *bird of* ~
rovfågel
price [prajs] *subst* pris; *at any*
~ till varje pris
priceless ['prajsləs] *adj* ovär-
derlig
price list ['prajslist] *subst*
prislista
prick [prikk] I *subst* stick
II *verb* sticka hål i
prickle ['prikkl] I *subst* tagg
II *verb* knottra sig
prickly ['prikkli] *adj* taggig
pride [prajd] *subst* stolthet
priest [pri:st] *subst* präst
priesthood ['pri:sthodd] *subst*
prästerskap
prim [primm] *adj* pryd

primarily ['prajmərəli] *adv*
först och främst

primary ['prajməri] *adj* **1** hu-
vud- **2** ~ *school* i Storbritannien
6-årig grundskola för åldrarna
5-11

prime [prajm] **I** *adj* främsta; ~
minister premiärminister; ~
time bästa sändningstid i TV
II *subst, in one's* ~ i sina
bästa år

primeval [praj'mi:vəl] *adj*
urtids-, ur-

primitive ['primmitivv] *adj*
primitiv

primrose ['primmrəos] *subst*
primula

prince [prins] *subst* prins;
Prince Charming drömprin-
sen

princess [prin'sess] *subst*
prinsessa

principal ['prinsəpəl] **I** *adj*
huvudsaklig, huvud- **II** *subst*
rektor

principle ['prinsəpl] *subst*
princip

print [print] **I** *subst* tryck; *in* ~
i tryck; *out of* ~ utgången på
förlaget **II** *verb* trycka

printer ['printə] *subst* **1** tryc-
keri **2** skrivare

print-out ['printaot] *subst*
utskrift

prior ['prajə] *adj* tidigare

priority [praj'årrəti] *subst*
prioritet

prise [prajz] *verb* bända

prison ['prizzn] *subst* fängelse

prisoner ['prizznə] *subst*
fånge; ~ *of war* krigsfånge

privacy ['privvəsi] *subst* av-
skildhet

private ['prajvət] **I** *adj* privat;
enskild **II** *subst* menig

privatize ['prajvətajz] *verb*
privatisera

privilege ['privvəlidʒ] *subst*
privilegium

prize [prajz] **I** *subst* pris **II** *adj*
prisbelönt

prize-giving ['prajz,givving]
subst prisutdelning

prizewinner ['prajz,winə] *subst*
pristagare

1 pro [prəo] *subst, the pros
and cons* för- och nackde-
larna

2 pro [prəo] *subst* vard. proffs

probability [,pråbə'billəti]
subst sannolikhet

probable ['pråbbəbl] *adj* trolig

probably ['pråbbəbli] *adv* san-
nolikt

probation [prə'bejschən] *subst*
skyddstillsyn; *released on* ~
villkorligt frigiven

probe [prəob] **I** *subst* sond
II *verb* sondera

problem ['pråbləm] *subst* pro-
blem

procedure [prə'si:dʒə] *subst*
procedur

proceed [prə'si:d] *verb* fort-
sätta

proceeds ['prəosi:dz] *subst pl*
intäkter

process ['prəosess] **I** *subst*
process; *be in* ~ pågå **II** *verb*
behandla

procession [prə'seschən] *subst*
procession

proclaim [prə'klejm] *verb*
proklamera

procure [prə'kjoə] *verb* skaffa

prod [prådd] **I** *verb* stöta till
II *subst* stöt

prodigy ['pråddidʒi] *subst*
underbarn

produce [prə'djo:s] *verb* pro-
ducera

producer [prə'djo:sə] *subst*
producent

product ['pråddakkt] *subst*
produkt

production [prə'dakkschən]
subst produktion

productivity
[,prådd̍akk'tivvəti] *subst* pro-
duktivitet

profession [prə'feschən] *subst*
yrke; *by* ~ till yrket

professional [prə'feschənl]
I *adj* **1** yrkes- **2** professionell
II *subst* yrkesman; proffs

professor [prə'fessə] *subst*
professor

proficiency [prə'tischənsi]
subst färdighet

profile ['prəofajl] *subst* **1** pro-

fil; *keep a low* ~ ligga lågt
2 porträtt levnadsbeskrivning

profit ['pråffitt] *subst* vinst

profitable ['pråffittəbl] *adj*
vinstgivande

profound [prə'faond] *adj* djup
bildl.

profuse [prə'fjo:s] *adj* riklig

prognosis [prəg'nəosis] *subst*
prognos

programme ['prəogrämm]
I *subst* program **II** *verb* pro-
grammera

programmer ['prəogrämmə]
subst programmerare

progress I ['prəogress] *subst*
framsteg; *be in* ~ pågå
II [prə'gress] *verb* göra fram-
steg

progressive [prə'gressivv] *adj*
progressiv

prohibit [prə'hibbitt] *verb*
förbjuda

project I [prə'dʒekkt] *verb*
1 projektera **2** projicera
II *subst* projekt

projection [prə'dʒekkschən]
subst projektering; projek-
tion

projector [prə'dʒekktə] *subst*
projektor

prolong [prə'låŋ] *verb* för-
länga

promenade [,pråmmə'na:d]
subst strandpromenad

prominent ['pråmminənt] *adj*
framstående

promiscuous [prə'misskjoəs] *adj* promiskuös

promise ['prɒmmiss] I *subst* löfte II *verb* lova; *show* ~ se lovande ut

promising ['prɒmmissing] *adj* lovande

promote [prə'məot] *verb* 1 främja 2 *be promoted* bli befordrad

promoter [prə'məotə] *subst* promotor

promotion [prə'məoschən] *subst* 1 befordran 2 marknadsföring

prompt [prɒmpt] I *adj* snabb II *adv* på slaget III *verb* mana

prone [prəon] *adj* benägen; hemfallen

prong [prɒng] *subst* på gaffel o.d. klo

pronoun ['prəonaon] *subst* pronomen

pronounce [prə'naons] *verb* uttala

pronunciation [prə,nannsi'ejschən] *subst* uttal

proof [pro:f] *subst* bevis

prop [prɒpp] I *subst* stöd II *verb*, ~ *up* stötta upp

propaganda [,prɒppə'gānndə] *subst* propaganda

propel [prə'pell] *verb* driva framåt

propeller [prə'pellə] *subst* propeller

propensity [prə'pennsəti] *subst* benägenhet

proper ['prɒppə] *adj* 1 rätt, riktig 2 *in a ~ sense* i egentlig betydelse

properly ['prɒppəli] *adv* riktigt; ordentligt

property ['prɒppəti] *subst* egendom

prophecy ['prɒffəsi] *subst* profetia

prophet ['prɒffitt] *subst* profet

proportion [prə'på:schən] *subst* proportion; *out of* ~ oproportionerlig

proportional [prə'på:schənl] *adj* proportionell

proposal [prə'pəozəl] *subst* 1 förslag 2 frieri

propose [prə'pəoz] *verb* 1 föreslå 2 ~ *to* fria till

proposition [,prɒppə'zischən] *subst* förslag

propriety [prə'prajəti] *subst* anständighet

prose [prəoz] *subst* prosa

prosecute ['prɒssikjo:t] *verb* åtala

prosecution [,prɒssi'kjo:schən] *subst* åtal; *the* ~ åklagarsidan

prosecutor ['prɒssikjo:tə] *subst* åklagare; *public* ~ allmän åklagare

prospect I ['prɒsspekkt] *subst* utsikt bildl. II [prə'spekkt] *verb*, ~ *for* leta efter guld, olja o.d.

prospective [prə'spekktivv] *adj* eventuell

prospectus [prə'spekktəs] *subst* broschyr

prosperity [prå'sperrəti] *subst* välstånd

prostitute ['prås̊stitjo:t] *subst* prostituerad

protect [prə'tekkt] *verb* skydda

protection [prə'tekkschən] *subst* skydd

protective [prə'tekktivv] *adj* skydds-

protein ['prəoti:n] *subst* protein

protest I ['prəotest] *subst* protest **II** [prəo'tesst] *verb* protestera

Protestant ['prått̊istənt] *subst* protestant

protrude [prə'tro:d] *verb* sticka fram (ut)

proud [praod] *adj* stolt; ~ *of* stolt över

prove [pro:v] *verb* bevisa; ~ *oneself* visa vad man duger till

proverb ['pråvvö:b] *subst* ordspråk

provide [prə'vajd] *verb* skaffa, sörja för; ~ *for* försörja

provided [prə'vajdidd] o. **providing** [prə'vajding] *konj*, ~ *that* förutsatt att

province ['pråvvinns] *subst* provins; *the provinces* landsorten

provincial [prə'vinnschəl] *adj* **1** regional **2** provinsiell

provision [prə'viʒʒən] *subst* **1** anskaffande **2** *provisions* proviant

provisional [prə'viʒʒənl] *adj* provisorisk

proviso [prə'vajzəo] *subst* förbehåll

provocative [prə'våkkətivv] *adj* provocerande

provoke [prə'vəok] *verb* provocera

prow [prao] *subst* för

prowl [praol] *verb* stryka omkring

proxy ['pråkksi] *subst, by* ~ genom fullmakt (ombud)

prudent ['pro:dənt] *adj* klok, försiktig

1 prune [pro:n] *subst* torkat katrinplommon

2 prune [pro:n] *verb* beskära

pry [praj] *verb* snoka

psalm [sa:m] *subst* psalm i Psaltaren

pseudo- ['sjo:dəo] *prefix* pseudo-, kvasi-

pseudonym ['sjo:dənimm] *subst* pseudonym

psyche ['sajki] *subst* psyke

psychiatrist [saj'kajətrist] *subst* psykiater

psychic ['sajkikk] *adj* **1** psykisk **2** *be* ~ vara synsk

psychoanalyst
[ˌsajkəo'ännəlist] *subst* psykoanalytiker

psychological
[ˌsajkə'låddʒikəl] *adj* psykologisk

psychologist [saj'kållədʒist] *subst* psykolog

psychology [saj'kållədʒi] *subst* psykologi

pub [pabb] *subst* pub

public ['pabblikk] **I** *adj* offentlig, allmän; ~ *convenience* offentlig toalett; ~ *opinion* den allmänna opinionen; ~ *school* 'public school' exklusivt privatinternat; ~ *services* offentliga sektorn **2** börsnoterad; ~ *limited company* börsnoterat aktiebolag **II** *subst* allmänhet

publican ['pabblikkən] *subst* pubägare

publicity [pabb'lissəti] *subst* publicitet

publicize ['pabblisajz] *verb* offentliggöra

publish ['pabblisch] *verb* publicera; ge ut

publisher ['pabblischə] *subst* bokförläggare

publishing ['pabblisching] *subst* förlagsbranschen; ~ *house* bokförlag

pucker ['pakkə] *verb* rynka

pudding ['podding] *subst* pudding

puddle ['paddl] *subst* pöl

puff [paff] **I** *subst* puff; bloss **II** *verb* **1** pusta **2** bolma på

puffy ['paffi] *adj* pösig

pull [poll] *verb* **1** dra **2** sträcka en muskel **3** ~ *down* riva; ~ *in* köra in; ~ *off* vard. greja; ~ *out* köra ut; bildl. backa ur; ~ *through* klara sig igenom krisen; ~ *oneself together* ta sig samman

pulley ['polli] *subst* trissa

pull-out ['pollaot] *subst* löstagbar bilaga

pullover ['poll,əovə] *subst* pullover

pulp [pallp] **I** *subst* **1** mos **2** fruktkött **II** *verb* mosa

pulpit ['pollpitt] *subst* predikstol

pulsate [pall'sejt] *verb* pulsera

pulse [palls] *subst* puls

pump [pamp] **I** *subst* pump **II** *verb* pumpa

pumpkin ['pampkinn] *subst* pumpa

pumps [pamp] *subst pl* gymnastikskor

pun [pann] *subst* ordlek

1 punch [pantsch] **I** *subst* hålslag **II** *verb* slå hål i, klippa

2 punch [pantsch] **I** *subst* knytnävsslag **II** *verb* klippa till

3 punch [pantsch] *subst* bål dryck

punch line ['pantschlajn]
subst poäng i rolig historia

punch-up ['pantschapp] *subst*
vard. slagsmål

punctual ['pangktjoəl] *adj*
punktlig

punctuation
[,pangktjo'ejschən] *subst* in-
terpunktion

puncture ['pangktchə] I *subst*
punktering II *verb* punktera

pundit ['pannditt] *subst* vard.
förståsigpåare

pungent ['panndʒənt] *adj*
skarp, frän

punish ['pannisch] *verb*
straffa

punishment ['pannischmənt]
subst straff

punt [pannt] *subst* stakbåt

punter ['panntə] *subst* spelare
på trav o.d.

puny ['pjo:ni] *adj* ynklig

pup [papp] *subst* hundvalp

1 pupil ['pjo:pl] *subst* elev

2 pupil ['pjo:pl] *subst* pupill

puppet ['pappitt] *subst* ma-
rionett

puppy ['pappi] *subst* hundvalp

purchase ['pö:tchəs] I *subst*
köp II *verb* köpa

purchaser ['pö:tchəsə] *subst*
köpare

pure [pjoə] *adj* ren; ~ *wool*
helylle

purely ['pjoəli] *adv* rent, bara

purge [pö:dʒ] *verb* rensa, rena

purple ['pö:pl] *adj* mörklila

purport [pə'på:t] *verb* påstå
sig; påstås

purpose ['pö:pəs] *subst* syfte,
avsikt; *on* ~ med avsikt (flit);
it's to no ~ det är till ingen
nytta

purposeful ['pö:pəsfoll] *adj*
målmedveten

purr [pö:] *verb* spinna

purse [pö:s] *subst* portmonnä

purser ['pö:sə] *subst* purser

pursue [pə'sjo:] *verb* **1** sträva
efter **2** fortsätta

pursuit [pə'sjo:t] *subst* strävan

push [posch] I *verb* **1** skjuta;
trycka på; ~ *sb. around* vard.
köra med ngn **2** pressa;
tvinga; *don't* ~ *it!* utmana
inte ödet! II *subst* knuff

pushchair ['poschtchäə] *subst*
sulky för barn

pusher ['poschə] *subst* vard.
knarklangare

pushover ['posch,əovə] *subst*
vard. barnlek

push-up ['poschapp] *subst*
armhävning från golvet

pushy ['poschi] *adj* vard.
gåpåig

puss [poss] *subst*, ~, ~! kiss!
kiss!

pussy ['possi] o. **pussy-cat**
['possikätt] *subst* kissekatt

put* [pott] *verb* **1** lägga,
sätta, ställa **2** säga; *to* ~ *it*
briefly för att fatta mig kort

3 ~ *aside* lägga ifrån sig;
lägga undan; ~ *back* skjuta
upp; försena; ~ *by* spara; ~
down slå ned; ~ *forward*
föreslå; ~ *in* lägga ner tid o.d.;
~ *off* skjuta upp; få att tappa
lusten; ~ *on* ta på sig; sätta
på; ~ *on weight* gå upp i
vikt; ~ *out* släcka; ~ *through*
koppla telefonsamtal; ~ *to-
gether* lägga ihop; ~ *up* sätta
upp; betala; ~ *up with* stå ut
med
putt [patt] I *verb* putta II *subst*
putt
putting-green ['pattinggri:n]
subst inslagsplats
putty ['patti] *subst* spackel
puzzle ['pazzl] I *verb* förbrylla
II *subst* 1 gåta 2 pussel
puzzling ['pazzling] *adj* för-
bryllande
pyjamas [pə'dʒa:məz] *subst pl*
pyjamas; *a pair of* ~ en
pyjamas
pyramid ['pirrəmidd] *subst*
pyramid

Q

Q, q [kju:] *subst* Q, q
1 quack [koäkk] I *verb* snattra
II *subst* snatter
2 quack [koäkk] *subst*
kvacksalvare
quadrangle ['koåddränggl]
subst fyrhörning
quadruple ['koåddroppl] *adj*
fyrfaldig
quagmire ['koäggmajə] *subst*
gungfly
1 quail [koejl] *subst* vaktel
2 quail [koejl] *verb* rygga
tillbaka
quaint [koejnt] *adj* lustig
quake [koejk] I *verb* skaka
II *subst* skalv
qualification
[ˌkoållifi'kejschən] *subst*
kvalifikation
qualified ['koållifajd] *adj* kva-
lificerad
qualify ['koållifaj] *verb* kvali-
ficera
quality ['koålləti] *subst* kvali-
tet
qualm [koa:m] *subst* skrupel
quandary ['koånndərri] *subst*
bryderi
quantity ['koånntətti] *subst*
kvantitet

quarantine ['koårrənti:n] *subst* karantän

quarrel ['koårrəl] I *subst* gräl; *pick a* ~ mucka gräl II *verb* gräla

quarrelsome ['koårrəlsəm] *adj* grälsjuk

1 quarry ['koårri] *subst* villebråd

2 quarry ['koårri] *subst* stenbrott

quarter ['koå:tə] *subst* **1** fjärdedel **2** kvart; ~ *past ten* kvart över tio

quarterfinal [,koå:tə'fajnl] *subst* kvartsfinal

quarterly ['koå:təli] I *adj* kvartals- II *subst* kvartalstidskrift

quartet [koå:'tett] *subst* kvartett

quartz [koå:ts] *subst* kvarts

quaver ['koejvə] I *verb* darra II *subst* skälvning

quay [ki:] *subst* kaj

queasy ['kwi:zi] *adj* kväljande

queen [kwi:n] *subst* **1** drottning i olika bet. **2** dam i kortlek

queer [kwiə] I *adj* konstig II *subst* vard. bög

quench [koentsch] *verb* släcka

querulous ['koerrələs] *adj* grinig

query ['kwiəri] *subst* fråga, förfrågan

quest [koest] *subst* sökande

question ['koestchən] I *subst* fråga i olika bet.; *it is out of the* ~ det kommer aldrig på fråga II *verb* **1** fråga **2** ifrågasätta

questionable ['koestchənəbl] *adj* tvivelaktig

question mark ['koestchənma:k] *subst* frågetecken

questionnaire [,koestchə'näə] *subst* frågeformulär

queue [kjo:] I *subst* kö II *verb,* ~ *up* köa

quibble ['kwibbl] *verb* gnabbas

quick [kwikk] *adj* snabb

quicken ['kwikkən] *verb* påskynda

quickly ['kwikkli] *adv* snabbt

quicksand ['kwikksänd] *subst* kvicksand

quid [kwidd] *subst* vard. pund

quiet ['koajjət] I *adj* lugn, tyst; *be* ~! var tyst! II *subst* tystnad

quieten ['koajjətn] *verb* få tyst på

quietly ['koajjətli] *adv* lugnt

quietness ['koajjətnəs] *subst* stillhet

quilt [kwilt] I *subst* täcke; ~ *cover* påslakan; *continental* ~ duntäcke II *verb* vaddera; *quilted jacket* täckjacka

quirk [kwö:k] *subst* besynnerlighet

quit [kwitt] *verb* sluta; lägga
av
quite [koajt] *adv* **1** helt, helt
och hållet **2** ganska
quits [kwitts] *adj* kvitt
quiver ['kwivvə] *verb* darra
quiz [kwizz] *subst* frågesport
quotation [koəo'tejschən]
subst citat; ~ *mark* citations-
tecken
quote [koəot] **I** *verb* citera
II *subst* citat

R

R, r [a:r] *subst* R, r
rabbi ['räbbaj] *subst* rabbin
rabbit ['räbbitt] *subst* kanin
rabbit hutch ['räbbitthatch]
subst kaninbur
rabble ['räbbl] *subst* larmande
folkhop
rabies ['rejbi:z] *subst* rabies
1 race [rejs] *subst* ras; *the
human* ~ människosläktet
2 race [rejs] **I** *subst* lopp;
kapplöpning, kappkörning
o.d. **II** *verb* springa (köra,
rida, o.d.) i kapp
racecourse ['rejskå:s] *subst*
kapplöpningsbana
racehorse ['rejshå:s] *subst*
kapplöpningshäst
racetrack ['rejsträkk] *subst*
racerbana
racial ['rejschəl] *adj* ras-, folk-
racing ['rejsing] *subst* tävlings-, racer-
lings-, racer-
racism ['rejsizəm] *subst* ra-
sism
racist ['rejsist] *subst* rasist
rack [räkk] **I** *subst* diskställ;
bagagehylla **II** *verb*, ~ *one's
brains* bråka sin hjärna
1 racket ['räkkitt] *subst*
racket; *rackets* sport liknande
squash

2 racket ['räkkitt] *subst* oväsen

racy ['rejsi] *adj* mustig, pikant

radar ['rejda:] *subst* radar

radial ['rejdjəl] *subst* radialdäck

radiant ['rejdjənt] *adj* strålande

radiate ['rejdiejt] *verb* stråla

radiation [,rejdi'ejschən] *subst* **1** strålning **2** radioaktivitet

radiator ['rejdiejtə] *subst* värmeelement

radical ['räddikkəl] *subst* o. *adj* radikal

radio ['rejdiəo] *subst* radio

radioactive [,rejdiəo'äkktivv] *adj* radioaktiv

radish ['räddisch] *subst* rädisa

raffle ['räffl] *subst* lotteri

raft [ra:ft] *subst* flotte

rafter ['ra:ftə] *subst* taksparre

rag [rägg] *subst* trasa

rage [rejdʒ] I *subst* raseri II *verb* vara rasande

ragged ['räggidd] *adj* trasig; klädd i trasor

raid [rejd] I *subst* **1** räd **2** razzia II *verb* göra en räd (razzia)

rail [rejl] *subst* **1** ledstång **2** *go by* ~ ta tåget

railing ['rejling] *subst*, ~ el. *railings* järnstaket

railway ['rejlwej] *subst* järnväg

rain [rejn] I *subst* regn II *verb* regna

rainbow ['rejnbəo] *subst* regnbåge

raincoat ['rejnkəot] *subst* regnrock

raindrop ['rejndråpp] *subst* regndroppe

rainfall ['rejnfå:l] *subst* nederbörd

rain forest ['rejn,fårrist] *subst* regnskog

rainy ['rejni] *adj* regnig

raise [rejz] *verb* **1** resa upp **2** höja **3** uppfostra **4** samla ihop

raisin ['rejzn] *subst* russin

rake [rejk] *subst* o. *verb* kratta

rally ['rälli] I *verb* samla ihop II *subst* **1** massmöte **2** rally

ram [rämm] I *subst* bagge II *verb* ramma

ramble ['rämmbl] I *verb* **1** ströva omkring **2** ~ *on* pladdra på II *subst* vandring utan mål

rambler ['rämmblə] *subst* klängväxt

rambling ['rämmbling] *adj* **1** virrig **2** klätter-

ramp [rämmp] *subst* ramp

rampage ['rämmpejdʒ] I *subst*, *go on the* ~ leva rövare II *verb* härja

rampant ['rämmpənt] *adj*, *be* ~ frodas

ramshackle ['rämm,schäkkl] *adj* fallfärdig

ran [ränn] *imperf. av run*

rancid ['rännsidd] *adj* härsken

rancour ['rängkə] *subst* hätskhet

random ['ränndəm], *at* ~ på måfå

randy ['ränndi] *adj* vard. kåt

rang [räng] *imperf.* av *1* **ring**

range [rejndʒ] **I** *subst* räckvidd **II** *verb* sträcka sig

ranger ['rejndʒə] *subst* kronojägare

1 rank [rängk] **I** *subst* **1** led; *close ranks* sluta leden **2** rang **II** *verb* ranka

2 rank [rängk] *adj* fullkomlig, ren

rankle ['rängkl] *verb* ligga och gnaga i sinnet

ransack ['rännsäkk] *verb* söka igenom

ransom ['rännsəm] *subst* lösensumma

rant [rännt] *verb* orera

rap [räpp] **I** *subst* knackning **II** *verb* knacka på

1 rape [rejp] **I** *verb* våldta **II** *subst* våldtäkt

2 rape [rejp] *subst* raps

rapid ['räppidd] **I** *adj* hastig **II** *subst*, *rapids* fors

rapist ['rejpist] *subst* våldtäktsman

rapport [rä'ppå:] *subst* god relation

rapture ['räpptchə] *subst* hänryckning

1 rare [räə] *adj* sällsynt

2 rare [räə] *adj* blodig om kött

rascal ['ra:skəl] *subst* rackare

1 rash [räsch] *subst* hudutslag

2 rash [räsch] *adj* överilad

rasher ['räschə] *subst* baconskiva

raspberry ['ra:zbərri] *subst* hallon

rat [rätt] *subst* råtta

rate [rejt] **I** *subst* **1** takt; tal; *at any* ~ i alla fall **2** sats; ~ *of interest* ränta **II** *verb* räkna, anse

rather ['ra:ðə] *adv* **1** ganska **2** *I'd* ~ *not* helst inte

rating ['rejting] *subst* **1** ranking **2** *ratings* tittarsiffror

ratio ['rejschiəo] *subst* förhållande

ration ['räschən] **I** *subst* ranson **II** *verb* ransonera

rational ['räschənl] *adj* rationell

rationalize ['räschnəlajz] *verb* rationalisera

rat race ['rättrejs] *subst* vard. karriärjakt

rattle ['rättl] **I** *subst* skallra **II** *verb* **1** skramla **2** ~ *on* pladdra 'på

raucous ['rå:kəs] *adj* hes

rave [rejv] *verb* yra

raven ['rejvn] *subst* korp

ravenous ['rävvənəs] *adj* hungrig som en varg

ravine [rə'vi:n] *subst* ravin

raving ['rejving] **I** *adj* yrande

ll *subst, ravings* galna fanta-
sier
ravishing ['rävvisching] *adj*
hänförande
raw [rå:] *adj* rå
ray [rej] *subst* stråle
raze [rejz] *verb, ~ to the
ground* jämna med marken
razor ['rejzə] *subst* rakhyvel;
rakapparat
razor blade ['rejzəblejd] *subst*
rakblad
reach [ri:tch] **l** *verb* **1** sträcka
2 räcka; nå **ll** *subst* räckhåll;
out of ~ utom räckhåll
react [ri'äkkt] *verb* reagera
reaction [ri'äkkschən] *subst*
reaktion
reactor [ri'äkktə] *subst* reak-
tor
read* [ri:d] *verb* läsa; *~
between the lines* läsa mellan
raderna
readable ['ri:dəbl] *adj* läsbar
reader ['ri:də] *subst* läsare
readership ['ri:dəschipp] *subst*
läsekrets
readily ['reddəli] *adv* **1** gärna
2 med lätthet
readiness ['reddinəs] *subst*
beredvillighet
reading ['ri:ding] *subst* läsning
ready ['reddi] *adj* färdig, redo;
~ cash reda pengar; *get ~*
göra sig i ordning
ready-made [,reddi'mejd] **l** *adj*

färdiggjord; konfektionssydd
ll *subst* konfektion
real [riəl] *adj* verklig; *the ~
thing* vard. äkta vara
realistic [riə'lisstikk] *adj* rea-
listisk
reality [ri'älləti] *subst* verklig-
het; *in ~* i verkligheten
realization [,riəlai'zejschən]
subst **1** förverkligande **2** in-
sikt
realize ['riəlajz] *verb* **1** inse
2 förverkliga
really ['riəlli] *adv* verkligen
realm [rellm] *subst* bildl. sfär
reap [ri:p] *verb* skörda
reappear [,ri:ə'piə] *verb* åter
visa sig
1 rear [riə] *verb* uppfostra
2 rear [riə] *subst* **1** baksida
2 vard. bak
rearguard ['riəga:d] *subst* ef-
tertrupp
reason ['ri:zn] **l** *subst* **1** orsak;
without ~ utan anledning
2 förnuft **ll** *verb* resonera
reasonable ['ri:zənəbl] *adj*
1 förnuftig **2** rimlig
reasonably ['ri:zənəbli] *adv*
skäligen
reasoning ['ri:zəning] *subst*
tankegång
reassurance [,riə'schoərəns]
subst uppmuntran
reassure [,ri:ə'schoə] *verb*
uppmuntra

rebate ['ri:bejt] *subst* återbäring

rebel I ['rebbl] *subst* rebell
II [ri'bell] *verb* göra uppror

rebellious [ri'belljəs] *adj* upprorisk

rebound ['ri:baond], *on the* ~ som plåster på såren

rebuff [ri'baff] **I** *subst* avsnäsning **II** *verb* snäsa av

rebuke [ri'bjo:k] *verb* tillrättavisa

rebut [ri'batt] *verb* vederlägga

recall [ri'kå:l] *verb* erinra sig

recant [ri'kännt] *verb* ta tillbaka sina ord

recede [ri'si:d] *verb* avta; försvinna

receipt [ri'si:t] *subst* kvitto

receive [ri'si:v] *verb* ta emot

receiver [ri'si:və] *subst* mottagare

recent ['ri:snt] *adj* nyare, senare

recently ['ri:sntli] *adv* nyligen

receptacle [ri'septtəkl] *subst* förvaringskärl

reception [ri'seppschən] *subst*, ~ *desk* reception på hotell

receptionist [ri'seppschənist] *subst* receptionist

recess [ri'sess] *subst* **1** uppehåll **2** vrå

recession [ri'seschən] *subst* konjunkturnedgång

recipe ['ressipi] *subst* recept

recipient [ri'sippiənt] *subst* mottagare

recital [ri'sajtl] *subst* recitation

recite [ri'sajt] *verb* recitera

reckless ['rekkləs] *adj* hänsynslös; ~ *driving* vårdslöshet i trafik

reckon ['rekkən] *verb* **1** räkna **2** räkna med, anta

reckoning ['rekkəning] *subst* beräkning

recline [ri'klajn] *verb* luta sig tillbaka

recluse [ri'klo:s] *subst* ensling

recognition [,rekkəg'nischən] *subst* **1** erkännande **2** igenkännande; *beyond* ~ till oigenkännlighet

recognize ['rekəgnajz] *verb* **1** känna igen **2** erkänna

recoil [ri'kåjl] *verb* rygga tillbaka

recollect [,rekə'lekkt] *verb* erinra sig

recollection [,rekə'lekkschən] *subst* hågkomst

recommend [,rekkə'mend] *verb* rekommendera

reconcile ['rekkənsajl] *verb* försona; ~ *oneself to* finna sig i

recondition [,ri:kən'dischən] *verb* renovera

reconnoitre [,rekkə'nåjtə] *verb* rekognoscera

reconstruct [ˌriːkənˈstrakt] *verb* rekonstruera

record I [ˈrekåːd] *subst* **1** register; *records* äv. arkiv **2** ngns förflutna **3** rekord **II** [riˈkåːd] *verb* **1** registrera **2** spela in

recorder [riˈkåːdə] *subst* inspelningsapparat

recording [riˈkåːding] *subst* inspelning

recount [ˈriːkaont] *subst* omräkning

recoup [riˈkoːp] *verb* gottgöra

recourse [riˈkåːs], *have ~ to* tillgripa

recover [riˈkavvə] *verb* återhämta sig

recovery [riˈkavvərri] *subst* tillfrisknande

recreation [ˌrekriˈejschən] *subst* fritidssysselsättning; *~ ground* fritidsområde

recreational [ˌrekriˈejschənl] *adj* fritids-

recruit [riˈkroːt] **I** *subst* rekryt **II** *verb* värva

rectangle [ˈrektänggl] *subst* rektangel

rectangular [rekˈtänggjolə] *adj* rektangulär

rectify [ˈrektifaj] *verb* rätta till

rector [ˈrektə] *subst* kyrkoherde

recuperate [riˈkjoːpərejt] *verb* återfå krafterna

recur [riˈköː] *verb* återkomma

recurrence [riˈkarrəns] *subst* återkomst

recurrent [riˈkarrənt] *adj* återkommande

recycle [ˌriːˈsajkl] *verb* återvinna

red [redd] **I** *adj* röd; *the Red Cross* Röda korset; *~ herring* villospår; *~ pepper* rödpeppar; *röd paprika* **II** *subst, be in the ~* ha övertrasserat

redcurrant [ˌreddˈkarrənt] *subst* rött vinbär

reddish [ˈreddisch] *adj* rödaktig

redeem [riˈdiːm] *verb* gottgöra, sona

redeploy [ˌriːdiˈplåj] *verb* gruppera om

red-handed [ˌreddˈhänndidd] *adj, catch sb. ~* ta ngn på bar gärning

redhead [ˈreddhedd] *subst* vard. rödhårig person

red-hot [ˌreddˈhått] *adj* glödhet

redirect [ˌriːdiˈrekkt] *verb* dirigera om

red-light [ˈreddlajt] *adj, ~ district* glädjekvarter

redo [ˌriːˈdoː] *verb* göra om

redolent [ˈreddəolənt] *adj* doftande; *~ of* som påminner om

redress [riˈdress] **I** *verb* gottgöra **II** *subst* gottgörelse

red-tape [‚redd'tejp] *subst* vard.
byråkrati
reduce [ri'djo:s] *verb* reduce-
ra; skära ned
reduction [ri'dakkschən] *subst*
reducering
redundancy [ri'danndənsi]
subst arbetslöshet
redundant [ri'danndənt] *adj*
1 överflödig **2** friställd
reed [ri:d] *subst* vasstrå; *reeds*
vass
reef [ri:f] *subst* rev
reek [ri:k] **I** *subst* stank **II** *verb*
stinka
reel [ri:l] **I** *subst* rulle, spole
II *verb* ragla
ref [reff] *subst* vard. sport.
domare
refectory [ri'fekktəri] *subst*
matsal i skola o.d.
refer [ri'fö:] *verb* hänvisa till;
syfta på
referee [‚refə'ri:] *subst* sport.
domare
reference ['reffərəns] *subst*
1 hänvisning **2** referens
refill **I** [‚ri:'fill] *verb* fylla på
II ['ri:fill] *subst* påfyllning
refine [ri'fajn] *verb* raffinera
refined [ri'fajnd] raffinerad
reflect [ri'flekkt] *verb* **1** re-
flektera **2** ~ *on* begrunda
reflection [ri'flekkschən] *subst*
reflexion
reflex ['ri:flekks] *subst* reflex

reform [ri'få:m] **I** *verb* refor-
mera **II** *subst* reform
reformation [‚reffə'mejschən]
subst reformation
1 refrain [ri'frejn] *subst*
refräng
2 refrain [ri'frejn] *verb* avhålla
sig
refresh [ri'fresch] *verb* friska
upp; *refreshed* äv. utvilad
refreshing [ri'fresching] *adj*
uppfriskande
refrigerator [ri'friddʒərejtə]
subst kylskåp
refuel [‚ri:'fjoəl] *verb* tanka
refuge ['refjo:dʒ] *subst* tillflykt
refugee [‚refjo'dʒi:] *subst* flyk-
ting; ~ *camp* flyktingläger
refund ['ri:fannd] *subst* åter-
betalning
refurbish [‚ri:'fö:bisch] *verb*
snygga upp
refusal [ri'fjo:zəl] *subst* vägran
refuse **I** [ri'fjo:z] *verb* vägra
II ['refjo:s] *subst* avfall; ~
dump soptipp
regain [ri'gejn] *verb* återfå
regal ['ri:gəl] *adj* kunglig
regard [ri'ga:d] **I** *verb* **1** anse
2 *as regards* vad...beträffar
II *subst* **1** aktning **2** *regards*
hälsningar
regarding [ri'ga:ding] *prep*
beträffande
regardless [ri'ga:dləs], ~ *of*
oavsett
regime [rej'ʒi:m] *subst* regim

regiment ['reddʒimənt] *subst* regemente

regimental [ˌreddʒi'mentl] *adj* regements-

region ['riːdʒən] *subst* region

regional ['riːdʒənl] *adj* regional

register ['reddʒistə] I *subst* register II *verb* 1 registrera 2 *registered letter* rekommenderat brev

registrar [ˌreddʒi'straː] *subst* registrator

registration [ˌreddʒi'strejʃən] *subst* 1 ung. folkbokföring 2 ~ *number* bils registreringsnummer

registry ['reddʒistri] *subst*, ~ *office* folkbokföringsmyndighet; *marry at the ~ office* gifta sig borgerligt

regret [ri'grett] I *verb* ångra II *subst* ånger

regretfully [ri'grettfolli] *adv* ångerfullt

regular ['reggjolə] I *adj* regelbunden II *subst* stamkund

regularly ['reggjoləlli] *adv* regelbundet

regulate ['reggjolejt] *verb* reglera

regulation [ˌreggjo'lejʃən] *subst* regel

rehabilitation ['riːəˌbilli'tejʃən] *subst* rehabilitering

rehearsal [ri'hɔːsəll] *subst* repetition; *dress* ~ generalrepetition

rehearse [ri'hɔːs] *verb* repetera

reign [rejn] I *subst* regeringstid II *verb* regera

reimburse [ˌriːim'bɔːs] *verb* återbetala

rein [rejn] *subst* tygel

reindeer ['rejndiə] *subst* ren

reinforce [ˌriːin'fɔːs] *verb* förstärka

reinstate [ˌriːin'stejt] *verb* återinsätta

reject [ri'dʒekkt] *verb* förkasta

rejection [ri'dʒekkʃən] *subst* förkastande

rejuvenate [ri'dʒoːvənejt] *verb* föryngra

relapse [ri'läpps] I *verb* återfalla II *subst* återfall

relate [ri'lejt] *verb*, ~ *to* relatera till; sätta i samband med

related [ri'lejtidd] *adj* besläktad

relation [ri'lejʃən] *subst* relation; samband

relationship [ri'lejʃənʃipp] *subst* förhållande

relative ['rellətivv] I *adj* relativ II *subst* släkting

relatively ['rellətivvli] *adv* förhållandevis

relax [ri'läkks] *verb* koppla av; *relaxed* avslappnad

relaxation [‚ri:läkk'sejschən] *subst* avkoppling

relaxing [ri'läkksing] *adj* avkopplande

relay ['ri:lej] *subst* **1** ~ el. ~ *race* stafett **2** relä

release [ri'li:s] **I** *subst* **1** frigivning **2** utsläppande **II** *verb* **1** frige **2** släppa ut

relegate ['relləgejt] *verb* degradera

relentless [ri'lentləs] *adj* obeveklig

relevant ['relləvənt] *adj* relevant

reliable [ri'lajəbl] *adj* pålitlig

reliably [ri'lajəbli] *adv* pålitligt

relic ['rellikk] *subst* **1** relik **2** kvarleva

relief [ri'li:f] *subst* **1** lättnad **2** bistånd

relieve [ri'li:v] *verb* lätta, lugna

religion [ri'liddʒən] *subst* religion

religious [ri'liddʒəs] *adj* religiös

relish ['rellisch] **I** *subst* **1** välbehag **2** slags pickles **II** *verb* njuta av

relocate [‚ri:lə'kejt] *verb* omlokalisera

reluctance [ri'lakktəns] *subst* motvillighet

reluctant [ri'lakktənt] *adj* motvillig

remain [ri'mejn] *verb* återstå; förbli

remainder [ri'mejndə] *subst* återstod

remains [ri'mejnz] *subst pl* kvarlevor

remark [ri'ma:k] **I** *subst* anmärkning **II** *verb* säga

remarkable [ri'ma:kəbl] *adj* anmärkningsvärd

remedy ['remmidi] *subst* botemedel

remember [ri'memmbə] *verb* minnas

remembrance [ri'memmbrəns] *subst* minne

remind [ri'majnd] *verb* påminna

reminder [ri'majndə] *subst* påminnelse

reminisce [‚remmi'niss] *verb* minnas

reminiscent [‚remmi'nissnt] *adj*, ~ *of* som påminner om

remiss [ri'miss] *adj* försumlig

remission [ri'mischən] *subst* strafftergift

remit [ri'mitt] *verb* remittera pengar

remittance [ri'mittəns] *subst* remissa

remnant ['remnənt] *subst* rest

remorse [ri'må:s] *subst* samvetskval

remorseful [ri'mɔ:sfoll] *adj* ångerfull

remorseless [ri'mɔ:sləs] *adj* samvetslös

remote [ri'məot] *adj* avlägsen; ~ *control* fjärrkontroll

remotely [ri'məotli] *adv* avläget

remould [,ri:'məold] *verb* stöpa om

removable [ri'mo:vəbl] *adj* **1** flyttbar **2** löstagbar

removal [ri'mo:vəl] *subst* **1** avlägsnande **2** ~ *van* flyttbil

remove [ri'mo:v] *verb* ta bort; ta av

render ['renndə] *verb* återge t.ex. roll

rendering ['renndəring] *subst* tolkning

rendezvous ['rånndivo:] *subst* rendezvous

renew [ri'njo:] *verb* förnya

renewal [ri'njo:əl] *subst* förnyelse

renounce [ri'naons] *verb* avsäga sig

renovate ['rennəovejt] *verb* renovera

renown [ri'naon] *subst* rykte

renowned [ri'naond] *adj* berömd

rent [rennt] *subst* o. *verb* hyra

rental ['renntl] *adj* uthyrnings-

repair [ri'peə] **I** *verb* reparera **II** *subst* reparation

repatriate [ri:'pättriejt] *verb* repatriera

repay [ri:'pej] *verb* betala tillbaka

repayment [ri:'pejmənt] *subst* återbetalning

repeal [ri'pi:l] *verb* upphäva

repeat [ri'pi:t] **I** *verb* **1** repetera **2** reprisera **II** *subst* repris

repeatedly [ri'pi:tiddli] *adv* upprepade gånger

repel [ri'pell] *verb* verka motbjudande

repellent [ri'pellənt] *adj* motbjudande

repent [ri'pennt] *verb* ångra

repentance [ri'penntəns] *subst* ånger

repertory ['reppətəri] *subst* repertoar

repetition [,reppə'tischən] *subst* upprepning

repetitive [ri'pettətivv] *adj* enformig

replace [ri'plejs] *verb* ersätta

replacement [ri'plejsmənt] *subst* **1** ersättande **2** ersättare

replay **I** [,ri:'plej] *verb* spela om **II** ['ri:plej] *subst* omspel; *action* ~ repris i slow-motion

replenish [ri'plennisch] *verb* fylla på

replica ['repplikə] *subst* kopia

reply [ri'plaj] I *verb* svara
II *subst* svar

report [ri'på:t] I *verb* rapportera II *subst* **1** rapport **2** terminsbetyg

reporter [ri'på:tə] *subst* reporter

repose [ri'pəoz] *subst* vila

represent [,reppri'zennt] *verb* representera

representation [,repprizenn'tejschən] *subst* representation

representative [,reppri'zenntətivv] I *adj* representativ II *subst* representant

repress [ri'press] *verb* undertrycka; *repressed* äv. hämmad

repression [ri'preschən] *subst* repression

reprieve [ri'pri:v] I *verb* ge uppskov II *subst* uppskov

reprisal [ri'prajzəl] *subst* vedergällning; *reprisals* repressalier

reproach [ri'prəotch] I *subst* förebråelse II *verb* förebrå

reproachful [ri'prəotchfoll] *adj* förebrående

reproduce [,ri:prə'djo:s] *verb* **1** reproducera **2** fortplanta sig

reproduction [,ri:prə'dakschən] *subst* **1** reproduktion **2** fortplantning

reproof [ri'pro:f] *subst* förebråelse

reptile ['reptajl] *subst* reptil

republic [ri'pabblikk] *subst* republik

republican [ri'pabblikən] I *adj* republikansk II *subst* republikan

repudiate [ri'pjo:diejt] *verb* förkasta

repulsive [ri'pallsivv] *adj* frånstötande

reputable ['reppjotəbl] *adj* aktningsvärd

reputation [,reppjo'tejschən] *subst* rykte

reputedly [ri'pjo:tiddli] *adv* enligt allmänna omdömet

request [ri'koest] I *subst* begäran II *verb* anhålla om

require [ri'koajə] *verb* kräva; *required* nödvändig

requirement [ri'koajəmənt] *subst* krav

requisite ['rekkwizitt] *adj* erforderlig

rescue ['reskjo:] I *verb* rädda II *subst* räddning; ~ *party* räddningsmanskap

research [ri'sö:tch] I *subst* forskning II *verb* forska

resemblance [ri'zemmbləns] *subst* likhet

resemble [ri'zemmbl] *verb* likna

resent [ri'zennt] *verb* bli förbittrad över

resentful [ri'zenntfoll] *adj*
harmsen

resentment [ri'zentmənt]
subst förtrytelse

reservation [ˌrezzə'vejschən]
subst **1** reservation **2** *make a*
~ beställa plats (rum, bord)

reserve [ri'zö:v] **I** *verb* reser-
vera **II** *subst* **1** reserv; ~ *team*
B-lag **2** reservat

reserved [ri'zö:vd] *adj* reser-
verad

reshuffle [ˌri:'schaffl] **I** *verb*
blanda om **II** *subst* om-
blandning

residence ['rezzidəns] *subst*
1 bostad; *place of* ~ hemvist
2 ~ *permit* uppehållstillstånd

resident ['rezzidənt] *subst*
bosatt person

residential [ˌrezzi'denschəl]
adj, ~ *area* bostadsområde

residue ['rezzidjo:] *subst* rest

resign [ri'zajn] *verb* **1** avgå
2 resignera från tjänst o.d.

resignation [ˌrezzig'nejschən]
subst **1** avskedsansökan
2 resignation

resilient [ri'zilliənt] *adj* bildl.
som har lätt för att
återhämta sig

resist [ri'zist] *verb* göra
motstånd; motstå

resistance [ri'zistəns] *subst*
motstånd

resolution [ˌrezzə'lo:schən]
subst beslutsamhet

resolve [ri'zållv] **I** *verb* besluta
sig **II** *subst* beslut

resort [ri'zå:t] **I** *verb*, ~ *to*
tillgripa **II** *subst*, *seaside* ~
badort

resound [ri'zaond] *verb* gen-
ljuda

resource [ri'så:s] *subst*, *re-
sources* resurser; *natural
resources* naturtillgångar

resourceful [ri'så:sfoll] *adj*
rådig

respect [ri'spekkt] **I** *subst*
respekt **II** *verb* respektera

respectable [ri'spekktəbl] *adj*
respektabel

respectful [ri'spekktfoll] *adj*
aktningsfull

respite ['respajt] *subst* respit

resplendent [ri'splenndənt]
adj praktfull

respond [ri'spånnd] *verb*
svara

response [ri'spånns] *subst*
svar; gensvar

responsibility
[risˌpånnsə'billəti] *subst* an-
svar; *on one's own* ~ på eget
ansvar

responsible [ri'spånnsəbl] *adj*
ansvarig; ansvarsfull

responsive [ri'spånnsivv] *adj*
mottaglig, lyhörd

1 rest [resst] **I** *verb* förbli
II *subst*, *the* ~ resten

2 rest [resst] **I** *subst* vila
II *verb* vila, vila sig

restaurant ['resstərånnt] *subst* restaurang

restaurant car ['resstrånntka:] *subst* restaurangvagn

restful ['resstfoll] *adj* vilsam

restless ['resstləs] *adj* rastlös

restoration [‚resstə'rejschən] *subst* **1** återupprättande; *the Restoration* restaurationen monarkins återupprättande i Storbritannien 1660 med Karl II **2** renovering

restore [ri'stå:] *verb* **1** återställa **2** restaurera

restrain [ri'strejn] *verb* hindra

restrained [ri'strejnd] *adj* återhållen

restraint [ri'strejnt] *subst* inskränkning

restrict [ri'strikkt] *verb* inskränka

restriction [ri'strikkschən] *subst* restriktion

result [ri'zallt] **I** *verb* vara (bli) resultatet **II** *subst* resultat

resume [ri'zjo:m] *verb* återuppta

resumption [ri'zampschən] *subst* återupptagande

resurgence [ri'sö:dʒəns] *subst* återuppblomstring

resurrection [‚rezə'rekkschən] *subst* återuppståndelse

resuscitate [ri'sassitejt] *verb* återuppliva

retail ['ri:tejl] **I** *subst* detaljhandel **II** *adj*, ~ *price* detalj-

handelspris; *recommended ~ price* rekommenderat cirkapris

retain [ri'tejn] *verb* behålla

retaliate [ri'tälliejt] *verb* vedergälla

retaliation [ri‚tälli'ejschən] *subst* vedergällning

retch [retch] *verb* försöka kräkas

retentive [ri'tenntivv] *adj* säker

retina ['rettinə] *subst* ögats näthinna

retire [ri'tajə] *verb* gå i pension

retired [ri'tajəd] *adj* pensionerad

retirement [ri'tajəmənt] *subst* pensionering; *early ~* förtidspension

retiring [ri'tajəring] *adj* tillbakadragen

retort [ri'tå:t] *verb* svara skarpt

retrace [ri'trejs] *verb* följa tillbaka spår m.m.

retract [ri'träkkt] *verb* ta tillbaka ord o.d.

retread ['ri:tredd] *subst* regummerat bildäck

retreat [ri'tri:t] **I** *subst* reträtt **II** *verb* retirera

retribution [‚rettri'bjo:schən] *subst* vedergällning

retrieval [ri'tri:vəl] *subst* återvinnande

retrieve [ri'tri:v] *verb* återfå
retriever [ri'tri:və] *subst*
retriever hundras
retrospect ['rettrəspekkt]
subst, in ~ i efterhand
retrospective [,rettrə-
'spekktivv] *adj* **1** retrospek-
tiv **2** retroaktiv
return [ri'tö:n] **I** *verb* **1** åter-
vända **2** returnera **3** besvara
II *subst* **1** återkomst **2** åter-
gång **3** sport. retur
reunion [,ri:'jo:njən] *subst*
återförening
reunite [,ri:jo:'najt] *verb* åter-
förena
Rev. (förk. för *Reverend*)
pastor i titel
reveal [ri'vi:l] *verb* avslöja
revealing [ri'vi:ling] *adj* av-
slöjande
revel ['revvl] *verb*, ~ *in* frossa
i
revenge [ri'venndʒ] **I** *verb*
hämnas **II** *subst* hämnd
revenue ['revvənjo:] *subst*
statsinkomster
reverberate [ri'vö:bərejt] *verb*
genljuda
reverence ['revvərəns] *subst*
vördnad
Reverend ['revvərənd] pastor i
titel
reversal [ri'vö:səl] *subst* om-
kastning
reverse [ri'vö:s] **I** *adj* motsatt
II *subst* **1** motsats **2** baksida

3 *put the car in* ~ lägga i
backen **III** *verb* **1** vända på
2 backa
revert [ri'vö:t] *verb* återgå
review [ri'vjo:] **I** *subst* recen-
sion **II** *verb* recensera
reviewer [ri'vjo:ə] *subst* re-
censent
revile [ri'vajl] *verb* smäda
revise [ri'vajz] *verb* omarbeta
revision [ri'viʒʒən] *subst* om-
arbetning
revival [ri'vajvəl] *subst* åter-
upplivning
revive [ri'vajv] *verb* återuppli-
va
revoke [ri'vəok] *verb* återkalla
revolt [ri'vəolt] **I** *verb* revolte-
ra **II** *subst* revolt
revolting [ri'vəolting] *adj*
motbjudande
revolution [,revvə'lo:schən]
subst revolution
revolutionary
[,revvə'lo:schənərri] *subst* o.
adj revolutionär
revolve [ri'vållv] *verb* rotera
revolver [ri'vållvə] *subst* re-
volver
revolving [ri'vållving] *adj*
roterande; ~ *chair* kontors-
stol; ~ *door* svängdörr
revulsion [ri'vallschən] *subst*
motvilja
reward [ri'oå:d] **I** *subst* belö-
ning **II** *verb* belöna

rewarding [ri'oå:ding] *adj* givande

rewind [ri:'oajnd] *verb* spola tillbaka band m.m.

rewire [‚ri:'oajə] *verb* dra nya ledningar i

rheumatism ['ro:mətizzəm] *subst* reumatism

rhinoceros [raj'nåssərəs] *subst* noshörning

rhubarb ['ro:ba:b] *subst* rabarber

rhyme [rajm] I *subst* rim; *nursery* ~ barnramsa II *verb* rimma

rhythm ['riððəm] *subst* rytm

rib [ribb] *subst* revben

ribbon ['ribbən] *subst* band hårband o.d.

rice [rajs] *subst* ris; *brown* ~ råris

rich [rittch] *adj* rik

riches ['rittchizz] *subst pl* rikedomar

richly ['rittchli] *adv* rikt; rikligt

rickety ['rikkətti] *adj* skraltig

rid [ridd], *get* ~ *of* göra sig av med

riddle ['riddl] *subst* gåta

ride [rajd] I *verb* **1** rida **2** köra II *subst* ridtur; åktur; lift

rider ['rajdə] *subst* ryttare

ridge [riddʒ] *subst* bergkam

ridicule ['riddikjo:l] I *subst* åtlöje II *verb* förlöjliga

ridiculous [ri'dikkjoləs] *adj* löjlig

riding ['rajding] *subst* ridning

riding-school ['rajdingsko:l] *subst* ridskola

rife [rajf] *adj* utbredd

riff-raff ['riffräff] *subst* slödder

1 rifle ['rajfl] *verb* plundra, länsa

2 rifle ['rajfl] *subst* gevär

rift [rifft] *subst* spricka

1 rig [rigg] *verb* göra upp på förhand

2 rig [rigg] *subst* rigg

right [rajt] I *adj* **1** rätt, riktig **2** höger II *adv* precis; strax; ~ *away* med detsamma; ~ *now* just nu III *subst* **1** rätt **2** rättighet **3** höger sida; *the Right* högern

righteous ['rajtchəs] *adj* rättfärdig

rightful ['rajtfoll] *adj* rättmätig

right-handed [‚rajt'hänndidd] *adj* högerhänt

rightly ['rajtli] *adv* med rätta

right of way [‚rajtəv'wej] *subst* förkörsrätt

right-wing ['rajtwing] *adj* höger-

rigid ['riddʒidd] *adj* rigid; sträng

rigmarole ['riggmərəol] *subst* svammel

rigorous ['riggərəs] *adj* sträng

rile [rajl] *verb* vard. reta

rim [rimm] *subst* kant

rind [rajnd] *subst* kant, skalk
1 ring [ring] **I** *verb* ringa; ~
back ringa upp igen **II** *subst*
ringning
2 ring [ring] *subst* **1** ring i div.
bet. **2** liga
ringing ['ringing] *adj* klingande
ringleader ['ring,li:də] *subst*
ligaledare
ring road ['ringrəod] *subst*
kringfartsled
rink [ringk] *subst* ishall; hall
för rullskridskoåkning
rinse [rinns] *verb* skölja
riot ['rajjət] *subst* upplopp
riotous ['rajjətəs] *adj* tygellös
rip [ripp] **I** *verb* riva, slita
sönder **II** *subst* reva
ripe [rajp] *adj* mogen
ripen ['rajpən] *verb* mogna
ripple ['rippl] **I** *verb* krusa sig
II *subst* krusning
rise [rajz] **I** *verb* **1** resa sig
2 stiga; tillta **II** *subst* ökning;
löneförhöjning
rising ['rajzing] *adj* stigande
risk [risk] **I** *subst* risk; *be at ~*
vara i farozonen; *at one's*
own ~ på egen risk **II** *verb*
riskera
risky ['riski] *adj* riskabel
rissole ['risəol] *subst* krokett
rite [rajt] *subst* rit
ritual ['rittchoəl] **I** *adj* rituell
II *subst* ritual
rival ['rajvəl] **I** *subst* rival **II** *adj*

rivaliserande **III** *verb* tävla
med
rivalry ['rajvəlri] *subst* rivalitet
river ['rivvə] *subst* flod
rivet ['rivvitt] **I** *subst* tekn. nit
II *verb* nita fast
road [rəod] *subst* väg; *Road*
Up på skylt vägarbete pågår;
one for the ~ vard. en
färdknäpp
roadblock ['rəodblåkk] *subst*
vägspärr
roadhog ['rəodhågg] *subst*
vard. bildrulle
roadmap ['rəodmäpp] *subst*
vägkarta
road safety ['rəod,sejfti] *subst*
trafiksäkerhet
roadside ['rəodsajd] *subst*
vägkant
roadsign ['rəodsajn] *subst*
trafikskylt
roadway ['rəodwej] *subst* väg
roadworks ['rəodwö:ks] *subst*
pl vägarbete
roadworthy ['rəod,wö:ði] *adj*
trafikduglig
roam [rəom] *verb* ströva
omkring
roar [rå:] **I** *subst* rytande
II *verb* ryta
roast [rəost] **I** *verb* steka i ugn
el. på spett; rosta **II** *subst* stek
rob [råbb] *verb* råna
robber ['råbbə] *subst* rånare
robbery ['råbbəri] *subst* rån

robe [rəob] *subst* **1** badkappa
2 *robes* ämbetsdräkt
robust [rəo'basst] *adj* robust
1 rock [råkk] *subst* klippa;
whisky on the rocks whisky
med is
2 rock [råkk] *verb* vagga
3 rock [råkk] *subst*, ~ *music*
rockmusik
rock-and-roll [,råkkn'rəol]
subst rock'n'roll
rock-bottom [,råkk'båttəm]
subst vard. absoluta botten
rockery ['råkkərri] *subst* sten-
parti
rocket ['råkkitt] *subst* raket
rocking-chair ['råkkingtchäə]
subst gungstol
rocking-horse ['råkkinghå:s]
subst gunghäst
rocky ['råkki] *adj* klippig
rod [rådd] *subst* käpp; stång
rode [rəod] imperf. av *ride*
rodent ['rəodənt] *subst*
gnagare
1 roe [rəo] *subst* fiskrom
2 roe [rəo] *subst* rådjur
rogue [rəog] *subst* skurk
role [rəol] *subst* roll
roll [rəol] **I** *subst* **1** rulle
2 småfranska **II** *verb* rulla
roll call ['rəolkå:l] *subst*
upprop
roller ['rəolə] *subst* hårspole
roller-coaster ['rəolə,kəostə]
subst berg- och dalbana
rolling ['rəoling] *adj* rullande

rolling-pin ['rəolingpinn] *subst*
brödkavel
rolling-stock ['rəolingståkk]
subst rullande materiel;
vagnpark
Roman ['rəomən] *adj*, ~
Catholic katolsk; katolik; ~
numerals romerska siffror
romance [rəo'männs] *subst*
1 romantik **2** romans
Romania [rəo'mejnjə] Rumä-
nien
Romanian [rəo'mejnjən] **I** *adj*
rumänsk **II** *subst* **1** rumän;
rumänska **2** rumänska språket
romantic [rəo'männtikk] *adj*
romantisk
romp [råmmp] *verb* stoja
roof [ro:f] *subst* tak; *have a ~
over one's head* ha tak över
huvudet
roofing ['ro:fing] *subst* tak-
täckningsmaterial
roof rack ['ro:fräkk] *subst*
takräcke på bil
1 rook [rokk] *subst* råka
2 rook [rokk] *subst* torn i
schack
room [ro:m] *subst* **1** rum
2 plats
roommate ['ro:mmejt] *subst*
rumskamrat
room service ['ro:m,sö:viss]
subst rumservice
roomy ['ro:mi] *adj* rymlig
rooster ['ro:stə] *subst* tupp
1 root [ro:t] **I** *subst* rot; *put*

down roots rota sig **II** *verb,*
rooted rotad; inrotad
2 root [ro:t] *verb* rota runt
rope [rəop] *subst* rep; *know*
the ropes vard. känna till
knepen
rosary ['rəozəri] *subst* radband
1 rose [rəoz] imperf. av *rise*
2 rose [rəoz] **I** *subst* ros **II** *adj*
rosa
rosebud ['rəozbadd] *subst*
rosenknopp
rosemary ['rəozməri] *subst*
rosmarin
roster ['rårstə] *subst* tjänstgö-
ringslista
rostrum ['rårstrəm] *subst* po-
dium
rosy ['rəozi] *adj* rosenröd
rot [rårt] **I** *verb* ruttna **II** *subst*
röta
rota ['rəotə] *subst* tjänstgö-
ringslista
rotary ['rəotəri] *adj* roterande
rotate [rəo'tejt] *verb* rotera
rote [rəot], *by* ~ utantill
rotten ['råttn] *adj* rutten; ~ *to*
the core genomrutten
rotund [rəo'tannd] *adj* rund
rough [raff] *adj* grov; rå;
obehandlad; *have a* ~ *time*
ha det svårt
roughage ['raffidʒ] *subst*
kostfibrer
rough-and-ready [,raffnd'reddi]
adj halvfärdig

roughly ['raffli] *adv* **1** grovt
2 på ett ungefär
roulette [ro'lett] *subst* roulett
round [raond] **I** *adj* rund
II *adv* o. *prep* runt, omkring
III *subst* rond, runda; *buy a*
~ *of drinks* bjuda laget runt
roundabout ['raondəbaot]
subst **1** karusell **2** rondell
rounders ['raondəz] *subst*
rounders slags brännboll
roundly ['raondli] *adv* rent ut
round-shouldered
[,raond'schəoldəd] *adj* kut-
ryggig
roundup ['raondapp] *subst*
sammandrag
rouse [raoz] *verb* väcka; egga
rousing ['raozing] *adj* eldande
rout [raot] **I** *subst* nederlag
II *verb* fullständigt besegra
route [ro:t] *subst* rutt, väg;
linje för trafik
routine [ro:'ti:n] **I** *subst* rutin
II *adj* rutinmässig
1 row [rəo] *subst* rad; *in a* ~ i
följd
2 row [rəo] *verb* ro
3 row [rao] *subst* gräl, bråk
rowdy ['raodi] *adj* bråkig
rowing-boat ['rəoingbəot]
subst roddbåt
royal ['råjjəl] *adj* kunglig; *the*
~ *family* kungahuset
royalty ['råjjəlti] *subst*
1 kungligheter **2** royalty
RSVP på bjudningskort o.s.a

rub [rabb] *verb* gnida; polera;
~ *out* sudda ut
rubber ['rabbə] *subst* **1** gummi
2 radergummi
rubber band [,rabbə'bännd]
subst gummiband
rubbish ['rabbisch] *subst* skräp
rubble ['rabbl] *subst* spillror
ruby ['ro:bi] *subst* rubin
rucksack ['rakksäkk] *subst*
ryggsäck
rudder ['raddə] *subst* roder
ruddy ['raddi] *adj* röd
rude [ro:d] *adj* ohyfsad; grov
ruffle ['raffl] I *verb* rufsa till
II *subst* krås, krus
rug [ragg] *subst* liten matta
rugby ['raggbi] *subst* rugby
rugged ['raggidd] *adj* ojämn;
oländig
rugger ['raggə] *subst* vard.
rugby
ruin ['ro:in] I *subst* ruin II *verb*
1 förstöra **2** ruinera
rule [ro:l] I *subst* regel; *as a* ~ i
regel II *verb* **1** regera **2** ~ *out*
sth. utesluta ngt
ruler ['ro:lə] *subst* härskare
ruling ['ro:ling] I *adj* härskan-
de II *subst* domstolsutslag
rum [ramm] *subst* rom dryck
rumble ['rammbl] I *verb* mull-
ra II *subst* mullrande
rummage ['rammidʒ] *verb*
leta, rota
rumour ['ro:mə] I *subst* rykte

II *verb*, *it is rumoured that*
det ryktas att
rump [rammp] *subst* bakdel,
rumpa
rumpsteak [,rammp'stejk]
subst rumpstek
rumpus ['rammpəs] *subst* vard.
bråk
run* [rann] I **1** springa; löpa
2 fly **3** om maskin, tid, buss o.d.
gå; *it runs in the family* det
ligger i släkten **4** rinna;
tappa; ~ *high* bildl. svalla
5 driva; leda **6** ~ *about*
(*around*) springa omkring; ~
away rymma; ~ *down* köra i
botten; ~ *into* kollidera med;
stöta 'på; ~ *on* fortsätta; ~
out gå ut; hålla på att ta slut;
~ *over* köra över; ~ *through*
genomsyra; ~ *up* dra på sig
skulder; ~ *up against* stöta på
II *subst* **1** löpning **2** resa
3 serie; *in the long* ~ i det
långa loppet
runaway ['rannəwej] I *subst*
rymling II *adj* skenande bildl.
run-down ['ranndaon] *adj*
1 slutkörd **2** förfallen
1 rung [rang] perf. p. av **1 ring**
2 rung [rang] *subst* pinne på
stege
runner ['rannə] *subst* löpare
runner-up [,rannər'app] *subst*
andra plats i tävling
running ['ranning] I *adj* **1** rin-

nande **2** fortlöpande **II** *subst*
löpning

runny ['ranni] *adj* vard. rin-
nande

run-of-the-mill [,rannəvðə'mill]
adj ordinär

runt [rannt] *subst* puttefnask

run through ['rannθrəʊ] *subst*
snabbgenomgång

runway ['rannwej] *subst* land-
ningsbana

rupture ['rapptchə] **I** *subst*
bristning; bildl. brytning
II *verb* brista

rural ['roərəl] *adj* lantlig

1 rush [rasch] *subst* säv

2 rush [rasch] **I** *verb* **1** rusa
2 skynda (jäkta) 'på; *don't ~
me!* jäkta mig inte! **II** *subst*
1 rusning **2** *no ~* ingen
brådska

rush hour ['rasch,aoə] *subst*
rusningstid

rusk [rassk] *subst* skorpa
bakverk

Russia ['rascha] Ryssland

Russian ['raschən] **I** *adj* rysk
II *subst* **1** ryss; ryska **2** ryska
språket

rust [rasst] **I** *subst* rost **II** *verb*
rosta

rustic ['rasstikk] *adj* lantlig

rustle ['rassl] **I** *verb* rassla
II *subst* rassel

rustproof ['rasstpro:f] *adj*
rostfri

rusty ['rassti] *adj* **1** rostig
2 ringrostig

rut [ratt] *subst* hjulspår

ruthless ['ro:θləs] *adj* hän-
synslös

rye [rajj] *subst* råg

S

S, s [äss] *subst* S, s

Sabbath ['säbbəθ] *subst* sabbat

sabotage ['säbbəta:ʒ] **I** *subst* sabotage **II** *verb* sabotera

saccharin ['säkkərinn] *subst* sackarin

sachet ['säschej] *subst* portionspåse för te, kaffe m.m.

sack [säkk] **I** *subst* **1** säck **2** *get the* ~ få sparken; *give sb. the* ~ sparka ngn **II** *verb* sparka

sacking ['säkking] *subst* säckväv

sacrament ['säkkrəmənt] *subst* sakrament

sacred ['sejkridd] *adj* helig

sacrifice ['säkkrifajs] **I** *subst* offer **II** *verb* offra

sad [sädd] *adj* **1** ledsen **2** sorglig

saddle ['säddl] **I** *subst* sadel **II** *verb* sadla

saddlebag ['säddlbägg] *subst* **1** sadelficka **2** cykelväska

sadistic [sə'disstikk] *adj* sadistisk

sadly ['säddli] *adv* sorgset

sadness ['säddnəs] *subst* sorgsenhet

safe [sejf] **I** *adj* **1** säker;

ofarlig; *to be on the* ~ *side* för säkerhets skull **2** ~ *and sound* välbehållen **II** *subst* kassaskåp

safe conduct [‚sejf'kånndakkt] *subst* fri lejd

safe-deposit ['sejfdi‚påzzitt] *subst*, ~ *box* bankfack

safeguard ['sejfga:d] **I** *subst* garanti **II** *verb* skydda

safe-keeping [‚sejf'ki:ping] *subst* säkert förvar

safely ['sejfli] *adv* säkert; lyckligt och väl

safety ['sejfti] *subst* säkerhet

safety belt ['sejftibellt] *subst* säkerhetsbälte

safety pin ['sejftipinn] *subst* säkerhetsnål

safety valve ['sejftivällv] *subst* säkerhetsventil

sag [sägg] *verb* svikta; hänga

1 sage [sejdʒ] *subst* salvia

2 sage [sejdʒ] *subst* vis man

Sagittarius [‚säddʒi'täəriəs] *subst* Skytten stjärntecken

said [sedd] imperf. o. perf. p. av *say*

sail [sejl] **I** *subst* segel **II** *verb* segla

sailing ['sejling] *subst* segling

sailing-boat ['sejlingbəot] *subst* segelbåt

sailing-ship ['sejlingschipp] *subst* segelfartyg

sailor ['sejlə] *subst* sjöman; *be a bad* ~ ha lätt för att bli

277   **sandy**

sjösjuk; *be a good* ~ tåla sjön
bra

saint [sejnt] *subst* helgon

sake [sejk], *for the ~ of sth.*
för ngts skull; *for safety's ~*
för säkerhets skull

salad ['sälləd] *subst* sallad som
rätt

salad dressing
['sälləd,dressing] *subst*
salladsdressing

salary ['sälləri] *subst* månads-
lön

sale [sejl] *subst* **1** försäljning;
for ~ till salu **2** rea

saleroom ['sejlzro:m] *subst*
försäljningslokal

salesman ['sejlzmən] *subst*
säljare för firma

saleswoman ['sejlz,wommən]
subst kvinnlig säljare för firma

1 sallow ['sälləo] *subst* sälg

2 sallow ['sälləo] *adj* gulblek,
om hy

salmon ['sämmən] *subst* lax

saloon [sə'lo:n] *subst, the ~
bar* i pub den 'finaste'
avdelningen

salt [så:lt] **I** *subst* salt **II** *verb*
salta

saltcellar ['så:lt,sellə] *subst*
saltkar

salty ['så:lti] *adj* salt

salute [sə'lo:t] **I** *subst* honnör
II *verb* göra honnör

salvage ['sällviddʒ] **I** *subst*

bärgni.rg **II** *verb* bärga, räd-
da

salvation [säll'vejschən] *subst*
frälsning; *the Salvation Ar-
my* Frälsningsarmén

same [sejm] *adj o. adv* o.
pron, the ~ samma; samma
säk; likadan; *the ~ to you!*
tack detsamma!

sample ['sa:mpl] *subst* prov;
varuprov

sanctimonious
[,sängkti'məonjəs] *adj* sken-
helig

sanction ['sängkschən] **I** *subst*
1 tillstånd **2** *sanctions* sank-
tioner **II** *verb* sanktionera

sanctity ['sängktəti] *subst*
okränkbarhet

sanctuary ['sängktjoari] *subst*
fristad

sand [sännd] *subst* sand;
sands dyner

sandal ['sänndl] *subst* sandal

sandbox ['sänndbåkks] *subst*
sandlåda för barn

sandcastle ['sännd,ka:sl] *subst*
barns sandslott

sandpaper ['sännd,pejpə]
subst sandpapper

sandstone ['sänndstəon]
subst sandsten

sandwich ['sännwiddʒ] *subst*
engelsk lunchsmörgås

sandy ['sänndi] *adj* **1** sandig
2 rödblond

sane [sejn] *adj* vid sina sinnens fulla bruk

sang [säng] *imperf.* av *sing*

sanitary ['sännitərri] *adj* hygienisk

sanitation [ˌsänni'tejschən] *subst* sanitär utrustning

sanity ['sännəti] *subst* mental hälsa

sank [sängk] *imperf.* av *sink*

Santa Claus ['sänntəklå:z] *subst* jultomten

1 sap [säpp] *subst* sav

2 sap [säpp] *verb* bildl. tära på

sapling ['säppling] *subst* ungt träd

sapphire ['säffajə] *subst* safir

sarcasm ['sa:käzəm] *subst* sarkasm

sardine [sa:'di:n] *subst* sardin

1 sash [säsch] *subst* skärp

2 sash [säsch] *subst* fönsterram

sat [sätt] *imperf. o. perf. p.* av *sit*

satchel ['sättchəl] *subst* axelväska

satellite ['sättəlajt] *subst* satellit; ~ *broadcast* satellitsändning

satin ['sättin] *subst* satin

satire ['sättajə] *subst* satir

satisfaction [ˌsättis'fäkschən] *subst* tillfredsställelse

satisfactory [ˌsättis'fäktəri] *adj* tillfredsställande

satisfy ['sättisfaj] *verb* tillfredsställa

satisfying ['sättisfajjing] *adj* tillfredsställande

Saturday ['sättədej] *subst* lördag

sauce [så:s] *subst* sås

saucepan ['så:spənn] *subst* kastrull

saucer ['så:sə] *subst* tefat

saucy ['så:si] *adj* vard. uppnosig

sauna ['så:nə] *subst* bastu

saunter ['så:ntə] *verb* flanera

sausage ['såssidʒ] *subst* korv

sausage roll [ˌsåssidʒ'rəol] *subst* slags korvpirog

savage ['sävvidʒ] **I** *adj* vild; grym **II** *subst* vilde

save [sejv] *verb* **1** rädda **2** spara

saving ['sejving] *subst* besparing

savings account ['sejvingzəˌkaont] *subst* sparkonto

savings bank ['sejvingzbängk] *subst* sparbank

saviour ['sejvjə] *subst* **1** frälsare **2** räddare

savour ['sejvə] *verb* njuta av

savoury ['sejvəri] *adj* välsmakande

1 saw [så:] *imperf.* av *see*

2 saw [så:] **I** *subst* såg **II** *verb* såga

sawdust ['så:dasst] *subst* sågspån

sawmill ['så:mill] *subst* såg-
verk
sawn-off ['så:nåff] *adj*, ~
shotgun avsågat gevär
saxophone ['säksətəon] *subst*
saxofon
say* [sej] *verb* säga; *to ~ the
least* minst sagt; *that is to ~*
det vill säga; *you can ~ that
again!* det kan du skriva
upp!; *when all is said and
done* när allt kommer
omkring
saying ['sejjing] *subst* saying
scab [skäbb] *subst* strejkbry-
tare
scaffold ['skäffəld] *subst* scha-
vott
scaffolding ['skäffəlding]
subst byggnadsställning
scald [skå:ld] *verb* skålla
1 scale [skejl] *subst* vågskål;
a pair of scales en våg
2 scale [skejl] **I** *subst* skala i
olika bet. **II** *verb* **1** klättra
uppför **2** ~ *down* trappa ner
3 scale [skejl] *subst* fjäll på
fisk m.m.
scallop ['skålləp] *subst* kam-
mussla
scalp [skällp] *subst* huvudsvål
scamper ['skämmpə] *verb*
kila, skutta
scan [skänn] *verb* granska;
avsöka
scandal ['skänndl] *subst*
skandal

Scandinavian
[‚skänndi'nejvjən] **I** *adj*
skandinavisk, nordisk; *the ~
languages* de nordiska språ-
ken **II** *subst* skandinav;
nordbo
scant [skänt] o. **scanty**
['skännti] *adj* knapp
scapegoat ['skejpgəot] *subst*
syndabock
scar [ska:] *subst* ärr
scarce [skäəs], *be ~* vara ont
om
scarcely ['skäəsli] *adv* knap-
past
scarcity ['skäəsəti] *subst* brist
scare [skää] **I** *verb* skrämma;
~ *away* (*off*) skrämma bort;
~ *the life* (*hell*) *out of sb.*
vard. skrämma slag på ngn
II *subst* panik; hot; *get
(have) a ~* bli skrämd (rädd)
scarecrow ['skääkrəo] *subst*
fågelskrämma
scared [skääd] *adj* rädd; ~
stiff livrädd
scarf [ska:f] *subst* halsduk
scarlet ['ska:lət] *adj* scharla-
kansröd; ~ *fever* scharla-
kansfeber
scary ['skääri] *adj* vard. hemsk
scathing ['skejðing] *adj* drä-
pande
scatter ['skättə] *verb* sprida;
strö ut
scatterbrained ['skättəbrejnd]
adj virrig

scavenger ['skävvindʒə] *subst* person som letar bland sopor

scene [si:n] *subst* scen; *change of* ~ miljöombyte; *the* ~ *of the crime* brottsplatsen

scenery ['si:nəri] *subst* landskap

scenic ['si:nikk] *adj* naturskön

scent [sennt] I *verb* vädra byte o.d. II *subst* 1 doft 2 parfym

sceptical ['skepptikəl] *adj* skeptisk

schedule ['scheddjo:l] I *subst* tidtabell; plan; *on* ~ enligt tidtabell; som planerat; *be ahead of* ~ ha hunnit längre än beräknat; *be behind* ~ vara försenad II *verb*, *be scheduled* planeras; *scheduled flights* reguljärt flyg

scheme [ski:m] I *subst* plan; *the* ~ *of things* tingens ordning II *verb* intrigera

scheming ['ski:ming] *adj* intrigerande

scholar ['skållə] *subst* forskare vanl. inom humaniora

scholarly ['skålləli] *adj* akademisk

scholarship ['skålləschipp] *subst* stipendium

1 school [sko:l] *subst* skola; *go to* ~ gå i skolan

2 school [sko:l] *subst* stim, flock

schoolboy ['sko:lbåj] *subst* skolpojke

schoolgirl ['sko:lgö:l] *subst* skolflicka

schooling ['sko:ling] *subst* bildning

schoolmaster ['sko:l,ma:stə] *subst* lärare

schoolmistress ['sko:l,misstriss] *subst* lärarinna

sciatica [saj'ättikkə] *subst* ischias

science ['sajjəns] *subst* vetenskap; naturvetenskap

science fiction [,sajjəns'fikkschən] *subst* science fiction

scientific [,sajjən'tiffikk] *adj* vetenskaplig

scientist ['sajjəntist] *subst* forskare vanl. inom naturvetenskaperna

scissors ['sizzəz] *subst* sax; *a pair of* ~ en sax

1 scoff [skåff] *verb* vard. sätta i sig

2 scoff [skåff] *verb* hånskratta

scold [skəold] *verb* skälla på (ut)

scone [skånn] *subst* scone

scoop [sko:p] I *subst* 1 skopa; glasskopa 2 scoop II *verb* skopa, skeda; ~ *out* gröpa ur

scooter ['sko:tə] *subst* skoter

scope [skəop] *subst* omfattning

scorch [skå:tch] *verb* sveda, bränna

score [skå:] I *subst* sport. o.d. ställning; resultat II *verb* göra succé; sport. o.d. få poäng, göra mål

scoreboard ['skå:bå:d] *subst* resultattavla

scorn [skå:n] I *subst* förakt II *verb* håna

Scorpio ['skå:piəo] *subst* Skorpionen stjärntecken

Scot [skått] *subst* skotte

Scotch [skåttch] I *adj* skotsk II *subst* skotsk whisky

scot-free [,skått'fri:] *adj* oskadd

Scotland ['skåttlənd] Skottland; ~ *Yard* Scotland Yard Londonpolisens högkvarter

Scots [skåtts] I *adj* skotsk II *subst* skotska dialekten

Scotsman ['skåttsmən] *subst* skotte

Scotswoman ['skåtts,wommən] *subst* skotska kvinna

Scottish ['skåttisch] *adj* skotsk

scoundrel ['skaondrəl] *subst* skurk

scour ['skaoə] *verb* leta igenom

scourge [skö:dʒ] *subst* gissel

scout [skaot] I *subst* 1 spanare 2 pojkscout II *verb* spana

scrabble ['skräbbl] *verb* krafsa

scram [skrämm] *verb* vard. sticka, dra

scramble ['skrämmbl] *verb* 1 kravla 2 förvränga tal i telefon 3 *scrambled eggs* äggröra

1 scrap [skräpp] I *subst* bit, lapp; *scraps* rester II *verb* kassera

2 scrap [skräpp] *subst* vard. gräl

scrapbook ['skräppbokk] *subst* minnesalbum

scrape [skrejp] *verb* 1 skrapa; ~ *up* (*together*) skrapa ihop 2 snåla

scrap heap ['skräpphi:p] *subst* skrothög

scrappy ['skräppi] *adj* fragmentarisk

scratch [skrättch] I *verb* klia; riva II *subst* 1 skrubbsår 2 *from* ~ från början; från ingenting

scrawl [skrå:l] *verb* klottra

scrawny ['skrå:ni] *adj* tanig

scream [skri:m] I *verb* skrika II *subst* skrik

screech [skri:tch] I *verb* gallskrika; tjuta II *subst* gallskrik

screen [skri:n] I *subst* 1 bildskärm; *television* ~ bildruta 2 *the* ~ filmen II *verb* skyla

screenplay ['skri:nplej] *subst* filmmanus

screw [skro:] I *subst* skruv; *put the screws on* bildl. dra åt

tumskruvarna **II** *verb*
1 skruva **2** ~ *up* vard. miss-
lyckas

screwdriver ['skro:,drajjvə]
subst skruvmejsel

scribble ['skribbl] **I** *verb*
klottra **II** *subst* kladd

script [skrippt] *subst* manus

scripture ['skripptchə] *subst*
helig skrift; *the Scripture*
Bibeln

scroll [skrəol] *subst* skriftrulle

scrounge [skraond3] *verb*
vard. tigga till sig

scrounger ['skraond3ə] *subst*
vard. snyltare

1 scrub [skrabb] *verb* skura

2 scrub [skrabb] *subst* busk-
snår

scruff [skraff] *subst, by the* ~
of the neck i nackskinnet

scruffy ['skraffi] *adj* vard.
sjaskig

scrum [skramm] o. **scrum-
mage** ['skrammid3] *subst* i
rugby klunga

scruples ['skro:plz] *subst pl*
skrupler; *have no* ~ *about*
inte dra sig för

scrutiny ['skro:tənni] *subst*
granskning

scuff [skaff] *verb* hasa sig
fram

scuffle ['skaffl] **I** *verb* slåss
II *subst* handgemäng

sculptor ['skallptə] *subst*
skulptör

sculpture ['skallptchə] *subst*
skulptur

scum [skamm] *subst* bildl.
avskum

scurrilous ['skarrilas] *adj*
plump, grov

scurry ['skarri] *verb* kila, rusa

scuttle ['skattl] *verb* rusa, kila

scythe [sajð] *subst* lie

sea [si:] *subst* hav; *at* ~ till
sjöss (havs); *by* ~ sjöledes; *by
the* ~ vid kusten

seaboard ['si:bå:d] *subst*
strandlinje; kust

seafood ['si:fo:d] *subst* fisk
och skaldjur; ~ *restaurant*
fiskrestaurang

seafront ['si:frannt] *subst*
strandpromenad; ~ *hotel*
strandhotell

seagull ['si:gall] *subst* fiskmås

1 seal [si:l] *subst* säl

2 seal [si:l] **I** *subst* sigill
II *verb* försegla

sea level ['si:,levvl] *subst*
vattenstånd i havet

seam [si:m] *subst* söm

seaman ['si:mən] *subst* sjö-
man

seance ['sejjå:ns] *subst* seans

seaplane ['si:plejn] *subst* sjö-
flygplan

search [sö:tch] **I** *verb* **1** söka
2 kroppsvisitera **II** *subst* sö-
kande

searching ['sö:tching] *adj*
forskande

searchlight ['sö:tchlajt] *subst*
strålkastarljus

search party ['sö:tch,pa:ti]
subst skallgångskedja

search warrant
['sö:tch,oårrənt] *subst* hus-
rannsakningsorder

seashore ['si:schå:] *subst*
havsstrand

seasick ['si:sikk] *adj* sjösjuk

seaside ['si:sajd] *subst* kust; ~
resort badort

season [si:zn] I *subst* **1** årstid
2 säsong; *be in* ~ vara
säsong för; *out of* ~ under
lågsäsong II *verb* krydda

seasonal ['si:zənl] *adj* säsong-

seasoning [si:zəning] *subst*
krydda

season ticket ['si:zn,tikkitt]
subst periodkort

seat [si:t] I *subst* sittplats;
take a ~! sitt ned! II *verb*
sätta sig

seat belt ['si:tbelt] *subst*
bilbälte

seaweed ['si:wi:d] *subst* sjö-
gräs

seaworthy ['si:,wö:ði] *adj* sjö-
duglig

sec [sek] *subst* vard. ögonblick

secluded [si'klo:didd] *adj*
avskild

seclusion [si'klo:ʒən] *subst*
avskildhet

1 second ['sekkənd] I *adj*

andra, andre II *subst*, *sec-
onds* andrasortering

2 second ['sekkənd] *subst*
sekund; ögonblick

secondary ['sekkəndəri] *adj*
underordnad; ~ *school* obli-
gatorisk skola för elever mellan 11
och 16 (18) år

second class [,sekkənd'kla:s]
adj andraklass-

second-hand
[,sekkənd'hännd] I *adj* be-
gagnad, second hand II *adv* i
andra hand

secondly ['sekkəndli] *adv* för
det andra

second-rate [,sekkənd'rejt] *adj*
andra klassens

secrecy ['si:krəssi] *subst*
förtegenhet

secret ['si:krətt] I *adj* hemlig;
~ *service* underrättelsetjanst
II *subst* hemlighet

secretary ['sekkrətərri] *subst*
1 sekreterare **2** minister

secretive ['si:krətivv] *adj*
hemlighetsfull

sectarian [sekk'täəriən] *adj*
sekteristisk

section ['sekkschən] *subst* del;
sektion

sector ['sekktə] *subst* sektor;
the public ~ den offentliga
sektorn

secular ['sekkjolə] *adj* världs-
lig

secure [si'kjoə] I *adj* säker
II *verb* befästa; säkra
security [si'kjoərətti] *subst*
1 trygghet; säkerhet **2** *securities* värdepapper
sedative ['seddətivv] I *adj*
lugnande II *subst* lugnande
medel
seduce [si'djo:s] *verb* förföra
seduction [si'dakkschən]
subst förförelse
seductive [si'dakktivv] *adj*
förförisk
see* [si:] *verb* **1** se; titta på; ~
about ordna; ~ *off* vinka av;
~ *through* genomskåda; ~ *to*
ta hand om **2** förstå **3** besöka; ~ *you!* vard. vi ses!
seed [si:d] *subst* frö
seedling ['si:dling] *subst*
planta
seedy ['si:di] *adj* sjaskig
seeing ['si:ing] *konj,* ~ *that*
eftersom
seek [si:k] *verb* söka
seem [si:m] *verb* verka,
förefalla
seemingly ['si:mingli] *adv* till
synes
seen [si:n] perf. p. av *see*
seep [si:p] *verb* sippra
seesaw ['si:så:] I *subst* gungbräde II *verb* bildl. pendla
seethe [si:ð] *verb* sjuda bildl.
see-through ['si:θro:] *adj* genomskinlig

segment ['seggmənt] *subst*
segment
segregate ['seggrigejt] *verb*
segregera, åtskilja
seize [si:z] *verb* gripa, ta; ~
the opportunity ta tillfället i
akt
seizure ['si:ʒə] *subst* övertagande
seldom ['selldəm] *adv* sällan
select [sə'lekkt] I *adj* utvald
II *verb* välja
selection [sə'lekkschən] *subst*
urval
self [sellf] *subst* o. *pron* jag
self-assured [,sellfə'schoəd]
adj självsäker
self-catering [sellf'kejtəring]
adj med självhushåll
self-centred [sellf'senntəd]
adj självupptagen
self-confidence
[,sellf'kånnfidəns] *subst*
självförtroende
self-conscious
[sellf'kånnschəs] *adj* förlägen, osäker
self-contained [,sellfkən'tejnd]
adj komplett; självständig
self-control [sellfkən'tråol]
subst självbehärskning
self-defence [,sellfdi'fenns]
subst självförsvar
self-discipline
[,sellf'dissiplinn] *subst* självdisciplin

self-employed [ˌsellfimˈplåjd] *adj, be ~* vara sin egen

self-evident [ˌsellfevvidənt] *adj* självklar

self-governing [ˌsellfˈgavvəning] *adj* självstyrande

self-indulgent [ˌsellfinˈdalldʒənt] *adj* njutningslysten

self-interest [ˌsellfˈinntrəst] *subst* egennytta

selfish [ˈsellfisch] *adj* självisk

selfishness [ˈsellfischnəs] *subst* självviskhet

selfless [ˈsellfləs] *adj* osjälvisk

self-pity [ˌsellfˈpitti] *subst* självömkan

self-possessed [ˌsellfpəˈzesst] *adj* behärskad

self-preservation [ˈsellfˌprezəˈvejjschən] *subst* självbevarelse

self-respect [ˌsellfriˈspekkt] *subst* självaktning

self-righteous [ˌsellfrajtchəs] *adj* självrättfärdig

self-satisfied [ˌsellfˈsättisfajd] *adj* självbelåten

self-service [ˌsellfˈsöːviss] *subst* självbetjäning, självservering; *~ store* snabbköp butik

self-sufficient [ˌsellfsəˈfischənt] *adj* självförsörjande

self-taught [ˌsellfˈtåːt] *adj* självlärd

sell* [sell] *verb* sälja; *sold out* utsåld

seller [ˈsellə] *subst* försäljare

Sellotape® [ˈsellətejp] *subst* tejp

selves [sellvz] *subst* pl. av *self*

semblance [ˈsemmbləns] *subst* yttre sken

semen [ˈsiːmən] *subst* sädesvätska

semester [səˈmesstə] *subst* termin

semicolon [ˌsemmiˈkəolən] *subst* semikolon

semidetached [ˌsemmidiˈtättcht] *adj, a ~ house* ett parhus

semifinal [ˌsemmiˈfajnl] *subst* semifinal

seminar [ˈsemminaː] *subst* seminarium

seminary [ˈsemminərri] *subst* prästseminarium

semiskilled [ˌsemmiˈskilld] *adj, ~ worker* kvalificerad tempoarbetare

senator [ˈsennəttə] *subst* senator

send* [sennd] *verb* sända, skicka; *~ for* skicka efter; *~ off* skicka iväg; *~ on* eftersända

senior [ˈsiːnjə] *adj* äldre; högre i rang; *~ citizen* pensionär

seniority [‚si:ni'årrɛtti] *subst*
rang, betydelse

sensation [senn'sejschən]
subst **1** känsla **2** sensation

sensational [senn'sejschənl]
adj sensationell

sense [senns] **I** *subst* **1** sinne;
a sixth ~ ett sjätte sinne;
come to one's senses sansa
sig **2** känsla; *~ of duty*
pliktkänsla **3** förstånd **4** be-
tydelse; *it makes ~* det låter
vettigt **II** *verb* känna på sig

senseless ['sennsləs] *adj* me-
ningslös

sensible ['sennsəbl] *adj* vettig

sensitive ['sennsətivv] *adj*
känslig

sensual ['sennsjoəl] *adj* sen-
suell

sensuous ['sennsjoəs] *adj*
sinnlig

sent [sennt] imperf. o. perf. p. av
send

sentence ['senntəns] **I** *subst*
1 dom **2** mening **II** *verb*
döma

sentiment ['senntimənt] *subst*
känsla; känslosamhet

sentimental [‚sennti'menntl]
adj sentimental

sentry ['senntri] *subst* vakt-
post

separate I ['sseppərət] *adj*
skild, separat **II** ['sseppərejt]
verb skilja; separera

separately ['ssepprətli] *adv*
separat; var för sig

separation [‚seppə'rejschən]
subst skilsmässa; separation

September [sepp'temmbə]
subst september

septic ['sepptikk] *adj* infekte-
rad

sequel ['si:koəl] *subst* uppföl-
jare

sequence ['si:koəns] *subst*
ordningsföljd; sekvens

sequin ['si:kwin] *subst* paljett

serene [sə'ri:n] *adj* stilla,
fridfull

sergeant ['sa:dʒənt] *subst*
sergeant

serial ['siəriəl] *subst* följetong;
serie

series ['siəri:z] *subst* serie

serious ['siəriəs] *adj* allvarlig;
are you ~? menar du allvar?

seriously ['siəriəsli] *adv* all-
varligt; *take ~* ta på allvar

sermon ['sö:mən] *subst* predi-
kan

servant ['sö:vənt] *subst* tjäna-
re

serve [sö:v] **I** *verb* **1** tjäna
2 fungera som **3** servera
4 serva i tennis o.d. **II** *subst*
serve i tennis o.d.

service ['sö:viss] *subst* **1** tjänst
2 servering; service; *~ area*
rastplats vid motorväg med
bensinstation, restaurang m.m.
3 servis **4** gudstjänst

287   **shadowy**

serviceman ['sö:vismän] *subst*
militär
serviette [‚sö:vi'ett] *subst* ser-
vett
session ['seschən] *subst* sam-
manträde
set [sett] **I** *verb* **1** sätta, ställa
2 bestämma **3** gå ner om sol
4 stelna **5** ~ *about* ta itu
med; ~ *aside* bortse från;
avsätta; ~ *back* försena; ~ *in*
inträda; ~ *off* ge sig i väg; ~
on hetsa; ~ *out* ge sig av;
föresätta sig; ~ *up* upprätta,
inrätta **II** *adj* fast; bestämd;
be ~ on vara fast besluten
III *subst* **1** uppsättning, sats
2 apparat **3** i tennis o.d. set
setback ['settbäck] *subst*
motgång
settee [se'ti:] *subst* mindre
soffa
setting ['setting] *subst* scen,
bakgrund
settle ['settl] *verb* **1** slå sig
ner; ~ *down* stadga sig
2 klara upp; göra upp
3 fastställa; ~ *for* bestämma
sig för
settlement ['settlmənt] *subst*
1 uppgörelse **2** nybygge
settler ['settlə] *subst* nybyg-
gare
set-up ['settapp] *subst* upp-
byggnad
seven ['sevvn] *räkn* sju

seventeen [‚sevvn'ti:n] *räkn*
sjutton
seventh ['sevvnθ] *räkn* sjunde
seventy ['sevvnti] *räkn* sjuttio
sever ['sevvə] *verb* avskilja;
klippa av
several ['sevvrəl] *adj* o. *pron*
åtskilliga
severe [si'viə] *adj* **1** sträng
2 svår
sew [səo] *verb* sy
sewage ['so:idʒ] *subst* av-
loppsvatten
sewer ['so:ə] *subst* kloak
sewing ['səoing] *subst* söm-
nad
sewing-machine
['səoingmə‚schi:n] *subst* sy-
maskin
sewn [səon] perf. p. av *sew*
sex [sekks] *subst* **1** kön **2** sex,
det sexuella
sexist ['sekksist] **I** *subst* sexist
II *adj* sexistisk
sexual ['sekksjoəl] *adj* sexuell;
~ *harassment* sexuella tra-
kasserier
sexy ['sekksi] *adj* vard. sexig
shabby ['schäbbi] *adj* sjabbig
shack [schäck] *subst* skjul;
kåk
shade [schejd] *subst* **1** skugga
2 nyans
shadow ['schäddəo] *subst*
skugga
shadowy ['schäddəwi] *adj*
skuggig

shady 288

shady ['schejdi] *adj* **1** skuggig **2** vard. skumrask-

shaft [scha:ft] *subst* skakt; trumma

shaggy ['schäggi] *adj* lurvig

shake [schejk] **I** *verb* skaka; ~ *hands* skaka hand; ~ *off* skaka av sig **II** *subst* skakning

shaken ['schejkən] perf. p. av *shake*

shake-up ['schejkapp] *subst* omvälvning

shaky ['schejki] *adj* skakig; osäker

shall [schäll] *verb* ska, skall

shallow ['schälləo] *adj* **1** grund **2** ytlig

sham [schämm] **I** *subst* bluff, sken **II** *adj* sken-; falsk

shambles ['schämmblz] *subst* röra, soppa

shame [schejm] *subst* skam; *what a* ~! så synd!

shamefaced ['schejmfejst] skamsen

shameful ['schejmfoll] *adj* skamlig

shameless ['schejmləs] *adj* skamlös

shampoo [schämm'po:] *subst* schampo

shandy ['schänndi] *subst* blandning av öl och sockerdricka

shan't [scha:nt] = *shall not*

shanty town ['schäntitaon] *subst* kåkstad

shape [schejp] **I** *subst* **1** form; gestalt **2** *in good* (*bad*) ~ i bra (dålig) form **II** *verb* forma

shapeless ['schejpləs] *adj* formlös

shapely ['schejpli] *adj* välformad

share [schää] **I** *subst* **1** del **2** aktie **II** *verb* dela

shareholder ['schää,həoldə] *subst* aktieägare

shark [scha:k] *subst* haj

sharp [scha:p] **I** *adj* **1** skarp **2** smart **II** *subst* halvt tonsteg uppåt **III** *adv* på slaget

sharpen ['scha:pən] *verb* skärpa

sharpener ['scha:pnə] *subst* pennvässare

shatter ['schättə] *verb* förstöra; krossa

shave [schejv] *verb* raka sig

shaver ['schejvə] *subst* rakapparat

shaving ['schejving] *adj* rak-

shawl [scha:l] *subst* sjal

she [schi:] **I** *pron* hon; om land m.m. den, det **II** *adj* vid djurnamn hon-, -hona

sheaf [schi:f] *subst* kärve

shear [schiə] *verb* klippa

shears [schiəz] *subst pl* trädgårdssax

sheath [schi:θ] *subst* slida, balja

1 shed [schedd] *subst* skjul

2 shed [schedd] *verb* fälla

she'd [schi:d] = she had o. she would

sheen [schi:n] *subst* lyster

sheep [schi:p] *subst* får

sheepdog ['schi:pdågg] *subst* fårhund

sheepish ['schi:pisch] *adj* fåraktig

sheepskin ['schi:pskinn] *subst* fårskinn

sheer [schiə] *adj* **1** ren, idel **2** skir

sheet [schi:t] *subst* **1** lakan **2** pappersark; *a clean* ~ ett fläckfritt förflutet

shelf [schelf] *subst* hylla

shell [schell] *subst* **1** skal; snäcka **2** granat

she'll [schi:l] = she will o. she shall

shellfish ['schellfisch] *subst* skaldjur

shelter ['schelltə] **I** *subst* skydd **II** *verb* skydda

shelve [schellv] *verb* lägga på hyllan bildl.

shelves [schellvz] *subst* pl. av shelf

shepherd ['scheppəd] *subst* herde

shepherd's pie [ˌscheppədz'paj] *subst* slags köttpudding med potatismos

sheriff ['scherriff] *subst* i Storbritannien sheriff ämbetsman i ett grevskap

sherry ['scherri] *subst* sherry

she's [schi:z] = she is o. she has

shield [schi:ld] **I** *subst* sköld i div. bet. **II** *verb* skydda

shift [schifft] **I** *verb* skifta; flytta **II** *subst* **1** skifte **2** arbetsskift

shifty ['schiffti] *adj* opålitlig

shilly-shally ['schilli,schälli] *adj* velande

shimmer ['schimmə] **I** *verb* skimra **II** *subst* skimmer

shin [schinn] *subst* skenben

shine [schajn] *verb* skina, lysa

shingle ['schinggl] *subst* klappersten

shingles ['schingglz] *subst* bältros

shiny ['schajni] *adj* glänsande

ship [schipp] **I** *subst* skepp, fartyg **II** *verb* skeppa

shipment ['schippmənt] *subst* skeppslast

shipper ['schippə] *subst* speditör

shipping ['schipping] *subst* sjöfart; ~ *company* rederi

shipwreck ['schipprekk] *subst* skeppsbrott

shipyard ['schippja:d] *subst* skeppsvarv

shire ['schajə] *subst* grevskap

shirk [schö:k] *verb* dra sig undan

shirt [schö:t] *subst* skjorta; sport. tröja

shit [schitt] vulgärt I *subst* skit; ~! fan! II *verb* skita

shiver ['schivvǝ] I *verb* darra II *subst* skälvning

shoal [schǝol] *subst* fiskstim

shock [schåkk] I *subst* 1 chock 2 stöt II *verb* chockera

shock-absorber ['schåkkǝbb,så:bǝ] *subst* stötdämpare

shocking ['schåkking] *adj* chockerande

shoddy ['schåddi] *adj* slarvig; sjaskig

shoe [scho:] *subst* sko

shoelace ['scho:lejs] *subst* skosnöre

shoestring ['scho:string] *adj* med knappa medel

shone [schånn] imperf. o. perf. p. av *shine*

shoo [scho:] *verb* schasa iväg

shook [schokk] imperf. av *shake*

shoot [scho:t] I *verb* 1 skjuta; ~ *down* skjuta ner; ~ *up* ränna i höjden 2 jaga 3 filma II *subst* 1 skott planta 2 jakt

shooting ['scho:ting] *subst* skottlossning

shooting-star ['scho:tingsta:] *subst* stjärnfall

shoot-out ['scho:taot] *subst* eldstrid

shop [schåpp] I *subst* 1 affär 2 verkstad II *verb* handla, shoppa

shop assistant ['schåppǝ,sisstǝnt] *subst* expedit

shopfloor [,schåpp'flå:] *subst*, *on the* ~ på verkstadsgolvet

shopkeeper ['schåpp,ki:pǝ] *subst* butiksinnehavare

shoplifting ['schåpp,liffting] *subst* snatteri

shopper ['schåppǝ] *subst* shoppande person

shopping ['schåpping] *subst* inköp; ~ *bag* shoppingväska; ~ *centre* shoppingcenter

shopsoiled ['schåppsåjld] *adj* butiksskadad

shop steward [,schåpp'stjoǝd] *subst* fackligt ombud

shopwindow [,schåpp'windǝo] *subst* skyltfönster

shore [schå:] *subst* strand; kust

shorn [schå:n] perf. p. av *shear*

short [schå:t] I *adj* 1 kort; ~ *cut* genväg; ~ *story* novell 2 brysk 3 *be* ~ *of* ha ont om II *adv*, *cut* ~ avbryta; *run* ~ börja få ont om; *in* ~ kort sagt

shortage ['schå:tidʒ] *subst* brist

shortbread ['schå:tbredd] o.

shortcake ['schå:tkejk] *subst*
mördegskaka

short-circuit [,schå:t'sö:kitt]
subst kortslutning

shortcoming
[,schå:t'kamming] *subst* brist,
fel

shorten ['schå:tn] *verb* för-
korta

shortfall ['schå:tfå:l] *subst*
brist

shorthand ['schå:thännd]
subst stenografi

short-list ['schå:tlist] *subst*
slutlista

short-lived [,schå:t'livvd] *adj*
kortlivad

shortly ['schå:tli] *adv* **1** kort;
inom kort **2** kortfattat

shorts [schå:ts] *subst pl* shorts

short-sighted [,schå:t'sajjtidd]
adj närsynt

short-staffed [,schå:t'sta:ft] *adj*
underbemannad

short story ['schå:t,stå:ri] *subst*
novell

short-tempered
[,schå:t'temmpəd] *adj* lätt-
retad

short-term ['schå:ttö:m] *adj*
kortsiktig

short-wave ['schå:twejv] *subst*
kortvåg

shot [schått] **I** *imperf. o. perf. p.*
av *shoot* **II** *subst* **1** skott
2 foto **3** spruta injektion

4 *have a ~ at sth.* försöka sig
på ngt

shotgun ['schåttgann] *subst*
hagelgevär

should [schod] *verb* skulle;
borde, bör; torde

shoulder ['schəoldə] *subst*
skuldra, axel

shoulder bag ['schəoldəbägg]
subst axelremsväska

shoulder blade
['schəoldəblejd] *subst* skul-
derblad

shoulder strap
['schəoldəsträpp] *subst* axel-
band

shouldn't ['schoddnt] = *should
not*

shout [schaot] **I** *verb* skrika
II *subst* skrik

shouting ['schaoting] *subst*
skrikande

shove [schavv] **I** *verb* knuffa,
fösa **II** *subst* knuff

shovel ['schavvl] **I** *subst* skyf-
fel **II** *verb* skyffla, skotta

show* [schəo] **I** *verb* visa;
synas; ~ *off* briljera, glänsa;
~ *up* vard. komma **II** *subst*
1 utställning; show; *on ~*
utställd **2** *for ~* för syns skull

show business
['schəo,bizznəs] *subst* nöjes-
branschen

showdown ['schəodaon] *subst*
kraftmätning

shower ['schaoə] **I** *subst*

1 dusch **2** skur **II** *verb* duscha

showerproof ['schaoəpro:f] *adj* vattentät

showing ['schəoing] *subst* visning

show-jumping ['schəo,dʒampping] *subst* hinderhoppning

shown [schəon] perf. p. av *show*

showroom ['schəoro:m] *subst* utställningslokal

shrank [schrängk] imperf. av *shrink*

shrapnel ['schräppnəl] *subst* granatsplitter

shred [schredd] **I** *subst* remsa; *no ~ of* inte en tillstymmelse till **II** *verb* strimla; riva

shredder ['schreddə] *subst* **1** rivjärn **2** dokumentförstörare

shrewd [schro:d] *adj* listig, smart

shriek [schri:k] **I** *verb* skrika **II** *subst* gallskrik

shrill [schrill] *adj* gäll

shrimp [schrimp] *subst* räka

shrine [schrajn] *subst* helgedom

shrink* [schringk] *verb* krympa; *~ away* rygga tillbaka; *~ from* dra sig för

shrinkage ['schringkiddʒ] *subst* krympning; *allowance for ~* krympmån

shrivel ['schrivvl] *verb* skrumpna

shroud [schraod] **I** *subst* svepning **II** *verb, be shrouded in* vara höljd i

shrub [schrabb] *subst* buske

shrubbery ['schrabbəri] *subst* buskage

shrug [schragg] **I** *verb, ~ one's shoulders* rycka på axlarna **II** *subst* axelryckning

shrunk [schrangk] perf. p. o. ibl. imperf. av *shrink*

shudder ['schaddə] **I** *verb* rysa **II** *subst* rysning

shuffle ['schaffl] **I** *verb* **1** hasa **2** blanda kortlek **II** *subst* hasande

shun [schann] *verb* undvika, sky

shunt [schannt] *verb* vard. fösa omkring

shut [schatt] **I** *verb* stänga; *~ one's eyes* blunda; *~ one's eyes to* blunda för; *~ your mouth!* håll käft!; *~ down* lägga ner; *~ out* utestänga; *~ up* vard. hålla mun **II** *adj* stängd

shutdown ['schattdaon] *subst* nedläggning

shutter ['schattə] *subst* **1** fönsterlucka **2** slutare i kamera

shuttle ['schattl] *subst* pendel tåg, båt el. flyg

shuttlecock ['schattlkåkk]
  subst badmintonboll
shy [schaj] *adj* blyg
sibling ['sibbling] *subst* syskon
sick [sikk] *adj* sjuk; *feel ~* må
  illa
sick bay ['sikkbej] *subst, the ~*
  sjukan
sicken ['sikkən] *verb* äckla
sickening ['sikkəning] *adj*
  vämjelig
sickle ['sikkl] *subst* skära
  skörderedskap
sick leave ['sikkli:v], *be on ~*
  vara sjukskriven
sickly ['sikkli] *adj* sjuklig
sickness ['sikknəs] *subst*
  1 sjukdom; *~ benefit* sjukpenning **2** kräkningar
sick pay ['sikkpej] *subst*
  sjuklön
side [sajd] **I** *subst* sida; *at (by)
  sb.'s ~* vid ngns sida; *~ by ~*
  sida vid sida; *on the ~* vid
  sidan om **II** *verb*, *~ with* ta
  parti för
sideboard ['sajdbå:d] *subst*
  skänk, sideboard
side effect ['sajdi,fekkt] *subst*
  biverkan
sidelight ['sajdlajt] *subst* sidomarkeringsljus på fordon
sideline ['sajdlajn] *subst*
  1 sidlinje **2** bisyssla
sidelong ['sajdlång] *adj* o. *adv*
  från sidan

side-saddle ['sajd,säddl] *adv* i
  damsadel
sideshow ['sajdschəo] *subst*
  stånd på nöjesfält o.d.
sidestep ['sajdstepp] *verb*
  sidsteppa; undvika
side street ['sajdstri:t] *subst*
  sidogata
sidetrack ['sajdträkk] **I** *subst*
  sidospår **II** *verb* bildl. leda in
  på ett sidospår
sideways ['sajdwejz] **I** *adv*
  från sidan; åt sidan **II** *adj*
  sido-
siding ['sajding] *subst* stickspår
sidle ['sajdl] *verb* smyga sig
siege [si:dʒ] *subst* belägring
sieve [sivv] **I** *subst* sil, sikt
  II *verb* sikta, sila
sift [sifft] *verb* sålla
sigh [saj] **I** *verb* sucka **II** *subst*
  suck
sight [sajt] **I** *subst* **1** syn; *at
  first ~* vid första anblicken;
  be in ~ kunna ses; *be out of
  ~* vara utom synhåll **2** sevärdhet **II** *verb* bli sedd
sightseeing ['sajt,si:ing] *subst*
  sightseeing
sign [sajn] **I** *subst* **1** tecken
  2 skylt **II** *verb* underteckna;
  ~ on anmäla sig; ta värvning
signal ['siggnəl] **I** *subst* signal
  II *verb* signalera
signalman ['siggnəlmən]
  subst signalist

signature ['siggnətchə] *subst* signatur

signet ring ['siggnittring] *subst* klackring

significance [sigg'niffikəns] *subst* betydelse

significant [sigg'niffikənt] *adj* betydande

signpost ['sajnpəost] *subst* vägskylt

silence ['sajləns] **I** *subst* tystnad **II** *verb* tysta ned

silencer ['sajlənsə] *subst* ljuddämpare

silent ['sajlənt] *adj* tyst; *be ~* äv. tiga; *~ film* stumfilm

silhouette [‚silo'ett] *subst* silhuett

silk [sillk] *subst* silke; siden

silky ['sillki] *adj* silkeslen

silly ['silli] *adj* dum, fånig

silt [sillt] *subst* bottenslam

silver ['sillvə] *subst* silver; *~ wedding* silverbröllop

silver-plated [‚sillvə'plejjtidd] *adj* pläterad

silvery ['sillvəri] *adj* silverglänsande

similar ['simmilə] *adj* lik, liknande

similarly ['simmiləli] *adv* likaledes

simile ['simmili] *subst* liknelse

simmer ['simmə] *verb* puttra, sjuda

simple ['simmpl] *adj* enkel

simplicity [simm'plissəti] *subst* enkelhet

simply ['simmpli] *adv* helt enkelt

simultaneous [‚simməl'tejjnjəs] *adj* samtidig

sin [sinn] **I** *subst* synd **II** *verb* synda

since [sinns] **I** *adv* sedan, för...sedan; *ever ~* alltsedan dess **II** *konj* eftersom

sincere [sinn'siə] *adj* uppriktig

sincerely [sinn'siəli] *adv* uppriktigt; *Yours ~* i brevslut med vänlig hälsning

sinew ['sinnjo:] *subst* sena

sinful ['sinnfoll] *adj* syndig

sing* [sing] *verb* sjunga

singe [sindʒ] **I** *verb* sveda **II** *subst* lätt brännskada

singer ['singə] *subst* sångare; sångerska

singing ['singing] **I** *adj* sång- **II** *subst* sjungande

single ['singgl] **I** *adj* **1** enda, enstaka **2** ensamstående **3** enkel; *~ room* enkelrum **II** *subst* **1** *singles* singel i tennis o.d. **2** enkel biljett **III** *verb*, *~ out* välja ut

single-breasted [‚singgl'bresstidd] *adj* enkelknäppt

single-handed
[,singgl'hänndidd] *adv* på egen hand

single-minded
[,singgl'majndidd] *adj* enkelspårig

singly ['singgli] *adv* **1** en och en **2** på egen hand

singular ['ringgjol⊖] **I** *adj* enastående **II** *subst* singular

sinister ['sinnist⊖] *adj* olycksbådande

sink [singk] **I** *verb* sjunka; sänka **II** *subst* diskho

sinner ['sinn⊖] *subst* syndare

sip [sipp] **I** *verb* smutta på **II** *subst* smutt

siphon ['sajf⊖n] *subst* hävert; *soda* ~ sifon

sir [sö:] *subst* i tilltal herrn, sir vanl. utan motsvarighet i svenska; *Sir* adlig titel sir

siren ['sajǝrǝn] *subst* siren

sirloin ['sö:låjn] *subst*, ~ *steak* utskuren biff

sissy ['sissi] *subst* vard. mes, fjolla

sister ['sisst⊖] *subst* syster

sister-in-law ['sisstǝrinnlå:] *subst* svägerska

sit* [sitt] *verb* sitta; sätta sig; ~ *down* sätta sig; ~ *in on* närvara vid; ~ *up* sitta uppe

sitcom ['sittkåmm] *subst* komediserie

sit-down ['sittdaon] *adj*, ~ *strike* sittstrejk

site [sajt] *subst* plats

sit-in ['sittin] *subst* sittstrejk; ockupation

sitting ['sitting] *subst* sittning

sitting-room ['sittingro:m] *subst* vardagsrum

situated ['sittjoejtidd] *adj* belägen

situation [sittjo'eisch⊖n] *subst* **1** situation **2** anställning; *situations vacant* som rubrik lediga platser

sit-up ['sittapp] *subst* sit-up

six [sikks] *räkn* sex; ~ *months* äv. ett halvår

sixteen [,sikks'ti:n] *räkn* sexton

sixth [sikksθ] *räkn* sjätte

sixty ['sikksti] *räkn* sextio

size [sajz] *subst* storlek

sizeable ['sajz⊖bbl] *adj* ganska stor

sizzle ['sizzl] *verb* fräsa

skate [skejt] **I** *subst* skridsko; rullskridsko **II** *verb* åka skridskor; åka rullskridskor

skateboard ['skejtbå:d] *subst* rullbräda

skater ['skejt⊖] *subst* skridskoåkare; rullskridskoåkare

skating ['skejting] *subst* skridskoåkning; rullskridskoåkning

skating-rink ['skejtingringk] *subst* skridskobana; rullskridskobana

skeleton ['skellitn] *subst* skelett

sketch [sketch] I *subst* **1** skiss **2** sketch II *verb* skissera

sketchbook ['sketchbokk] *subst* skissblock

sketchy ['sketchi] *adj* skissartad

skewer [skjoə] *subst* steknål; stekspett, grillspett

ski [ski:] I *subst* skida II *verb* åka skidor

skid [skidd] I *subst* slirning II *verb* slira

skier ['ski:ə] *subst* skidåkare

skiing ['ski:ing] *subst* skidåkning

ski jump ['ski:dʒammp] *subst* backhoppning

skilful ['skillfoll] *adj* skicklig

skilift ['ski:lift] *subst* skidlift

skill [skill] *subst* skicklighet

skilled [skilld] *adj* **1** skicklig **2** yrkesutbildad

skim [skimm] *verb* skumma

skimp [skimmp] *verb* snåla med

skimpy ['skimmpi] *adj* knapp; för liten

skin [skinn] I *subst* hud; skinn II *verb* flå; skala

skin-deep [,skinn'di:p] *adj* ytlig

skindiving ['skinn,dajving] *subst* sportdykning

skinny ['skinni] *adj* bara skinn och ben

skintight [,skinn'tajt] *adj* åtsittande

1 skip [skipp] *verb* skutta; bildl. hoppa över

2 skip [skipp] *subst* avfallscontainer

skipper ['skippə] *subst* **1** skeppare **2** lagkapten

skipping-rope ['skippingrəop] *subst* hopprep

skirmish ['skö:mischˌ] *subst* skärmytsling

skirt [skö:t] *subst* kjol

skirting-board ['skö:tingbå:d] *subst* golvlist

skittle ['skittl] *subst* kägla

skulk [skallk] *verb* hålla sig undan

skull [skall] *subst* skalle

skunk [skangk] *subst* skunk

sky [skaj] *subst* himmel

skylight ['skajlajt] *subst* takfönster

skyscraper ['skaj,skrejpə] *subst* skyskrapa

slab [släbb] *subst* platta; skiva

slack [släkk] *adj* slö, slapp

slacken ['släkkən] *verb* minska; slakna

slag heap ['slägghi:p] *subst* slagghög

slam [slämm] *verb* slå (smälla) igen

slander ['sla:ndə] I *subst* förtal II *verb* förtala

slang [släng] *subst* slang; ~ *word* slangord

slant [slɑ:nt] I *verb* **1** slutta **2** vinkla II *subst* vinkling

slap [släpp] I *verb* smälla 'till II *subst* smäll; *a ~ in the face* ett slag i ansiktet

slapdash ['släppdäsch] *adv* vard. hafsigt

slapstick ['släppstikk] *subst* filmfars, slapstick

slash [släsch] *verb* skära sönder; slitsa upp

slat [slätt] *subst* spjäla i persienn o.d.

slate [slejt] *subst* skiffer

slaughter ['slå:tə] I *subst* slakt II *verb* slakta

slaughterhouse ['slå:təhaos] *subst* slakteri

slave [slejjv] I *subst* slav II *verb* slava

slavery ['slejjvərri] *subst* slaveri

slavish ['slejjvisch] *adj* slavisk

sleazy ['sli:zi] *adj* vard. sjaskig; sliskig

sledge [sleddʒ] *subst* släde

sleek [sli:k] *adj* slät; elegant

sleep* [sli:p] I *verb* sova; *~ with* ligga med II *subst* sömn; *go to ~* somna

sleeper ['sli:pə] *subst* **1** sovvagn **2** *be a heavy ~* sova tungt

sleeping bag ['sli:pingbägg] *subst* sovsäck

sleeping car ['sli:pingka:] *subst* sovvagn

sleeping partner [ˌsli:ping'pa:tnə] *subst* passiv delägare

sleeping pill ['sli:pingpill] *subst* sömnpiller

sleepless ['sli:pləs] *adj* sömnlös

sleepwalker ['sli:pˌoå:kə] *subst* sömngångare

sleepy ['sli:pi] *adj* sömnig

sleet [sli:t] *subst* snöblandat regn

sleeve [sli:v] *subst* ärm

sleigh [slej] *subst* släde

sleight of hand ['slajt əv 'hännd] *subst* fingerfärdighet; trick

slender ['slenndə] *adj* smärt, slank

slept [sleppt] imperf. o. perf. p. av *sleep*

slice [slajs] I *subst* skiva; del II *verb* skiva

slick [slikk] *adj* glättig; hal

slide [slajd] I *verb* glida; slinka II *subst* **1** rutschkana **2** diabild

sliding ['slajding] *adj* glid-; skjut-

slight [slajt] I *adj* ringa, liten; *not in the slightest* inte det minsta II *verb* ringakta

slightly ['slajtli] *adv* lätt, något

slim [slimm] I *adj* smal II *verb*, *be slimming* banta

slime [slajm] *subst* slem

sling [sling] I *verb* slunga, slänga II *subst* mitella

slip [slipp] I *verb* glida; halka II *subst* 1 misstag 2 underklänning

slipper ['slippə] *subst* toffel

slippery ['slippəri] *adj* hal

sliproad ['slipprəod] *subst* påfartsväg, avfartsväg

slipshod ['slippschådd] *adj* hafsig

slip-up ['slippapp] *subst* vard. tabbe

slit [slitt] I *verb* sprätta upp II *subst* 1 snitt 2 slits

slither ['sliðə] *verb* hasa sig fram

sliver ['slivvə] *subst* flisa; strimla

slob [slåbb] *subst* vard. slashas

slog [slågg] vard. I *verb* knoga II *subst* slit

slogan ['sləogən] *subst* slagord

slop [slåpp] *verb* spilla

slope [sləop] I *subst* sluttning II *verb* slutta

sloppy ['slåppi] *adj* vard. slarvig, slapp

slot [slått] *subst* springa; myntinkast

sloth [sləoθ] *subst* lättja

slot machine ['slåttmə‚schi:n] *subst* 1 varuautomat 2 spelautomat

slouch [slaotch] *verb* sloka, hänga

slovenly ['slavvnli] *adj* ovårdad

slow [sləo] I *adj* långsam II *adv* sakta III *verb*, ~ *down* (*up*) sakta in; slå av på takten

slowly ['sləoli] *adv* långsamt, sakta

slow-motion [‚sləo'məoschən] *subst* slow motion

sludge [sladʒ] *subst* gyttja

slug [slagg] *subst* snigel utan skal

sluggish ['slaggisch] *adj* trög

sluice [slo:s] *subst* sluss

slum [slamm] *subst* slum

slump [slammp] I *subst* plötsligt prisfall II *verb* rasa

slung [slang] imperf. o. perf. p. av *sling*

slur [slö:] *verb* sluddra

slush [slasch] *subst* snöslask

slut [slatt] *subst* slampa

sly [slaj] *adj* slug; skälmsk

smack [smäkk] I *subst* smäll II *verb* 1 smälla till 2 smacka med III *adv* vard. rakt, rätt

small [små:l] *adj* liten; små; ~ *change* växel pengar; ~ *talk* kallprat

smallholder ['små:l‚həoldə] *subst* småbrukare

smallpox ['små:lpåkks] *subst* smittkoppor

smart [sma:t] I *adj* skicklig; smart; snygg II *verb* svida

smash [smäsch] I *verb* 1 slå

sönder 2 i tennis o.d. smasha
II *subst* **1** krock **2** jättesuccé
smashing ['smäsching] *adj*
vard. jättefin, pang-
smattering ['smättəring] *subst*
ytlig kännedom
smear [smiə] I *subst* fläck
II *verb* smeta ner; smörja
smear campaign
['smiəkämm‚pejn] *subst* för-
talskampanj
smell [smell] I *verb* lukta; ~
good (*bad*) lukta gott (illa)
II *subst* lukt
smile [smajl] I *verb* le II *subst*
leende
smirk [smö:k] I *verb* hånflina
II *subst* flin
smock [småkk] *subst* skydds-
rock
smog [smågg] *subst* smog
rökblandad dimma
smoke [sməok] I *subst* rök
II *verb* röka
smoker ['sməokə] *subst* röka-
re
smoke screen ['sməokskri:n]
subst rökridå
smoking ['sməoking] *subst*
rökning; *no* ~ rökning
förbjuden
smoky ['sməoki] *adj* rökig
smooth [smo:ð] I *adj* slät; len;
lugn II *verb* släta 'till; ~ *over*
släta över
smother ['smaððə] *verb* kväva
smoulder ['sməoldə] *verb* pyra

smudge [smaddʒ] I *subst*
smutsfläck II *verb* kladda ner
smug [smagg] *adj* självbelåten
smuggle ['smaggl] *verb*
smuggla
smuggler ['smagglə] *subst*
smugglare
smuggling ['smaggling] *subst*
smuggling
snack [snakk] *subst* matbit
snack bar ['snäkkba:] *subst*
snackbar
snag [snägg] *subst* krux
snail [snejl] *subst* snigel
snake [snejk] *subst* orm
snap [snäpp] I *verb* **1** snäsa
2 gå av **3** knäppa med
II *subst* **1** knäpp **2** *ginger
snaps* ung. hårda pepparkakor
III *adj* snabb-
snappy ['snäppi] *adj* kvick
snapshot ['snäppschått] *subst*
kort, snapshot
snare [snäə] I *subst* snara
II *verb* snärja
snarl [sna:l] *verb* morra
snatch [snättch] *verb* rycka
till sig
sneak [sni:k] I *verb* smyga
II *adj*, ~ *preview* förhands-
visning
sneakers ['sni:kəz] *subst pl*
gymnastikskor
sneer [sniə] I *verb* hånle
II *subst* hånleende
sneeze [sni:z] I *verb* nysa
II *subst* nysning

sniff

sniff [sniff] **I** *verb* **1** sniffa **2** fnysa **II** *subst* snörvling; fnysning

snigger ['snigga] **I** *verb* flina **II** *subst* flin

snip [snipp] *verb* klippa (knipsa) 'av

sniper ['snajpa] *subst* krypskytt

snivel ['snivval] *verb* snörvla

snob [snåbb] *subst* snobb

snobbish ['snåbbisch] *adj* snobbig

snooker ['sno:ka] *subst* snooker slags biljard

snoop [sno:p] *verb* snoka

snooty ['sno:ti] *adj* snorkig

snooze [sno:z] *subst* vard. tupplur

snore [snå:] **I** *verb* snarka **II** *subst* snarkning

snorkel ['snå:kal] *subst* snorkel

snort [snå:t] **I** *verb* fnysa **II** *subst* fnysning

snout [snaot] *subst* nos, tryne

snow [snao] **I** *subst* snö; *Snow White* Snövit **II** *verb* snöa; *be snowed in* (*up*) vara insnöad

snowball ['snaobå:l] *subst* snöboll

snow-bound ['snaobaond] *adj* insnöad

snowdrift ['snaodrift] *subst* snödriva

snowdrop ['snaodråpp] *subst* snödroppe

snowfall ['snaofå:l] *subst* snöfall

snowflake ['snaoflejk] *subst* snöflinga

snowman ['snaomän] *subst* snögubbe

snowplough ['snaoplao] *subst* snöplog

snowstorm ['snaoistå:m] *subst* snöstorm

snub-nosed ['snabbnaozd] *adj* trubbnäst

snuff [snaff] *subst* luktsnus

snug [snagg] *adj* varm och skön

snuggle ['snaggl] *verb* krypa ihop

so [sao] **I** *adv* **1** så **2** på detta sätt **II** *konj* så; *~ as* för att; *~ that* så att

soak [saok] *verb* **1** lägga i blöt **2** *be soaked* vara genomvåt

soap [saop] *subst* tvål

soapflakes ['saopflejks] *subst* pl tvålflingor

soap opera ['saop,åppara] *subst* tvålopera

soapy ['saopi] *adj* tvål-

soar [så:] *verb* sväva högt

sob [såbb] **I** *verb* snyfta **II** *subst* snyftning

sober ['saoba] **I** *adj* **1** nykter **2** saklig **II** *verb,* *~ up* nyktra till

so-called [,sao'kå:ld] *adj* så kallad

some

soccer ['såkkə] *subst* fotboll i motsats till amerikansk fotboll

social ['saoschəl] *adj* **1** social; ~ *science* samhällsveten- skaperna; *be on ~ security* ha socialbidrag; ~ *services* socialtjänsten; ~ *worker* socialarbetare **2** sällskaplig; ~ *life* sällskapsliv

socialism [saoschəllizzm] *subst* socialism

socialist ['saoschəlist] **I** *subst* socialist; *Socialist* ofta social- demokrat **II** *adj* socialis- tisk; *Socialist* ofta socialde- mokratisk

socialize ['saoschəlajz] *verb* umgås

society [sə'sajjəti] *subst* **1** samhälle **2** förening

sociology [,saoschi'ållədʒi] *subst* sociologi

sock [såkk] *subst* strumpa, socka

socket ['såkkitt] *subst* sockel; uttag

soda ['saodə] *subst* sodavatten

sodden ['såddn] *adj* genom- blöt

sofa ['saofə] *subst* soffa

soft [såfft] *adj* mjuk; ~ *drink* alkoholfri dryck; *have a ~ spot for* vara svag för

soften ['såffn] *verb* mjukna

software ['såfftwäə] *subst* programvara

soggy ['såggi] *adj* blöt

1 soil [såjl] *subst* jord, jordmån

2 soil [såjl] *verb* smutsa ner

solace ['sålləs] **I** *subst* tröst **II** *verb* trösta

solar ['saolə] *adj* sol-

sold [saold] imperf. o. perf. p. av *sell*

solder ['såldə] *verb* löda

soldier ['saoldʒə] *subst* soldat

1 sole [saol] *subst* **1** sula **2** sjötunga

2 sole [saol] *adj* enda

solemn ['såləm] *adj* högtidlig

solicit [sə'lissitt] *verb* enträget be

solicitor [sə'lissitə] *subst* ad- vokat som förbereder mål för *barrister*

solid ['såliidd] *adj* fast; solid

solidarity [,sålli'därrəti] *subst* solidaritet

solitary ['sållitərri] *adj* ensam; ~ *confinement* isoleringscell

solo ['saoləo] **I** *subst* solo **II** *adv* ensam

soloist ['saoləoist] *subst* solist

soluble ['sålljobl] *adj* upplös- bar

solution [sə'lo:schən] *subst* lösning

solve [sållv] *verb* lösa

solvent ['sållvənt] *adj* solvent

some [samm] *pron* någon, något, några, en; lite; ~ *people* somliga

somebody ['sammbəddi] *pron*
någon

somehow ['sammhao] *adv* på
något sätt

someone ['sammoan] *pron*
någon

somersault ['samməså:lt]
subst kullerbytta

something ['sammθing]
I *pron* o. *subst* något,
någonting; *there is ~ in that*
det ligger något i det II *adv*
något, litet

sometime ['sammtajm] *adv*
någon gång

sometimes ['sammtajmz] *adv*
ibland

somewhat ['sammoått] *adv*
något, ganska

somewhere ['sammwäə] *adv*
någonstans; ~ *else* någon
annanstans

son [sann] *subst* son

song [sång] *subst* sång; visa

son-in-law ['sanninnlå:] *subst*
svärson, måg

soon [so:n] *adv* snart, strax

sooner ['so:nə] *adv* **1** ~ *or
later* förr eller senare; *the ~
the better* ju förr dess bättre
2 *I would* ~ jag vill hellre

soot [sott] *subst* sot

soothe [so:ð] *verb* lugna;
lindra

sophisticated [sə'fisstikejtidd]
adj sofistikerad

sopping ['såpping] *adv, ~ wet*
genomblöt

soppy ['såppi] *adj* vard. fånig

soprano [sə'pra:nəo] *subst*
sopran

sorcerer ['så:sərə] *subst* troll-
karl

sore [så:] *adj* öm; *a ~ point* en
öm punkt

sorrow ['sårrəo] *subst* sorg

sorry ['sårri] *adj* **1** *I'm ~* jag
beklagar; *I'm ~!* förlåt!; *feel
~ for* tycka synd om
2 bedrövlig

sort [så:t] I *subst* sort II *verb*
sortera; ~ *out* ordna upp

so-so ['səosəo] *adj* skaplig

sought [så:t] *imperf.* o. *perf. p. av*
seek

soul [səol] *subst* **1** själ **2** soul-
musik

soul-destroying
['səoldi,stråjjing] *adj* själsdö-
dande

soulful ['səolfoll] *adj* själfull

1 sound [saond] *adj* frisk,
sund

2 sound [saond] I *subst* ljud
II *verb* låta

3 sound [saond] *verb* sonde-
ra, pejla

4 sound [saond] *subst* sund

sound barrier ['saond,bärriə]
subst ljudvall

soundproof ['saondpro:f] *adj*
ljudisolerad

303

spark plug

soundtrack ['saondträkk] *subst* filmmusik

soup [so:p] *subst* soppa; *thick* ~ redd soppa

sour ['saoə] *adj* sur; ~ *cream* gräddfil, crème fraiche; *go* ~ surna

source [så:s] *subst* källa

south [saoθ] I *subst* söder, syd II *adj* sodra III *adv* soderut

south-east [,saoθ'i:st] *subst* sydost

southerly ['saðdəli] *adj* sydlig

southern ['saðdən] *adj* sydlig; syd-

southward ['saoθwəd] o.
southwards ['saoθwədz] *adv* mot (åt) söder

south-west [,saoθ'oesst] *subst* sydväst

souvenir [,so:və'niə] *subst* souvenir, minne

sovereign ['såvvrən] I *adj* suverän II *subst* monark

1 sow [səo] *verb* så

2 sow [sao] *subst* sugga

sown [səon] perf. p. av *1 sow*

soya ['såjjə] *subst* soja

spa [spa:] *subst* brunnsort, spa

space [spejs] *subst* **1** rymden; *time and* ~ tid och rum **2** utrymme; *living* ~ livsrum

spacecraft ['spejskra:ft] *subst* rymdskepp

spaceman ['spejsmän] *subst* rymdfarare

spaceship ['spejsschipp] *subst* rymdskepp

1 spade [spejd] *subst, spades* spader

2 spade [spejd] *subst* spade

Spain [spejn] Spanien

span [spänn] I *subst* **1** spann-vidd **2** tid II *verb* spänna (sträcka sig) över

Spaniard ['spännjəd] *subst* spanjor; spanjorska

spaniel ['spännjəl] *subst* spaniel hundras

Spanish ['spännisch] I *adj* spansk II *subst* spanska språket

spank [spängk] *verb* smiska

spanner ['spännə] *subst* skruvnyckel

spar [spa:] *verb* sparra

spare [späə] I *adj* extra, reserv-; ~ *bed* extrasäng; ~ *parts* reservdelar; ~ *time* fritid II *verb* **1** avvara **2** skona

sparing ['späəring] *adj* sparsam

sparingly ['späəringli] *adv* sparsamt

spark [spa:k] *subst* gnista

sparking-plug ['spa:kingplagg] *subst* tändstift

sparkle ['spa:kl] *verb* **1** gnistra; bildl. sprudla **2** om vin moussera

spark plug ['spa:kplagg] *subst* tändstift

sparrow ['spärrəo] *subst* sparv

sparse [spa:s] *adj* gles

spartan ['spa:tən] *adj* spartansk

spasm ['späzzəm] *subst* kramp

spasmodic [späzz'måddikk] *adj* bildl. ryckvis

spastic ['spässtikk] *adj* spastisk

spat [spätt] imperf. o. perf. p. av *2 spit*

spate [spejt] *subst* bildl. flod, skur

spatter ['spättə] *verb* stänka ned; stänka

spawn [spå:n] *verb* lägga rom (ägg)

speak* [spi:k] *verb* tala; *so to* ~ så att säga; *speaking of* på tal om; ~ *up* tala högre; höja sin röst

speaker ['spi:kə] *subst* **1** talare **2** högtalare

spear [spiə] **I** *subst* spjut **II** *verb* spetsa

spearhead ['spiəhedd] *subst* spjutspets

special ['speschəl] **I** *adj* speciell, särskild **II** *subst*, *today's* ~ dagens rätt på matsedel

specialist ['speschəlist] *subst* specialist

speciality [ˌspeschi'älətti] *subst* specialitet

specialize ['speschəlajz] *verb* specialisera; specialisera sig

specially ['speschəlli] *adv* särskilt, speciellt

species ['spi:schi:z] *subst* art; arter; *the human* ~ människosläktet

specific [spə'siffikk] *adj* specificerad; specifik

specifically [spə'siffikkli] *adv* särskilt

specification [ˌspessifi'kejjschən] *subst* specificering

specimen ['spessimən] *subst* exemplar

speck [spekk] *subst* fläck

speckled ['spekkld] *adj* prickig

specs [spekks] *subst pl* brillor

spectacle ['spekktəkl] *subst* **1** skådespel **2** *spectacles* glasögon

spectacular [spekk'täkkjolə] *adj* imponerande

spectator [spekk'tejtə] *subst* åskådare

spectrum ['spekktrəm] *subst* spektrum; skala

speculation [ˌspekkjo'lejjschən] *subst* spekulation

speech [spi:tch] *subst* tal; *freedom of* ~ yttrandefrihet

speechless ['spi:tchləs] *adj* mållös

speed [spi:d] **I** *subst* fart, hastighet **II** *verb* köra för fort

speedboat ['spi:dbəot] *subst*
racerbåt
speeding ['spi:ding] *subst*
fortkörning
speed limit ['spi:d,limmitt]
subst hastighetsbegränsning
speedometer [spi'dåmmittə]
subst hastighetsmätare
speedway ['spi:dwəj] *subst*
speedway
speedy ['spi:di] *adj* hastig
1 spell [spell] *verb* stava
2 spell [spell] *subst* förtroll-
ning; *be under a ~* vara
trollbunden
3 spell [spell] *subst* period
spellbound ['spellbaond] *adj*
trollbunden
spelling ['spelling] *subst* stav-
ning
spend* [spennd] *verb* **1** göra
av med **2** tillbringa
spendthrift ['spendθrifft]
subst slösare
sperm [spö:m] *subst* spermie;
sperma
spew [spjo:] *verb* spy
sphere [sfiə] *subst* sfär
spice [spajs] I *subst* krydda;
kryddor II *verb* krydda
spick-and-span
[,spikkən'spänn] *adj* skinan-
de ren
spicy ['spajsi] *adj* kryddstark
spider ['spajdə] *subst* spindel
spike [spajk] I *subst* pigg,
spets II *verb* vard. spetsa dryck

spill [spill] *verb* spilla
spin [spinn] I *verb* **1** spinna
2 snurra; skruva boll II *subst*
skruv på boll
spinach ['spinnidʒ] *subst*
spenat
spinal ['spajnl] *adj* ryggrads-;
~ cord ryggmärg
spindly ['spinndli] *adj* spinkig
spin drier ['spinn,drajjə] *subst*
centrifug för tvätt
spine [spajn] *subst* ryggrad
spineless ['spajnləs] *adj* rygg-
radslös
spinning-wheel ['spinningwi:l]
subst spinnrock
spin-off ['spinnåff] *subst*
spin-off, biprodukt
spiral ['spajərəl] I *adj* spiral-
formad II *subst* spiral
spire ['spajə] *subst* tornspira
spirit ['spirritt] *subst* **1** ande
2 anda **3** liv; *high spirits*
gott humör **4** *spirits* sprit
drycker
spirited ['spirritidd] *adj* livlig
spiritual ['spirritjoəl] *adj* and-
lig
1 spit [spitt] *subst* grillspett
2 spit [spitt] I *verb* spotta
II *subst* spott
spite [spajt] I *subst* illvilja; *in
~ of* trots II *verb* reta
spiteful ['spajtfoll] *adj* illvillig
spittle ['spittl] *subst* saliv
splash [spläsch] I *verb* skvät-

ta; plaska **II** *subst* **1** plask
2 skvätt
spleen [spli:n] *subst* mjälte
splendid ['splenndidd] *adj*
lysande
splint [splinnt] *subst* spjäla,
skena
splinter ['splinntə] **I** *verb* flisa
sig **II** *subst* flisa; *splinters* äv.
splitter
split [splitt] **I** *verb* splittra;
dela; ~ *up* skiljas; skiljas åt
II *subst* spricka
splutter ['splattə] *verb* spotta
och fräsa
spoil [spåjl] *verb* **1** förstöra
2 skämma bort
spoilsport ['spåjlspå:t] *subst*
vard. glädjedödare
1 spoke [spəok] imperf. av
speak
2 spoke [spəok] *subst* eker i
hjul
spoken ['spəokən] perf. p. av
speak
spokesman ['spəoksmən]
subst talesman
sponge [spanndʒ] *subst*
1 tvättsvamp **2** ~ *cake* slags
sockerkaka
sponge bag ['spanndʒbägg]
subst toalettväska
sponsor ['spånnsə] **I** *subst*
sponsor **II** *verb* sponsra
sponsorship ['spånnsəschipp]
subst sponsring

spontaneous [spånn'tejnjəs]
adj spontan
spooky ['spo:ki] *adj* vard.
kuslig
spool [spo:l] *subst* spole
spoon [spo:n] *subst* sked
spoonfeed ['spo:nfi:d] *verb*
bildl. servera färdiga lösnin-
gar åt
spoonful ['spo:nfoll] *subst*
sked som mått
sport [spå:t] *subst* sport;
idrott; *sports ground*
idrottsplats
sporting ['spå:ting] *adj* sport-,
idrotts-
sportsman ['spå:tsmən] *subst*
idrottsman
sportsmanship
['spå:tsmənschipp] *subst*
sportsmannaanda
sportswear ['spå:tswäə] *subst*
sportkläder
sportswoman
['spå:tsˌwommən] *subst*
idrottskvinna
sporty ['spå:ti] *adj* vard. sportig
spot [spått] **I** *subst* **1** fläck
2 ställe; *on the* ~ på platsen;
genast **3** utslag; finne **II** *verb*
få syn på, se
spot-check [ˌspå't'tchekk]
subst stickprovskontroll
spotless ['spåttləs] *adj* ski-
nande ren
spotlight ['spåttlajt] *subst*

strålkastare; *be in the* ~ stå i
rampljuset
spotted ['spåttidd] *adj* prickig
spotty ['spåtti] *adj* finnig
spouse [spaos] *subst* äkta
make (maka)
spout [spaot] I *verb* spruta
II *subst* pip
sprain [sprejn] I *verb* vricka
II *subst* vrickning
sprang [spräng] imperf. av
spring
sprawl [srå:l] *verb* sträcka
(breda) ut sig
1 spray [sprej] *subst* blom-
klase
2 spray [sprej] I *subst* sprej
II *verb* spreja, spruta
spread [spredd] I *verb* **1** spri-
da; sprida sig **2** breda
II *subst* **1** spridning **2** bred-
bart pålägg
spree [spri:], *go on the* ~ gå ut
och festa
sprightly ['sprajtli] *adj* pigg
spring [spring] I *verb* hoppa
II *subst* **1** vår **2** källa
springboard ['springbå:d]
subst språngbräda
spring-clean [,spring'kli:n]
verb vårstäda
springtime ['springtajm], *in
the* ~ på (under) våren
sprinkle ['springkl] *verb* strö,
stänka
sprinkler ['springklə] *subst*
vattenspridare; sprinkler

sprint [sprinnt] sport. I *verb*
spurta II *subst* sprinterlopp
sprout [spraot] I *verb* gro
II *subst* skott; grodd
1 spruce [spro:s] *adj* prydlig,
fin
2 spruce [spro:s] *subst* gran
sprung [sprang] perf. p. av
spring
spry [sprajj] *adj* pigg
spun [spann] imperf. o. perf. p.
av *spin*
spur [spö:] I *subst* sporre; *on
the* ~ *of the moment* utan
närmare eftertanke II *verb*
sporra
spurious ['spjoəriəs] *adj* falsk
1 spurt [spö:t] I *verb* spurta
II *subst* spurt
2 spurt [spö:t] *verb* spruta
spy [spajj] I *verb* spionera
II *subst* spion
squabble ['skoåbbl] I *subst*
käbbel II *verb* käbbla
squad [skoådd] *subst* rotel; ~
car polisbil
squadron ['skoåddrən] *subst*
division inom flyget
squalid ['skoållidd] *adj* snus-
kig, smutsig
squall [skoå:l] *subst* kastby
squalor ['skoållə] *subst* snusk;
elände
squander ['skoånndə] *verb*
slösa bort
square [skoäə] I *subst* **1** fyr-
kant; *we are back to* ~ *one* vi

är tillbaka där vi började
2 torg **II** *adj* fyrkantig; kvadrat
squarely ['skoäəli] *adv* rakt; rakt på sak
1 squash [skoåsch] **I** *verb* mosa **II** *subst* **1** saft **2** squash sport
2 squash [skoåsch] *subst* squash grönsak
squat [skoått] **I** *verb* **1** sitta på huk **2** ockupera hus **II** *adj* satt
squatter ['skoåttə] *subst* husockupant
squawk [skoå:k] **I** *verb* skria **II** *subst* skri
squeak [skwi:k] **I** *verb* gnissla; knarra **II** *subst* pip; gnissel
squeal [skwi:l] *verb* skrika
squeamish ['skwi:misch] *adj* blödig
squeeze [skwi:z] **I** *verb* krama; pressa **II** *subst* tryckning; *put the ~ on* sätta press på
squelch [skoeltsch] *verb* klafsa
squid [skwidd] *subst* tioarmad bläckfisk
squiggle ['skwiggl] *subst* krumelur
squint [skwinnt] *verb* skela
squirm [skwö:m] *verb* skruva på sig
squirrel ['skwirrəl] *subst* ekorre
squirt [skwö:t] *verb* spruta
stab [stäbb] **I** *verb* sticka ned;

~ to death knivmörda
II *subst* sting; knivhugg; *a ~ in the back* bildl. en dolkstöt i ryggen
1 stable ['stejbl] *adj* stabil; stadig
2 stable ['stejbl] *subst* stall
stack [stäkk] **I** *subst* trave; hög; *stacks of* vard. massor med **II** *verb* stapla upp
stadium ['stejdjəm] *subst* stadion
staff [sta:f] *subst* personal
stag [stägg] *subst* **1** kronhjort hanne **2** ~ *night* (*party*) svensexa
stage [stejdʒ] **I** *subst* **1** scen **2** skede **II** *verb* sätta upp, iscensätta
stagger ['stäggə] *verb* vackla, ragla
staggering ['stäggəring] *adj* häpnadsväckande
stagnate [stägg'nejt] *verb* stagnera
stain [stejn] **I** *verb* fläcka ned **II** *subst* fläck
stair [stää] *subst* trappsteg; *stairs* trappa
staircase ['stääkejs] *subst* trappa inomhus
stake [stejk] **I** *subst* intresse; *stakes* insats; *be at ~* stå på spel **II** *verb* riskera, satsa
stale [stejl] *adj* unken, avslagen
stalemate ['stejlmejt] *subst*

1 pattställning i schack
2 dödläge

stalk [stå:k] *subst* stjälk

1 stall [stå:l] *verb*, ~ *for time*
försöka vinna tid

2 stall [stå:l] *subst* **1** salu-
stånd **2** *in the stalls* på
parkett

stallion ['ställjən] *subst* avels-
hingst

stalwart ['stå:loətt] *adj* trogen,
plikttrogen

stamina ['stämminə] *subst*
uthållighet

stammer ['stämmə] *verb*
stamma

stamp [stämmp] I *verb*
1 stampa **2** stämpla II *subst*
1 frimärke **2** stämpel

stamp album
['stämmp,ällbəm] *subst* fri-
märksalbum

stampede [stämm'pi:d] I *subst*
vild flykt II *verb* fly i panik

stance [stänns] *subst* inställ-
ning

stand* [stännd] I *verb* **1** stå;
~ *up* resa sig **2** stå sig; stå ut
med **3** ~ *trial* stå inför rätta
4 ~ *by* ligga i beredskap; ~
by sb. stå vid ngns sida; ~
down träda tillbaka; ~ *for*
stå för; kandidera till; ~ *in
for* vikariera för; ~ *on* hålla
på; ~ *out* framhäva; utmärka
sig; ~ *up for* försvara II *subst*
1 ståndpunkt; *take a* ~ ta

ställning **2** ställ, hållare
3 stånd; kiosk

standard ['ständdəd] I *subst*
mått; standard, nivå; ~ *of
living* levnadsstandard II *adj*
standard-

standard lamp
['ständdədlämmp] *subst*
golvlampa

standby ['ständdbaj] *subst*
reserv

stand-in ['ständdinn] *subst*
vikarie

standing ['ständding] I *adj*
stående II *subst* anseende

stand-offish [,ständd'åffisch]
adj reserverad

standpoint ['ständdpåjnt]
subst ståndpunkt

standstill ['ständdstill], *come
to a* ~ stanna av; köra fast

stand-up ['ständdapp] *adj*, ~
comedian ståuppkomiker

stank [stängk] *imperf. av* stink

1 staple [stejpl] *subst* häft-
klammer

2 staple [stejpl] *adj* bas-

stapler ['stejplə] *subst* häft-
apparat

star [sta:] I *subst* stjärna
II *verb* ha huvudrollen

starboard ['sta:bəd] *subst*
styrbord

starch [sta:tch] *subst* stärkelse

stare [stäə] *verb* stirra

stark [sta:k] I *adj* kal; kall
II *adv*, ~ *naked* spritt naken

starling ['sta:ling] *subst* stare

starry ['sta:ri] *adj* stjärnklar

starry-eyed ['sta:riajd] *adj* full av illusioner

start [sta:t] **I** *verb* börja, starta; ~ *on one's own* starta eget; *to ~ with* till en början **II** *subst* början, start; *make a fresh ~* börja om från början

starter ['sta:tə] *subst* förrätt

starting-point ['sta:tingpåjnt] *subst* utgångspunkt

startle ['sta:tl] *verb* skrämma

startling ['sta:tling] *adj* häpnadsväckande

starvation [sta:'vejschən] *subst* svält

starve [sta:v] *verb* svälta; *I'm starving* vard. jag håller på att dö av hunger

state [stejt] **I** *subst* **1** tillstånd **2** stat; *the States* Staterna Förenta staterna **II** *verb* uppge; konstatera

stately ['stejtli] *adj* ståtlig

statement ['stejtmənt] *subst* uttalande

statesman ['stejtsmən] *subst* statsman

static ['stättikk] *adj* statisk

station ['stejschən] **I** *subst* station **II** *verb* stationera

stationary ['stejschnərri] *adj* stillastående

stationer ['stejschənə] *subst* pappershandlare; *stationer's shop* pappershandel

stationery ['stejschnərri] *subst* skrivmateriel

stationmaster ['stejschən,ma:stə] *subst* stationsföreståndare

statistics [stə'tisstikks] *subst* statistik

statue ['stättcho:] *subst* staty

status ['stejtəs] *subst* ställning, status

statute ['stättjo:t] *subst* lag; stadga

statutory ['stättjotərri] *adj* **1** lagstadgad **2** stadgeenlig

staunch [stå:ntsch] *adj* trofast

stay [stej] **I** *verb* **1** stanna; ~ *the night* stanna kvar över natten; ~ *away from* el. ~ *out of* hålla sig borta från; ~ *up* vara uppe inte lägga sig **2** tillfälligt bo **II** *subst* vistelse

stead [stedd], *stand sb. in good ~* komma väl till pass

steadfast ['steddfəst] *adj* ståndaktig

steady ['steddi] *adj* stadig, stabil

steak [stejk] *subst* biff

steal* [sti:l] *verb* stjäla

stealth [stellθ], *by ~* i smyg

steam [sti:m] *subst* ånga; *let off ~* vard. avreagera sig

steam engine ['sti:m,enndʒinn] *subst* ånglok

steamer ['sti:mə] *subst* **1** ångfartyg **2** ångkokare

steamship ['sti:mschipp]
subst ångfartyg
steamy ['sti:mi] *adj* ångande
het
steel [sti:l] *subst* stål
steelworks ['sti:lwö:ks] *subst*
stålverk
1 steep [sti:p] *verb,* be
steeped in vara genomsyrad
av
2 steep [sti:p] *adj* brant
steeple ['sti:pl] *subst* spetsigt
kyrktorn
1 steer [stiə] *subst* ungtjur
2 steer [stiə] *verb* styra
steering wheel ['stiəringwi:l]
subst ratt
1 stem [stemm] I *subst* stam;
stjälk II *verb,* ~ *from* stamma
från
2 stem [stemm] *verb* stämma,
hejda
stench [stentsch] *subst* stank
step [stepp] I *subst* **1** steg
2 *take steps* vidta åtgärder
3 trappsteg II *verb* kliva, gå;
~ *aside* (*down*) bildl. träda
tillbaka; ~ *in* ingripa
stepbrother ['stepp,braððə]
subst styvbror
stepdaughter ['stepp,då:tə]
subst styvdotter
stepfather ['stepp,fa:ðə] *subst*
styvfar
stepladder ['stepp,läddə] *subst*
trappstege

stepmother ['stepp,maððə]
subst styvmor
stepping stone
['steppingstəon] *subst* bildl.
steg
stepsister ['stepp,sisstə] *subst*
styvsyster
stepson ['steppsann] *subst*
styvson
stereo ['sterriəo] *subst* stereo
sterile ['sterrajl] *adj* steril
sterilize ['sterrəlajz] *verb* ste-
rilisera
sterling ['stö:ling] *subst* ster-
ling benämning på brittisk valuta
1 stern [stö:n] *adj* sträng
2 stern [stö:n] *subst* akter
stew [stjo:] *subst* gryta *maträtt*
steward [stjoəd] *subst* ste-
ward
stewardess [,stjoə'dess] *subst*
flygvärdinna
1 stick [stikk] *subst* pinne;
käpp
2 stick [stikk] *verb* **1** sticka
2 klistra; fastna **3** ~ *by* förbli
lojal mot; ~ *in sb.'s mind*
fastna i ngns minne; ~ *out*
sticka ut; falla i ögonen; ~ *to*
(*with*) hålla sig till; ~
together hålla ihop; ~ *up*
sätta upp; ~ *up for* försvara
sticker ['stikkə] *subst* klister-
märke
sticking-plaster
['stikking,pla:stə] *subst* häft-
plåster

stickler ['stikklə], *be a ~ for* vara noga med

sticky ['stikki] *adj* klibbig

stiff [stiff] *adj* styv, stel

stiffen ['stiffn] *verb* stelna

stifle ['stajfl] *verb* kväva bildl.

stigma ['stiggmə] *subst* bildl. stämpel

stiletto [sti'lettəo] *subst* stilett

still [still] **I** *adj* stilla **II** *subst* stillbild **III** *adv* **1** tyst och stilla **2** ännu **IV** *konj* likväl, ändå

stillborn ['stillbå:n] *adj* dödfödd

still life [,stil'lajf] *subst* stilleben

stilt [stillt] *subst* stylta

stilted ['stilltidd] *adj* uppstyltad

stimulate ['stimmjolejt] *verb* stimulera

stimulus ['stimmjoləs] *subst* stimulans

sting [sting] **I** *subst* stick, sting **II** *verb* sticka

stingy ['stinndʒi] *adj* knusslig

stink [stingk] **I** *verb* stinka **II** *subst* stank

stinking ['stingking] *adj* vard. avskyvärd

stint [stinnt] *subst* period

stir [stö:] *verb* röra; *~ up* väcka; ställa till

stirrup ['stirrəp] *subst* stigbygel

stitch [stittch] **I** *subst* stygn **II** *verb* sy

stock [ståkk] **I** *subst* **1** aktier **2** lager; *out of ~* slutsåld **II** *adj* kliché- **III** *verb* lagerföra

stockbroker ['ståkk,brəokə] *subst* börsmäklare

stock exchange ['ståkkikks,tchejndʒ] *subst* fondbörs

stocking ['ståkking] *subst* strumpa; *a pair of stockings* ett par strumpor

stockmarket ['ståkk,ma:kitt] *subst, on the ~* på börsen

stockpile ['ståkkpajl] **I** *subst* förråd **II** *verb* hamstra

stocktaking ['ståkk,tejking] *subst* inventering

stocky ['ståkki] *adj* satt

stodgy ['ståddʒi] *adj* tung, mastig

stoke [stəok] *verb, ~* el. *~ up* lägga på ved; bildl. underblåsa

stole [stəol] imperf. av **steal**

stolen ['stəolən] perf. p. av **steal**

stolid ['stållidd] *adj* trög, slö

stomach ['stammək] **I** *subst* mage **II** *verb* bildl. fördra

stomach ache ['stamməkejk] *subst* magknip

stone [stəon] **I** *subst* sten; ädelsten **II** *verb* stena

stone-cold [,stəon'kəold] *adj* iskall

stone-deaf [ˌstəonˈdeff] adj stendöv

stood [stodd] imperf. o. perf. p. av stand

stool [sto:l] subst pall

stoop [sto:p] verb höja sig; bildl. nedlåta sig

stop [ståpp] I verb stoppa, stanna; hindra; sluta II subst 1 stopp; uppehåll 🔲 hållplats

stopgap [ˈståppgäpp] subst tillfällig ersättning

stop-over [ˈståppˌəovə] subst uppehåll

stoppage [ˈståppidʒ] subst arbetsnedläggelse

stopper [ˈståppə] subst kork

stop-press [ˈståppress] subst presstoppnyhet

stopwatch [ˈståpoåtch] subst stoppur

storage [ˈstå:ridʒ] subst lagring

store [stå:] I subst 1 förråd 2 varuhus II verb förvara

storeroom [ˈstå:ro:m] subst förrådsrum

storey [ˈstå:ri] subst våningsplan

stork [stå:k] subst stork

storm [stå:m] I subst storm II verb storma

stormy [ˈstå:mi] adj stormig

story [ˈstå:ri] subst 1 berättelse; it's the same old ~ det är samma gamla visa 2 handling, story

storybook [ˈstå:ribokk] subst sagobok

stout [staot] adj kraftig, bastant

stove [stəov] subst spis; kamin

stow [stəo] verb, ~ el. ~ away stuva undan

stowaway [ˈstəoəwej] subst fripassagerare

straddle [ˈsträddl] verb sitta grensle

straggle [ˈsträggl] verb släntra

straight [strejt] I adj 1 rak 2 ärlig II adv 1 rakt; raka vägen 2 go ~ vard. bli hederlig

straighten [ˈstrejtn] verb räta; rätta till; ~ out reda upp

straight-faced [ˌstrejtˈfejst] adj utan att röra en min

straightforward [ˌstrejtˈfå:oəd] adj 1 uppriktig 2 enkel

1 strain [strejn] I verb 1 anstränga 2 sträcka muskel II subst 1 press, stress 2 sträckning

2 strain [strejn] subst inslag

strained [strejnd] adj spänd

strainer [ˈstrejnə] subst sil; filter

strait [strejt] subst, ~ el. straits sund

straitjacket [ˈstrejtˌdʒäkkitt] subst tvångströja

1 strand [strännd] subst tråd

2 strand [strännd] *verb*, **be stranded** stranda

strange [strejndʒ] *adj* **1** främmande **2** egendomlig

stranger ['strejndʒə] *subst* främling

strangle ['stränggl] *verb* strypa

stranglehold ['strängglhəold] *subst* bildl. järngrepp

strap [sträpp] *subst* rem

strategic [strə'ti:dʒikk] *adj* strategisk

strategy ['strättədʒi] *subst* strategi

straw [strå:] **I** *subst* strå, halmstrå **II** *adj* halm-, strå-

strawberry ['strå:bərri] *subst* jordgubbe

stray [strej] **I** *verb* förirra sig **II** *adj* **1** herrelös **2** enstaka

streak [stri:k] *subst* **1** strimma **2** drag

stream [stri:m] **I** *subst* ström **II** *verb* strömma

streamer ['stri:mə] *subst* serpentin

street [stri:t] *subst* gata; *in the ~* på gatan

streetwise ['stri:toajz] *adj* som kan konsten att överleva på gatan (i storstadsdjungeln)

strength [strengθ] *subst* styrka

strengthen ['strengθən] *verb* stärka, styrka

strenuous ['strennjoəs] *adj* ansträngande

stress [stress] **I** *subst* **1** påfrestning; stress **2** betoning **II** *verb* betona

stretch [stretch] **I** *verb* spänna, sträcka **II** *subst* **1** sträcka **2** period; *at a ~* i ett sträck

stretcher ['stretchə] *subst* bår

stricken ['strikkən] *adj* drabbad

strict [strikkt] *adj* sträng; strikt

stride [strajd] *verb* gå med sjumilasteg

strife [strajf] *subst* stridighet

strike [strajk] **I** *verb* **1** slå; slå till; ~ *back* slå tillbaka **2** träffa; drabba **3** strejka **4** ~ *up* inleda **II** *subst* strejk

striker ['strajkə] *subst* **1** anfallsspelare i fotboll **2** strejkare

striking ['strajking] *adj* slående

string [string] *subst* **1** snöre; ~ *of pearls* pärlhalsband **2** sträng **3** *no strings attached* utan några förbehåll

string bean [,string'bi:n] *subst* skärböna

stringent ['strinndʒənt] *adj* sträng; drastisk

1 strip [stripp] *verb* klä av sig

2 strip [stripp] *subst* remsa

strip cartoon [,strippka:'to:n] *subst* tecknad serie

stripe [strajp] *subst* **1** rand
2 streck i gradbeteckning
striped [strajpt] *adj* randig
strip lighting ['stripp,lajting]
subst lysrörsbelysning
stripper ['strippe] *subst* vard.
strippa
strive [strajv] *verb* sträva
strode [strəod] *imperf.* av *stride*
1 stroke [strəok] *subst*
1 klockslag **2** simsätt **3** slag-
anfall **4** penseldrag
2 stroke [strəok] *verb* stryka,
smeka
stroll [strəol] *subst* promenad
stroller ['strəolə] *subst* flanör
strong [strång] *adj* stark
stronghold ['strånghəold]
subst fäste
strongly ['strångli] *adv* starkt
strong room ['strångro:m]
subst kassavalv
strove [strəov] *imperf.* av *strive*
struck [strakk] *imperf.* o. perf. p.
av *strike*
structural ['strakktchərəl] *adj*
strukturell
structure ['strakktchə] I *subst*
struktur II *verb* strukturera
struggle ['straggl] I *verb* käm-
pa; strida II *subst* kamp,
strid
strum [stramm] *verb* knäppa
på
1 strut [stratt] *verb* svassa
2 strut [stratt] *subst* stag,
tvärbjälke

stub [stabb] I *subst* stump;
fimp II *verb*, ~ *out* fimpa
stubble ['stabbl] *subst* stubb;
skäggstubb
stubborn ['stabbən] *adj* envis
stuck [stakk] I imperf. o. perf. p.
av *2 stick* II *adj* fast; *be* ~ ha
fastnat; sitta fast
stuck-up [,stakk'app] *adj* vard.
mallig
stud [stadd] *subst* **1** stuteri
2 avelshingst
student ['stjo:dənt] *subst* stu-
derande
studio ['stjo:diəo] *subst* ateljé;
studio
studious ['stjo:djəs] *adj* lärd,
boklig
studiously ['stjo:djəsli] *adv*
omsorgsfullt
study ['staddi] I *subst* **1** stu-
die; studier **2** arbetsrum
II *verb* studera
stuff [staff] I *subst* material;
grejor; *he knows his* ~ han
kan sin sak II *verb* stoppa;
fylla
stuffing ['staffing] *subst*
stoppning; fyllning
stuffy ['staffi] *adj* **1** kvalmig
2 förstockad
stumble ['stammbl] *verb*
1 snubbla; ~ *across* on stöta
på **2** staka sig
stumbling block
['stammblingblåkk] *subst*
stötesten

stump [stammp] *subst* stubbe; stump

stun [stann] *verb* **1** bedöva **2** chocka

stung [stang] imperf. o. perf. p. av *sting*

stunk [stangk] imperf. o. perf. p. av *stink*

stunning ['stanning] *adj* fantastisk; överväldigande

1 stunt [stannt] *subst* trick; jippo

2 stunt [stannt] *verb* hämma

stunted ['stanntidd] *adj* outvecklad

stupendous [stjo'penndəs] *adj* enorm

stupid ['stjo:pidd] *adj* dum; fånig

stupidity [stjo'piddəti] *subst* dumhet

sturdy ['stö:di] *adj* robust

stutter ['stattə] *verb* stamma

1 sty [staj] *subst* svinstia

2 sty o. **stye** [staj] *subst* vagel i ögat

style [stajl] **I** *subst* stil; *in ~* elegant, vräkigt **II** *verb* formge

stylish ['stajlisch] *adj* elegant

suave [soa:v] *adj* förbindlig

subconscious [,sabb'kånnschəs] *subst, the ~* det omedvetna

subdue [səbb'djo:] *verb* **1** kuva **2** dämpa

subject ['sabbdʒekkt] **I** *subst*
1 undersåte **2** ämne **3** subjekt **II** *adj, be ~ to* utsättas för

subjective [səbb'dʒekktivv] *adj* subjektiv

subject matter ['sabbdʒekkt,mättə] *subst* innehåll

sublet [,sabb'lett] *verb* hyra ut i andra hand

submarine [,sabbmə'ri:n] *subst* ubåt

submerge [səbb'mö:dʒ] *verb* dyka ner

submission [səbb'mischən] *subst* underkastelse

submissive [səbb'missivv] *adj* undergiven

submit [səbb'mitt] *verb* **1** lämna in **2** ge efter

subnormal [,sabb'nå:məl] *adj* som är under det normala

subordinate [sə'bbå:dənət] *adj* underordnad

subpoena [səbb'pi:nə] *verb* kalla inför rätta

subscribe [səbb'skrajb] *verb* **1** skriva under (på) **2** prenumerera, abonnera

subscriber [səbb'skrajbə] *subst* prenumerant, abonnent

subscription [səbb'skrippschən] *subst* prenumeration; abonnemang; medlemsavgift

subsequent ['sabbsikwənt] *adj* efterföljande

317

sufferer

subsequently ['sabbsikwəntli]
adv därefter

subside [səbb'sajd] *verb* avta,
lägga sig

subsidiary [səbb'siddjəri] I *adj*
hjälp-; stöd ; bi- II *subst*
dotterbolag

subsidize ['sabbsidajz] *verb*
subventionera

subsidy ['sabbsidii] *subst*
subvention

substance ['sabbstəns] *subst*
substans; innehåll

substantial [səbb'stännschəl]
adj väsentlig, ansenlig

substantially
[səbb'stännschəli] *adv* hu-
vudsakligen; väsentligt

substantiate
[səbb'stännschiejt] *verb* un-
derbygga

substitute ['sabbstitjo:t]
I *subst* 1 vikarie; reserv; *the
substitutes' bench* avbytar-
bänken 2 substitut II *verb*
ersätta

subterranean [,sabbtə'rejnjən]
adj underjordisk

subtitles ['sabb,tajtlz] *subst*
undertext

subtle ['sattl] *adj* subtil, hårfin

subtract [səbb'träkkt] *verb*
subtrahera

subtraction [səbb'träkkschən]
subst subtraktion

suburb ['sabböːb] *subst* förort

suburban [sə'bböːbən] *adj*
1 förorts- 2 småborgerlig

suburbia [sə'bböːbjə] *subst*
förortsliv

subway ['sabbwej] *subst*
gångtunnel

succeed [səkk'siːd] *verb*
1 lyckas 2 efterträda

success [səkk'sess] *subst*
framgång; succé

successful [səkk'sessfoll] *adj*
framgångsrik

successfully [səkk'sessfolli]
adv framgångsrikt

succession [səkk'seschən]
subst serie; *in ~* i följd

successive [səkk'sessivv] *adj*
på varandra följande

such [sattch] *adj* o. *pron*
sådan; liknande; *as ~* som
sådan, i sig; *~ as* såsom, som
t.ex.

suck [sakk] *verb* suga

sucker ['sakkə] *subst* vard. tönt

suction ['sakkschən] *subst*
sugning; *~ fan* utsugsfläkt

sudden ['saddn] *adj* plötslig

suddenly ['saddnli] *adv* plöts-
ligt

suds [saddz] *subst* tvållödder

sue [sjoː] *verb* stämma, åtala

suede [soejd] *subst* mocka
skinn

suffer ['saffə] *verb* lida

sufferer ['saffərə] *subst* lidan-
de person

suffering 318

suffering ['safføring] *subst* lidande

sufficient [sø'ffischønt] *adj* tillräcklig

sufficiently [sø'ffischøntli] *adv* tillräckligt

suffocate ['safføkejt] *verb* kväva

sugar ['schoggø] I *subst* socker II *verb* sockra

sugar beet ['schoggøbi:t] *subst* sockerbeta

sugar cane ['schoggøkejn] *subst* sockerrör

suggest [sø'dӡesst] *verb* 1 föreslå 2 påstå

suggestion [sø'dӡesstchøn] *subst* 1 förslag 2 antydan

suicide ['so:isajd] *subst* självmord

suit [so:t] I *subst* 1 dräkt; kostym 2 rättegång II *verb* passa; ~ *yourself!* gör som du vill!

suitable ['so:tøbbl] *adj* passande

suitably ['so:tøbbli] *adv* lämpligt

suitcase ['so:tkejs] *subst* resväska

suite [swi:t] *subst* svit

sulk [sallk] *verb* tjura, sura

sulky ['sallki] *adj* sur och trumpen

sullen ['salløn] *adj* butter

sulphur ['sallfø] *subst* svavel

sultry ['salltri] *adj* kvav

sum [samm] I *subst* summa II *verb*, ~ *up* sammanfatta

summarize ['sammørajz] *verb* sammanfatta

summary ['sammøri] I *adj* summarisk II *subst* sammanfattning

summer ['sammø] *subst* sommar; *last* ~ förra sommaren, i somras

summerhouse ['sammøhaos] *subst* 1 lusthus 2 sommarställe

summertime ['sammøtajm] *subst*, *in the* ~ på (under) sommaren

summer time ['sammøtajm] *subst* sommartid framflyttad tid

summit ['sammitt] *subst* 1 topp 2 toppmöte

summon ['sammøn] *verb* 1 kalla 2 ~ *up* uppbringa

summons ['sammønz] *subst* 1 kallelse 2 stämning

sun [sann] I *subst* sol II *verb* sola

sunbathe ['sannbejð] *verb* solbada

sunburn ['sannbö:n], *have* ~ ha bränt sig i solen

sunburned ['sannbö:nd] o. **sunburnt** ['sannbö:nt] *adj* solbränd

Sunday ['sanndej] *subst* söndag

sundial ['sanndajəl] *subst*
solur

sundry ['sanndri] *adj* alla
möjliga

sunflower ['sann,flaoə] *subst*
solros

sung [sang] perf. p. av *sing*

sunglasses ['san,gla:siz] *subst*
pl solglasögon

sunlit [sangk] perf. p. av *sink*

sunlight ['sannlajt] *subst* sol-
ljus

sunlit ['sannlitt] *adj* solig

sunny ['sanni] *adj* solig; sol-

sunrise ['sannrajz] *subst* sol-
uppgång

sunroof ['sannro:f] *subst* sol-
tak på bil

sunset ['sannsett] *subst* sol-
nedgång

sunshade ['sannschejd] *subst*
fönstermarkis

sunshine ['sannschajn] *subst*
solsken

sunstroke ['sannstrəok] *subst*
solsting

suntan ['sanntänn] *subst* sol-
bränna; ~ *lotion* solkräm; ~
oil sololja

super ['so:pə] *adj* vard. toppen

superannuation
['so:pər,ännjo'ejschən] *subst*
pension

superb [so'pö:b] *adj* storartad,
utmärkt

supercilious [,so:pə'silliəs] *adj*
högdragen

superficial [,so:pə'fischəl] *adj*
ytlig

superimpose [,so:pərim'pəoz]
verb lägga ovanpå

superintendent
[,so:pərinn'tenndənt] *subst*
intendent; direktör

superior [so'piəriə] I *adj*
1 högre i rang o,d, 2 överläg-
sen II *subst* överordnad

superiority [so,piəri'årrətti]
subst överlägsenhet

superlative [so'pö:lətivv]
subst superlativ

superman ['so:pəmän] *subst*
övermänniska; *Superman*
Stålmannen seriefigur

supermarket ['so:pə,ma:kitt]
subst stort snabbköp

supernatural [,so:pə'nättchrəl]
adj övernaturlig

superpower ['so:pə,paoə] *subst*
supermakt

supersede [,so:pə'si:d] *verb*
ersätta

superstitious [,so:pə'stischəs]
adj vidskeplig

supervise ['so:pəvajz] *verb*
övervaka

supervision [,so:pə'viʒʒən]
subst övervakning

supervisor ['so:pəvajzə] *subst*
1 arbetsledare 2 handledare

supine [so:'pajn] *adj* loj, slö

supper ['sappə] *subst* kvälls-
mat

supple ['sappl] *adj* mjuk, smidig

supplement ['sapplimənt] *subst* tillägg; bilaga

supplementary [,sappli'menntəri] *adj* tilläggs-

supplier [sə'plajjə] *subst* leverantör

supply [sə'plajj] I *verb* tillhandahålla II *subst* 1 tillgång 2 förråd; *supplies* förnödenheter

support [sə'på:t] I *verb* 1 stödja 2 försörja II *subst* stöd i olika bet.

supporter [sə'på:tə] *subst* supporter

suppose [sə'pəoz] *verb* anta, förmoda

supposedly [sə'pəoziddli] *adv* förmodligen

supposing [sə'pəozing] *konj* antag att

suppress [sə'press] *verb* undertrycka

supreme [so'pri:m] *adj* högst; *the Supreme Court* ung. högsta domstolen

sure [schoə] I *adj* säker; *make ~ of (that)* förvissa sig om (om att) II *adv, as ~ as* så säkert som

surely ['schoəli] *adv* 1 säkert 2 sannerligen

surety ['schoərətti] *subst* säkerhet, borgen

surf [sö:f] *subst* bränning

surface ['sö:fiss] I *subst* yta II *verb* dyka upp

surface mail ['sö:fissmejl] *subst* ytpost

surfboard ['sö:fbå:d] *subst* surfingbräda

surfeit ['sö:fitt] *subst* övermått

surfing ['sö:fing] *subst* surfing

surge [sö:dʒ] I *verb* svalla; välla II *subst* bildl. våg

surgeon ['sö:dʒən] *subst* kirurg

surgery ['sö:dʒəri] *subst* 1 kirurgi; *it will need ~* det behöver opereras 2 patientmottagning; *~ hours* mottagningstid

surgical ['sö:dʒikkəl] *adj* kirurgisk

surly ['sö:li] *adj* vresig

surname ['sö:nejm] *subst* efternamn

surplus ['sö:pləs] *subst* överskott

surprise [sə'prajz] I *subst* överraskning; förvåning II *verb* överraska; förvåna

surprising [sə'prajzing] *adj* förvånansvärd

surrender [sə'renndə] I *verb* överlämna sig II *subst* kapitulation

surreptitious [,sarəpp'tischəs] *adj* förstulen, i smyg

surrogate ['sarrəgətt] *subst* surrogat

surround [sə'raond] *verb* omge

surrounding [sə'raonding] *adj* omgivande

surroundings [sə'raondingz] *subst pl* omgivning

surveillance [sə'vejjlərıs] *subst* bevakning

survey I [sə'vej] *verb* överblicka II ['sö:vej] *subst* undersökning

survival [sə'vajvəl] *subst* överlevnad

survive [sə'vajv] *verb* överleva

survivor [sə'vajvə] *subst* överlevande

susceptible [sə'sepptəbbl] *adj* känslig, mottaglig

suspect I [sə'spekkt] *verb* misstänka II ['sasspekkt] *subst o. adj* misstänkt

suspend [sə'spennd] *verb* **1** hänga i luften **2** suspendera

suspense [sə'spenns] *subst* spänd väntan

suspension [sə'spennschən] *subst* suspendering

suspicion [sə'spischən] *subst* misstanke

suspicious [sə'spischəs] *adj* **1** misstänksam **2** suspekt

sustain [sə'stejn] *verb* hålla i gång, hålla vid liv

sustained [sə'stejnd] *adj* ihållande

sustenance ['sasstənəns] *subst* näring

swab [soåbb] *subst* tampongpinne

swagger ['soäggə] *verb* stoltsera

1 swallow ['soålləo] *subst* svala

2 swallow ['soålləo] *verb* svälja

swam [soämm] *imperf. av swim*

swamp [soåmmp] I *subst* träsk II *verb* översvämma

swan [soånn] *subst* svan

swap [soåpp] I *verb* byta II *subst* byte

swarm [soå:m] I *subst* svärm; myller II *verb* svärma; myllra

swarthy ['soå:ði] *adj* svartmuskig

swastika ['soåsstikkə] *subst* hakkors

swat [soått] *verb* smälla till

sway [soej] I *verb* svänga, svaja II *subst, hold ~* förhärska

swear [soäə] *verb* svära; svära på

swearword ['soäəwö:d] *subst* svordom

sweat [soett] I *subst* svett; *be in a cold ~* kallsvettas II *verb* svettas

sweater ['soettə] *subst* troja

sweaty ['soetti] *adj* svettig

Swede [swi:d] *subst* **1** svensk; svenska kvinna **2** *swede* kålrot

Sweden ['swi:dn] Sverige

Swedish ['swi:disch] I *adj*
svensk II *subst* svenska språ-
ket

sweep [swi:p] *verb* 1 sopa
2 svepa

sweeping ['swi:ping] *adj* sve-
pande

sweet [swi:t] I *adj* 1 söt
2 ljuv, rar II *subst, sweets*
godis

sweet corn [,swi:t'kå:n] *subst*
majs grönsak

sweeten ['swi:tn] *verb* söta

sweetheart ['swi:tha:t] *subst*
flickvän, pojkvän

sweetness ['swi:tnəs] *subst*
1 sötma 2 charm

sweet pea [,swi:t'pi:] *subst*
luktärt

swell [soell] I *verb* svälla;
svullna II *subst* dyning

swelling ['soelling] I *subst*
svullnad II *adj* svällande

sweltering ['soelltəring] *adj*
tryckande

swept [soeppt] imperf. o. perf. p.
av *sweep*

swerve [soö:v] *verb* gira

swift [swift] I *adj* snabb
II *subst* tornsvala

swill [swill] *subst* skulor

swim [swimm] I *verb* simma
II *subst* simtur

swimmer ['swimmə] *subst*
simmare, simmerska

swimming-pool
['swimmingpo:l] *subst* sim-
bassäng

swimming-trunks
['swimmingtrangks] *subst*
badbyxor

swimsuit ['swimmso:t] *subst*
baddräkt

swindle ['swinndl] I *verb*
svindla II *subst* svindel

swine [soajn] *subst* svin

swing [swing] I *verb* svänga
II *subst* 1 svängning 2 gunga

swingbridge ['swingbriddʒ]
subst svängbro

swingdoor ['swingdå:] *subst*
svängdörr

swingeing ['swindʒing] *adj*
skyhög

swipe [soajp] *verb* slå (klippa)
till

swirl [swö:l] I *verb* virvla
II *subst* virvel

Swiss [swiss] I *adj* schweizisk
II *subst* schweizare;
schweiziska

switch [switch] I *subst*
1 strömbrytare 2 omsväng-
ning II *verb* ändra; byta; ~
off stänga av; släcka; ~ *on*
sätta på; tända

switchboard ['switchbå:d]
subst telefonväxel

Switzerland ['switsələnd]
Schweiz

swollen ['soəolən] I perf. p. av
swell II *adj* svullen

swoon [swo:n] *verb* drunkna
bildl.

swoop [swo:p] **I** *verb* slå till
II *subst* attack

sword [så:d] *subst* svärd

swordfish ['så:dfisch] *subst*
svärdfisk

swore [soå:] imperf. av *swear*

sworn [soå:n] **I** perf. p. av *swear*
II *adj* svuren

swot [soått] vard. **I** *verb* plugga
II *subst* plugghäst

swum [soamm] perf. p. av *swim*

swung [soang] imperf. o. perf. p.
av *swing*

syllable ['silləbl] *subst* stavelse

syllabus ['silləbəs] *subst* kurs-
plan för visst ämne

symbol ['simmbəl] *subst* sym-
bol

symmetry ['simmətri] *subst*
symmetri

sympathetic
[,simmpə'θettikk] *adj*
1 förstående **2** sympatisk

sympathize ['simmpəθajz]
verb, ~ *with* känna med (för)

sympathizer ['simmpəθajzə]
subst sympatisör

sympathy ['simmpəθi] *subst*
sympati

symphony ['simmfəni] *subst*
symfoni

symptom ['simmptəm] *subst*
symtom

syndicate ['sinndikət] *subst*
syndikat

synonym ['sinnənimm] *subst*
synonym

synthetic [sinn'θettikk] *adj*
syntetisk

syringe ['sirrindʒ] *subst* injek-
tionsspruta

syrup ['sirrəpp] *subst* **1** soc-
kerlag **2** sirap

system ['sisstəm] *subst* system

systematic [,sisstə'mattikk]
adj systematisk

T

T, t [ti:] *subst* T,t

tab [täbb] *subst* lapp, etikett

tabby ['täbbi] *subst* spräcklig katt

table ['tejbl] *subst* **1** bord; *clear the* ~ duka av; *at* ~ vid matbordet **2** tabell

tablecloth ['tejblklåθθ] *subst* bordduk

table d'hôte [,ta:bl'dəot] *subst* dagens meny

tablemat ['tejblmätt] *subst* tablett

tablespoon ['tejblspo:n] *subst* matsked

tablet ['täbblət] *subst* **1** minnestavla **2** tablett

table tennis ['tejbl,tennis] *subst* bordtennis

tabloid ['täbblåjd] *subst* sensationstidning

tack [täkk] **I** *subst* nubb, stift **II** *verb* spika, fästa

tackle ['täkkl] **I** *subst* **1** grejer **2** tackling **II** *verb* ta itu med; tackla

tacky ['täkki] *adj* klibbig

tact [täkkt] *subst* taktfullhet

tactful ['täkktfoll] *adj* taktfull

tactical ['täkktikkəl] *adj* taktisk

tactics ['täkktikks] *subst* taktik

tactless ['täkktləs] *adj* taktlös

tadpole ['täddpəol] *subst* grodyngel

1 tag [tägg] **I** *subst* lapp, märke; *price* ~ prislapp **II** *verb*, ~ *along* vard. följa med

2 tag [tägg] *subst* tafatt, kull

tail [tejl] *subst* **1** svans **2** *tails* frack **3** *heads or tails?* krona eller klave?

tailback ['tejlbäkk] *subst* bilkö

tail end [,tejl'ennd] *subst* sluttamp

tailgate ['tejlgejt] *subst* bakdörr på halvkombi

tailor ['tejlə] *subst* skräddare

tailor-made ['tejləmejd] *adj* skräddarsydd

tailwind ['tejlwind] *subst* medvind

take* [tejk] **1** ta; fatta, gripa; ta tag i **2** behövas **3** stå ut med; *I can't* ~ *it any more* äv. jag orkar inte med det längre **4** ~ *after* bräs på; ~ *along* ta med; ~ *apart* ta isär; ~ *away* ta bort; ~ *down* ta ned; skriva ner; ~ *in* förstå; *be taken in* låta lura sig; ~ *off* ta av; starta; ~ *a day off* ta ledigt en dag; ~ *on* ta på sig; anställa; ~ *out* bjuda ut; ~ *sth. out on sb.* låta ngt gå ut över ngn; ~ *over* ta över; ~

325

to börja; tycka om; ~ *up* börja; ta upp

takeaway ['tejkəwej] *adj* för avhämtning

takeoff ['tejkåff] *subst* flygplans start

takeover ['tejk,əovə] *subst* övertagande

talc [tällk] *subst* talk

tale [tejl] *subst* historia, saga

talent ['tällənt] *subst* talang

talented ['tälləntidd] *adj* begåvad

talk [tå:k] I *verb* tala, prata; ~ *shop* prata jobb; ~ *sb. into doing sth.* övertala ngn att göra ngt; *talking of* på tal om; ~ *over* prata igenom; ~ *to* (*with*) prata med II *subst* samtal; *talks* förhandlingar

talkative ['tå:kətivv] *adj* pratsam

talk show ['tå:kschəo] *subst* pratshow

tall [tå:l] *adj* lång

tally ['tälli] I *subst*, *keep* ~ *of* hålla räkning på II *verb* stämma överens

talon ['tällən] *subst* klo på rovfågel

tame [tejm] I *adj* tam II *verb* tämja

tamper ['tämmpə] *verb*, ~ *with* fiffla med

tampon ['tämmpən] *subst* tampong

tan [tän] *subst* solbränna

tar

tang [täng] *subst* skarp smak (lukt)

tangerine [,tändʒə'ri:n] *subst* tangerin frukt

tangle ['tänggl] *subst* trassel

tank [tängk] *subst* 1 tank 2 stridsvagn

tanker ['tängkə] *subst* tanker

tantalizing ['tänntəlajzing] *adj* lockande

tantamount ['tänntəmaont] *adj, be* ~ *to* vara liktydig med

tantrum ['tänntrəm] *subst* raserianfall

1 tap [täpp] I *subst* kran på ledningsrör; *on* ~ om öl o.d. på fat II *verb* 1 tappa 2 avlyssna telefon

2 tap [täpp] I *verb* slå lätt II *subst* knackning

tap-dancing ['täpp,da:nsing] *subst* stepp

tape [tejp] I *subst* 1 band; *adhesive* ~ tejp 2 målsnöre II *verb* banda

tape deck ['tejpdekk] *subst* kassettdäck

tape measure ['tejp,meʒʒə] *subst* måttband

taper ['tejpə] *verb* smalna av

taperecorder ['tejpri,kå:də] *subst* bandspelare

tapestry ['täppəstri] *subst* gobeläng

tar [ta:] *subst* tjära; asfalt

target ['ta:gitt] *subst* måltavla; mål; ~ *group* målgrupp

tariff ['tärriff] *subst* tulltaxa

tarmac® ['ta:mäkk] *subst* landningsbana; *on the* ~ äv. på asfalten

tarnish ['ta:nisch] *verb* **1** göra glanslös **2** bildl. skamfila

tarpaulin [ta:'på:lin] *subst* presenning

tarragon ['tärrəgən] *subst* dragon ört

1 tart [ta:t] *subst* **1** mördegstårta med frukt **2** vard. fnask

2 tart [ta:t] *adj* sträv, besk

tartan ['ta:tən] *adj* skotskrutig

1 tartar ['ta:tə] *subst*, *steak* ~ ung. råbiff

2 tartar ['ta:tə] *subst* tandsten

task [ta:sk] *subst* uppgift

task force ['ta:skfå:s] *subst* specialstyrka

tassel ['tässəl] *subst* tofs

taste [tejst] **I** *subst* smak, smakprov; *it is a matter of* ~ det är en smaksak **II** *verb* smaka, provsmaka; ~ *good* smaka bra

tasteful ['tejstfoll] *adj* smakfull

tasteless ['tejstləs] *adj* smaklös

tasty ['tejsti] *adj* smaklig

1 tattoo [tə'to:] *subst* militärparad

2 tattoo [tə'to:] **I** *verb* tatuera **II** *subst* tatuering

taught [tå:t] *imperf.* o. *perf. p. av* **teach**

taunt [tå:nt] **I** *verb* håna **II** *subst* gliring

Taurus ['tå:rəs] *subst* Oxen stjärntecken

taut [tå:t] *adj* spänd, styv

tax [täkks] **I** *subst* skatt; ~ *avoidance* skatteplanering; ~ *evasion* skattefusk; ~ *exile* skatteflykting **II** *verb* beskatta

taxable ['täkksəbl] *adj* skattepliktig

taxation [täkk'sejschən] *subst* beskattning

tax-deductible ['täkksdidakktəbl] *adj* avdragsgill

tax-free [‚täkks'fri:] *adj* skattefri

taxi ['täkksi] *subst* taxi

taxidriver ['täkksi‚drajvə] *subst* taxichaufför

taxi rank ['täkksirängk] *subst* taxistolpe

taxpayer ['täkks‚pejjə] *subst* skattebetalare

tea [ti:] *subst* te; *have* ~ dricka te

tea bag ['ti:bägg] *subst* tepåse

tea break ['ti:brejk] *subst* tepaus

teach [ti:tch] *verb* undervisa; ~ *sb. sth.* lära ngn ngt

teacher ['ti:tchə] *subst* lärare

teaching ['ti:tching] *subst* undervisning

tea cosy ['ti:ˌkəozi] *subst* tehuv

teacup ['ti:kapp] *subst* tekopp

teak [ti:k] *subst* teak

team [ti:m] *subst* lag; team

teamwork ['ti:mwö:k] *subst* lagarbete

teapot ['ti:pätt] *subst* tekanna

1 tear [tiə] *subst* tår

2 tear [täə] **I** *verb* slita, riva; ~ *apart* splittra; plåga; ~ *open* slita upp; ~ *up* riva sönder **II** *subst* reva

tearful ['tiəfoll] *adj* tårfylld

tear gas ['tiəgäss] *subst* tårgas

tea room ['ti:ro:m] *subst* konditori

tease [ti:z] **I** *verb* reta, retas med **II** *subst* retsticka

teaspoon ['ti:spo:n] *subst* tesked

teat [ti:t] *subst* **1** spene **2** napp på flaska

teatime ['ti:tajm] *subst* tedags

tea towel ['ti:ˌtaoəl] *subst* torkhandduk

technical ['tekknikkəl] *adj* teknisk; ~ *college* ung. yrkesinriktat gymnasium

technicality [ˌtckkni'källətti] *subst* teknisk detalj

technician [tekk'nischən] *subst* tekniker

technique [tekk'ni:k] *subst* teknik

technological [ˌtekknə'låddʒikkəl] *adj* teknologisk

technology [tekk'nålledʒi] *subst* teknologi

teddy ['teddi] o. **teddy bear** ['teddibäə] *subst* nallebjörn

tedious ['ti:djəs] *adj* långtråkig

tee [ti:] *subst* utslagsplats, tee i golf

teem [ti:m] *verb* vimla

teenage ['ti:nejdʒ] *adj* tonårs-

teenager ['ti:nˌejdʒə] *subst* tonåring

teens [ti:nz] *subst pl* tonår

teeter ['ti:tə] *verb* vackla

teeth [ti:θ] *subst* pl. av **tooth**

teethe [ti:ð] *verb* få tänder

teetotaller [ti:'təotlə] *subst* nykterist

telegram ['telligrämm] *subst* telegram

telegraph ['telligra:f] **I** *subst* telegraf **II** *verb* telegrafera

telephone ['tellifəon] *subst* telefon; ~ *box* (*booth*) telefonkiosk; ~ *directory* telefonkatalog; *be on the* ~ sitta i telefon

telephonist [tə'leffənist] *subst* telefonist

telescope ['telliskəop] *subst* teleskop

television ['telliˌviʒʒən] *subst* television, TV

tell* [tell] **1** tala 'om, säga

2 säga 'till ('åt); *I can't ~ them apart* jag kan inte skilja dem åt; *~ the difference between* skilja mellan (på)
teller ['tellə] *subst* kassör i bank
telling ['telliŋ] *adj* talande
telltale ['telltejl] *subst* skvallerbytta
telly ['telli] *subst* vard., *the ~* TV
temp [tremmp] *subst* ersättare från sekreterarpool o.d.
temper ['temmpə] *subst* humör; *in a ~* på dåligt humör
temperament ['temmpərəmənt] *subst* temperament
temperamental [,temmpərə'menntl] *adj* temperamentsfull
temperate ['temmpərət] *adj* måttlig
temperature ['temmpərətchə] *subst* temperatur; *have a ~* ha feber
1 temple ['templ] *subst* tempel
2 temple ['templ] *subst* tinning
temporary ['temmpərərri] *adj* tillfällig
tempt [tempt] *verb* fresta
temptation [temp'tejschən] *subst* frestelse
ten [tenn] *räkn* tio

tenacity [tə'nässətti] *subst* ihärdighet
tenant ['tennənt] *subst* hyresgäst
1 tend [tennd] *verb* vårda
2 tend [tennd] *verb* tendera
tendency ['tenndənsi] *subst* tendens
tender ['tenndə] *adj* **1** mör **2** öm
tenement ['tennəmənt] *subst* hyreshus
tenet ['tennett] *subst* grundsats
tennis ['tennis] *subst* tennis; *~ court* tennisbana
tenor ['tennə] *subst* tenor
1 tense [tenns] *subst* tempus
2 tense [tenns] *adj* spänd
tension ['tennschən] *subst* spänning i olika bet.
tent [tennt] *subst* tält
tentative ['tenntətivv] *adj* försöks-
tenth [tennθ] *räkn* tionde
tent peg ['tenntpegg] *subst* tältpinne
tent pole ['tenntpəol] *subst* tältstång
tenuous ['tennjoəs] *adj* tunn, svag
tenure ['tennjoə] *subst* besittningsrätt
tepid ['teppidd] *adj* ljum
term [tə:m] *subst* **1** termin **2** term; *terms* äv. ordalag

3 *terms* villkor; *come to terms with sth.* acceptera ngt

terminal ['tö:minl] *adj* obotlig; ~ *ward* terminalvårdsavdelning för döende patienter

terminate ['tö:minejt] *verb* avsluta

terminus ['tö:minəs] *subst* terminal

terrace ['terrəs] *subst* **1** terrass **2** radhus

terraced ['terrəst] *adj* terrasserad

terracotta [,terrə'kåttə] *subst* terrakotta

terrain [te'rejn] *subst* terräng

terrible ['terrəbl] *adj* förfärlig

terrier ['terriə] *subst* terrier, hundras

terrific [tə'riffikk] *adj* fantastisk

terrify ['terrifaj] *verb* skrämma

territory ['territorri] *subst* territorium

terror ['terə] *subst* skräck, terror

terrorism ['terrərizzəm] *subst* terrorism

terrorist ['terrərist] *subst* terrorist

terse [tö:s] *adj* koncis

test [test] **I** *subst* prov, test; *stand the ~ of time* stå sig genom tiderna **II** *verb* prova

Testament ['testəmənt] *subst*, *the Old* (*New*) ~ Gamla (Nya) testamentet

testicle ['tesstikkl] *subst* testikel

testify ['tesstifaj] *verb* vittna, vittna om

testimony ['tesstiməni] *subst* vittnesmål

test match ['testmättch] *subst* landskamp t.ex. i kricket

test tube ['testtjo:b] *subst* provrör

tetanus ['tettənəs] *subst* stelkramp

tether ['teðð] *verb* tjudra

text [tekkst] *subst* text

textbook ['tekkstbokk] *subst* lärobok; ~ *example* skolexempel

textile ['tekkstajl] *subst* tyg, textil

texture ['tekkstchə] *subst* textur

Thames [temmz], *the ~* Themsen

than [ðänn] *konj* **1** än; *rather ~* hellre än att **2** förrän

thank [θängk] **I** *verb* tacka **II** *subst*, ~ *you* el. *thanks* tack

thankful ['θängkfoll] *adj* tacksam

thankless ['θängkləs] *adj* otacksam

that [ðätt] **I** *pron* **1** den där, det där; denna, detta; den, det; de där; så; ~ *is* el. ~ *is to say* det vill säga **2** som **II** *konj* att **III** *adv*, *not ~ bad* (*good*) inte så dålig (bra)

thaw [θå:] **I** *verb* töa **II** *subst*
töväder

the [ðə] *best art* **1** motsvaras av
best. slutartikel t.ex. ~ *book*
boken; ~ *old man* den gamle
mannen **2** utan motsvarighet
t.ex. före floder, hotell, popgrup-
per: *the Ritz* Ritz; *the Beatles*
Beatles

theatre ['θiətə] *subst* teater

theatregoer ['θiətə,gəʊə] *subst*
teaterbesökare

theatrical [θi'ättrikəl] *adj*
1 teater- **2** teatralisk

theft [θefft] *subst* stöld

their [ðää] *pron* deras, dess;
sin

theirs [ðääz] *pron* deras; sin

them [ðemm] *pron* dem

theme [θi:m] *subst* tema; ~
park temapark fritidsanläggning

themselves [ðemm'sellvz]
pron sig, sig själva; själva

then [ðenn] *adv* då; sedan;
since ~ sedan dess; *till* ~ till
dess

theology [θi'ållədʒi] *subst*
teologi

theoretical [,θiə'rettikkəl] *adj*
teoretisk

theorize ['θiərajz] *verb* teore-
tisera

theory ['θiəri] *subst* teori

therapy ['θerrəpi] *subst* terapi

there [ðää] *adv* **1** där; dit
2 det; ~ *is* (*are*) det finns

thereabouts ['ðäärəbaot] *adv*
däromkring

thereby [,ðää'baj] *adv* där-
igenom

therefore ['ðääfå:] *adv* därför

there's [ðääz] = *there is* o.
there has

thermal ['θö:məl] *adj* värme-;
termo-

thermometer [θə'måmmitə]
subst termometer

Thermos® ['θö:måss] *subst*
termos

thermostat ['θö:məostätt]
subst termostat

thesaurus [θi'så:rəs] *subst*
synonymordbok

these [ði:z] *pron* de här;
dessa; ~ *days* nuförtiden

thesis ['θi:siss] *subst* **1** tes
2 doktorsavhandling

they [ðej] *pron* de; ~ *say* äv.
det sägs

they'd [ðejd] = *they had* o.
they would

they'll [ðejl] = *they will* o. *they
shall*

they're [ðää] = *they are*

they've [ðejv] = *they have*

thick [θikk] *adj* **1** tjock; *a bit
too* ~ lite väl magstarkt
2 dum

thicken ['θikkən] *verb* tjockna

thickness ['θikknəs] *subst*
tjocklek

thick-skinned [,θikk'skinnd]
adj tjockhudad

thief [θi:f] *subst* tjuv

thigh [θaj] *subst* lår kroppsdel

thimble ['θimmbl] *subst* fingerborg

thin [θinn] I *adj* tunn; mager II *verb*, *his hair is thinning* hans hår börjar glesna

thing [θing] *subst* **1** sak, grej **2** *things* det, läget; *the way things are* som det är nu

think* [θingk] *verb* **1** tänka; tänka efter; ~ *about* tänka på; ~ *of* tänka på; tänka sig; komma på; ~ *over* tänka igenom **2** tro; tycka; ~ *about* (*of*) tycka om

think tank ['θingktängk] *subst* vard. hjärntrust

third [θö:d] I *räkn* tredje; *the Third World* tredje världen II *subst* tredjedel

thirdly ['θö:dli] *adv* för det tredje

third-rate [‚θö:d'rejt] *adj* tredje klassens

thirst [θö:st] *subst* törst

thirsty ['θö:sti] *adj* törstig

thirteen [‚θö:'ti:n] *räkn* tretton

thirty ['θö:ti] *räkn* trettio

this [δiss] I *pron* den här, denna, detta; ~ *Sunday* nu på söndag II *adv* så här

thistle ['θissl] *subst* tistel

thorn [θå:n] *subst* tagg

thorough ['θarrə] *adj* grundlig

thoroughbred ['θarrəbredd] *subst* fullblod

thoroughly ['θarrəli] *adv* grundligt

those [δəoz] *pron* **1** de; dem **2** de där; dessa; *in* ~ *days* på den tiden

though [δəo] I *konj* men, fast; *even* ~ trots att II *adv* ändå

thought [θå:t] I *subst* tanke; tankegång II *imperf. o. perf. p. av think*

thoughtful ['θå:tfoll] *adj* **1** tankfull **2** omtänksam

thoughtless ['θå:tləs] *adj* tanklös

thousand ['θaozənd] *räkn* tusen; *thousands of* tusentals

thrash [θräsch] *verb* slå, ge stryk

thread [θredd] *subst* tråd

threadbare ['θreddbäə] *adj* luggsliten

threat [θrett] *subst* hot

threaten ['θrettn] *verb* hota

three [θri:] *räkn* tre

three-dimensional [‚θri:daj'menschənl] *adj* tre-dimensionell

thresh [θresch] *verb* tröska

threshold ['θreschhəold] *subst* tröskel

threw [θro:] *imperf. av throw*

thrift [θrifft] *subst* sparsamhet

thrifty ['θriffti] *adj* sparsam

thrill [θrill] I *verb* rysa II *subst* **1** ilning **2** spänning

thriller ['θrillə] *subst* rysare

thrilling ['θrilling] *adj* nerv-kittlande

thrive [θrajv] *verb* frodas; blomstra

thriving ['θrajving] *adj* blomstrande

throat [θrəot] *subst* strupe, hals

throb [θråbb] I *verb* bulta II *subst* dunkande

throne [θrəon] *subst* tron

throttle ['θråttl] I *subst* gasspjäll II *verb* strypa

through [θro:] *prep* o. *adv* genom, igenom; ~ *and* ~ alltigenom; *be* ~ *with* ha fått nog av

throughout [θro'aot] I *adv* genomgående II *prep* över hela; under hela

throve [θrəov] imperf. av thrive

throw* [θrəo] 1 kasta; ~ *away* kasta bort; ~ *out* kasta ut; köra ut 2 ~ *up* kräkas 3 ~ *a party* ställa till med fest

throwaway ['θrəoəwej] *adj* engångs-

throw-in ['θrəoin] *subst* inkast i fotboll

thrush [θrasch] *subst* trast

thrust [θrasst] I *verb* stoppa, köra II *subst* stöt

thud [θadd] I *subst* duns II *verb* dunsa

thug [θagg] *subst* ligist

thumb [θamm] I *subst* tumme

II *verb*, ~ *through* bläddra igenom

thump [θammp] I *verb* dunka II *subst* smäll, duns

thunder ['θanndə] I *subst* åska II *verb* åska; dundra

thunderbolt ['θanndəbəolt] *subst* åskvigg

thunderclap ['θanndəkläpp] *subst* åskknall

thunderstorm ['θanndəstå:m] *subst* åskväder

thundery ['θanndərri] *adj* åsk-

Thursday ['θö:zdej] *subst* torsdag

thus [ðass] *adv* alltså

thwart [θoå:t] *verb* korsa, hindra

thyme [tajm] *subst* timjan

tiara [ti'a:rə] *subst* tiara

1 tick [tikk] I *verb* ticka II *subst* tickande

2 tick [tikk] *subst* fästing

ticket ['tikkitt] *subst* biljett

ticket-collector ['tikkittka,lekktə] *subst* spärrvakt; konduktör

ticket office ['tikkitt,åffiss] *subst* förköpsställe

tickle ['tikkl] I *verb* kittla II *subst* kittling

ticklish ['tikklisch] *adj* 1 kittlig 2 kinkig

tidal ['tajdl] *adj* tidvattens-

tiddlywinks ['tiddliwingks] *subst* loppspel

tide [tajd] *subst* tidvatten

tidy ['tajdi] I *adj* städad, ordentlig II *verb*, ~ el. ~ *up* städa

tie [taj] I *verb* knyta; knyta fast; *be tied down with* vara bunden av; ~ *in with* stämma med; *tied up* upptagen II *subst* 1 band 2 slips

tier [tiə] *subst* rad

tiger ['tajgə] *subst* tiger

tight [tajt] I *adj* 1 snäv 2 tät II *adv* tätt

tighten ['tajtn] *verb* dra åt

tight-fisted [,tajt'fisstidd] *adj* vard. snål

tightrope ['tajtrəop] *subst* lina spänd

tights [tajts] *subst pl* strumpbyxor

tile [tajl] *subst* tegel; kakel

1 till [till] *prep* o. *konj* till, tills

2 till [till] *subst* kassa

tilt [tillt] *verb* luta; välta

timber ['timmbə] *subst* timmer

time [tajm] *subst* 1 tid; tiden; *any* ~ när som helst; *have a good* ~ ha roligt; *from* ~ *to* ~ då och då; *on* ~ i tid; *what* ~ *is it?* vad är klockan? 2 *one more* ~ en gång till

time bomb ['tajmbåmm] *subst* tidsinställd bomb

timelag ['tajmlägg] *subst* tidsintervall

timeless ['tajmləs] *adj* tidlös

timely ['tajmli] *adj* läglig

timer ['tajmə] *subst* stoppur; tidur

time scale ['tajmskejl] *subst* tidsskala

time switch ['tajmswitch] *subst* tidströmställare

timetable ['tajm,tejbl] *subst* 1 tidtabell 2 schema

timid ['timmidd] *adj* blyg

timing ['tajming] *subst* val av tidpunkt

timpani ['timmpəni] *subst pl* pukor

tin [tinn] *subst* 1 tenn 2 konservburk

tinfoil [,tinn'fåjl] *subst* aluminiumfolie

tinge [tind3] *subst* nyans; antydan

tingle ['tinggl] I *verb* pirra II *subst* pirr

tinker ['tingkə] *verb* mixtra, meka

tinkle ['tingkl] I *verb* plinga II *subst* pling

tinned [tinnd] *adj* på burk

tin-opener ['tinn,əopənə] *subst* konservöppnare

tinsel ['tinnsəl] *subst* glitter

tint [tinnt] I *subst* färgton II *verb* tona hår

tiny ['tajni] *adj* mycket liten

1 tip [tipp] *subst* spets, topp

2 tip [tipp] I *verb* tippa; tippa omkull II *subst* soptipp

3 tip [tipp] I *verb* 1 ge dricks

2 tipsa **II** subst **1** dricks
2 tips

tip-off ['tippåff] subst vard.
förvarning

tipsy ['tippsi] adj salongs-
berusad

tiptoe ['tipptəo] verb gå på tå

tiptop [,tipp'tåpp] adj perfekt

tire ['tajjə] verb trötta; tröttna

tired ['tajjəd] adj trött

tireless ['tajjələs] adj out-
tröttlig

tiresome ['tajjəsəm] adj trött-
sam

tiring ['tajjəring] adj tröttande

tissue ['tischo:] subst **1** väv-
nad **2** pappersnäsduk

tissue paper ['tischo:,pejpə]
subst silkespapper

titbit ['tittbitt] subst godbit

title ['tajtl] subst titel

title deed ['tajtldi:d] subst
lagfartsbevis

title role ['tajtlrəol] subst
titelroll

titter ['tittə] verb fnissa

to [to] prep till; mot; på; hos;
a quarter ~ six kvart i sex

toad [təod] subst padda

toadstool ['təodsto:l] subst
giftsvamp

toast [təost] **I** subst **1** rostat
bröd **2** någons skål **II** verb
1 rosta **2** skåla för

toaster ['təostə] subst bröd-
rost

tobacco [tə'bäkkəo] subst
tobak

tobacconist [tə'bäkkənist]
subst tobakshandlare; to-
bacconist's shop tobaksaffär

toboggan [tə'båggən] subst
kälke

today [tə'dej] adv i dag

toddler ['tåddlə] subst litet
barn

to-do [tə'do:] subst vard. ståhej

toe [təo] subst tå

toenail ['təonejl] subst tånagel

toffee ['tåffi] subst kola

toffee apple ['tåffi,äppl] subst
äppelklubba äpple överdraget
med knäck

together [tə'geððə] adv till-
sammans

toll [tåjl] **I** verb arbeta hårt
II subst slit

toilet ['tåjjlət] subst toalett

toilet paper ['tåjjlət,pejpə]
subst toalettpapper

toiletries ['tåjjlətriz] subst pl
toalettsaker

toilet roll ['tåjjlətrəol] subst
rulle toalettpapper

toilet water ['tåjjlət,wå:tə]
subst eau-de-toilette

token ['təokən] subst **1** tecken
2 presentkort

told [təold] imperf. o. perf. p. av
tell

tolerable ['tållərəbbl] adj
dräglig

tolerant ['tållərənt] *adj* tolerant

tolerate ['tållərejt] *verb* tolerera

1 toll [təʊl] *subst* avgift

2 toll [təʊl] *verb* klämta

tomato [tə'ma:təʊ] *subst* tomat

tomb [to:m] *subst* grav

tomboy ['tåmmbåj] *subst* pojkflicka

tombstone ['to:mstəʊn] *subst* gravsten

tomcat ['tåmmkätt] *subst* hankatt

tomorrow [tə'mårrəʊ] *adv* i morgon

ton [tann] *subst, tons of* vard. massor av

tone [təʊn] *subst* ton, tonfall

tone-deaf [,təʊn'deff] *adj* tondöv

tongs [tångz] *subst pl* tång

tongue [tang] *subst* tunga

tongue-tied ['tangtajd] *adj* som lider av tunghäfta

tongue-twister ['tang,twistə] *subst* tungvrickningsövning

tonic ['tånnikk] *subst* **1** stärkande medel **2** tonic

tonight [tə'najt] *adv* i kväll; i natt

tonsil ['tånnsl] *subst* halsmandel

tonsillitis [,tånnsi'lajtiss] *subst* halsfluss

too [to:] *adv* **1** alltför, för;

that's ~ bad! vad tråkigt!
2 också, med

took [tokk] *imperf. av take*

tool [to:l] *subst* verktyg, redskap

toolbox ['to:lbåkks] *subst* verktygslåda

toot [to:t] *verb* tuta

tooth [to:θ] *subst* tand; *have a sweet ~* vara en gottgris

toothache ['to:θejk] *subst* tandvärk

toothbrush ['to:θbrasch] *subst* tandborste

toothpaste ['to:θpejst] *subst* tandkräm

toothpick ['to:θpikk] *subst* tandpetare

top [tåpp] **I** *subst* topp; övre del; *at the ~* överst; *on ~* ovanpå; *on ~ of* äv. utöver **II** *adj* **1** översta **2** främsta, topp- **III** *verb* toppa

top hat [,tåpp'hätt] *subst* hög hatt

top-heavy [,tåpp'hevvi] *adj* för tung upptill

topic ['tåppikk] *subst* samtalsämne

topical ['tåppikkəl] *adj* aktuell

top-level ['tåpp,levvl] *adj* på toppnivå

topmost ['tåppməost] *adj* överst

topple ['tåppl] *verb* störta

top-secret [,tåpp'si:kritt] *adj* hemligstämplad

topsy-turvy [,tåppsi'tö:vi] *adv* huller om buller

torch [tå:tch] *subst* **1** fackla **2** ficklampa

tore [tå:] *imperf.* av 2 *tear*

torment I [tå:ment] *subst* kval **II** [tå:'mennt] *verb* pina

torn [tå:n] *perf. p.* av 2 *tear*

tornado [tå:'nejdəo] *subst* tornado

torpedo [tå:'pi:dəo] *subst* torped

torrent [tårrənt] *subst* störtflod

tortoise [tå:təs] *subst* sköldpadda

tortoiseshell [tå:təsschel] *subst* sköldpaddskal

torture [tå:tchə] **I** *subst* tortyr **II** *verb* tortera

Tory [tå:ri] *subst* tory, konservativ

toss [tåss] *verb* **1** kasta, slänga **2** singla slant

tot [tått] *subst* liten pys (tös)

total [təotl] **I** *adj* total **II** *subst* slutsumma **III** *verb* uppgå till

totter [tåttə] *verb* vackla

touch [tattch] **I** *verb* röra; beröra **II** *subst* **1** beröring **2** känsel **3** *keep in ~ with* hålla kontakt med

touch-and-go [,tattchən'gəo] *adj* osäker

touched [tattcht] *adj* rörd bildl.

touching [tattching] *adj* rörande

touchline [tattchlajn] *subst* sidlinje i fotboll

touchy [tattchi] *adj* lättretlig

tough [taff] *adj* **1** seg **2** jobbig; tuff

toughen [taffn] *verb* tuffa till sig

toupee [to:pej] *subst* tupé

tour [toə] **I** *subst* **1** rundresa; *guided ~* guidad tur (visning) **2** turné **II** *verb* resa runt i

tourism [toərizəm] *subst* turism

tourist [toərist] *subst* turist

tournament [toənəmənt] *subst* turnering

tout [taot] *verb* vard. pracka på folk

tow [təo] *verb* bogsera

towards [tə'oå:dz] *prep* **1** mot, i riktning mot **2** gentemot **3** framemot

towel [taoəl] *subst* handduk; *sanitary ~* dambinda

towelling [taoəling] *subst* frotté

towel rail [taoəlrejl] *subst* handduksstång

tower [taoə] **I** *subst* torn; *~ block* höghus **II** *verb* torna upp sig

towering [taoəring] *adj* jättehög

town [taon] *subst* stad

towrope ['təorəop] *subst* bogserlina

toy [tåj] I *subst* leksak II *verb*, ~ *with* leka med

trace [trejs] I *verb* spåra II *subst* spår

tracing-paper ['trejsıŋˌpejpə] *subst* kalkerpapper

track [träkk] I *subst* spår; *cig:* sport. bana II *verb* spåra

tracksuit ['träkksoːt] *subst* träningsoverall

1 tract [träkkt] *subst* område

2 tract [träkkt] *subst* traktat

tractor ['träkktə] *subst* traktor

trade [trejd] I *subst* **1** handel **2** yrke **3** ~ *union* fackförening II *verb* **1** handla **2** ~ *in* lämna i byte

trademark ['trejdmaːk] *subst* varumärke

trader ['trejdə] *subst* affärsman

tradesman ['trejdzmən] *subst* detaljhandlare

trade-unionist [ˌtrejd'joːnjənist] *subst* fackföreningsman

tradition [trə'dischən] *subst* tradition

traditional [trə'dischənl] *adj* traditionell

traffic ['träffikk] *subst* trafik; ~ *jam* trafikstockning; ~ *light* trafikljus; *one-way* ~ enkelriktad trafik

tragedy ['träddʒəddi] *subst* tragedi

tragic ['träddʒikk] *adj* tragisk

trail [trejl] I *subst* spår II *verb* släpa

trailer ['trejlə] *subst* släpvagn

train [trejn] I *verb* öva; lära upp; träna II *subst* tåg; *go by* ~ ta tåget

trained [trejnd] *adj* utbildad

trainee [trej'niː] *subst* praktikant

trainer ['trejnə] *subst* **1** tränare **2** *trainers* gymnastikskor

training ['trejning] *subst* utbildning; träning

training-college ['trejningˌkållidʒ] *subst* lärarhögskola

traipse [trejps] *verb* traska

trait [trej] *subst* karaktärsdrag

traitor ['trejtə] *subst* förrädare

tram [trämm] *subst* spårvagn

tramp [trämmp] I *verb* traska II *subst* luffare

trample ['trämmpl] *verb*, ~ *on* trampa på

tranquil ['trängkwill] *adj* lugn

tranquillizer ['trängkəlajzə] *subst* lugnande medel

transact [tränn'zäkkt] *verb* göra upp affär

transaction [tränn'zäkkschən] *subst* transaktion

transatlantic [ˌtrännzətˈlänntikk] *adj* transatlantisk

transfer I [tränns'fö:] *verb*
överföra; sport. sälja spelare
II ['trännsfə] *subst* **1** omplacering **2** överföring
transform [tränns'få:m] *verb*
förvandla
transfusion [tränns'fjo:ʒən]
subst blodtransfusion
transient ['trännziənt] *adj*
förgänglig
transistor [tränn'zisstə] *subst*
transistor
transit ['trännzitt] *subst* genomresa; ~ *lounge* transithall
translate [tränns'lejt] *verb*
översätta
translation [tränns'lejschən]
subst översättning
translator [tränns'lejtə] *subst*
översättare
transmission
[trännz'mischən] *subst*
1 överföring **2** sändning av
radio- el. TV-program
transmit [trännz'mitt] *verb*
sända
transparency [tränn'spärrənsi]
subst genomskinlighet
transparent [tränn'spärrənt]
adj genomskinlig
transplant [tränns'spla:nt]
verb transplantera
II ['trännspla:nt] *subst* transplantation
transport I [tränn'spå:t] *verb*

transportera II ['trännspå:t]
subst transportmedel
trap [träpp] **I** *subst* fälla
II *verb* fånga i en fälla
trapdoor [,träpp'då:] *subst*
fallucka
trapeze [trə'pi:z] *subst* trapets
trappings ['träppingz] *subst pl*
symboler
trash [träsch] *subst* skräp
trauma ['trå:mə] *subst* trauma
traumatic [trå:'mättikk] *adj*
traumatisk
travel ['trävvl] **I** *verb* resa
II *subst, travels* resor
travel agency
['trävvl,ejdʒənsi] *subst* resebyrå
travel agent ['trävvl,ejdʒənt]
subst resebyråtjänsteman
traveller ['trävvələ] *subst*
resenär
travel sickness
['trävvl,sikknəs] *subst* åksjuka
travesty ['trävvəsti] *subst*
travesti
trawler ['trå:lə] *subst* trålare
tray [trej] *subst* serveringsbricka
treacherous ['trettchərəs] *adj*
förrädisk
treachery ['trettchərri] *subst*
förräderi
treacle ['tri:kl] *subst* sirap
tread [tredd] *verb* trampa;
trampa på

treason ['tri:zn] *subst* landsförräderi

treasure ['treʒʒə] *subst* skatt; *art treasures* konstskatter

treasurer ['treʒʒərə] *subst* kassör

Treasury ['treʒʒərri] *subst, the* ~ finansdepartementet

treat [tri:t] *verb* **1** behandla **2** bjuda

treatment ['tri:tmənt] *subst* behandling

treaty ['tri:ti] *subst* fördrag

treble ['trebbl] *verb* tredubbla

tree [tri:] *subst* träd

trek [trekk] *verb* fotvandra

tremble ['tremmbl] *verb* darra

tremendous [trə'menndəs] *adj* enorm

tremor ['tremmə] *subst* **1** skälvning **2** jordskalv

trench [trentsch] *subst* **1** dike **2** skyttegrav

trend [trend] *subst* trend; tendens

trendy ['trendi] *adj* vard. trendig

trepidation [,treppi'dejschən] *subst* bävan

trespass ['tresspəs] *verb, ~ on* inkräkta

trestle ['tressl] *subst* bock som stöd

trial ['trajjəl] *subst* **1** försök; *on* ~ på prov **2** *be on* ~ stå inför rätta

triangle ['trajjänggl] *subst* triangel

tribe [trajb] *subst* folkstam

tribesman ['trajbzmən] *subst* stammedlem

tribunal [trajj'bjo:nl] *subst* tribunal

tributary ['tribbjotərri] *subst* biflod

tribute ['tribbjo:t] *subst* tribut; *pay ~ to sb.* hylla ngn

trice [trajs] *, in a ~* i en handvändning

trick [trikk] **I** *subst* spratt; trick **II** *verb* lura

trickery ['trikkərri] *subst* bluff

trickle ['trikkl] **I** *verb* droppa **II** *subst* droppe

tricky ['trikki] *adj* knepig

tricycle ['trajsikkl] *subst* trehjuling

trifle ['trajfl] *subst* bagatell

trifling ['trajfling] *adj, ~ matter* struntsak

trigger ['triggə] **I** *subst* avtryckare på skjutvapen **II** *verb* utlösa

trim [trimm] **I** *adj* välskött **II** *verb* klippa, putsa

trinket ['tringkitt] *subst* billigt smycke

trip [tripp] **I** *verb* snava **II** *subst* resa

tripe [trajp] *subst* komage

triple ['trippl] **I** *adj* tredubbel **II** *verb* tredubbla

triplicate ['tripplikət] *subst, in* ~ i tre exemplar

tripod ['trajjpådd] *subst* stativ

trite [trajt] *adj* banal

triumph ['trajjəmf] **I** *subst* triumf **II** *verb* triumfera

trivial ['trivviəl] *adj* obetydlig

trod [trådd] *imperf. o. ibl. perf. p. av* tread

trodden ['tråddn] *perf. p. av* tread

trolley ['trålli] *subst* **1** rullbord **2** kundvagn

trombone [tråmm'bəon] *subst* trombon

troop [tro:p] *subst* trupp

trophy ['trəofi] *subst* trofé

tropical ['tråppikkəl] *adj* tropisk

tropics ['tråppikks] *subst, the* ~ tropikerna

trot [trått] **I** *verb* trava **II** *subst* trav

trouble ['trabbl] **I** *verb* bekymra; besvära **II** *subst* bekymmer; besvär; problem

troubled ['trabbld] *adj* bekymrad

troublemaker ['trabbl,mejkə] *subst* bråkstake

troubleshooter ['trabbl,scho:tə] *subst* problemlösare

troublesome ['trabblsəm] *adj* besvärlig

trough [tråff] *subst* tråg

trousers ['traozəz] *subst pl* långbyxor

trout [traot] *subst* forell

truant ['tro:ənt] *subst* skolkare

truce [tro:s] *subst* vapenvila

truck [trakk] *subst* öppen godsvagn

trudge [traddʒ] *verb* gå mödosamt

true [tro:] *adj* sann; *it is* ~ det är sant; *come* ~ gå i uppfyllelse

truffle ['traffl] *subst* tryffel

truly ['tro:li] *adv* verkligen; *Yours* ~ Högaktningsfullt

trump [tramp] *subst* trumf

trumpet ['trampitt] *subst* trumpet

truncheon ['trantschən] *subst* batong

trundle ['trandl] *verb* rulla

trunk [trangk] *subst* **1** trädstam **2** koffert

trust [trast] **I** *subst* förtroende **II** *verb* lita på

trustee [,tra'sti:] *subst* förtroendeman

trustful ['trastfoll] *adj* förtroendefull

trustworthy ['trast,wö:ði] *adj* pålitlig

truth [tro:θ] *subst* sanning

truthful ['tro:θfoll] *adj* sann

try [traj] **I** *verb* försöka; pröva; ~ *on* prova kläder **II** *subst* försök trying ['trajjing] adj påfrestande

T-shirt ['ti:schö:t] subst T-shirt

T-square ['ti:skoäə] subst vinkellinjal

tub [tabb] subst balja

tubby ['tabbi] adj knubbig

tube [tjo:b] subst 1 rör; tub 2 vard. tunnelbana

tuck [takk] verb stoppa in (ner); ~ away stoppa undan; ~ the children in stoppa om barnen

tuck shop ['takkschåpp] subst vard. godisaffär

Tuesday ['tjo:zdej] subst tisdag

tuft [tafft] subst tofs

tug [tagg] I verb rycka; ~ at rycka i II subst 1 ryck 2 bogserbåt

tug-of-war [,taggəv'oå:] subst dragkamp

tuition [tjo:ischən] subst handledning

tulip ['tjo:lipp] subst tulpan

tumble ['tambl] I verb ramla; ~ down rasa II subst 1 fall 2 ~ drier torktumlare

tumbler ['tamblə] subst tumlare glas

tummy ['tammi] subst vard. mage

tumour ['tjo:mə] subst tumör

tuna ['tjo:nə] subst tonfisk

tune [tjo:n] I subst melodi; out of ~ ostämt; falskt

II verb 1 stämma instrument 2 ~ in to ställa (ta) in

tuneful ['tjo:nfoll] adj melodisk

tuner ['tjo:nə] subst tuner mottagare utan effektförstärkare

tunic ['tjo:nikk] subst tunika

tunnel ['tannl] subst tunnel

turbulence ['tö:bjoləns] subst oro, turbulens

tureen [tə'ri:n] subst soppskål

turf [tö:f] subst 1 grästorv 2 the ~ galoppbana

turgid ['tö:dʒidd] adj svulstig

turkey ['tö:ki] subst kalkon

turmoil ['tö:måjl] subst kaos

turn [tö:n] I verb 1 vrida; vända 2 ~ to the right svänga åt höger 3 bli; ~ sour surna 4 ~ against vända sig mot; ~ away avvisa; ~ back vända om; ~ down avslå; ~ in gå och lägga sig; ~ into bli (göra) till; ~ off stänga av; svänga av; ~ on sätta på; tända; ~ out avlöpa, visa sig; ~ sb. out köra ngn på porten; ~ to vända sig till; ~ up dyka upp II subst 1 vändning 2 sväng 3 tur; in ~ i tur och ordning

turning ['tö:ning] subst avtagsväg; ~ space vändplats

turning-point ['tö:ningpåjnt] subst vändpunkt

turnip ['tö:nipp] subst rova; Swedish ~ kålrot

turnout ['tö:naot] *subst* deltagande

turnover ['tö:n‚əovə] *subst* omsättning

turnstile ['tö:nstajl] *subst* vändkors; spärr i t.ex. T-banestation

turn-up ['tö:napp] *subst* slag på t.ex. byxa

turpentine ['tö:pəntajn] *subst* terpentin

turquoise ['tö:koåjz] *subst* o. *adj* turkos

turret ['tarrət] *subst* litet torn

turtle ['tö:tl] *subst* sköldpadda

turtle neck ['tö:tlnekk] *subst* halvpolo

tusk [tassk] *subst* bete på elefant m.fl.

tussle ['tassl] **I** *subst* kamp **II** *verb* kämpa

tutor ['tjo:tə] *subst* handledare; privatlärare

tutorial [tjo'tå:riəl] *subst* seminarium i mindre grupp

TV [‚ti:'vi:] *subst* TV; *watch ~* se på TV; *on ~* på TV

1 twang [toäng] *subst*, *speak with a ~* tala i näsan

2 twang [toäng] *subst* bismak

tweed [twi:d] *subst* tweed

tweezers ['twi:zəz] *subst pl* pincett

twelfth [toelfθ] *räkn* tolfte

twelve [toelv] *räkn* tolv

twentieth ['toentiiθ] *räkn* tjugonde

twenty ['toenti] *räkn* tjugo

twice [toajjs] *adv* två gånger

twiddle ['twiddl] *verb* tvinna

twig [twigg] *subst* kvist

twilight ['toajlajt] *subst* skymning

twin [twinn] *subst* tvilling

twine [toajjn] *verb* linda, vira

twinge [twind3] *subst* sting

twinkle ['twingkl] **I** *verb* tindra, blinka **II** *subst* glimt i ögat

twirl [twö:l] *verb* snurra

twist [twist] **I** *subst* vridning **II** *verb* sno, vrida; snedvrida

twit [twitt] *subst* vard. dumskalle

twitch [twitch] **I** *verb* rycka **II** *subst* ryckning

two [to:] *räkn* två; båda, bägge

two-faced [‚to:'fejst] *adj* bildl. falsk

twofold ['to:fəold] *adj* tvåfaldig

two-piece ['to:pi:s] *subst* kostym; dräkt

twosome ['to:səm] *subst* tvåspel i golf

two-way ['to:wej] *adj* **1** tvåvägs- **2** dubbelriktad

tycoon [tajj'ko:n] *subst* vard. magnat

type [tajp] **I** *subst* typ **II** *verb* skriva maskin

typeface ['tajpfejs] *subst* typsnitt

typewriter ['tajp,rajtə] *subst* skrivmaskin

typical ['tippikkəl] *adj* typisk

typing ['tajping] *subst* maskinskrivning

typist ['tajpist] *subst* maskinskriverska

tyrant ['tajərənt] *subst* tyrann

tyre ['tajə] *subst* däck till bil o.d.

U, u [jo] *subst* U, u

ubiquitous [jo'bbikkwittəs] *adj* allestädes närvarande

udder ['addə] *subst* juver

UFO o. **ufo** ['jo:fəʊ] *subst* ufo

ugly ['aggli] *adj* ful; otäck

UK [jo:'kej] förk. för *United Kingdom*

ulcer ['allsə] *subst* sår; *gastric ~* magsår

Ulster ['allstə] vard. Nordirland

ulterior [all'tiəriə] *adj*, *~ motive* baktanke

ultimate ['alltimət] **I** *adj* slutlig; yttersta **II** *subst*, *the ~ in luxury* höjden av lyx

ultimately ['alltiməttli] *adv* till sist (slut)

ultrasound ['alltrəsaond] *subst* ultraljud

umbrella [am'brellə] **I** *subst* paraply; parasoll **II** *adj* paraply-

umpire ['ampajjə] **I** *subst* domare i t.ex. kricket el. tennis **II** *verb* sport. döma

umpteen ['ampti:n] *adj* vard. femtielva

umpteenth ['ampti:nθ] *adj* vard. femtielfte

UN [ˌjo:'en] (förk. för *United Nations*), *the ~* FN

unable [ˌann'ejbl], *be ~ to* inte kunna

unaccompanied [ˌannə'kampənidd] *adj* **1** ensam; *~ minor* obeledsagat barn **2** oackompanjerad

unaccustomed [ˌannə'kasstəmd] *adj, ~ to* ovan vid

unanimous [jo'nänniməs] *adj* enhällig

unanimously [jo'nänniməsli] *adv* enhälligt

unarmed [ˌann'a:md] *adj* obeväpnad

unashamed [ˌannə'schejmd] *adj* ogenerad

unassuming [ˌannə'sjo:ming] *adj* anspråkslös

unattached [ˌannə'tättcht] *adj* fri, oberoende

unattended [ˌannə'tenndidd] *adj* utan tillsyn; *~ to* försummad

unattractive [ˌannə'träkktivv] *adj* oattraktiv

unauthorized [ˌann'å:θərajzd] *adj* inte auktoriserad

unavoidable [ˌannə'våjjdəbbl] *adj* oundviklig

unaware [ˌannə'oäə] *adj, ~ of* omedveten om

unawares [ˌannə'oääz], *take (catch) sb. ~* överrumpla ngn

unbalanced [ˌann'bällənst] *adj* obalanserad

unbearable [ˌann'bäərəbbl] *adj* outhärdlig

unbeatable [ˌann'bi:təbbl] *adj* oöverträffbar

unbelievable [ˌannbə'li:vəbbl] *adj* otrolig

unbend [ˌann'bennd] *verb* bildl. släppa loss

unbiased [ˌann'bajjəst] *adj* fördomsfri; opartisk

unbreakable [ˌann'brejkəbbl] *adj* oförstörbar

unbroken [ˌann'brəokən] *adj* obruten; oavbruten

unbutton [ˌann'battn] *verb* knäppa upp

uncalled-for [ˌann'kå:ldfå:] *adj* onödig; oförskämd

uncanny [ˌann'känni] *adj* kuslig

unceasing [ˌann'si:sing] *adj* oavbruten

unceremonious [ˈannˌserri'məonjəs] *adj* otvungen

uncertain [ˌann'sö:tn] *adj* osäker

uncertainty [ˌann'sö:tnti] *subst* osäkerhet

unchecked [ˌann'tchekkt] *adj* okontrollerad

uncivilized [ˌann'sivvəlajzd] *adj* ociviliserad

uncle ['angkl] *subst* farbror; morbror

uncomfortable
[,ann'kammfətəbbl] *adj*
1 obekväm **2** illa till mods
uncommon [,ann'kåmmən]
adj ovanlig
uncompromising
[,ann'kåmmprəmajzing] *adj*
kompromisslös
unconditional
[,annkən'dischənl] *adj* vill-
korslös
unconscious [,ann'kånnschəs]
adj **1** omedveten **2** medvets-
lös
uncontrollable
[,annkən'trəoləbbl] *adj*
omöjlig att kontrollera
unconventional
[,annkən'venschənl] *adj*
okonventionell
uncouth [,ann'ko:θ] *adj* ohyf-
sad
uncover [,ann'kavvə] *verb*
blotta; bildl. avslöja
undecided [,anndi'sajjdidd]
adj tveksam
under ['anndə] *prep* **1** under;
study ~ sb. studera för ngn
2 enligt
under-age [,anndər'ejdʒ] *adj*
minderårig
undercarriage ['anndə,kärridʒ]
subst landningsställ på flyg-
plan
undercover ['anndə,kavvə] *adj*
hemlig; under täckmantel

undercurrent ['anndə,karənt]
subst underström
undercut [,anndə'katt] *verb*
undergräva
underdog ['anndədågg] *subst,*
the ~ den som är i underläge
underdone [,anndə'dann] *adj*
för lite stekt (kokt)
underestimate
[,anndər'estimejt] *verb* un-
derskatta
underfed [,anndə'fedd] *adj*
undernärd
underfoot [,anndə'fott] *adv*
under fötterna; på marken
undergo [,anndə'gəo] *verb*
genomgå
undergraduate
[,anndə'gräddjoət] *subst* stu-
dent på universitet
underground ['anndəgraond]
I *adj* underjordisk **II** *subst*
tunnelbana
undergrowth ['anndəgrəoθ]
subst undervegetation
underhand ['anndəhännd] *adj*
lömsk; under bordet; *use ~*
methods gå smygvägar
underlie [,anndə'laj] *verb* bildl.
ligga i botten av
underline [,anndə'lajn] *verb*
1 stryka under **2** bildl. fram-
häva
underling ['anndəling] *subst*
underhuggare
undermine [,anndə'majn] *verb*
underminera

underneath [ˌʌndəˈniːθ] *prep*
o. *adv* under, inunder; bildl.
under ytan

underpants [ˈʌndəpænnts]
subst pl kalsonger

underpass [ˈʌndəpɑːs] *subst*
tunnel under väg

underprivileged
[ˌʌndəˈprivvilidʒd] *adj* säm-
re lottad

underrate [ˌʌndəˈrejt] *verb*
undervärdera

underside [ˈʌndəsajd] *subst*
undersida

underskirt [ˈʌndəskøːt] *subst*
underkjol

understand [ˌʌndəˈstænnd]
verb förstå

understandable
[ˌʌndəˈstænndəbbl] *adj*
förståelig

understanding
[ˌʌndəˈstænndiŋ] **I** *subst*
1 förståelse; *on the ~ that* på
det villkoret att **2** förstående
II *adj* förstående

understatement
[ˌʌndəˈstejtmənt] *subst* un-
derdrift, understatement

understood [ˌʌndəˈstodd]
I imperf. o. perf. p. av
understand **II** *adj, is that ~?*
är det uppfattat?; *it must be
~ that* vi måste ha klart för
oss att

understudy [ˈʌndəˌstaddi]
subst ersättare på teater

undertake [ˌʌndəˈtejk] *verb*
åta sig

undertaker [ˈʌndəˌtejkə]
subst begravningsentrepre-
nör

undertaking [ˌʌndəˈtejkiŋ]
subst företag; åtagande

undertone [ˈʌndətəʊn] *subst*
bildl. underton

underwater [ˈʌndəˈɔːtə] *adj*
undervattens-

underwear [ˈʌndəwɛə] *subst*
underkläder

underworld [ˈʌndəwøːld]
subst undre värld

undies [ˈʌndiz] *subst pl* vard.
damunderkläder

undiplomatic
[ˈʌnˌdiplətˈmættikk] *adj*
odiplomatisk

undo [ˌʌnˈduː] *verb* **1** knäppa
upp **2** göra ogjord

undoing [ˌʌnˈduːiŋ] *subst*
fördärv

undoubted [ˌʌnˈdaotidd] *adj*
obestridlig

undoubtedly [ˌʌnˈdaotiddli]
adv utan tvivel

undress [ˌʌnˈdress] *verb* klä
av; klä av sig

undue [ˌʌnˈdjuː] *adj* otillbör-
lig; onödig

unduly [ˌʌnˈdjuːli] *adv* oskä-
ligt

unearth [ˌʌnˈøːθ] *verb* gräva
fram

unearthly [ˌʌnˈøːθli] *adj*

överjordisk; *at an ~ hour*
okristligt tidigt (sent)
uneasy [ˌann'iːzi] *adj* olustig
uneconomic
['annˌiːkəˈnåmmikk] *adj* dyr,
oekonomisk
uneconomical
['annˌiːkəˈnåmmikkəl] *adj*
oekonomisk, odryg
uneducated
[ˌann'eddjokejtidd] *adj* obil-
dad
unemployed [ˌannim'plåjjd]
adj arbetslös
unemployment
[ˌannim'plåjjmənt] *subst* ar-
betslöshet; *~ benefit* arbets-
löshetsunderstöd
unending [ˌann'ennding] *adj*
oändlig
unerring [ˌann'öːring] *adj*
osviklig
uneven [ˌann'iːvən] *adj* ojämn
unexpected
[ˌannikk'spekktidd] *adj*
oväntad
unexpectedly
[ˌannikk'spekktiddli] *adv*
oväntat
unfailing [ˌann'fejling] *adj*
aldrig svikande
unfair [ˌann'fäə] *adj* orättvis
unfaithful [ˌann'fejθfoll] *adj*
otrogen
unfamiliar [ˌannfə'milljə] *adj*
obekant

unfashionable
[ˌann'fäschənəbbl] *adj* omo-
dern
unfasten [ˌann'faːsn] *verb*
lossa; knäppa upp
unfavourable [ˌann'fejvərəbbl]
adj ogynnsam
unfeeling [ˌann'fiːling] *adj*
okänslig
unfinished [ˌann'finischt] *adj*
oavslutad
unfit [ˌann'fitt] *adj* olämplig;
medically ~ inte vapenför
unfold [ˌann'fəold] *verb*
1 veckla ut **2** uppenbara
unforeseen [ˌannfåːˈsiːn] *adj*
oförutsedd
unforgettable
[ˌannfə'gettəbbl] *adj* oför-
glömlig
unfortunate [ˌann'fåːtchənət]
adj olycklig; *be ~* äv. ha otur
unfortunately
[ˌann'fåːtchənəttli] *adv* tyvärr
unfounded [ˌann'faondidd] *adj*
ogrundad
unfriendly [ˌann'frenndli] *adj*
ovänlig
ungainly [ˌann'gejnli] *adj*
klumpig
ungodly [ˌann'gåddli] *adj*
ogudaktig
ungrateful [ˌann'grejtfoll] *adj*
otacksam
unhappiness [ˌann'häppinəs]
subst bedrövelse

unhappy [,ann'häppi] *adj*
olycklig

unhealthy [,ann'hellθi] *adj*
1 sjuklig **2** ohälsosam

unheard-of [,ann'hö:dåvv] *adj*
1 förut okänd **2** exempellös

unidentified
[,annaj'denntifajd] *adj*
oidentifierad

uniform ['jo:nifå:m] **I** *adj* lik-
formig **II** *subst* uniform

uninhabited
[,annin'häbbitidd] *adj* obe-
bodd

unintentional
[,anninn'tenschənl] *adj* oav-
siktlig

union ['jo:njən] *subst* **1** för-
ening **2** fackförening; *stu-
dents'* ~ studentkår **3** *the
Union Jack* Storbritanniens
flagga

unique [jo:'ni:k] *adj* unik

unison ['jo:nisn], *in* ~ unisont

unit ['jo:nitt] *subst* enhet; ~
furniture kombimöbler

unite [jo:'najjt] *verb* förena

united [jo:'najjtidd] *adj* för-
enad; enad; *the United
Kingdom* Förenade kungari-
ket Storbritannien och Nordir-
land; *the United Nations*
Förenta nationerna; *the
United States of America*
Förenta staterna

unity ['jo:nətti] *subst* enighet

universal [,jo:ni'vö:səl] *adj*

1 allmän **2** om film barntillå-
ten

universe ['jo:nivö:s] *subst*
universum

university [,jo:ni'vö:sətti] *subst*
universitet; ~ *education*
akademisk utbildning

unjust [,ann'dʒasst] *adj* orätt-
färdig

unkempt [,ann'kempt] *adj*
ovårdad

unkind [,ann'kajnd] *adj* ovän-
lig

unknown [,an'nəon] *adj* okänd

unlawful [,ann'lå:foll] *adj*
olaglig

unleash [,ann'li:sch] *verb*
släppa lös (loss)

unless [ən'less] *konj* om inte;
med mindre än att

unlike [,ann'lajk] *prep* olikt;
till skillnad från

unlikely [,ann'lajkli] *adj* osan-
nolik

unlimited [,ann'limmitidd] *adj*
obegränsad

unlisted [,ann'lisstidd] *adj*, ~
telephone number hemligt
telefonnummer

unload [,ann'ləod] *verb* lasta
av

unlock [,ann'låkk] *verb* låsa
upp

unlucky [ən'lakki] *adj*
olycklig; *be* ~ ha otur

unmarried [,ann'märridd] *adj*
ogift

unmistakable
[ˌannmiˈstejjkəbbl] *adj*
omisskännlig

unnatural [ˌanˈnättchrəl] *adj*
onaturlig

unnecessary [ˌanˈnessəsərri]
adj onödig

unnoticed [ˌanˈnəotisst] *adj*
obemärkt

UNO [ˈjoːnəo] (förk. för *United
Nations Organization*), *the ~*
FN

unobtainable
[ˌannəbbˈtejnəbbl] *adj* oåt-
komlig

unofficial [ˌannəˈfischəl] *adj*
inofficiell

unorthodox [ˌannˈåːθədåkks]
adj oortodox

unpack [ˌannˈpäkk] *verb* pac-
ka upp

unpalatable [ˌannˈpällətəbbl]
adj oaptitlig; bildl. motbju-
dande

unparalleled [ˌannˈpärrəlelld]
adj utan like (motstycke)

unpleasant [ˌannˈplezznt] *adj*
otrevlig; obehaglig

unplug [ˌannˈplagg] *verb* dra
ur sladden till; *~ the telephone*
dra ur jacket

unpopular [ˌannˈpåppjolə] *adj*
impopulär

unprecedented
[ˌannˈpressidəntidd] *adj*
oöverträffad

unpredictable
[ˌannpriˈdikktəbbl] *adj* oför-
utsägbar

unprofessional
[ˌannprəˈfeschənl] *adj* opro-
fessionell

unqualified [ˌannˈkoållifajjd]
adj inte behörig

unravel [ˌannˈrävvəl] *verb* repa
upp; bildl. nysta upp

unreal [ˌannˈriəl] *adj* overklig

unreasonable [ˌannˈriːzənəbbl]
adj oförnuftig, oresonlig

unrelated [ˌannriˈlejjtidd] *adj*
obesläktad

unrelenting [ˌannriˈlennting]
adj obeveklig

unreliable [ˌannriˈlajjəbbl] *adj*
opålitlig

unreservedly [ˌannriˈzöːviddli]
adv utan förbehåll

unrest [ˌannˈresst] *subst* oro

unroll [ˌannˈrəol] *verb* rulla
(veckla) upp

unruly [ˌannˈroːli] *adj* bångsty-
rig

unsafe [ˌannˈsejf] *adj* inte
säker

unsaid [ˌannˈsedd] *adj* osagd

unsatisfactory
[ˈannˌsättisˈfäkktərri] *adj*
otillfredsställande

unsavoury [ˌannˈsejjvərri] *adj*
osmaklig

unscathed [ˌannˈskejɒd] *adj*
helskinnad

unscrupulous
[ˌann'skro:pjoləs] *adj* samvetslös

unsettled [ˌann'settld] *adj*
orolig, osäker

unskilled [ˌann'skilld] *adj*
okvalificerad; ~ *labour* outbildad arbetskraft

unspeakable [ˌann'spi:kəbbl]
adj obeskrivlig

unstable [ˌann'stejbl] *adj* instabil

unsteady [ˌann'steddi] *adj*
ostadig

unstuck [ˌann'stakk] *adj, come*
~ lossna; vard. gå i stöpet

unsuccessful [ˌannsək'sessfoll]
adj misslyckad; *be* ~ äv.
misslyckas

unsuitable [ˌann'sjo:təbbl] *adj*
olämplig

unsure [ˌann'schoə] *adj*, ~ *of*
(*about*) osäker

unsuspecting
[ˌannsə'spekkting] *adj* intet
ont anande

unsympathetic
['ann,simpə'θettikk] *adj*
oförstående

untapped [ˌann'täppt] *adj*
outnyttjad

unthinkable [ˌann'θingkəbbl]
adj otänkbar

untidy [ˌann'tajjdi] *adj* ovårdad

untie [ˌann'taj] *verb* knyta upp

until [ən'till] *prep* o. *konj*
1 till, tills **2** förrän

untimely [ˌann'tajmli] *adj*
oläglig

untold [ˌann'təold] *adj* oändlig

unused *adj* **1** [ˌann'jo:zd] oanvänd **2** [ˌann'jo:st], ~ *to* ovan vid

unusual [ˌann'jo:ʒoəl] *adj*
ovanlig

unveil [ˌann'vejl] *verb* avtäcka;
bildl. avslöja

unwanted [ˌann'oånntidd] *adj*
oönskad

unwell [ˌann'oell] *adj* sjuk

unwieldy [ˌann'wi:ldi] *adj*
klumpig; tungrodd

unwilling [ˌann'willing] *adj*
ovillig

unwillingly [ˌann'willingli] *adv*
motvilligt

unwind [ˌann'oajnd] *verb*
1 koppla av **2** vira upp

unwise [ˌann'oajz] *adj* oklok

unwitting [ˌann'witting] *adj*
omedveten

unworkable [ˌann'wö:kəbbl]
adj outförbar

unworthy [ˌann'wö:ði] *adj*
ovärdig

unwrap [ˌann'räpp] *verb* öppna paket o.d.

unwritten [ˌann'rittn] *adj*
oskriven

up [app] **I** *adv* o. *adj* **1** upp;
uppe; ~ *and down* fram och
tillbaka; ~ *there* däruppe; dit

upp; ~ *to town* till stan oftast
London **2** över, slut; *time's ~!*
tiden är ute! **3** *be* ~ vara
uppe; *be ~ against* kämpa
mot; *be ~ for* ställa upp till;
be ~ to sb. vara upp till ngn;
be ~ to sth. ha ngt fuffens för
sig; *feel ~ to* känna för;
what's ~? vad står på? **4** *~ to
now* hittills **II** *prep* uppför;
uppåt **III** *subst*, ups and
downs med- och motgångar

up-and-coming
[ˌappən'kamming] *adj* lo-
vande

upbringing ['appˌbringing]
subst uppfostran

update [app'dejt] *verb* uppda-
tera

upgrade [app'grejd] *verb* för-
bättra

upheaval [app'hi:vəl] *subst*
bildl. omvälvning

uphold [app'həold] *verb* upp-
rätthålla

upholstery [app'həolstərri]
subst möbelstoppning

upkeep ['appki:p] *subst* un-
derhåll

upon [ə'pånn] *prep* på; *once ~
a time there was* det var en
gång

upper ['appə] *adj* övre; över-

upper class [ˌappə'kla:s] *subst*,
the ~ överklassen

uppermost ['appəməost] *adj*
överst; främst

upright ['apprajt] *adj* o. *adv*
upprätt

uprising ['appˌrajzing] *subst*
uppror

uproar ['apprå:] *subst* liv,
oväsen; *in an ~* i uppror

uproot [app'ro:t] *verb* rycka
upp med rötterna

upset [app'sett] **I** *verb* rubba;
göra upprörd **II** *adj* upprörd;
have an ~ stomach vara
magsjuk; ha magbesvär

upshot ['appschått] *subst* re-
sultat

upside-down [ˌappsajd'daon]
adv o. *adj* upp och ned

upstairs [ˌapp'stäəz] *adv* i
övervåningen

upstart ['appsta:t] *subst* upp-
komling

upstream [ˌapp'stri:m] *adv* o.
adj uppåt floden

uptight ['apptajt] *adj* vard.
spänd, nervös

up-to-date [ˌapptə'dejt] *adj* à
jour; fullt modern

upturn ['apptö:n] *subst* upp-
åtgående trend

upward ['appoəd] *adj* upp-
åtriktad

urban ['ö:bən] *adj* stads-; *~
area* tätort

urbane [ö:'bejn] *adj* världsvan

urge [ö:dʒ] **I** *verb* försöka
övertala **II** *subst* starkt behov

urgency ['ö:dʒənsi] *subst*
1 yttersta vikt **2** enträgenhet

urgent ['ö:dʒənt] *adj* **1** brådskande **2** enträgen

urinal [jʊə'rajnl] *subst* urinoar

urine ['jʊərinn] *subst* urin

urn [ö:n] *subst* urna

US [jo:'ess] (förk. för *United States*), *the ~* USA

us [ass] *pron* oss

USA [jo:ess'ej] (förk. för *United States of America*), *the ~* USA

use I [jo:s] *subst* användning; nytta; *make ~ of* använda; *be in ~* vara i bruk; *be of ~* komma till nytta; *be out of ~* vara ur bruk **II** *verb* **1** [jo:z] använda **2** [jo:s], *used to* brukade

used *adj* **1** [jo:zd] använd **2** [jo:st], *~ to* van vid

useful ['jo:sfoll] *adj* nyttig; användbar

usefulness ['jo:sfollnəs] *subst* nytta

useless ['jo:sləs] *adj* värdelös; lönlös

user ['jo:zə] *subst* förbrukare, användare

user-friendly ['jo:zə,frenndli] *adj* användarvänlig

usher ['aschə] **I** *subst* vaktmästare på bio o.d. **II** *verb* föra, visa

usherette [,aschə'rett] *subst* kvinnlig vaktmästare på bio o.d.

usual ['jo:ʒʊəl] *adj* vanlig; *as ~* som vanligt

usually ['jo:ʒʊəlli] *adv* vanligtvis

utensil [jo:'tennsl] *subst*, **household utensils** husgeråd

uterus ['jo:tərrəs] *subst* livmoder

utility [jo:'tillətti] *subst* **1** nytta **2** samhällsservice

utmost ['attməost] **I** *adj* ytterst **II** *subst*, *to the ~* till det yttersta

1 utter ['attə] *adj* fullständig

2 utter ['attə] *verb* ge ifrån sig ljud

utterance ['attərəns] *subst* yttrande

utterly ['attəli] *adv* fullständigt

U-turn ['jo:tö:n] *subst* **1** U-sväng **2** bildl. helomvändning

V

V, v [vi:] *subst* V, v
vacancy ['vejkənnsi] *subst*
vakans; ledig plats
vacant ['vejkənnt] *adj* tom,
ledig
vacate [vəˈkejjt] *verb* utrym-
ma
vacation [vəˈkejjschən] *subst*
ferier, lov
vaccinate ['väkksinejt] *verb*
vaccinera
vacuum ['väkkjoəm] **I** *subst*
1 vakuum **2** *~ cleaner*
dammsugare **II** *verb* damm-
suga
vacuum-packed
['väkkjoəmpäkkt] *adj*
vakuumförpackad
vagina [vəˈdʒajjnə] *subst* va-
gina
vagrant ['vejgrənt] *subst* lös-
drivare
vague [vejg] *adj* vag
vaguely ['vejgli] *adv* vagt
vain [vejn] *adj* fåfäng
valiant ['välljənt] *adj* tapper
valid ['vällidd] *adj* giltig; *~
period* giltighetstid
valley ['välli] *subst* dal
valuable ['välljoəbbl] **I** *adj*
värdefull **II** *subst, valuables*
värdesaker

valuation [ˌvälljoˈejschən]
subst värde
value ['välljo:] **I** *subst* värde;
values värderingar **II** *verb*
värdera
valued ['välljo:d] *adj* värderad
valve [vällv] *subst* tekn. ventil,
klaff
van [vänn] *subst* skåpbil; van
vandal ['vändəl] *subst* vandal
vandalism ['vänndəlizəm]
subst vandalism
vandalize ['vänndəlajz] *verb*
vandalisera
vanguard ['vännga:d] *subst*
förtrupp
vanilla [vəˈnillə] *subst* vanilj; *~
custard* vaniljkräm
vanish ['vännisch] *verb* för-
svinna
vanity ['vännətti] *subst* få-
fänga
vapour ['vejpə] *subst* ånga;
imma
variable ['väəriəbbl] *adj* väx-
lande
variance ['väəriəns] *subst*
skillnad
varied ['väəridd] *adj* varieran-
de
variety [vəˈrajjətti] *subst*
1 mångfald **2** varieté **3** *~ is
the spice of life* ombyte
förnöjer
various ['väəriəs] *adj* olika;
åtskilliga

varnish ['va:nisch] *subst* o. *verb* fernissa

vary ['väari] *verb* variera

vase [va:z] *subst* vas

vast [va:st] *adj* omfattande

VAT [,vi:ej'ti:] *subst* moms

vat [vätt] *subst* fat; kar

1 vault [vå:lt] *subst* valv

2 vault [vå:lt] *verb* svinga sig över

VCR [,vi:si:'a:] *subst* video apparat

veal [vi:l] *subst* kalvkött

veer [viə] *verb* svänga

vegetable ['veddʒətəbbl] **I** *adj*, ~ oil vegetabilisk olja **II** *subst* grönsak; ~ garden köksträdgård

vegetarian [,veddʒi'täəriən] **I** *subst* vegetarian **II** *adj* vegetarisk

vehement ['vi:əmənt] *adj* häftig

vehicle ['vi:ikl] *subst* fordon

veil [vejl] **I** *subst* slöja **II** *verb* beslöja

vein [vejn] *subst* **1** ven **2** stämning

velvet ['vellvət] *subst* sammet

veneer [və'niə] *subst* **1** faner **2** fernissa bildl.

venereal [vi'niəriəl] *adj* venerisk

vengeance ['venndʒəns] *subst* hämnd

venison ['vennisn] *subst* vilt kött

venom ['vennəm] *subst* gift

vent [vennt] *subst* **1** ventil **2** give ~ to ge utlopp för

ventilator ['venntilejtə] *subst* fläkt

ventriloquist [venn'trilləkwist] *subst* buktalare

venture ['venntchə] **I** *subst* vågstycke; satsning **II** *verb* våga sig på

verb [vö:b] *subst* verb

verbal ['vö:bəl] *adj* språklig; verbal

verbatim [vö:'bejjtimm] *adj* ordagrann

verdict ['vö:dikkt] *subst* jurys utslag

verge [vö:dʒ] **I** *subst*, be on the ~ of stå på gränsen till **II** *verb*, ~ on vara på gränsen till

verify ['verrifaj] *verb* verifiera

vermin ['vö:minn] *subst* ohyra

vermouth ['vö:məθ] *subst* vermouth

versatile ['vö:sətajl] *adj* mångsidig

verse [vö:s] *subst* vers; in ~ på vers

version ['vö:schən] *subst* version

versus ['vö:səs] *prep* mot

vertical ['vö:tikkəl] *adj* vertikal

vertigo ['vö:tigəo] *subst* svindel

verve [vö:v] *subst* schvung

very ['verri] **I** *adv* **1** mycket; *not* ~ inte så värst (vidare) **2** allra **II** *adj*, *in the* ~ *centre* i själva centrum; *the* ~ *idea of it* blotta tanken på det; *at that* ~ *moment* just i det ögonblicket

vessel ['vessl] *subst* **1** kärl **2** håf

vest [vesst] *subst* undertröja

vet [vett] *subst* vard. veterinär

veteran ['vettərən] *subst* veteran

veto ['vi:təo] *subst* veto; vetorätt

vexed [vekkst] *adj* förargad

via ['vajjə] *prep* via, över

viable ['vajjəbbl] *adj* genomförbar

vibrate [vajj'brejt] *verb* vibrera

vicar ['vikkə] *subst* kyrkoherde

vicarage ['vikkəridd3] *subst* prästgård

vicarious [vi'kkäəriəs] *adj* ställföreträdande

vice [vajs] *subst* **1** last; synd **2** ~ *squad* sedlighetsrotel

vice- [vajs] *prefix* vice-, vice

vice versa [,vajsi'vö:sə] *adv* vice versa

vicinity [vi'sinnətti], *in the* ~ *of* i närheten av

vicious ['vischəs] *adj* grym, brutal

victim ['vikktimm] *subst* offer

victor ['vikktə] *subst* segrare

Victorian [vikk'tå:riən] **I** *adj* viktoriansk från (karakteristisk för) drottning Viktorias tid 1837–1901 **II** *subst* viktorian

victory ['vikktərri] *subst* seger

video ['viddiəo] **I** *subst* video **II** *verb* spela in på video

videotape ['viddiəotejp] **I** *subst* videoband **II** *verb* spela in på video

view [vjo:] **I** *subst* **1** utsikt; *in* ~ i sikte **2** åsikt; syn; *point of* ~ synpunkt; *in my* ~ enligt min mening; *in* ~ *of* med tanke på **II** *verb* betrakta

viewer ['vjo:ə] *subst* TV-tittare

view-finder ['vjo:,fajndə] *subst* sökare i kamera

viewpoint ['vjo:påjnt] *subst* synpunkt

vigorous ['viggərəs] *adj* kraftig; energisk

vile [vajl] *adj* usel, eländig

villa ['villə] *subst* villa

village ['villid3] *subst* by

villager ['villid3ə] *subst* bybo

villain ['villən] *subst* bov

vindicate ['vinndikkejt] *verb* rättfärdiga

vindictive [vinn'dikktivv] *adj* hämndlysten

vine [vajn] *subst* vinranka; klängväxt

vinegar ['vinnigə] *subst* ättika; *wine* ~ vinäger

vineyard 356

vineyard ['vinnjəd] *subst* vingård

vintage ['vinntidʒ] *adj, ~ wine* årgångsvin

viola [vi'əolə] *subst* altfiol

violate ['vajjəlejt] *verb* kränka

violence ['vajjələns] *subst* våld; våldsamhet

violent ['vajjələnt] *adj* våldsam

violet ['vajjələt] *subst* viol

violin [,vajjə'linn] *subst* fiol

violinist [,vajjə'linnist] *subst* violinist

VIP [,vi:aj'pi:] *subst* VIP, höjdare

virgin ['vö:dʒinn] **I** *subst* jungfru, oskuld **II** *adj* orörd

Virgo ['vö:gəo] *subst* Jungfrun stjärntecken

virile ['virrajl] *adj* viril

virtually ['vö:tchoəlli] *adv* praktiskt taget

virtue ['vö:tjo:] *subst* **1** dygd **2** fördel

virtuous ['vö:tchoəs] *adj* dygdig

virus ['vajjərəs] *subst* virus

visa ['vi:zə] *subst* visum

visibility [,vizzi'billəti] *subst* sikt; *improved ~* siktförbättring

visible ['vizzəbl] *adj* synlig

vision ['viʒʒən] *subst* syn; vision

visit ['vizzitt] **I** *verb* besöka **II** *subst* besök

visitor ['vizzittə] *subst* besökare; gäst; *visitors* äv. främmande

visor ['vajzə] *subst* visir

vista ['visstə] *subst* utsikt

visual ['viʒʒoəl] *adj* syn-; visuell; *the ~ arts* bildkonsten

visualize ['viʒʒoəlajz] *verb* föreställa sig

vital ['vajtl] *adj* livsviktig, vital

vitamin ['vittəminn] *subst* vitamin

vivacious [vi'vejjschəs] *adj* livfull

vivid ['vivvidd] *adj* levande

V-neck ['vi:nekk] *subst* v-ringad tröja

vocabulary [vəo'käbbjolərri] *subst* vokabulär; ordförråd

vocal ['vəokl] **I** *adj* röst-, vokal **II** *subst, vocals* sång

vocation [vəo'kejjschən] *subst* kall

vocational [vəo'kejjschənl] *adj* yrkes-; *~ training school* yrkesskola

vociferous [vəo'siffərəs] *adj* högljudd

vodka ['våddkə] *subst* vodka

vogue [vəog] *subst* mode; *in ~* på modet

voice [våjjs] **I** *subst* **1** röst **2** talan **II** *verb* uttrycka

void [våjjd] *subst* tomrum

volatile ['vållətajl] *adj* flyktig

walt

volcano [våll'kejnəo] *subst*
vulkan

volition [vəo'lischən] *subst, of
one's own* ~ av fri vilja

volley [vålli] *subst* volley i
tennis o.d.

volleyball ['vållibå:l] *subst*
volleyboll

volt [vəolt] *subst* volt

voltage ['vəoltiddʒ] *subst*
spänning i volt

volume ['vålljo:m] *subst* vo-
lym

voluntarily ['vålləntərrəli] *adv*
frivilligt

voluntary ['vålləntərri] *adj*
frivillig; ~ *organization* fri-
villigorganisation; ~ *worker*
volontär

volunteer [‚vållən'tiə] I *subst*
frivillig; volontär II *verb*
frivilligt anmäla sig

vomit ['våmmitt] *verb* kräkas

vote [vəot] I *subst* röst; antal
röster; *have the* ~ ha rösträtt
II *verb* rösta

voter ['vəotə] *subst* väljare

voucher ['vaotchə] *subst* ku-
pong; *gift* ~ presentkort

vow [vao] I *subst* löfte II *verb*
lova

vowel ['vaoəl] *subst* vokal

voyage ['våjjiddʒ] *subst* färd

vulgar ['vallgə] *adj* vulgär

vulnerable ['vallnərəbl] *adj*
sårbar

vulture ['valltchə] *subst* gam

W

W, w ['dabbljo:] *subst* W, w

wad [oådd] *subst* **1** tuss
2 bunt

waddle ['oåddl] *verb* gå och
vagga som en anka

wade [oejd] *verb* vada

wafer ['oejfə] *subst* rån, wafer

waffle ['oåffl] *subst* våffla

waft [oa:ft] *verb* bäras av
vinden

wag [oägg] *verb* vifta på
(med)

wage [oejdʒ] I *subst, wages*
lön veckolön för arbetare; ~
demand lönekrav; ~ *drift*
löneglidning; ~ *freeze* löne-
stopp; ~ *talks* löneförhand-
lingar II *verb*, ~ *war* föra
krig

waggle ['oäggl] *verb* vippa
(vicka) med

wagon ['oäggən] *subst* **1** vagn;
godsvagn **2** *go on the water*
~ spola kröken

wail [oejl] I *verb* klaga, jämra
sig II *subst* jämmer

waist [oejst] *subst* midja

waistcoat ['oejstkəot] *subst*
väst

waistline ['oejstlajn] *subst*
midja

wait [oejt] I *verb* **1** vänta; ~

and see se tiden an; *that can*
~ det är inte så bråttom med
det **2** ~ *on* servera, vara
servitör **II** *subst* väntan
walter ['oejtə] *subst* kypare
walting ['oejting] *subst, No*
Waiting! på skylt stoppförbud
walting-list ['oejtinglist] *subst*
väntelista
walting-room ['oejtingro:m]
subst väntrum, väntsal
waltress ['oejtrəs] *subst* servi-
tris
walve [oejv] *verb* bortse från
1 wake* [oejk] *verb*, ~ *up*
vakna; väcka
2 wake [oejk] *subst, in the ~*
of till följd av
Wales [oejlz], *the Prince of ~*
prinsen av Wales titel för den
brittiske tronföljaren
walk [oå:k] **I** *verb* gå; prome-
nera; ~ *away* gå sin väg; ~
away (off) with ta hem seger
o.d.; ~ *out* gå ut; gå i strejk; ~
out on sb. gå ifrån ngn
II *subst* promenad
walker ['oå:kə] *subst* fotvand-
rare
walking ['oå:king] *subst* sport.
gång
walking-stick ['oå:kingstikk]
subst promenadkäpp
walkout ['oå:kaot] *subst* strejk
walkover ['oå:k,əovə] *subst*
sport. walkover; promenad-
seger

walkway ['oå:kwej] *subst*
gångbana
wall [oå:l] *subst* **1** vägg **2** mur
wallet ['oållitt] *subst* plånbok
wallflower ['oå:l,flaoə] *subst*
panelhöna
wallop ['oåləp] *verb* vard.
smocka till
wallow ['oåləo] *verb*, ~ *in*
vältra sig i
wallpaper ['oå:l,pejpə] *subst*
tapet, tapeter
walnut ['oå:lnatt] *subst* valnöt
waltz [oå:ls] **I** *subst* vals dans
el. musik **II** *verb* dansa vals
wan [oånn] *adj* glåmig
wand [oånd] *subst, magic* ~
trollspö
wander ['oåndə] *verb* vandra
wane [oejn] **I** *verb* avta
II *subst, on the* ~ i avtagande
wangle ['oänggl] vard. **I** *verb*
fiffla **II** *subst* fiffel
want [oånt] **I** *subst* **1** ~ *of*
brist på **2** *wants* behov
II *verb* vilja; vilja ha
wanting ['oånting] *adj* brist-
fällig
wanton ['oåntən] *adj* **1** god-
tycklig **2** lättfärdig
war [oå:] *subst* krig; *civil* ~
inbördeskrig; *be at* ~ vara i
krig
ward [oå:d] **I** *subst* avdelning,
sal på sjukhus o.d. **II** *verb*, ~ *off*
avvärja

wasp

warden ['oå:dn] *subst* föreståndare

warder ['oå:də] *subst* fångvaktare

wardrobe ['oå:drəob] *subst* garderob

warehouse ['äähaos] *subst* lagerlokal

warfare ['oå:fää] *subst* krigföring

warhead ['oå:hedd] *subst* stridsspets i robot

warily ['ööärəlli] *adv* varsamt

warm [oå:m] **I** *adj* varm
II *verb* värma; ~ *up* värma upp

warm-hearted [ˌoå:m'ha:tidd] *adj* varmhjärtad

warmth [oå:mθ] *subst* värme

warm-up ['oå:mapp] *subst* uppvärmning; ~ *band* förband vid popkonsert

warn [oå:n] *verb* varna

warning ['oå:ning] *subst* varning

warp [oå:p] *verb* **1** bukta sig **2** bildl. snedvrida

warrant ['oårrənt] *subst* fullmakt; häktningsorder

warranty ['oårrənti] *subst* garanti för fullgod vara

warren ['oårrən] *subst* kaningård

warrior ['oårriə] *subst* krigare; *the Unknown Warrior* den okände soldaten

warship ['oå:schipp] *subst* örlogsfartyg

wart [oå:t] *subst* vårta

wartime ['oå:tajm] *subst* krigstid

wary ['ööäri] *adj* på sin vakt

was [oåz], *I* (*he, she, it*) ~ jag (han, hon, det) var, jfr äv. *be*

wash [oåsch] **I** *verb* **1** tvätta; tvätta sig, *the dishes diska*, ~ *off* gå bort i tvätten; ~ *up* diska **2** skölja; ~ *away* spola bort **II** *subst* **1** *have a* ~ tvätta sig **2** tvätt

washable ['oåschəbbl] *adj* tvättbar

washbasin ['oåsch,bejsn] *subst* tvättställ

washcloth ['oåschklåθθ] *subst* disktrasa

washer ['oåschə] *subst* packning till kran o.d.

washing ['oåsching] *subst* tvätt

washing-machine ['oåschingmə,schi:n] *subst* tvättmaskin

washing-powder ['oåsching,paodə] *subst* tvättmedel

washing-up [ˌoåsching'app] *subst* disk

washout ['oåschaot] *subst* vard. fiasko

wasn't ['oåznt] = *was not*

wasp [oåssp] *subst* geting; *~'s nest* getingbo

wastage ['oejstiddʒ] *subst*
slöseri

waste [oejst] **I** *adj* **1** öde
2 avfalls-; ~ *bin* soptunna; ~
paper basket papperskorg
II *verb* slösa (kasta) bort
III *subst* **1** slöseri; *a* ~ *of time*
bortkastad tid **2** avfall; so-
por

wasteful ['oejstfoll] *adj* slös-
aktig

watch [oåtch] **I** *subst* **1** arm-
bandsur **2** *keep* ~ hålla vakt
II *verb* **1** se på **2** bevaka;
passa

watchdog ['oåtchdågg] *subst*
vakthund

watchful ['oåtchfoll] *adj* vak-
sam

watchmaker ['oåtch,mejkə]
subst urmakare

watchman ['oåtchmən] *subst*
väktare

watchstrap ['oåtchsträpp]
subst klockarmband

water ['oå:tə] **I** *subst* vatten
II *verb* vattna; vattnas; *wa-
tered down* urvattnad; ut-
spädd

watercolour ['oå:tə,kallə] *subst*
1 vattenfärg **2** akvarell

watercress ['oå:təkress] *subst*
vattenkrasse

waterfall ['oå:təfå:l] *subst*
vattenfall

water-heater ['oå:tə,hi:tə]
subst varmvattenberedare

watering-can ['oå:təringkänn]
subst vattenkanna

water lily ['oå:tə,lilli] *subst*
näckros

waterline ['oå:təlajn] *subst*
vattenlinje

water main ['oå:təmejn] *subst*
huvudledning för vatten

watermelon ['oå:tə,mellən]
subst vattenmelon

waterproof ['oå:təpro:f] **I** *adj*
vattentät **II** *subst* regnkappa

watershed ['oå:təschedd]
subst bildl. brytningspunkt

water-skiing ['oå:tə,ski:ing]
subst vattenskidåkning

watertight ['oå:tətajt] *adj*
vattentät

waterway ['oå:təwej] *subst*
vattenled

waterworks ['oå:təwö:ks]
subst vattenverk

watery ['oå:təri] *adj* vattnig

watt [oått] *subst* watt

wave [wejv] **I** *subst* **1** våg i
olika bet.; *heat* ~ värmebölja
2 vinkning **II** *verb* **1** bölja
2 vinka

wavelength ['wejvlengθ] *subst*
våglängd

waver ['wejvə] *verb* vackla;
tveka

wavy ['wejvi] *adj* vågig

1 wax [oäkks] *verb* tillta om
månen

2 wax [oäkks] **I** *subst* vax
II *verb* vaxa

361

weep

way [wej] *subst* **1** väg; *know the ~* hitta, känna till vägen; *in the ~ of* i vägen för **2** sätt; *~ of life* livsstil; *that's the ~ it is* sånt är livet; *have one's own ~* få sin vilja fram; *in a ~* på sätt och vis **3** *by the ~* förresten

wayward ['wejəəd] *adj* egensinnig

we [oi:] *pron* vi

weak [oi:k] *adj* svag

weaken ['oi:kən] *verb* försvaga

weakling ['oi:kling] *subst* vekling

weakness ['oi:knəs] *subst* svaghet

wealth [oellθ] *subst* rikedom

wealthy ['oellθi] *adj* rik

wean [oi:n] *verb* avvänja

weapon ['oeppən] *subst* vapen

wear* [oää] **I** *verb* **1** vara klädd i, använda **2** nötas; *~ away* nötas bort; *~ off* gå över (bort); *~ out* slita ut **II** *subst* **1** användning **2** kläder; *men's ~* herrkläder

weary ['wiəri] *adj* trött

weasel ['wi:zl] *subst* vessla

weather ['oeððə] *subst* väder

weather-beaten ['oeððə,bi:tn] *adj* väderbiten

weathercock ['oeððəkåkk] *subst* vindflöjel

weather forecast ['oeððə,få:ka:st] *subst* väderprognos

weatherman ['oeððəmän] *subst* vard. meteorolog

weathervane ['oeððəvejn] *subst* vindflöjel

weave [oi:v] **I** *verb* väva **II** *subst* väv

web [oebb] *subst* spindelväv

we'd [wi:d] = *we had, we would* o. *we should*

wedding ['oedding] *subst* bröllop

wedding ring ['oeddingring] *subst* vigselring

wedge [oeddʒ] **I** *subst* kil **II** *verb* kila fast

Wednesday ['oenzdej] *subst* onsdag

wee [wi:] *adj* mycket liten

weed [wi:d] *subst* ogräs

weed-killer ['wi:d,killə] *subst* ogräsmedel

weedy ['wi:di] *adj* full av ogräs

week [wi:k] *subst* vecka; *last ~* förra veckan; *this ~* nu i veckan; *by the ~* veckovis

weekday ['wi:kdej] *subst* vardag

weekend [,wi:k'ennd] *subst* helg, veckoslut

weekly ['wi:kli] **I** *adj* vecko- **II** *adv* en gång i veckan **III** *subst* veckotidning

weep [wi:p] *verb* gråta

weigh [wej] *verb* väga; ~ *one's words* väga sina ord; ~ *down* tynga ned

weight [wejt] *subst* vikt; tyngd

weightlifter ['wejt,lifftə] *subst* tyngdlyftare

weighty ['wejti] *adj* tung

weir [wiə] *subst* fördämning

weird [wiəd] *adj* konstig

welcome ['oelkamm] **I** *adj* välkommen; *you're* ~! svar på tack ingen orsak! **II** *subst* välkomnande **III** *verb* välkomna

weld [oelld] *verb* svetsa

welder ['oelldə] *subst* svetsare

welfare ['oellfäə] *subst* **1** välfärd; *the* ~ *state* välfärdssamhället **2** ~ *services* socialtjänsten

1 well [oell] **I** *subst* brunn; *oil* ~ oljekälla **II** *verb*, ~ *up* välla upp (fram)

2 well [oell] **I** *adv* väl, bra, gott; *not very* ~ inte så bra; *as* ~ också; *as* ~ *as* såväl som **II** *adj* frisk, bra **III** *interj* nåväl!; så!; tjaa!

we'll [wi:l] = *we will* o. *we shall*

well-behaved [,oellbi'hejvd] *adj* väluppfostrad

well-being [,oell'bi:ing] *subst* välbefinnande

well-built ['oellbillt] *adj* välbyggd

well-heeled ['oellhi:ld] *adj* vard. tät, rik

well-known ['oellnəon] *adj* väl känd

well-mannered [,oell'männəd] *adj* väluppfostrad

well-meaning [,oell'mi:ning] *adj* välmenande

well-off ['oelláff] *adj* välbärgad

well-read ['oellredd] *adj* beläst

well-to-do [,oelltə'do:] *adj* förmögen

Welsh [oelsch] **I** *adj* walesisk **II** *subst* walesiska språket

Welshman ['oelschmən] *subst* walesare

Welshwoman ['oelsch,wommən] *subst* walesiska kvinna

went [oennt] imperf. av *go*

wept [oeppt] imperf. o. perf. p. av *weep*

were [wö:], *you* (*we, they*) ~ du el. ni (vi, de) var, jfr äv. *be*

we're [wiə] = *we are*

weren't [wö:nt] = *were not*

west [oesst] **I** *subst* **1** väst **2** *the West* västvärlden **II** *adj* västra; *the West End* den fashionabla västra delen av London **III** *adv* västerut

westerly ['oesstəli] *adj* västlig

western ['oesstən] **I** *adj* **1** västlig; väst- **2** *Western* västerländsk **II** *subst* västern

westward ['oesstwəd] o. **west-**

wards ['oesstwədz] *adv* mot (åt) väster

wet [oett] **I** *adj* våt, blöt **II** *verb* fukta; blöta ner; ~ *oneself* kissa på sig

wet blanket [ˌoett'blänkitt] *subst* vard. glädjedödare

wet suit ['oettso:t] *subst* våtdräkt

we've [wi:v] = *we have*

whack [oäkk] *verb* vard. slå till

whale [oejl] *subst* val djur

wharf [oå:f] *subst* kaj

what [oått] *pron* **1** vad, vilken, vilket, vilka; ~ *for?* varför?; *so* ~? än sen då? **2** vad som, det som

whatever [oått'evvə] o. **whatsoever** [ˌoåttsəo'evvə] *pron* vad...än, vad som...än; i nekande sammanhang alls, överhuvudtaget; *or* ~ vard. eller nåt sånt

wheat [wi:t] *subst* vete

wheedle ['wi:dl] *verb* lirka med

wheel [wi:l] *subst* **1** hjul **2** ratt

wheelbarrow ['wi:lˌbärrəo] *subst* skottkärra

wheelchair ['wi:ltchäə] *subst* rullstol

wheel clamp ['wi:lklämmp] *subst* hjullås till bil, som används vid parkeringsförseelse

wheeze [wi:z] *verb* väsa, rossla

when [oen] **I** *adv* när, hur

dags; *say* ~! säg stopp! t.ex. vid påfyllning av glas **II** *konj* o. *pron* då, när; som

whenever [oen'evvə] *konj* när...än, närhelst; ~ *you like* när som helst

where [oäə] **I** *adv* **1** var **2** vart **II** *konj* o. *pron* **1** där; dit där **2** dit; vart

whereabouts ['oäərəbaots] *subst* uppehållsort

whereas [oäər'äz] *konj* medan

whereby [oäə'baj] *pron* varmed

whereupon [ˌoäərə'pånn] *konj* varpå

wherever [oäər'evvə] *adv* varhelst, var...än; varthelst, vart...än

whet [oett] *verb* bryna, slipa

whether ['oeððə] *konj* om, huruvida

which [witch] *pron* vilken, vilket, vilka, vem; vilkendera; som

whichever [witch'evvə] *pron* vilken...än; vilken (vilket)... som än

whiff [wiff] *subst* **1** pust, fläkt **2** doft

while [oajl] **I** *subst* stund; tid; *for a* ~ en stund, ett tag; *once in a* ~ då och då **II** *konj* medan

whim [oimm] *subst* nyck

whimper ['oimmpə] **I** *verb* gny **II** *subst* gnyende

whimsical ['oimmzikǝl] *adj*
nyckfull; besynnerlig

whine [oajn] **I** *verb* gnälla
II *subst* gnällande

whip [wipp] **I** *verb* **1** piska; ~
up piska upp **2** vispa **II** *subst*
piska

whip-round ['wipraond] *subst*
vard. insamling

whirl [wö:l] **I** *verb* virvla
II *subst* virvel

whirlpool ['wö:lpo:l] *subst*
strömvirvel; ~ *bath* bubbel-
pool

whirlwind ['wö:lwind] *subst*
virvelvind

whisk [wisk] **I** *subst* visp
II *verb* vispa

whisky ['wiski] *subst* whisky

whisper ['wispǝ] **I** *verb* viska
II *subst* viskning

whistle ['wissl] **I** *verb* vissla
II *subst* **1** vissling **2** visselpi-
pa

white [oajt] **I** *adj* vit; ~ *coffee*
kaffe med mjölk (grädde); ~
meat ljust kött t.ex. kalvkött
II *subst* **1** äggvita **2** ögonvita

whitewash ['oajtoåsch] **I** *subst*
kalkfärg **II** *verb* vitmena

whiting ['oajting] *subst* vitling

Whitsun ['wittsn] *subst* pingst

whittle ['wittl] *verb*, ~ *away*
(*down*) minska

who [ho:] *pron* **1** vem, vilka
2 som

whodunit [ˌho:'dannitt] *subst*
vard. deckare detektivroman o.d.

whoever [ho:'evvǝ] *pron* vem
som än, vem (vilka)...än;
vem

whole [hǝol] **I** *adj* hel; *the* ~
thing alltsammans **II** *subst*
helhet; *the* ~ *of* hela; alla; *on
the* ~ på det hela taget

whole-hearted [ˌhǝol'ha:tidd]
adj helhjärtad

wholemeal ['hǝolmi:l] *subst*
grahamsmjöl

wholesale ['hǝolsejl] *adj*
grossist-

wholesaler ['hǝolˌsejlǝ] *subst*
grossist

wholesome ['hǝolsǝm] *adj*
hälsosam

wholly ['hǝolli] *adv* helt och
hållet

whom [ho:m] *pron* vem; som;
all of ~ vilka alla

whooping cough
['ho:pingkåff] *subst* kikhosta

whore [hå:] *subst* hora

whose [ho:z] *pron* vems,
vilkens, vilkas; vars

why [oaj] **I** *adv* varför; ~ *is it
that...*? hur kommer det sig
att...? **II** *pron* varför, därför;
so that is ~ jaså, det är
därför

wicked ['wikidd] *adj* **1** ond
2 skälmsk

wicket ['wikitt] *subst* i kricket
grind; plan mellan grindarna

wide [oajd] **I** *adj* vid; bred
II *adv*, ~ **open** på vid gavel
wide-awake [,oajdə'oejk] *adj*
klarvaken
widely ['oajdli] *adv* vitt, vida;
brett
widen ['oajdn] *verb* vidga;
vidga sig
widespread [,oajd'spredd] *adj*
omfattande; vitt utbredd
widow ['widdəo] *subst* änka
widower ['widdəoə] *subst*
änkling
width [widθ] *subst* bredd;
vidd
wield [wi:ld] *verb* använda
wife [oajf] *subst* fru, hustru
wig [wigg] *subst* peruk
wiggle ['wiggl] **I** *verb* vicka på
II *subst* vickande
wild [oajld] *adj* vild; ~
weather häftigt oväder
wilderness ['willdənəs] *subst*
vildmark
wildlife ['oajldlajf] *subst* djur-
livet
wildly ['oajldli] *adv* vilt
wilful ['willfoll] *adj* egensinnig
will [will] **I** *verb* **1** kommer
att; ska, skall; *that ~ do* det
får räcka (duga) **2** vill; *shut
that door, ~ you?* stäng
dörren är du snäll! **II** *subst*
1 vilja **2** testamente
willing ['willing] *adj* villig
willingly ['willingli] *adv* gärna,
villigt

willingness ['willingnəs] *subst*
beredvillighet
willow ['willəo] *subst* pil träd
willpower ['will,paoə] *subst*
viljekraft
willy-nilly [,willi'nilli] *adv* vare
sig han (hon etc.) vill eller
inte
wilt [willt] *verb* vissna
wily ['oajli] *adj* bakslug
win [winn] *verb* vinna
wince [winns] *verb*, *without
wincing* utan att röra en min
winch [wintsch] **I** *subst* vinsch
II *verb* vinscha upp
1 wind [winnd] *subst* vind,
blåst
2 wind [oajnd] *verb* **1** linda,
vira **2** dra upp *klocka* **3** ~
back spola tillbaka; ~
forward spola fram **4** ~ *up*
avsluta; hamna till slut
windfall ['windfå:l] *subst* bildl.
skänk från ovan
winding ['oajnding] *adj* sling-
rande
wind instrument
['wind,innstromənt] *subst*
blåsinstrument
windmill ['windmill] *subst*
väderkvarn
window ['windəo] *subst* föns-
ter
window box ['windəobåkks]
subst balkonglåda för växter

window-cleaner
['windəͅkli:nə] *subst* fönsterputsare

windowpane ['windəopejn]
subst fönsterruta

windowsill ['windəosill] *subst*
fönsterbräda

windpipe ['windpajp] *subst*
luftstrupe

windscreen ['windskri:n]
subst vindruta på bil; ~ *wiper*
vindrutetorkare

windshield ['windschi:ld]
subst vindskydd

windswept ['windsoept] *adj*
vindpinad

windy ['windi] *adj* blåsig

wine [oajn] *subst* vin

wine cellar ['oajn͵sellə] *subst*
vinkällare

wineglass ['oajngla:s] *subst*
vinglas

wing [wing] *subst* **1** vinge
2 flygel

winger ['wingə] *subst* ytter

wink [wingk] **I** *verb* blinka
II *subst* **1** blinkning **2** *don't
sleep a* ~ inte få en blund i
ögonen

winner ['winə] *subst* segrare;
winner's stand prispall

winning ['wining] **I** *adj* vinnande **II** *subst, winnings*
vinst

winter ['winntə] *subst* vinter

wintry ['winntri] *adj* vinterlig

wipe [oajp] *verb* **1** torka;
torka bort **2** radera **3** ~ *out*
utplåna

wire ['oajə] **I** *subst* ståltråd;
kabel; *barbed* ~ taggtråd
II *verb* koppla

wiry ['oajəri] *adj* **1** tagelaktig
2 senig

wisdom ['wizzdəm] *subst* visdom

wisdom tooth ['wizzdəmto:θ]
subst visdomstand

wise [oajz] *adj* vis, klok

wisecrack ['oajzkräkk] *subst*
spydighet

wish [wisch] **I** *verb* önska;
vilja **II** *subst* önskan; *best
wishes* hälsningar

wishful ['wischfoll] *adj, ~
thinking* önsketänkande

wistful ['wistfoll] *adj* längtande; tankfull

wit [witt] *subst* fyndighet;
wits äv. vett; *keep one's wits*
hålla huvudet kallt

witch [witch] *subst* häxa

witchcraft ['witchkra:ft] *subst*
trolldom

with [wiðð] *prep* med; tillsammans med; av; hos; *be ~
with sb.* äv. hålla med ngn

withdraw [wiðð'drå:] *verb* dra
tillbaka; dra sig tillbaka

withdrawal [wiðð'drå:əl] *subst*
1 tillbakadragande **2** uttag
från bankkonto

withdrawn [wiðð'drå:n] **I** perf.

p. av *withdraw* II *adj* bildl. tillbakadragen

wither ['wiðða] *verb* vissna; ~ *away* tyna bort

withhold [wiðð'hɔold] *verb* hålla inne med

within [wi'ðði̇n] *prep* inom, inuti, inne i, i

without [wiðð'aot] I *prep* utan II *konj* utan att

withstand [wiðð'ständ] *verb* stå emot

witness ['wittnəs] I *subst* vittne II *verb* bevittna

witness box ['wittnəsbåks] *subst* vittnesbås

witticism ['wittisizəm] *subst* kvickhet

witty ['witti] *adj* kvick

wives [oajvz] *subst* pl. av *wife*

wizard ['wizzəd] *subst* trollkarl

wobble ['oåbbl] *verb* vackla, kränga

woke [oəok] imperf. av *1 wake*

woken ['oəokən] perf. p. av *1 wake*

wolf [wollf] *subst* varg; *a lone ~* en ensamvarg

woman ['wommən] *subst* kvinna; *~ doctor* kvinnlig läkare; *woman's* el. *women's* ofta kvinno-; *women's lib* vard. kvinnorörelsen

womanly ['wommənli] *adj* kvinnlig

womb [wo:m] *subst* livmoder

women ['wimminn] *subst* pl. av *woman*

won [oann] imperf. o. perf. p. av *win*

wonder ['oandə] I *subst* **1** under **2** förundran II *verb* **1** förundra sig **2** undra

wonderful ['oandəfoll] *adj* underbar

won't [nəont] = *will not*

wood [wodd] *subst* **1** trä; ved **2** skog

wood-carving ['wodd,ka:ving] *subst* träsnideri

wooded ['woddidd] *adj* skogig

wooden ['woddn] *adj* av trä

woodpecker ['wodd,pekkə] *subst* hackspett

woodwind ['woddwind] *subst* träblåsinstrument

woodwork ['woddwö:k] *subst* snickerier

woodworm ['woddwö:m] *subst* trämask

wool [woll] *subst* ull; ylle; *pure ~* helylle

woollen ['wollən] I *adj* ylle- II *subst*, *wollens* ylleplagg

woolly ['wolli] *adj* **1** ylle- **2** bildl. luddig

word [wö:d] *subst* ord; *a ~ of advice* ett litet råd; *stand by one's ~* stå vid sitt ord; *~ for ~* ord för ord; *in other words* med andra ord

wording ['wö:ding] *subst* formulering

word-processing
['wö:d,prəosessing] *subst*
ordbehandling

word processor
['wö:d,prəosessə] *subst* ord-
behandlare

wore [oå:] *imperf. av* wear

work [wö:k] **I** *subst* **1** arbete;
at ~ på arbetet; *i* arbete
2 verk **3** *works* fabrik; verk
II *verb* **1** arbeta; *~ at* (on)
arbeta på (med); *~ for* arbeta
för **2** fungera **3** göra verkan
4 *~ out* utarbeta; avlöpa

workable ['wö:kəbl] *adj* ge-
nomförbar

worker ['wö:kə] *subst* arbetare

workforce ['wö:kfå:s] *subst*
arbetskraft

working class [,wö:king'kla:s]
subst, the ~ arbetarklassen

workman ['wö:kmən] *subst*
arbetare

workmanship
['wö:kmənschipp] *subst* yr-
kesskicklighet

work-out ['wö:kaot] *subst*
träningspass

workshop ['wö:kschåpp] *subst*
1 verkstad **2** workshop

work-to-rule [,wö:ktə'ro:l]
subst organiserad maskning
på arbetsplats

world [wö:ld] *subst* värld; *~
champion* världsmästare; *see
the ~* se sig om i världen; *not
for the ~* inte för allt i
världen; *all the difference in
the ~* en himmelsvid skillnad

worldly ['wö:ldli] *adj* världslig

worldwide [,wö:ld'wajd] *adj*
världsomfattande

worm [wö:m] *subst* mask; *can
of worms* bildl. ormbo

worn [oå:n] **I** *perf. p. av* wear
II *adj* sliten

worn-out ['oå:naot] *adj* **1** ut-
sliten **2** slutkörd

worried ['oarridd] *adj* orolig

worry ['oarri] **I** *verb* oroa
(bekymra) sig; oroa **II** *subst*
bekymmer

worse [wö:s] *adj o. adv* värre,
sämre

worsen ['wö:sn] *verb* förvärra,
försämra

worship ['wö:schipp] **I** *subst*
dyrkan; *freedom of ~*
religionsfrihet **II** *verb* dyrka,
tillbe

worst [wö:st] **I** *adj o. adv*
värst, sämst **II** *subst, at ~* i
värsta fall

worth [wö:θ] **I** *adj* värd
II *subst* värde

worthless ['wö:θləs] *adj* vär-
delös

worthwhile ['wö:θoajl] *adj*
som är mödan värd

worthy ['wö:ði] *adj* värdig

would [wodd] *verb* **1** skulle;
how ~ I know? hur skulle jag
kunna veta det? **2** ville;
skulle vilja; *shut the door, ~*

you? stäng dörren är du snäll!

would-be ['woddbi:] *adj* in spe

wouldn't ['wodnt] = *would not*

1 wound [oaond] *imperf. o. perf. p. av* 2 *wind*

2 wound [wo:nd] **I** *subst* sår **II** *verb* såra

wove [oəov] *imperf. av weave*

woven ['oəovən] *perf. p. av weave*

wrap [räpp] *verb,* ~ *up* slå in; avsluta

wrapping-paper ['räpping,pejpə] *subst* omslagspapper

wrath [råθ] *subst* vrede

wreak [ri:k] *verb* vålla

wreath [ri:θ] *subst* begravningskrans

wreck [rekk] **I** *subst* vrak **II** *verb* förstöra; *be wrecked* lida skeppsbrott

wreckage ['rekkiddʒ] *subst* vrakspillror

wren [renn] *subst* gärdsmyg

wrench [rentsch] **I** *subst* skiftnyckel **II** *verb* vrida; vricka

wrestle ['ressl] *verb,* ~ *with* brottas med

wrestler ['resslə] *subst* brottare

wrestling ['ressling] *subst* brottning

wretched ['rettchidd] *adj* vard. förbaskad

wriggle ['riggl] *verb* slingra sig; skruva på sig

wring [ring] *verb* vrida (krama) ur

wrinkle ['ringkl] **I** *subst* rynka **II** *verb* rynka, rynka på

wrist [risst] *subst* handled

wristwatch ['risstoåtch] *subst* armbandsur

writ [ritt] *subst* skrivelse

write* [rajt] *verb* skriva; skriva ut; ~ *down* anteckna; ~ *off* avskriva

write-off ['rajtåff] *subst* vard. värdelös tillgång

writer ['rajtə] *subst* författare

write-up ['rajtapp] *subst* fin recension

writhe [rajð] *verb* vrida sig av smärta o.d.

writing ['rajting] *subst*
1 skrift; *in* ~ skriftligen
2 skrivande

writing-paper ['rajting,pejpə] *subst* brevpapper

wrong [rång] **I** *adj* fel, felaktig; *be* ~ ha fel **II** *adv* fel; *don't get me* ~! missförstå mig inte!, förstå mig rätt!; *go* ~ gå snett; gå sönder **III** *subst* orätt; oförrätt **IV** *verb* förorätta

wrongful ['rångfoll] *adj* orättfärdig

wrongly ['rångli] *adv* **1** felaktigt **2** med orätt

wrote [rəot] *imperf. av write*

wrought [rå:t] *adj,* ~ *iron*
smidesjärn
wrung [rang] imperf. o. perf. p.
av *wring*
wry [rajj] *adj* **1** sned **2** ironisk

X

X, x [ekks] *subst* X, x
Xmas ['ekksməs] *subst* kort-
form för *Christmas*
X-ray ['ekksrejj] **I** *subst* rönt-
gen **II** *verb* röntga
xylophone ['zajləfəon] *subst*
xylofon

Y

Y, y [oaj] *subst* Y, y
yacht [jått] *subst* lustjakt
yachting ['jåtting] *subst* segling
yachtsman ['jåttsmən] *subst* seglare
Yank [jängk] *subst* vard. jänkare
yank [jängk] *verb* rycka i
Yankee ['jängki] *subst* vard. jänkare
yap [jäpp] *verb* gläfsa
1 yard [ja:d] *subst* yard mått = 0,9144 m
2 yard [ja:d] *subst* gårdsplan
yardstick ['ja:dstikk] *subst* måttstock
yarn [ja:n] *subst* **1** garn **2** *spin a ~* dra en rövarhistoria
yawn [jå:n] I *verb* gäspa II *subst* gäspning
yeah [jäə] *adv* vard. ja
year [jiə] *subst* år; årtal; *~ of birth* födelseår; *last ~* i fjol; *this ~* i år; *years and years ago* för många herrans år sedan
yearly ['jiəli] I *adj* årlig II *adv* årligen
yearn [jö:n] *verb* trängta
yeast [ji:st] *subst* jäst

yell [jell] I *verb* gallskrika II *subst* tjut
yellow ['jelləo] I *adj* **1** gul; *get the ~ card* i fotboll få gult kort; *the ~ pages* gula sidorna i telefonkatalog; *the ~ press* skvallertidningarna **2** vard. feg II *verb* gulna
yelp [jellp] *verb* gläfsa
yes [jess] *adv* o. *subst* ja
yesterday ['jesstədi] *adv* i går
yet [jett] I *adv* ännu; *not just ~* inte riktigt än II *konj* ändå
yew [jo:] *subst* idegran
yield [ji:ld] I *verb* **1** ge avkastning **2** ge efter II *subst* avkastning
yoghourt, yoghurt o. **yogurt** ['jåggət] *subst* yoghurt
yoke [jəok] *subst* ok
yolk [jəok] *subst* äggula
you [jo:] *pron* **1** du; ni; dig; er **2** man
you'd [jo:d] = *you had* el. *you would*
you'll [jo:l] = *you will* el. *you shall*
young [jang] I *adj* ung; *in my ~ days* i min ungdom II *subst* *pl* ungar
youngster ['jangstə] *subst* unge, ungdom
your [jå:] *pron* **1** din; er **2** sin
you're [jå:] = *you are*
yours [jå:z] *pron* din; er
yourself [jå:'sellf] *pron* dig (er) själv; själv; en själv

youth [jo:θ] *subst* ungdom; ungdomlighet; *the* ~ ungdomen; ~ *hostel* vandrarhem
youthful ['jo:θfoll] *adj* ungdomlig
you've [jo:v] = *you have*

Z

Z, z [zädd] *subst* Z, z
zany ['zejni] *adj* smågalen
zap [zäpp] *verb* vard. bläddra mellan TV-kanaler; zappa
zeal [zi:l] *subst* iver, nit
zebra ['zebbrə] I *subst* sebra II *adj*, ~ *crossing* övergångsställe med vita streck
zero ['ziərəo] I *subst* noll II *verb*, ~ *in on* inrikta sig på
zest [zesst] *subst* entusiasm
zigzag ['ziggzägg] I *subst* sicksack II *verb* sicksacka
zinc [zingk] *subst* zink
zip [zipp] I *subst* blixtlås II *verb*, ~ *up* dra upp (igen) blixtlåset
zipper ['zippə] *subst* blixtlås
zodiac ['zəodiäkk] *subst*, *the* ~ zodiaken
zone [zəon] *subst* zon
zoom [zo:m] I *subst* zoomobjektiv II *verb*, ~ *in* zooma in
zucchini [tso'ki:ni] *subst* zucchini, squash

Norstedts engelska fickordbok

Svensk-engelsk

A

a a-et a-n a [utt. ej]

à *prep* **1** at; *3 kilo ~ 10 kr* 3 kilos at 10 crowns **2** or; *2 ~ 3* 2 or 3

AB ung. PLC (tork. for Public Limited Company)

abborr|e -en -ar perch

abonnemang -et = subscription

abonnent -en -er subscriber

abonnera *verb* subscribe; *abonnerad buss* chartered bus

abort -en -er abortion; *göra ~* have* an abortion

absolut I *adj* absolute, definite **II** *adv* absolutely, certainly, definitely

absolutist -en -er teetotaller

abstrakt I *adj* abstract **II** *adv* in the abstract

absurd *adj* absurd, preposterous

acceleration -en -er acceleration

accelerera *verb* accelerate

accent -en -er accent

acceptabel *adj* acceptable

acceptera *verb* accept

accessoarer pl. accessories

aceton -et acetone

ackompanjera *verb* accompany

ackord -et = **1** musik chord **2** *arbeta på ~* do* piecework

acne -n acne

addera *verb* add, add up

addition -en -er addition

adel -n nobility

adels|man -mannen -män nobleman

adjö *interj* goodbye!; *säga ~ till ngn* say* goodbye to sb.

administration -en -er administration, management

adoptera *verb* adopt

adoption -en -er adoption

adoptivbarn -et = adopted child

adress -en -er address

adressat -en -er addressee

adressera *verb* address; *adresserad till* addressed to

adresslapp -en -ar address label; som knyts fast tag

Adriatiska havet the Adriatic Sea

advent -et Advent; *första ~* Advent Sunday

advokat -en -er lawyer; juridiskt ombud solicitor

affisch -en -er bill; större poster

affär -en -er **1** business; butik shop; transaktion transaction; *göra en bra ~* do* a good business deal **2** kärleksaffär affair **3** *göra stor ~ av ngt* make* a great fuss about sth.

affärs|man -mannen -män businessman

affärsres|a -an -or business journey (trip)

affärstid -en -er business hours

Afrika Africa

afrikan -en -er African

afrikansk adj African

afrikansk|a -an -or African woman

aft|on -onen -nar evening

aga I -n corporal punishment **II** verb beat

agent -en -er agent

agera verb act

aggregat -et -en unit

aggressiv adj aggressive

aggressivitet -en aggressiveness

agitera verb agitate

aids oböjl. AIDS

aj interj oh!, ow!, ouch!

akademi -[e]n -er academy

akademiker -n = academic

akademisk adj academic

akrobat -en -er acrobat

akryl -en acrylic

1 akt -en -er **1** på teater o.d. act **2** dokument document

2 akt, ge ~ på ngt notice sth.; ta tillfället i ~ seize the opportunity

akta verb be* careful with; ~ huvudet! mind your head!; ~ sig take* care

akt|er -ern -rar stern

aktie -n -r share

aktiebolag -et = joint-stock company, med begränsad ansvarighet limited company; börsnoterat public limited company, ej börsnoterat private company

aktion -en -er action

aktiv adj active

aktivera verb activate

aktivitet -en -er activity

aktning -en respect

aktuell adj dagsfärsk current; nu rådande present

aktör -en -er skådespelare actor; t.ex. på börsen operator

akupunktur -en acupuncture

akustik -en acoustics

akut I adj acute; akuta smärtor acute pain **II** akuten emergency ward

akutmottagning -en -ar emergency ward

akvarell -en -er watercolour

akvari|um -et -er aquarium

al -en -ar alder

à la carte adv à la carte

aladåb -en -er aspic

alarm -et = alarm

alarmerande adj alarming

alban -en -er Albanian

Albanien Albania

albansk adj Albanian

albansk|a -an **1** pl. -or kvinna Albanian woman **2** språk Albanian

album -et = album

aldrig adv never; ~ **mer** never again; ~ **i livet!** no way!

alert adj alert

alfabet -et = alphabet

alger pl. algae

alibi -t -n alibi

alkohol -en -er alcohol

alkoholfri adj non-alcoholic content

alkoholhalt -en -er alcoholic content

alkoholist -en -er alcoholic

alkotest -et (-en) = (-er) breathalyser test

alkov -en -er alcove

all pron all; varje every; ~ **mjölk** all the milk; **för ~ del!** ingen orsak! don't mention it!

alla pron fristående all; varenda en everybody, everyone; ~ **böckerna** all the books; ~ **vet** everyone knows

alldaglig adj everyday

alldeles adv quite; ~ **nyss** just now; ~ **riktigt** perfectly right

allé -n -er avenue

allemansrätt -en right of common

allergi -n -er allergy

allergiker -n = allergic person

allergisk adj allergic; ~ **mot ngt** allergic to sth.

allesammans pron all of us, all of you

allians -en -er alliance

allierad adj allied

allihopa se allesammans

allmän adj vanligt förekommande common; gällande för de flesta el. alla general

allmänbildad adj well-informed

allmänhet 1 allmänheten the public **2 i** ~ in general

allra adv, den ~ **bästa eleven** the very best pupil; ~ **mest** (**minst**) most (least) of all

allriskförsäkring -en -ar comprehensive insurance

alls adv, **inte** ~ not at all

allsidig adj all-round; comprehensive

allt pron all; everything

allteftersom konj efter hand som as

alltför adv too

alltid adv always

allthop pron all, all of it

allting pron everything

alltsammans pron all, all of it, all of them

alltså adv följaktligen accordingly; det vill säga in other words

allvar -et seriousness; **mena** ~ **be*** serious; **på fullt** ~ in all seriousness

allvarlig adj serious, grave

alm -en -ar elm

almanack|a -an -or almanac; fickalmanacka diary

Alperna the Alps

alpin adj alpine

alst|er -ret = product

alstra verb produce

alt -en -ar kvinnoröst contralto

altan -en -er terrace

altare -t -n altar

alternativ I adj = alternative **II** adj alternative

aluminium -et aluminium

aluminiumfolie -n -r aluminium foil

amatör -en -er amateur

ambassad -en -er embassy

ambassadör -en -er ambassador

ambition -en -er ambition

ambitiös adj ambitious

ambulans -en -er ambulance

amen interj amen

Amerika America

amerikan -en -er American

amerikansk adj American

amerikansk|a -an -1 pl. -or kvinna American woman **2** språk American English

ametist -en -er amethyst

amma verb breast-feed

ammoniak -en ammonia

ammunition -en ammunition

amortera verb pay* off; ~ på ett lån pay* off a loan by instalments

amp|el -eln -lar hanging flowerpot

ampull -en -er ampoule

amputera verb amputate

amulett -en -er amulet

an, av och ~ to and fro

ana verb have* a feeling

analfabet -en -er illiterate

analys -en -er analysis (pl. analyses)

analysera verb analyse

analöppning -en -ar anus

ananas -en -er pineapple

anatomi -n anatomy

anblick -en sight; vid första anblicken at first sight

anbud -et = offer

and -en änder duck

anda -n **1** tappa andan lose* one's breath; hålla andan hold* one's breath **2** stämning spirit

andas verb breathe

and|e -en -ar spirit

andedräkt -en breath; dålig ~ bad breath

andel -en -ar share

andetag -et = breath

andfådd adj breathless

andlig adj spiritual

andning -en breathing

andnöd -en shortness of breath

Andorra Andorra

andra I räkn second (förk. 2nd); för det ~ secondly; hyra ut i ~ hand sublet **II** pron others, other people; alla ~ all the others, everybody else

andraklassbiljett -en -er second-class ticket

andrum -met frist breathing-space

anemi -n anaemia

anemon -en -er anemone

anfall -et = attack

anfalla *verb* attack

anförande -t -n yttrande statement; tal speech

anförtro *verb* **1** överlämna entrust **2** delge confide

ange *verb* **1** uppge state **2** anmäla, ~ *ngn* report sb.

angelägen *adj* urgent

angelägenhet -en -er affair

angenäm *adj* pleasant

angivare -n = informer

angrepp -et = attack

angripa *verb* attack

angränsande *adj* adjacent

angå *verb* concern

angående *prep* concerning

anhålla *verb* arrestera arrest; be ask

anhängare -n = supporter

anhörig en ~, pl. -a relative

aning -en -ar idea; *ingen* ~ no idea

ank|a -an -or duck

ankare -t = (-n) anchor

ank|el -eln -lar ankle

anklaga *verb* accuse; ~ *ngn för ngt* accuse sb. of sth.

anklagelse -n -r accusation, charge

anknyta *verb* attach; ~ *till ngt* refer to sth.

anknytning -en -ar connection; telefonanknytning extension

ankomma *verb* arrive

ankommande *adj* om post, trafik

incoming; ~ *tåg* (*flyg* etc.) arrivals

ankomst -en -er arrival; *vid min ~ till London* on my arrival in London

ankomstdag -en -ar day of arrival

ankomsthall -en -ar arrivals hall

ankomsttid -en -er time of arrival

ankra *verb* anchor

anlag -et = begåvning gift, talent

anledning -en -ar skäl reason; orsak cause

anlita *verb* engage, call in

anlägga *verb* uppföra build*; ~ *skägg* grow* a beard

anläggning -en -ar establishment

anlända *verb* arrive; ~ *till Irland* arrive in Ireland; ~ *till banken* arrive at the bank

anmäla *verb* report; ~ *sig till ngt* enter one's name for sth.

anmäl|an en ~, pl. -ningar report

anmälningsavgift -en -er entry fee

anmärka *verb* påpeka remark; ~ *på ngt* criticize sth.

anmärkning -en -ar påpekande remark; klander criticism; klagomål complaint

annan *pron*, *en* ~ another; *någon* ~ somebody else; *det är en helt annan sak* that's quite a different matter

annanstans adv, någon ~
somewhere else

annars adv otherwise

annat pron, något ~ some-
thing else; något annat? till
kund anything else?

annex -et = annexe

annons -en -er advertisement;
vard. ad

annonsera verb advertise; ~
efter ngt advertise for sth.

annorlunda I adv otherwise
II adj different

annullera verb cancel

anonym adj anonymous

anorak -en -er anorak

anordna verb organize, ar-
range

anordning -en -ar arrangement

anpassa verb adapt; ~ sig till
ngt adjust oneself to sth.

anpassning -en -ar adaptation

anropa verb call

ansats -en -er försök attempt

anse verb think*, consider

ansedd adj respected

anseende -t -n reputation

ansenlig adj considerable

ansikte -t -n face

ansiktskräm -en -er face cream

ansiktsvatten -net = skin tonic

ansjovis -en -ar ung. tinned
sprat

anslag -et = **1** affisch bill
2 pengar grant

anslagstavlⅼa -an -or notice
board

ansluta verb, ~ ngt till ngt
connect sth. with (to) sth.; ~
sig till join, t.ex. union äv.
enter

anslutning -en -ar connection

anslutningsflyg -et = connect-
ing flight

anspråk -et = claim; göra ~ på
ngt claim sth.

anspråksfull adj pretentious

anspråkslös adj modest; om
måltid o.d. simple

anstalt -en -er institution

anstränga verb strain; ~ sig
make* an effort

ansträngande adj hard

ansträngning -en -ar effort

anstå verb, det får ~ it will
have to wait

anstånd -et = respite

anställa verb employ

anställd I adj employed **II** en ~,
pl. -a employee

anställning -en -ar employ-
ment; plats position

anständig adj respectable

ansvar -et responsibility

ansvara verb, ~ för ngt be*
responsible for sth.

ansvarig adj responsible

ansvarsfull adj responsible

ansvarslös adj irresponsible

ansöka verb, ~ om ngt apply
for sth.

ansökⅼan en ~, pl. -ningar
application

ansökningsblankett -en -er
application form
anta *verb* **1** förmoda suppose
2 acceptera accept
antagligen *adv* probably
antal -et = number
antasta *verb* molest
anteckna *verb* write* down;
~ *sig put* one's name down
anteckning -en -ar note
antecknings|bok -boken -böcker
notebook
antenn -en -er **1** radioantenn
aerial **2** hos djur antenna
antibiotika pl. antibiotics
antik *adj* antique
antikvariat -et = second-hand
bookshop
antikvitet -en -er antique
antikvitetsaffär -en -er antique
shop
antingen *konj* **1** either; ~
bananer eller päron either
bananas or pears **2** vare sig
whether
antiseptisk *adj* antiseptic
antologi -n -er anthology
anträffbar *adj* available
antyda *verb* låta förstå hint
antyd|an en ~, pl. -ningar hint
anvisa *verb* allot
anvisningar pl. instructions
använda *verb* use; pengar
spend
användbar *adj* usable; nyttig
useful
användning -en -ar use

apa apan apor monkey; utan
svans ape
apatisk *adj* apathetic
apelsin -en -er orange
apelsinjuice -n -r orange juice
apelsinsaft -en -er orange juice
aperitif -en -er aperitif
apostrof -en -er apostrophe
apotek -et = pharmacy,
chemist's
apotekare -n = pharmacist,
dispensing chemist
apparat -en -er instrument
apparatus; anordning device;
radioapparat, TV-apparat set
applåd -en -er applause
applådera *verb* applaud
aprikos -en -er apricot
april oböjl. April; *i* ~ in April
apropå *prep*, ~ *det* by the way
aptit -en appetite
aptitretare -n = appetizer
arab -en -er Arab
arabisk *adj* om t.ex. folk Arab;
om t.ex. språk, siffror Arabic
arabisk|a -an **1** pl. -or kvinna
Arab woman **2** språk Arabic
arbeta *verb* work; ~ *på ett*
företag work at a company;
~ *på ett problem* work on a
problem; ~ *in tid* ung. work
overtime to get time off; ~
sig upp work one's way up
arbetare -n = worker
arbete -t -n work; *söka* ~ look
out for work (a job)
arbetsam *adj* hard-working

arbetsdag -en -ar working-day;
8 timmars ~ eight-hour day
arbetsförmedling -en -ar employment office
arbetsgivare -n = employer
arbetskamrat -en -er fellow
worker
arbetskraft -en labour
arbetsliv -et working life
arbetslös *adj* unemployed,
jobless
arbetslöshet -en unemployment
arbetsmarknad -en -er labour
market
arbetsplats -en -er place of
work, workplace
arbetstagare -n = employee
arbetstid -en -er working hours
arbetstillstånd -et = work
permit
areal -en -er area
aren|a -an -or arena; *för idrott*
ground
arg *adj* angry
argsint *adj* ill-tempered
argument -et = argument
argumentera *verb* argue
ari|a -an -or aria
ark -et = sheet
arkeolog -en -er archaeologist
arkeologi -n archaeology
arkitekt -en -er architect
arkitektur -en -er architecture
arkiv -et = archives
arkivera *verb* file
arm -en -ar arm

armband -et = bracelet; *för
klocka* strap
armbandsur -et = wristwatch
armbrott -et = fractured arm
armbåg|e -en -ar elbow
armé -n -er army
arom -en -er aroma
arrak -en arrack
arrangemang -et = arrangement
arrangera *verb* arrange
arrangör -en -er arranger
arrendator -n -er leaseholder
arrendera *verb* lease, rent
arrest -en -er custody; *sitta i* ~
be* in custody
arrestera *verb* arrest
arrogant I *adj* arrogant **II** *adv*
arrogantly
arsenik -en arsenic
art -en -er *slag* kind, sort
artig *adj* polite
artik|el -eln -lar article
artist -en -er artist
arton *räkn* eighteen, *för
sammansättningar med* arton jfr
femton med sammansättningar
artonde *räkn* eighteenth
arv -et = inheritance; *gå i* ~ be*
handed down; *sjukdomen
går i* ~ the disease is
hereditary; *få ngt i* ~ inherit
sth.
arving|e -en -ar heir; *kvinnlig*
heiress
arvode -t -n fee
arvsanlag -et = gene

arvtagare -n = heir

as -et = **1** djurkropp carcass **2** skällsord swine

asfalt -en -er asphalt

asfaltera verb asphalt

asiat -en -er Asian

asiatisk adj Asiatic, Asian

asiatisk|a -an -or kvinna Asian woman

Asien Asia

1 ask -en -ar träd ash

2 ask -en -ar låda box

aska -n ashes, ash

askfat -et = ashtray

askkopp -en -ar ashtray

asp -en -ar träd aspen

aspekt -en -er aspect

assiett -en -er small plate

assistera verb assist

association -en -er association

associera verb associate

assurera verb insure

aster -n astrar aster

astma -n asthma

astrologi -n astrology

astronaut -en -er astronaut

astronomi -n astronomy

asyl -en -er asylum; söka ~ seek asylum

asylsökande -n = asylum seeker

ateist -en -er atheist

ateljé -n -er studio

Aten Athens

Atlanten the Atlantic Ocean

atlas -en -er kartbok atlas

atlet -en -er strong man

atmosfär -en -er atmosphere

atom -en -er atom

atombomb -en -er atom bomb

att I infinitivmärke to; hon lovade ~ inte göra det she promised not to do it **II** konj that; jag visste ~ det var sant I knew that it was true

attachéväsk|a -an -or attaché case

attack -en -er attack

attackera verb attack

attentat -et = attack

attestera verb certify

attityd -en -er attitude

attraktiv adj attractive

aubergine -n -r aubergine, egg plant

augusti oböjl. August; i ~ in August

auktion -en -er auction

auktoritet -en -er authority

auktoritär adj authoritarian

aul|a -an -or assembly hall

au pair, jobba som ~ work as an au pair; jag har varit ~ i London I've worked as an au pair in London

Australien Australia

australiensare -n = Australian

australiensisk adj Australian

australiensisk|a -an -or Australian woman

autentisk adj authentic

autograf -en -er autograph

automat -en -er varuautomat vending machine

automatisk *adj* automatic
automatväx|el -eln -lar automatic gears
av I *prep* **1** vanl. of; *tre ~ dem* three of them; *gjord ~ ylle* made of wool **2** by; *dödad ~ ett lejon* killed by a lion **3** orsak with; *darra ~ rädsla* tremble with fear **II** *adv* off; *borsta ~ smutsen* brush off the dirt
avancera *verb* advance
avancerad *adj* advanced
avbeställa *verb* cancel
avbeställning -en -ar cancellation
avbeställningsskydd -et = cancellation insurance
avbetalning -en -ar belopp instalment; *köpa på ~* buy* by instalments
avboka *verb* cancel
avbokning -en -ar cancellation
avbrott -et = break
avbryta *verb* break* off; samtal interrupt
avbytare -n = substitute
avböja *verb* avvisa decline, refuse
avdelning -en -ar department; på sjukhus ward
avdrag -et -en reduction; skatteavdrag deduction
avdunsta *verb* evaporate
avel -n breeding
aveny -n -er avenue
avfall -et rubbish

avfart -en -er exit, turn-off
avfärd -en -er departure
avfärda *verb* dismiss
avföring -en -ar excrement; *ha ~* pass a motion
avgaser pl. exhaust fumes
avgasrör -et -en exhaust pipe
avge *verb* **1** värme o.d. give* off **2** löfte o.d. give*
avgift -en -er charge, fee
avgiftsfri *adj* free
avgjord *adj* decided
avgränsa *verb* mark off
avguda *verb* adore
avgå *verb* **1** om tåg, flyg etc. leave*, depart **2** från t.ex. tjänst resign
avgående *adj*, *~ tåg (flyg* etc.) departures
avgång -en -ar **1** t.ex. tågs departure **2** från t.ex. tjänst resignation
avgångshall -en -ar departure hall
avgångstid -en -er time of departure
avgöra *verb* decide
avgörande I *adj* decisive **II** -t -n decision
avhandling -en -ar dissertation, essay
avhjälpa *verb* remedy
avhållsamhet -en abstinence
avi -n -er note
avig *adj* wrong; ovänlig unfriendly; *~ maska* purl stitch

avigsid|a -an -or **1** på t.ex. tyg wrong side **2** nackdel drawback

avkastning -en yield

avkoppling -en relaxation

avlastning -en -ar unloading; bildl., lättnad relief

avleda *verb* divert

avlida *verb* die, pass away

avliva *verb* destroy; sällskapsdjur put* to sleep

avlopp -et -en drain

avlossa *verb* fire

avlyssna *verb* listen to

avlång *adj* oblong

avlägsen *adj* distant, remote

avlägsna *verb* remove; ~ *sig* go* away

avlöning -en -ar pay*; månadslön salary; veckolön wages

avlösa *verb* relieve

avokado -n -r avocado

avpassa *verb* suit; ~ *ngt efter ngt* adjust sth. to sth.

avreagera *verb*, ~ *sig* let* off steam

avres|a I *verb* depart, start **II** -an -or departure

avresedag -en -ar day of departure

avrunda *verb* round off; ~ *uppåt* round up

avråda *verb*, ~ *ngn från ngt* warn sb. against sth.

avrätta *verb* execute

avrättning -en -ar execution

avsats -en -er på klippa ledge; i trappa landing

avse *verb* **1** syfta på refer to **2** ha för avsikt mean, intend

avseende -t -n respect

avsevärd *adj* considerable

avsides I *adv* aside; *ligga ~ lie** apart **II** *adj* distant, remote

avsikt -en -er intention; *ha för ~ att* intend to; *med ~* en purpose

avsiktlig *adj* intentional

avskaffa *verb* abolish

avsked -et = **1** ur tjänst discharge **2** farväl leave-taking; *ta ~ av ngn* say* goodbye to sb.

avskeda *verb* dismiss

avskild *adj* secluded

avskildhet -en seclusion

avskilja *verb* separate

avskrift -en -er copy

avskräcka *verb* deter

avsky I *verb* loathe, detest **II** -n disgust, horror

avskyvärd *adj* abominable

avslag -et = rejection; *han fick ~ på sin ansökan* his application was turned down

avslagen *adj* om dryck flat, stale

avsluta *verb* finish, complete

avslutning -en -ar conclusion; slut end

avslå *verb* turn down

avslöja *verb* reveal

avslöjande -t -n revelation
avsmak -en dislike, distaste; *känna ~ för ngt* feel* disgusted by sth.
avsnitt -et = part; *av TV-serie* episode
avspegla *verb* reflect; *~ sig* be* reflected
avspänd *adj* relaxed
avstavning -en -ar hyphenation
avstickare -n = detour; *göra en ~ till en stad* make* a little detour to a town
avstå *verb* give* up; *~ från att göra ngt* abstain from doing sth.
avstånd -et = distance; *mellanrum* space
avsäga *verb*, *~ sig allt ansvar för* disclaim responsibility for
avsändare -n = sender
avta *verb* decrease
avtagsväg -en -ar turning; *sidoväg* side road
avtal -et = agreement, settlement
avtala *verb* agree, agree on
avtryck -et = impression
avund -en envy, jealousy
avundas *verb* envy
avundsjuk *adj* envious, jealous
avundsjuka -n envy, jealousy
avvakta *verb* await, wait and see
avveckla *verb* wind up

avveckling -en -ar liquidation
avvika *verb* **1** ~ skilja sig *från ngt* differ from sth. **2** *rymma* run* away
avvikande *adj* divergent
avvikelse -n -r deviation
avvisa *verb* **1** vägra tillträde turn away **2** t.ex. förslag reject, refuse
avvisande I *adj* negative **II** *adv* negatively
avväga *verb* avpassa adjust; *överväga* weigh
avvägning -en -ar adjustment, balance
avvänja *verb* spädbarn wean; *från drogberoende o.d.* detoxify
ax -et = sädesax ear
ax|el -eln -lar **1** skuldra shoulder; *rycka på axlarna* shrug, shrug one's shoulders **2** hjulaxel axle
axelremsväsk|a -an -or shoulder bag
axelryckning -en -ar shrug

B

b b-et b-n b [utt. bi]
babbla *verb* babble
babord oböjl. port
baby -¹¹ -aı (-aɪ) bäby
bacill -en -er germ; vard. bug
1 back -en -ar ölback o.d. crate
2 back I -en **1** pl. -ar i bollspel
  back **2** backväxel reverse
  II *adv*, gå ~ run* at a loss
backa *verb* back, reverse; ~
  upp ngn back sb. up
backe -en **1** pl. -ar höjd hill;
  sluttning slope **2** mark ground
backhoppning -en -ar ski
  jumping
backspegel -eln -lar rear-view
  mirror
backväxel -eln -lar reverse gear
bacon -en (-et) bacon
bad -et = **1** i kar bath; *ta ett ~*
  have* a bath; utomhus go* for
  a swim **2** badplats beach
bada *verb* swim, bathe; i kar
  have* a bath
badbyxor pl. bathing trunks
baddräkt -en -er swimsuit
badhandduk -en -ar bath towel
badhus -et = public baths
badhytt -en -er bathing hut
badkappa -an -or bathrobe
badkar -et = bath, tub
badkläder pl. beachwear

badlakan -et = large bath
  towel
badminton -en badminton
badmössa -an -or bathing cap
badort -en -er seaside resort
badrum -met = bathroom
badstrand -stranden stränder
  beach
badvakt -en -er lifeguard
bag -en -ar bag
bagage -t luggage, ba̠ga̠ge
bagageinlämning -en -ar left-
  -luggage office
bagagelucka -an -or boot
bagageutrymme -t -n boot
bagare -n = baker
bagatell -en -er trifle
bageri -et -er bakery
bajsa *verb* do* number two
1 bak -et = bakning baking
2 bak -en -ar behind; ~ *och*
  fram the wrong way round
baka *verb* bake
bakben -et = hind leg
bakdel -en -ar på ett föremål
  back; människas buttocks
bakdörr -en -ar back door; på bil
  rear door
bakelse -n -r pastry
bakficka -an -or på byxor hip
  pocket; *ha något i bakfickan*
  have* something up one's
  sleeve
bakfram *adv* back to front
bakfull *adj*, *vara* ~ have* a
  hangover
bakgrund -en -er background

bakhjul -et = rear wheel

baklfrån adv from behind

baklucka -an -or på bil boot

baklykt|a -an -or rear light

baklås, *dörren har gått i ~ the lock has jammed*

baklänges adv backwards

bakom prep o. adv behind

bakpulv|er -ret = baking powder

bakre adj back

bakrut|a -an -or rear window

baksid|a -an -or back

bakslag -et = setback

baksmäll|a -an -or hangover

baksäte -t -n back seat

bakterie -n -r germ

bakverk -et = pastry

bakväg -en -ar back door; *på bakvägar* indirectly

bakvänd adj awkward

bakåt adv backwards

1 bal -en -er dans ball; mindre dance

2 bal -en -ar packe bale

balans -en -er balance; *tappa balansen* lose* one's balance

balansera verb balance

balett -en -er ballet

balj|a -an -or kärl tub

balkong -en -er balcony

ballad -en -er ballad

ballong -en -er balloon

balsam -en (-et) -er balsam

balt -en -er Balt

baltisk adj Baltic

bambu -n bamboo

ban|a -an -or **1** väg path; omloppsbana orbit **2** för idrott track **3** järnvägslinje line

banal adj commonplace

banan -en -er banana

band -et = **1** remsa band; snöre string; kassettband tape; hårband ribbon; *löpande bandet* conveyor belt; *lägga ~ på sig* check oneself **2** följe el. popband o.d. band

bandage -t = bandage

bandit -en -er bandit

bandspelare -n = tape-recorder

bandy -n bandy

banjo -n -r banjo

bank -en -er bank; *ha pengar på banken* have* money in the bank

banka verb knock

bank|bok -boken -böcker bankbook

bankfack -et -en safe-deposit box

bankgiro -t -n bank giro

bankkonto -t -n bank account

banklån -et = bank loan

bankomat® -en -er cashpoint

bannlysa verb ban

banta verb slim

1 bar adj bare; naked; *på ~ gärning* redhanded; *under ~ himmel* in the open

2 bar -en -er lokal bar

bara I adv only **II** konj såvida as long as

barack -en -er barracks

barbent *adj* bare-legged
bardisk -en -ar bar
barfota *adj* o. *adv* barefoot
barhuvad *adj* bare-headed
bark -en -ar på träd bark
barm -en -ar bosom, breast
barmhärtig *adj* merciful
barn -et = child; *vard.* kid; *två ~ two children, hon är med ~* she is pregnant
barnbarn -et = grandchild
barnbidrag -et = child benefit
barn|bok -boken -böcker children's book
barndom -en childhood
barndop -et = christening
barnfamilj -en -er family with children
barnflick|a -an -or nursemaid
barnförbjuden *adj* for adults only
barnhem -met = för föräldralösa orphanage
barnkammare -n = nursery
barnkläder pl. children's clothes
barnläkare -n = pediatrician
barnmisshandel -n child abuse
barnmorsk|a -an -or midwife
barnomsorg -en child care
barnsjukdom -en -ar children's disease; hos ny produkt teething problems
barnskor pl. children's shoes
barnslig *adj* childish
barnstol -en -ar high chair
barnsäker *adj* childproof

barnsäng -en -ar säng för barn cot
barntillåten *adj*, ~ *film* universal
barnvagn -en -ar perambulator, *vard.* pram
barnvakt -en -er baby sitter
baromet|er -ern -rar barometer; *vard.* glass
barr -et = på träd needle
barrskog -en -ar pine forest
barrträd -et = conifers; *vard.* pines and firs
barservering -en -ar snack-bar
barsk *adj* harsh
bartend|er -ern -rar bartender
baryton -en -er baritone
1 bas -en -er grund base
2 bas -en -ar mansröst el. instrument bass
3 bas -en -ar förman foreman; *vard.* boss
ba-samtal -et = reverse charge call
basar -en -er bazaar
basera *verb* base; *vara baserad på* be* based on
basfiol -en -er double bass
basilik|a -an -or växt basil
bask|er -ern -rar beret
basket -en basketball
bassäng -en -er basin; swimming-pool
bast -et bast
basta *verb* take* a sauna
bastu -n -r sauna
basun -en -er trombone
batong -en -er truncheon

batteri -et -er battery
batteridriven adj battery-
-powered
BB BB-t BB-n maternity ward
be verb **1** be böner pray
2 anhålla ask; ~ ngn om ngt
ask sb. for sth.; får jag ~ om
notan? the bill, please!
bearbeta verb omarbeta adapt;
söka inverka på try to influence
beboelig adj habitable
bebyggelse -n -r houses
bedra verb deceive, swindle;
vara otrogen mot be* unfaithful
to; ~ sig be* mistaken
bedragare -n = deceiver,
swindler
bedrift -en -er exploit
bedriva verb carry on
bedrägeri -et -er brott fraud; skoj
swindle
bedrövad adj distressed
bedrövlig adj deplorable; usel
miserable
bedöma verb judge; uppskatta
estimate
bedöva verb, ~ ngn med
bedövningsvätska give* an
anaesthetic to sb.
bedövning -en -ar anaesthesia
bedövningsmed|el -let =
anaesthetic
befalla verb order; kommendera
command
befallning -en -ar order,
command

befattning -en -ar syssla post;
ämbete office
befinna verb, ~ sig vara be*
befogad adj justified
befogenhet -en -er authority;
ha ~ be* authorized
befolkning -en -ar population
befordra verb **1** upphöja pro-
mote **2** paket o.d. send*
befordr|an en ~, pl. -ingar
1 avancemang promotion **2** av
paket o.d. transport
befria verb, ~ ngn set sb. free;
~ ngn från ngt exempt sb.
from sth.; ~ sig från ngt free
oneself from sth.
befrielse -n -r liberation
befrukta verb fertilize
befruktning -en -ar fertilization;
konstgjord ~ artificial in-
semination
befäl -et = **1** kommando com-
mand **2** befälspersoner officers
begagnad adj used; second-
-hand
bege verb, ~ sig go*
begoni|a -an -or begonia
begrava verb bury
begravning -en -ar burial;
ceremoni funeral
begrepp -et = idea; reda ut
begreppen straighten things
out; stå i ~ att... just be
going to...
begripa verb understand; inse
see*; ~ sig på ngt understand
sth.

begriplig adj understandable

begränsa verb inskränka limit; ~ sig limit oneself

begränsning -en -ar limitation

begå verb ett brott commit; ett misstag make*

begåvad adj talented

begåvning -en -ar talent

begär -et = desire; ~ efter craving for

begära verb ask, ask for; anhålla om request

begäran en ~, best. form = anhållan request; ansökan application

behag -et = välbehag pleasure; tjusning charm; efter ~ as you like

behaga verb tilltala please

behaglig adj angenäm pleasant; tilltalande attractive

behandla verb treat; handla om deal with; bli illa behandlad be* badly treated

behandling -en -ar treatment

behov -et = need

behå -n = (-ar) brassiere; vard. bra

behålla verb keep*

behållare -n = container

behållning -en -ar **1** återstod remainder **2** vinst profit

behärska verb **1** råda över control; vara herre över be* in command of; ~ sig control oneself **2** kunna master

behärskad adj restrained

behörig adj authorized; kompetent qualified; om läkare licensed; om lärare certificated

behöva verb need

behövas verb be* needed; det behövs inte it is not necessary

beige adj beige

bekant I adj välkänd well-known; välbekant familiar **II** en ~, pl. -a acquaintance

beklaga verb, ~ ngt be* sorry about sth.; ~ sig complain

beklaglig adj unfortunate

bekosta verb pay* for

bekräfta verb confirm

bekräftelse -n -r confirmation

bekväm adj comfortable; ~ av sig lazy, easy-going

bekymmer -ret = worry, trouble

bekymra verb, ~ sig worry; det bekymrar henne she is worried about it

bekymrad adj worried

bekänna verb confess

bekännelse -n -r confession

belasta verb load, charge

belastning -en -ar load

belgare -n = Belgian

Belgien Belgium

belgisk adj Belgian

belgiska -an -or Belgian woman

belopp -et = amount, sum

belysning -en -ar lighting

belåten adj satisfied

belägen adj situated; vara ~ be*, lie*

beläggning -en -ar covering

belöna verb reward

belöning -en -ar reward

bemärkelsedag -en -ar day of celebration

bemöta verb behandla treat; besvara answer; bli illa bemött be* badly treated

ben -et = 1 skelettdel bone 2 kroppsdel leg; vara på benen igen be* up and about again

benja -an -or parting

benbrott -et = fractured leg

benfri adj boneless

bensin -en petrol

bensindunk -en -ar petrol can

bensinmack -en -ar petrol station

bensinmätare -n = petrol gauge

bensinstation -en -er petrol station

bensintank -en -ar petrol tank

benägen adj inclined

benägenhet -en -er tendency

benämning -en -ar name

beordra verb order, command

bereda verb 1 förbereda prepare; ~ sig på ngt make* ready for sth. 2 förorsaka cause

beredd adj prepared; vara ~ på ngt be* prepared for sth.

beredskap -en preparedness; ligga (stå) i ~ stand* by

berest adj, vara mycket ~ have* travelled a lot

berg -et = 1 mountain; mindre hill 2 berggrund rock

bergig adj mountainous; hilly

bergkristall -en -er rock crystal

bergskedja -an -or mountain chain

bergstopp -en -ar mountain peak

bergsäker adj dead certain

berika verb enrich

berlock -en -er charm

bero verb, ~ på ha sin grund i be* due to; komma an på depend on

beroende adj dependent

berså -n -er arbour

berusad adj intoxicated, drunk

beryktad adj notorious; illa ~ with a bad reputation

beräkna verb calculate; uppskatta estimate

beräkning -en -ar calculation; uppskattning estimate

berätta verb tell*; ~ ngt för ngn tell* sb. sth.

berättelse -n -r story

berättigad adj om person entitled; om t.ex. kritik, misstro well-founded

beröm -met lovord praise

berömd adj famous

berömma verb praise

beröra verb touch

beröring -en -ar contact, touch

besatt adj occupied; vara ~ av ngt be* obsessed by sth.

besegra verb defeat

besiktiga verb inspect; ~ bilen have* one's car tested

besiktning -en -ar inspection; av bil (i Storbr.) MOT test

besinning -en behärskning self--control; förlora besinningen lose* one's head

besk adj bitter

beskatta verb tax

besked -et = upplysning information; få ~ be* informed; lämna ~ om ngt let* sb. know about sth.

beskriva verb describe

beskrivning -en -ar description

beskydd -et protection

beskydda verb protect

beskylla verb, ~ ngn för ngt accuse sb. of sth.

beslag -et = 1 till skydd, prydnad mounting 2 lägga ~ på seize

beslagta verb confiscate

beslut -et = decision; fatta ett ~ come* to a decision

besluta verb decide; ~ sig för ngt decide on sth.

beslutsam adj determined

besläktad adj, ~ med related to

besparing -en -ar saving

bespruta verb frukt o.d. spray with pesticide

bestick -et = knife, fork and spoon

bestiga verb climb

bestraffa verb punish

bestraffning -en -ar punishment, penalty

bestseller -n = (-s) best-seller

bestyrka verb confirm

bestå verb, ~ av consist of

beståndsdel -en -ar component

beställa verb order; boka bord, resa, rum book, får jag ~? can I order, please?; ~ tid hos tandläkaren make* an appointment with the dentist

beställning -en -ar order

bestämd adj fastställd fixed; orubblig determined

bestämma verb determine; ~ sig för ngt decide on sth.

bestämmelse -n -r regel regulation

besvara verb svara på answer; hälsning return

besvikelse -n -r disappointment

besviken adj disappointed

besvär -et = trouble

besvära verb trouble; ~ sig trouble oneself

besvärlig adj troublesome; svår hard

besynnerlig adj strange

besättning -en -ar 1 manskap crew 2 rollbesättning casting

besök -et = visit; ~ hos visit to; få ~ av ngn have* a visit from sb.

besöka verb visit

besökare -n = visitor
besökstid -en -er visiting hours
beta *verb* äta gräs graze
betagen *adj*, ~ *i* charmed by
betala *verb* pay*; varor pay* for; *får jag ~?* can I have my bill, please?; ~ *sig* pay* off
betalning -en -ar payment
betalningsvillkor -et = terms of payment
1 bete -t -n betesmark pasture
2 bete -t -n vid fiske bait
3 bet|e -en -ar på t.ex. elefant tusk
4 bete *verb*, ~ *sig* behave; ~ *sig som en idiot* act like a fool
beteckning -en -ar designation
beteende -t -n behaviour
betjäna *verb* serve; *vara betjänt av* benefit from
betjäning -en service; personal staff
betjänt -en -er servant
betona *verb* stress
betong -en concrete
betoning -en -ar stress
betrakta *verb* **1** se på look at **2** anse consider
beträffande *prep* concerning
bets|el -let = bridle
bett -et = bite
betungande *adj* heavy
betyda *verb* mean*
betydande *adj* important; ~ *förluster* considerable losses
betydelse -n -r meaning
betydlig *adj* considerable

betyg -et = **1** handling certificate; terminsbetyg report **2** betygsgrad mark
betänksam *adj* thoughtful
beundra *verb* admire, idolize
beundran en ~, best. form = admiration
beundransvärd *adj* admirable
beundrare -n = admirer; vard. fan
bevaka *verb* **1** vakta guard **2** tillvarata look after
bevakning -en -ar guard
bevara *verb* bibehålla preserve
bevilja *verb* grant
bevingad *adj* winged
bevis -en = proof
bevisa *verb* prove
bevittna *verb* **1** bestyrka attest **2** vara vittne till witness
bi -et -n bee
bib|el -eln -lar bible
bibliotek -et = library
bidé -n -er bidet
bidra *verb*, ~ *till* contribute to
bidrag -et = **1** tillskott contribution **2** understöd allowance
bifall -et approval
biff -en -ar steak
biffstek -en -ar beefsteak, steak
bifoga *verb* enclose; *bifogad räkning* we are enclosing our bill
bihål|a -an -or sinus
bihåleinflammation -en -er sinusitis
bijouterier pl. jewellery

bikini -n = bikini

bikt -en -er confession

bikta *verb*, ~ *sig* confess

bikup|a -an -or beehive

bil -en -ar car; taxibil taxicab

bila *verb* go* by car, motor

bilag|a -an -or i brev enclosure; tidningsbilaga supplement

bilbälte -t -n seat beit

bild -en **1** pl. -er picture **2** skolämne art education

bilda *verb* åstadkomma form; utgöra make*; ~ *sig* skaffa sig bildning educate oneself; ~ *sig en uppfattning om* form an opinion of

bildad *adj* cultivated

bilder|bok -boken -böcker picture book

bildlig *adj* figurative

bildning -en skolutbildning o.d. education; bildande formation

bildskärm -en -ar på dator, TV etc. screen

bilfärj|a -an -or car ferry

bilförare -n = car driver

bilförsäkring -en -ar motorcar insurance

bilism -en motoring

bilist -en -er motorist

biljard -en -er billiards

biljett -en -er ticket

biljettautomat -en -er ticket machine

biljettkontor -et = booking- -office

biljettluck|a -an -or ticket window

biljettpris -et = för inträde admission; för resa fare

bilkö -n -er queue of cars

billig *adj* cheap; ej alltför dyr inexpensive

bilmekaniker -n = car mechanic

bilmärke -t -n make of car

bilolyck|a -an -or car accident

bilradio -n -r car radio

bilres|a -an -or car journey

bilsjuk *adj* car-sick

bilskol|a -an -or driving school

bilstöld -en -er car theft

biltelefon -en -er carphone

biltrafik -en traffic

biltur -en -er ride; vard. spin

biltvätt -en -ar car wash

biluthyrning -en -ar car hire service

bilverk|stad -staden -städer car repair shop

bind|a I -an -or gasbinda bandage **II** *verb* bind; knyta tie; ~ *sig* el. ~ *upp sig* commit oneself; ~ *fast ngt* tie sth. up

bindande *adj*, ~ *anmälan* binding application; ~ *bevis* conclusive evidence

bindestreck -et = hyphen

bingo -n bingo

bio -n -r cinema; *gå på* ~ *go* * to the cinema

biobiljett -en -er cinema ticket

biodynamisk *adj* biodynamic;

biodynamiskt odlad mat organic food

biograf -en -er cinema; vard. movie

biografi -n -er biography

biologi -n biology

biologisk *adj* biological

bisarr *adj* bizarre, odd

biskop -en -ar bishop

biskvi -n -er ung. macaroon

bismak -en -er funny taste

bister *adj* om min o.d. grim; om klimat hard

bistånd -et aid

bit -en -ar stycke piece; matbit bite; vägsträcka distance; *det är en bra ~ kvar* we have quite a long way left; *äta en ~ have** a snack; *gå i bitar* fall* to pieces

bita *verb* bite*; ~ *av* bite* off

bitas *verb* bite*

biträde -t -n shop assistant

bitsock|er -ret cube sugar

bitter *adj* bitter

bittermand|el -eln -lar bitter almond

bittl *adv* o. **bittida** *adv* early; *i morgon* ~ early tomorrow morning

bjuda *verb* **1** erbjuda offer; servera serve; *jag bjuder!* this is on me!; ~ *ngn på middag* invite sb. to dinner; ~ *upp ngn* ask sb. for a dance **2** på auktion bid

bjudning -en -ar party

bjälk|e -en -ar beam

bjällr|a -an -or little bell

bjässe -en -ar hefty chap

björk -en -ar birch

björn -en -ar bear

blackout -en -er blackout; *drabbas av en* ~ have* a blackout

blad -et = **1** på växt leaf; *några* ~ a few leaves **2** av papper sheet

bland *prep* among; ~ *annat* among other things

blanda *verb* mix; spelkort shuffle; ~ *ihop* mix up

blandad *adj* mixed

blandning -en -ar mixture; av olika kvaliteter blend; röra mess

blank *adj* bright, shining

blankett -en -er form

blaz|er -ern -rar jacket

blek *adj* pale

bleka *verb* bleach

blekna *verb* om person turn pale; om färg fade

bli *verb* be*, become*; vard. get*; *hur mycket blir kostar det?* how much will that be?; *det blir regn* it is going to rain; ~ *av med ngt* lose* sth.; ~ *över* be* left over

blick -en -ar look; hastig glance

blind *adj* blind

blindtarm -en -ar appendix

blindtarmsinflammation -en -er appendicitis

blinka *verb* om ljus twinkle; med ögonen blink

blink|er -ern -rar indicator

blivande *adj* future

blixt -en -ar **1** vid åska lightning **2** kamerablixt flashlight

blixtlås -et = zip

blixtra *verb* flash

block -et **1** massivt stycke block **2** skrivblock pad

blockera *verb* blockade

blockflöjt -en -er recorder

blod -et blood

blodbrist -en anaemia

blodcirkulation -en blood circulation

blodfläck -en -ar bloodstain

blodförgiftning -en -ar blood poisoning

blodgivare -n = blood donor

blodgrupp -en -er blood group

blodig *adj* **1** blodfläckad blood-stained, covered with blood **2** om biff o.d. rare

blodpropp -en -ar blood clot; sjukdom thrombosis

blodprov -et = blood test

blodpudding -en -ar black pudding

blodsock|er -ret blood sugar

blodtransfusion -en -er blood transfusion

blodtryck -et =, *högt ~* high blood pressure; *lågt ~* low blood pressure

blodvärde -t -n blood count

blom -men, *stå i ~* be* in bloom

blomblad -et = petal

blombukett -en -er bunch of flowers; köpt bouquet

blomkruk|a -an -or flowerpot

blomkål -en cauliflower

blomm|a I -an -or flower **II** *verb* bloom

blommig *adj* flowery

blomsterhand|el -ein -iai flower shop

blomstra *verb* blossom; frodas prosper

blomstrande *adj* flourishing

blond *adj* fair, blond; om kvinna blonde

blondin -en -er blonde

bloss -et = **1** fackla torch **2** vid rökning puff; *dra ett ~* take* a puff

blott I *adj* mere; *med blotta ögat* with the naked eye **II** *adv* only

blottare -n = flasher

bluff -en -ar humbug; bedragare fraud

bluffa *verb* bluff

blunda *verb* shut one's eyes

blus -en -ar blouse

bly -et lead

blyad *adj*, *~ bensin* leaded petrol

blyertspenn|a -an -or pencil

blyfri *adj*, *~ bensin* unleaded petrol

blyg *adj* shy

blygsam *adj* modest

blyhaltig *adj* containing lead

blå *adj* blue

blåbär -et = bilberry

blåklint -en -ar cornflower

blåklock|a -an -or harebell

blåmes -en -ar blue tit

blåmärke -t -n bruise

1 blås|a -an -or **1** urinblåsa
bladder **2** i huden blister

2 blåsa *verb* **1** blow; *det
blåser* it is windy **2** vard., lura
cheat, fool

blåsig *adj* windy

blåsinstrument -et = wind
instrument

blåsipp|a -an -or hepatica

blåskatarr -en -er inflammation
of the bladder

blåsorkest|er -ern -rar brass
band

blåst -en wind

blåsväd|er -ret = stormy
weather

blåögd *adj* blue-eyed; godtrogen
etc. naive

bläck -et ink

bläckfisk -en -ar octopus

bläckpenn|a -an -or pen

bläddra *verb*, ~ *igenom* (*i*) *en
bok* leaf through a book

blända *verb* blind; ~ *av* dip
the headlights

bländande *adj* dazzling

bländare -n = stop, setting

blänka *verb* shine

blöda *verb* bleed

blödning -en -ar bleeding

blöj|a -an -or napkin; vard.
nappy

blöt I *adj* wet **II** *lägga* (*ligga*) *i*
~ soak

blöta *verb* soak; ~ *ner* wet; ~
ner sig get* all wet

bo I *verb* permanent live; tillfälligt
stay; ~ *på hotell* stay at a
hotel **II** -et -n fågels nest

boaorm -en -ar boa constrictor

bock -en -ar **1** he-goat **2** stöd
trestle

bocka *verb* buga bow

bod -en -ar **1** marknadsstånd
booth **2** skjul shed

bofast *adj* resident

bofink -en -ar chaffinch

bog -en -ar **1** på djur shoulder
2 del av fartyg bow

bogsera *verb* tow

bogserlin|a -an -or towline

bohag -et = household goods

bohem -en -er bohemian

boj -en -ar buoy

bojkott -en -er boycott

bojkotta *verb* boycott

1 bok -en böcker book

2 bok -en -ar träd beech

boka *verb* book

bokföring -en -ar bookkeeping

bokförlag -et = publishing
house

bokhand|el -eln -lar bookshop

bokhyll|a -an -or bookcase

bokklubb -en -ar book club

bokmärke -t -n bookmark

bortom

bokning -en -ar reservation

bok|stav -staven -stäver letter

bokstavera *verb* spell

bokstavsordning -en -ar alphabetical order

bolag -et = company

boll -en -ar ball

bollspel -et = ball game

1 bom -men -mar stång bar; gymnastikredskap horizontal bar; på segelbåt boom

2 bom -men -mar felskott miss

bomb -en -er bomb

bomba *verb* bomb

bomull -en cotton; vadd cotton wool

bomullstyg -et -er cotton cloth

bona *verb* wax

bondböna -an -or broad bean

bonde -n bönder farmer; i schack pawn

bondgård -en -ar farm

bonus -en bonus

bord -et = table

bordduk -en -ar tablecloth

bordeaux -en -er Bordeaux; rött claret

bordell -en -er brothel

bordsbeställning -en -ar reservation

bordsdam -en -er dinner partner

bordskavaljer -en -er dinner partner

bordsvatt|en -net = table water

bordsvin -et -er table wine

bordtennis -en table tennis; vard. ping-pong

borg -en -ar castle

borgare -n = bourgeois; icke-socialist non-Socialist

borgen oböjl. security

borgens|man -mannen -män guarantor

borgerlig *adj* middle class, bourgeois; icke-socialistisk non-Socialist, right-wing; ~ *vigsel* civil marriage

borgmästare -n = mayor

borr -en -ar drill

borra *verb* bore; i tand drill

borrmaskin -en -er drill

borst -et (-en) = bristle

borsta *verb* brush; ~ *tänderna* brush one's teeth

borst|e -en -ar brush

bort *adv* away; *dit* ~ over there; *vi ska* ~ we are invited out

borta *adv* för tillfället away; försvunnen gone; som inte går att finna missing; *där* ~ over there; *långt* ~ far away; *den är* ~ it is gone

bortbjuden *adj* invited out

bortblåst *adj, vara som* ~ have* completely vanished

bortfall -et = decline

bortförklaring -en -ar excuse

bortkastad *adj,* ~ *tid* a waste of time

bortkommen *adj* lost

bortom *prep* beyond

bortre adj further
bortrest adj, **hon är** ~ she has gone away
bortskämd adj spoilt
bortsprungen adj runaway, stray
bosatt adj resident; **vara ~ i** be* a resident of
boskap -en cattle
Bosnien Bosnia
bosnier -n = o. **bosnisk** adj Bosnian
bosnisk|a -an -or kvinna Bosnian woman
bo|stad -staden -städer hem place; hus house
bostadsadress -en -er permanent address
bostadsbidrag -et = accomodation allowance
bostadshus -et = house; storre residential block
bostadslös adj homeless
bostadsrätt -en -er tenant ownership
bostadsrättslägenhet -en -er tenant-owner flat
bosätta verb, ~ **sig** settle down
bot -en remedy
bota verb cure
botanik -en botany
botanisk adj botanical
botemed|el -let = remedy, cure
bott|en -nen -nar bottom
bottenvåning -en -ar ground floor

bottna verb touch bottom
boule -n boules
boulevard -en -er boulevard
bourgogne -n -r burgundy
bov -en -ar villain; förbrytare criminal
bowling -en bowling
bowlinghall -en -ar bowling alley
box -en -ar box
boxas verb box
box|er -ern -rar boxer
boxning -en -ar boxing
bra I adj **1** good; utmärkt excellent; **det är ~ så** that's enough, thank you **2** frisk well **II** adv well; **tack ~** fine, thank you
bragd -en -er exploit
brak -et = crash
braka verb crash
brand -en bränder fire
brandbil -en -ar fire engine
brandfara -n danger of fire
brandgul adj orange
brandkår -en -er fire brigade
brand|man -mannen -män fireman
brandredskap -et = firefighting equipment
brandsläckare -n = fire extinguisher
brandstation -en -er fire station
brandsteg|e -en -ar fire escape
brandvarnare -n = fire alarm
bransch -en -er line of business

brant I *adj* steep II -en -er
  precipice

bras|a -an -or fire

bravo *interj* bravo!

bre *verb*, ~ *en smörgås* make*
  a sandwich; ~ *på* lay* it on
  thick

bred *adj* broad, wide

bredbar *adj* easy-to-spread

bredd -en -er breadth

bredda *verb* broaden

breddgrad -en -er latitude

bredsid|a -an -or broadside

bredvid I *prep* beside; om hus
  o.d. next door to II *adv* close
  by; *hon bor i huset* ~ she
  lives next door

brev -et = letter

brevbärare -n = postman

brevlåd|a -an -or letterbox

brevpapper -et = stationery

brevporto -t -n postage

brevvåg -en -ar letter scales

brevvän -nen -ner pen friend,
  vard. pen pal

brevväxla *verb* correspond

brick|a -an -or 1 för servering tray
  2 för tekniskt bruk washer 3 för
  identifiering badge 4 spelbricka
  counter

bridge -n bridge

briljant I *adj* brilliant II *adv*
  brilliantly III -en -er brilliant

briljera *verb* show* off

bring|a -an -or breast

brinna *verb* burn*

brinnande *adj* burning

bris -en -ar (-er) breeze

brist -en -er avsaknad lack;
  knapphet shortage; bristfällighet
  deficiency; *det råder* ~ *på*
  ngt there is a shortage of sth.

brista *verb* burst; ~ *ut i skratt*
  burst into laughter

bristfällig *adj* defective

bristningsgräns -en -er
  breaking-point

brits -en -ar bunk

britt -en -er Briton; vard. Brit

brittisk *adj* British

bro -n -ar bridge

broccoli -n broccoli

brodera *verb* embroider

broderi -et -er embroidery

brokig *adj* motley

1 broms -en -ar på fordon o.d.
  brake

2 broms -en -ar insekt gadfly

bromsa *verb* brake

bromsljus -et = brake light

bromsolj|a -an -or brake fluid

bromspedal -en -er brake pedal

bromsvätsk|a -an -or brake
  fluid

bronkit -en -er bronchitis

brons -en bronze

bror brodern bröder brother

brors|dotter -dottern -döttrar
  niece

bror|son -sonen -söner nephew

brosch -en -er brooch

broschyr -en -er brochure

brosk -et = cartilage

brott -et = 1 förbrytelse crime;

kränkning violation **2** benbrott fracture

brottas *verb* wrestle

brottning -en -ar wrestling

brottslig *adj* criminal

brottslighet -en in crime

brottsling -en -ar criminal

brud -en -ar bride

brudgum -men -mar bridegroom

brudklänning -en -ar wedding dress

brudnäbb -en -ar flicka bridesmaid; pojke page

brudpar -et = bridal couple

bruk -et = **1** användning use; *för utvärtes ~* for external use **2** fabrik works **3** murbruk mortar

bruka *verb* **1** använda use **2** odla cultivate **3** ha för vana, *vi brukar äta vid den tiden* we usually have dinner at that time

bruksanvisning -en -ar instructions for use

brumma *verb* growl

brun *adj* brown

brunn -en -ar well

brunögd *adj* brown-eyed

brus -et havets roar; störning i radio o.d. noise

brusa *verb* roar; *~ upp* lose* one's temper

brutal *adj* brutal

brutalitet -en -er brutality

brutto *adv* gross

bry *verb*, *~ sig om ngt* pay* attention to sth.; *~ sig om ngn* care about sb.; *han bryr sig inte* he just doesn't care

1 bryggja -an -or bridge; för landning landing-stage

2 brygga *verb* brew

bryggeri -et -er brewery

brylépudding -en -ar caramel custard

bryna *verb* steka brown

Bryssel Brussels

brysselkål -en Brussels sprouts

bryta *verb* break*; förbindelse break* off; i uttal speak* with an accent; *~ benet* break* one's leg; *samtalet bröts* the call was cut off; *~ sig in i ngt* break* into sth.; *det har brutit ut en epidemi* an epidemic has broken out

brytning -en -ar **1** breaking; oenighet breach **2** i uttal accent

bråck -et = hernia

brådska I -n hurry **II** *verb*, *det brådskar* it is urgent

brådskande *adj* urgent

1 bråk -et = **1** buller noise **2** besvär trouble

2 bråk -et = matematiskt uttryck fraction

bråka *verb* **1** väsnas be* noisy **2** krångla make* a fuss

bråkdel -en -ar fraction; *en ~ av en sekund* a split second

bråkig *adj* bullersam noisy; besvärlig troublesome

bråkstak|e -en -ar trouble-maker

brås verb, ~ på ngn take* after sb.

bråttom adv, ha ~ be* in a hurry

bräcklig adj skör fragile; skröplig frail

bräd|a -an -or board

brädd en -ar brim

bräde -t -r (-n) board

brädsegling -en -ar sailboard-ing

bränna verb burn*; ~ sig burn* oneself

brännas verb burn*; det bränns! du är nära you're getting close!

brännbläs|a -an -or blister

brännskad|a -an -or burn

brännsår -et = burn

brännvidd -en -er focal distance

brännvin -et schnaps

brännässl|a -an -or stinging nettle

bränsle -t -n fuel

bränslesnål adj economical

bröd -et = bread; frukostbröd roll

brödkak|a -an -or round loaf

brödkniv -en -ar breadknife

brödrost -en -ar toaster

brödskiv|a -an -or slice of bread

bröllop -et = wedding

bröllopsdag -en -ar wedding day

bröllopsres|a -an -or honey-moon

bröst -et = breast; barm bosom; bröstkorg chest

bröstcancer -ern -rar breast cancer

bröstfick|a -an -or breast pocket

bröstkorg -en -ar chest

bua verb boo; ~ åt ngn boo at sb.

bubbelpool -en -er whirlpool bath

bubbl|a I -an -or bubble **II** verb bubble

buckl|a -an -or dent

bucklig adj dented

bud -et = **1** budskap message; person från budfirma messenger; skicka ngt med ~ send* sth. by messenger; skicka ~ till ngn send* sb. a message **2** anbud offer; på auktion bid

buddism -en Buddhism

buddist -en er Buddhist

budget -en -ar budget

budskap -et = message

buffé -n -er buffet

buff|el -eln -lar djur buffalo; person lout, boor

buffert -en -ar buffer

buga verb, ~ sig bow

buk -en -ar belly

bukett -en -er bouquet; liten nosegay

bukt -en -er vik bay

bul|a -an -or bump

bulgar -en -er Bulgarian

Bulgarien Bulgaria

bulgarisk adj Bulgarian

bulgarisk|a -an **1** pl. -or kvinna
Bulgarian woman **2** språk
Bulgarian

buljong -en -er soppa clear soup;
avkok stock

buljongtärning -en -ar stock
cube

bulldogg -en -ar bulldog

bull|e -en -ar bun

bull|er -ret = noise

bullra verb make* a noise

bult -en -ar bolt

bulta verb dunka pound; om
puls throb

bumerang -en -er boomerang

bums adv right away

bungalow -en -er bungalow

bunk|e -en -ar av metall pan; av
porslin bowl

bunt -en -ar packet; hela
bunten the whole lot

bunta verb, ~ ihop ngt make*
sth. up into bundles

bur -en -ar cage; målbur goal

burk -en -ar pot; konservburk (av
metall) tin; på ~ tinned

burköppnare -n = tin opener

busa verb be* up to mischief

bus|e -en -ar ruffian

busig adj bråkig noisy; livlig
lively

busk|e -en -ar bush

buss -en -ar bus; för turism coach

busschaufför -en -er bus driver

bussförbindelse -n -r bus
connection

busshållplats -en -er bus stop

bussig adj nice

busslinje -n -r bus service

bussres|a -an -or bus-ride

butelj -en -er bottle

butik -en -er shop

butter adj sullen

by -n -ar litet samhälle village

bygd -en -er district

byg|el -eln -lar loop

bygga verb **1** build*; ~ om ett
hus rebuild* a house **2** vara
kraftigt byggd be* power-
fully built

bygge -t -n building project

byggnad -en -er building

byggsats -en -er do-it-yourself
kit

byrå -n -ar möbel chest of
drawers -n -er kontor office

byråkrati -n -er bureaucracy

byrålåd|a -an -or drawer

byst -en -er bust

bysthållare -n = brassiere

byta verb change; vid byteshan-
del trade; ~ om change; ~ ut
A mot B exchange A for B

byte -t -n **1** utbyte exchange
2 rov booty; vid jakt quarry

byxfick|a -an -or trouser pocket

byxkjol -en -er culottes

byxor pl. trousers

båda pron both; de ~
flickorna the two girls

bådadera pron both

både konj, ~ flugor och
getingar both flies and
wasps

båg|e -en -ar **1** kroklinje curve **2** pilbåge bow **3** vard., motorcykel bike, motorcycle
1 bål -en -ar kroppsdel trunk
2 bål -en -ar dryck punch
3 bål -et = brasa bonfire
bår -en -ar stretcher
bård -en -er border
barhus -et = mortuary
bås -et = stall
båt -en -ar boat
båtres|a -an -or voyage
båttur -en -er trip by boat
bäck -en -ar brook
bäcken -et = **1** kroppsdel pelvis **2** potta bedpan
bädd -en -ar bed
bädd|a verb, ~ *sängen* make* one's bed
bäddsoff|a -an -or sofa bed
bägare -n = cup
bägge pron both
bälte -t -n belt
bänd|a verb prize; ~ *upp ngt* prize sth. open
bänk -en -ar bench
bänkrad -en -er row
bär -et = berry
bär|a verb carry; vara klädd i wear*; ~ *sig* löna sig pay*; ~ *in* (*ut*) *ngt* carry in (out) sth.; ~ *sig dumt åt* behave badly
bärare -n = carrier; stadsbud porter
bärg|a verb **1** rädda save; bil tow; fartyg salvage **2** ~ *sig* contain oneself

bärgningsbil -en -ar breakdown lorry
bärkass|e -en -ar carrier bag
bärnsten -en -ar amber
bäst I adj best; *det är ~ att stanna* we had better stay **II** adv best
bästa, *göra sitt ~* do* one's best
bättra verb improve; *hon har bättrat sig* she has improved; ~ *på ngt* touch up sth.
bättre adj o. adv better
bäva verb tremble
bävan en ~, best. form = fear
bäv|er -ern -rar beaver
böckling -en -ar buckling
bög -en -ar gay
böj|a verb bend; ~ *sig* bend down
böjelse -n -r inclination
böjning -en -ar **1** böjande bending **2** bukt curve
böld -en -er boil
bön -en -er **1** anhållan request **2** *be en ~* say* a prayer
bön|a -an -or bean
bönfalla verb plead
böra verb, *du bör* (*borde*) *sluta röka* you should stop smoking; *han borde vara här snart* he should be here soon
börd|a -an -or burden
bördig adj fruktbar fertile
börj|a verb begin*, start; ~ *om* start all over again

början en ~, best. form =
beginning; *från* ~ from the
beginning

börs -en **1** pl. -er fondbörs
exchange **2** pl. -ar portmonnä
purse

böss|a -an -or gun

böta *verb* pay* a fine

böter pl. fine; *få 1.000 kronor
i* ~ be* fined 1,000 kronor

c c-et c-n c [utt. si]

cabriolet -en -er convertible

café -et -er café

campa *verb* camp, go*
camping

campare -n = camper

camping -en camping

campingplats -en -er camping
ground

canc|er -ern -rar cancer

cancertumör -en -er tumour

cape -n -r cape

cardigan -en -er (-s) cardigan

CD-skiv|a -an -or CD

CD-spelare -n = CD player

cell -en -er cell

cellist -en -er cellist

cello -n -r cello

Celsius, *10 grader* ~ 10
degrees Celsius

cembalo -n -r harpsichord

cement -en (-et) cement

cendré *adj* ash-blond

censur -en censorship

censurera *verb* censor

cent -en = cent (pl. lika)

Centerpartiet the Centre Par-
ty

centiliter -n = centilitre

centimeter -n = centimetre

central I -en -er centre **II** *adj*
central

centralstation -en -er central station

centralvärme -n central heating

centrifug -en -er spin-drier

centrifugera *verb* spin-dry

centrum -et = centre

cerat -et = lipsalve

ceremoni -n -er ceremony

certifikat -et = certificate

champagne -n -r champagne

champinjon -en -er mushroom, champignon

chans -en -er chance

chansa *verb* take⁴ a chance

charkuteriaffär -en -er butcher's

charkuterivaror pl. delicatessen

charm -en charm

charmig *adj* charming

charterflyg -et = flygning charter flight

charterres|a -an -or charter trip (tour)

chartra *verb* charter

chassi -t -er chassis

chaufför -en -er driver

check -en -ar (-er) cheque; *betala med* ~ pay⁴ by cheque

checka *verb*, ~ *in* check in; ~ *ut* check out

checkhäfte -t -n cheque book

chef -en -er head; direktör manager; vard. boss

chic *adj* chic

chip -et -s datachip chip

chips pl. potatischips crisps

chock -en -er shock

chockad *adj* shocked

chockera *verb* shock

chok|e -en -ar choke

choklad -en -er chocolate

chokladask -en -ar box of chocolates

chokladkak|a -an -or godis bar of chocolate

chokladmousse -n -r chocolate mousse

chokladsås -en -er chocolate sauce

cider -n cider

cigarett -en -er cigarette

cigarettetui -et -er (-n) cigarette case

cigarettfimp -en -ar cigarette end, butt

cigarettpaket -et = packet of cigarettes

cigarettändare -n = lighter

cigarill -en -er cigarillo

cigarr -en -er cigar

cirka *adv* about, roughly

cirk|el -eln -lar circle

cirkulera *verb* circulate

cirkus -en -ar circus

cistern -en -er tank

citat -et = quotation

citera *verb* quote

citron -en -er lemon

citronklyft|a -an -or lemon wedge

citronsaft -en -er lemon juice

city -t -n centre
civil *adj* civil, civilian
civilbefolkning -en -ar civilian population
civilisation -en -er civilization
civilklädd *adj* ...in civilian clothes
civilstånd -et = civil status
clementin -en -er clementine
clips -et = earclip
clown -en -er clown
c/o care of
cockerspaniel -n -ar (-s) cocker spaniel
cocktail -en -ar cocktail
collie -n -r collie
comeback -en -er comeback; *göra* ~ make* a comeback
contain|er -ern -rar container
copyright en copyright
cornflakes pl. cornflakes
cortison -et cortisone
crème fraiche® -n crème fraiche
crêpe -n -s crepe
cup -en -er cup
curry -n krydda curry powder
cyk|el -eln -lar cycle, vard. bike
cykelban|a -an -or cycle path
cykelbyxor pl. tights
cykeldäck -et = cycle tyre
cykelhjälm -en -ar bicycle helmet
cykelpump -en -ar cycle pump
cykelslang -en -ar cycle tube
cykeltur -en -er cycle ride

cykeluthyrning -en -ar bicycle hire service
cykla *verb* cycle; vard. bike
cyklist -en -er cyclist
cyklopög|a -at -on mask
cylind|er -ern -rar cylinder
cymbal -en -er cymbal
Cypern Cyprus
cypress -en -er cypress

D

d d-et d-n d [utt. di]
dad|el -eln -lar date
dag -en -ar day; *i* ~ today; *vad är det för* ~ *i*~? what day is it today?; *en gång om dagen* once a day; *på dagen* in the daytime
dag|bok -boken -böcker diary
dagg -en dew
daggmask -en -ar earthworm
daghem -met = daycare centre
daglig *adj* daily
dagligen *adv* daily
dagmamm|a -an -or child-minder
dags *adv*, *hur* ~? what time?; *det är* ~ *att åka* it's time to leave
dagsljus -et daylight
dagstidning -en -ar daily paper
dagtid, *på* ~ in the daytime
dahli|a -an -or dahlia
dal -en -ar valley
dala *verb* sink
Dalarna Dalecarlia
dalskid|a -an -or downhill ski
dam -en -er **1** lady **2** *i kortspel el. schack* queen
dambind|a -an -or sanitary towel
dambyxor pl. ladies' trousers

damcyk|el -eln -lar lady's bicycle
damfrisering -en -ar ladies' hairdresser
damkläder pl. ladies' wear
damkonfektion -en -er ladies' wear
1 damm -en -ar **1** fördämning dam **2** vattensamling pond
2 damm -et *stoft* dust
damma *verb* **1** städa dust; ~ *av ngt* dust sth. **2** röra upp damm raise a great deal of dust
dammig *adj* dusty
dammsuga *verb* vacuum
dammsugare -n = vacuum cleaner
dammtras|a -an -or duster
damrum -met = ladies' cloak-room
damsko -n -r lady's shoe
damtidning -en -ar ladies' magazine
damtoalett -en -er ladies' cloakroom; *vard.* ladies'
Danmark Denmark
dans -en -er dance
dansa *verb* dance
dansban|a -an -or dance floor
dansk I *adj* Danish **II** -en -ar Dane
dansk|a -an **1** pl. -or kvinna Danish woman **2** *språk* Danish
dansmusik -en dance music
dansställe -t -n dance hall
dansör -en -er dancer

dansös -en -er dancer

darra *verb* tremble

dass -et = vard. loo

1 data -n datasystem o.d. computer; *ligga på* ~ be* on computer

2 data pl. fakta facts

datanät -et = computer network

dataregist|er -ret = computerized data bank

dataskärm -en -ar monitor

dataspel -et = computer game

dataterminal -en -er computer terminal

datavirus -et = computer virus

dataåldern, *i* ~ in the computer age

datera *verb* date

dator -n -er computer

datorisering -en -ar computerization

datum -et = date

datumstämp|el -eln -lar date stamp

de *pron* they; ~ *som vet* those who know; ~ *här är bättre än* ~ *där* these are better than those

debatt -en -er debate

debattera *verb* debate

debitera *verb* charge

debut -en -er debut

debutera *verb* make* one's debut

december oböjl. December; *i* ~ in December

decenni|um -et -er decade

decibel en ~, pl. = decibel

deciliter -n = decilitre

decimal -en -er decimal

decimeter -n = decimetre

deckare -n = **1** bok el. film detective story **2** person private eye

defekt I -en -er defect **II** *adj* defective

defensiv I -en defensive **II** *adj* defensive

definiera *verb* define

definition -en -er definition

definitiv *adj* definite

defrost|er -ern -rar defroster

deg -en -ar dough; för paj pastry

deklaration -en -er declaration; självdeklaration income tax return

deklarera *verb* **1** göra sin självdeklaration make* one's tax return **2** ståndpunkt o.d. declare

dekor -en -er décor

dekoration -en -er decoration

dekorera *verb* decorate

del -en -ar **1** part **2** *en hel* ~ *människor* a lot of people; *en hel* ~ *pengar* a lot of money; *till stor* ~ to a large extent **3** andel share **4** *få* ~ *av ngt* be* informed of sth.

dela *verb* **1** divide; dela med ngn share; ~ *ngt med 5* divide sth. by 5; ~ *på notan* split the bill **2** ~ *sig* divide

delaktig *adj, vara ~ i* take* part in

delaktighet -en i brott complicity

delegation -en -er delegation

delfin -en -er dolphin

delge *verb, ~ ngn ngt* inform sb. of sth.

delikat *adj* om mat delicious

delikatess -en -er delicacy

delpension -en -er partial pension

dels *konj, ~ mor, ~ yrkeskvinna* a mother as well as a career woman

delstat -en -er federal state

delta -t -n delta

deltaga *verb* **1** ~ *i* take* part in **2** närvara be* present

deltagare -n = participant

deltid -en -er part-time

delvis I *adv* partly **II** *adj* partial

delägare -n = partner

dem *pron* them

dementera *verb* deny

demokrati -n -er democracy

demokratisk *adj* democratic

demon -en -er demon

demonstration -en -er demonstration

demonstrera *verb* demonstrate

den I *best art* the; ~ *blå stolen* the blue chair **II** *pron* **1** it; ~ *ligger på golvet* it is on the floor **2** *jag tycker om ~ här*

men inte ~ *där* I like this one but not that one **3** om speciell person, *du är ~ som känner mig bäst* you are the one who knows me best; om alla, ~ *som vill komma* those who want to come; om sak, *köp ~ som är billigast* buy the one that is cheapest

denna (*denne*) *pron* den här this; den där that; ~ *gång* this time

densamma (*densamme*) *pron* the same

deodorant -en -er deodorant

departement -et = department

deponera *verb* deposit

deposition -en -er deposit

deppa *verb* feel* low

deppig *adj* depressed

depression -en -er depression

deprimerad *adj* depressed

deras *pron* their; *den är ~* it is theirs

desamma *pron* the same

design -en design

designer -n = (-s) designer

desinfektionsmedel -let = disinfectant

desperat *adj* desperate

dess I *pron* its **II** *adv, innan ~* before then; *till ~* till then

dessa *pron* om saker these ones; ~ *människor* these people; ~ *ord* these words

dessert -en -er dessert

dessertsked -en -ar dessert spoon

dessertvin -et = dessert-wine

dessutom *adv* besides

desto *adv* the; *ju förr ~ bättre* the sooner the better

destruktiv *adj* destructive

det I *best art* the; *~ blå huset* the blue house **II** *pron* **1** it; *~ ligger på bordet* it is on the table **2** i uttryck som *~ regnar* it is raining **3** there när 'det' ersätter ett subst.; *~ är en tjuv i garaget* there is a thief in the garage **4** he, she el. they när 'det' är utbytbart mot 'han, hon el. de'; *~ är en kollega till mig* she is a colleague of mine **5** what när 'det som' är utbytbart mot 'vad som'; *~ som måste göras* what must be done

detalj -en -er detail

detaljhandel -n retail trade

detektiv -en -er detective

detektivroman -en -er detective story

detsamma *pron* the same

detta se *denna*

devalvering -en -ar devaluation

1 dia *verb* suck; ge di suckle

2 di|a -an -or slide

diabetes en ~, best. form = diabetes

diabetiker -n = diabetic

diabild -en -er slide

diagnos -en -er diagnosis

diagonal I -en -er diagonal **II** *adj* diagonal

diagram -met = diagram

dialekt -en -er dialect

dialog -en -er dialogue

diamant -en -er diamond

diameter -ern -rar diameter

diarré -n -er diarrhoea

dieselolj|a -an -or diesel oil

diet -en -er diet; *hålla ~* be* on a diet

diffus *adj* diffuse

difteri -n diphtheria

dig *pron* you

dike -t -n ditch

dikt -en -er **1** poem poem **2** diktning m.m. fiction

dikta *verb* skriva vers write* poetry

diktare -n = forfattare writer; poet poet

diktator -n -er dictator

diktatur -en -er dictatorship

diktsamling -en -ar collection of poems

dilemma -t -n dilemma

dill -en dill

dimension -en -er dimension

dimm|a -an -or fog; lättare mist; dis haze

din *(ditt, dina) pron* your; *den är ~* it is yours

diplom -et = diploma

diplomat -en -er diplomat

diplomatisk *adj* diplomatic

direkt I *adj* direct **II** *adv* straight, directly

direktiv -et = instructions
direktsändning -en -ar live broadcast
direktör -en -er director
dirigent -en -er conductor
dirigera *verb* direct; orkester conduct
dis -et haze
disciplin -en discipline
disco -t -n disco
disig *adj* hazy
1 disk -en -ar i affär counter; i bar bar
2 disk -en -ar odiskad disk dishes
1 diska *verb* rengöra wash up
2 diska *verb* diskvalificera disqualify
diskbänk -en -ar sink
diskett -en -er disk
diskmaskin -en -er dishwasher
diskmedel -let = washing-up detergent
diskotek -et = discotheque; vard. disco
diskret I *adj* discreet **II** *adv* discreetly
diskriminera *verb*, ~ *ngn* discriminate against sb.
diskriminering -en -ar discrimination
disktras|a -an -or dishcloth
diskus -en -ar discus
diskussion -en -er discussion
diskutera *verb* discuss
diskvalificera *verb* disqualify
dispens -en -er exemption

disponera *verb*, ~ *över ngt* have* sth. at one's disposal
dispyt -en -er dispute
distans -en -er distance
distrahera *verb* disturb
distribuera *verb* distribute
distribution -en -er distribution
distrikt -et = district
disträ *adj* absent-minded
dit *adv* there; ~ *bort* over there
ditt se *din*
dittills *adv* up to then
ditåt *adv* in that direction
diverse *adj* various
dividera *verb* **1** resonera argue **2** ~ *med sex* divide by six
division -en -er division
djung|el -eln -ler jungle
djup I *adj* deep; ~ *tallrik* soup plate **II** -et = depth
djupfryst *adj* frozen
djur -et = animal
djurpark -en -er zoological park
djurplågeri -et cruelty to animals
djurvän -nen -ner animal lover
djärv *adj* bold
djävla *adj* o. *adv* bloody
djävlig *adj* bloody nasty
djävul -en djävlar devil
docent -en -er senior lecturer
dock *adv* o. *konj* likväl yet; emellertid however
dock|a -an -or leksak doll
dockskåp -et = doll's house
doft -en -er scent

dofta *verb* smell
doktor -n -er doctor
dokument -et = document
dokumentärfilm -en -er documentary
dold *adj* hidden
dolk -en -ar dagger
dollar -n = dollar
1 dom *pron* them
2 dom -en -ar judgment; i brottmål sentence; jurys utslag verdict; *fällande* ~ conviction; *friande* ~ acquittal
domare -n = judge; i tennis m.m. umpire; i fotboll el. boxning referee
domherr|e -en -ar bullfinch
dominera *verb* dominate
domino -t spel dominoes
domkraft -en -er jack
domkyrk|a -an -or cathedral
domna *verb* go* numb
domstol -en -ar court of law
Donau the Danube
donera *verb* donate
dop -et = christening
dopa *verb* dope
doping -en doping
dopp -et =, *ta sig ett* ~ have* a dip
doppa *verb* dip; ~ *sig* have* a dip
dos -en -er dose
dos|a -an -or box
dosera *verb* dose
dotter -n döttrar daughter

dotter|dotter -dottern -döttrar granddaughter
dotter|son -sonen -söner grandson
dov *adj* dull
dra *verb* **1** draw*; kraftigare pull; *det drar* there's a draught; ~ *av ngt från ngt* deduct sth. from sth.; ~ *ifrån ngt från ngt* take* away sth. from sth. **2** förbruka use **3** ~ *sig för att göra ngt* hesitate to do sth.
drabba *verb* hit*
drag -et = **1** ryck pull **2** i spel move **3** särdrag, anletsdrag feature **4** luftdrag draught **5** fiskredskap trolling spoon
dragkedj|a -an -or zip
dragning -en -ar **1** i lotteri draw **2** attraktion attraction
dragningskraft -en -er attraction
dragningslist|a -an -or lottery prize list
dragon -en krydda tarragon
dragspel -et = accordion
drak|e -en -ar dragon; pappersdrake kite
dram|a -at -er drama
dramatik -en drama
dramatisk *adj* dramatic
draperi -et -er drapery
drastisk *adj* drastic
dregla *verb* dribble
dressera *verb* train

415   **duggregn**

drick|a I *verb* drink* **II** -an -or
soft drink
dricks -en tip
dricksglas -et = drinking-glass
drickspengar pl. tip
dricksvatt|en -net drinking-
-water
drift -en **1** pl. -er begär drive
2 verksamhet operation; *billig
l ~ economical*
drink -en -ar drink
driv|a I -an -or drift **II** *verb*
1 drive*; om moln, båt etc. drift
2 ~ *med ngn* pull sb.'s leg
drivmed|el -let = fuel
drog -en -er drug
dropp -et drip
droppa *verb* drip
dropp|e -en -ar drop
drottning -en -ar queen
drummel -n drumlar lout
drunkna *verb* be* drowned
druv|a -an -or grape
druvsaft -en -er grape-juice
druvsock|er -ret dextrose
dryck -en -er drink; tillagad
beverage
dryg *adj* **1** högfärdig haughty
2 som räcker lasting **3** väl
tilltagen liberal; *en ~ kilo-
meter* a good kilometre
4 betungande heavy
dråp -et = manslaughter
dräglig *adj* tolerable
dräkt -en -er dress; jacka o. kjol
suit
dräng -en -ar farmhand

dränka *verb* drown
dräpa *verb* kill
dröja *verb*, *var god och dröj!*
hold on, please!; *det dröjer
länge innan han är färdig* it
will be a long time before he
has finished
dröjsmål -et = delay
dröm -men -mar dream
drömma *verb* dream*; ~ *om* i
sömn dream* about; vaken
dream* of
du *pron* you
dubb -en -ar stud
dubba *verb* film dub
dubbdäck -et = studded tyre
dubb|el I *adj* double **II** -eln -lar i
t.ex. tennis doubles
dubbelknäppt *adj* double-
-breasted
dubbelmoral -en double stand-
ard
dubbelrum -met = double room
dubbelsäng -en -ar double bed
dubblera *verb* double
dubblett -en -er **1** extra exemplar
duplicate **2** två rum two-
-roomed flat
Dublin Dublin
ducka *verb* duck
duell -en -er duel
duett -en -er duet
duga *verb*, *det får* ~ that will
do
dugga *verb* drizzle
duggregn -et = drizzle

duk

duk -en -ar cloth; för segel canvas

duka verb, ~ bordet lay* the table; ~ av clear the table; ~ fram ngt put* sth. on the table

duktig adj good, clever

dum adj stupid

dumhet -en -er egenskap stupidity; handling stupid thing

dun -et = down

dund|er -ret = rumble; med ~ och brak with a crash

dundra verb thunder

dung|e -en -ar clump of trees

1 dunk -en -ar behållare can

2 dunk -en -ar dunkande thumping

dunka verb thump; ~ ngn i ryggen slap sb. on the back

dunk|el I adj obscure **II** let dusk

duns -en -ar thud

dunsa verb thud

duntäcke -t -n duvet

dur oböjl. major

durkslag -et = colander

dusch -en -ar shower

duscha verb have* a shower

dussin -et = dozen

dust -en -er fight

duv|a -an -or pigeon

dvala -n lethargy

dvärg -en -ar dwarf

dy -n mud

dygd -en -er virtue

dygn -et = 24 hours

dyka verb dive; ~ upp turn up

dykare -n = diver

dykning -en -ar diving

dylik adj ...like that

dyn|a -an -or cushion

dynamisk adj dynamic

dynamit -en dynamite

dynga -n dung

dyr adj expensive

dyrbar adj **1** expensive **2** värdefull valuable

dyrgrip -en -ar article of great value

1 dyrka verb, ~ upp ett lås pick a lock

2 dyrka verb tillbedja worship

dysenteri -n dysentery

dyster adj gloomy

då I adv then; ~ och ~ now and then; ~ så! well, then; vem ~? who? **II** konj **1** när when; ~ jag var barn when I was a child **2** eftersom as

dålig adj bad; krasslig poorly, ill; hon känner sig ~ she doesn't feel well

dån -et = roar

dåna verb roar

dår|e -en -ar fool

dåsa verb doze

dåsig adj drowsy

dåvarande adj, den ~ ägaren the then owner

däck -et = **1** på båt o.d. deck **2** på hjul tyre

däggdjur -et = mammal

dämpa verb minska reduce; ~

belysningen soften the lighting

där *adv*, ~ *borta* over there; *så* ~ *ja!* well, that's that; ~ *hon sitter* where she is sitting

därefter *adv* after that

däremot *adv* on the other hand

därför *adv* therefore; ~ *att* because; *det är ~ som hon aldrig kom* that's why she never came

däribland *adv* among them

därifrån *adv* from there

därmed *adv* with that

därutöver *adv* in addition

dö *verb* die; ~ *ut* die out

död I *adj* dead **II** -en -ar death

döda *verb* kill

dödlig *adj* lethal

dödlighet -en mortality

dödsannons -en -er obituary notice

dödsbädd -en -ar deathbed

dödsdom -en -ar death sentence

dödsfall -et = death

dödsoffer -ret = casualty

dödsolycka -an -or fatal accident

dödsstraff -et = capital punishment

dölja *verb* conceal; maskera äv. disguise; ~ *sig* hide

döma *verb* judge; ~ *ngn till två års fängelse* sentence sb. to two years' imprisonment

döpa *verb* baptize; ge namn christen

dörr -en -ar door

dörrhandtag -et = doorhandle

dörrnyckel -eln -lar doorkey

dörrvakt doorman; utkastare bouncer

döv *adj* deaf

dövstum *adj* deaf and dumb

E

e e-et e-n e [utt. i]

eau-de-cologne -n eau-de-
-Cologne

eau-de-toilette -n toilet water

ebb -en ebb, low tide

ed -en -er oath

effekt -en -er effect; tekniskt o.d.
power

effektfull adj striking

effektförvaring -en -ar left-
-luggage office

effektiv adj 1 om person
efficient 2 om sak effective

effektivitet -en efficiency

efter prep after; längta ~ long
for

efterbliven adj backward

efterforskning -en -ar investi-
gation, inquiry

efterfrågan en ~, pl. -ningar
demand

1 efterhand adv gradually
2 efterhand, i ~ afterwards

efterhängsen adj persistent

efterlysa verb look for; vara
efterlyst be* wanted

efterlysning -en -ar som rubrik
Wanted

efterlämna verb leave*

efterlängtad adj, en ~ semes-
ter a longed-for holiday

eftermiddag -en -ar afternoon;

i eftermiddags this after-
noon; *på eftermiddagen* in
the afternoon; *klockan 4 på
eftermiddagen* at 4 o'clock
in the afternoon

efternamn -et = surname,
family name

efterrätt -en -er dessert; vard.
afters

efterskott, betala i ~ pay*
after delivery

efterskänka verb remit

eftersom konj since, as

eftersträva verb aim at

eftersända verb forward

eftersändes verb please for-
ward

eftersökt adj in great demand

eftertanke -n reflection

efterträda verb succeed

efterträdare -n = successor

eftertänksam adj thoughtful

efteråt adv afterwards

Egeiska havet the Aegean Sea

egen adj 1 ha ett eget hus
have* a house of one's own,
have* one's own house; för
~ del for my own part; på ~
hand on one's own 2 säregen
peculiar

egendom -en -ar property; fast
~ real estate

egendomlig adj strange, odd

egendomlighet -en -er pecu-
liarity

egenkär adj conceited

egenskap -en -er **1** drag quality
2 ställning, roll capacity
egentlig *adj* real
egentligen *adv* really, actually
egg -en -ar edge
egga *verb* excite
egoist -en -er egoist
egoistisk *adj* egoistic
ek -en -ar oak
1 eka *an er* rowing-boat
2 eka *verb* echo
EKG ECG, electrocardiogram
eko -t -n echo
ekologi -n ecology
ekologisk *adj* ecological
ekonom on -er economist
ekonomi -n economy; vetenskap
economics
ekonomiförpackning, *i ~* in
economy-size
ekonomisk *adj* **1** economic;
finansiell financial **2** sparsam
economical
ekorre -en -ar squirrel
eksem -et = eczema
ekvatorn best. form equator
elak *adj* naughty; ond evil,
wicked
elakartad *adj* malignant
elastisk *adj* elastic
eld -en -ar fire; *fatta ~* catch*
fire; *göra upp ~* make* a
fire; *har du ~?* have you got
a light?
elda *verb* göra upp eld light a
fire
eldfast *adj* fireproof

eldning -en -ar för att värma upp
heating
eldsläckare -n = fire extin-
guisher
eld|stad staden -städer fireplace
eldsvåd|a -an -or fire
elefant -en -er elephant
elegant I *adj* smart; elegant
II *adv* smartly
elektricitet -en electricity
elektriker -n = electrician
elektrisk *adj* eldriven electric;
som rör elektricitet electrical
element -et = **1** element **2** för
värme radiator
elementär *adj* elementary;
basic
elev -en -er pupil; vid högre
läroanstalter student
elfenben -et ivory
elfte *räkn* eleventh
elgitarr -en -er electric guitar
eliminera *verb* eliminate
elit -en -er elite
eller *konj* or; *hon vill komma,
~ hur?* she wants to come,
doesn't she?
elspis -en -ar electric cooker
elva *räkn* eleven, för samman-
sättningar med elva jfr *fem* o.
femton med sammansättningar
elvisp -en -ar electric mixer
elvärme -n electric heating
elände -t -n misery
eländig *adj* miserable
emalj -en -er enamel
emballage -t = packing

emellan I prep mellan två between; mellan flera among **II** adv between
emellanåt adv occasionally
emellertid adv o. konj however
emigrant -en -er emigrant
emigrera verb emigrate
emot adv, mitt ~ opposite
emotse verb look forward to
1 en -en -ar buske juniper
2 en (ett) I räkn one, för sammansättningar med en (ett) jfr fem med sammansättningar **II** obest art **1** a, framför vokalljud an **2** ~ möbel a piece of furniture **3** i vissa tidsuttryck one; ~ dag one day
1 ena verb unite; ~ sig agree
2 ena pron, den ~ systern one sister
enastående I adj unique **II** adv exceptionally
enbart adv merely
enda (ende) pron only; den ~ katten utan svans the only cat without a tail; inte en ~ av dem not a single one of them; inte en ~ gång not once
endast adv only
endera (ettdera) pron, ~ dagen one of these days
energi -n energy
energisk adj energetic
energisnål adj economical
enfaldig adj silly

enformig adj monotonous
engagemang -et = **1** anställning engagement **2** åtagande commitment
engagera verb **1** anställa engage **2** ~ sig för ngt become* absorbed in sth.
engelsk adj English; brittisk British
engelskla -an **1** pl. -or kvinna Englishwoman **2** språk English
Engelska kanalen the English Channel
engelslman -mannen -män Englishman
England England; Storbritannien ofta Britain
engångsartikIel -eln -lar disposable article
enhet -en -er **1** del unit **2** endräkt unity
enhetlig adj uniform
enig adj unanimous
enighet -en samförstånd agreement; endräkt unity
enkel adj simple; inte dubbel single
enkelbiljett -en -er single ticket
enkelhet -en simplicity
enkelknäppt adj single-breasted
enkelriktad adj one-way
enkelrum -met = single room
enkät -en -er inquiry
enligt prep according to
enorm adj enormous

ensak, *det är min ~* that's my business

ensam *adj* allena alone; enstaka solitary; endast en single; som känner sig ensam lonely

ensamhet -en solitude; övergivenhet loneliness

ensamstående *adj* single

ense *adj*, *vara ~* agree

ensidig *adj* one-sided

enskild *adj* private; särskild separate

enslig *adj* solitary

enstaka *adj* occasional; *någon ~ gång* once in a while

entonig *adj* monotonous

entré -n -er **1** entrance **2** inträde admission

enträgen *adj* urgent

entusiasm -en enthusiasm

entusiastisk *adj* enthusiastic

entydig *adj* unambiguous

envis *adj* obstinate

envisas *verb* be* obstinate

enväldig *adj* absolute

enäggstvillingar pl. identical twins

epidemi -n -er epidemic

epilepsi -n epilepsy

episod -en -er episode

epok -en -er epoch

er *pron* **1** you **2** your; *den är ~* it is yours

erbjuda *verb* offer

erbjudande -t -n offer

erektion -en -er erection

erfaren *adj* experienced

erfarenhet -en -er experience

erhålla *verb* receive

erkänna *verb* acknowledge; bekänna confess

erotik -en sex

erotisk *adj* sexual; erotic

ersätta *verb* **1** ~ *ngn för ngt* compensate sb. for sth. **2** byta ut replace

ersättare -n – substitute

ersättning -en -ar **1** gottgörelse compensation **2** utbyte replacement

ertappa *verb* catch*

erövra *verb* conquer

espresso -n espresso

ess -et = spelkort ace

est -en -er Estonian

estet -en -er aesthete

estetisk *adj* aesthetic

Estland Estonia

estländare -n = Estonian

estnisk *adj* Estonian

estnisk|a -n **1** pl. -or kvinna Estonian woman **2** språk Estonian

estrad -en -er platform

etablera *verb* establish; ~ *sig* establish oneself

etapp -en -er stage

etik -en ethics

etikett -en -er **1** regler etiquette **2** lapp label

etnisk *adj* ethnic

ett se **2** *en*

ett|a -an -or **1** one **2** lägenhet one-room flat

ettårig adj **1** en ~ *flicka* a one-year-old girl **2** som varar i ett år one-year

ettåring -en -ar barn one-year--old child

etul -et -er (-n) case

EU EU

euro -n = euro (pl. lika)

Europa Europe

europamästare -n = European champion

europé -n -er European

europeisk adj European; *Europeiska Unionen* the European Union

evenemang -et = event

eventuell adj possible

evig adj eternal

evighet -en -er eternity; *det är evigheter sedan* it is ages since

exakt I adj exact **II** adv exactly

exam|en en ~, pl. -ina betyg degree; *ta en* ~ graduate

exemp|el -let = example; fall instance; *till* ~ for example

exemplar -et = copy

exil -en exile; *leva i* ~ live in exile

existens -en -er existence

existera verb exist

exklusiv adj exclusive

exklusive prep excluding

exotisk adj exotic

expandera verb expand

expansion -en expansion

expediera verb **1** sända send* **2** betjäna serve **3** utföra carry out

expedit -en -er shop assistant

expedition -en -er **1** lokal office **2** resa expedition

experiment -et = experiment

experimentera verb experiment

expert -en -er expert

explodera verb explode

explosion -en -er explosion

export -en -er export; varor exports

exportera verb export

express adv express

expressbrev -et = express letter

expressionism -en expressionism

expresståg -et = express train

extas -en ecstasy

exteriör -en -er exterior

extra adj o. adv extra

extrasäng -en -ar extra bed

extrem adj extreme

F

f f-et f f [utt. ɛf]

fabrik -en -er factory; för halvfabrikat mill

fabrikat -et = manufacture

facit ett ~, pl. = **1** bok key **2** lösning answer

fack -et = **1** i hylla compartment **2** yrkesgren branch **3** vard., fackförening union

fackförening -en -ar trade union

fack|la -an -or torch

fack|man -mannen -män expert

fadd|er -ern -rar godfather, godmother

fader -n fäder father

fagott -en -er bassoon

Fahrenheit, 32° ~ 32° Fahrenheit motsvarar 0° Celsius

faktisk adj actual

faktor -n -er factor

faktum -et = (fakta) fact; ~ är... the fact is...

faktur|a -an -or invoice

fakturera verb invoice

falk -en -ar falcon

fall -et = **1** fall **2** förhållande el. rättsfall case; i alla ~ in any case; i bästa ~ at best; i så ~ in that case; i värsta ~ at worst

falla verb **1** fall*; ~ ihop

break* down; ~ omkull fall*; ~ sönder fall* to pieces **2** ~ sig happen; det föll mig in att... it struck me that...

fallenhet -en talent

fallfärdig adj ramshackle

fallgrop -en -ar pitfall

fallskärm -en -ar parachute

falsett -en -er falsetto

falsk adj falsk, falskt alarm false alarm

familj -en -er family

familjeföretag -et = family business

familjär adj familiar

famla verb grope

famn -en -ar armar arms

famntag -et = embrace

1 fan oböjl. the Devil; fy ~! hell!; det ger jag ~ i! I don't care a damn!; vem ~ har tagit mitt vinglas? who the hell took my glass of wine?

2 fan en ~, pl. fans beundrare fan

fan|a -an -or flag

fanatiker -n = fanatic

fanatisk adj fanatic

fanfar -en -er flourish

fantasi -n -er imagination

fantasifull adj imaginative

fantasilös adj dull

fantastisk adj fantastic

fantisera verb fantasize

far fadern fäder father; vard. dad

1 far|a -an -or danger; det är ingen ~ med honom there is no need to worry about him

2 fara *verb* **1** go*; ~ *bort* go*
away **2** rusa rush; ~ *fram*
carry on; ~ *upp* jump up **3** ~
illa be* badly treated

far|bror -brodern -bröder uncle

far|far -fadern -fäder grandfather;
vard. granddad

farföräldrar pl. grandparents

farlnsock|er -ret brown sugar

farled -en -er channel

farlig *adj* dangerous; *det är
väl inte så farligt?* that's not
so bad after all?

farm -en -ar (-er) farm

farmaceut -en -er pharmacist

far|mor -modern -mödrar grand-
mother; vard. grandma

fars -en -er farce

fars|a -an -or vard. dad

farstu -n -r hall

fart -en -er **1** hastighet speed **2** liv
go

fartbegränsning -en -ar speed
limit

fartyg -et = vessel

farvatten pl. waters

farväl -et = goodbye

fas -en -er skede phase

fas|a I -an -or, *fasor* horrors
II *verb*, ~ *för* dread

fasad -en -er front, façade

fasan -en -er pheasant

fasansfull *adj* förfärlig horrible,
terrible; ohygglig ghastly; vard.
awful

fascinerad *adj* fascinated

fascist -en -er Fascist

fashionabel *adj* fashionable

fason -en -er **1** form shape
2 beteende manners

1 fast I *adj* firm; fastsatt fixed;
~ *anställning* a permanent
job **II** *adv* firmly; *vara ~
besluten* be* determined

2 fast *konj* though

fast|a I -an -or fast **II** *verb* fast

fast|er -ern -rar aunt

fastighet -en -er house

fastighetsmäklare -n = estate
agent

fastland -et mainland

fastna *verb* get* caught; klibba
stick

fastslå *verb* establish

fastställa *verb* **1** bestämma fix
2 konstatera establish

fastän *konj* though

fat -et = **1** uppläggningsfat dish;
tefat saucer; tallrik plate
2 tunna barrel

1 fatt *adj*, *hur är det ~?*
what's the matter?

2 fatt *adv*, *få ~ i* get* hold of

fatta *verb* **1** begripa understand
2 gripa catch* **3** ~ *ett beslut*
come* to a decision

fattas *verb* inte finnas be*
lacking; saknas be* missing;
det fattades bara! I should
think so!

fattig *adj* poor

fattigdom -en in poverty

fattning -en **1** grepp grip
2 behärskning composure;

tappa fattningen lose* one's head

fatöl -et (-en) = draught beer

faun|a -an -or fauna

favorit -en -er favourite

fax -et = fax

faxa *verb* fax

fe -n -er fairy

feber -n febrar fever

feberfri *adj* free from fever

febertermomet|er -ern -rar clinical thermometer

febrig *adj* feverish

febril *adj* feverish

februari oböjl. February; *i* ~ in February

feg *adj* cowardly

feghet -en cowardice

fejd -en -er feud

fel I -et = **1** defekt fault **2** misstag mistake **3** skuld fault; *det är mitt* ~ I am to blame **II** *adj* wrong; *slå* ~ *nummer* dial the wrong number **III** *adv* wrong; *ha* ~ be* wrong

felaktig *adj* wrong; med fel defective

felfri *adj* faultless

felparkering -en -ar parking offence

felstavad *adj* wrongly spelt

felsteg -et = slip

fem *räkn* five

femhundra *räkn* five hundred

feminin *adj* feminine

feminist -en -er feminist

femkamp -en -er pentathlon

femm|a -an -or five; mynt five-krona coin

femrumslägenhet -en -er five-room flat

femsidig *adj* five-sided

femsiffrig *adj* five-digit

femte *räkn* fifth

femtedel -en -ar fifth

femtiden, *vid* ~ at about 5 o'clock

femtilapp -en -ar fifty-krona note

femtio *räkn* fifty

femtionde *räkn* fiftieth

femtiotal -et = fifty

femtioårig *adj* fifty-year-old

femtioåring -en -ar fifty-year--old man (woman)

femtioårsdag -en -ar fiftieth anniversary

femtioårsåldern, *i* ~ about fifty years old

femton *räkn* fifteen

femtonde *räkn* fifteenth

femtonhundratalet, *på* ~ in the sixteenth century

femtonåring -en -ar fifteen--year-old

femvåningshus -et = five--storeyed house

femväxlad *adj* five-speed

femårig *adj* **1** fem år gammal five-year-old **2** som varar i fem år five-year

femåring -en -ar five-year-old child

femårsåldern, *i* ~ at the age of about five

fen|a -an -or fin

fenomen -et = phenomenon

fenomenal *adj* phenomenal

ferier pl. holidays

ferniss|a I -an -or varnish **II** *verb* varnish

fest -en -er party

festa *verb* party; ~ *på* feast on

festival -en -er festival

festlig *adj* festive; komisk comical

festspel pl. festival

fet *adj* fat; ~ *mat* rich food

fetma -n fatness

fett -et -er fat

fetthalt -en -er fat content

flasko -t -n flop

fiber -n fibrer fibre

fick|a -an -or pocket

fickformat -et = pocket size

fickkniv -en -ar pocketknife

ficklamp|a -an -or torch

fickord|bok -boken -böcker pocket dictionary

fickpengar pl. pocket money

ficktjuv -en -ar pickpocket

fiende -n -r enemy

fiendskap -en hostility

fientlig *adj* hostile

fiffel -let cheating

fiffla *verb* cheat

figur -en -er figure

fik -et = café

fika I *verb* have* some coffee (tea) **II** -t (-n) coffee, tea

fikapaus -en -er coffe break

fikon -et = fig

fikus -en -ar **1** växt india-rubber tree **2** homosexuell gay

1 fil -en -er **1** körfält lane **2** datafil file **3** rad row

2 fil -en filmjölk sour milk

3 fil -en -er verktyg file

fila *verb* file; ~ *på ngt* give* the finishing touches to sth.

filé -n -er fillet

filial -en -er branch

film -en -er film

filma *verb* film

filminspelning -en -ar filming

filmjölk -en sour milk

filmkamer|a -an -or film camera

filmregissör -en -er film director

filmrull|e -en -ar roll of film

filmskådespelare -n = film actor

filmstjärn|a -an -or film star

filosof -en -er philosopher

filosofi -n -er philosophy

filt -en -ar **1** sängfilt blanket **2** tyg felt

filt|er -ret = filter

filtrera *verb* filter

fimp -en -ar cigarette butt

fimpa *verb* cigarett stub out

fin *adj* fine; *en* ~ *middag* a first-rate dinner; *vara i* ~ *form* be* in great shape

final -en -er i tävling final; *gå till* ~ get* to the finals

finanser pl. finances

finansiera *verb* finance
finbageri -et -er fancy bakery
finess -en -er refinement
finger -ret -rar finger
fingeravtryck -et = fingerprint
fingerborg -en -ar thimble
fingervante -en -ar woollen
glove
fingra *verb*, ~ **på ngt** tamper
with sth.
finklädd *adj* dressed up
finkänslig *adj* tactful
Finland Finland
finländare -n = Finn
finländsk *adj* Finnish
finländska -an -or Finnish
woman
finna *verb* find*; ~ **sig i ngt**
accept sth.
finnas *verb* be*; **det finns**
there is (plural are)
1 finne -en -ar finländare Finn
2 finne -en -ar kvissla pimple
finsk *adj* Finnish
finska -an **1** pl. -or kvinna
Finnish woman **2** språk Finnish
1 fint -en -er i sport feint; bildl.
trick
2 fint *adv* finely; **må** ~ feel*
fine
fintvätt -en -ar tvättmärkning cold
wash
fiol -en -er violin
1 fira *verb*, ~ **ner** sänka let*
down
2 fira *verb* celebrate

firma -an -or firm, business
fisk -en -ar fish; **Fisken**
stjärntecken Pisces
fiska *verb* fish
fiskaffär -en -er fishmonger's
fiskare -n = fisherman
fiske -t -n fishing
fiskebåt -en -ar fishing-boat
fiskekort -et = fishing licence
fiskeredskap -et = fishing
tackle
fiskfilé -n -er fillet of fish
fiskmås -en -ar gull
fiskpinne -en -ar fish finger
fiskrätt -en -er fish course
fitta -an -or vulg. cunt
fixa *verb* fix
fixera *verb* fix
fjol, **i** ~ last year
fjorton *räkn* fourteen, för
sammansättningar med fjorton jfr
fem o. *femton* med sammansätt-
ningar
fjortonde *räkn* fourteenth
fjun -et = down
fjäder -ern -rar feather; i klocka,
säng etc. spring
fjädring -en -ar spring system;
på bil suspension
1 fjäll -et = berg mountain
2 fjäll -et = på fisk scale
fjälla *verb* fisk scale; om hud
peel
fjärde *räkn* fourth
fjärdedel -en -ar quarter
fjäril -en -ar butterfly

fjärran I *adj* distant **II** *adv* far away **III** *i ~* in the distance

fjärrkontroll -en -er remote control

fjäska *verb, ~ för ngn* suck up to sb.

flacka *verb, ~ omkring* roam about

fladder|mus -musen -möss bat

fladdra *verb* flutter

flag|a I -an -or flake **II** *verb* flake off

flagg|a I -an -or flag **II** *verb* fly* a flag

flagg|stång -stången -stänger flagstaff

flagna *verb* flake off

flak -et = **1** av is floe **2** för last platform

flamberad *adj* flambé

flamländsk *adj* Flemish

flamm|a I -an -or flame **II** *verb* blaze

flammig *adj* blotchy

flanell -en -er flannel

flanera *verb* stroll

flask|a -an -or bottle

flasköppnare -n = bottle--opener

flat *adj* **1** platt flat; *~ tallrik* flat plate **2** häpen taken aback; eftergiven weak

flaxa *verb* flutter

flera I *adj* ytterligare more **II** *pron* åtskilliga several

flertal -et, *flertalet människor* most people; *ett ~ gäster* several guests

flesta *adj, de ~* the majority; *de ~ katter* most cats

flexibel *adj* flexible

flextid -en -er flexitime

flick|a -an -or girl

flicknamn -et = girl's name; som ogift maiden

flickvän -nen -ner girlfriend

flik -en -ar på kuvert flap; hörn corner

flimra *verb* flicker; *det flimrar för ögonen på mig* everything is swimming before my eyes

flina *verb* grin

fling|a -an -or flake

flintskallig *adj* bald

flipperspel -et = pinball machine

fils|a -an -or chip

flit -en **1** arbetsamhet diligence **2** *med ~* on purpose

flitig *adj* diligent

flock -en -ar flock

flod -en -er **1** vattendrag river **2** högvatten high tide

flodhäst -en -ar hippopotamus

flor|a -an -or flora

1 flott *adj* posh, fancy

2 flott -et grease

flott|a -an -or **1** ett lands marine; sjövapen navy **2** samling fartyg fleet

flott|e -en -ar raft

flug|a -an -or **1** insekt fly **2** rosett bow tie

flugsvamp -en -ar fly agaric

flundr|a -an -or flounder

fly verb run* away

flyg -et flygväsen aviation; *ta flyget* go* by air; *med ~* by air

flyga verb fly*

flygbiljett -en -er air ticket

flygbolag -et = airline

flygel -eln -lar **1** byggnad wing **2** musikinstrument grand piano

flygförbindelse -n -r plane connection

flygning -en -ar flying; flygtur flight

flygolyck|a -an -or air crash

flygplan -et = aeroplane, aircraft

flygplats -en -er airport

flygpost -en airmail

flygres|a -an -or air journey

flygtrafik -en air traffic

flygvärdinn|a -an -or flight attendant

flykt -en -er flight; rymning escape

flykting -en -ar refugee

flyta verb inte sjunka float; rinna flow; *~ ihop* bli otydlig become* blurred; *~ upp* come* to the surface

flytande I adj **1** på ytan floating **2** i vätskeform liquid **3** tala *~ engelska* speak* fluent English **II** adv obehindrat fluently

flytning -en -ar från underlivet discharge; *ha flytningar* vard. have* the whites

flytta verb move; *kan ni ~ på er?* could you move a little?; *~ fram* skjuta upp put* off; *~ ihop med* move in with; *~ in* move in

flyttbil -en -ar removal van

flyttning -en -ar moving

flytväst -en -ar life jacket

flå verb skin

flåsa verb puff

fläck -en -ar spot; av smuts stain

fläcka verb, *~ ner ngt* stain sth.

fläckborttagningsmed|el -let = spot remover, stain remover

fläckfri adj spotless, stainless

fläckig adj **1** smutsig spotted, stained **2** med fläckar spotted; spräcklig speckled

fläkt -en -ar **1** pust breeze **2** apparat fan

fläktrem -men -mar fan belt

flämta verb pant

fläsk -et färskt pork; saltat bacon

fläskfilé -n -er fillet of pork

fläskkarré -n -er loin of pork

fläskkorv -en -ar pork sausage

fläskkotlett -en -er pork chop

flät|a I -an -or plait **II** verb plait

flöda verb flow

flöjt -en -er flute

flört -en flirtation

flörta verb flirt

flöte -t -n float

FN (förk. för *Förenta Nationerna*) the UN (förk. för United Nations)

fnissa *verb* giggle

fnittra *verb* giggle

fnysa *verb* snort

fobi -n -er phobia

1 fod|er -ret = i kläder lining

2 foder -ret = för djur feedstuff

1 fodra *verb* sätta foder i line

2 fodra *verb* mata feed

fodral -et = case

fog -en -ar skarv joint

foga *verb* **1** ~ *ihop* join **2** ~ *sig* give* in; ~ *sig i ngt* resign oneself to sth.

fokus -en -ar focus

folie -n -r foil

folk -et = people; *det är mycket ~ ute* there are a lot of people in the streets

folkdans -en -er folk dance

folkdräkt -en -er folk costume

folkhögskol|a -an -or adult education college

folkmass|a -an -or crowd

folkmusik -en folk music

folkmängd -en -er population; *folkmassa* crowd

folkomröstning -en -ar referendum

folkpark -en -er concert park

Folkpartiet the Liberal Party

folksag|a -an -or legend

folksamling -en -ar crowd

folkskygg *adj* unsociable

folkslag -et = nation

folktom *adj* deserted

folkvis|a -an -or folk song

1 fond -en -er bakgrund background

2 fond -en -er kapital fund

fontän -en -er fountain

fordon -et = vehicle

fordra *verb* **1** om person demand **2** om sak require

fordr|an en ~, pl. -ingar demand

fordrande *adj* demanding

fordras *verb*, *det ~ tålamod* patience is necessary

forell -en -er trout

form 1 -en -er form; *vara ur ~* be* out of form **2** -en -ar för gjutning mould; för mat dish; *kakform o.d.* baking-tin

forma *verb* form

formalitet -en -er formality

format -et = size

form|el -eln -ler formula

formell *adj* formal

formulera *verb* formulate

formulering -en -ar formulation

formulär -et = form

fornminne -t -n ancient monument

forntid -en prehistoric times

fors -en -ar rapids

forsa *verb* rush; ~ *fram* gush out

forska *verb* research

forskare -n = research-worker

forskning -en -ar research

forsla *verb* transport; ~ *bort* carry away

fort *adv* snabbt tempo fast; *det gick* ~ it didn't take long; *så* ~ *jag kom in hördes ett skrik* as soon as I came in I heard a scream

fortfarande *adv* still

fortkörning -en -ar speeding

fortplanta *verb* propagate

fortplantning -en -ar reproduction

fortsätta *verb* continue

fortsättning -en -ar continuation; *i fortsättningen* from now on; ~ *följer* to be continued

fossil -en -er fossil

foster -ret = foetus

fosterbarn -et = foster-child

fosterhem -met = foster-home

fosterland -et = native country

fostra *verb* bring* up

fostran en ~, best. form = bringing up

fot -en fötter foot; *stå på god* ~ *med ngn* be* on good terms with sb.; *till fots* on foot

fotboll -en -ar spel el. boll football

fotbollslag -et = football team

fotbollsmatch -en -er football match

fotbollsplan -en -er football ground

fotbollsspelare -n = footballer

fotbroms -en -ar footbrake

fotfäste -t -n, *få* ~ gain a foothold

fotgängare -n = pedestrian

foto -t -n photo

fotoaffär -en -er camera shop

fotoalbum -et = photo album

fotogen -en (-et) paraffin

fotograf -en -er photographer

fotografera *verb* photograph

fotografi -en -er photograph

fotspår -et = footprint

fotsteg -et = step

fotsvett -en, *ha* ~ have* sweaty feet

fotvandring -en -ar hike

fotvård -en foot care

frack -en -ar tail coat; vard. tails

fradga -n froth

frakt -en -er freight

frakta *verb* carry

fraktur -en -er fracture

fram *adv, rakt* ~ straight on; *gå* ~ *till ngn* go* up to sb.; ~ *på kvällen* later on in the evening

framben -et = foreleg

framdel -en -ar front

framdörr -en -ar front door

framfusig *adj* pushing

framför *prep* before; ~ *allt* above all

framföra *verb* **1** vidarebefordra convey; *det ska jag* ~ I'll pass it on **2** uppföra present; musik perform

framgå *verb* be* clear

framgång -en -ar success

framgångsrik *adj* successful
framhjul -et = front wheel
framhålla *verb* point out
framhäva *verb* emphasize
framifrån *adv* from the front
framkalla *verb* **1** frambringa
produce; förorsaka cause **2** film
develop
framkallning -en -ar av film
developing
framkomlig *adj* accessible
framlänges *adv* forwards
framme *adv* in front; *när är vi
~?* when will we get there?;
där ~ over there
framsid|a -an -or front
framsteg -et = progress
framstå *verb* stand* out
framstående *adj* prominent
framställa *verb* **1** tillverka pro-
duce **2** skildra describe
framställning -en -ar **1** tillverk-
ning production **2** beskrivning
description
framsäte -t -n front seat
framtid -en -er future
framtida *adj* future
framtill *adv* in front
framträda *verb* appear
framträdande I -t -n appear-
ance **II** *adj* prominent
framåt I *adv* ahead; *gå ~*
make* progress **II** *prep*, *~
kvällen* towards evening
franc -en = franc
frankera *verb* stamp
Frankrike France

frans -en -ar fringe
fransig *adj* frayed
fransk *adj* French
franska -n French
frans|man -mannen -män
Frenchman
fransysk|a -an -or **1** kvinna
Frenchwoman **2** kött rump-
steak piece
fras -en -er phrase
frasig *adj* crisp
fred -en er peace
fredag -en -ar Friday; *i fredags*
last Friday; *på ~* on Friday
fredlig *adj* peaceful
frekvens -en -er frequency
fresta *verb* tempt
frestelse -n -r temptation
fri *adj* free; *vara ~ från* be*
free of; *det står dig fritt att*
you are free to; *i det fria* in
the open
1 fria *verb* frikänna acquit; *~
ngn från misstankar* clear
sb. of suspicion
2 fria *verb*, *~ till ngn* propose
to sb.
friare -n = suitor
frid -en peace
fridfull *adj* peaceful
fridlyst *adj* protected
frieri -et -er proposal
frige *verb* free
frigivning -en -ar setting free
frigjord *adj* open-minded
frigöra *verb* liberate
frigörelse -n liberation

frihandel -n free trade

frihet -en -er freedom

friidrott -en -er athletics

frikostig *adj* liberal

friktion -en -er friction

frikyrklig *adj* Free Church

frikänna *verb* acquit

friluftsliv -et outdoor life

frimärke -t -n stamp

frimärksalbum -et = stamp album

frisersalong -en -er hair-dresser's

frisk *adj* well; ~ *och kry* hale and hearty; ~ *luft* fresh air

frispråkig *adj* outspoken

frist -en -er respite

fristående *adj* detached

frisyr -en -er hair style

frisör -en -er hairdresser

fritera *verb* deep-fry

friterad *adj* deep-fried

fritid -en spare time

fritidshem -met = ung. after--school centre

fritidskläder pl. leisure wear

fritidssysselsättning -en -ar hobby

frivillig I *adj* voluntary **II** en ~, pl. -a volunteer

frodas *verb* thrive

from *adj* pious

front -en -er front

frontalkrock -en -ar head-on collision

1 frossa -an -or shivering

2 frossa *verb*, ~ *i* indulge in; ~ *på* gorge oneself on

frost -en -er frost

frotté -n -er terry cloth

frottéhandduk -en -ar terry towel

fru -n -ar gift kvinna married woman; hustru wife; ~ *Berg* Mrs Berg (förk. för missis Berg)

frukost -en -ar breakfast

frukt -en -er fruit

frukta *verb* fear

fruktaffär -en -er fruit shop

fruktan en ~, best. form = fear

fruktansvärd *adj* terrible

fruktjuice -n -r fruit juice

fruktlös *adj* futile

fruktsallad -en -er fruit salad

fruktsam *adj* fertile

fruntimmer -ret = female

frusen *adj* frozen; *jag känner mig* ~ I feel cold

frys -en -ar freezer

frysa *verb* **1** till is freeze **2** om person be* cold; *jag fryser om fötterna* my feet are cold

frysbox -en -ar freezer

frystorka *verb* freeze-dry

fråga I -an -or question; *ställa en* ~ *till ngn* ask sb. a question; *det kommer aldrig på* ~! that's out of the question!; *i* ~ *om mat* as to food **II** *verb* ask; ~ *efter ngn* ask for sb.; ~ *ngn om vägen* ask sb. the way

frågesport -en -er quiz
frågeteck|en -net = question mark
frågvis adj inquisitive
från I prep from **II** adv från-kopplad off
frånvarande adj absent
frånvaro -n absence
fräck adj impudent; om historia indecent
fräckhet -en -er impudence
fräknig adj freckled
frälsning -en salvation
främja verb promote
främling -en -ar stranger
främmande I adj strange **II** -t obekant stranger; gäst guest
främre adj front
främst adv first; huvudsakligen chiefly
frän adj rank
fräsa verb hiss; hastigt steka fry
fräsch adj fresh
fräta verb, ~ på ngt eat* into sth.
frö -et -n seed
fröjd -en -er joy
frök|en -en ~, pl. -nar **1** ogift kvinna unmarried woman; ~ Berg Miss (Ms) Berg **2** lärar-inna teacher; fröken! Miss!
fukt -en moisture
fuktig adj damp
ful adj ugly
full adj **1** full **2** onykter drunk
fullbelagd adj full
fullbokad adj fully booked

fullborda verb complete
fullfölja verb complete
fullkomlig adj perfect
fullkornsbröd -et = wholemeal bread
fullmakt -en -er authorization
fullmån|e -en -ar full moon
fullpackad adj crammed
fullproppad adj crammed
fullsatt adj full; på teater o.d. full house
fullständig adj complete
fullträff -en -ar direct hit
fullvuxen adj full-grown
fumlig adj fumbling
fundamental adj fundamental
fundera verb think*; ~ på att göra ngt think* about doing sth.
fundersam adj thoughtful
fungera verb work; ~ som serve as
funktion -en -er function; ur ~ out of order
furst|e -en -ar prince
furu -n pine
fusk -et cheating
fuska verb cheat
fusklapp -en -ar crib
fux -en -ar häst bay
fy interj phew!; ~ tusan! hell!
fyll|a I verb **1** fill; ~ i en blankett fill in a form; ~ på glaset fill up the glass **2** när fyller du år? when is your birthday?; ~ femtio år turn

fifty **II** -an -or, *i fyllan och
villan* in a drunken fit
fylleri -et drunkenness
fyllig *adj* **1** om person plump
2 detaljerad detailed
fyllning -en -ar filling
fyllo -t -n drunk
fynd -et = find
fyr -en -ar **1** fyrtorn lighthouse
2 eld fire
fyra I *räkn* four, för samman-
sättningar med fyra jfr *fem* med
sammansättningar **II** -an -or siffra
four
fyrkant -en -er square
fyrkantig *adj* square
fyrklöver -ern -rar four-leaf
clover
fyrtio *räkn* forty, för samman-
sättningar med fyrtio jfr *femtio*
med sammansättningar
fyrtionde *räkn* fortieth
fyrverkeri -et -er fireworks
fysik -en **1** ämne physics
2 kroppsbyggnad physique
fysisk *adj* physical
1 få *verb* **1** *får jag?* vanl. may
I?, can I?; *du får göra som
du vill* you can do as you
like; *jag har aldrig fått göra
det* I have never been
allowed to do that; *du får
inte göra det* you must not
do that; *får jag be om
sockret?* can I have the
sugar, please?; *får jag tala
med X?* can I speak to X?;

du får vänta you'll have to
wait **2** get*; *kan jag få
saltet?* could you pass me the
salt, please?; *vad får vi till
middag?* what's for dinner?;
~ av sig skorna get* one's
shoes off; *~ tillbaka växel*
get* some change back; *inte
~ upp resväskan* not get*
one's suitcase open **3** *~ för
sig* inbilla sig *ngt* imagine sth.
2 få *pron o. adj*, *väldigt ~
vänner* very few friends;
bara några ~ dagar only a
few days
fåfäng *adj* vain
fåfänga -n vanity
fågel -eln -lar bird
fågelbo -et -n bird's nest
fågelholk -en -ar nesting box
fåll -en -ar hem
1 fålla -n klädesplagg hem
2 fålla -an -or inhägnad pen
fånga *verb* catch*
fånge -en -ar prisoner
fångenskap -en captivity
fångst -en -er catch
fånig *adj* silly
får -et = sheep
fåra I -an -or furrow **II** *verb*
furrow
fårkött -et mutton
fårskinn -et = sheepskin
fåtal -et minority; *ett ~* a few
fåtölj -en -er armchair
fäkta *verb* fence
fäktning -en -ar fencing

fälg -en -ar rim

fäll|a I -an -or trap **II** *verb* **1** t.ex. träd fell; t.ex. bomb drop; ~ *ihop* fold up **2** förklara skyldig convict

fällkniv -en -ar clasp knife

fällstol -en -ar folding chair

fält -et = field

fälttåg -et = campaign

fängelse -t -r prison; vard. jail

fängelsestraff -et =, *få* ~ *be** sentenced to prison

fängsla *verb* **1** sätta i fängelse imprison **2** om t.ex. bok captivate

fängslande *adj* om bok o.d. captivating

färd -en -er resa journey; till sjöss voyage; utflykt trip

färdas *verb* travel

färdhandling -en -ar travel document

färdig *adj* finished

färdiglagad *adj*, ~ *mat* ready-cooked food

färdledare -n = guide

färdväg -en -ar route

färg -en -er colour; till målning paint; till färgning dye

färga *verb* colour; hår dye

färgad *adj* coloured

färgblind *adj* colour-blind

färgfilm -en -er colour film

färgglad *adj* brightly coloured

färghand|el -eln -lar paint shop

färgkrit|a -an -or crayon

färglägga *verb* colour

färglös *adj* colourless

färgpenn|a -an -or coloured pencil

färg-TV -n = colour TV

färj|a -an -or ferry

färre *adj* fewer

färs -en -er köttfärs minced meat; till fyllning forcemeat

färsk *adj* fresh

Färöarna the Faeroe Islands

fästa *verb* **1** sätta fast fasten; fastna stick **2** ~ *sig vid ngn* become* attached to sb.

fäste -t -n hold; *få* ~ find* a hold

fästing -en -ar tick

fäst|man -mannen -män fiancé

fästmö -n -r fiancée

fästning -en -ar fortress

föda I -n food **II** *verb* **1** sätta till världen give* birth to **2** ge föda åt feed **3** ~ *upp* breed

födas *verb* be* born

född *adj* born; *när är du* ~? when were you born?

födelse -n -r birth

födelsedag -en -ar birthday

födelsedatum -et = date of birth

födelsemärke -t -n birthmark

födelseort -en -er birthplace

föds|el -eln -lar birth

föga *adj* o. *adv* little

föl -et = foal

följa *verb* **1** ~ *efter ngn* follow sb. **2** ~ *med ngn* accompany sb.; *det är svårt att* ~ *med* it is difficult to keep up with things

följaktligen *adv* consequently

följande *adj* following

följas *verb*, ~ *åt* go* together

följd *en* *er* **1** rad succession **2** konsekvens consequence; *få till* ~ result in; *till* ~ *av ngt* as a result of sth.

följeslagare -n = o. **följeslagerska** -an -or companion

följetong -en -er serial story

föna *verb* blow-wave

fönster -ret = window

fönsterbord -et = table by a window

fönsterplats -en -er window seat

fönsterruta -an -or window-pane

1 för -en -ar stem

2 för I *prep*, ~ *en vecka sedan* a week ago; *dag* ~ *dag* day by day; *platsen* ~ *brottet* the scene of the crime; *dölja ngt* ~ *ngn* hide sth. from sb.; *hon gick ut* ~ *att leta efter honom* she went out to look for him; *visa ngt* ~ *ngn* show* sth. to sb. II *konj*, ~ *el.* ~ *att* because III *adv*, ~ *lite* too little

föra *verb* **1** carry **2** leda lead*

förakt -et contempt

förakta *verb* despise

föraning -en -ar presentiment

föranleda *verb* cause; *känna*

sig föranledd att göra ngt feel* called upon to do sth.

förare -n = av fordon driver

förargad *adj* annoyed

förarglig *adj* annoying

1 förband -et = **1** *första* ~ first-aid bandage **2** inom krigsmakt unit

2 förband -et = musik warm-up band

förbandslåda -an -or first-aid kit

förbanna *verb* curse

förbannad *adj* damned

förbannelse -n -r curse

förbehåll -et = reservation

förbereda *verb* prepare

förberedelse -n -r preparation

förbi *prep* o. *adv* past; *vara* ~ *trött* be* done up

förbigående, *i* ~ by the way

förbinda *verb* **1** förena join **2** ~ *sig att göra ngt* undertake to do sth.

förbindelse -n -r **1** connection **2** kärleksförbindelse affair **3** trafikförbindelse communications

förbise *verb* overlook

förbiseende -t -n oversight

förbjuda *verb* forbid

förbjuden *adj* forbidden

förbli *verb* remain

förbluffande I *adj* amazing II *adv* amazingly

förblöda *verb* bleed to death

förbruka *verb* consume

förbrukning -en -ar consumption

förbrylla verb bewilder

förbrytare -n = criminal

förbrytelse -n -r crime

förbränning -en burning

förbud -et = prohibition

förbund -et = alliance

förbättra verb improve

förbättring -en -ar improvement

fördel -en -ar advantage; dra ~ av ngt benefit from sth.; vara till sin ~ look one's best

fördela verb distribute; uppdela divide

fördelaktig adj advantageous

fördelardos|a -an -or distributor housing

fördelare -n = distributor

fördelning -en -ar distribution

fördelningspolitik -en policy of fair income distribution

fördjupa verb deepen; ~ sig i ngt become* absorbed in sth.

fördom -en -ar prejudice

fördomsfri adj unprejudiced

fördomsfull adj prejudiced

fördröja verb delay

fördubbla verb double

fördärv -et ruin

fördärva verb ruin, destroy

fördöma verb condemn

1 före -t -n, det är dåligt ~ the snow is bad for skiing

2 före prep o. adv before

förebild -en -er urtyp prototype; mönster model

förebrå verb reproach

förebråelse -n -r reproach

förebygga verb prevent

förebyggande adj preventive

föredra verb prefer; ~ te framför kaffe prefer tea to coffee

föredrag -et = talk

föredöme -t -n example

förefalla verb seem

föregå verb precede; ~ med gott exempel set a good example

föregående adj previous

föregångare -n = o. **föregångersk|a** -an -or predecessor

förekomma verb occur

föreläsa verb lecture

föreläsning -en -ar lecture

föremål -et = object

förena verb unite

förening -en -ar association

förenkla verb simplify

Förenta Nationerna the United Nations

Förenta Staterna the United States, the US

föreskrift -en -er instructions; bestämmelse regulation

föreslå verb propose

förestå verb leda, sköta be* in charge of

föreståndare -n = manager

föreställa verb represent; ~ sig imagine

föreställning -en -ar **1** idé idea **2** teaterföreställning o.d. performance

företag -et = company, firm

företagare -n = businessman

företagsekonomi -n business economics

företräda verb represent

företrädare -n = predecessor

företräde t n priority; lämna ~ give* way

förevändning -en -ar pretext

förfader -fadern -fäder ancestor

förfall -et decay

förfalla verb **1** fall* into decay **2** bli ogiltig become* invalid **3** om räkning o.d. be* due

förfallen adj **1** decayed **2** ogiltig invalid **3** vara ~ om räkning o.d. be* due

förfalska verb falsify

förfalskning -en -ar förfalskande falsification

författare -n = writer

författarinna -an -or woman writer

förfluten adj past

förflytta verb move

förfoga verb, ~ över ngt have* sth. at one's disposal

förfogande -t -n disposal

förfriskning -en -ar refreshment

förfrysa verb get* frost-bitten, get* frozen to death

förfrågan en ~, pl. -ningar o.

förfrågning en ~, pl. -ar inquiry

förfärlig adj terrible

förfölja verb pursue

förföljelse -n -r pursuit

förföra verb seduce

förgasare -n = carburettor

förgifta verb poison

förgiftning -en -ar poisoning

förgylla verb gild

förgylld adj gilded

förgätmigej -en -er forget-me-not

förgäves adv in vain

förhand, på ~ in advance

förhandla verb negotiate

förhandling -en -ar negotiation

förhinder, få ~ be* prevented from coming

förhindra verb prevent

förhoppning -en -ar hope

förhoppningsfull adj hopeful

förhålla verb, så förhåller det sig med den saken that is how matters stand

förhållande -t -n **1** sakläge conditions **2** förbindelse relations; kärleksförhållande affair **3** proportion proportion

förhör -et = interrogation

förhöra verb interrogate

förinta verb destroy

förkasta verb reject

förklara verb **1** förtydliga explain; ~ ngt för ngn explain sth. to sb. **2** tillkännage declare

förklaring -en -ar explanation

förkläde -t -n apron

förklädnad -en -er disguise

förknippa verb associate

förkorta verb shorten

förkortning -en -ar abbreviation

förkyld adj, vara ~ have* a cold

förkylning -en -ar cold

förkärlek -en predilection

förköp -et = advance booking

förlag -et = publishing firm

förlamad adj paralysed

förlamning -en -ar paralysis

förlopp -et = course of events

förlora verb lose*

förlossning -en -ar delivery

förlovad adj engaged

förlovning -en -ar engagement

förlust -en -er loss

förlåta verb forgive*

förlåtelse -n -r forgiveness

förlägen adj embarrassed

förlägga verb **1** slarva bort mislay* **2** böcker publish

förläggning -en -ar location

förlänga verb lengthen

förlöjliga verb ridicule

förman -mannen -män foreman

förmaning -en -ar mild warning

förmedla verb mediate

förmedling -en -ar mediation; byrå agency

förmiddag -en -ar morning; i förmiddags this morning; på förmiddagen in the morning; klockan 11 på förmiddagen at 11 o'clock in the morning

förminska verb reduce

förminskning -en -ar reduction

förmoda verb suppose

förmodligen adv presumably

förmyndare -n = guardian

förmå verb, ~ ngn att göra ngt get* sb. to do sth.

förmåga -an -or kraft power; läggning talent

förmån -en -er advantage; vard., löneförmån perk

förmånlig adj advantageous

förmögen adj **1** rik wealthy, rich **2** ~ till capable of

förmögenhet -en -er fortune

förnamn -et = first name

förnedring -en degradation

förneka verb deny

förnimma verb feel*

förnuft -et reason

förnuftig adj sensible

förnya verb renew

förnäm adj distinguished

förolyckas verb lose* one's life

förolämpa verb insult

förolämpning -en -ar insult

förord -et = preface

förorena verb pollute

förorening -en -ar pollution

förorsaka verb cause

förort -en -er suburb

förpacka verb pack

förpackning -en -ar package

förpliktelse -n -r obligation

förr adv **1** förut before **2** ~ i tiden formerly **3** tidigare sooner; ~ eller senare sooner or later

förra adj, ~ gången last time

förresten adv besides

förrgår, i ~ the day before yesterday

förråd -et = store

förråda verb betray

förrädare -n = traitor

förräderi -et -er treachery

förrän konj, inte ~ om en timme not for another hour; det dröjde inte länge han började gråta it wasn't long before he began crying

förrätt -en -er starter

försaka verb go* without

församling -en -ar **1** assembly **2** socken parish

förse verb provide; försedd med ngt equipped with sth.

förseelse -n -r offence

försenad adj delayed

försening -en -ar delay

försiggå verb take* place

försiktig adj careful

förskol|a -an -or nursery school

förskott -et = advance

förskräckelse -n -r fright

förskräcklig adj frightful

förskräckt adj frightened

förskärare -n = carving-knife

försköna verb embellish

förslag -et = proposal

försmak -en foretaste

för|sommar -sommaren -somrar early summer

försoning -en -ar reconciliation

försova verb, ~ sig oversleep*

förspel -et = musik prelude; före samlag foreplay

försprång -et = lead

först adv **1** first; komma ~ come* first; ~ och främst to begin with; framförallt above all **2** inte förrän not until; ~ då insåg han not until then did he realize

första räkn o. adj first; i ~ hand first of all; helst preferably

för|stad -staden -städer suburb

förstaklassbiljett -en -er first--class ticket

förstoppning -en -ar constipation

förstora verb enlarge

förstoring -en -ar enlargement

förstoringsglas -et = magnifying glass

förströelse -n -r recreation

förstå verb understand*; göra sig förstådd make* oneself understood; ~ sig på ngt know* about sth.

förståelse -n understanding

förstående adj understanding

förstånd -et intelligence

förståndig adj sensible

förstås adv of course

förstärka verb strengthen

förstärkare -n = amplifier

förstärkning -en -ar strengthening; militär reinforcement

förstöra verb destroy

förstörelse -n -r destruction

försumma verb neglect
försvaga verb weaken
försvar -et defence
försvara verb defend
försvarsadvokat -en -er defence counsel
försvarslös adj defenceless
försvinna verb disappear; *försvinn!* get* lost!
försvinnande -t -n disappearance
försvåra verb, ~ *ngt* make* sth. difficult
försynt adj modest
försäga verb, ~ *sig* give* oneself away
försäkra verb **1** bedyra assure; *jag försäkrar att jag kommer* I can assure you that I'll come **2** ta en försäkring insure
försäkrad adj insured
försäkr|an en ~, pl. -ingar assurance
försäkring -en -ar insurance
försäkringsbesked -et = social insurance card
försäkringsbolag -et = insurance company
försäkringskass|a -an -or social insurance office
försäljare -n = salesperson
försäljning -en -ar sale
försämra verb deteriorate
försämring -en -ar deterioration
försändelse -n -r consignment
försök -et = attempt
försöka verb try

försörja verb support; ~ *sig* earn one's living
försörjning -en provision
förtal -et slander
förtala verb slander
förteckning -en -ar list
förtid, *i* ~ prematurely
förtjusande adj charming
förtjusning -en delight
förtjust adj delighted; *vara* ~ *i* be* fond of
förtjäna verb deserve
förtjänst -en -er inkomst earnings
förtjänt adj, *vara* ~ *av* deserve
förtroende -t -n confidence
förtrogen adj intimate
förtrolla verb enchant
förtrollning -en enchantment
förtryck -et oppression
förträfflig adj excellent
förtröstan en ~, best. form = trust
förtulla verb declare; *jag har ingenting att* ~ I haven't got anything to declare
förtur -en priority
förtvivlad adj heartbroken; *vara* ~ be* in despair
förtvivlan en ~, best. form = despair
förtydligande -t -n clarification
förtäring -en food and drink
förtöja verb moor
förut adv before
förutom prep besides

förutsatt *adj*, ~ *att* provided
  that
förutse *verb* foresee*
förutseende I *adj* foresighted
  II -t -n foresight
förutsäga *verb* predict
förutsägelse -n -r prediction
förutsätta *verb* assume
förutsättning -en -ar villkor
  condition
förvalta *verb* manage
förvaltare -n = administrator
förvaltning -en -ar administra-
  tion
förvandla *verb* transform; ~
  ngt till ngt change sth. into
  sth.
förvandling -en -ar transforma-
  tion
förvanska *verb* distort
förvar, *i säkert* ~ in safe
  keeping
förvara *verb* keep*
förvaring -en -ar keeping
förvaringsbox -en -ar safe-
  -deposit box
förvarning -en -ar forewarning
förverkliga *verb* realize
förvirrad *adj* confused
förvirring -en confusion
förvisa *verb* banish
förvissa *verb*, ~ *sig om* make*
  sure of
förvånad *adj* surprised
förvåning -en surprise
förväg, *i* ~ in advance
förvänta *verb*, ~ *sig* expect

förvänt|an en ~, pl. -ningar
  expectation
förväntansfull *adj* expectant
förväntning -en -ar expectation
förvärra *verb*, ~ *ngt* make*
  sth. worse
förväxla *verb* mix up
förväxling -en -ar mix-up
föråldrad *adj* antiquated
föräld|er -ern -rar parent
föralskad *adj*, *vara* ~ *i ngn*
  be* in love with sb.
förälskelse -n -r love
förändra *verb* change
förändring -en -ar change
förödmjuka *verb* humiliate
förödmjukelse -n -r humiliation

G

g g-et g-n g [utt. dji]
gadd -en -ar sting
gaff|el -eln -lar fork
1 gala *verb* open one's mouth
2 gal|a -an -or gala
galen *adj* mad
galg|e -en -ar **1** klädhängare clothes hanger **2** för avrättning gallows
gall|a -an -or bile
galler -ret = grating
galleri -et -er gallery
galleri|a -an -or shopping mall
gallra *verb* thin out
gallsten -en -ar gallstone
gallstensanfall -et = attack of gallstones
galning -en -ar madman
galon® -en PVC-coated fabric
galopp -en -er gallop
galoppera *verb* gallop
galosch -en -er galosh
gam -en -ar vulture
gammaglobulin -et gamma globulin
gammal *adj* old
gammaldags *adj* old-fashioned
gangst|er -ern -rar (-ers) gangster
ganska *adv* fairly
gap -et = mouth; hål gap

gapa *verb* open one's mouth; skrika shout; ~*!* open wide!
gaphals -en -ar loudmouth
gapskratt -et = roar of laughter
garage -t = garage
garantera *verb* guarantee
garanti -n -er guarantee
garderob -en -er wardrobe
gardin -en -er curtain
garn -et = (-er) **1** tråd yarn **2** nät net
garnera *verb* tårta decorate; maträtt garnish
garnnystan -et = ball of yarn
gas -en -er gas
gasbind|a -an -or gauze bandage
gasmask -en -er gas mask
gasol® -en bottled gas
gasolkök -et = Calor gas® stove
gaspedal -en -er accelerator
gassa *verb* be* broiling hot
gasspis -en -ar gas cooker
gastronom -en -er gourmet
gat|a -an -or street
gathörn -et = street corner
gatlykt|a -an -or streetlamp
gatukorsning -en -ar crossing
gatukök -et = hamburger and hot-dog stand
gav|el -eln -lar **1** på hus gable **2** *stå på vid* ~ be* wide open
ge *verb* give*; ~ *sig* surrender; ~ *sig av* leave*; ~ *igen* hämnas

gips

retaliate; ~ *tillbaka ngt*
return sth.; ~ *upp* give* up
gedigen *adj* solid
gehör -et ear
gelé -n (-et) -er jelly
gem -et = paper clip
gemensam *adj* common
gemenskap -en community
genant *adj* embarrassing
genast *adv* at once
generad *adj* embarrassed
general -en -er general
generalisera *verb* generalize
generalrepetition -en -er dress
rehearsal
generation -en -er generation
generator -n -er generator
generell *adj* general
generös *adj* generous
gengäld, *i* ~ in return
geni -et -er genius
genial *adj* o. **genialisk** *adj*
brilliant
genom *prep* o. *adv* through
genombrott -et = break-
through
genomfart -en -er passage
genomföra *verb* carry out
genomgå *verb* go* through
genomgående I *adj* constant
II *adv* throughout
genomgång -en -ar survey
genomskinlig *adj* transparent
genomskåda *verb*, ~ *ngt* see*
through sth.
genomslagskraft -en impact

genomsnitt -et = average; *i* ~
on average
genomstekt *adj* well done
genomvåt *adj* soaking wet
genre -n -r genre
gensvar -et response
gentemot *prep* towards
gentle|man -mannen -män
gentleman
genuin *adj* genuine
genus -et = gender
genväg -en -ar short cut
geografi -n geography
geografisk *adj* geographical
geologi -n geology
gerill|a -an -or guerrillas
gest -en -er gesture
gestalt -en -er figure
get -en getter goat
geting -en -ar wasp
getingstick -et = wasp sting
gevär -et = rifle
giffel -eln -lar croissant
1 gift -et -er poison
2 gift *adj* married
gifta *verb*, ~ *sig med ngn*
marry sb.
giftermål -et = marriage
giftig *adj* poisonous
gigantisk *adj* gigantic
gilla *verb* like
gillande -t approval
gillra *verb*, ~ *en fälla* set a
trap
giltig *adj* valid
gin -en (-et) gin
gips -en (-et) -er plaster

gipsa *verb* plaster
giraff -en -er giraffe
girig *adj* greedy
girland -en -er festoon
gissa *verb* guess
gisslan en ~, pl. = hostage
gissning -en -ar guess
gitarr -en -er guitar
gitarrist -en -er guitarist
giva se *ge*
givakt, **stå i ~** stand* at attention
givande *adj* profitable; bildl. rewarding
givetvis *adv* of course
givmild *adj* generous
gjuta *verb* stöpa cast
glaciär -en -er glacier
glad *adj* happy
glans -en brilliance
glansig *adj* glossy
glapp *adj* loose
glappa *verb* be* loose
glas -et = glass
glasbruk -et = glassworks
glasmästare -n = glazier
glasrut|a -an -or pane
glass -en -er (-ar) ice cream
glasspinn|e -en -ar ice lolly
glasstrut -en -ar ice-cream cornet
glasyr -en -er icing
glasögon pl. spectacles, glasses
1 glatt *adv* cheerfully
2 glatt *adj* smooth
gles *adj* thin

glesbygd -en -er sparsely--populated area
glesna *verb* om hår get* thin; om trafik thin out
glida *verb* glide; *de har glidit ifrån varandra* they have drifted apart
glimma *verb* gleam
glimt -en -ar gleam; *ha glimten i ögat* have* a twinkle in one's eye
glittra *verb* glitter
glo *verb* stare
global *adj* global
glori|a -an -or halo
glos|a -an -or word
glugg -en -ar hole
glupsk *adj* greedy
glutenfri *adj* gluten-free
glykol -en -er glycol
glädja *verb* please; *~ sig åt ngt* be* glad about sth.
glädjande *adj*, *~ nyheter* good news
glädje -n joy
glänsa *verb* shine
glänt, **stå på ~** be* ajar
glänt|a -an -or glade
glöd -en **1** pl. = glödande kol live coal **2** sken glow **3** stark känsla ardour
glöda *verb* glow
glödlamp|a -an -or light bulb
glögg -en -ar mulled wine
glömma *verb* forget*; *~ kvar ngt* leave* sth. behind
glömsk *adj* forgetful

glömska -n forgetfulness; *falla i ~* be* forgotten

gnaga *verb* gnaw

gnida *verb* rub

gniss|el -let squeaking

gnissla *verb* squeak; *~ tänder* grind one's teeth

gnist|a -an -or spark

gnistra *verb* sparkle

gno *verb* rub; *arbeta* toil

gnola *verb* hum

gnugga *verb* rub

gnutt|a -an -or tiny bit

gnägga *verb* neigh

gnäll -et jämmer whining; klagande grumbling

gnälla *verb* jämra sig whine; klaga complain

gobeläng -en -er tapestry

god *adj* good; *~ dag!* good morning (afternoon, evening)!; *~ morgon!* good morning!; *~ natt!* good night!; *var så ~!* here you are!; *en ~ vän till mig* a friend of mine

godartad *adj* benign

godis -et sweets

godkänd *adj* approved; *bli ~* vid examen o.d. pass

godkänna *verb* approve; vid examen o.d. pass

godnatt *interj* good night!

godo, *göra upp i ~* reach an amicable agreement; *du får hålla till ~ med...* you'll have to do with...; *ha 100 kronor*

till ~ have* 100 crowns owing; *komma ngn till ~* be* of benefit to sb.

gods -et = **1** varor goods **2** lantegendom estate

godsexpedition -en -er goods office

godta *verb* accept

godtagbar *adj* acceptable

godtrogen *adj* credulous

godtycklig *adj* arbitrary

golfban|a -an -or golf course

golv -et = floor

golvlamp|a -an -or standard lamp

gom -men -mar palate

gondol -en -er gondola

gonorré -n -er gonorrhoea

gorill|a -an -or gorilla

goss|e -en -ar boy

gott I -et -er sweets **II** *adv* **1** well; *sova ~* sleep well; *så ~ som* practically **2** *det är ~ om plats* there is plenty of room

gottgöra *verb* compensate

gottgörelse -n -r compensation

gourmand -en -er gourmand

gourmé -n -er o. **gourmet** -en -er gourmet

graciös *adj* graceful

grad -en -er **1** degree; *i hög ~* to a great extent **2** *5 grader kallt* 5 degrees below zero; *25 grader varmt* 25 degrees above zero **3** rang rank, grade

gradera *verb* grade

gradvis I *adv* gradually **II** *adj* gradual

grafik -en konkret graphic works

gram -met = gram

grammatik -en -er grammar

grammofon -en -er record player

grammofonskiv|a -an -or record

gran -en -ar spruce

granat -en -er **1** sten garnet **2** vapen shell

grann *adj* brilliant

grann|e -en -ar neighbour

grann|land -landet -länder neighbouring country

granska *verb* examine

granskning -en -ar examination

grapefrukt -en -er grapefruit

gratinerad *adj* ...au gratin

gratis *adv* o. *adj* free; ~ *inträde* admission free

grattis *interj* congratulations!

gratulation -en -er congratulation

gratulera *verb* congratulate

gratäng -en -er gratin

1 grav *adj* serious

2 grav -en -ar grave

gravad *adj*, ~ *lax* marinated salmon

gravera *verb* engrave

gravid *adj* pregnant

graviditet -en -er pregnancy

grej -en -er thing

grek -en -er Greek

grekisk *adj* Greek

grekisk|a -n **1** pl. -or kvinna Greek woman **2** språk Greek

Grekland Greece

gren -en -ar branch

grensle *adv* astride

grep -en -ar pitchfork

grepp -et = grasp

grev|e -en -ar count; i England earl

grevinn|a -an -or countess

grill -en -ar **1** för matlagning grill **2** på bil grille

grilla *verb* grill

grillad *adj* grilled

grillkorv -en -ar hot dog for grilling

grillspett -et = skewer; med kött kebab

grimas -en -er grimace

grimasera *verb* make* faces

grina *verb* **1** gråta cry **2** flina grin

grind -en -ar gate

grinig *adj* **1** gnällig whining **2** knarrig grumpy

gripa *verb* **1** seize; ~ *tag i ngt* take* hold of sth. **2** väcka sinnesrörelse touch

gripande *adj* rörande touching

gris -en -ar pig

griskött -et pork

gro *verb* sprout

grod|a -an -or **1** djur frog **2** fel blunder

grod|man -mannen -män frogman

grogg -en -ar long drink

grop -en -ar pit

gropig adj bumpy

grossist -en -er wholesale dealer

grotesk adj grotesque

grott|a -an -or cave

grov adj coarse

grovlek -en -ar thickness

grubbla verb ponder; ~ över ~~bread on~~

grumlig adj muddy

1 grund -en -er foundation; på ~ av because of

2 grund I adj shallow **II** -et =, gå på ~ run* aground

grunda verb found

grundare -n = founder

grundlig adj thorough

grundlägga verb found

grundläggande adj fundamental

grundreg|el -eln -ler fundamental rule

grundskol|a -an -or nine-year compulsory school

grundval -en -ar foundation

grundämne -t -n element

grupp -en -er group

gruppbiljett -en -er party ticket

gruppres|a -an -or group excursion

grus -et gravel

1 gruv|a -an -or mine

2 gruva verb, ~ sig för ngt dread sth.

gry verb dawn

grym adj cruel

grymhet -en -er cruelty

grymta verb grunt

gryn -et = grain

gryning -en -ar dawn

gryt|a -an -or pot

grå adj grey

gråhårig adj grey-haired

gråsparv -en -ar house sparrow

gråta verb cry

gråtfärdig adj, vara ~ be* on the verge of tears

grädda verb bake

grädde -n cream

gräddfil -en sour cream

gräddtårt|a -an -or cream cake

gräl -et = quarrel

gräla verb **1** quarrel **2** ~ på ngn scold sb.

gräma verb, det grämer mig att vi inte gick I can't get over the fact that we didn't go

gränd -en -er alley

gräns -en -er boundary; för stat frontier

gränsa verb, ~ till border on

gränsfall -et = borderline case

gränslös adj boundless

gräs -et = grass

gräshopp|a -an -or grasshopper

gräsklippare -n = lawn mower

gräslig adj shocking; vard. awful

gräslök -en -ar chives

gräsmatt|a -an -or lawn

gräva verb dig; ~ fram dig up; ~ ned bury

grävmaskin -en -er excavator

gröd|a -an -or crops

grön adj green; *det är grönt ljus* the lights are green

grönkål -en kale

grönområde -t -n green open space

grönsak -en -er vegetable

grönsaksaffär -en -er green-grocer's

grönsakssopp|a -an -or vegetable soup

grönsallad -en -er växt lettuce; rätt green salad

grönska I -n greenery, foliage **II** *verb* vara grön be* green

gröt -en -ar porridge

gubb|e -en -ar old man

gud -en -ar god

gud|far -fadern -fäder godfather

gudinn|a -an -or goddess

gud|mor -modern -mödrar godmother

gudomlig adj divine

gudskelov interj thank goodness!

gudstjänst -en -er service

gulda verb guide

guide -n -r guide

guide|bok -boken -böcker guidebook

gul adj yellow; *gult ljus* amber light

gulasch -en -er goulash

guld -et gold; guldmedalj gold medal

guldarmband -et = gold bracelet

guldfisk -en -ar goldfish

guldgruv|a -an -or gold mine

guldring -en -ar gold ring

guldsmed -en -er goldsmith

guldmedsaffär -en -er jeweler's

gullig adj sweet

gulliviv|a -an -or cowslip

gulsot -en jaundice

gumm|a -an -or old woman

gummi -t -n rubber

gummisnodd -en -ar elastic band

gummistövlar pl. rubber boots; vard. wellies

gummisul|a -an -or rubber sole

gung|a I -an -or swing **II** *verb* swing

gungstol -en -ar rocking-chair

gupp -et = bump

guppa verb bob up and down

gurgla verb, ~ *sig* gargle

gurk|a -an -or cucumber

gylf -en -ar fly

gyllene adj golden; av guld gold

gymnasi|um -et -er upper secondary school; mots. i Storbr. ung. sixth form

gymnastik -en gymnastics; skolämne physical training (förk. PT)

gymnastiksko -n -r gym shoe

gymnastisera verb do* gymnastics

gynekolog -en -er gynaecologist
gynna verb favour
gynnsam adj favourable
gytt|la -an -or mud
gå verb go*; promenera walk;
 hur gick det? how did it go?;
 ~ *av* stiga av get* off; ~ *bort*
 dö die; ~ *efter ngn* walk
 behind sb.; ~ *förbi* walk
 past; ~ *före* go* before;
 igenom ngt go* through sth.;
 ~ *med ngn* come* along with
 sb.; ~ *ned* go* down; ~
 tillbaka återvända return; ~
 upp go* up; i vikt gain
 weight; ~ *över* go* over
gågat|a -an -or pedestrian
 precinct, med affärer mall
gång i 1 sätt att gå gait 2 *i* ~
 fungerande running 3 pl. -ar väg
 path; i hus passage 4 pl. -er
 tillfälle, *en* ~ *till* once more;
 på samma ~ at the same
 time
gångban|a -an -or footpath;
 trottoar pavement
gångjärn -et = hinge
gård -en -ar 1 plan yard
 2 egendom farm
gås -en gäss goose
gåt|a -an -or riddle
gåtfull adj mysterious
gåv|a -an -or gift
gädd|a -an -or pike
gäll adj shrill
gälla verb 1 vara giltig be*
 valid 2 beröra concern; *vad*

gäller saken? what is it
about?
gällande adj giltig valid;
 rådande existing; *göra* ~
 maintain
gäng -et = gang
gängse adj current; vanlig
 usual
gärde -t -n field
gärna adv gladly; *tack,* ~*!* yes,
 please!
gärning -en -ar deed
gärnings|man -mannen -män
 perpetrator
gäspa verb yawn
gäspning -en -ar yawn
gäst -en -er guest
gästfri adj hospitable
gästfrihet -en hospitality
gästrum -met = spare bedroom
gästspel -et = guest perfor-
 mance
göda verb fatten
gödsel -n dung
gödsla verb manure
gök -en -ar cuckoo
gömma verb hide; förvara
 keep*; ~ *sig* hide
gömställe -t -n hiding-place
göra verb 1 tillverka make*
 2 do*; *det gör ingenting* it
 doesn't matter; *ha mycket*
 att ~ have* a lot to do; ~ *sig*
 av med get* rid of; ~ *om*
 upprepa repeat; *gör inte om*
 det! don't do it again!; ~ *upp*
 med ngn come* to terms

with sb.; *det är inget att ~ åt*
it cannot be helped
gördel -eln -lar girdle
gös -en -ar pike-perch
Göteborg Gothenburg

H

h h-et h-n h [utt. ejtch]
ha *verb* **1** have*; *vi har varit
där* we have been there; *har
hon köpt den?* has she
bought it?; *jag skulle vilja ~
ett glas vin* I would like a
glass of wine **2** *~ med sig*
bring*; *~ på sig* vara klädd i
wear* **3** *~ det så bra!* take*
care!; *hur har du det?* how
are things?; *det har jag inget
emot* I don't mind; *vad har
hon för sig?* what is she
doing?
hack -et = notch
hack|a I -an -or pickaxe **II** *verb*
chop
hackspett -en -ar woodpecker
hag|e -en -ar meadow
hag|el -let = **1** nederbörd hail
2 av bly shot
hagla *verb* hail
haj -en -ar shark
1 hak|a -an -or chin
2 haka *verb*, *~ upp sig* get*
stuck
hak|e -en -ar hook
haklapp -en -ar bib
hal *adj* slippery
hala *verb* haul
halka I -n, *det är ~* it is icy
(slippery) **II** *verb* slip

hall -en -ar hall; i hotell ofta lounge

hallon -et = raspberry

hallucination -en -er hallucination

hallå I *interj* hallo! **II** -(e)t oväsen hullabaloo

halm -en straw

hals -en -ar neck; *ha ont i ~en* have* a sore throat; *satta ngt i halsen* choke on sth.

halsa *verb* drink* from the bottle

halsband -et = necklace

halsbränna -n heartburn

halsduk -en -ar scarf

halsfluss -en -er tonsillitis

halshugga *verb* behead

halsont, *ha ~* have* a sore throat

halstablett -en -er throat lozenge

halstra *verb* grill

1 halt -en -er andel content

2 halt *adj* som haltar lame

halta *verb* limp

halv *adj* half; *betala ~ avgift* pay* half the price; *i en och en ~ timme* for an hour and a half; *~ sju* half past six

halv|a -an -or half

halvautomatisk *adj* semi-automatic

halv|bror -brodern -bröder half-brother

halvera *verb* halve

halvfabrikat -et = semimanufactured article

halvlek -en -ar half

halvljus -et =, *köra på ~* drive* with dipped headlights

halvmån|e -en -ar half-moon

halvpension -en -er half board

halvsyst|er -ern -rar half-sister

halvtid -en -er half-time

halvtimm|e -en -ar half-hour

halvvägs *adv* half-way

halvår -et =, *ett ~* six months

halvädelsten -en -ar semiprecious stone

halvö -n -ar peninsula

hamburgare -n = hamburger

hammare -n = hammer

hammock -en -ar hammock

hamn -en -ar hamnstad port; anläggning harbour

hamna *verb* end up

hamn|stad -staden -städer port

hamra *verb* hammer

hamst|er -ern -rar hamster

hamstra *verb* hoard

han *pron* he

hand -en händer hand; *ha ~ om* be* in charge of; *ta ~ om* take* care of; *för ~* by hand

handarbete -t -n needlework

handbagage -t hand-luggage

hand|bok -boken -böcker handbook

handboll -en handball

handbroms -en -ar handbrake

handduk -en -ar towel

handel -n trade

handfat -et = washbasin
handflat|a -an -or palm
handfull, *en* ~ a pocketful of
handgjord *adj* hand-made
handikapp -et = handicap
handikappad *adj* disabled
handla *verb* **1** göra affärer trade;
~ *mat* buy* food **2** bete sig act
3 *det handlar om...* it is
about...
handlag -et knack; *ha gott ~
med* have* a good hand with
handlande -t beteende acting
handled -en -er wrist
handling -en -ar **1** agerande
action **2** i bok, film etc. story
3 dokument document
handpenning -en -ar deposit;
down payment
handskas *verb*, ~ *med* handle
handsk|e -en -ar glove
handskfack -et = glove
compartment
handsknumm|er -ret = size in
gloves
handskriven *adj* handwritten
handstil -en -ar handwriting
handsydd *adj* hand-made
handtag -et = handle
handväsk|a -an -or handbag
han|e -en -ar o. **hann|e** -en -ar
male
hans *pron* his
hantera *verb* handle
hantverk -et = handicraft
hantverkare -n = craftsman
har|e -en -ar hare

harkla *verb*, ~ *sig* clear one's
throat
harmoni -n -er harmony
harmonisk *adj* harmonious
harp|a -an -or harp
hasa *verb* slide; ~ *ned* om
strumpa o.d. slip down
hasardspel -et = gamble
hasch -en (-et) hash
hasselnöt -en -ter hazelnut
hast -en hurry; *i all ~* in great
haste
hastig *adj* rapid
hastighet -en -er speed
hastighetsbegränsning -en -ar
speed limit
hastighetsmätare -n = speed-
ometer
hat -et hate
hata *verb* hate
hatt -en -ar hat
hav -et = sea
haveri -et -er skeppsbrott ship-
wreck; om motor o.d. break-
down
havre -n oats
havregryn pl. porridge oats
havsabborr|e -en -ar bass
havskatt -en -er catfish
havskräft|a -an -or Norway
lobster
hed -en -ar moor
heder -n honour
hederlig *adj* honest
hedersgäst -en -er guest of
honour
hedning -en -ar heathen

hedra verb honour
hej interj hallo!; ~ då!
bye-bye!
heja I interj come on! **II** verb,
~ på säga hej till say* hallo to
hejda verb stop
hektar -et (-en) = hectare
hektisk adj hectic
hekto -t = o. **hektogram** -met =
hectogram
hel adj whole
hela verb heal
helautomatisk adj fully auto-
matic
helförsäkring -en -ar compre-
hensive damage insurance
helg -en -er weekend
helgdag -en -ar holiday
helgon -et = saint
helhet -en -er whole
helig adj holy
helikopter -ern -rar helicopter
heller adv either; det vill inte
jag ~ I don't want to either
helljus -et =, köra på ~ drive*
with one's headlights on
hellre adv rather; jag skulle ~
vilja ha... I would prefer...
helnykterist -en -er teetotaller
helomvändning -en -ar, göra en
~ do* a complete about turn
helpension -en -er full board
and lodging
helsida -an -or full page
Helsingfors Helsinki
helst adv preferably; ~ skulle
jag vilja åka tillbaka I

would prefer to return; vad
som ~ anything; vem som ~
anybody
helt adv completely
heltid -en -er full-time
heltäckningsmatta -an -or
wall-to-wall carpet
helvete -t -n hell
hem -met = home; komma ~
come* home
hembakad adj home-made
hembiträde -t -n maid
hembygd -en -er, i min ~ where
I come from
hemförsäkring -en -ar compre-
hensive household insurance
hemgjord adj home-made
hemifrån adv from home
heminredning -en -ar interior
decoration
hemkomst -en -er homecoming
hemlagad adj home-made
hemland -landet -länder native
country
hemlig adj secret
hemlighet -en -er secret
hemlighetsfull adj förtegen
secretive
hemlängtan en ~, best. form =
homesickness
hemlös adj homeless
hemma adv at home; är John
~? is John at home?; ~ hos
oss at our place
hemmafru -n -ar housewife
hemmaman -mannen -män
househusband

hemmastadd adj at home
hemorrojder pl. haemorrhoids
hemort -en -er place of residence
hemres|a -an -or journey home
hemsk adj ghastly
hemslöjd -en handicraft
hemspråk -et = home language
hemtrakt -en -er, *i min ~* where I come from
hemtrevlig adj cosy
hemväg -en way home
hemåt adv homewards
henne pron her
hennes pron her; *den är ~* it's hers
hepatit -en -er hepatitis
Hercegovina Herzegovina
herd|e -en -ar shepherd
heroin -et heroin
herr -n -ar i tilltal el. titel Mr (förk. för mister)
herrbyxor pl. men's trousers
herrcyk|el -eln -lar man's bicycle
herr|e -en -ar gentleman; *~ gud!* Good Heavens!
herrfrisering -en -ar men's hairdresser
herrgård -en -ar manor
herrkläder pl. men's clothes
herrkonfektion -en -er men's clothing
herrskap -et =, *herrskapet Berg* Mr and Mrs Berg
herrsko -n -r man's shoe

herrtoalett -en -er gentlemen's lavatory, vard. gents
hertig -en -ar duke
hertiginn|a -an -or duchess
hes adj hoarse
het adj hot
heta verb be* called; *vad heter hon?* what is her name?
hets en förföljelse persecution; jäkt bustle
hetsa verb rush
hetsig adj hot-tempered
hetta I -n heat II verb, *~ till* become* heated; *~ upp* heat
hibiskus -en -ar hibiscus
hicka I -n hiccup II verb hiccup
hierarki -n -er hierarchy
him|mel -len -lar sky; himmelrike heaven
hind|er -ret = obstacle
hindra verb prevent
hindu -n -er Hindu
hinduism -en Hinduism
hingst -en -ar stallion
hink -en -ar bucket
1 hinna verb, *om jag hinner* if I get time; *~ fram* arrive in time; *~ med disken* get* the dishes done; *~ med tåget* catch* the train
2 hinn|a -an -or tunt skikt film
hiss -en -ar lift
hissa verb hoist
histori|a -n (-an) -er history; berättelse story
historisk adj **1** som hör historien

till historical **2** *ett historiskt*
ögonblick a historic moment
1 hit *adv* here
2 hit -en -ar hit
hitta *verb* **1** find; *~ på en*
historia make* up a story;
vad ska vi ~ på att göra?
what shall we do? **2** finna
vägen find* the (my etc.) way
hittegods -et lost property
hittelön -en a reward
hittills *adv* up to now
hitåt *adv* in this direction
HIV oböjl. HIV
hjort -en -ar deer
hjortron -et = cloudberry
hjul -et = wheel
hjälm -en -ar helmet
hjälp -en help; *tack för*
hjälpen! thanks for the help!
hjälpa *verb* help; *~ till* help
out
hjälplös *adj* helpless
hjälpmed|el -let = aid
hjält|e -en -ar hero
hjältinn|a -an -or heroine
hjärn|a -an -or brain
hjärnblödning -en -ar cerebral
haemorrhage
hjärnskakning -en -ar concus-
sion
hjärntvätta *verb* brainwash
hjärta -t -n heart
hjärtattack -en -er heart attack
hjärter -n = hearts
hjärtfel -et = heart disease
hjärtinfarkt -en -er heart attack

hjärtklappning -en -ar palpita-
tion
hjärtlig *adj* hearty; *hjärtliga*
gratulationer! Many Happy
Returns!; *hjärtliga häls-*
ningar kindest regards
hjärtlös *adj* heartless
ho -n -ar sink
hobby -n -er hobby
hockey -n hockey
Holland Holland
holländare -n = Dutchman
holländsk *adj* Dutch
holländsk|a -an **1** pl. -or kvinna
Dutchwoman **2** språk Dutch
holm|e -en -ar islet, small island
homeopat -en -er homeopath
homosexuell *adj* homosexual
hon *pron* she
hon|a -an -or female
honom *pron* him
honung -en honey
hop -en -ar crowd
hopfällbar *adj* collapsible
1 hopp -et förtröstan hope
2 hopp -et = språng jump
hoppa *verb* jump; *~ av* jump
off; bildl. leave*; *~ över* bildl.
skip
hoppas *verb* hope
hoppfull *adj* hopeful
hopplös *adj* hopeless
hopprep -et = skipping-rope
hor|a -an -or whore
horisont -en -er horizon
hormon -et -er hormone
horn -et = horn

hornhinn|a -an -or cornea
horoskop -et = horoscope
hos *prep, hemma ~ mig* at my place; *sätt dig ~ mig!* sit* by me!; *bo ~ ngn* stay with sb.
hosta I -n cough **II** *verb* cough
hostmedicin -en -er cough mixture
hot -et = threat
hota *verb* threaten
hotande *adj* threatening
hotell -et = hotel
hotelldirektör -en -er hotel manager
hotellrum -met = hotel room
hotelse -n -r threat
hotfull *adj* threatening
1 hov -en -ar hoof
2 hov -et = court
hovmästare -n = head waiter
hud -en -ar skin
hudkräm -en -er all-over cream
hugga *verb* **1** med verktyg cut*; *~ ved* chop wood; *~ av* cut* off; *~ ner ett träd* cut* down a tree **2** om hund bite* **3** *~ tag i* catch*
huggorm -en -ar viper
huk, *sitta på ~* squat
huka *verb, ~ sig* crouch
huml|a -an -or bumble-bee
humle -n (-t) hops
hummer -n humrar lobster
humor -n humour
humoristisk *adj* humorous
humör -et = temper; *vara på dåligt ~* be* in a bad mood;

vara på gott ~ be* in a good mood
hund -en -ar dog
hundra *räkn* hundred
hundradel -en -ar hundredth
hundralapp -en -ar one-hundred-krona note
hundratal -et =, *ett ~ människor* some hundred people
hundratals *adv* hundreds of
hundraårig *adj* hundred-year-old
hundraåring -en -ar centenarian
hundvalp -en -ar puppy
hunger -n hunger
hungersnöd -en famine
hungrig *adj* hungry
hunsa *verb, ~ ngn* bully sb.
hur *adv* how; *~ då?* how?; *~ sa?* what did you say?; *~ det än går* whatever happens
hurra I *interj* hurrah! **II** *verb* cheer
hurtig *adj* hearty
hus -et = house; *var håller han ~?* where is he?
husdjur -et = domestic animal
husgeråd pl. household utensils
hushåll -et = household
hushålla *verb* keep* house; *~ med* be* economical with
hushållersk|a -an -or housekeeper
hushållsarbete -t -n housework

hushållspapper -et kitchen roll paper
husllg *adj* domestic
husläkare -n = family doctor
husmanskost -en plain food
hus|mor -modern -mödrar housewife; på internat matron
huss|e -en -ar master
hustru -n -r wife
huavagn -en or caravan
huttra *verb* shiver
huv -en -ar hood
huv|a -an -or hood
huvud -et -en head
huvudbonad -en -er headgear
huvudbyggnad -en -er main building
huvudgat|a -an -or main street
huvudlngång -en -ar main entrance
huvudkudd|e -en -ar pillow
huvudled -en -er major road
huvudperson -en -er i roman o.d. protagonist
huvudroll -en -er leading part
huvudrätt -en -er main course
huvudsak -en -er main thing; *huvudsaken är att hon är nöjd* the most important thing is that she is satisfied
huvudsakligen *adv* mostly
huvud|stad -staden -städer capital
huvudvärk -en headache
huvudvärkstablett -en -er headache tablet
hy -n complexion; hud skin

hyacint -en -er hyacinth
hyckla *verb* sham
hyckleri -et -er hypocrisy
hydd|a -an -or hut
hyen|a -an -or hyena
hyfsad *adj* decent
hygglig *adj* decent
hygien -en hygiene
hyglenlsk *adj* hygienic
1 hyll|a -an -or shelf
2 hylla *verb* congratulate
hyllning -en -ar congratulations
hyls|a -an -or case
hypnos -en -er hypnosis
hypnotlsera *verb* hypnotize
hypotes -en -er hypothesis
hyr|a I -an -or rent **II** *verb* rent; ~ *ut* hus o.d. let*; lösöre hire out
hyrbil -en -ar rental car
hyresgäst -en -er tenant; inneboende lodger
hyreshus -et = block of flats
hyresvärd -en -ar landlord
hysa *verb* **1** inhysa house **2** känna entertain; ~ *agg mot ngn* have* a grudge against sb.
hyss -et =, *ha ~ för sig* be* up to mischief
hysterlsk *adj* hysterical
hytt -en -er cabin
hyttplats -en -er berth
hyvla *verb* plane
hål -et = hole
hål|a -an -or cave
håll -et = **1** riktning direction **2** avstånd distance; *på långt ~*

in the distance; **på nära ~**
close by, up close **3** smärta i
sidan stitch

hålla *verb* **1** med handen hold*
2 bibehålla keep*; **~ till höger**
keep* to the right; **~ fast vid
ngt** hold* on to sth.; **~ kvar
ngn** keep* sb.; **~ med** agree
with; **~ på med ngt** be* busy
with sth. **3** vara stark nog last;
inte spricka not break*

hållbar *adj* durable; om t.ex.
teori valid

hållfast *adj* strong

hållning -en -ar **1** kroppshållning
carriage **2** inställning attitude

hållplats -en -er stop

hån -et scorn

håna *verb* make* fun of;
mock

hånfull *adj* scornful

hånle *verb* sneer

hår -et = hair

hårbalsam -en (-et) -er condi-
tioner

hårborstle -en -ar hairbrush

hårborttagningsmed|el -let =
hair remover

hård *adj* hard; **vara ~ i magen**
be* constipated

hårddisk -en -ar hard disk

hårdhet -en -er hardness

hårdhänt *adj* rough

hårdkokt *adj* hard-boiled

hårdnackad *adj* stubborn

hårdsmält *adj* indigestible

hårfrisör -en -er hairdresser

hårfrisörsk|a -an -or hairdresser

hårfön -en -ar blow-drier

hårgelé -n (-et) -er hair gel

hårig *adj* hairy

hårmousse -n -r styling mousse

hårnål -en -ar hairpin

hårschampo -t -n shampoo

hårspray -en -er o. **hårsprej** -en
-er hair spray

hårspänne -t -n hairslide

hårstrå -et -n hair

hårt *adv*, **hon tog det ~** she
took it hard

hårtork -en -ar hair drier

håv -en -ar bag net

häck -en -ar hedge

häcklöpning -en -ar hurdle race

häfta *verb* staple; **~ ihop ngt**
fasten sth. together

häftapparat -en -er stapling-
-machine

häfte -t -n booklet

häftig *adj* violent

häftklam|mer -mern -rar staple

häftplås|ter -ret = sticking-
-plaster

häftstift -et = drawing-pin

hägg -en -ar bird cherry

hägring -en -ar mirage

häkta *verb* **1** fästa hook
2 verkställa häktning detain

häkte -t -n custody

häl -en -ar heel

häleri -et -er receiving

häll -en -ar **1** berghäll flat rock
2 på spis hob, top

hälla *verb* pour; **~ ngt i ngt**

pour sth. into sth.; ~ *ut* throw* away

hälleflundr|a -an -or halibut

1 hälsa -n health

2 hälsa *verb* greet; ~ *på ngn* say* hallo to sb.; ~ *till honom från mig* please remember me to him

hälsen|a -an -or Achilles' tendon

halsning -en -ar greeting; *hälsningar* kindest regards

hälsokontroll -en -er health check-up

hälsokost -en health foods

hälsokostaffär -en -er health--food shop

hälsosam *adj* healthy

hälsoskäl, *av* ~ for reasons of health

hälsovård -en hygiene

hämnas *verb* revenge; ~ *på ngn* take* revenge on sb.

hämnd -en revenge

hämningslös *adj* uninhibited

hämta *verb* **1** fetch; avhämta collect **2** ~ *sig* recover

hända *verb* happen; ~ *ngn* happen to sb.

händels|e -en -er **1** occurrence **2** *av en* ~ by chance

händelselös *adj* uneventful

händelserik *adj* eventful

händig *adj* handy

hänföra *verb* fascinate

hänga *verb* **1** hang; ~ *upp sig* get* stuck **2** ~ *ihop med ngt*

höra ihop med be* bound up with

hängare -n = hanger

hängiven *adj* devoted

hänglås -et = padlock

hängmatt|a -an -or hammock

hängslen pl. braces

hängsmycke -t -n pendant

hänseende -t -n respect

hänsyn -en = consideration; *ta* ~ *till ngt* take* sth. into consideration

hänsynsfull *adj* considerate

hänsynslös *adj* ruthless

hänvisa *verb*, ~ *till* refer to

hänvisning -en -ar reference

häpen *adj* amazed

här *adv* here

härifrån *adv* from here

härigenom *adv* in this way

härja *verb* ravage; väsnas carry on

härkomst -en origin

härlig *adj* wonderful

härma *verb* imitate

härmed *adv* with these words

häromdagen *adv* the other day

härska *verb* rule; regera reign

härskare -n = ruler

härsken *adj* rancid

härstamma *verb*, ~ *från* come* from

härv|a -an -or tangle

häst -en -ar horse; schackpjäs knight

hästhov -en -ar hästs hov horse's hoof

hästkapplöpning -en -ar horse-race

hästkraft -en -er horsepower

hästkött -et horse meat

hästsko -n -r horseshoe

hästsport -en -er equestrian sports

hästsvans -en -ar horse's tail; frisyr pony-tail

häva verb **1** stoppa annul **2** lyfta heave

hävda verb assert; ~ sig assert oneself

häx|a -an -or witch

hö -et hay

höft -en -er **1** hip **2** på en ~ roughly

1 hög -en -ar heap

2 hög adj **1** high; lång tall **2** om ljud loud

höger adj o. adv right; till ~ to the right; på ~ sida om to the right of

högerhänt adj right-handed

högerparti -et -er Conservative party

högerregel -n right-of-way to traffic coming from the right

högertrafik -en right-hand traffic

högform, vara i ~ be* in great form

högfärd -en pride

högfärdig adj stuck-up

höghus -et = high rise

högklackad adj high-heeled

högkonjunktur -en -er boom

högkvarter -et = headquarters

högljudd adj loud

högmod -et pride

högmäss|a -an -or morning service

högre adj o. adv higher

högröstad adj loud-voiced

högskol|a -an -or college; university

hög|sommar -sommaren -somrar high summer

högst adj highest adv, ~ upp at the top; ~ fem personer five people at most

högstadi|um -et -er upper level of compulsory school

högstbjudande adj, den ~ the highest bidder

högsäsong -en -er peak season

högtalare -n = loudspeaker

högtid -en -er festival

högtidlig adj solemn

högtrafik -en peak traffic

högtryck -et = high pressure

höja verb raise; ~ sig rise

höjd -en -er height; kulle hill; det är höjden av fräckhet it's the height of insolence; på sin ~ no more than

höjdhopp -et = high jump

höjdpunkt -en -er climax

höjning -en -ar increase

hök -en -ar hawk

hön|a -an -or hen

höns -et = fowl

höra *verb* **1** hear*; *få ~ ngt*
learn sth.; *~ talas om ngt*
hear* of sth.; *jag hör av mig*
I'll be in touch; *~ sig för*
make* inquiries **2** *~ hemma*
belong; *det hör inte hit*
that's beside the point
hörapparat -en -er hearing aid
hörbar *adj* audible
hörhåll, *inom ~* within earshot
hörlurar pl. earphones
hörn -et = corner
hörn|a -an -or corner
hörsal -en -ar lecture hall
hörsel -n hearing
hörselskadad *adj* hearing-
-impaired
hösnuva -n hay-fever
höst -en -ar autumn; *i ~* this
autumn; *i höstas* last
autumn; *på hösten* in the
autumn
höstdagjämning -en -ar
autumnal equinox
hösttermin -en -er autumn term
hövlig *adj* polite

1 I i-et i-n i [utt. aj]
2 I *prep* in; *i ett hörn* in a
corner; *i New York* in New
York; *i Globen* at the Globe
Arena; *hålla ngn i handen*
hold* sb. by the hand;
hoppa i vattnet jump into
the water; *professor i fysik*
professor of physics
Ibland *adv* sometimes
Icke-rökare -n = non-smoker
Idag *adv* today
Ide -t -n winter quarters; *gå i ~*
go* into hibernation
Idé -n -er idea; *det är ingen ~*
there's no point in it
Ideal -et = ideal
Idealisk *adj* ideal
Identifiera *verb* identify
Identisk *adj* identical
Identitet -en -er identity
Identitetskort -et = identifica-
tion card, ID card
Idiot -en -er idiot
Idiotisk *adj* idiotic
Idissla *verb* chew the cud
ID-kort -et -en ID card,
identification card
Idol -en -er idol
Idrott -en -er sports
Idrotta *verb* go* in for sports
Idrottsgren -en -ar sport

idrotts|man -mannen -män sportsman; friidrottare athlete
idrottsplats -en -er sports ground
idrottstävling -en -ar sports meeting
idyll -en -er idyll
idyllisk adj idyllic
ifall konj if
ifatt adv, **komma** ~ catch* up with
ifrågasätta verb question
ifrån I prep, **vara** ~ **sig** be* beside oneself **II** adv away
igelkott -en -ar hedgehog
igen adv **1** en gång till again **2** tillbaka back
igenom prep o. adv through
igloo -n -r (-s) igloo
ignorera verb ignore
igång se i gång under gång
igår adv yesterday; ~ **morse** yesterday morning; ~ **kväll** last night
ihjäl adv, **frysa** ~ freeze to death; **slå** ~ **ngn** kill sb.
ihop adv tillsammans together
ihåg adv, **komma** ~ remember
ihålig adj hollow
ihållande adj continuous; ~ **regn** a steady downpour
ikapp adv, **hinna** ~ catch* up with
ikväll adv this evening, tonight
i-land -et i-länder developed country

illa adv badly; **göra sig** ~ hurt oneself; **må** ~ feel* sick; **tala** ~ **om ngn** speak* ill of sb.
illamående -t feeling of sickness
illegal adj illegal
illojal adj disloyal
illusion -en -er illusion
illustration -en -er illustration
illustrera verb illustrate
ilska -n anger
ilsken adj angry
imitation -en -er imitation
imitera verb imitate
imma -n mist
immigrant -en -er immigrant
immigrera verb immigrate
immun adj immune
imorgon adv tomorrow; ~ **kväll** tomorrow night
imorse adv this morning
imperi|um -et -er empire
imponera verb, ~ **på** impress
imponerande adj impressive
impopulär adj, ~ **bland** unpopular with
import -en -er import; varor imports
importera verb import
impregnera verb impregnate
impressionism -en impressionism
improvisation -en -er improvisation
improvisera verb improvise
impuls -en -er impulse
impulsiv adj impulsive

in *adv* in; ~ *i* into; ~ *genom* through

inackordering -en -ar inhysning board and lodging

inaktuell *adj* out of date

inandas *verb* breathe in

inatt *adv* föregående last night; kommande tonight

inbegripa *verb* comprise

inbetalning -en -ar payment

inbetalningskort -et = paying-in form

inbilla *verb*, ~ *sig* imagine

inbillning -en -ar imagination

inbjuda *verb* invite

inbjudan en ~, pl. -ningar invitation

inblandad *adj* involved

inblick -en -ar insight

inbrott -et = burglary

inbrottstjuv -en -ar burglar

inbunden *adj* **1** om bok bound **2** om person reserved

inbördes I *adj* mutual **II** *adv* mutually

inbördeskrig -et = civil war

incest -en -er incest

incheckning -en -ar checking-in

incheckningsdisk -en -ar check-in counter

indelning -en -ar division

index -et = index

indian -en -er Indian

Indien India

indier -n = Indian

indikation -en -er indication

indisk *adj* Indian

indiska -an -or Indian woman

individ -en -er individual

individuell *adj* individual

industri -n -er industry

industriarbetare -n = industrial worker

industriland -landet -länder industrialized country

ineffektiv *adj* inefficient

infall -et = idea; nyck whim

infarkt -en -er infarct

infart -en -er approach

infekterad *adj* infected

infektion -en -er infection

inflammation -en -er inflammation

inflammerad *adj* inflamed

inflation -en -er inflation

influensa -an -or influenza; vard. the flu

inflytande -t -n influence

inflytelserik *adj* influential

information -en -er information

informell *adj* informal

informera *verb*, ~ *om* inform

infödd *adj* native

inföding -en -ar native

inför *prep* before, for; ~ *rätten* before the court; *förbereda sig* ~ *ett möte* prepare for a meeting; *plugga* ~ *en tenta* study for an exam

införa *verb* introduce

inga se *ingen*

ingefära -n ginger

ingen *pron* no, nobody; *det kom inget brev* there was no letter; *inga vänner* no friends; *~ kom* no one came; *jag hittade inga* I didn't find any; *~ orsak!* don't mention it!

ingenjör -en -er engineer

ingenstans *adv* nowhere

ingenting *pron* nothing

inget se **ingen** o. **ingenting**

ingrediens -en -er ingredient

ingrepp -et =, *kirurgiskt ~* operation

ingripa *verb* intervene

ingripande -t -n intervention

ingå *verb, ~ i* be* included in

ingående I *adj* thorough **II** *adv* thoroughly

ingång -en -ar entrance

inhemsk *adj* domestic

inifrån *prep* o. *adv* from inside

initiativ -et = initiative

injektion -en -er injection

injicera *verb* inject

inklusive *prep* including

inkompetent *adj* incompetent

inkomst -en -er income; *stora inkomster* a large income

inkonsekvent *adj* inconsistent

inkräkta *verb, ~ på* encroach on

inkräktare -n = intruder

inkvartera *verb* accommodate

inkvartering -en -ar accommodation

inköp -et = purchase

inleda *verb* begin*

inledning -en -ar beginning

innan *konj* o. *prep* before

innanför *prep* inside

inne *adv* in; *inomhus* indoors

innebära *verb* mean*

innebörd -en -er meaning

innehavare -n = owner

innehåll -et = contents

innehålla *verb* contain

innerst *adv, ~ inne* deep down

innersta *adj* innermost

inner|stad -staden (-stan) -städer centre

inofficiell *adj* unofficial

inom *prep* within

inomhus *adv* indoors

inre *adj* inner; inside

inreda *verb* decorate

inredning -en -ar decoration

inres|a -an -or entry

inresetillstånd -et = entry permit

inrikes I *adj* domestic **II** *adv* within the country

inrikesflyg -et domestic aviation

insamling -en -ar collection; *penninginsamling* fund-raising

insats -en -er **1** *lös del* inset **2** *i spel* stake **3** *prestation* achievement

insatslägenhet -en -er owner-occupied flat

inse *verb* realize

insekt -en -er insect

insektsmed|el -let = insecticide

insid|a -an -or inside

letter; *inga vänner* no friends; *~ kom* no one came; *jag hittade inga* I didn't find any; *~ orsak!* don't mention it!

Ingenjör -en -er engineer

Ingenstans *adv* nowhere

Ingenting *pron* nothing

Inget se *ingen* o. *ingenting*

Ingrediens -en -er ingredient

Ingrepp -et =, *kirurgiskt ~* operation

Ingripa *verb* intervene

Ingripande -t -n intervention

Ingå *verb*, *~ i* be* included in

Ingående I *adj* thorough **II** *adv* thoroughly

Ingång -en -ar entrance

Inhemsk *adj* domestic

Inifrån *prep* o. *adv* from inside

Initiativ -et = initiative

Injektion -en -er injection

Injicera *verb* inject

Inklusive *prep* including

Inkompetent *adj* incompetent

Inkomst -en -er income; *stora inkomster* a large income

Inkonsekvent *adj* inconsistent

Inkräkta *verb*, *~ på* encroach on

Inkräktare -n = intruder

Inkvartera *verb* accommodate

Inkvartering -en -ar accommodation

Inköp -et = purchase

Inleda *verb* begin*

Inledning -en -ar beginning

Innan *konj* o. *prep* before

Innanför *prep* inside

Inne *adv* in; inomhus indoors

Innebära *verb* mean*

Innebörd -en -er meaning

Innehavare -n = owner

Innehåll -et = contents

Innehålla *verb* contain

Innerst *adv*, *~ inne* deep down

Innersta *adj* innermost

Innerstad -staden (-stan) -städer centre

Inofficiell *adj* unofficial

Inom *prep* within

Inomhus *adv* indoors

Inre *adj* inner; inside

Inreda *verb* decorate

Inredning -en -ar decoration

Inresa -an -or entry

Inresetillstånd -et = entry permit

Inrikes I *adj* domestic **II** *adv* within the country

Inrikesflyg -et domestic aviation

Insamling -en -ar collection; penninginsamling fund-raising

Insats -en -er **1** lös del inset **2** i spel stake **3** prestation achievement

Insatslägenhet -en -er owner-occupied flat

Inse *verb* realize

Insekt -en -er insect

Insektsmedel -let = insecticide

Insida -an -or inside

höra *verb* **1** hear*; *få ~ ngt* learn sth.; *~ talas om ngt* hear* of sth.; *jag hör av mig* I'll be in touch; *~ sig för* make* inquiries **2** *~ hemma* belong; *det hör inte hit* that's beside the point

hörapparat -en -er hearing aid

hörbar *adj* audible

hörhåll, *inom ~* within earshot

hörlurar pl. earphones

hörn -et = corner

hörna -an -or corner

hörsal -en -ar lecture hall

hörsel -n hearing

hörselskadad *adj* hearing-impaired

hösnuva -n hay-fever

höst -en -er autumn; *i ~* this autumn; *i höstas* last autumn; *på hösten* in the autumn

höstdagjämning -en -ar autumnal equinox

hösttermin -en -er autumn term

hövlig *adj* polite

I

1 I i-et i-n [utt. aj]

2 I *prep* in; *i ett hörn* in a corner; *i New York* in New York; *i Globen* at the Globe Arena; *hålla ngn i handen* hold* sb. by the hand, *hoppa i vattnet* jump into the water; *professor i fysik* professor of physics

Ibland *adv* sometimes

Icke-rökare -n = non-smoker

Idag *adv* today

Ide -t -n winter quarters; *gå i ~* go* into hibernation

Idé -n -er idea; *det är ingen ~* there's no point in it

Ideal -et = ideal

Idealisk *adj* ideal

Identifiera *verb* identify

Identisk *adj* identical

Identitet -en -er identity

Identitetskort -et = identification card, ID card

Idiot -en -er idiot

Idiotisk *adj* idiotic

Idissla *verb* chew the cud

ID-kort -et -en ID card, identification card

Idol -en -er idol

Idrott -en -er sports

Idrotta *verb* go* in for sports

Idrottsgren -en -ar sport

idrotts|man -mannen -män sportsman; friidrottare athlete
idrottsplats -en -er sports ground
idrottstävling -en -ar sports meeting
idyll -en -er idyll
idyllisk adj idyllic
ifall konj if
ifatt adv, komma ~ catch* up with
ifrågasätta verb question
ifrån I prep, vara ~ sig be* beside oneself **II** adv away
igelkott -en -ar hedgehog
igen adv **1** en gång till again **2** tillbaka back
igenom prep o. adv through
igloo -n -r (-s) igloo
ignorera verb ignore
igång se i gång under gång
igår adv yesterday; ~ morse yesterday morning; ~ kväll last night
ihjäl adv, frysa ~ freeze to death; slå ~ ngn kill sb.
ihop adv tillsammans together
ihåg adv, komma ~ remember
ihålig adj hollow
ihållande adj continuous; ~ regn a steady downpour
ikapp adv, hinna ~ catch* up with
ikväll adv this evening, tonight
i-land -et i-länder developed country

illa adv badly; göra sig ~ hurt oneself; må ~ feel* sick; tala ~ om ngn speak* ill of sb.
illamående -t feeling of sickness
illegal adj illegal
illojal adj disloyal
illusion -en -er illusion
illustration -en -er illustration
illustrera verb illustrate
ilska -n anger
ilsken adj angry
imitation -en -er imitation
imitera verb imitate
imma -n mist
immigrant -en -er immigrant
immigrera verb immigrate
immun adj immune
imorgon adv tomorrow; ~ kväll tomorrow night
imorse adv this morning
imperium -et -er empire
imponera verb, ~ på impress
imponerande adj impressive
impopulär adj, ~ bland unpopular with
import -en -er import; varor imports
importera verb import
impregnera verb impregnate
impressionism -en impressionism
improvisation -en -er improvisation
improvisera verb improvise
impuls -en -er impulse
impulsiv adj impulsive

in adv in; ~ i into; ~ genom through
inackordering -en -ar inhysning board and lodging
inaktuell adj out of date
inandas verb breathe in
inatt adv föregående last night; kommande tonight
inbegripa verb comprise
inbetalning -en -ar payment
inbetalningskort -et = paying-in form
inbilla verb, ~ sig imagine
inbillning -en -ar imagination
inbjuda verb invite
inbjud|an en ~, pl. -ningar invitation
inblandad adj involved
inblick -en -ar insight
inbrott -et = burglary
inbrottstjuv -en -ar burglar
inbunden adj **1** om bok bound **2** om person reserved
inbördes I adj mutual **II** adv mutually
inbördeskrig -et = civil war
incest -en -er incest
incheckning -en -ar checking-in
incheckningsdisk -en -ar check-in counter
indelning -en -ar division
index -et = index
indian -en -er Indian
Indien India
indier -n = Indian
indikation -en -er indication
indisk adj Indian

indisk|a -an -or Indian woman
individ -en -er individual
individuell adj individual
industri -n -er industry
industriarbetare -n = industr worker
industri|land -landet -länder industrialized country
ineffektiv adj inefficient
infall -et = idea; nyck whim
infarkt -en -er infarct
infart -en -er approach
infekterad adj infected
infektion -en -er infection
inflammation -en -er inflammation
inflammerad adj inflamed
inflation -en -er inflation
influens|a -an -or influenza; vard. the flu
inflytande -t -n influence
inflytelserik adj influential
information -en -er informat
informell adj informal
informera verb, ~ om infor
infödd adj native
inföding -en -ar native
inför prep before, for; ~ rät before the court; förbered sig ~ ett möte prepare for meeting; plugga ~ en tent study for an exam
införa verb introduce
inga se ingen
ingefära -n ginger
ingen pron no, nobody; de kom inget brev there was

insikt -en -er, ~ *i* knowledge of
insistera *verb* insist
insjukna *verb* fall* ill
insjö -n -ar lake
inskrivning -en -ar enrolment;
vid universitet registration
inskränka *verb* restrict
inskränkning -en -ar restriction
inspektera *verb* inspect
inspektion -en -er inspection
inspelning -en -ar recording
inspiration -en -er inspiration
inspirera *verb* inspire
installera *verb* install
instinkt -en -er instinct
institut -et = institute
institution -en -er institute;
samhällsinstitution institution
instruera *verb* instruct
instruktion -en -er instruction
instruktions|bok -boken -böcker
manual
instruktör -en -er instructor
instrument -et = instrument
instrumentbräd|a -an -or dash-
board
inställd *adj*, *vara ~ på ngt* be*
prepared for sth.
inställning -en -ar **1** av apparat
o.d. adjustment **2** attityd atti-
tude
instämma *verb*, ~ *i ngt* agree
to sth.
instängd *adj* shut up
inta *verb* **1** äta have* **2** erövra
conquer

intagning -en -ar till kurs, skola
etc. admission
inte *adv* not; ~ *alls* not at all;
oroa dig ~ don't worry; ~
längre no longer
intellektuell *adj* intellectual
intelligens -en -er intelligence
intelligent *adj* intelligent
intensiv *adj* intense
intensivvård -en intensive care
interiör -en -er interior
internationell *adj* interna-
tional
internatskol|a -an -or boarding
school
interrailkort -et = interrail pass
intervju -n -er interview
intervjua *verb* interview
intill I *prep* next to **II** *adv*, *i*
rummet ~ in the adjoining
room; *vi bor alldeles ~* we
live next door
intim *adj* intimate
intolerant *adj* intolerant
intressant *adj* interesting
intresse -t -n interest
intressera *verb* interest
intresserad *adj*, ~ *av ngt*
interested in sth.
intrig -en -er intrigue
introducera *verb* introduce
introduktion -en -er introduc-
tion
intryck -et = impression
inträde -t -n entrance; tillträde
admission

inträdesavgift -en -er entrance fee
inträdesbiljett -en -er admission ticket
inträffa verb happen
intuition -en -er intuition
intyg -et = certificate
intyga verb certify
inuti adv o. prep inside
invadera verb invade
invalid -en -er disabled person
invalidiserad adj disabled
invandrare -n = immigrant
invandring -en -ar immigration
invasion -en -er invasion
inventering -en -ar inventory
inverka verb, ~ på influence
inverkan en ~, best. form = influence
investera verb invest
inviga verb **1** t.ex. byggnad inaugurate; t.ex. utställning open **2** göra förtrogen initiate
invigning -en -ar inauguration
invånare -n = inhabitant
invända verb, ~ mot ngt have* objections to sth.
invändig adj internal
invändning -en -ar objection
invärtes I adj internal; för ~ bruk for internal use **II** adv inwardly
inåt I prep into **II** adv inwards
inälvor pl. intestines
iris -en -ar iris
Irland Ireland
irländare -n = Irishman

irländsk adj Irish
irländska -n **1** pl. -or Irish-woman **2** språk Irish
ironi -n -er irony
ironisk adj ironic
irra verb, ~ omkring wander about
irritation -en -er irritation
irritera verb irritate
is -en -ar ice
isbit -en -ar piece of ice
isbjörn -en -ar polar bear
ischias -en sciatica
isglass -en -ar ice lolly
ishockey -n ice hockey
iskall adj ice-cold
islam oböjl. Islam
Island Iceland
isländsk adj Icelandic
isländska -an **1** pl. -or kvinna Icelandic woman **2** språk Icelandic
islänning -en -ar Icelander
isolera verb **1** avskilja isolate **2** m. isoleringsmaterial insulate
isolering -en -ar **1** avskiljning isolation **2** m. isoleringsmaterial insulation
isvatten -net = iced water
isär adv apart; ta ~ ngt take* sth. to pieces
Italien Italy
italienare -n = Italian
italiensk adj Italian
italienska -an **1** pl. -or kvinna Italian woman **2** språk Italian
itu adv **1** in two; gå ~ break*

2 *ta* ~ *med ngt* arbete o.d. set
about doing sth.; problem o.d.
deal with sth.
iver -n eagerness
ivrig *adj* eager
iögonfallande *adj* conspicuous

J

J j-et j-n j [utt. djej]
ja *interj* yes; artigare yes, Sir
(resp. Madam); ~ *tack* yes,
please
1 jack -et = skåra gash
2 jack -et = telefonjack jack
jack|a -an -or jacket
jag *pron* I; *det är* ~ it's me
jaga *verb* hunt; ~ *bort ngn*
drive sb. away
jaguar -en -er jaguar
jaha *interj* betänksamt well; jag
förstår oh, I see
1 jakt -en -er hunting; *vara på*
~ *efter ngt* be* hunting for
sth.
2 jakt -en -er båt yacht
jama *verb* miaow
januari oböjl. January; *i* ~ in
January
Japan Japan
japan -en -er Japanese
japansk *adj* Japanese
japansk|a -an -or **1** pl. -or kvinna
Japanese woman **2** språk
Japanese
jasmin -en -er jasmine
jaså *interj* oh!
jazz -en -er jazz
jazzband -et = jazz band
jazzklubb -en -ar jazz club
jeans -en = jeans

jeansskjort|a -an -or denim shirt
jeep -en -ar jeep
Jesus Jesus
jetplan -et = jet plane
jo *interj* yes; ~ *då* yes, certainly
jobb -et = job
jobba *verb* work
jobbig *adj* hard; prövande trying
jod -en iodine
jogga *verb* jog
joggingsko -n -r trainer
jok|er -ern -rar joker
joll|e -en -ar dinghy
jonglera *verb* juggle
jord -en -ar **1** jordklot earth; värld world **2** mark ground; jordmån soil
jordbruk -et = **1** verksamhet farming; mer formellt agriculture **2** gård farm
jordbrukare -n = farmer
jordbävning -en -ar earthquake
jordglob -en -er globe
jordgubb|e -en -ar strawberry
jordklot -et = earth
jordnöt -en -ter peanut
jordskred -et = landslide
jordärtskock|a -an -or Jerusalem artichoke
jour -en -er, *ha* ~ *be** on duty
jourhavande *adj*, ~ *läkare* doctor on duty
jourläkare -n = doctor on duty

journal -en -er patientjournal case-book
journalist -en -er journalist
ju I *adv* of course; *det var* ~ *det jag sa!* that's what I said, didn't I? **II** *konj*, ~ *förr dess bättre* the sooner the better
jubel -let rejoicing
jubile|um -et -er anniversary
jubla *verb* högljutt shout with joy
jud|e -en -ar Jew
judendom -en Judaism
judinn|a -an -or Jewess
judisk *adj* Jewish
judo -n judo
Jugoslavien Yugoslavia
juice -n -r fruit juice
jul -en -ar Christmas (förk. Xmas); *god* ~! Merry Christmas!; *annandag* ~ Boxing Day; *i* ~ at Christmas; *i julas* last Christmas
julaft|on -onen -nar Christmas Eve
juldag -en -ar Christmas Day
julgran -en -ar Christmas tree
julhelg -en -er Christmas
juli oböjl. July; *i* ~ in July
julklapp -en -ar Christmas present
julkort -et = Christmas card
jullov -et = Christmas holidays
julott|a -an -or early church service on Christmas Day

julskink|a -an -or baked Christmas ham

julsång -en -er Christmas carol

jultomt|e -en -ar Father Christmas

jumbojet -en -ar jumbo jet

jump|er -ern -rar jumper

jungfru -n -r oskuld virgin; *Jungfrun* stjärntecken Virgo

juni oböjl. June; *i ~* in June

juridik -en law

juridisk *adj* legal

jurist -en -er lawyer

jury -n -er jury

just *adv* just; *~ nu* right now; *~ det!* exactly!

justera *verb* adjust

justering -en -ar adjusting

juvel -en -er jewel

juvelerare -n = jeweller

juv|er -ret = udder

jägare -n = hunter

jäkt -et hurry

jäkta *verb* be* in a hurry

jäktig *adj* terribly busy

jämföra *verb* compare

jämförelse -n -r comparison

jämlik *adj* equal

jämlikhet -en equality

jämmer -n groaning

jämn *adj* even; slät smooth; *jämna pengar* exact change; *det är jämnt!* till kypare keep the change!

jämna *verb*, *~ med marken* level with the ground; *~ till ngt* make* sth. level

jämnmod -et equanimity

jämnårig *adj*, *en ~ flicka* a girl of the same age

jämra *verb*, *~ sig* moan

jämsides *adv* side by side

jämställa *verb*, *~ ngn med ngn* place sb. on an equal footing with sb.

jämställdhet -en equality

jämt *adv* always

jämvikt -en balance

järn -et = iron

järngrepp -et = iron grip

järnhand|el -eln -lar ironmonger's

järnmalm -en -er iron ore

järnvilj|a -an -or iron will

järnväg -en -ar railway; *resa med ~* go* by rail

järnvägskorsning -en -ar railway crossing

järnvägsstation -en -er railway station

järnvägsövergång -en -ar railway crossing

jäsa *verb* ferment

jäsning -en -ar fermentation

jäst -en yeast

jätt|e -en -ar giant

jättelik *adj* gigantic

jävla *adj* bloody

K

k k-et k-n k [utt. kej]
kabaré -n -er cabaret
kab|el -eln -lar cable
kabel-TV -n cable television
kabin -en -er cabin
kabinban|a -an -or cableway
kackerlack|a -an -or cockroach
kackla *verb* cackle
kafé -et -er café
kafévagn -en -ar dining-car
kaffe -t coffee; *två ~!* two coffees, please!; *en kopp ~* a cup of coffee
kaffebryggare -n = coffee machine
kaffebröd -et ung. cakes and biscuits
kaffebön|a -an -or coffee bean
kaffekann|a -an -or coffee pot
kaffekopp -en -ar coffee cup
kafferast -en -er coffee break
kaffeservis -en -er coffee service
kaffesked -en -ar coffee spoon
kaj -en -er quay
kaj|a -an -or jackdaw
kajuta -an -or cabin
kak|a -an -or cake
kakao -n dryck cocoa; *en kopp ~* a cup of cocoa
kakel -let = tile
kakelugn -en -ar stove

kakform -en -ar baking tin
kaki -n tyg khaki
kaktus -en -ar cactus
kal *adj* bare
kalas -et = party; *betala kalaset* foot the bill
kalend|er -ern -rar calendar
kalib|er -ern -rar calibre
kalk -en kemisk förening lime; i föda calcium
kalkon -en -er turkey
kalkyl -en -er calculation
kalkylera *verb* calculate
1 kall *adj* cold; *vara ~ om händerna* have* cold hands
2 kall -et = kallelse calling
kalla *verb* call; *~ på hjälp* call for help
kalldusch -en -ar cold shower; överraskning nasty surprise
kallelse -n -r till möte o.d. summons
kallfront -en -er cold front
kallna *verb* get* cold
kallsinnig *adj* indifferent
kallskänk|a -an -or cold-buffet manageress
kallsup -en -ar, *få en ~* swallow water
kallsvettas *verb* be* in a cold sweat
kallvatt|en -net cold water
kalops -en ung. beef stew
kalori -n -er calorie
kalsonger pl. underpants
kalv -en -ar calf; kalvkött veal
kalvkotlett -en -er veal chop

kalvkött -et veal
kalvskinn -et = calfskin
kalvstek -en -ar roast veal
kam -men -mar för hår comb
kamé -n -er cameo
kamel -en -er camel
kamer|a -an -or camera
kamin -en -er stove
kamma verb comb
kammare -n = chamber
kamomill -en -er camomile
kamp -en -er fight
kampanj -en -er campaign
kamrat -en -er friend
kamratskap -en (-et) friendship
kamrer -en -er accountant; på bank branch manager
kan|a I -an -or slide **II** verb slide
Kanada Canada
kanadensare -n = Canadian
kanadensisk adj Canadian
kanadensisk|a -an -or Canadian woman
kanal -en -er **1** byggd canal; naturlig channel **2** TV-kanal channel
kanariefågel -eln -lar canary
Kanarieöarna the Canary Islands
kandelab|er -ern -rar candelabra
kandidat -en -er candidate
kanel -en cinnamon
kanelbull|e -en -ar ung. cinnamon bun
kanin -en -er rabbit
kann|a -an -or pot; större jug
kannibal -en -er cannibal

kanon -en -er vapen gun
kanot -en -er canoe
kanske adv perhaps
kant -en -er edge
kantarell -en -er chanterelle
kantra verb capsize
kanvas -en -ar canvas
kanyl -en -er injection needle
kaos -et chaos
1 kapa verb skära av cut*
2 kapa verb t.ex. flygplan hijack
kapabel adj capable
kapacitet -en -er capacity
kapare -n = hijacker
kapell -et = **1** kyrka chapel **2** orkester orchestra **3** överdrag cover
kapital -et = capital
kapitalism -en capitalism
kapit|el -let = chapter
kapitulera verb surrender
kapp|a -an -or coat
kapplöpning -en -ar race
kapplöpningsban|a -an -or racetrack
kapprum -met = cloakroom
kappsegling -en -ar yacht--racing
kapris -en capers
kapsejsa verb capsize
kaps|el -eln -lar capsule
kapsyl -en -er cap, top
kapsylöppnare -n = bottle opener
kapten -en -er captain
kapuschong -en -er hood
kar -et = tub

karaff -en -er carafe
karakterisera *verb* characterize
karakteristisk *adj*, ~ *för* characteristic of
karaktär -en -er character
karamell -en -er sweet
karantän -en -er quarantine
karat -en (-et) = carat; *18 karats guld* 18-carat gold
karate -n karate
karavan -en -er caravan
kard|a I -an -or card **II** *verb* card
kardanax|el -eln -lar drive shaft
kardemumma -n cardamom
karensdag -en -ar day of qualifying period
karg *adj* barren
karies -en caries
karikatyr -en -er caricature
karl -[e]n -ar man
karm -en -ar på stol arm; på dörr frame
karmstol -en -ar armchair
karneval -en -er carnival
kaross -en -er coach
karott -en -er deep dish
karriär -en -er career
kart|a -an -or map; sjökort chart
kart|bok -boken -böcker atlas
kartlägga *verb* map; t.ex. behov survey
kartong -en -er **1** papp cardboard **2** ask carton
karusell -en -er merry-go-round
kasino -t -n casino
kaskad -en -er cascade

kasperteat|er -ern -rar Punch and Judy show
kass|a -an -or **1** pengar money **2** kontor cashier's office; i affär cashdesk
kassaapparat -en -er cash register
kassa|bok -boken -böcker cashbook
kassakvitto -t -n receipt
kassaskåp -et = safe
kass|e -en -ar carrier bag
kassera *verb* discard
kassett -en -er cassette
kassettband -et = cassette tape
kassettbandspelare -n = cassette tape-recorder
kassör -en -er cashier; på bank teller; i förening treasurer
kassörsk|a -an -or i affär checkout assistant
kast -et = throw
kasta *verb* throw*; ~ *sig i en bil* jump into a car; ~ *bort ngt* throw* sth. away; ~ *ut ngn* throw* sb. out; ~ *upp* kräkas vomit
kastanj -en -er chestnut
kastanjett -en -er castanet
kastrera *verb* castrate
kastrull -en -er saucepan
kastspö -et -n casting rod
katalog -en -er catalogue; telefonkatalog directory
katarr -en -er catarrh
katastrof -en -er disaster
katastrofal *adj* disastrous

kated|er -ern -rar teacher's desk
katedral -en -er cathedral
kategori -n -er category
katolicism -en Catholicism
katolik -en -er Catholic
katolsk *adj* Catholic
katt -en -er cat
kattung|e -en -ar kitten
kavaj -en -er jacket
kavaljer -en -er partner
kavalkad -en -er cavalcade
kav|el -eln -lar rolling-pin
kaviar -en caviare
kavla *verb* roll; ~ *upp*
   ärmarna roll up one's sleeves
kebab -en kebab
kedja *verb* chain
kejsardöme -t -n empire
kejsare -n = emperor
kejsarinn|a -an -or empress
kela *verb* cuddle; ~ *med ngn*
   fondle sb.
kelt -en -er Celt
keltisk *adj* Celt
keltiska -n språk Celtic
kemi -n chemistry
kemikalier pl. chemicals
kemisk *adj* chemical
kemtvätt -en -ar inrättning
   dry-cleaners
kenn|el -eln -lar kennels
keps -en -ar cap
keramik -en ceramics
keso® -n cottage cheese
ketchup -en ketchup
kex -et = biscuit
kidnappa *verb* kidnap

kika *verb* peep
kikare -n = binoculars
kikhosta -n whooping-cough
kil -en -ar wedge
1 kila *verb*, ~ *fast* wedge
2 kila *verb*, *jag måste* ~ *iväg*
   nu I must be off now
kill|e -en -ar boy
killing -en -ar kid
kilo -t = kilo
kilogram -met = kilogram
kilometer -n = kilometre
kilowatt -en = kilowatt
Kina China
kind -en -er cheek
kines -en -er Chinese
kinesisk *adj* Chinese
kinesisk|a -an **1** pl. -or kvinna
   Chinese woman **2** språk Chi-
   nese
kinkig *adj* kräsen particular
kiosk -en -er kiosk, newsstand
kirurg -en -er surgeon
kisa *verb* peer
kissa *verb* pee; ~ *på sig* wet
   oneself
kiss|e -en -ar o. **kissekatt** -en -er
   pussycat
kist|a -an -or chest; likkista
   coffin
kitt -et putty
kittla *verb* tickle
kittlig *adj* ticklish
kiwi -en o. **kiwifrukt** -en -er
   kiwi fruit
kjol -en -ar skirt
klack -en -ar heel

klacka *verb* heel
1 kladd -en -ar skriftligt utkast
rough draft
2 kladd -et kludd daub
kladda *verb* daub; ~ *ner ngt*
soil sth.
kladdig *adj* sticky
klaff -en -ar flap; hjärtklaff valve
klaga *verb*, ~ *på* complain
about
klagomål -et = complaint
klam|mer -mern -rar vid häftning
staple
klampa *verb* tramp
klamra *verb*, ~ *sig fast vid*
cling to
klang -en -er ring; musik sound
klantig *adj* clumsy
klapp -en -ar pat
klappa *verb* pat; ~ *i händerna*
clap one's hands
klar *adj* **1** tydlig clear; *göra ngt*
klart för sig get* a clear idea
about sth. **2** färdig ready; *är*
du ~ med arbetet? have you
finished your work?
klara *verb* **1** ~ el. ~ *av* lyckas
med manage; kunna hantera
handle **2** ~ *sig* reda sig manage
klarhet -en clearness
klarinett -en -er clarinet
klarna *verb* become* clear
klarsynt *adj* clear-sighted
klarvaken *adj* wide awake
klas|e -en -ar cluster
klass -en -er class; *resa i andra*
~ travel second class; *ett*

första klassens hotell a
first-class hotel
klassiker -n = classic
klassisk *adj* classical
klasskamrat -en -er classmate
klassrum -met = classroom
klen *adj* sjuklig feeble; skral
poor
klenod -en -er priceless article
kleptoman -en -er kleptoma-
niac
kli -et bran
klia *verb* itch; ~ *sig i huvudet*
scratch one's head
klibbig *adj* sticky
kliché -n -er cliché
klick -en -ar lump
klicka *verb* knäppa click
klient -en -er client
klimat -et = climate
klimax -en -ar climax
klinga *verb* ring
klinik -en -er clinic
klipp -et = hack cut
1 klippa *verb* cut*; ~ *sig*
have* one's hair cut
2 klipp|a -an -or rock; brant cliff
klippning -en -ar haircut
klirra *verb* jingle
klist|er -ret paste
klistra *verb* paste; ~ *fast ngt*
på ngt stick sth. on sth.
kliva *verb*, ~ *in i* step (get*)
into; ~ *på* get* on
klo -n -r claw
kloak -en -er sewer
klock|a -an -or att ringa med bell;

för arm watch; väggur clock;
hur mycket är klockan?
what time is it?; *klockan är
halv två* it is half past one
klockarmband -et = watch-
strap
klockradio -n -r clock radio
klok *adj* wise; *det är ju inte
klokt!* it's crazy!
klor -en chlorine
kloss -en -ar block
klost|er -ret = monastery;
nunnekloster convent
klot -et = ball; bowlingklot bowl;
glob globe
klott|er -ret = på vägg graffiti
klottra *verb* scrawl; på vägg
draw* graffiti
klubb -en -ar club
klubb|a -an -or club
kludda *verb* daub
klump -en -ar lump
klumpig *adj* clumsy
klung|a -an -or group
klunk -en -ar gulp; öl swig
klyft|a -an -or **1** bergsklyfta ravine
2 bit piece
klyva *verb* split
klåda -n itch
klä *verb* dress; *det klär dig* it
suits you; *~ av sig* undress; *~
på sig* get* dressed; *~ om*
change; *~ ut sig till* dress
oneself up as
kläcka *verb* hatch
kläd|affär -en -er clothes shop

klädborst|e -en -ar clothes
brush
kläder pl. clothes
klädhängare -n = hanger; krok
peg
klädnyp|a -an -or clothes peg
klädsam *adj* becoming
kläds|el -eln -lar dress
klädskåp -et = wardrobe
klädstreck -et = clothes line
klämm|a I -an -or för papper clip
II *verb* squeeze; *~ fingret i...*
get* one's finger caught in...;
~ ut ngt ur ngt squeeze sth.
out of sth.
klänga *verb* climb
klängväxt -en -er climber
klänning -en -ar dress
klättra *verb* climb
klösa *verb* scratch
klöver -n = **1** växt clover **2** i
kortspel clubs
knacka *verb* knock
knaka *verb* creak; *~ i fogarna*
creak at the joints
knall -en -ar bang
1 knapp -en -ar button
2 knapp *adj* scanty; *en ~
kilometer* a little less than
one kilometre; *tiden är ~*
time is running short
knappast *adv* hardly
knapphål -et = buttonhole
knappnål -en -ar pin
knappt *adv* **1** otillräckligt scanti-
ly **2** knappast hardly

knapra verb, ~ på ngt nibble at sth.

knaprig adj crisp

knark -et dope

knarka verb take* drugs

knarkare -n = drug addict

knarra verb creak

knastra verb crackle

knep -et = trick

knepig adj tricky

knip|a I -an -or straits; råka i ~ get* into a tight corner **II** verb **1** pinch; ~ ihop pinch together **2** om det kniper in an emergency

knipp|a -an -or bunch

knippe -t -n bundle

kniv -en -ar knife

knockout -en -er knock-out

knog|e -en -ar knuckle

knop -en **1** pl. = knut knot **2** pl. = hastighet knot

knopp -en -ar **1** på växt bud **2** kula knob

knott -et (-en) = insekt gnat

knottrig adj rough

knubbig adj plump

knuff -en -ar push

knuffa verb push

knuffas verb, ~ inte! don't push!

knulla verb vulg. fuck

knut -en -ar **1** knot **2** husknut corner

knutpunkt -en -er centrum centre

knycka verb **1** rycka jerk **2** stjäla pinch

knysta verb, utan att ~ without complaining

knyta verb tie; ~ fast fasten; ~ upp untie

knyte -t -n bundle

knytkalas -et = Dutch treat

knytnäv|e -en -ar clenched fist

knåda verb knead

knä -[e]t -n knee

knäck -en **1** pl. -ar karamell toffee **2** det tog knäcken på mig it nearly killed me

knäcka verb **1** crack **2** om person break*

knäckebröd -et = crispbread

knäpp I -en -ar click **II** adj tokig nuts

knäppa verb med knapp button up; ~ händerna clasp one's hands; ~ av switch off; ~ på switch on; ~ upp unbutton

knäskål -en -ar kneecap

knästrump|a -an -or knee-length stocking

knäsvag adj, känna sig ~ feel* weak at the knees

knöl -en -ar **1** bula o.d. bump **2** person bastard

ko -n -r cow

koagulera verb coagulate

kock -en -ar cook

kod -en -er code

koffein -et caffeine

koffeinfri adj caffeine-free; vard. de-caf

koffert -en -ar trunk

ko|fot -foten -fötter crowbar

koft|a -an -or cardigan

koj -en -er kojplats berth

koj|a -an -or cabin

koka *verb* boil; ~ *kaffe* make* coffee; ~ *över* boil over

kokain -et cocaine

kok|bok -boken -böcker cookery book

kokersk|a -an -or cook

kokhet *adj* boiling hot

kokmalen *adj, kokmalet kaffe* granulated coffee

kokosfett -et coconut butter

kokosnöt -en -ter coconut

kokplatt|a -an -or hot plate

koksalt -et common salt

kokt *adj* boiled

kol -et (-en) = **1** bränsle coal **2** grundämne carbon

kol|a -an -or toffee

koldioxid -en carbon dioxide

kolera -n cholera

kolhydrat -en -er carbohydrate

kolibri -n -er hummingbird

kolik -en colic

kolj|a -an -or haddock

kollaps -en er collapse

kolleg|a -an -or colleague

kollegieblock -et = note pad

kollegi|um -et -er staff meeting

kollekt -en -er collection

kollektiv *adj* collective

kollektivtrafik -en public transport

kolli -t -n piece of luggage

kollidera *verb* collide

kollision -en -er collision

kolon -et = colon

koloni -n -er colony

kolonisera *verb* colonize

kolonn -en -er column

kolossal *adj* colossal

koloxid -en carbon monoxide

kolsvart *adj* pitch-dark

kolsyra -n carbonic acid

kolsyrad *adj* carbonated

koltablett -en -er charcoal tablet

koltrast -en -ar blackbird

kolumn -en -er column

kolv -en -ar **1** i motor piston **2** på gevär butt

koma -t (-n) coma; *ligga i* ~ be* in a coma

kombination -en -er combination

kombinera *verb* combine

komedi -n -er comedy

komet -en -er comet

komiker -n = comedian

komisk *adj* rolig comic; löjlig comical

1 komma -t -n skiljetecken comma; i decimalbråk point

2 komma *verb* come*; *hur kommer det sig?* how's that?; *jag kommer att resa dit* I'll be going there; ~ *bort* be* lost; ~ *fram* anlända get* there; *hon kommer med* she is coming along; *jag kom på att mjölken är slut* it struck me that there was no milk left; ~ *tillbaka* come* back;

det har han kommit över he has got over that

kommande *adj* coming

kommando -t -n command

kommateck|en -net = comma

kommendera *verb* command

kommentar -en -er comment

kommentera *verb* comment on

kommersiell *adj* commercial

kommissarie -n -r polis inspector

kommitté -n -er committee

kommun -en -er municipality

kommunicera *verb* communicate

kommunikation -en -er communication

kommunikationsmed|el -let = means of communication

kommunism -en Communism

kommunist -en -er Communist

kommunistisk *adj* Communist

kompakt *adj* compact

kompani -et -er company

kompanjon -en -er partner

kompass -en -er compass

kompensation -en -er compensation

kompensera *verb* compensate

kompetent *adj* competent

kompis -en -ar pal

komplement -et = complement

komplett I *adj* complete **II** *adv* completely

komplettera *verb* complete

komplex *adj* complex

komplicera *verb* complicate

komplikation -en -er complication

komplimang -en -er compliment

komplott -en -er plot

komponera *verb* compose

komposition -en -er composition

kompositör -en -er composer

kompott -en -er compote

kompress -en -er compress

komprimera *verb* compress

kompromiss -en -er compromise

kompromissa *verb* compromise

koncentration -en -er concentration

koncentrera *verb* concentrate; ~ *sig* concentrate

koncern -en -er group

koncis *adj* concise

kondensator -n -er capacitor

kondition -en -er condition

konditori -et -er café

kondom -en -er condom

konduktör -en -er ticket-collector

konfekt -en chocolates

konfektion -en -er ready-made clothing

konferencier -en -er compère

konferens -en -er conference

konferera *verb* confer

konfirmation -en -er confirmation

konflikt -en -er conflict

konfrontera *verb* confront

kongress -en -er conference

konjak -en brandy

konjunktur -en -er state of the market

konkret *adj* concrete

konkurrens -en competition

konkurrent -en -er competitor

konkurrera *verb* compete

konkurs -en -er bankruptcy; **gå i ~** go* bankrupt

konsekvens -en -er följd consequence

konsekvent I *adj* consistent **II** *adv* consistently

konsert -en -er **1** offentligt arrangemang concert **2** musikstycke concerto

konserthus -et = concert hall

konserv -en -er tinned food

konservativ *adj* conservative

konservburk -en -ar tin

konservöppnare -n = tin-opener

konsistens -en -er consistency

konsonant -en -er consonant

konst -en -er art

konstant *adj* constant

konstatera *verb* fastställa establish; hävda state

konstgjord *adj* artificial

konsthandlare -n = art dealer

konsthantverk -et = handicraft

konstig *adj* strange

konstläd|er -ret artificial leather

konstmuse|um -et -er art museum

konstnär -en -er artist

konstnärlig *adj* artistic

konstruera *verb* construct

konstruktion -en -er construction

konstutställning -en -ar art exhibition

konstverk -et = work of art

konståkning -en figure skating

konsul -n -er consul

konsulat -et = consulate

konsult -en -er consultant

konsultera *verb* consult

konsument -en -er consumer

konsumera *verb* consume

konsumtion -en consumption

kontakt -en -er contact; **komma i ~ med** get* into contact with

kontakta *verb* contact

kontaktlins -en -er contact lens

kontant *adj* cash; **betala ~** pay* cash

kontanter pl. ready money

kontinent -en -er continent

konto -t -n account

kontokort -et = credit card

kontor -et = office

kontorist -en -er office employee

kontrakt -et = contract

kontrast -en -er contrast

kontroll -en -er **1** check **2** behärskning control
kontrollera *verb* check
kontroversiell *adj* controversial
kontur -en -er outline
konung -en -ar king
konvalescent -en -er convalescent
konventionell *adj* conventional
konversation -en -er conversation
konversera *verb* converse
konvoj -en -ar convoy
kooperativ *adj* co-operative
kopi|a -an -or copy
kopiera *verb* copy
kopieringsapparat -en -er copier
kopp -en -ar cup
koppar -n copper
kopp|el -let = leash; *vara i ~ be** in leash
koppla *verb* couple; *kan ni ~ mig till...?* please, connect me with ...; *~ av* relax; *~ in ngt* connect sth.; *~ på* switch on
koppling -en -ar coupling; på bil clutch
kopplingspedal -en -er clutch pedal
korall -en -er coral
koreografi -n -er choreography
korg -en -ar basket
korint -en -er currant

kork -en -ar cork
korkmatt|a -an -or linoleum
korkskruv -en -ar corkscrew
korn -et = frö grain; sädesslag barley
korp -en -ar raven
korrekt *adj* correct
korrektur -et = proofs
korrespondens -en -er correspondence
korrespondent -en -er correspondent
korridor -en -er corridor
korrigera *verb* correct
korruption -en corruption
kors -et = cross; *lägga ngt i ~* cross sth.
korsa *verb* cross
korsdrag -et draught
korsett -en -er corset
korsning -en -ar crossing
korsord -et = crossword
korsstygn -et = cross-stitch
korstecken -net =, *göra korstecknet* make* the sign of the cross
korståg -et = crusade
1 kort -et = **1** spelkort, vykort etc. card **2** foto photo
2 kort I *adj* short **II** *adv* i tidsuttryck shortly; *för att fatta mig ~* to be brief
korta *verb* shorten
kortautomat -en -er photo booth
kortbyxor pl. shorts
kortfattad *adj* brief

korthårig adj short-haired
kortklippt adj, vara ~ wear* one's hair short
kortlek -en -ar pack of cards
kortsiktig adj short-term
kortslutning -en -ar short circuit
kortspel -et = card game
kortsynt adj short-sighted
korttelefon -en -er cardphone
kortvarig adj short
kortvåg -en short wave
kortärmad adj short-sleeved
korv -en -ar sausage
kosmetika -n cosmetics
koss|a -an -or cow
kost -en fare; ~ och logi board and lodging
kosta verb cost*; hur mycket kostar det? how much is it?
kostnad -en -er cost
kostym -en -er suit
kot|a -an -or vertebra
kotlett -en -er chop
kott|e -en -ar 1 cone 2 inte en ~ not a soul
krabb|a -an -or crab
krafsa verb scratch
kraft -en -er styrka force; förmåga power
kraftfull adj powerful
kraftig adj powerful; stark strong
kraftlös adj weak
kraftverk -et = power station
krag|e -en -ar collar
kram -en -ar hug

krama verb 1 omfamna hug 2 pressa squeeze
kramp -en -er cramp
kran -en -ar vattenkran o.d. tap; lyftkran crane
krans -en -ar wreath
kranvatt|en -net tap water
kras -et crack; gå i ~ go* to pieces
krasch I interj crash! **II** -en -er crash
krasse -n cress
krat|er -ern -rar crater
kratt|a I -an -or rake **II** verb rake
krav -et = demand
kraxa verb croak
kreativ adj creative
kreatur -et = boskap cattle
kredit -en -er credit; köpa ngt på ~ buy* sth. on credit
kreditkort -et = credit card
kremering -en -ar cremation
Kreta Crete
krets -en -ar circle
kretsa verb circle; kretsa kring ngt circle around sth.
krevera verb explode, burst
krig -et = war
kriga verb make* war
krigsfartyg -et = warship
krigsmakt -en -er armed forces
krigsutbrott -et = outbreak of war
kriminalitet -en crime
kriminell adj criminal

kring prep **1** runt om round
2 angående about
kringgå verb evade
kringla -an -or pretzel
kris -en -er crisis
kristall -en -er crystal
kristallklar adj crystal-clear
kristallkron|a -an -or cut-glass
 chandelier
krist|en I en ~, pl. -na Christian
 II adj Christian
kristendom -en Christianity
kristid -en -er time of crisis
Kristus Christ
krit|a -an -or chalk
kritik -en criticism
kritiker -n = critic
kritisera verb criticize
kritisk adj critical
kroat -en -er Croat
Kroatien Croatia
kroatisk adj Croatian
kroatisk|a -an **1** pl. -or kvinna
 Croatian woman **2** språk
 Croatian
krock -en -ar crash
krocka verb crash
krocket -en croquet
krockkudd|e -en -ar airbag
krog -en -ar restaurant
krok -en -ar hook
krokett -en -er croquette
krokig adj crooked
krokodil -en -er crocodile
krokus -en -ar crocus
kromosom -en -er chromosome

kron|a -an -or crown; valuta
 krona
kronisk adj chronic
kronologisk adj chronological
kronprins -en -ar crown prince
kronprinsess|a -an -or crown
 princess
kronärtskock|a -an -or arti-
 choke
kropp -en -ar body
kroppsarbete -t -n manual
 labour
kroppsbyggnad -en build
kroppsdel -en -ar part of the
 body
kroppslig adj bodily
kroppsvisitera verb search
krossa verb crush
krubb|a -an -or manger
krucifix -et = crucifix
kruk|a -an -or pot
krukväxt -en -er potted plant
krullig adj curly
krusbär -et = gooseberry
krut -et gunpowder
krux -et crux
kry adj well
kryck|a -an -or crutch
krydd|a I -an -or spice **II** verb
 season
kryddpeppar -n allspice
krylla verb, *stranden kryllade
 av folk* the beach was
 swarming with people
krympa verb shrink*
krympfri adj unshrinkable

kryp -et = creepy-crawly; insekt insect

krypa verb crawl

kryphål -et = loophole

krypin -et = den

krysantemum -en = chrysanthemum

kryss -et = cross

kryssa verb **1** cruise **2** ~ för tick off

kryssning -en -ar cruise

kråk|a -an -or crow

krångel -let trouble

krångla verb om person make* a fuss; 'klicka' go* wrong

krånglig adj difficult

kräft|a -an -or crayfish; Kräftan stjärntecken Cancer

kräftskiv|a -an -or crayfish party

kräk -et = wretch

kräkas verb vomit

kräla verb crawl

kräldjur -et = reptile

kräm -en -er cream

krämp|a -an -or ailment

kränka verb violate

kränkning -en -ar violation

kräsen adj fastidious; vard. choosy

kräva verb demand; det krävs god kondition you need to be in good shape

krävande adj exacting

krögare -n -s innkeeper

krök -en -ar bend

kröka verb bend

krön -et = crest

kröna verb crown

kub -en -er cube

kubikmet|er -ern -rar cubic metre

kudd|e -en -ar cushion; huvud- kudde pillow

kugga verb fail

kugg|e -en -ar cog

kugghjul -et = gearwheel

kuk -en -ar vulg. cock

kul adj fun

kul|a -an -or ball; klot äv. globe; gevärskula bullet; stenkula (lek- sak) marble; stöta ~ put* the shot (weight); börja på ny ~ start afresh

kuliss -en -er sidescene; bakom kulisserna behind the scenes

1 kull -en -ar av djur litter

2 kull oböjl., leka ~ play tag

kulle -n -ar hill

kullerbytt|a -an -or somersault

kulmen en ~, best. form = culmination

kulminera verb culminate

kulspetspenn|a -an -or ball pen

kulsprut|a -an -or machine gun

kulstötning -en shot-put

kult -en -er cult

kultiverad adj cultivated

kultur -en -er culture; civilisation civilization

kulturell adj cultural

kummin -en caraway

kund -en -er customer; klient client

kung -en -ar king
kunglig adj royal
kunglighet -en -er royal
  personage
kungöra verb announce
kungörelse -n -r announcement
kunna verb **1** 'känna till' know*
  2 kan can; kunde could; hon
  kan komma she can come;
  kan han göra det? can he do
  it?; nej, det kan han inte no,
  he cannot; vi kunde göra det
  we could do it; hon har inte
  kunnat sova she has not
  been able to sleep; skulle jag
  ~ få sockret? could you pass
  me the sugar, please?; han
  kan vara riktigt trevlig he
  can be quite nice
kunnig adj well-informed
kunskap -en -er knowledge
kupa -an -or globe; bikupa hive
kupé -n -er compartment
kuperad adj kullig hilly
kupol -en -er dome
kupong -en -er coupon
kupp -en -er coup
kur -en -er cure
kurator -n -er welfare officer
kuriositet -en -er curiosity
kurort -en -er health resort
kurragömma oböjl., leka ~ play
  hide-and-seek
kurs -en -er **1** course **2** växelkurs
  rate
kursiv adj italic; i ~ stil in
  italics

kurva -an -or curve
kusin -en -er cousin
kusk -en -ar driver
kuslig adj gruesome
kust -en -er coast
kuva verb subdue
kuvert -et = **1** för brev envelope
  2 på bord cover
kuvös -en -er incubator
kvadrat -en -er square
kvadratmeter -n = square
  metre
1 kval -et = i sporter qualifying
  match, qualifying round
2 kval -et = lidande suffering
kvalificerad adj qualified; en
  ~ gissning an educated guess
kvalifikation -en -er qualifica-
  tion
kvalitet -en -er quality
kvalmig adj stuffy
kvantitet -en -er quantity
kvar adv still there, still here;
  det finns inga biljetter ~
  there are no tickets left; är
  det långt ~? is there a long
  way to go?
kvarglömd adj left behind
kvarleva -an -or remnant
kvarn -en -ar mill
kvarskatt -en -er tax arrears
kvarstå verb remain
kvart -en -er (=) quarter; om en
  ~ in a quarter of an hour; i
  tre ~ for three quarters of an
  hour; ~ över tre at a quarter
  past three

kvartal -et = quarter

kvarter -et = block

kvartett -en -er quartet

kvast -en -ar broom

kvav adj stuffy; om väder sultry; fuktig muggy

kvick adj nimble, quick; vitsig witty

kvickhet -en -er **1** snabbhet quickness **2** skämt joke

kvickna verb, ~ till come* to

kvicksilv|er -ret mercury

kvig|a -an -or heifer

kvinn|a -an -or woman; två kvinnor two women

kvinnlig adj female; typisk för en kvinna feminine

kvintett -en -er quintet

kviss|la -an -or pimple

kvist -en -ar twig

kvitt adj **1** nu är vi ~ now we are quits **2** bli ~ ngt get* rid of sth.

kvitta verb, det kvittar it doesn't matter

kvittens -en -er receipt

kvittera verb **1** sign; kvitteras received with thanks; ~ ut collect **2** i sport tie, score a tying goal

kvitto -t -n receipt

kvittra verb chirp

kvot -en -er quota

kvälja verb nauseate; det kväljer mig it makes me feel sick

kväljande adj sickening

kväljningar pl. sickness

kväll -en -ar evening; i ~ tonight; i går ~ yesterday evening; i morgon ~ tomorrow evening; på kvällen in the evening

kvällstidning -en -ar evening paper

kvällsöppen adj open in the evening

kväva verb choke

kväve -t nitrogen

kyckling -en -ar chicken

kyl -en -ar fridge

kyla I -n cold **II** verb cool

kylare -n = radiator

kylarvatt|en -net coolant

kylarvätska -n antifreeze

kyldisk -en -ar refrigerated display cabinet

kylig adj cool

kylskåp -et = refrigerator; vard. fridge

kypare -n = waiter

kyrk|a -an -or church

kyrkklock|a -an -or church bell

kyrkogård -en -ar cemetery; kring kyrka churchyard

kysk adj chaste

kyss -en -ar kiss

kyssa verb kiss

kåd|a -an -or resin

kåk -en -ar hus house

kål -en **1** cabbage **2** ta ~ på nearly kill

kåldolm|e -en -ar stuffed cabbage roll

kålhuvud -et -en cabbage

kål|rot -roten -rötter swede

kåp|a -an -or **1** för munk cowl **2** skydd cover

kår -en -er body; inom militären corps

kår|e -en -ar, *det gick kalla kårar efter ryggen på mig* a cold shiver ran down my back

kåt *adj* vulg. randy

käck *adj* lively

käft -en -ar på djur jaws; *håll käften!* shut up!

käk -et grub

käka *verb* eat*

käkben -et = jawbone

käk|e -en -ar jaw

käk|e -en -ar toboggan

käll|a -an -or vattenkälla spring; bildl. source

källare -n = cellar; våning basement

källarmästare -n = restaurant-keeper

kämpa *verb* fight

kämp|e -en -ar warrior

känd *adj* well known

kändis -en -ar celebrity

käng|a -an -or boot

känguru -n -r kangaroo

känn, *ha ngt på* ~ feel* sth. in one's bones

känna *verb* **1** förnimma feel*; ~ *sig trött* feel* tired; ~ *efter* see* if **2** vara bekant med know*; ~ *igen ngt (ngn)*

recognize sth. (sb.); ~ *till ngt* know* sth.

kännare -n = connoisseur

kännas *verb* feel*; *hur känns det?* how do you feel?

kännbar *adj* noticeable

kännedom -en knowledge; *ha* ~ *om* know* about

känneteck|en -net = characteristic

känneteckna *verb* characterize

känsel -n feeling

känsl|a -an -or feeling

känslig *adj* sensitive

känslomässig *adj* emotional

känslosam *adj* emotional

käpp -en -ar stick

kär *adj* avhållen dear; *bli* ~ *i ngn* fall* in love with sb.

käring -en -ar old woman

kärl -et = vessel

kärlek -en -ar love

kärleksaffär -en -er love affair

kärleksfull *adj* loving

kärleksliv -et love life

kärlkramp -en vascular cramp

kärn|a -an -or i frukt el. bär pip

kärnkraft -en nuclear power

kärnkraftverk -et = nuclear power station

kärnvap|en -net = nuclear weapon

kärr -et = marsh

kärr|a -an -or cart

kärv *adj* harsh

kärva *verb*, *det har kärvat till*

sig things have become
difficult
kärv|e -en -ar sheaf
kätting -en -ar chain
kö -n -er cucuc
köa *verb* queue
kök -et = kitchen
köksmästare -n = chef
köksträdgård -en -ar kitchen
garden
köl -en -ar keel
kölapp -en -ar queue ticket
köld -en cold
köldskad|a -an -or frostbite
kön -en = sex
könsorgan -et = sexual organ
könssjukdom -en -ar venereal
disease (förk. VD)
köp -et = purchase
köpa *verb* buy*, purchase
köpare -n = buyer
köpcentrum -et = shopping
centre, mall
köpekontrakt -et = contract of
sale
Köpenhamn Copenhagen
köpesumm|a -an -or price
köpkort -et = credit card
köp|man -mannen -män busi-
nessman
köpslå *verb* bargain
1 kor -en -er choir
2 kör, *i ett* ~ without stopping
köra *verb* **1** drive*; ~ *bil*
drive* a car; ~ *om en bil*
overtake* a car; ~ *på ngn*

run* sb. down; ~ *ut ngn* turn
sb. out **2** kuggas fail
körban|a -an -or road
körkort -et = driving licence
körriktningsvisare -n = indica-
tor
körsbär -et = cherry
körskol|a -an -or driving school
körsnär -en -er furrier
kört|el -eln -lar gland
kött -et flesh; slaktat meat
köttaffär -en -er butcher's
köttbit -en -ar piece of meat
köttbull|e -en -ar meatball
köttfärs -en minced meat
köttgryt|a -an -or stew
kötträtt -en -er meat course
köttsopp|a -an -or broth

L

l l-et l l [utt. ell]
laboratori|um -et -er laboratory
labyrint -en -er labyrinth
lack -et (-en) -er sigillack sealing wax; fernissa varnish
lacka *verb* seal
lackera *verb* lacquer
lad|a -an -or barn
ladda *verb* load
ladugård -en -ar cowshed
1 lag -et = idrottslag, arbetslag team
2 lag -en -ar norm etc. law
laga *verb* **1** ~ *mat* cook **2** reparera repair
lag|er -ret **1** förråd stockroom; magasin warehouse; *ha i* ~ have* in stock **2** skikt layer
laglig *adj* legal
lagning -en -ar repairing
lagom I *adv*, ~ *saltad* just right salted; *komma precis* ~ be* just in time **II** *adj* adequate; *är det här* ~? is this enough?
lagra *verb* store
lagstiftning -en -ar legislation
lagun -en -er lagoon
lagård -en -ar cowshed
lakan -et = sheet
lak|e -en -ar fisk burbot
lakrits -en liquorice

lam *adj* paralysed
lamm -et = lamb
lammkotlett -en -er lamb chop
lammkött -et lamb
lammstek -en -ar roast lamb
lamp|a -an -or lamp
lampskärm -en -ar lampshade
lamslå *verb* paralyse
land -et **1** pl. länder rike country **2** fastland land; *gå i* ~ go* ashore **3** *åka ut på landet* go* into the country
landa *verb* land
landgång -en -ar **1** brygga gangway **2** smörgås long open sandwich
landning -en -ar landing
landningsban|a -an -or runway
landsbygd -en countryside
landsflykt -en exile
landskamp -en -er international match
landskap -et **1** landsdel province **2** natur el. tavla landscape
landslag -et = international team
lands|man -mannen -män fellow countryman
landsort -en -er, *landsorten* the provinces
landstiga *verb* land
landsväg -en -ar main road
langa *verb* pass; kasta chuck; ~ *knark* push drugs
langare -n = knarklangare pusher
lansera *verb* introduce

lantbruk -et = **1** verksamhet
farming **2** bondgård farm
lantbrukare -n = farmer
lantern|a -an -or light
lantgård -en -ar farm
lantlig adj rural
lantställe -t -n place in the
country
lapa verb lap
lapp -en -ar patch
lappa verb patch; ~ **ihop**
patch up
Lappland Lapland
lapplis|a -an -or traffic warden
larm -et = alarm alarm; larmsignal
alert; **slå** ~ sound the alarm
larma verb alarmera call
1 larv -en -er djur grub
2 larv -et strunt rubbish
larva verb, ~ **sig** be* silly;
prata dumheter talk rubbish
larvig adj silly
lasagne -n lasagne
lasarett -et = hospital
laser -n lasrar laser
lass -et = load
lasso -t -n lasso
last -en -er **1** gods cargo **2** ovana
o.d. vice
lasta verb load
lastbil -en -ar lorry
lat adj lazy
lata verb, ~ **sig** be* lazy
latin -et Latin
Latinamerika Latin America
latinamerikan -en -er Latin
American

latinamerikansk adj Latin
American
latinamerikansk|a -an -or Latin
American woman
latitud -en -er latitude
latmask -en -ar lazybones
lav|a -an -or lava
lavemang -et = enema
lavendel -n lavender
lavin -en -er avalanche
lax -en -ar salmon
laxermed|el -let = purgative
le verb smile; ~ **mot ngn** smile
at sb.
leasa verb lease
leasing -en -ar leasing
1 led -en -er väg way; rutt route
2 led 1 -en -er i kroppen el.
tekniskt joint; **vrida armen ur**
~ dislocate one's arm
2 -et = stadium stage **3** et = rad av
personer: bredvid varandra rank,
bakom varandra file
1 leda -n weariness
2 leda verb lead*; styra, förestå
run*
leda|mot -moten -möter member
ledande adj leading; **i ~**
ställning in a leading
position
ledare -n = leader
ledd -en -er, **på vilken ~?** this
way or that way?
ledig adj free; **hon är ~ idag**
she has today off
ledning -en -ar **1** skötsel el. inom
företag management; **ta led-**

ningen take* the lead äv. i
sporter **2** elledning o.d. wire
ledsam *adj* boring
ledsen *adj* sad; *jag är ~, men
jag är upptagen* I'm sorry
but I'm busy
ledsna *verb* get* tired
ledtråd -en -ar clue
leende I *adj* smiling **II** -t -n
smile
legend -en -er legend
legendarisk *adj* legendary
legitimation -en -er ID-kort
identity card
legitimerad *adj* authorized
leja *verb* hire
lejon -et = lion; *Lejonet*
stjärntecken Leo
lejongap -et = snapdragon
lek -en -ar **1** game; *på ~* for fun
2 kortlek pack
leka *verb* play
lekfull *adj* playful
lekkamrat -en -er playmate
lek|man -mannen -män lay-
person
lekplats -en -er playground
leksak -en -er toy
leksaksaffär -en -er toyshop
lekskol|a -an -or nursery school
lektion -en -er lesson
lem -men -mar limb
lemlästa *verb* maim
len *adj* soft
leopard -en -er leopard
ler|a -an -or clay
lerig *adj* muddy

lesbisk *adj* lesbian
leta *verb* look; *~ efter* look
for
lett -en -er Latvian
lettisk *adj* Latvian
lettisk|a -an **1** pl. -or Latvian
woman **2** språk Latvian
Lettland Latvia
leukemi -n -er leukaemia
leva *verb* live; *~ på ngt* live on
sth.
levande *adj* living; *vara ~* be*
alive; *~ ljus* candles; *~ musik*
live music
lever -n levrar liver
leverans -en -er delivery
leverantör -en -er supplier
leverera *verb* supply
leverpastej -en -er liver paste
levnad -en life
levnadsstandard -en standard
of living
lexikon -et = (lexika) dictionary
liberal *adj* liberal
libretto -t -n libretto
licens -en -er licence
lida *verb* plågas suffer
lidelse -n -r passion
lie -n liar scythe
Liechtenstein Liechtenstein
liera *verb*, *~ sig med* ally
oneself with
lift -en -ar lift
lifta *verb* hitch-hike
liftare -n - hitchhiker
liftkort -et = lift ticket

lig|a -an -or **1** gang **2** i fotboll etc. league

ligga *verb* lie*; till sängs be* in bed; *var ligger järnvägsstationen?* where is the railway station?; ~ *med ngn* sleep* with sb.

liggande *adj* lying; vågrät horizontal

liggplats -en -er sleeping-place

liggvagn -en -ar på tåg couchette

liggvagnsplats -en -er couchette

1 lik -et = corpse

2 lik *adj* like; *vara ~ ngn* till sättet be* like sb.; till det yttre look like sb.; *de är mycket lika* they are very much alike

lika I *adj* equal; *3 plus 5 är ~ med 8* 3 plus 5 equals 8 **II** *adv* likadant in the same way; *hon är ~ stor som sin bror* she is just as tall as her brother

likadan *adj* the same

likaså *adv* also

lik|e -en -ar equal

likgiltig *adj* indifferent

likhet -en -er resemblance

likhetstecken -net = equals sign

likkist|a -an -or coffin

likna *verb* resemble; se ut som look like

liknande *adj* similar

liknelse -n -r simile; i Bibeln parable

liksom I *konj* like; *han är målare ~ jag* he is a painter like me **II** *adv* så att säga sort of

likström -men -mar direct current, DC

liktorn -en -ar corn

likvid -en -er payment

likvärdig *adj*, ~ *med* equivalent to

likör -en -er liqueur

lila *adj* lilac

lilj|a -an -or lily

liljekonvalje -n -r lily of the valley

lilla se *liten*

lillasyster -n småsystrar little sister

lillebror en ~, pl. småbröder little brother

lillfing|er -ret -rar little finger

lilltå -n -r little toe

lim -met = glue

lime -n -r lime

limma *verb* glue

limousine -n -r limousine

limp|a -an -or loaf; *en ~ cigaretter* a carton of cigarettes

lin -et flax

lin|a -an -or rope

linban|a -an -or cableway

lind -en -ar lime

linda *verb* wind

lindra *verb* relieve

lindrig *adj* mild

lindring -en -ar relief

lingon -et = lingonberry

linjal -en -er ruler

linje -n -r line; utbildningslinje course

linka verb limp

linne -t -n **1** tyg linen **2** plagg vest

linning -en -ar band

lins -en -er **1** växt lentil **2** optisk lins el. i öga lens; kontaktlins contact lens

lipa verb blubber; ~ åt ngn stick one's tongue out at sb.

lirka verb, ~ med ngn coax sb.

Lissabon Lisbon

1 list -en -er knep trick

2 list -en -er kantlist strip

1 list|a -an -or list

2 lista verb, ~ ut find* out

listig adj cunning

lita verb, ~ på ngn rely on sb.

Litauen Lithuania

litauer -n = Lithuanian

litauisk adj Lithuanian

litauisk|a -an **1** pl. -or kvinna Lithuanian woman **2** språk Lithuanian

lite I adv en smula a little, a bit **II** pron knappast inget little; få few; äta ~ mat have* some food

liten (litet, lille, lilla, små) adj ej 'stor' small; sagt med känsla little; stackars ~ poor little thing

liter -n = litre

litet se lite

litografi -n -er lithography

litteratur -en -er literature

liv -et **1** pl. = life **2** oväsen noise

livbåt -en -ar lifeboat

livfull adj vivid

livförsäkring -en -ar life insurance

livlig adj lively

livlös adj lifeless

liv|moder -modern -mödrar womb

livrem -men -mar belt

livräddning -en -ar life-saving

livsfarlig adj highly dangerous

livsmedel pl. provisions

livsmedelsaffär -en -er food shop

livstid -en lifetime; få livstids fängelse be* sentenced to life imprisonment

livvakt -en -er bodyguard

ljud -et = sound

ljuddämpare -n = silencer

ljudlös adj soundless

ljudstyrka -n sound level

ljuga verb lie*

ljum adj lukewarm

ljumsk|e -en -ar groin

ljung -en heather

ljus I -et = light; föra ngn bakom ljuset deceive sb. **II** adj light; om hy fair

ljusglimt -en -ar bildl. ray of hope

ljushårig adj fair-haired

ljusna verb bli ljusare grow* light

ljusning -en -ar bättring improvement

ljuspunkt -en -er något glädjande bright spot

ljusstak|e -en -ar candlestick

ljuv adj sweet

ljuvlig adj lovely

1 lock -en -ar i hår curl

2 lock -et = på låda o.d. lid; det slår ~ för öronen på mig p.g.a. högt ljud the noise is deafening

1 locka verb hår curl

2 locka verb, ~ till sig attract

lockig adj curly

lodjur -et = lynx

lodrät adj vertical

1 log|e -en -ar tröskplats barn

2 loge -n -r på teater dressing-room

logg|bok -boken -böcker logbook

logi -et -er accommodation

logisk adj logical

lojal adj loyal

lojalitet -en -er loyalty

lok -et = engine

lokal I -en -er premises **II** adj local

lokalbedövning -en -ar local anaesthesia

lokalisera verb locate; ~ sig orientate oneself

lokalsamtal -et = local call

lokalsinne -t sense of direction

lokaltrafik -en local traffic

lokaltåg -et = suburban train

lokförare -n = engine-driver

longitud -en -er longitude

lopp -et = **1** race **2** inom loppet av en timme within an hour; under dagens ~ during the day

lopp|a -an -or flea

loppmarknad -en -er flea market

lort -en -ar dirt

lortig adj dirty

loss adj o. adv loose; riva ~ tear off; skruva ~ unscrew

lossa verb **1** ~ på loosen **2** lasta ur unload

lossna verb come* off

lots -en -ar pilot

lott -en -er share

lotta verb, ~ ut ngt raffle sth.

lotteri -et -er lottery

lottsed|el -eln -lar lottery ticket

lov -et **1** pl. = ledighet holiday **2** tillåtelse permission; får jag ~? may I?; vad får det ~ att vara? what would you like?; i affär can I help you?; vi får ~ att ta en taxi we'll have to take a taxi **3** beröm praise

lova verb promise

LP-skiv|a -an -or LP

luck|a -an -or **1** liten dörr, t.ex. ugnslucka door **2** öppning opening **3** tomrum gap

luden adj hairy

luffare -n = tramp

luft -en air

luftfuktighet -en humidity

luftförorening -en -ar air
pollution
luftgevär -et = air gun
luftgrop -en -ar air pocket
luftig adj airy
luftkonditionering -en -ar air-
-conditioning
luftmadrass -en -er air bed
luftrörskatarr -en -er bronchitis
luftstrupe -en -ar windpipe
lufttryck -et = air pressure
lufttät adj airtight
lugg -en -ar frisyr fringe
lugn I -et peace **II** adj calm
lugna verb calm; ~ ner sig
calm down
lukt -en -er smell
lukta verb smell; ~ på ngt
smell sth.
luktärt -en -er sweet pea
lummig adj lövrik leafy
lump -en **1** rags **2** ligga i ~en
do* one's military service
lunch -en -er lunch
lund -en -ar grove
lunga -an -or lung
lungcancer -ern -rar lung
cancer
lunginflammation -en -er pneu-
monia
1 lur -en -ar **1** blåsinstrument horn
2 telefonlur receiver
2 lur, ligga på ~ lie* in wait
lura verb deceive
lurvig adj hairy
lus -en löss louse

lust -en inclination; det har jag
ingen ~ till I don't feel like it
lustgård -en -ar paradise
lustig adj rolig funny; roande
amusing; konstig odd
1 luta -an -or instrument lute
2 luta verb lean; ~ sig framåt
lean forward; ~ sig mot lean
against
lutfisk -en -ar boiled ling
luva -an -or woollen cap
Luxemburg Luxembourg
lya -an -or **1** djurs lair **2** bostad
den
lycka -n happiness; ~ till! good
luck!
lyckad adj successful
lyckas verb, ~ göra ngt
succeed in doing sth.
lycklig adj happy; ~ resa!
have a nice trip!
lyckligtvis adv fortunately
lyckträff -en -ar stroke of luck
lyckönska verb, ~ ngn till ngt
congratulate sb. on sth.
lyckönskning -en -ar congratu-
lation
1 lyda verb hörsamma obey
2 lyda verb om text read*
lydig adj obedient
lydnad -en obedience
lyfta verb **1** lift; höja, t.ex. armen
raise **2** om flygplan take* off
lyftkran -en -ar crane
lyhörd adj om person sensitive
lykta -an -or lantern
lyktstolpe -en -ar lamppost

lynne -t -n temperament

lyr|a -an -or instrument lyre

lyrik -en poetry

lysa *verb* shine; ~ **upp** light up

lysande *adj* shining; bildl. brilliant

lyse -t -n lighting

lysrör -et = fluorescent lamp

lyssna *verb* listen; ~ **på** listen to

lyssnare -n = listener

lyte -t -n disability

lyx -en luxury

lyxig *adj* luxurious

lyxkrog -en -ar luxury restaurant

lyxkryssare -n = luxury cruiser

låd|a -an -or box; byrålåda o.d. drawer

låg *adj* low

låg|a -an -or flame

lågkonjunktur -en -er recession

lågmäld *adj* low-key

lågpris -et = budget price

lågsko -n -r shoe

lågstadi|um -et -er junior level of the compulsory school

lågsäsong -en -er off season

lågtrafik -en, *vid* ~ at off-peak hours

lågtryck -et = low pressure

lån -et = loan; *ta ett* ~ raise a loan; *tack för lånet!* thank you for the loan!

låna *verb* **1** få till låns borrow **2** låna ut lend*

lång *adj* **1** long; *tar det ~ tid?* will it be long? **2** reslig tall

långbyxor pl. long trousers

långfilm -en -er feature film

långfing|er -ret -rar middle finger

långfransk|a -an -or white loaf

långgrund *adj* shallow

långhårig *adj* long-haired

långpromenad -en -er long walk

långsam *adj* slow

långsiktig *adj* long-term

långsint *adj*, *vara* ~ never forget* a wrong

långsynt *adj* long-sighted

långsökt *adj* far-fetched

långt *adv*, *hur* ~ *är det dit?* how far is it?; *gå* ~ walk a long way; *i livet go** far

långtradare -n = long-distance lorry

långtråkig *adj* boring

långvarig *adj* long

långvåg -en long wave

långvård -en long-term care

långärmad *adj* long-sleeved

lår -et = kroppsdel thigh

lås -et = lock; *gå i* ~ be* successful

låsa *verb* lock; ~ **upp** unlock

låssmed -en -er locksmith

låt -en -ar tune

1 låta *verb* ljuda, verka sound

2 låta *verb* tillåta let*; ~ **ngn göra ngt** let* sb. do sth.; ~ **bli att göra ngt** avoid doing sth.; *låt bli att väsnas!* stop making that noise!

låtsas *verb* pretend

lå oböjl. lee

läck|a I -an -or leak **II** *verb* leak

läcker *adj* delicious

läd|er -ret = leather

lädervaror pl. leather goods

läge -t -n situation; plats site

lägenhet -en -er flat

läg|er -ret = camp

lägga *verb* put*; ~ *märke till* notice; *gå och* ~ *sig* go* to bed; ~ *fram ngt* present sth.; ~ *sig i* meddle with; ~ *undan* put* away; ~ *ut pengar för ngn* pay* for sb.

läggning -en -ar karaktär disposition

lägre *adj* o. *adv* lower

lägst *adj* o. *adv* lowest

läka *verb* heal

läkare -n = doctor

läkarintyg -et = doctor's certificate

läkarmottagning -en -ar surgery

läkarundersökning -en -ar medical examination

läkarvård -en medical care

läkas *verb* heal

läkemed|el -let = medicine

läktare -n = gallery, stand

lämna *verb* **1** bege sig ifrån leave* **2** ge give*; ~ *tillbaka ngt* return sth.

lämplig *adj* suitable

län -et = county

längd -en -er length

längdgrad -en -er longitude

längdhopp -et = long jump

längdåkning -en cross-country skiing

länge *adv* long; *hur* ~? how long?; *för* ~ *sedan* a long time ago

längre I *adj* longer **II** *adv* om avstånd further; om tid longer; ~ *bort* further off

längs *prep* o. *adv* along

längst I *adj* longest **II** *adv* om avstånd furthest; om tid longest; ~ *till höger* furthest to the right

längta *verb*, ~ *efter* long for

längtan en ~, best. form = longing

länk -en -ar link

länsa *verb* empty

läpp -en -ar lip

läppstift -et = lipstick

lär *verb*, *hon* ~ *vara rik* they say she is rich

lär|a I -an -or tro faith **II** *verb* undervisa teach; ~ *sig* learn; ~ *känna ngn* get* to know sb.

läraktig *adj* quick to learn

lärare -n = teacher

lärarinn|a -an -or teacher

lärd *adj* learned

lärk|a -an -or lark

lärling -en -ar apprentice

läro|bok -boken -böcker textbook

lärorik *adj* instructive

läsa *verb* read*
läsare -n = reader
läse|bok -boken -böcker reader
läskedryck -en -er soft drink
läskunnig *adj* able to read
läslig *adj* legible
läsning -en -ar reading
läspa *verb* lisp
läsvärd *adj* worth reading
läsår -et = school year
läte -t -n sound
lätt I *adj* **1** ej tung light **2** ej svår easy; *ha ~ för ngt* find* sth. easy II *adv* **1** ej tungt light **2** ej svårt easily
lätta *verb* lighten; bli lättare become* lighter
lätthanterlig *adj* easy to handle
lätthet -en lightness; *med ~* easily
lättillgänglig *adj* within easy reach
lättja -n laziness
lättklädd *adj* lightly dressed
lättlurad *adj* easily taken in
lättläst *adj* legible
lättmjölk -en low-fat milk
lättnad -en -er relief
lättskrämd *adj*, *vara ~ be* easily scared
lättskött *adj* easy to handle
lättsmält *adj* easily digested
lättöl -et (-en) = low-alcohol beer
läx|a -an -or **1** hemläxa homework **2** tankeställare lesson

löda *verb* solder
lödd|er -ret lather
löfte -t -n promise; *ge ngn ett ~* promise sb. sth.
lögn -en -er lie
lögnaktig *adj* lying
lögnare -n = liar
löjlig *adj* ridiculous
löjrom -men whitefish roe
lök -en -ar onion; blomsterlök bulb
löksopp|a -an -or onion soup
lömsk *adj* sly
lön -en -er för vecka wages; för månad salary
löna *verb*, *~ sig* pay*; *det lönar sig inte att klaga* it is no use complaining
lönande *adj* profitable
löneförhöjning -en -ar rise
lönlös *adj* useless
lönn -en -ar maple
lönsam *adj* profitable
lönsamhet -en profitability
lönt *adj*, *det är inte ~ att försöka* it is no use trying
löpa *verb* **1** springa run* **2** om hona be* in heat
löpare -n = **1** runner **2** schackpjäs bishop
löpning -en -ar running
löpsed|el -eln -lar newsbill
lördag -en -ar Saturday; *i lördags* last Saturday; *på ~* on Saturday
lös *adj* loose; *vara ~ i magen* be* a bit loose

lösa *verb* **1** problem solve
2 biljett buy* **3** ~ *in en check* cash a check
löskokt *adj* lightly boiled
lösning -en -ar solution
lösnummer -ret = single copy
lösryckt *adj* disconnected
löständer pl. false teeth
löv -et = leaf
lövkoj|a -an -or blomma stock
lövskog -en -ar deciduous forest
lövträd -et = deciduous tree

M

m m-et m m [utt. emm]
mack -en -ar filling station
Madeira Madeira
madrass -en -er mattress
maffi|a -an -or Mafia
magasin -et = **1** förråd storehouse **2** tidskrift o. på vapen magazine
magbesvär -et = stomach trouble
mag|e -en -ar stomach
mager *adj* inte fet lean; smal thin
magi -n magic
maginfluens|a -an -or gastric influenza
magisk *adj* magic
magist|er -ern -rar schoolmaster
magkatarr -en -er gastritis
magknip -et stomach-ache
magnet -en -er magnet
magnetisk *adj* magnetic
magnifik *adj* magnificent
magont -et stomach-ache
magra *verb* become* thinner
magsår -et = gastric ulcer
magsäck -en -ar stomach
mahogny -n (-t) mahogany
maj oböjl. May; *i* ~ in May
majonnäs -en -er mayonnaise
majoritet -en -er majority
majs -en maize

majskolv -en -ar som maträtt
corn on the cob
1 mak|a -an -or wife
2 maka *verb*, ~ *på sig* move
makalös *adj* unparalleled
makaroner pl. macaroni
mak|e -en -ar 1 äkta man
husband 2 motstycke match
Makedonien Macedonia
makedonier -n = Macedonian
makedonsk *adj* Macedonian
make-up -en -er make-up
makrill -en -ar mackerel
makt -en -er power; *sitta vid
makten* be* in power
maktlös *adj* powerless
mal -en -ar moth
mala *verb* grind
malaria -n malaria
mall -en -ar pattern
Mallorca Majorca
malm -en -er ore
malt -et (-en) malt
Malta Malta
malör -en -er mishap
mamm|a -an -or mother
1 man -en -ar hästman mane
2 man -nen män 1 man; *två
män* two men 2 make hus-
band
3 man *pron* you; ~ *frågade
oss aldrig* we were never
asked
mana *verb* call on; ~ *på ngn*
urge sb. on
manchester -n corduroy
mandarin -en -er mandarin

mand|el -eln -lar almond
mandelmassa -n almond paste
mandolin -en -er mandolin
maner -et = manner
manet -en -er jellyfish
mang|el -eln -lar mangle
mangla *verb* mangle
mango -n -r mango
mani -n -er mania
manifestation -en -er mani-
festation
manifestera *verb* manifest
manikyr -en -er manicure
maning -en -ar exhortation
manipulation -en -er manipula-
tion
manipulera *verb* manipulate
manlig *adj* male
mannagryn pl. semolina
mannekäng -en -er model
mannekänguppvisning -en -ar
fashion show
manschett -en -er cuff
manschettknapp -en -ar cuff
link
manuell *adj* manual
manuskript -et = manuscript
manöv|er -ern -rer
manövrera *verb* manœuvre
mapp -en -ar folder
maratonlopp -et = marathon
mardröm -men -mar nightmare
margarin -et -er margarine
marginal -en -er margin
marin I -en -er navy II *adj* naval
marinad -en -er marinade
marinblå *adj* navy blue

marinera *verb* marinate

marionett -en -er puppet

1 mark -en -er jordyta ground; jord soil; område land; *på svensk* ~ on Swedish soil

2 mark -en = mynt mark

markera *verb* mark; poängtera emphasize

markis -en -er awning

marknad -en -er market; mässa fair

marknadsföring -en marketing

marmelad -en -er jam; av citrusfrukter marmalade

marmor -n marble

mars oböjl. March; *i* ~ in March

marsch -en -er *interj* march

marschall -en -er flare

marschera *verb* march

marsipan -en marzipan

marsvin -et = guinea pig

martyr -en -er martyr

marulk -en -ar angler fish

marxism -en Marxism

maräng -en -er meringue

mascara -n mascara

1 mask -en -ar djur worm

2 mask -en -er ansiktsmask mask

1 maska *verb* i arbete go* slow

2 mask|a -an -or i nät mesh; vid stickning stitch

maskera *verb* mask

maskerad -en -er fancy-dress ball

maskin -en -er machine

maskopi -n -er, *vara i* ~ *med ngn* be* in league with sb.

maskot -en -ar mascot

maskros -en -or dandelion

maskulin *adj* masculine

mass|a -an -or **1** material substance **2** mängd mass; *en* ~ *saker* a lot of things **3** hop crowd

massage -n massage

massak|er -ern -rer massacre

massera *verb* massage

massiv I -et = massif **II** *adj* solid

massmord -et = mass murder

massvis *adv*, ~ *med* lots of

massör -en -er masseur

mast -en -er mast

mat -en food; ~ *och dryck* food and drink

mata *verb* feed

mataffär -en -er food shop

matbord -et = dining-table

match -en -er match

matematik -en mathematics

material -et = material

materialist -en -er materialist

matfett -et = cooking fat

matförgiftning -en -ar food poisoning

matiné -n -er matinée

matjessill -en -ar ung. pickled herring

matlagning -en cooking

matlust -en appetite

matolj|a -an -or cooking oil

matrester pl. left-overs

maträtt -en -er dish

matsal -en -ar dining-room; större dining-hall

matsed|el -eln -lar menu

matsked -en -ar tablespoon

matsmältning -en digestion

matsmältningsbesvär -et = indigestion

matstrup|e -en -ar gullet

matsäck -en -ar för lunch packed lunch

matt adj **1** kraftlös faint **2** om yta matt

matt|a -an -or carpet; mindre rug

mattas verb weaken

1 matt|e -en -ar för djur mistress

2 matte -n matematik maths

matvrak -et = glutton

maximal adj maximum

maxim|um -umet = (-a) maximum

1 med I prep with; ~ nöje with pleasure; ett rum ~ utsikt a room with a view; resa ~ flyg go* by air; det bästa ~ det är... the best thing about it is...; fördelen ~ denna metod the advantage of this method **II** adv också too

2 med -en -ar på släde o.d. runner

medalj -en -er medal

medan konj while

medarbetare -n = collaborator

medborgare -n = citizen

medborgarskap -et = citizenship

medbrottsling -en -ar accomplice

meddela verb, ~ ngn ngt inform sb. of sth.

meddelande -t -n message

med|el -let = metod el. penningmedel means; läkemedel drug; preparat agent

medelhastighet -en -er average speed

Medelhavet the Mediterranean

medelklass -en -er middle class

medellivslängd -en -er average length of life

medellängd -en -er average length

medelmåttig adj mediocre

medelpunkt -en -er centre

medelstor adj medium-sized

medeltal -et = average

medeltemperatur -en -er mean temperature

medeltid -en, på medeltiden in the Middle Ages

medelåld|er -ern -rar **1** genomsnittlig ålder average age **2** en kvinna i medelåldern a middle-aged woman

medfödd adj innate

medföra verb **1** ha med carry **2** leda till result in

medge o. **medgiva** verb **1** erkänna admit **2** tillåta allow

medgivande -t -n permission

medgörlig adj reasonable

medhjälpare -n = assistant

medhåll -et support; *få ~ av ngn* be* supported by sb.

medicin -en -er medicine

meditation -en -er meditation

meditera *verb* meditate

medium -et -er medium

medkänsla -n sympathy

medla *verb* mediate; *~ mellan två fiender* bring* about a reconciliation between two enemies

medlem -men -mar member

medlemsavgift -en -er membership fee

medlemskort -et = membership card

medlidande -t pity

medling -en -ar mediation

medmänniska -an -or fellow being

medryckande *adj* captivating

medsols *adv* clockwise

medspelare -n = partner

medtagen *adj* exhausted

medverka *verb* aktivt delta take* part; *~ till* contribute to

medverkan -en ~, best. form = assistance

medvetande -t -n consciousness

medveten *adj* conscious

medvetslös *adj* unconscious

medvind -en -ar tailwind

medvurst -en -ar German sausage

mejeri -et -er dairy

mejram -en marjoram

mejsel -eln -lar chisel

mekaniker -n = mechanic

mekanisk *adj* mechanical

melankolisk *adj* sad

mellan *prep* om två between; om flera among

Mellaneuropa Central Europe

mellangärde -t -n diaphragm

mellanlanda *verb* make* a stop on the way

mellanlandning -en -ar, *göra en ~ make* a stop; *flyga utan ~* fly* non-stop

mellanmål -et = snack

mellanprisklass -en -er, *i ~* medium-priced

mellanrum -met = interval; rumsligt space in between

mellanskillnad -en -er difference

mellanslag -et = space

mellanstadium -et -er i grundskolan intermediate level of compulsory school

mellanting -et =, *ett ~ mellan äpple och päron* something between an apple and a pear

mellanvåg -en medium wave

Mellanöstern the Middle East

mellersta *adj* middle

melodi -n -er melody; låt tune

melon -en -er melon

memoarer pl. memoirs

1 men *konj* but

2 men -et = skada harm

mena *verb* **1** åsyfta mean*
2 anse think*

mening -en -ar **1** åsikt opinion
2 avsikt intention; *det var inte*
meningen I didn't mean to
do it **3** betydelse meaning
4 sats sentence

meningsfull *adj* meaningful

meningslös *adj* meaningless

mens -en period

menstruation -en -er men-
struation

mental *adj* mental

mentalsjukhus -et = mental
hospital

menuett -en -er minuet

meny -n -er menu

mer *adj* o. *adv* more; *finns det*
~? is there any more?; *ingen*
~ än han no one besides him

merit -en -er qualification

mervärdesskatt -en -er value-
-added tax

1 mes -en -ar fågel titmouse

2 mes -en -ar om person wimp

mest I *adj* most; *den mesta*
tiden most of the time **II** *adv*
1 most; *det ~ intressanta* the
most interesting thing **2** för
det mesta mostly

meta *verb* angle

metall -en -er metal

meteorolog -en -er meteor-
ologist

meter -n = metre

metod -en -er method

metrev -en -ar fishing-line

metspö -et -n fishing-rod

mid|dag -dagen (-dan) -dagar **1** tid
noon **2** måltid dinner

midj|a -an -or waist

midjeväsk|a -an -or belt bag

midnatt -en midnight

midnattssol -en midnight sun

mid|sommar -sommaren -somrar
midsummer

midsommaraft|on -onen -nar
Midsummer Eve

midsommardag -en -ar Mid-
summer Day

midsommar|stång -stången
-stänger maypole

midvint|er -ern -rar midwinter

mig *pron* me

migrän -en migraine

mikra *verb* microwave; vard.
nuke

mikrofon -en er microphone

mikroskop -et = microscope

mikrovågsugn -en -ar micro-
wave oven

mil -en =, *5 ~ 50* kilometres; *en*
engelsk ~ a mile

mild *adj* mild

militär I -en -er soldier **II** *adj*
military

miljard -en -er billion

miljon -en -er million

miljontals *adv*, *~ människor*
millions of people

miljonär -en -er millionaire

miljö -n -er environment

miljöaktivist -en -er environ-
mentalist

miljöfarlig adj ecologically harmful

miljöförstöring -en environmental pollution

miljögift -et -er ung. toxic substance

miljöparti -et -er ecology party; *Miljöpartiet* the Green Party

miljöpolitik -en environment policy

miljövänlig adj environment-friendly

millibar en ~, pl. = millibar

milligram -met = milligramme

milliliter -n = millilitre

millimeter -n = millimetre

mima verb mime

1 min pron my; *den är* ~ it is mine

2 min -en -er uttryck expression

mina -an -or mine

minderårig adj under age; *minderåriga* av. juveniles

mindre I adj ej stor smaller; *av* ~ *betydelse* of less importance **II** adv ej mycket less; *färre* fewer

mineral -et = mineral

mineralvatten -net = mineral water

miniatyr -en -er miniature

minimal adj minimal

minimum -et = minimum

miniräknare -n = pocket calculator

minister -ern -rar minister

mink -en -ar mink

minkpäls -en -ar mink coat

minnas verb remember

minne -t -n **1** memory; *lägga ngt på minnet* remember sth. **2** minnessak souvenir

minnesmärke -t -n memorial

minoritet -en -er minority

minsann adv o. interj indeed

minska verb reduce; *bli mindre* decrease

minskning -en -ar reduction

minst I adj **1** ej störst smallest **2** ej mest least; *motsats till 'flest'* fewest **II** adv least; ~ *sagt* to say the least

minus -et = minus

minusgrad -en -er degree below zero

minustecken -net = minus sign

minut -en -er minute

minutvisare -n = minute hand

mirakel -let = miracle

miss -en -ar miss

missa verb miss

missanpassad adj maladjusted

missbelåten adj displeased

missbildad adj malformed

missbruk -et = abuse

missbruka verb abuse; *alkohol o.d.* be* addicted to

missbrukare -n = addict

missfall -et = miscarriage; *få* ~ have* a miscarriage

missförstå verb misunderstand*

missförstånd -et = misunderstanding

missgynna verb be* unfair to

misshandel -n assault

misshandla verb assault; vard. beat up

mission -en -er mission

missionär -en -er missionary

missklädsam adj unbecoming

missköta verb mismanage; ~ sitt arbete not do* one's work properly

misslyckad adj unsuccessful

misslyckande -t -n failure

misslyckas verb fail

missmodig adj downhearted

missnöjd adj dissatisfied

missnöje -t dissatisfaction

missta verb, ~ sig make* a mistake

misstag -et = mistake; av ~ by mistake

misstanke -en -ar suspicion

misstro verb distrust

misströsta verb despair

misstänka verb suspect

misstänksam adj suspicious

misstänkt I adj suspected; tvivelaktig suspicious II en ~, pl. -a suspect

missuppfatta verb misunderstand*

missuppfattning -en -ar misunderstanding

missvisande adj misleading

missöde -t -n mishap

mista verb lose*

miste adv, ta ~ be* mistaken; gå ~ om ngt miss sth.

1 mitt pron my; det är ~ it is mine

2 mitt I -en middle II adv, ~ emellan halfway between; ~ emot just opposite; ~ i in the middle; ~ under in the middle of

mittersta adj, i ~ raden in the middle row

mittpunkt -en -er centre

mixer -ern -rar mixer

mjuk adj soft

mjukglass -en -er (-ar) soft ice cream

mjäll -et = dandruff

mjälte -en -ar spleen

mjöl -et flour

mjölk -en milk

mjölka verb milk

mjölktand -tanden -tänder milk tooth

mobba verb bully

mobbning -en bullying

mobilisera verb mobilize

mobiltelefon -en -er mobile telephone; i bil car phone

mocka n **1** skinn suède **2** kaffe mocha

mockajacka -an -or suède jacket

mod -et courage

mode -t -n fashion

modell -en -er model

moder -n mödrar mother

moderat adj **1** måttlig moder-

ate **2** politiskt ung. Conserva-
tive
Moderaterna the Moderate
Party
modern *adj* modern
modernisera *verb* modernize
modersmål -et = mother
tongue
modfälld *adj* discouraged
modifiera *verb* modify
modig *adj* courageous
mogen *adj* ripe; om person
mature
mogna *verb* ripen; om person
mature
molekyl -en -er molecule
moll -en minor
moln -et = cloud
molnig *adj* cloudy
moment -et = stadium stage
moms -en VAT
momsfri *adj* ...exempt from
VAT
Monaco Monaco
monarki -n -er monarchy
monogram -met = monogram
monolog -en -er monologue
monopol -et = monopoly
monoton *adj* monotonous
monst|er -ret = monster
monsun -en -er monsoon
mont|er -ern -rar showcase
montera *verb* mount
montör -en -er fitter
monument -et = monument
moped -en -er moped
mopp -en -ar mop

mops -en -ar pug
mor modern mödrar mother
moral -en -er etik ethics; seder
morals
moralisk *adj* moral
mor|bror -brodern -bröder uncle
mord -et = murder
mordförsök -et = attempted
murder
mor|far -fadern -fäder grand-
father
morfin -et (-en) morphine
morföräldrar pl. grandparents
morg|on -onen -nar morning; *i ~*
tomorrow; *på morgnarna* in
the mornings
morgonrock -en -ar dressing
gown
morgontidning -en -ar morning
paper
mor|mor -modern -mödrar grand-
mother
mo|rot -roten -rötter carrot
morra *verb* growl
1 mors|a -an -or mamma mum
2 morsa *verb* hälsa say* hello
morse, *i ~* this morning
mort|el -eln -lar mortar
mos -et mash; av äpplen sauce
mosa *verb* mash
mosaik -en -er mosaic
moské -n -er mosque
moskit -en -er mosquito
Moskva Moscow
moss|a -an -or moss
most|er -ern -rar aunt
mot *prep* **1** i riktning mot

towards; **~ slutet av måna-
den** towards the end of the
month; **sikta ~ ngn** aim at
sb. **2** uttryckande beröring el.
motstånd, fientlighet against; **en
spruta ~ gulsot** an injection
against jaundice **3** om t.ex.
bemötande to; **vara generös ~
ngn** be* generous to sb.
mota verb, **~ bort ngn** drive*
sb. away
motarbeta verb go* against
motbjudande adj disgusting
motell -et = motel
motgift -et -er antidote
motgång -en -ar setback
motion -en **1** rörelse exercise
2 pl. -er förslag motion
motionera verb röra sig take*
exercise
motiv -et = motive
motivera verb **1** rättfärdiga
justify **2** skapa intresse för
motivate
motivering -en -ar **1** berättigande
justification **2** motivation mo-
tivation
motocross -en moto-cross
motor -n -er för bensin engine; för
el motor
motorbåt -en -ar motorboat
motorcykel -eln -lar motorcycle
motorfordon -et = motor
vehicle
motorgräsklippare -n = power
lawn mower
motorhuv -en -ar bonnet

motorstopp -et = engine failure
motorsåg -en -ar power saw
motorväg -en -ar motorway
motsats -en -er opposite; **i ~
till** contrary to
motsatt adj opposite; **i ~
riktning** in the opposite
direction
motsols adv anti-clockwise
motspelare -n = opponent
motstå verb resist
motstånd -et = resistance
motståndare -n = opponent
motståndskraft -en resistance
motsvara verb correspond to
motsvarande adj correspond-
ing
motsvarighet -en -er corre-
spondence
motsäga verb contradict
motsägelse -n -r contradiction
motsätta verb, **~ sig ngt** be*
opposed to sth.
motsättning -en -ar opposition
mottaga verb receive
mottagande -t -n reception
mottagare -n = receiver
mottagning -en -ar reception
mottagningsrum -met = läkares
surgery
mottagningstid -en -er t.ex.
lärares office hours; läkares
surgery hours
motto -t -n motto
motverka verb counteract
motvikt -en -er counterbalance
motvind -en -ar contrary wind

mousserande adj, ~ vin
sparkling wine

1 mucka verb, ~ gräl pick a
quarrel

2 mucka verb om soldat be*
demobbed

mugg -en -ar **1** kopp mug
2 toalett loo

mulatt -en -er mulatto

mulle -en -ar muzzle

mulen adj cloudy

mullra verb rumble

mullvad -en -ar mole

multiplicera verb multiply

multiplikation -en -er multipli-
cation

mumie -n -r mummy

mumla verb mumble

mun -nen -nar mouth

munk -en -ar **1** monk **2** bakverk
doughnut

munspel -et = mouth organ

munstycke -t -n på slang nozzle

munter adj merry

muntlig adj oral

muntra verb, ~ upp cheer up

mur -en -ar wall

mura verb do* bricklaying

murare -n = bricklayer

murgröna -an -or ivy

murken adj decayed

mus -en möss mouse

museum -et -er museum

musik -en music

musikal -en -er musical

musikalisk adj musical

musiker -n = musician

musikfestival -en -er music
festival

musikhandel -eln -lar music
shop

musikinstrument -et = musical
instrument

muskel -eln -ler muscle

muskot -en nutmeg

muskulatur -en -er muscles

muskulös adj muscular

muslim -en -er Muslim

muslimsk adj Muslim

mussla -an -or mussel

must -en -er av äpplen apple
juice

mustasch -en -er moustache

muta verb bribe

muttra verb mutter

mycket adv, ~ bra very good;
~ bättre much better; ~ folk
a lot of people; det är ~
möjligt it is quite possible;
utan att så ~ som titta
without even looking

mygga -an -or mosquito

mylla -an -or mould

myller -ret crowd

myllra verb swarm

myndig adj **1** of age; bli ~
come* of age **2** befallande
authoritative

myndighet -en -er authority

mynna verb, ~ ut i resultera i
result in

mynning -en -ar mouth; på vapen
muzzle

mynt -et = coin

mynt|a -an -or mint
myr -en -ar swamp
myr|a -an -or ant
myrstack -en -ar ant-hill
myrt|en en ~, pl. -nar myrtle
mysig adj cosy
mysterl|um -et -er mystery
mystisk adj mysterious
myt -en -er myth
mytologi -n -er mythology
1 må verb, hur mår du? how
are you?; jag mår bra I feel
fine; jag mår inte bra I don't
feel well
2 må verb may; det ~ jag
säga! well, I must say!
måfå, på ~ at random
måg -en -ar son-in-law
1 mål -et = rättsfall case
2 mål -et = måltid meal
3 mål -et = **1** vid skjutning mark;
i bollspel goal **2** syfte aim
måla verb paint; ~ sig make*
oneself up
målare -n = painter
målarfärg -en -er paint
mållös adj speechless
målmedveten adj purposeful
målning -en -ar painting
måls|man -mannen -män guard-
ian
målsättning -en -ar aim
måltavl|a -an -or target
måltid -en -er meal
målvakt -en -er goalkeeper
1 mån oböjl., i viss ~ to a
certain degree

2 mån adj, vara ~ om
angelägen om be* concerned
about
månad -en -er month
månadskort -et = monthly
season ticket
måndag -en -ar Monday; i
måndags last Monday; på ~
on Monday
mån|e -en -ar moon
många pron many; ~ vänner
a great many (a lot of)
friends; hur ~? how many?;
jag har inte ~ kvar I haven't
got many left
mångsidig adj om person
versatile
månsken -et moonlight
mård -en -ar marten
mås -en -ar gull
måste I verb, jag ~ göra det I
must (have to) do it; han har
måst betala he has had to
pay **II** oböjl., ett ~ a must
mått -et = measure
1 måtta -n, med ~ moderately
2 måtta verb take* aim
måttband -et = measuring-tape
måtte verb, ~ hon lyckas may
she succeed
måttlig adj moderate
mäklare -n = broker
mäktig adj **1** powerful **2** om
mat heavy
mängd -en -er quantity
människ|a -an -or person,
human being

mänsklig *adj* human; *de mänskliga rättigheterna* human rights
mänsklighet -en humanity
märg -en marrow
märka *verb* **1** förse med märke mark **2** observera notice
märkbar *adj* noticeable
märke -t -n mark; *spår* trace; *fabrikat* make
märklig *adj* remarkable
märkvärdig *adj* strange; *det är ingenting märkvärdigt* it's nothing special
mässa I -an -or **1** i kyrka mass **2** utställning fair II *verb* chant
mässing -en brass
mässling -en measles
mästare -n = master; i tävling champion
mästarinna -an -or woman champion
mästerskap -et = mastership; tävling championship
mästerverk -et = masterpiece
mäta *verb* measure
mätare -n = meter
mätning -en -ar measuring
mätt *adj* satisfied; vard. full
möbel -n möbler piece of furniture; *de här möblerna* this furniture
möbelaffär -en -er furniture store
möblemang -et = furniture
möblera *verb* furnish
möda -an -or trouble

mödosam *adj* difficult
mögel möglet mould
mögla *verb* get* mouldy
möjlig *adj* possible
möjligen *adv* possibly
möjlighet -en -er possibility
mönster -ret = pattern
mönstra *verb* granska inspect
mör *adj* tender
mörda *verb* murder
mördare -n = murderer
mördeg -en -ar flan pastry
mörk *adj* dark
mörker -ret darkness; *efter mörkrets inbrott* after dark
mörkhyad *adj* dark-skinned
mörkhårig *adj* dark-haired
mörkna *verb* darken
mörkrädd *adj* afraid of the dark
mört -en -ar fisk roach
mössa -an -or cap
möta *verb* meet*
möte -t -n meeting; *avtalat* appointment

N

n n-et n n [utt. enn]
nackdel -en -ar disadvantage
nack|e -en -ar back of the head; *vara stel i nacken* have* a stiff neck
nag|el -eln -lar nail
nagelfil -en -ar nail file
nagellack -et = nail varnish
nagellackborttagningsmed|el -let = nail varnish remover
naiv *adj* naive
naken *adj* naked
nalkas *verb* approach
nall|e -en -ar björn teddy bear
namn -et = name; *hur var namnet?* what is your name, please?
namnge *verb* name
namnteckning -en -ar signature
1 napp -en -ar tröstnapp comforter
2 napp -et = vid fiske bite; *få ~* have* a bite
1 nappa -n skinn nappa
2 nappa *verb*, *det nappar* the fish are biting; *~ på ett erbjudande* jump at an offer
nappflask|a -an -or feeding bottle
narciss -en -er narcissus
narkoman -en -er drug addict

narkos -en -er narcosis; *ge ~* give* an anaesthetic
narkosläkare -n = anaesthesiologist
narkotika -n drugs
narkotikamissbruk -et drug abuse
nation -en -er nation
nationaldag -en -ar national holiday
nationaldräkt -en -er folk costume
nationalekonomi -n economics
nationalism -en nationalism
nationalitet -en -er nationality
nationalmuse|um -et -er national museum, national gallery
nationalpark -en -er national park
nationalsång -en -er national anthem
natt -en nätter night; *i ~* natten till idag last night; natten till i morgon tonight; *på nätterna* at night
nattduksbord -et = bedside table; med skåp bedside cabinet
nattetid *adv* at night
nattklubb -en -ar nightclub
nattlinne -t -n nightdress; vard. nightie
nattliv -et night life
nattportier -en -er night porter
nattrafik -en night service
nattvakt -en -er night watch-man

nattvard -en -er Holy Communion

nattåg -et = night train

nattöppen adj open all night

natur -en -er nature; naturesceneri scenery

naturlag -en -ar law of nature

naturlig adj natural

naturligtvis adv of course

naturreservat -et = nature reserve

naturvetare -n = scientist

naturvetenskap -en -er science

naturvård -en environmental protection

nav -et = hub

nav|el -eln -lar navel

navigation -en navigation

navigera verb navigate

navkaps|el -eln -lar hub-cap

nazism -en Nazism

nazist -en -er Nazi

necessär -en -er toilet bag

ned adv down; nedåt downwards

nedanför prep o. adv below

nedanstående adj, ~ berättelse the story mentioned below

nederbörd -en precipitation

nederlag -et = defeat

nederländare -n = Dutchman

Nederländerna the Netherlands

nederländsk adj Dutch

nederländsk|a -n 1 pl. -or kvinna Dutch woman 2 språk Dutch

nederst adv at the bottom

nedför I prep down; ~ trappan down the stairs II adv downwards

nedförsback|e -en -ar downhill slope

nedgång -en -ar 1 till tunnelbana o.d. way down 2 sjunkande, om pris o.d. decline

nedifrån prep o. adv from below

nedisad adj covered with ice

nedlåtande adj condescending

nedre adj lower; på ~ botten on the ground floor

nedrustning -en -ar disarmament

nedräkning -en -ar countdown

nedsatt adj, till ~ pris at a reduced price

nedslående adj discouraging

nedstämd adj depressed

nedtill adv at the bottom

nedtrappning -en de-escalation

nedåt I prep down II adv downwards

negation -en -er negation

negativ I adj negative II -et = negative

neger -n negrer black

negress -en -er black woman

nej I -et = no II interj no

nejlik|a -an -or blomma carnation

neka verb deny; vägra refuse

nektarin -en -er nectarine

neonljus -et = neon light

ner adv, längre ~ further

down, för sammansättningar med ner jfr *ned* med sammansättningar

nere *adv* down

nerv -en -er nerve

nervositet -en nervousness

nervsammanbrott -et = nervous breakdown

nervös *adj* nervous

netto I *adv* net **II** -t -n net yield

neuros -en -er neurosis

neutral *adj* neutral

neutralitet -en neutrality

ni *pron* you

1 nia *verb*, ~ *ngn* adress sb. formally

2 nia -an -or nine

nick -en -ar **1** nod **2** i fotboll header

nicka *verb* **1** nod **2** i fotboll head

niga *verb* curtsey

nikotin -et (-en) nicotine

nio *räkn* nine, för sammansättningar med nio jfr *fem* med sammansättningar

nionde *räkn* ninth

niondel -en -ar ninth

nisch -en -er niche

1 nit -et iver zeal

2 nit -en -ar lott blank

3 nit -en -ar metallpinne rivet; på kläder stud

nita *verb*, ~ *fast ngt* rivet sth.

nittio *räkn* ninety, för sammansättningar med nittio jfr *femtio* med sammansättningar

nittionde *räkn* ninetieth

nitton *räkn* nineteen, för sammansättningar med nitton jfr *femton* med sammansättningar

nittonde *räkn* nineteenth

nittonhundratalet, *på* ~ in the twentieth century

nivå -n -er level

njure -en -ar kidney

njursten -en -ar stone in the kidney

njurstensanfall -et = renal colic

njuta *verb* enjoy

njutning -en -ar pleasure

nobelpris -et =, ~ *i* Nobel Prize for

nog *adv* **1** tillräckligt enough; *ha fått* ~ have had enough **2** förmodligen probably; *hon kommer* ~ she will probably come

noga I *adv* precis o.d. precisely; *jag vet inte så* ~ I don't know exactly; *akta sig* ~ *för ngt* take* great care not to do sth. **II** *adj*, *vara* ~ *med ngt* be* careful about sth.

noggrann *adj* omsorgsfull careful

noll *räkn* nought; på instrument zero; i telefonnummer O [utt. ou]

nolla -an -or nought

nominera *verb* nominate

nonchalant *adj* nonchalant

nonchalera *verb* ignore

nonsens oböjl. nonsense

nord -en the north

Nordamerika North America
nordamerikansk adj North American
nordanvind -en -ar north wind
Norden the Scandinavian (mer formellt Nordic) countries
Nordeuropa Northern Europe
nordeuropé -n -er North European
nordeuropeisk adj North European
nordeuropeisk|a -an -or North European woman
nordisk adj Nordic, Scandinavian
nordlig adj northerly
nordost adv north-east
Nordpolen the North Pole
Nordsjön the North Sea
nordväst adv north-west
Norge Norway
norm -en -er standard
normal adj normal
norr I oböjl. the north; *i* ~ in the north; *mot* ~ to the north **II** adv, ~ *om* north of
norra adj the northern; ~ *Europa* northern Europe
norr|man -mannen -män Norwegian
norrut adv northwards; *i norr* in the north
norsk adj Norwegian
norsk|a -an **1** pl. -or kvinna Norwegian woman **2** språk Norwegian
nos -en -ar nose

nosa verb, ~ *på* sniff at
noshörning -en -ar rhinoceros
nostalgisk adj nostalgic
not -en -er för musik el. i text note
not|a -an -or bill; *kan jag få notan?* the bill, please!
notera verb make* a note of
notis -en -er notice
nougat -en -er nougat
novell -en -er short story
november oböjl. November; *i* ~ in November
nu adv now; ~ *genast* straightaway
nubb -en -ar tack
nubb|e -en -ar snaps
nudda verb, ~ *vid* touch
nud|el -eln -lar noodle
nudist -en -er nudist
nuförtiden adv nowadays
numera adv now
num|mer -ret = number; av tidning copy; storlek size; på program item
nummerordning -en -ar numerical order
nummerplåt -en -ar på motorfordon number plate
nummerupplysning -en directory enquiries
numrera verb number
numrerad adj numbered
nunn|a -an -or nun
nutida adj modern
nuvarande adj present
ny adj new
nyans -en -er shade

nyansera *verb* vary
Nya Zeeland New Zealand
nybakad *adj* o. **nybakt** *adj* newly baked
nybliven *adj*, *en ~ mor* a new mother
nybyggd *adj* recently built
nybörjare -n = beginner
nyck -en -er fancy
nyck|el -eln -lar key
nyckelben -et = collar bone
nyckelhål -et = keyhole
nyckelknipp|a -an -or bunch of keys
nyckelpig|a -an -or ladybird
nyckelring -en -ar key-ring
nyckfull *adj* capricious
nyfiken *adj* curious
nyfikenhet -en curiosity
nyfödd *adj* new-born; *en ~* a new-born child
nygift *adj* newly married
nyhet -en -er **1** news; *en tråkig ~* sad news; *nyheterna* i radio el. på TV the news **2** något nytt novelty
nyhetsbyrå -n -er news agency
nykomling -en -ar newcomer
nykter *adj* sober
nykterist -en -er teetotaller
nyligen *adv* recently
nylon -et nylon
nylonstrump|a -an -or nylon stocking
nymålad *adj* freshly painted
nymåne -n new moon
nynna *verb* hum

nyp|a I -an -or, *en ~* salt o.d. a pinch of; *ha hårda nypor* vard. be* tough **II** *verb* pinch
nypon -et = rosehip
nyponsoppa -n rosehip soup
nysa *verb* sneeze
nysilver -ret nickel silver
nyss *adv* a moment ago; *hon åkte ~* she's just left
nystan -et = ball
nytta -n use; *vara till ~* be* of use
nyttig *adj* useful; hälsosam good
nyutkommen *adj* recently published
nyår -et = New Year
nyårsaft|on -onen -nar New Year's Eve
nyårsdag -en -ar New Year's Day
1 nå *interj* well!
2 nå *verb* reach; *jag kan nås på nummer...* I can be reached at number...
nåd -en -er mercy
någon (*något* o. *några*) *pron*, *det är ~ i rummet* there is someone in the room; *har du ~ penna?* have you got a pen?; *jag har några* I've got some (a few); *finns det några kvar?* are there any left?; *hon fick inte några* she did not get any
någonsin *adv* ever; *aldrig ~* never

någonstans adv somewhere; på (till) något ställe alls anywhere; var ~? where?

någonting pron something; hon vet ~ she knows something; han vet inte ~ om det he doesn't know anything about it

någorlunda adv fairly

något I pron se någon **II** adv en smula somewhat

några se någon

nål -en -ar needle

näbb -en -ar bill

näckros -en -or water lily

näktergal -en -ar nightingale

nämligen adv **1** förklarande you see **2** framför uppräkning namely

nämna verb mention

nämnd -en -er committee

näpen adj pretty

när konj o. adv when; ~ som helst at any time

nära I adj near **II** adv **1** near **2** nästan nearly

närbild -en -er close-up

närbutik -en -er local shop

närgången adj påflugen obtrusive; vara ~ mot ngn make* a pass at sb.

närhet -en closeness; i närheten av flygplatsen near the airport

näring -en -ar nourishment

näringsliv -et industry

närma verb, ~ sig approach

närmande -t -n, vänskapliga närmanden friendly advances; göra närmanden mot ngn make* a pass at sb.

närmare I adj nearer; ytterligare further **II** adv **1** nearer; ~ bestämt more exactly **2** nästan nearly

närmast I adj nearest; en av de närmaste dagarna within the next few days **II** adv **1** nearest **2** främst primarily

närsynt adj short-sighted

närvara verb be* present

närvarande adj present; för ~ at present

närvaro -n presence

näs|a -an -or nose

näsblod -et nose bleed; han blödde ~ his nose was bleeding

näsdroppar pl. nose drops

näsduk -en -ar handkerchief

näss|a -an -or nettle

nästa adj next

nästan adv almost

näste -t -n nest

nät -et = net

näthinn|a -an -or retina

nätspänning -en -ar mains voltage

nätt I adj dainty **II** adv, ~ och jämnt only just

näv|e -en -ar fist

nöd -en nödvändighet necessity; brist need; lida ~ be* in want (need)

nödbroms -en -ar emergency brake

nödfall, *i* ~ if necessary

nödlanda *verb* make* an emergency landing

nödlandning -en -ar emergency landing

nödläge -t -n emergency; om t.ex. fartyg distress

nödlögn -en -er white lie

nödlösning -en -ar emergency solution

nödsituation -en -er emergency

nödutgång -en -ar emergency exit

nödvändig *adj* necessary

nöjd *adj* satisfied

nöje -t -n glädje pleasure; förströelse amusement

nöjesbranschen best. form show business

nöjesfält -et = amusement park

nöjesliv -et night life

nöt -en -ter nut

nöta *verb*, ~ *på ngt* wear* sth. out

nötkreatur pl. cattle

nötkött -et beef

nött *adj* worn

O

o o-et o-n o [utt. ou]

oansenlig *adj* insignificant

oanständig *adj* indecent

oanträffbar *adj* unavailable

oanvänd *adj* unused

oanvändbar *adj* useless

oaptitlig *adj* unappetizing

oartig *adj* impolite

oas -en -er oasis

oavbruten *adj* continuous

oavgjord *adj* om fråga o.d. undecided; *en* ~ *match* a draw

oavsett *prep* irrespective of; ~ *om vi är välkomna eller inte* irrespective of whether we are welcome or not

oavsiktlig *adj* unintentional

obducera *verb* perform a postmortem on

obduktion -en -er autopsy

obebodd *adj* uninhabited

obefogad *adj* unjustified

obegriplig *adj* incomprehensible

obegåvad *adj* unintelligent

obehaglig *adj* unpleasant

obehörig *adj* unauthorized

obekant I *adj* okänd unknown **II** en ~, pl -a stranger

obekväm *adj* uncomfortable;

~ *arbetstid* unsocial working hour

obemannad *adj* unmanned

obemärkt *adj* unnoticed

oberoende I -t independence
II *adj*, ~ *av* independent of

oberäknelig *adj* unpredictable

oberörd *adj* unaffected

obeskrivlig *adj* indescribable

obeslutsam *adj* irresolute

obestridlig *adj* indisputable

obestämd *adj* indefinite, vague

obesvärad *adj* ostörd untroubled; otvungen easy

obetald *adj* unpaid

obetydlig *adj* insignificant

obetänksam *adj* thoughtless

obildad *adj* uneducated

objektiv I -et = i kamera lens
II *adj* objective

oblekt *adj* unbleached

obligation -en -er bond

obligatorisk *adj* compulsory

oblyg *adj* shameless

oboe -n -r oboe

obotlig *adj* incurable

observation -en -er observation

observatorium -et -er observatory

observera *verb* observe

obäddad *adj* unmade

obönhörlig *adj* inexorable

ocean -en -er ocean

ocensurerad *adj* uncensored

och *konj* and; ~ *så vidare* and so on

ociviliserad *adj* uncivilized

ocker -ret usury

ockrare -n = usurer

också *adv* also

ockupation -en -er occupation

ockupera *verb* occupy

odds -et = odds

odemokratisk *adj* undemocratic

odjur -et = monster, beast

odla *verb* cultivate

odling -en -ar cultivation

odräglig *adj* unbearable

oduglig *adj* incompetent

odåga -an -or good-for-nothing

odödlig *adj* immortal

oekonomisk *adj* uneconomical

oemotståndlig *adj* irresistible

oemottaglig *adj* immune

oenig *adj* divided

oenighet -en disagreement

oense *adj*, *vara ~ med ngn om ngt* disagree with sb. about sth.

oerfaren *adj* inexperienced

oerhörd *adj* enorm enormous

ofantlig *adj* enormous, huge

ofarlig *adj* harmless

ofattbar *adj* incomprehensible

offensiv I -en -er offensive **II** *adj* offensive

offentlig *adj* public; *den offentliga sektorn* the public sector

offer -ret = i olyckshändelse victim; uppoffring sacrifice

officer -en -are o. **officer|are** -en
= officer

officiell adj official

offra verb sacrifice; ~ **sig**
sacrifice oneself

ofin adj rude

ofog -et = mischief

oframkomlig adj impassable

ofrankerad adj unstamped

ofrånkomlig adj inevitable,
unavoidable

ofta adv often

ofullständig adj incomplete

ofärgad adj uncoloured

oförberedd adj unprepared

ofördelaktig adj disadvan-
tageous

oförenlig adj incompatible

oföretagsam adj unenterpris-
ing

oförklarlig adj gåtfull myster-
ious

oförmåga -n inability

oförsiktig adj careless

oförskämd adj rude

oförståndig adj foolish

oförutsedd adj unexpected

oförändrad adj unchanged

ogenomförbar adj impracti-
cable

ogift adj unmarried, single

ogilla verb dislike

ogillande I -t dislike II adj
disapproving

ogiltig adj invalid

ogrundad adj unfounded

ogräs -et weeds

ogynnsam adj unfavourable

ogärna adv unwillingly

ogästvänlig adj inhospitable

ohanterlig adj unwieldy; om
t.ex. person, problem un-
manageable

ohederlig adj dishonest

ohyfsad adj ill-mannered

ohygglig adj dreadful; hemsk
gruesome

ohygienisk adj unhygienic

ohyra -n vermin

ohållbar adj untenable; om
situation intolerable

ohälsosam adj unhealthy

oigenkännlig adj unrecogniz-
able

ointressant adj uninteresting

ointresserad adj uninterested

oj interj oh!

ojust I adj unfair; ~ **spel** dirty
(rough) play II adv unfairly

ojämförlig adj incomparable

ojämn adj uneven

OK interj o. adj OK

ok -et = yoke

okammad adj uncombed

okay interj o. adj okay

oklar adj indistinct

oklok adj unwise

okomplicerad adj simple

okonventionell adj unconven-
tional

okritisk adj uncritical

okryddad adj unseasoned

oktan -et = octane

oktav -en -er octave

oktober oböjl. October; *i* ~ in October

okultiverad *adj* uncultivated

okunnig *adj* ignorant

okynnig *adj* mischievous

okänd *adj* unknown

okänslig *adj* insensitive

olag, *min mage är i* ~ my stomach is upset

olaglig *adj* illegal

olidlig *adj* intolerable

olik *adj* unlike

olika I *adj* different **II** *adv* differently; *de är* ~ *stora* they are of different sizes

olikhet -en -er difference

oliv -en -er olive

olivolj|a -an -or olive oil

olj|a -an -or oil

oljeblandad *adj* mixed with oil

oljebyte -t -n oil change

oljeeldning -en oil-heating

oljemålning -en -ar oil painting

oljestick|a -an -or dipstick

oljud -et = noise

ollon -et = acorn

ologisk *adj* illogical

olovlig *adj* unlawful

olust -en obehag uneasiness; ovilja distaste

olyck|a -an -or ofärd misfortune; otur bad luck; olyckshändelse accident

olycklig *adj* unhappy

olycksbådande *adj* ominous

olycksfall -et = accident

olycksfallsförsäkring -en -ar accident insurance

olyckshändelse -n -r accident

olydig *adj* disobedient

olympiad -en -er Olympic games

olympisk *adj* Olympic

olåst *adj* unlocked

oläglig *adj* inconvenient

olämplig *adj* unsuitable

oläslig *adj* illegible

olöslig *adj* insoluble

1 om *konj* **1** villkorligt if; *även* ~ even if **2** 'huruvida' whether

2 om *prep*, *alldeles* ~ *hörnet* just round the corner; *tala* ~ *ngt* speak* about sth; ~ *en stund* in a while

omaka *adj* ill-matched

omarbetning -en -ar revision

ombord *adv* on board

ombud -et = representative; *genom* ~ by proxy

ombyggnad -en -er renovation

omdöme -t -n **1** judgement; *ha dåligt* ~ lack judgement **2** åsikt opinion

omedelbar *adj* immediate

omedelbart *adv* immediately

omedgörlig *adj* unreasonable

omedveten *adj* unconscious

omelett -en -er omelette

omfamna *verb* embrace

omfatta *verb* innefatta, inbegripa comprise

omfattning -en -ar extent

omfång -et **1** volym volume **2** räckvidd range

omfördela *verb* redistribute

omge *verb* surround

omgivning -en -ar surroundings

omgående I *adj*, ~ *svar* reply by return **II** *adv* immediately

omgång -en -ar sport o.d. round

omhänderta *verb* barn take* in care; gripa take* into custody

omklädningshytt -en -er vid strand bathing hut

omklädningsrum -met = med skåp locker room

omkomma *verb* be* killed

omkostnader pl. costs

omkrets -en circumference

omkring I *prep* **1** round; *runt* ~ around **2** ~ *klockan fem* about five o'clock **II** *adv*, *se sig* ~ look around

omkull *adv* down, over

omkörning -en -ar overtaking

omkörningsförbud -et = på skylt o.d. no overtaking

omlopp -et = circulation

omodern *adj* out of date

omogen *adj* unripe; om person immature

omoralisk *adj* immoral

omotiverad *adj* **1** ej rättfärdigad unjustified **2** utan motivation unmotivated

omplacera *verb* transfer

omringa *verb* surround

område -t -n territory

omröstning -en -ar voting

omsider *adv*, *sent* ~ at long last

omslag -et = **1** pärm el. för paket cover **2** förändring change

omslagspapper -ret = wrapping paper

omsorg -en -er care

omsorgsfull *adj* careful

omstridd *adj* disputed; om person controversial

omständighet -en -er circumstance

omständlig *adj* detailed

omsvep, *säga ngt utan* ~ say* sth. straight out

omsvängning -en -ar change

omsätta *verb* **1** sälja sell* **2** ~ *ngt i praktiken* put* sth. into practice

omsättning -en -ar årlig affärsomsättning turnover

omtala *verb* mention; *omtalad* talked about

omtanke -n care

omtyckt *adj* popular

omtänksam *adj* considerate

omtöcknad *adj* dazed

omusikalisk *adj* unmusical

omutlig *adj* unbribable

omvandla *verb* transform

omvårdnad -en care

omväg -en -ar detour

omvänd *adj* **1** omkastad reversed **2** till tro, lära converted

omvärdering -en -ar revaluation

omväxlande I *adj* varied **II** *adv* alternately

omväxling -en -ar change; *för omväxlings skull* for a change

omyndig *adj* under age

omåttlig *adj* immoderate

omänsklig *adj* inhuman

omärklig *adj* imperceptible

omöjlig *adj* impossible

onanera *verb* masturbate

onaturlig *adj* unnatural

ond *adj* **1** moraliskt evil; *en ~ cirkel* a vicious circle **2** arg angry

ondska -n evil

ondskefull *adj* spiteful, evil

onekligen *adv* undeniably

onormal *adj* abnormal

onsdag -en -ar Wednesday; *i onsdags* last Wednesday; *på ~* on Wednesday

ont -et **1** *jag har ~ i benet* my leg hurts **2** *jag har ~ om pengar* I am short of money; *det är ~ om potatis* there is a shortage of potatoes

onumrerad *adj* unnumbered

onyanserad *adj* superficial

onyttig *adj* useless

onåd oböjl. disfavour; *råka i ~ fall** out of favour

onödan, *i ~* unnecessarily

onödig *adj* unnecessary

oordnad *adj* disordered

oordning in disorder

opal -en -er opal

opassande *adj* unsuitable

opera -an -or opera

operasångare -n = o. **operasångersk|a** -an -or opera-singer

operation -en -er operation

operera *verb*, *~ ngn* operate on sb.; *~ bort ngt* remove sth. surgically

operett -en -er operetta

opersonlig *adj* impersonal

opinion -en -er opinion; *den allmänna opinionen* public opinion

opium opiet opium

opponera *verb*, *~ sig* object

opposition -en -er opposition

opraktisk *adj* unpractical

optiker -n = optician

optimist -en -er optimist

optimistisk *adj* optimistic

opus -et = work

opålitlig *adj* unreliable

orange *adj* orange

ord -et = word; *begära ordet* ask to speak; *hålla sitt ~* keep* one's word

ordagrann *adj* literal

ordalag, *i allmänna ~* in general terms

ordbehandlare -n = word processor

ord|bok -boken -böcker dictionary

ord|en en ~, pl. -nar order

ordentlig *adj* noggrann careful; sedesam proper

order -n = order; *ge ~ om ngt* order sth.

ordföljd -en -er word order
ordförande -n = chairman, chairwoman; chair
ordförråd -et = vocabulary
ordinarie adj regular
ordination -en -er prescription
ordinera verb prescribe
ordinär adj ordinary
ordlist|a -an -or word list
ordna verb arrange; det ordnar sig nog it will be all right
ordning -en -ar order; göra sig i ~ get* ready
ordspråk -et = proverb
oreda -n disorder
oregano -n oregano
oregelbunden adj irregular
oresonlig adj unreasonable
organ -et = organ
organisation -en -er organization
organisera verb organize
organism -en -er organism
orgasm -en -er orgasm
org|el -eln -lar organ
orgie -n -r orgy
orientalisk adj oriental
Orienten the Orient
orientera verb **1** orientate; informera inform; jag kan inte ~ mig I don't quite know where I am **2** sport practice orienteering
orientering -en -ar **1** orientation; information information; tappa orienteringen lose* one's bearings **2** sport orienteering
original -et = original
originell adj original
oriktig adj incorrect
orimlig adj absurd
orka verb, jag orkar inte mer t.ex. mat I have had enough; jag orkar inte med det längre I cannot cope with it any longer
orkan -en -er hurricane
orkeslös adj feeble
orkest|er -ern -rar orchestra
orkidé -n -er orchid
orm -en -ar snake
ormbunk|e -en -ar fern
ornament -et = ornament
oro -n anxiety
oroa verb worry; ~ sig för ngt worry about sth.
orolig adj worried
oroväckande adj alarming
orr|e -en -ar black grouse
orsak -en -er reason; ~ till reason for
orsaka verb cause
ort -en -er place
orubblig adj unshakable
oråd, ana ~ smell a rat
orädd adj fearless
oräknelig adj innumerable
orättvis adj unfair
orättvis|a -an -or injustice
ororlig adj immobile
os -et smell
osa verb smoke

osaklig *adj* irrelevant

osammanhängande *adj* incoherent

osams *adj*, **bli ~** quarrel; *vara ~ med* be* at odds with

osann *adj* untrue

osannolik *adj* unlikely

osjälvisk *adj* unselfish

osjälvständig *adj* dependent

oskadd *adj* unharmed

oskadlig *adj* harmless

oskiljaktig *adj* inseparable

oskuld -en -er **1** egenskap innocence **2** person virgin

oskuldsfull *adj* innocent

oskyddad *adj* unprotected

oskyldig *adj* innocent

oskälig *adj* orimlig unreasonable

oslagbar *adj* unbeatable

osmaklig *adj* unappetizing

osockrad *adj* unsweetened

osolidarisk *adj* disloyal

oss *pron* us

1 ost oböjl. the east

2 ost -en -ar cheese

ostadig *adj* unsteady; *ostadigt väder* unsettled weather

ostaffär -en -er cheese shop

osthyvel -eln -lar cheese slicer

ostlig *adj* easterly

ostron -et = oyster

ostädad *adj* untidy

osund *adj* unhealthy

osympatisk *adj* unpleasant

osynlig *adj* invisible

osäker *adj* uncertain

otacksam *adj* ungrateful

otakt, *komma i ~* get* out of step

otalig *adj* innumerable

otalt *adj*, *ha ngt ~ med ngn* have* a score to settle with sb.

otillfredsställande *adj* unsatisfactory

otillgänglig *adj* inaccessible

otillräcklig *adj* insufficient

otrevlig *adj* disagreeable

otrogen *adj* unfaithful

otrolig *adj* incredible

otrygg *adj* insecure

otränad *adj* untrained

otta -an -or, *stiga upp i ottan* get* up early in the morning

otur -en bad luck

otydlig *adj* indistinct

otålig *adj* impatient

otäck *adj* nasty

otänkbar *adj* inconceivable

oumbärlig *adj* indispensable

oundviklig *adj* unavoidable

ouppmärksam *adj* inattentive

outhärdlig *adj* unbearable

outspädd *adj* undiluted

outtröttlig *adj* indefatigable

ouvertyr -en -er overture

oval *adj* oval

1 ovan *prep* o. *adv* above

2 ovan *adj*, *vara ~ vid att segla* be* unaccustomed to sailing

ovana -an -or ful vana bad habit

ovanför *prep* o. *adv* above

ovanlig *adj* unusual
ovanstående *adj* the above-
-mentioned...
ovarsam *adj* careless
overall -en -er overalls
overklig *adj* unreal
overksam *adj* passive
ovidkommande *adj* irrelevant
ovilja -n **1** ovillighet unwilling-
ness **2** fientlighet hostility
ovillig *adj* unwilling
ovillkorligen *adv* absolutely
oviss *adj* uncertain
ovårdad *adj* careless
ovädjer -ret = storm
ovän -nen -ner enemy; *vara ~
med* be* on bad terms with
ovänlig *adj* unfriendly; fientlig
hostile
oväntad *adj* unexpected
ovärderlig *adj* invaluable
oväsen -det noise; *föra ~*
make* a lot of noise
oxle -en -ar ox; *Oxen* stjärntecken
Taurus
oxfilé -n -er fillet of beef
oxkött -et beef
oxstek -en -ar roast beef
ozonskikt -et ozone layer
oåterkallelig *adj* irrevocable
oåtkomlig *adj* inaccessible;
förvaras oåtkomligt för barn
to be kept out of children's
reach
oäkta *adj* false
oändlig *adj* infinite
oärlig *adj* dishonest

oätlig *adj* inedible
oöm *adj* om sak durable; om
person rugged
oöverskådlig *adj* oredig con-
fused; om följder o.d. incalcul-
able
oöverstiglig *adj* insurmount-
able
oöverträffad *adj* unsurpassed

P

p p-et p-n p [utt. pi]; *sätta ~ för ngt* put* a stop to sth.
pacifist -en -er pacifist
packa *verb* pack, pack up; *~ ner* pack up; *~ upp* unpack
pack|e -en -ar package
packning -en -ar **1** bagage luggage **2** tätningsanordning gasket
padd|a -an -or toad
padd|el -eln -lar paddle
paddla *verb* paddle
paj -en -er pie
pajas -en -er (-ar) clown
paket -et = parcel; litet packet
pakethållare -n = luggage carrier
paketres|a -an -or package tour
pakt -en -er pact
palats -et = palace
palett -en -er palette
pall -en -ar stool
palm -en -er palm
palsternack|a -an -or parsnip
pamp -en -ar bigwig, boss
pand|a -an -or panda
panel -en -er panel; träpanel paneling
panera *verb* coat with egg and breadcrumbs
panik -en panic

panikslagen *adj* panic-
-stricken
pank *adj* broke
pann|a -an -or **1** stekpanna o.d. pan **2** för eldning furnace
2 pann|a -an -or i ansiktet forehead
pannbiff -en -ar ung. hamburger
pannkak|a -an -or pancake
pansar -et = armour
pant -en -er pledge
pantbank -en -er pawnshop
pant|er -ern -rar panther
pantsätta *verb* pawn
papegoj|a -an -or parrot
papiljott -en -er curler
papp -en cardboard
papp|a -an -or father; vard. dad
papper -et = paper
pappershandduk -en -ar paper towel
pappershand|el -eln -lar stationer's
papperskass|e -en -ar paper carrier bag
papperskorg -en -ar wastepaper basket
papperslapp -en -ar slip of paper
pappersmugg -en -ar paper drinking-cup
pappersnäsduk -en -ar tissue
pappersservett -en -er paper napkin
papperstallrik -en -ar paper plate

paprik|a -an -or grönsak sweet pepper; krydda paprika

par -et = sammanhörande pair; *ett gift* ~ a married couple

para *verb* **1** ~ *ihop ngt med ngt* match sth. to sth. **2** ~ *sig* mate

parabolantenn -en -er satellite dish

parad -en -er parade

paradis -et = paradise

paradoxal *adj* paradoxical

paragraf -en -er section

parallell I -en -er parallel **II** *adj* parallel

paralysera *verb* paralyse

paraply -et -er umbrella

parasit -en -er parasite

parasoll -et (-en) -er parasol

parentes -en -er parentheses, brackets

parera *verb* parry

parfym -en -er perfume

parfymeri -et -er perfumery

parisare -n = hamburger fried on bread

park -en -er park

parkera *verb* park

parkering -en -ar **1** parking **2** område car park

parkeringsautomat -en -er parking meter

parkeringsböter pl. lapp parking ticket; belopp parking fine

parkeringsförbud -et =, *det är* ~ parking is prohibited

parkeringshus -et = multi-storey car park

parkeringsplats -en -er parking place; område car park; med rutor parking bay

parkett -en -er **1** på teater o.d. stalls; *på främre* ~ in the orchestra stalls **2** golv parquet

parlament -et = parliament

parlör -en -er phrase book

parning -en -ar mating

parodi -n -er parody

part -en -er i juridisk betydelse party

parti -et -er **1** del part **2** mängd av viss vara lot **3** politiskt party **4** i spel game

partik|el -eln -lar particle

partiledare -n = party leader

partisk *adj* partial

partner -n = (-s) partner

party -t -n party

1 pass -et = **1** passage pass **2** legitimation passport **3** tjänst-göring duty **4** *komma väl till* ~ come* in handy

2 pass *interj* i kortspel pass!

passa *verb* **1** ge akt på pay* attention to; ~ *tiden* be* on time **2** *byxorna passar mig inte* är inte lagom these trousers don't fit me; klär mig inte these trousers don't suit me; *det passar mig bra* that suits me fine **3** i kortspel el.

sporter pass **4** ~ *på* ta tillfället i
akt seize the opportunity
passage -n -r passage
passagerare -n = passenger
passande *adj* lämplig suitable;
läglig convenient
passare -n = compasses
passera *verb* pass
passfoto -t -n passport photo
passion -en -er passion
passionerad *adj* passionate
passiv *adj* passive
passkontroll -en -er passport
examination; kontor passport
office
passning -en -ar **1** eftersyn
attention **2** i lagspel pass
past|a -an -or paste; spaghetti
pasta
pastej -en -er pie
pastill -en -er pastille
pastor -n -er pastor
pastöriserad *adj* pasteurized
paté -n -er pâté
patent -et -= patent
patentlösning -en -ar easy
answer
patetisk *adj* pathetic
patiens -en -er, *lägga* ~ play
patience
patient -en -er patient
patriot -en -er patriot
patron -en -er för vapen
cartridge; för penna refill
patrull -en -er patrol
paus -en -er pause; avbrott break
paviljong -en -er pavilion

pedagogik -en pedagogy
pedagogisk *adj* pedagogic
pedal -en -er pedal
pedant -en -er pedant
pedantisk *adj* pedantic
pejla *verb* loda sound; ~ *läget*
see how the land lies
peka *verb*, ~ *på ngt* point at
sth.
pekfing|er -ret -rar forefinger
pekines -en -er pekinese
pekpinn|e -en -ar pointer
pelare -n = pillar
pelargon -en -er geranium
pelikan -en -er pelican
pend|el -eln -lar pendulum
pendeltåg -et = commuter
train
pendla *verb* swing; om t.ex.
förortsbo commute
pendlare -n = commuter
pengar pl. money; *var är*
pengarna? jag kan inte hitta
dem where is the money? I
can't find it
penicillin -et penicillin
penis -en -ar penis
penn|a -an -or pen; blyertspenna
pencil
pennvässare -n = pencil-
-sharpener
pensé -n -er pansy
pens|el -eln -lar brush
pension -en -er pension; *gå i* ~
retire
pensionat -et = boarding

house; på kontinenten ofta
pension
pensionera *verb* pension off;
~ *sig* retire
pensionär -en -er pensioner
pensla *verb* paint
pentry -t -n galley; kokvrå
kitchenette
peppar -n pepper
pepparkak|a -an -or ginger-
bread biscuit
pepparmynta -n peppermint
pepparrot -en horseradish
peppra *verb* pepper
per *prep*, ~ *järnväg* by rail; ~
styck each
perfekt I *adj* perfect **II** *adv*
perfectly
perforera *verb* perforate
period -en -er period
periodvis *adv* periodically
permanent I *adj* permanent
II -en permanent waving; vard.
perm
permanenta *verb* hår perm
permission -en -er leave*
permittera *verb* friställa lay*
off
perrong -en -er platform
persienn -en -er Venetian blind
persik|a -an -or peach
persilja -n parsley
persisk *adj* Persian
person -en -er person
personal -en staff, personnel
personbil -en -ar private car
personlig *adj* personal

personligen *adv* personally
personlighet -en -er personality
personnum|mer -ret = national
registration number
persontåg -et = passenger train
perspektiv -et = perspective
peruk -en -er wig
pervers *adj* perverted
peseta -n -s (=) peseta
pessar -et = diaphragm
pessimist -en -er pessimist
pessimistisk *adj* pessimistic
pest -en -er plague
peta *verb* **1** pick; ~ *sig i
näsan* pick one's nose; ~ *i
maten* pick at one's food **2** ~
en spelare drop a player
petig *adj* pedantic
P-hus -et = multistorey car
park
pianist -en -er pianist
piano -t -n piano
piccolo -n -r page
picknick -en -ar picnic
piedestal -en -er pedestal
piffa *verb*, ~ *upp* freshen up
pig|a -an -or maid
1 pigg -en -ar spike
2 pigg *adj* fit; *vara* ~ *på* be*
keen on
pigga *verb*, ~ *upp sig med ngt*
have* sth. that helps pick
you up
piggvar -en -ar turbot
pigment -et = pigment
pik -en -ar spydighet dig
pika *verb* taunt

1 pil -en -ar träd willow

2 pil -en -ar till pilbåge arrow

pilbåg|e -en -ar bow

pilgrim -en -er pilgrim

piller -ret = pill

pilot -en -er pilot

pin|a I -an -or pain **II** verb torment

pincett -en -er tweezers

pingst -en -ar Whitsun

pingstaft|on -onen -nar Whitsun Eve

pingstdag -en -ar Whitsunday

pingstlilj|a -an -or narcissus

pingvin -en -er penguin

pinn|e -en -ar peg

pinsam adj embarrassing

pion -en -er peony

pionjär -en -er pioneer

1 pip -et = ljud peep

2 pip -en -ar på karl spout

1 pipa verb om fåglar chirp

2 pip|a -an -or pipe

pipig adj squeaky

pippi -n -ar birdie; ha ~ på ngt be* obsessed by sth.

piprensare -n = pipecleaner

piptobak -en pipe tobacco

pir -en -ar pier

pirat -en -er pirate

pirog -en -er Russian pasty

piruett -en -er pirouette

pisk|a I -an -or whip **II** verb whip

pissa verb vulg. piss

pissoar -en -er urinal

pist -en -er piste

pistol -en -er pistol

pittoresk adj picturesque

pizz|a -an -or pizza

pizzeri|a -an -or pizzeria

pjäs -en -er **1** teaterpjäs play **2** föremål piece

pjäx|a -an -or ski boot

placera verb place

placering -en -ar placing; om pengar investment

plagg -et = garment

plagiat -et = plagiarism

plakat -et = bill

1 plan -en -er **1** öppen plats open space **2** plan; ha planer på att göra ngt be* planning to do sth.

2 plan -et = yta el. flygplan plane

3 plan adj plane

planera verb plan

planet -en -er planet

plank -et = **1** virke planking **2** staket fence

plank|a -an -or plank

plansch -en -er illustration

plant|a -an -or plant

plantage -n -r plantation

plantera verb plant

plantering -en -ar plantation; rabatt flower-bed

plaska verb splash

plast -en -er plastic

plastfolie -n -r cling film

plastkass|e -en -ar plastic carrier bag

plastpås|e -en -ar plastic bag

platina -n platinum

plats -en -er **1** place; *få ~ med ngt* find room for sth.; *är den här platsen ledig?* is this seat taken? **2** anställning job

platsbiljett -en -er seat reservation

platt I *adj* flat **II** *adv* flatly

platt|a -an -or plate; rund disc

plattform -en -ar platform

platå -n -er plateau

plikt -en -er duty

plikttrogen *adj* dutiful

plocka *verb* pick; samla gather; *~ bort ngt* remove sth.; *~ upp* pick up

plog -en -ar plough

ploga *verb* gator clear the roads of snow

plomb -en -er **1** i tand filling **2** försegling seal

plommon -et = plum

plugg 1 -en -ar tapp plug **2** -et = vard., skola school

plugga *verb* **1** put* in a plug; *~ igen* plug up **2** vard., pluggläsa swot

plundra *verb* plunder

plundring -en -ar plunder

plus 1 -et = tecken plus; fördel advantage **II** *adv* plus

plusgrad -en -er degree above zero

plustecken -net = plus sign

plym -en -er plume

plysch -en -er plush

plåg|a I -an -or pain **II** *verb* torment

plågsam *adj* painful

plån -et = friction strip

plån|bok -boken -böcker wallet

plåst|er -ret = plaster

plåt -en -ar **1** kollektivt sheet metal **2** skiva plate; bakplåt baking plate

pläd -en -ar travelling rug

plädera *verb* plead

plöja *verb* plough

plötslig *adj* sudden

pocket|bok -boken -böcker paperback

podi|um -et -er platform

poesi -n -er poetry

poet -en -er poet

poetisk *adj* poetic

pojk|e -en -ar boy

pojknamn -et = boy's name

pojkvän -nen -ner boyfriend

pokal -en -er cup

poker -n poker

pol -en -er pole

polack -en -er Pole

polcirkel -n, *norra polcirkeln* the Arctic Circle; *södra polcirkeln* the Antarctic Circle

Polen Poland

polera *verb* polish

polio -n polio

polis -en **1** myndighet police; *har polisen fångat honom?* have the police caught him? **2** person police officer

polisanmäla *verb* report to the police

polisanmäl|an en ~, pl. -ningar, *göra en ~* = file a complaint
polisbil -en -ar patrol car
polisman -nen polismän police officer
polisonger pl. side-whiskers
polisstation -en -er police station
polisutredning -en -ar police investigation
politik -en politics; politisk linje policy
politiker -n = politician
politisk *adj* political
pollen -et pollen
pollett -en -er token
pollettera *verb* register
polo -n polo
polotröj|a -an -or polo-neck sweater
polsk *adj* Polish
polsk|a -an **1** pl. -or kvinna Polish woman **2** språk Polish
pommes frites pl. chips, French fried potatoes
pompa -n, *med ~ och stât* with pomp and ceremony
pondus en authority
ponny -n -er pony
pop -en pop
popartist -en -er pop artist
popcorn -et = popcorn
poplin -en (-et) -er poplin
popmusik en pop music
popp|el -eln -lar poplar
populär *adj* popular
por -en -er pore

pornografi -n -er pornography
porr -en vard. porn; hårdporr hard-core porn
porrfilm -en -er porno film
porslin -et -er china; enklare crockery
porslinsfigur -en -er porcelain figure
port -en -ar front door; öppning gate
portfölj -en -er briefcase
portier -en -er receptionist
portion -en -er portion
portkod -en -er entry code
portmonnä -n -er purse
portnyck|el -eln -lar latchkey
porto -t -n postage
portofri *adj* post-free
porträtt -et = portrait
porttelefon -en -er entry phone
Portugal Portugal
portugis -en -er Portuguese
portugisisk *adj* Portuguese
portugisisk|a -an **1** pl. -or kvinna Portuguese woman **2** språk Portuguese
portvakt -en -er i hyreshus caretaker
portvin -et -er port
porös *adj* porous
posera *verb* pose
position -en -er position
1 positiv *adj* positive
2 positiv -et = bärbar orgel barrel organ
post -en **1** brev o.d. post, mail; *har jag någon ~?* is there any

post for me?; *skicka ngt med posten* send* sth. by post **2** kontor post office **3** i bokföring o.d. item **4** pl. -er vaktpost sentry **5** pl. -er befattning post
posta *verb* post
postadress -en -er postal address
postanvisning -en -ar money order
postbox -en -ar post office box (förk. POB)
poste restante *adv* poste restante
postförskott -et = cash on delivery (förk. COD)
postgiro -t -n postal giro
postkontor -et = post office
postnum|mer -ret = postcode
postpaket -et = postal parcel
poststämp|el -eln -lar postmark
potatis -en -ar potato
potatisgratäng -en -er potatoes au gratin
potatismjöl -et potato flour
potatismos -et mashed potatoes
potatissallad -en -er potato salad
potatisskal -et = potato peelings
potatisskalare -n = potato peeler
potens -en -er fysiologisk potency
pott -en -er pool

pott|a -an -or chamber pot
poäng -en = point; på skrivning o.d. mark; universitetspoäng credit
poängtera *verb* emphasize
p-pill|er -ret = contraceptive pill; vard. the pill
PR oböjl. PR, public relations
Prag Prague
prakt -en splendour
praktfull *adj* splendid
praktik -en practice; yrkespraktik job training; *i praktiken* in practice
praktikant -en -er trainee
praktisera *verb* practise
praktisk *adj* practical
pralin -en -er chocolate
prassla *verb* rustle
prat -et talk, chat; struntprat nonsense
prata *verb* talk, chat
pratsam *adj* talkative
praxis en ~ practice
precis I *adj* precise **II** *adv* exactly; ~ *klockan 8* at 8 o'clock sharp
precision -en precision
predika *verb* preach
predik|an en ~, pl. -ningar sermon
prejudikat -et = precedent
preliminär *adj* preliminary
premie -n -r premium
premieobligation -en -er premium bond
premiär -en -er opening night

premiärminist|er -ern -rar prime minister

prenumeration -en -er subscription

prenumerera *verb* subscribe

preparat -et = preparation

preparera *verb* prepare

presenning -en -ar tarpaulin

present -en -er present

presentation -en -er presentation

presentera *verb* **1** introduce; ~ *sig* introduce oneself **2** framlägga present

presentkort -et = gift voucher

president -en -er president

preskribera *verb* bar by limitation

press -en **1** tidningar el. redskap o.d. press **2** tryck pressure

pressa *verb* press; ~ *fram en lösning* force a solution; ~ *ihop ngt* press sth. together

pressande *adj* om t.ex. arbetsförhållande trying

presskonferens -en -er press conference

prestation -en -er sportprestation o.d. performance; bedrift achievement

prestera *verb* achieve

prestige -n prestige

pretention -en -er pretension

pretentiös *adj* pretentious

preventivmed|el -let = contraceptive

prick I -en -ar dot; *träffa mitt i ~ hit** the mark **II** *adv*, ~ *klockan 8* at 8 o'clock sharp

prickig *adj* spotted

prima *adj* first-class

primadonn|a -an -or prima donna

primitiv *adj* primitive

primär *adj* primary

princip -en -er principle

principiell *adj*, *av principiella skäl* on grounds of principle

prins -en -ar prince

prinsess|a -an -or princess

prinskorv -en -ar ung. small sausage

prioritera *verb* give* priority to

pris -et = (-er) **1** kostnad price; *till nedsatt ~* at a reduced price; *till ett ~ av 100 pund* at the price of 100 pounds; *till varje ~* at any price **2** belöning prize

prishöjning -en -ar rise in prices

prislapp -en -ar price tag; på matvaror price sticker

prislist|a -an -or price list

prisläge -t -n, *i vilket ~?* at about what price?

prisskillnad -en -er price difference

prisstopp -et =, *införa ~* freeze prices

prissänkning -en -ar price reduction

pristagare -n = prizewinner

prisutdelning -en -ar awards
ceremony
privat I *adj* private II *adv*
privately
privatisera *verb* privatize
privatliv -et private life
privatperson -en -er private
person
privatägd *adj* privately-owned
privilegierad *adj* privileged
privileg|ium -et -er privilege
problem -et = problem
procedur -en -er procedure
procent -en = per cent
process -en -er **1** förlopp process
2 rättegång lawsuit
procession -en -er procession
producent -en -er producer
producera *verb* produce
produkt -en -er product
produktion -en -er production
produktiv *adj* productive
professionell *adj* professional
professor -n -er professor; *t.f.* ~
acting professor
profet -en -er prophet
profetl|a -an -or prophecy
proffs -et = pro
proffsig *adj* professional
profil -en -er profile
prognos -en -er forecast
program -met = programme
programledare -n = host
programmera *verb* omforma för
dator program
progressiv *adj* progressive
projekt -et = project

projektor -n -er projector
proklamera *verb* proclaim
prolog -en -er prologue
promemorl|a -an -or memoran-
dum
promenad -en -er walk; *ta en* ~
go* for a walk
promenadsko -n -r walking-
-shoe
promenera *verb* take* a walk
promille -n = promillehalt
percentage of alkohol
propaganda -n propaganda
propagera *verb*, ~ *för ngt*
campaign for sth.
propell|er -ern -rar propeller
proper *adj* tidy
proportion -en -er proportion
propp -en -ar plug; säkring fuse;
blodpropp blood clot
proppa *verb*, ~ *i sig ngt* stuff
oneself with sth.; ~ *igen* stop
up
proppfull *adj* crammed
proppmätt *adj*, *vara* ~ be* full
up
prosa -n prose
prosit *interj* bless you!
prospekt -et – prospectus
prost -en -ar dean
prostata -n prostate
prostituerad en ~, pl. -e
prostitute
prostitution -en prostitution
protein -et -er protein
protes -en -er arm artificial arm
(öga eye etc.)

protest -en -er protest
protestant -en -er Protestant
protestera *verb* protest
protokoll -et = minutes
prov -et = **1** test **2** av vara
  sample
prova *verb* test; kläder try on
provhytt -en -er fitting cubicle
proviant -en provisions
provins -en -er province
provision -en -er commission
provisorisk *adj* temporary
provocera *verb* provoke
provrum -met = fitting room
provrör -et = test tube
provsmaka *verb* taste
pruta *verb* om köpare haggle;
  om säljare reduce the price
pryd *adj* prudish
pryda *verb* decorate
prydlig *adj* neat
prydnad -en -er decoration
prydnadssak -en -er ornament
prydnadsväxt -en -er orna-
  mental plant
prygla *verb* flog
prålig *adj* gaudy
pråm -en -ar barge
prägel -eln -lar impression;
  sätta sin ~ på leave* one's
  mark on
prägla *verb* mark
präktig *adj* utmärkt fine; om
  person stout
pränta *verb* write* carefully
prärie -n -r prairie

präst -en -er priest; i England ofta
  clergyman; frikyrklig minister
prästkrage -en -ar blomma
  oxeye daisy
pröva *verb* try
prövning -en -ar **1** prov test
  2 lidande trial
P.S. ett ~, pl. = PS
psalm -en -er i psalmboken hymn;
  i Bibeln psalm
pseudonym -en -er pseudonym
psyke -t -n psyche
psykiater -ern -rer psychiatrist
psykiatri -n psychiatry
psykisk *adj* psychic
psykoanalys -en -er psycho-
  analysis
psykolog -en -er psychologist
psykologi -n psychology
psykologisk *adj* psychological
psykos -en -er psychosis
pubertet -en puberty
publicera *verb* publish
publicitet -en publicity
publik -en -er audience; åskådare
  spectators
puck -en -ar puck
puckel -eln -lar hump
pudding -en -ar pudding
pudel -eln -lar poodle
puder -ret = powder
pudra *verb* powder
puka -an -or kettle-drum
pulka -an -or little sledge
puls -en -ar pulse; *ta pulsen på*
  ngn take* sb.'s pulse
pulsera *verb* throb

pulsåd|er -ern -ror artery
pulv|er -ret = powder
pulverkaffe -t instant coffee
pum|a -an -or puma
pump -en -ar pump
1 pumpa verb pump; ~ däcken inflate the tyres
2 pump|a -an -or växt pumpkin
pumps pl. court shoes
pund -et = pound
pung -en -ar **1** påse pouch **2** organ scrotum
punkt -en -er point
punktering -en -ar puncture; få ~ have* a flat tyre
punktlig adj punctual
punsch -en ung. arrack punch
pupill -en -er pupil
puré -n -er purée
purjolök -en -ar leek
purpur -n purple
puss -en -ar kyss kiss
pussa verb kiss
puss|el -let = puzzle; träpussel jigsaw puzzle
pusta verb puff; ~ ut recover one's breath
puta verb, ~ ut stick out
putsa verb clean
puttra verb simmer
pyjamas -en -ar pyjamas
pynt -et decorations
pynta verb decorate
pyra verb smoulder
pyramid -en -er pyramid
Pyrenéerna the Pyrenees
pyroman -en -er pyromaniac

pyssla verb, vad pysslar du med? what are you doing?; ~ om ngn look after sb.
pyts -en -ar pot
pyttipanna -n ung. hash
på prep on; ~ en bjudning at a party; ~ marken on the ground; ~ morgonen in the morning; gå ~ bio go* to the cinema; sikta ~ ngn aim at sb.; vara arg ~ ngn be* angry with sb.; vänta ~ ngn wait for sb.
påbrå -t stock; med svenskt ~ of Swedish extraction
påfallande adj striking
påflugen adj pushy
påfrestande adj trying
påfrestning -en -ar strain
påfyllning -en -ar refill
påfåg|el -eln -lar peacock
pågå verb go* on; vara last
pågående adj present
påhitt -et = idé idea; lögn made-up story
påk -en -ar thick stick
påkalla verb call for; ~ ngns uppmärksamhet attract sb.'s attention
påklädd adj dressed
påkostad adj expensive
pål|e -en -ar pole
pålitlig adj reliable
pålägg -et = **1** på smörgås ham, cheese etc.; bredbart ~ sandwich spread **2** tillägg extra charge

påminna *verb*, ~ *ngn om ngt*
remind sb. of sth.; *det
påminner mig om att jag ska
ringa henne* this reminds me
to call her; ~ *sig* remember
påminnelse -n -r reminder
påpasslig *adj* attentive
påpeka *verb* point out
påse -en -ar bag
påseende, *till* ~ for inspection
påsk -en -ar Easter; *annandag*
~ Easter Monday; *glad* ~!
Happy Easter!; *i* ~ at Easter;
i påskas last Easter
påskaft|on -onen -nar Easter Eve
påskdag -en -ar Easter Sunday
påsklilj|a -an -or daffodil
påsklov -et = Easter holidays
påskrift -en -er address;
underskrift signature
påskynda *verb* hasten
påskägg -et = Easter egg
påslakan -et = duvet cover
påssjuka -n mumps
påstridig *adj* obstinate
påstå *verb* say*; *han påstår
sig vara...* he claims he is...
påstående -t -n statement
påstötning -en -ar reminder
påtaglig *adj* obvious
påtryckning -en -ar pressure
påträffa *verb* come* across
påträngande *adj* **1** påflugen
pushy **2** om behov urgent
påtvinga *verb*, ~ *ngn ngt* force
sth. on sb.
påtår -en ung. refill

påv|e -en -ar pope
påverka *verb* influence
påverk|an en ~, pl. -ningar
influence
påvisa *verb* indicate
päls -en -ar fur
pälsjack|a -an -or fur jacket
pälskrag|e -en -ar fur collar
pälsmöss|a -an -or fur hat
pärl|a -an -or pearl
pärlemor -n mother-of-pearl
pärlhalsband -et = pearl
necklace
pärm -en -ar för lösa blad binder;
på bok cover
päron -et = pear
päronträd -et = pear tree
pärs -en -er ordeal
pöl -en -ar pool
pöls|a -an -or ung. haggis-like
hash
pösig *adj* puffy

Q R

q q-et q-n q [utt. kjo]

r r-et r r [utt. är]
rabarber -n rhubarb
1 rabatt -en -er blomsterrabatt
flower bed
2 rabatt -en -er nedsättning av pris
discount; *lämna 20 % ~ på
ngt* allow a 20 % discount
off sth.
rabatthäfte -t -n book of
discount coupons
rabattkort -et = reduced rate
ticket
rabbin -en -er rabbi
rabbla *verb* rattle off
rabies -en rabies
rackare -n = rascal
racket -en -ar racket
rad -en -er **1** räcka, led row; *3
dagar i ~* 3 days running **2** i
skrift line; *börja på ny ~* start
a fresh paragraph **3** på teater
row; *på första raden* in the
dress circle; *på andra raden*
in the upper circle; *på tredje
raden* in the gallery
rada *verb*, *~ upp ngt* put* sth.
in a row
radar -n radar
radera *verb*, *~ ut* wipe out
radhus -et = terraced house
radie -n -r radius
radikal *adj* radical

radio -n -r radio
radioaktiv *adj* radioactive
radioaktivitet -en radioactivity
radioapparat -en -er radio
radioprogram -met = radio
  programme
radiosändare -n = transmitter
raffinerad *adj* refined
rafsa *verb*, ~ *ihop* throw*
  together
ragata -an -or bitch
ragga *verb*, ~ *upp* pick up
raggsock|a -an -or woollen
  sock
ragla *verb* stagger
ragu -n -er ragout
raid -en -er raid
rak *adj* straight; *på* ~ *arm*
  offhand
raka *verb* shave; ~ *sig* shave
rakapparat -en -er shaver
rakblad -et = razor blade
raket -en -er rocket
rakhyv|el -ein -lar safety razor
rakkräm -en -er shaving cream
raksträck|a -an -or straight
  stretch
rakt *adv* straight; *gå* ~ *fram*
  walk straight on; *gå* ~ *på sak*
  komma till saken come* to the
  point
raktvål -en -ar shaving soap
rakvatt|en -net = aftershave
rally -t -n rally
ram -en -ar frame
rama *verb*, ~ *in* frame
ramla *verb* fall*

ramp -en -er **1** sluttande uppfart
  ramp **2** för uppskjutning pad
rampfeber -n stage fright
rampljus -et, *stå i rampljuset*
  be* in the limelight
rams|a -an -or barnramsa nursery
  rhyme
rand -en ränder **1** streck stripe
  2 kant edge
randig *adj* striped
rang -en rank
rannsaka *verb* search
ranson -en -er ration
ransonera *verb* ration
ransonering -en -ar rationing
rapa *verb* burp; högljutt belch
1 rappa *verb* t.ex. vägg plaster
2 rappa *verb*, ~ *på* get* a
  move on
rapport -en -er report
rapportera *verb* report
rar *adj* nice, sweet
raritet -en -er rarity
1 ras -en er släkte race
2 ras -et = av jord landslide
rasa *verb* **1** störta fall* down
  2 härja rage
rasande *adj* ilsken furious
rasera *verb* demolish
raseri -et fury
rasism -en racism
rasist -en -er racist
rasistisk *adj* racist
1 rask *adj* snabb quick
2 rask -et, *hela rasket* the
  whole lot
rassla *verb* rattle

rast -en -er break
rasta *verb* stop for a break
rastlös *adj* restless
rastplats -en -er lay-by
rata *verb* reject
rationalisera *verb* rationalize
rationalisering -en -ar rationalization
rationell *adj* rational
ratt -en -ar wheel; *bakom ratten* behind the wheel
rattfylleri -et drink-driving
rattfyllerist -en -er drink-driver
rattlås -et = steering-lock
ravin -en -er ravine
razzia -an -or raid
reja I -an -or sale **II** *verb* sell* off
reagera *verb* react
reaktion -en -er reaction
reaktionsförmåga -n powers of reaction
reaktionär *adj* reactionary
reaktor -n -er reactor
realisation -en -er sale
realisera *verb* **1** varor o.d. sell* off **2** förverkliga realize
realistisk *adj* realistic
rebell -en -er rebel
rebus -en -ar picture puzzle
recensent -en -er critic
recension -en -er review
recept -et = **1** för medicin prescription **2** för mat recipe
receptbelagd *adj* available only on prescription

receptfri *adj* available without prescription
reception -en -er reception desk
reda I -n order; *få ~ på ngt* find* out about sth.; *ta ~ på* utforska find out; ta till vara make* use of **II** *verb*, *~ upp* sort out
redaktion -en -er editorial staff
redaktör -en -er editor
redan *adv* already; *~ 1958 visste hon...* as early as 1958 she knew...
rederi -et -er shipping company
redig *adj* klar clear
redning -en -ar thickening
redo *adj* ready
redogöra *verb*, *~ för* account for
redogörelse -n -r account
redovisa *verb* resultat o.d. show*
redovisning -en -ar account
redskap -et = tool
reducera *verb* reduce
reduktion -en -er reduction
reell *adj* real
referat -et = account
referera *verb*, *~ ngt* report a th.; *~ till ngt (ngn)* refer to sth. (sb.)
reflektera *verb* reflect
reflex -en -er reflex
reflexion -en -er reflection
reform -en -er reform
reformera *verb* reform
refräng -en -er refrain

refug -en -er island

refusera verb reject

1 reg|el -eln -ler bestämmelse rule; *i ~* as a rule

2 reg|el -eln -lar på dörr bolt

regelbunden adj regular

regemente -t -n regiment

regera verb härska rule; vara kung reign

regering -en -ar government

regi -n direction; *i egen ~* under private management

regim -en -er politisk regime

region -en -er region

regissera verb direct

regissör -en -er director

regist|er -ret = register; i bok index

registrera verb register

registrering -en -ar registration

registreringsbevis -et = certificate of registration

regla verb bolt

reglage -t = regulator, controls

reglera verb regulate

reglering -en -ar regulating

regn -et = rain

regna verb rain; *låtsas som det regnar* behave as if nothing has happened

regnbåg|e -en -ar rainbow

regnig adj rainy

regnkapp|a -an -or raincoat

regnrock -en -ar raincoat

regnskog -en -ar rain forest

regnskur -en -ar shower; häftig cloudburst

regnväd|er -ret = rainy weather

reguljär adj regular

rehabilitera verb rehabilitate

rejäl adj **1** pålitlig reliable **2** kraftig substantial

reklam -en -er advertising

reklamation -en -er complaint

reklamera verb make* a complaint about

reklamfilm -en -er commercial

rekommendera verb recommend

rekonstruera verb reconstruct

rekord -et = record; *sätta ~* set a new record

rekreation -en -er recreation

rekrytera verb recruit

rektang|el -eln -lar rectangle

rektor -n -er head teacher

rekvirera verb order

rekvisita -n properties

relation -en -er relation

relativ adj relative

relevant adj relevant

relief -en -er relief; *i ~* in relief

religion -en -er religion

religiös adj religious

relik -en -er relic

reling -en -ar gunwale

rem -men -mar strap

remiss -en inom sjukvården referral

rems|a -an -or strip

1 ren -en -ar djur reindeer

2 ren adj clean; *en ~ lögn* a sheer lie

rengöra verb clean

rengöring -en -ar cleaning

rengöringsmed|el -let = detergent

renhållning -en cleaning

rening -en -ar cleaning

renlig *adj* cleanly

renodla *verb* cultivate

renovera *verb* renovate

rensa *verb* clean; ~ *ogräs* weed; ~ *ut* weed out

rent *adv* **1** cleanly; *tala* ~ talk properly **2** alldeles quite; ~ *ut sagt* to put it bluntly

rentvå *verb* clear

renässans -en -er renaissance

rep -et = rope

rep|a I -an -or scratch **II** *verb* scratch; ~ *sig* recover

reparation -en -er repair

reparatör -en -er repairman

reparera *verb* repair

repertoar -en -er repertoire

repetera *verb* upprepa repeat; öva rehearse

repetition -en -er upprepning repetition; övning rehearsal

replik -en -er reply; på teatern line

reportage -t = report

report|er -ern -rar reporter

representant -en -er representative

representera *verb* represent

repris -en -er repeat; *gå i* ~ be* repeated

reproduktion -en -er reproduction

reptil -en -er reptile

republik -en -er republic

1 res|a I -an -or journey, trip **II** *verb* travel; ~ *bort* go* away; ~ *igenom ett land* travel across a country

2 resa *verb*, ~ *sig* get* up

resande -n = traveller

resebyrå -n -er travel agency

resecheck -en -ar (-er) traveller's cheque

reseförsäkring -en -ar travel insurance

resehand|bok -boken -böcker guide

reseledare -n = guide

resenär -en -er traveller

reserv -en -er **1** *ha ngt i* ~ have* sth. in reserve **2** ersättare reserve

reservation -en -er reservation

reservdel -en -ar spare part

reservdunk -en -ar spare tank

reservera *verb* reserve; ~ *sig mot ngt* make* a reservation against sth.

reserverad *adj* reserved

reservhjul -et = spare wheel

reservoarpenn|a -an -or fountain pen

reservutgång -en -ar emergency exit

resevalut|a -an -or foreign currency

resfeber -n, *ha* ~ be* nervous before a journey

resgods -et luggage

resgodsexpedition -en -er luggage office

resgodsförvaring -en -ar o.
  resgodsinlämning -en -ar
  left-luggage office

residens -et = residence

resignation -en resignation

resignerad adj resigned

resning -en -ar **1** uppror revolt
  2 i domstol etc. new trial

reson oböjl. reason; ta ~ listen
  to reason

resonans -en resonance

resonemang -et = discussion;
  tankegång reasoning

resonera verb discuss

respekt -en respect

respektera verb respect

respektive I adj respective
  II adv respectively; 30 ~ 40
  kronor 30 and 40 kronor
  respectively

respirator -n -er respirator

respons -en response

ressällskap -et = grupp party of
  tourists

rest -en -er remainder

restaurang -en -er restaurant

restaurangvagn -en -ar
  dining-car

restaurera verb restore

resterande adj remaining

restid -en -er travelling time

restriktion -en -er restriction

restskatt -en -er back taxes

resultat -et = result

resultatlös adj fruitless

resultera verb, ~ i result in

resumé -n -er summary

resurs -en -er resource

resväsk|a -an -or suitcase

resår -en -er **1** spiralfjäder coil
  spring **2** resårband elastic

reta verb irritate; ~ upp ngn
  irritate sb.

retas verb tease; ~ med ngn
  tease sb.

retfull adj annoying

retlig adj irritable

retroaktiv adj retroactive

reträtt -en -er retreat

retsam adj irritating

retur -en -er, i ~ in return

returbiljett -en -er return ticket

returnera verb return

reumatism -en rheumatism

1 rev -en -ar vid fiske fishing-line

2 rev -et = grund el. på segel reef

1 rev|a -an -or rispa tear

2 reva verb segel reef

revalvering -en -ar revaluation

revansch -en -er revenge

revben -et = rib

revbensspjäll -et = tunna
  spareribs

revidera verb revise

revir -et = territory

revisor -n -er auditor

revolt -en -er revolt

revolution -en -er revolution

revolv|er -ern -rar revolver

revy -n -er teater variety

Rhen the Rhine

ribb|a -an -or lath

ricinolja -n castor oil
rida *verb* ride
ridbyxor pl. riding-breeches
riddare -n = knight
ridhäst -en -ar saddle horse
ridning -en riding
ridskol|a -an -or riding-school
ridsport -en riding
ridstövlar pl. riding boots
ridtur -en -er ride
ridå -n -er curtain
rigg -en -ar rigging
rik *adj* rich
rike -t -n stat state; kungadöme kingdom
rikedom -en -ar fortune
riklig *adj* abundant
riksdag -en -ar, *Sveriges* ~ the Swedish Parliament
riksdagshuset best. form the Parliament building
riksdags|man -mannen -män member of the Swedish Parliament
rikssamtal -et = long-distance call
riksväg -en -ar trunk road
rikta *verb* direct; ~ *sig till ngn* address oneself to sb.
riktig *adj* rätt right; verklig, äkta true
riktigt *adv* correctly
riktning -en -ar direction; *i* ~ *mot* in the direction of
riktnum|mer -ret = dialling code
rim -met = rhyme

rimlig *adj* skälig reasonable
rimma *verb* rhyme
ring -en -ar ring; på bil tyre
ringa *verb* ring*; ~ *ngn* ring* sb.; ~ *ett samtal* make* a call; ~ *på hos ngn* ring* sb.'s doorbell
ringblomm|a -an -or marigold
ringfing|er -ret -rar ring finger
ringklock|a -an -or bell
ringtryck -et = tyre pressure
rinna *verb* run*; ~ *ut* run* out
rip|a -an -or grouse
1 ris -et sädesslag rice
2 ris -et = kvistar twigs
risgryn pl. rice
risk -en -er risk; *på egen* ~ at one's own risk
riskabel *adj* risky
riskera *verb* risk
risp|a I -an -or scratch **II** *verb* scratch
rista *verb* skära carve; ~ *in ngt i ngt* carve sth. into sth.
rit -en -er rite
rita *verb* draw*
ritning -en -ar drawing
ritt -en -er ride
ritual -en -er ritual
riva *verb* **1** klösa scratch **2** ~ *av* tear off; ~ *sönder ngt* tear sth. to pieces **3** rasera pull down **4** med rivjärn grate
rival -en -er rival
Rivieran the Riviera
rivjärn -et = grater
1 ro -n vila rest

2 ro *verb* row

roa *verb* amuse; ~ *sig* amuse oneself; *vara road av ngt* be* interested in sth.

robot -en -ar maskin robot; missil missile

robust *adj* robust

1 rock -en -ar ytterplagg coat

2 rock -en musik rock, rock-'n'-roll

rockmusik -en rock music

rodd -en -er rowing

roddbåt -en -ar rowing-boat

rod|er -ret = helm

rodna *verb* turn red; bli förlägen blush

rododendron -en = rhododendron

rojalist -en -er royalist

rokoko -n rococo

rolig *adj* lustig funny; roande amusing; *ha roligt* have* fun; *det var roligt att du kom* I am glad you came; *så roligt!* how nice!

roll -en -er part; *det spelar ingen ~* it doesn't matter

Rom Rome

1 rom -men från fisk roe

2 rom -men dryck rum

roman -en -er novel

romantik -en romance

romantisk *adj* romantic

romare -n = Roman

romersk *adj* Roman

rond -en -er round

rondell -en -er roundabout

rop -et = call

ropa *verb* call; ~ *på hjälp* call for help; ~ *upp ngns namn* call sb.'s name

ros -en -or rose

rosa *adj* rose

rosenbusk|e -en -ar rosebush

rosett -en -er bow

rosévin -et -er rosé

rosmarin -en -er rosemary

rossla *verb* wheeze

rost -en rust

1 rosta *verb* om metall rust

2 rosta *verb* mat roast; bröd toast

rostbiff -en -ar roast beef

rostfri *adj* stainless

rostig *adj* rusty

rot -en rötter root

1 rota *verb* root; ~ *i ngt* poke about in sth.; bildl. poke one's nose into sth.

2 rota *verb*, ~ *sig* root

rotation -en -er rotation

rotera *verb* rotate

rotfrukt -en -er root vegetable

rotmos -et mashed potatoes with Swedish turnips

rotting -en -ar cane

roulett -en -er roulette

rov -et = prey; byte booty

rov|a -an -or turnip

rovdjur -et = predator

rubba *verb* move; ~ *ngns planer* upset sb.'s plans

rubbad *adj* förryckt crazy

rubin -en -er ruby

549

rygg

rubricera *verb* classify
rubrik -en -er i tidning headline
ruck|el -let = hovel
1 ruff -en -ar på båt cabin
2 ruff -et i bollsporter foul
ruffig *adj* **1** om spel el. spelare
rough **2** sjaskig shabby
rufsig *adj* ruffled
rugby -n Rugby football
ruggig *adj* om väder raw and
chilly
ruin -en -er ruin
ruinera *verb* ruin
rulla *verb* roll; ~ *ihop* roll up;
~ *ut* unroll
rullbräde -t -n skateboard
rull|e -en -ar roll
rullgardin -en -er blind
rullskridsko -n -r roller-skate
rullstol -en -ar wheelchair
rulltrapp|a -an -or escalator
rum -met = room; *få ~ med ngt*
find room for sth.
rumsförmedling -en -ar accom-
modation agency
rumän -en -er Romanian
Rumänien Romania
rumänsk *adj* Romanian
rumänsk|a -an **1** pl. -or kvinna
Romanian woman **2** språk
Romanian
rund *adj* round
rund|a I *verb* round; ~ *av en*
summa round off a sum **II** -an
-or round
rundres|a -an -or, *en ~ i Sverige*
a tour of Sweden

rundtur -en -er sightseeing tour
runsten -en -ar rune stone
runt *adv* o. *prep* round; *skicka*
~ *ngt* pass sth. round
runtom *adv* o. *prep* round; ~ *i*
landet all over the country
rus -et = intoxication
rusa *verb* rush; ~ *fram till ngn*
rush up to sb.; ~ *ut* rush out
ruska *verb* shake
ruskig *adj* nasty
rusning -en -ar rush
rusningstid -en -er rush hours
rusningstrafik -en rush-hour
traffic
russin -et = raisin
rusta *verb* prepare
rustning -en -ar **1** för krig
armament **2** dräkt armour
rut|a -an -or square
ruter -n = diamonds
rutig *adj* checked
rutin -en -er experience; vana
routine
rutinerad *adj* experienced
rutt -en -er route
rutten *adj* rotten
ruttna *verb* rot, become*
rotten
ruva *verb* sit*
ryck -et = jerk
rycka *verb* pull; ~ *på axlarna*
åt ngt shrug one's shoulders
at sth.; ~ *upp sig* pull oneself
together
ryckig *adj* jerky
rygg -en -ar back

rygga verb, ~ tillbaka flinch
ryggmärg -en spinal marrow
ryggrad -en er spine
ryggskott -et = lumbago
ryggsäck -en -ar rucksack
ryka verb smoke
rykta verb dress
ryktas verb, det ~ att... it's rumoured that...
ryktbar adj famous
rykte -t -n **1** som sprids rumour **2** anseende reputation; ha gott ~ have* a good reputation
rymd -en -er **1** världsrymd space; yttre rymden outer space **2** innehåll capacity
rymdfärd -en -er spaceflight
rymlig adj spacious
rymling -en -ar fugitive
rymma verb **1** fly* run* away **2** innehålla hold*
rymmas verb, det ryms 10 personer i bilen there is room for 10 people in the car
rymning -en -ar escape
rynk|a I -an -or wrinkle **II** verb wrinkle
rynkig adj om hud wrinkled; om kläder äv. creased
rysa verb shiver
rysare -n = thriller
rysk adj Russian
rysk|a -an **1** pl. -or kvinna Russian woman **2** språk Russian
ryslig adj dreadful

rysning -en -ar shiver
ryss -en -ar Russian
Ryssland Russia
ryta verb roar
rytm -en -er rhythm
ryttare -n = rider
1 rå adj okokt el. obearbetad raw
2 rå verb **1** det rår jag inte för it's not my fault **2** ~ om own
råbiff -en -ar ung. steak tartare
råd -et **1** pl. = advice; de här råden är värdelösa this advice is useless; fråga ngn om ~ ask sb.'s advice **2** jag har inte ~ med det I cannot afford it
råda verb **1** ge råd advise; ~ ngn till ngt advise sb. to do sth. **2** det råder inget tvivel om det there is no doubt about it
rådfråga verb consult
rådgivare -n = counsellor
rådgivning -en counselling
rådgöra verb, ~ med ngn consult sb.
rådhus -et = town hall; större city hall
rådjur -et = roe deer
råg -en rye
rågad adj, en ~ tesked a heaping teaspoon full
rågbröd -et = rye bread
råge -n, vara fylld med ~ be* piled up
rågmjöl -et rye flour
råka verb, ~ göra ngt happen

to do sth.; ~ *ut för* meet* with; ~ *illa ut* get* into trouble

råkost -en en raw vegetables

råma *verb* moo

1 rån -et = bakverk wafer

2 rån -et = stöld robbery

råna *verb* rob

rånare -n = robber

råris -et unpolished rice

rått|a -an -or rat; liten mouse

råttfäll|a -an -or mousetrap

råttgift -et -er rat poison

råvar|a -an -or raw material

räcka *verb* **1** hand; ~ *fram* hold* out **2** förslå be* enough

räcke -t -n rail

räckhåll, *inom* ~ within reach; *utom* ~ beyond reach

räckvidd -en -er reach; t.ex. signals, vapens range

räd -en -er raid

rädd *adj*, *vara* ~ *för ngt* to be afraid of sth.; *vara* ~ *om ngt* be* careful about sth.

rädda *verb* save

räddning -en -ar rescue

rädis|a -an -or radish

räds|la -an -or fear

räffl|a -an -or groove **II** *verb* groove

räfs|a -an -or rake **II** *verb* rake

räk|a -an -or shrimp; större prawn

räkenskap -en -er account

räkna *verb* count; ~ *med ngt*

count on sth.; ~ *ihop* add up; ~ *ut* work out

räknemaskin -en -er calculator

räkning -en **1** räknande counting; *tappa räkningen* lose* count **2** pl. -ar nota bill; faktura invoice **3** *för ngns* ~ on sb.'s account

räls -en -ar rail

rälsbuss -en -ar railbus

rämna *verb* crack, split

1 ränn|a -an -or groove

2 ränna *verb* run*

rännsten -en -ar gutter

ränt|a -an -or interest

räntefri *adj* interest-free

rät *adj* straight

räta *verb*, ~ *ut ngt* straighten sth.

rätsid|a -an -or right side; *få* ~ *på ngt* put* sth. right

1 rätt -en -er mat dish

2 rätt -en -er **1** det rätta right; *du har* ~ you are right; *ha* ~ *till ngt* have* a right to sth. **2** domstol court

3 rätt I *adj* right; *det är* ~ *åt honom* it serves him right **II** *adv*, *hörde jag* ~? did I hear right?

rätta I oböjl. **1** *komma till* ~ be* found **2** *ställa ngn inför* ~ bring* sb. to trial **II** *verb* korrigera correct; ~ *sig efter* obey

rättegång -en -ar trial

rättelse -n -r correction

rättfärdig adj just
rättighet -en -er right
rättning -en -ar correcting
rättslig adj legal
rättslös adj without legal rights
rättstavning -en spelling
rättsväsen -det judicial system
rättvis adj just
rättvisa -n justice
räv -en -ar fox
röd adj red; **röda hund** German measles
rödbet|a -an -or beetroot
rödbrun adj reddish-brown
rödhårig adj red-haired
röding -en -ar fisk char
rödkål -en red cabbage
rödlök -en red onion
rödsprit -en methylated spirits
rödspätt|a -an -or plaice
rödtung|a -an -or fisk witch
rödvin -et -er red wine; bordeaux claret; bourgogne burgundy
rödögd adj red-eyed
1 röja verb förråda betray
2 röja verb, ~ **undan** clear away
röjning -en -ar clearing
rök -en -ar smoke
röka verb smoke
rökare -n = smoker
rökelse -n -r incense
rökfri adj smokeless; ~ **avdelning** no-smoking section
rökförbud -et = ban on smoking

rökig adj smoky
rökkupé -n -er smoking--compartment
rökning -en smoking; ~ **förbjuden** no smoking
rökrum -met = smoking-room
rökt adj smoked
rön -et = observation; **vetenskapliga** ~ scientific discoveries
röna verb meet* with
rönn -en -ar mountain ash
rönnbär -et = rowanberry
röntga verb x-ray
röntgen en ~, best. form = x-ray; **behandling** x-ray therapy
rör -et = pipe
röra I -n mess; **allt är en enda** ~ everything is in a mess
II verb **1** touch; ~ **om i stir;** ~ **sig** move; ~ **på sig** move
2 det rör sig om... it is about...
rörande I adj touching II prep concerning
rörd adj gripen moved
rörelse -n -r **1** motion **2** grupp movement **3** företag business
rörelsehindrad adj disabled
rörig adj messy
rörlig adj mobile; flyttbar movable
rörmokare -n = plumber
röst -en -er voice
rösta verb vote
rösträtt -en right to vote
röta -n rot

rött, *köra mot* ~ drive* through a red light
röva *verb*, ~ *bort* kidnap
rövare, *leva* ~ be* on the rampage

S

s s-et s s [utt. äss]
sabbat -en -er Sabbath
sabbatsår -et = year off
sabotage -t = sabotage
sabotera *verb* sabotage
sacka *verb*, ~ *efter* lag behind
sad|el -eln -lar saddle
sadist -en -er sadist
sadla *verb* saddle; ~ *om* byta yrke change one's profession
safari -n -er safari
saffran -en (-et) saffron
safir -en -er sapphire
saft -en -er juice
saftig *adj* juicy
sag|a -an -or fairy tale
sagolik *adj* fantastic
sak -en -er thing; *till saken!* to the point!
sakkunnig en ~, pl. -a expert
saklig *adj* matter-of-fact
sakna *verb* **1** vara utan lack **2** känna saknad efter miss
saknad I *adj* missed; borta missing **II** -en brist want
saknas *verb* be* missing
sakta I *adj* slow **II** *adv* slowly **III** *verb*, ~ *in* slow down
sal -en -ar hall
salami -n salami
saldo -t -n balance
salig *adj* blessed

saliv -en saliva
sallad -en -er **1** grönsak lettuce **2** maträtt salad
salladsdressing -en -ar salad dressing
salladssås -en -er salad dressing
salong -en -er i hem drawing--room; utställning exhibition
salt I -et -er salt **II** adj salt
salta verb salt
saltgurk|a -an -or pickled gherkin
saltkar -et = salt cellar
saltvatt|en -net salt water
salu, till ~ for sale
saluhall -en -ar covered market
salut -en -er salute
1 salv|a -an -or av skott volley
2 salv|a -an -or till smörjning ointment
salvia -n sage
samarbeta verb co-operate
samarbete -t co-operation
samband -et = connection
sambo I -n -r ung. boyfriend, girlfriend; mer formellt cohabitant **II** verb live together
same -n -r Laplander
samfund -et = society
samfärdsel -n communications
samförstånd -et understanding
samhälle -t -n **1** society **2** ort place
samhällsklass -en -er social class
samhällskunskap -en civics

samhällsskick -et = social structure
samhörighet -en solidarity
samkväm -et = social gathering
samla verb gather; ~ frimärken collect stamps; ~ in collect
samlad adj collected
samlag -et = sexual intercourse
samlare -n = collector
samlas verb gather
samlevnad -en life together
samling -en -ar **1** gathering; ~ klockan nio assembly at 9 o'clock **2** av t.ex. mynt collection
samlingslokal -en -er assembly hall
samlingsplats -en -er meeting-place
samliv -et life together
samma adj the same; på ~ gång at the same time
sammanbiten adj resolute
sammanblandning -en -ar confusion
sammanbo verb live together
sammanbrott -et = collapse
sammandrag -et = summary
sammanfalla verb coincide
sammanfatta verb sum up
sammanfattning -en -ar summary
sammanföra verb, ~ ngt bring* sth. together

sammanhang -et = samband
connection

sammanhållning -en solidarity

sammanhängande adj connected; utan avbrott continuous

sammankalla verb call together; mer formellt convene

sammankomst -en -er meeting

sammanlagd adj total

sammansatt adj composite; komplex complex

sammanslagning -en -ar union

sammanslutning -en -ar association

sammanställning -en -ar combination

sammanstötning -en -ar collision

sammansvärjning -en -ar plot

sammansättning -en -ar **1** det sätt varpå något är sammansatt composition **2** ord compound

sammanträde -t -n meeting

sammanträffande -t -n **1** möte meeting **2** slump coincidence

sammet -en velvet

samordna verb co-ordinate

samråd -et =, i ~ med in consultation with

sams adj, bli ~ make* up; vara ~ be* good friends

samsas verb, ~ om ngt enas agree on sth.

samspel -et interaction

samt konj and

samtal -et = conversation

samtala verb talk

samtalsämne -t -n topic

samtid -en, hennes ~ her age

samtida adj contemporary

samtidig adj simultaneous

samtliga adj all

samtycka verb agree

samtycke -t -n consent

samvaro -n time together

samverka verb co-operate

samverkan en ~, best. form = co-operation

samvete -t -n conscience; ha dåligt ~ have* a bad conscience

samvetsgrann adj conscientious

samvetskval pl. remorse

sand -en sand

sanda verb sand

sandal -en -er sandal

sandlåd|a -an -or sandpit

sandpapper -et = sandpaper

sand|strand -stranden -stränder sandy beach

sandwich -en -ar sandwich

sanera verb **1** fastighet renovate **2** avlägsna decontaminate

sanitetsbind|a -an -or sanitary towel

sank adj swampy

sanktion -en -er sanction

sann adj true

sannerligen adv indeed

sanning -en -ar truth

sanningsenlig adj truthful

sannolik adj probable

sannolikhet -en -er probability

sansad adj collected

sardell -en -er anchovy

sardin -en -er sardine

Sardinien Sardinia

sarkastisk adj sarcastic

satan en ~. best. form = the Devil, satan; ~! damn!

satellit -en -er satellite

satin -en -er satin

satir -en -er satire

satirisk adj satirical

sats -en -er **1** grammatisk enhet sentence **2** ta ~ make* an effort **3** i musikverk movement **4** uppsättning set

satsa verb stake; investera invest; ~ på ngt go* in for sth.

satsning -en -ar i spel staking; en djärv ~ a bold venture

sav -en sap

sax -en -ar scissors

saxofon -en -er saxophone

scarf -en -ar scarf

scen -en -er stage

schablon -en -er pattern

schablonavdrag -et = standard deduction

schack -et **1** spel chess **2** ~ och matt! checkmate!

schackbräde -t -n chessboard

schackpjäs -en -er chessman

schakt -et = shaft

schampo -t -n shampoo

schamponera verb shampoo

scharlakansfeber -n scarlet fever

schema -t -n schedule; i skolan timetable

schimpans -en -er chimpanzee

schizofreni -n schizophrenia

schlager -ern -rar hit

schnitzel -eln -lar schnitzel

Schweiz Switzerland

schweizare -n = Swiss; några ~ a few Swiss

schweizerost -en -ar Swiss cheese

schweizisk adj Swiss

schweiziska -an -or Swiss woman

schäfer -ern -rar Alsatian

scout -en -er scout

se verb see*; titta look; märka notice; ~ efter look after; ~ sig om look around; ~ 'på iakttaga watch; ~ på ngt look at sth.; ~ till att ngt blir gjort see* that sth. is done; ~ upp look out; det ser ut som om det blir regn it looks like rain; hur ser han ut? what does he look like?; ~ över ngt revise sth.

seans -en -er seance

sebra -an -or zebra

sed -en -er custom

sedan I adv därpå then; senare later; för tio år ~ ten years ago **II** prep. ~ 1994 since 1994; jag känner henne ~ många år I have known her

for many years **III** *konj*
alltsedan since
sedel -el -eln -lar banknote
sedelautomat -en -er cash-
-operated fuel pump
sedvänj|a -an -or custom
seg *adj* tough; envis stubborn
sege|l -let = sail
segelbåt -en -ar sailing boat;
större yacht
segelflygning -en -ar gliding
segelflygplan -et = glider
seg|er -ern -rar victory
segla *verb* sail
seglare -n = yachtsman
segling -en -ar sailing
seglivad *adj* tough
segra *verb* win*
segrare -n = winner
sejd|el -eln -lar tankard; utan
lock mug
sek|el -let = century
sekelskifte -t -n, *vid sekelskif-
tet* at the turn of the century
sekreterare -n = secretary
sekretess -en secrecy
sekretär -en -er bureau
sekt -en -er sect
sektion -en -er section
sektor -n -er sector
sekund -en -er second
sekunda *adj* second-rate; ~
varor seconds
sekundvisare -n = second-
-hand
sekundär *adj* secondary
sekvens -en -er sequence

sel|e -en -ar harness; för barn
baby carrier
selleri -t (-n) blekselleri celery;
rotselleri celeriac
semest|er -ern -rar holidays
semesterby -n -ar holiday
camp
semesterort -en -er holiday
resort
semesterres|a -an -or holiday
trip
semestra *verb* be* on holiday
semifinal -en -er semifinal
seminar|ium -et -er seminar
saml|a -an -or cream bun
1 sen se *sedan*
2 sen *adj* late
sen|a -an -or sinew
senap -en mustard
senare I *adj* motsats tidigare
later; motsats förra latter; nyare
recent **II** *adv* later, later on
senast I *adj* latest; i ordning
last **II** *adv* motsats tidigast
latest; motsats först last; ~ *i
morgon* tomorrow at the
latest
senat -en -er senate
senil *adj* senile
sensation -en -er sensation
sensuell *adj* sensual
sent *adv* late; *komma för ~*
be* late
sentimental *adj* sentimental
separat I *adj* separate **II** *adv*
separately
separation -en -er separation

separera *verb* separate

september oböjl. September; *i ~ in* September

serb -en -er Serb

Serbien Serbia

serbisk *adj* Serbian

serbisk|a -an **1** -or kvinna Serbian woman **2** dialekt Serbian

serbokroatiska -n Serbo--Croatian

serie -n -r **1** series; *en ~ bilder* a series of pictures **2** *tecknad ~* comic strip

seriefigur -en -er comic strip character

serietidning -en -ar comic

seriös *adj* serious

serum -et = serum

serva *verb* serve

serv|e -en -ar serve

servera *verb* serve

servering -en -ar **1** betjäning service **2** lokal buffet; cafeteria

serveringsavgift -en -er service charge

servett -en -er napkin

service -n service

servicehus -et = block of service flats for the elderly and disabled

servis -en -er set

servitris -en -er waitress

servitör -en -er waiter

ses *verb* meet*; *vi ~!* see you!

set -et = set

sevärd *adj* worth seeing

sevärdhet -en -er, *stadens sevärdheter* the sights of the city

1 sex *räkn* six, för sammansätt-ningar med sex jfr *fem* med sammansättningar

2 sex -et sex; *ha ~ med ngn* have* sex with sb.

sex|a -an -or six

sexig *adj* sexy

sexklubb -en -ar sex club

sexshop -en -ar sex shop

sextio *räkn* sixty

sextionde *räkn* sixtieth

sexton *räkn* sixteen, för sammansättningar med sexton jfr *femton* med sammansättningar

sextonde *räkn* sixteenth

sexualitet -en sexuality

sexuell *adj* sexual; *sexuellt umgänge* sexual intercourse

sfär -en -er sphere

sherry -n sherry

shoppa *verb* shop

shopping -en shopping

shoppingcent|er -ret -ra shopping centre, mall

shoppingväsk|a -an -or shopping bag

shorts pl. shorts

show -en -er show*

sia *verb*, *~ om ngt* prophesy of sth.

siamesisk *adj* Siamese

Sicilien Sicily

sicksack oböjl. zigzag

sinnad

sid|a -an -or **1** side; *å ena sidan är det kul, å andra sidan är det jobbigt* on the one hand it is fun, on the other it is tough **2** i bok page
siden -et silk
sidfläsk -et bacon
sidled, *i* ~ sideways
sidospår -et = sidetrack
siest|a -an -or siesta
siffr|a -an -or figure
sig *pron* **1** *han skadade* ~ he hurt himself; *hon skadade* ~ she hurt herself; *man måste försvara* ~ one must defend oneself; *de roar* ~ they amuse themselves **2** *hon ställde den bakom* ~ she put it behind her; *de hade inga pengar på* ~ they had no money on them
sightseeing -en -ar sightseeing
sigill -et = seal
signal -en -er signal
signalement -et = description
signalera *verb* signal
signalhorn -et = horn
signatur -en -er signature
signera *verb* sign
sik -en -ar whitefish
1 sikt -en -ar såll sieve
2 sikt -en möjlighet att se visibility; *på* ~ in the long run
sikta *verb,* ~ *på* (*mot*) aim at
sikte -t -n sight

sil -en -ar **1** redskap strainer **2** injektion shot
sila *verb* strain
silhuett -en -er silhouette
silke -t -n silk
silkespapper -et = tissue paper
sill -en -ar herring
silver -ret silver
silverarmband -et = silver bracelet
silverring -en -ar silver ring
silversmed -en -er silversmith
simbassäng -en -er swimming pool
simhall -en -ar swimming baths
simma *verb* swim
simning -en -ar swimming
simpel *adj* **1** enkel simple **2** tarvlig vulgar
simulera *verb* simulate
sin (*sitt, sina*) *pron, han* (*hon*) *tog* ~ *bok* he (she) took his (her) book; *de tog sina böcker* they took their books; *har han* (*hon*) *hittat* ~? has he (she) found his (hers); *har de hittat sina?* have they found theirs?
1 sina *verb* run* short
2 sina *pron* se *sin*
singel -n -lar **1** i t.ex. tennis singles **2** ensamstående single **3** grammofonskiva single
singla *verb,* ~ *slant om ngt* toss for sth.
sinnad *adj* minded; *fientligt* ~ hostile

sinne

sinne -t **1** pl. -n syn, hörsel etc. sense **2** håg mind; *ha ~ för ngt* have* a talent for sth.

sinnessjuk *adj* mentally ill

sinom *pron*, *i ~ tid* in due course

sinsemellan *adv* between (om flera among) themselves

sippla -an -or anemone

sippra *verb* trickle; *~ ut* ooze out

sirap -en treacle

siren -en -er siren

sist *adv* **1** last; *komma ~* come* last; *till ~* at last **2** *förra gången* last time

sista (*siste*) *adj* last; senaste latest; *på ~ tiden* lately

sits -en -ar seat

sitt *pron* se *sin*

sitta *verb* **1** sit*; ha sin plats be* placed; *var så god och sitt!* sit down, please!; *~ fast* be* stuck **2** passa fit; *~ åt* be* tight

sittplats -en -er seat

sittplatsbiljett -en -er seat reservation

sittvagn -en -ar **1** på tåg, ung. non-sleeper **2** för barn push-chair

situation -en -er situation

sjal -en -ar shawl

sjalett -en -er head-scarf

sjaskig *adj* shabby

sju *räkn* seven, för sammansätt-ningar med sju jfr *fem* med sammansättningar

sjula -an -or seven

sjuda *verb* seethe; småkoka simmer

sjuk *adj* ill; illamående el. osund sick; *bli ~* fall* ill

sjukanmäla *verb*, *~ sig* report sick

sjukdom -en -ar illness; svårare disease

sjukersättning -en -ar sickness benefit

sjukförsäkring -en -ar health insurance

sjukgymnast -en -er physio-therapist

sjukgymnastik -en physio-therapy

sjukhem -met = nursing home

sjukhus -et = hospital

sjukintyg -et = doctor's certificate

sjuklig *adj* sickly

sjukpenning -en sickness benefit

sjukskriven *adj*, *vara ~* be* on the sick list

sjuksköterska -an -or nurse; *legitimerad ~* registered nurse

sjukvård -en medical care, nursing

sjukvårdsartiklar pl. sanitary articles

sjunde *räkn* seventh

sjundedel -en -ar seventh

sjunga verb sing*
sjunka verb sink
sjuttio räkn seventy
sjuttionde räkn seventieth
sjutton räkn **1** seventeen **2** för ~! you bet!; det var som ~! well, I'll be blowed!
sjuttonde räkn seventeenth
sjå -et, ett fasligt ~ a tough job
själ -en -ar soul
själv pron jag själv myself; du själv yourself; han själv himself; hon själv herself; den (det) själv itself; vi själva ourselves; ni själva yourselves; de själva themselves
självbedrägeri -et -er self-deception
självbehärskning -en self-control
självbelåten adj self-satisfied, smug
självbetjäning -en self-service
självbevarelsedrift -en instinct of self-preservation
självbiografi -n -er auto-biography
självförsvar -et self-defence
självförsörjande adj self-supporting
självförtroende -t self-confidence
självgod adj self-righteous
självhushåll -et, ha ~ do* one's own cooking
självhäftande adj adhesive
självisk adj selfish

självklar adj obvious
självkostnadspris -et, till ~ at cost
självkänsla -n self-esteem
självlysande adj luminous, fluorescent
självlärd adj self-taught
självmant adv of one's own accord
självmedveten adj self-assured
självmord -et = suicide
självporträtt -et = self-portrait
självrisk -en -er excess
självservering -en -ar self-service
självständig adj independent
självsäker adj self-assured
sjätte räkn sixth
sjättedel -en -ar sixth
sjö -n -ar insjö lake; hav sea
sjöfart -en navigation; verksamhet shipping
sjökort -et = chart
sjöman -mannen -män sailor
sjömil -en = nautical mile
sjörapport -en -er weather forecast for sea areas
sjöresa -an -or voyage; överresa crossing
sjösjuk adj seasick
sjösjuka -n seasickness
sjösätta verb launch
sjösättning -en -ar launching
sjötunga -an -or sole
ska verb **1** uttrycker framtid, jag ~ göra mitt bästa I will do

my best; *de ~ gifta sig* they
are going to get married; *jag
~ gå nu* I'm leaving now
2 rådfrågande, *~ jag öppna
fönstret?* shall I open the
window? **3** *hon ~* lär *vara
väldigt rik* she is said to be
extremely rich

skabb -en scabies

skad|a I -an -or persons injury;
saks damage; *ta ~ av* bli
lidande suffer from **II** *verb*
person injure; sak damage; *~
sig* hurt oneself

skadad *adj* om person injured;
om sak damaged

skadeanmäl|an en ~, pl. -ningar
damage report

skadegörelse -n -r damage

skadestånd -et = damages

skadlig *adj* harmful

skaffa *verb* get*; *~ ngt åt ngn*
get* sb. sth.; *~ sig köpa ngt*
buy* oneself sth.; *~ barn*
have* children

skafferi -et -er larder

skaft -et = handle

skaka *verb* shake; *~ hand
med ngn* shake hands with
sb.

skakad *adj* upprörd shaken

skakning -en -ar shaking

skal -et = hårt shell; mjukt skin

1 skal|a -an -or scale

2 skala *verb* peel

skalbagg|e -en -ar beetle

skald -en -er poet

skaldjur -et = shellfish

1 skall *verb* se **ska**

2 skall -et = barking

skall|e -en -ar kranium skull;
huvud head

skallgång -en -ar, *gå ~ send*
out a search party

skallig *adj* bald

skallr|a I -an -or rattle **II** *verb*
rattle

skalm -en -ar på glasögon
sidepiece

skam -men shame

skamlig *adj* shameful

skamsen *adj* ashamed

skandal -en -er scandal

skandalös *adj* scandalous

skandinav -en -er Scandinavian

Skandinavien Scandinavia

skandinavisk *adj* Scandina-
vian

skandinavisk|a -an -or Scandi-
navian woman

skapa *verb* create

skapare -n = creator

skapelse -n -r creation

skaplig *adj* tolerable

skar|a -an -or crowd

skare -n frozen crust

skarp *adj* sharp

skarpsynt *adj* sharp-sighted

skarv -en -ar fog joint

skarva *verb*, *~ ihop två bitar*
join two pieces together

skarvsladd -en -ar extension
flex

skat|a -an -or magpie

skateboard -et = skateboard

skatt -en -er **1** rikedom treasure **2** avgift tax

skatta verb betala skatt pay* taxes

skattefri adj tax-free

skattepliktig adj ...liable to tax; ~ inkomst taxable income

skattkammare -n = treasury

skava verb chafe; skorna skaver the shoes chafe my feet; ~ hål på ngt wear* a hole in sth.

skavank -en -er defect

skavsår -et = sore

ske verb happen

sked -en -ar spoon

skede -t -n period

skeende -t -n course of events

skelett -et = skeleton

sken -et **1** pl. = light **2** falskt show

1 skena verb bolt

2 skena -an -or rail

skenbar adj apparent

skenhelig adj hypocritical

skepnad -en -er figure

skepp -et = **1** ship **2** i kyrka nave

skeppsbrott -et = shipwreck; lida ~ be* shipwrecked

skeptisk adj sceptical

sketch -en -er sketch

skev adj crooked

skick -et tillstånd condition; i gott ~ in good condition

skicka verb send*; ~ efter send* for; ~ med ngt i brev enclose sth.; ~ tillbaka return; ~ ngt vidare pass sth. on

skicklig adj clever

skicklighet -en skill

skid|a -an -or ski; åka skidor ski

skidback|e -en -ar ski slope

skidföre -t -n, det är bra ~ the snow is good for skiing

skidlift -en -ar skilift

skidort -en -er ski resort

skidskol|a -an -or ski school

skidstav -en -ar ski stick

skiduthyrning -en -ar ski rental

skidvall|a -an -or ski wax

skidåkare -n = skier

skidåkning -en skiing

skiff|er -ern -rar shale

skift -et = shift; arbeta i ~ work in shifts

skifta verb change

skiftning -en -ar change

skiftnyck|el -eln -lar adjustable spanner

skikt -et = layer

skild adj åtskild separated; frånskild divorced

skildra verb describe

skildring -en -ar description

skilja verb **1** avskilja separate **2** särskilja distinguish; de har skilt sig they have divorced; ~ mellan privatliv och yrkesliv make* a distinction

between one's private life
and one's job; ~ *sig åt* differ
skiljas *verb*, ~ *från ngn*
divorce sb.
skillnad -en -er difference
skilsmäss|a -an -or divorce
skim|mer -ret shimmer
skimra *verb* shimmer
skina *verb* shine
skingra *verb* disperse
skink|a -an -or **1** mat ham
2 kroppsdel buttock
skinn -et = skin; läder leather
skinnjack|a -an -or leather
jacket
skipa *verb*, ~ *rättvisa* ad-
minister justice
skiss -en -er sketch
skit -en (-et) -ar vard. shit; *prata*
~ talk rubbish
skita *verb* vard. take* a crap;
det skiter jag i I don't care a
damn about that
skitig *adj* vard. filthy
skiv|a **I** -an -or **1** platta plate;
grammofonskiva record **2** upp-
skuren slice **3** kalas party
II *verb* slice
skivspelare -n = record-player
skjort|a -an -or shirt
skjul -et = shed
skjuta *verb* **1** med vapen shoot
2 flytta push; ~ *upp ngt*
uppskjuta ngt postpone sth.; ~
'på push from behind
skjutsa *verb* drive*
sko -n -r shoe

skoaffär -en -er shoe shop
skoborst|e -en -ar shoebrush
skock -en -ar crowd
skog -en -ar större forest; mindre
wood
skogsbruk -et forestry
skohorn -et = shoehorn
skoj -et = **1** skämt joke; *på* ~ for
fun **2** bedrägeri swindle
skoja *verb* **1** skämta joke; ~
med ngn kid sb. **2** bedra cheat
skojare -n = **1** bedragare swin-
dler, trickster **2** skämtare joker;
rackare rascal
skokräm -en -er shoe polish
1 skola *verb* se **ska**
2 skola -an -or school
skolbarn -et = school child
skolgård -en -ar playground
skolka *verb* play truant
skolkamrat -en -er school-
fellow
skolklass -en -er school class
skollov -et = holidays
skolres|a -an -or school journey
skolväsk|a -an -or school bag
skomakare -n = shoemaker
skomakeri -et -er shoemaker's
shop
skona *verb* spare
skoningslös *adj* merciless
skonsam *adj* gentle
skop|a -an -or scoop
skorp|a -an -or **1** mat rusk
2 hårdnad yta crust
skorpion -en -er scorpion;

Skorpionen stjärntecken Scorpio

skorsten -en -ar chimney

skosnöre -t -n shoelace

skosul|a -an -or sole

skot|er -ern -rar scooter

skotsk *adj* Scottish

skotsk|a -an **1** pl. -or kvinna Scotswoman **2** språk Scots

skott -et = **1** shot **2** på växt shoot

skotta *verb* shovel

skott|e -en -ar **1** Scot **2** hund Scottish terrier

skottkärr|a -an -or wheelbarrow

Skottland Scotland

skottår -et = leap year

skral *adj* poor

skramla *verb* rattle

skranglig *adj* rickety

skrap|a I -an -or tillrättavisning scolding **II** *verb* scrape; ~ *sig på knäet* graze one's knees

skratt -et = laughter; enstaka laugh; *jag kan inte hålla mig för* ~ I cannot help laughing

skratta *verb* laugh; ~ *åt* laugh at

skrev -et = crotch

skrev|a -an -or cleft

skri -et -n scream

skribent -en -er writer

skrida *verb* walk slowly; ~ *fram* advance

skridsko -n -r skate

skridskoban|a -an -or skating-rink

skridskoåkning -en skating

skrift -en -er **1** writing **2** tryckalster publication

skriftlig *adj* written

skriftspråk -et = written language

skrik -et = cry

skrika *verb* cry

skrin -et = box

skriva *verb* write*; ~ *av ngt* copy sth.; *skriva in sig* enrol; vid universitet register; ~ *på* (*under*) *ngt* sign sth.

skriv|bok -boken -böcker exercise book

skrivbord -et = desk

skrivelse -n -r letter

skrivmaskin -en -er typewriter

skrivning -en -ar prov written test

skrivstil -en -ar handwriting

skrock -et superstition

skrockfull *adj* superstitious

skrot -et scrap

skrota *verb* scrap

skrovlig *adj* rough

skrubb -en -ar cubbyhole

skrubba *verb* scrub

skrumpen *adj* shrivelled

skrumpna *verb* shrivel

skrup|el -eln -ler scruple

skruv -en -ar screw

skruva *verb* screw; ~ *av* t.ex. lock unscrew; ~ *på* t.ex. lock

screw...on; t.ex. radio turn on;
~ *upp* volym turn up

skruvmejs|el -eln -lar screw-
driver

skrymmande *adj* bulky

skrynklig *adj* creased

skryt -et boasting

skryta *verb*, ~ *med* boast
about; *skryt lagom!* don't
talk so big!

skrytsam *adj* boastful

skråla *verb* bawl drunkenly

skråm|a -an -or scratch

skräck -en terror

skräckinjagande *adj* terrify-
ing

skräckslagen *adj* terror-
-stricken

skräddare -n = tailor

skrädderi -et -er tailor's shop

skräll -en -ar crash

skrälla *verb* blare

skrämma *verb* frighten

skrämsel -n fright

skräna *verb* yell

skräp -et rubbish; avfall litter

skräpig *adj* untidy

skröplig *adj* frail

skugg|a I -an -or shade; av något
shadow **II** *verb* **1** ge skugga åt
shade **2** följa efter tail

skuggig *adj* shady

skuld -en -er **1** penningskuld debt
2 moralisk guilt; fel fault

skuldkänsl|a -an -or feeling of
guilt

skuldmedveten *adj* guilty

skuldr|a -an -or shoulder

skull, *för hennes* ~ for her
sake; *för din egen* ~ in your
own interest

skulle *verb* **1** uttrycker framtid,
*doktorn sa att jag snart ~ bli
frisk* the doctor said that I
would soon recover; *vad ~
han göra med det?* what was
he going to do with it? **2** i
indirekt fråga, *hon frågade om
hon ~ laga te* she asked if
she should make some tea
3 konditionalis, *jag ~ kunna
göra det* I could do it; ~ *det
smaka med en kopp te?*
would you like a cup of tea?

skulptur -en -er sculpture

skulptör -en -er sculptor

1 skum *adj* **1** mörk dark
2 suspekt shady

2 skum -met foam

skumgummi -t foam rubber

skumma *verb* foam

skummjölk -en skimmed milk

skunk -en -ar skunk

skur -en -ar shower

skura *verb* scrub

skurk -en -ar scoundrel

skurtras|a -an -or floorcloth

skut|a -an -or small cargo boat

skutt -et = leap

skutta *verb* leap

skvala *verb* pour

skvall|er -ret gossip

skvallerbytt|a -an -or gossip-
monger

skvallra *verb* gossip

skvalpa *verb* lap

skvätt -en -ar drop

skvätta *verb* splash

1 sky -n -ar moln cloud; himmel sky

2 sky -n köttsky juice; *kött med ~* meat au jus

skydd -et = protection

skydda *verb* protect; *~ sig* protect oneself

skyddshjälm -en -ar protective helmet

skyddsling -en -ar ward

skyddsrum -met = shelter

skyfall -et = cloudburst

skyffel -eln -lar shovel

skyffla *verb* shovel

skygg *adj* shy

skyhög *adj* sky-high

skyldig *adj* **1** till något guilty **2** *vara ~ ngn pengar* owe sb. money; *vad är jag ~?* how much do I owe you?

skyldighet -en -er duty

skylla *verb,* *~ ngt på ngn* blame sb. for sth.

skylt -en -ar sign

skyltfönst|er -ret = shop-window

skymf -en -er insult

skymma *verb,* *~ sikten för ngn* block sb's view; *det börjar ~* it is getting dark

skymning -en -ar twilight

skymt -en -ar glimpse; *se en ~ av ngt* catch* a glimpse of sth.

skymta *verb* få se catch* a glimpse of; vara synlig loom

skymundan, *hålla sig i ~* keep* out of the way

skynda *verb* hasten; *~ sig* hurry; *~ dig!* hurry up!

skynke -t -n cover

skyskrap|a -an -or skyscraper

skytt -en -ar shot; *Skytten* stjärntecken Sagittarius

skåda *verb* see*

skådespel -et = play

skådespelare -n = actor

skådespelersk|a -an -or actress

skål I -en -ar bowl **II** *interj* cheers!

skåla *verb* toast; *~ för ngn* drink* a toast to sb.

skålla *verb* scald

Skåne Scania

skåp -et = cupboard

skåpbil -en -ar van

skår|a -an -or cut

skägg -et = beard

skäggig *adj* bearded

skäl -et = reason

skäll -et vard., ovett telling-off

skälla *verb* **1** om hund bark **2** *~ på ngn* scold sb.

skälva *verb* shake

skämd *adj* rotten

skämma *verb,* *~ bort ngn* spoil sb.; *~ ut ngn* disgrace sb.; *~ ut sig* make* a fool of oneself

skämmas verb be* ashamed
skämt -et = joke; *på* ~ for a
joke
skämta verb joke
skämtsam adj humorous
skända verb desecrate
skänka verb give
1 skär -et = holme rocky islet
2 skär adj pink
skära verb cut*; ~ *sig* cut*
oneself; ~ *av* cut* off
skärbräde -t -n chopping-board
skärbön|a -an -or French bean
skärgård -en -ar archipelago
skärm -en -ar screen
skärp -et = belt
skärpa I -n **1** sharpness **2** *ställa in skärpan* focus **II** verb
sharpen; ~ *sig* pull oneself
together
skärv|a -an -or piece
sköld -en -ar shield
sköldpadd|a -an -or på land
tortoise; i havet turtle
skölja verb rinse
skön adj **1** vacker beautiful
2 behaglig nice
skönhet -en -er beauty
skönhetsmed|el -let = cosmetic
skönhetssalong -en -er beauty
parlour
skönja verb discern
skönlitteratur -en literature
skör adj brittle
skörd -en -ar harvest
skörda verb reap
sköta verb **1** vårda nurse; ~ *om*

ngn (ngt) take* care of sb.
(sth.); *sköt om dig!* take*
care! **2** leda manage; ~ *sig*
look after oneself; uppföra sig
behave
sköte -t -n lap
skötersk|a -an -or nurse
skötsam adj steady
skötsel -n care
sladd -en -ar flex
sladda verb slira skid
1 slag -et = sort kind; *ett slags
bröd* some kind of bread
2 slag -et = **1** utdelat blow
2 rytmisk rörelse beat **3** *på
slaget 11* on the stroke of 11
4 i krig battle **5** på kavaj lapel
slaganfall -et = stroke
slagfält -et = battlefield
slagord -et = catchword
slagsida -n **1** om fartyg list
2 övervikt preponderance
slagskämp|e -en -ar fighter
slagsmål -et = fight
slak adj slack
slakt -en -er slaughter
slakta verb butcher
slaktare -n = butcher
slakteri -et -er slaughterhouse;
affär butcher's
slalom -en slalom; *åka* ~
slalom
slalomback|e -en -ar slalom
slope
slalomskid|a -an -or slalom ski
slam -met fällning ooze
slamp|a -an -or slut

slamra *verb* clatter

1 slang -en språk slang

2 slang -en -ar rör tube

slank *adj* slender

slant -en -ar coin; **singla** ~ toss a coin

slapp *adj* slack

slappna *verb* slacken; ~ *av* relax

slarv -et carelessness

slarva *verb* be* careless; ~ *bort ngt* lose* sth.

slarvig *adj* careless

1 slask -et gatsmuts slush

2 slask -en -ar vask sink

slaskig *adj* slushy

1 slav -en -er folkslag Slav

2 slav -en -ar träl slave

slaveri -et slavery

slem -met phlegm

slemhinn|a -an -or mucous membrane

slentrian -en routine

slev -en -ar ladle

slicka *verb* lick; ~ *på ngt* lick sth.

slid|a -an -or **1** för kniv etc. sheath **2** hos kvinna vagina

sling|a -an -or **1** coil **2** för motion jogging track

slingra *verb* wind; ~ *sig* wind

slinka *verb* slip; ~ *igenom* slip through; ~ *in* på t.ex. en bar slip into

slipa *verb* grind

slippa *verb* be* let off; *låt mig* ~ *göra det* I'd rather not if

you don't mind; ~ *undan* get* away; ~ *ut* get* out

slips -en -ar tie

slira *verb* skid

slit -et hårt arbete toil

slita *verb* **1** nöta, ~ *på* wear*; ~ *ut* wear* out **2** riva tear; ~ *av* tear off **3** knoga toil

slitage -t wear*

sliten *adj* worn

slitstark *adj* hard-wearing

slockna *verb* go* out; somna fall* asleep

sloka *verb* droop

slopa *verb* avskaffa abolish; ge upp give* up

slott -et = palace; befäst castle

slovak -en -er Slovak

Slovakien Slovakia

slovakisk *adj* Slovakian

slovakisk|a -an **1** pl. -or kvinna Slovakian woman **2** språk Slovak

sloven -en -er Slovene

Slovenien Slovenia

slovensk *adj* Slovenian

slovensk|a -an **1** pl. -or Slovenian woman **2** språk Slovene

sluddra *verb* slur one's words

slug *adj* shrewd

sluka *verb* swallow

slum -men slum

slump -en -ar chance

slumra *verb* slumber

slunga *verb* sling

sluss -en -ar lock

slut I -et = end; *göra* ~ *med*

ngn break* off with sb.; *göra ~ på ngt* finish sth.; *ta ~ end*; *till ~* at last **II** *adj* over
sluta *verb* **1** end; *~ röka* stop smoking; *~ med ngt* give* up sth. **2** *~ fred* make* peace
slutföra *verb* complete
slutgiltig *adj* final
slutlig *adj* final
slutligen *adv* finally
slutresultat -et = final result
slutsats -en -er conclusion
slutsignal -en -er final whistle
slutsumm|a -an -or total
slutsåld *adj, vara ~* be* sold out
slutta *verb* slope
sluttning -en -ar slope
slå *verb* beat*; ett slag hit*; *~ ned* knock down; *~ sig* hurt oneself; *~ sig ned* sit* down
slående *adj* striking
slåss *verb* fight
släcka *verb* put* out
släd|e -en -ar sleigh; hundsläde dogsled
slägg|a -an -or **1** sledgehammer **2** i sport hammer
släkt I -en -er **1** ätt family **2** släktingar relatives **II** *adj* related
släkte -t -n art species; ras race
släkting -en -ar relative
släng -en -ar **1** knyck toss **2** lindrigt anfall, *få en ~ av...* get* a touch of...

slänga *verb* throw*; kasta bort throw* away
slänt -en -er slope
släp -et = **1** på klänning train **2** släpvagn trailer
släpa *verb* **1** dra drag **2** *~ sig fram* drag oneself along
släplift -en -ar (-er) ski-tow
släppa *verb* **1** inte hålla fast let* go of **2** lossna come* off; *~ igenom* let* through; *~ ut* let* out **3** *~ sig* break* wind
släpvagn -en -ar trailer
slät *adj* smooth
slätrakad *adj* clean-shaven
slätt -en -er plain
slö *adj* dull
slöa *verb* idle
slödd|er -ret riff-raff
slöfock -en -ar lazybones
slöj|a -an -or veil
slöjd -en -er handicraft
slösa *verb* waste; *~ med* slösa bort waste
slösaktig *adj* wasteful
slöseri -et waste, wastefulness
smacka *verb* smack one's lips
smak -en -er taste
smaka *verb* taste; *~ bra* taste nice; *~ på ngt* taste sth.
smakfull *adj* tasteful
smaklös *adj* tasteless
smakprov -et = **1** bit mat o.d. taste **2** utdrag sample
smaksak oböjl. matter of taste
smaksätta *verb* flavour
smal *adj* narrow; tunn thin

smalna verb, ~ av narrow

smaragd -en -er emerald

smart adj smart

smattra verb clatter

smed -en -er smith

smeka verb caress

smekmånad -en -er honey-moon

smeknamn -et = pet name

smekning -en -ar caress

smet -en -er mixture; pannkaks-smet o.d. batter

smeta verb daub; ~ ned ngt smear sth.

smick|er -ret flattery

smickra verb flatter

smickrande adj flattering

smida verb forge

smide -t -n wrought iron

smidig adj flexible

smink -et -er make-up

sminka verb make* up; ~ sig make* oneself up

smita verb run* away

smitt|a I -an -or infection **II** verb vara smittsam be* infectious; ~ ner ngn infect sb.

smittkoppor pl. smallpox

smittsam adj infectious

smoking -en -ar dinner jacket

smuggla verb smuggle

smuggling -en -ar smuggling

smul|a I -an -or crumb **II** verb crumble

smultron -et = wild strawberry

smussla verb practise under-hand tricks; ~ undan hide away

smuts -en dirt

smutsa verb, ~ ner soil; ~ ner sig get* dirty

smutsig adj dirty

smutstvätt -en dirty washing

smutta verb sip; ~ på en drink sip a drink

smycka verb adorn

smycke -t -n piece of jewellery

smyg, i ~ on the sly

smyga verb sneak; ~ sig bort sneak (slip) away

små adj small

småaktig adj petty

småbarn pl. young children

småbildskamer|a -an -or mini-camera

småbitar pl. small pieces

småfransk|a -an -or roll

småföretag -et = small busi-ness

småföretagare -n = small businessman

småkak|a -an -or biscuit

småle verb smile

småningom adv, så ~ gradu-ally

småpengar pl. small change

småprata verb chat

småsak -en -er little thing

små|stad -staden -städer small town

småsyskon pl. younger sister (sisters) and brother (brothers)

smått I adj small **II** oböjl., *lite ~ och gott* a little of everything **III** adv en smula a little

småvägar pl. bypaths

smäll -en -ar **1** knall bang **2** slag smack

smälla verb bang; *~ igen en dörr* slam a door

smälta verb melt; *~ in i... go** well with...

smärre adj minor

smärt adj slender

smärta -an -or pain

smärtfri adj painless

smärtsam adj painful

smärtstillande adj, *~ medel* painkiller

smör -et butter

smördeg -en -ar puff pastry

smörgås -en -ar open sandwich

smörgåsbord -et = smorgas-bord

smörgåsmat -en se *pålägg*

smörja I -n **1** fett grease **2** skräp rubbish **II** verb, *~ in ngt med ngt* rub sth. with sth.

smörjning -en -ar av bromsar o.d. lubrication

smörkräm -en butter cream

snabb adj rapid

snabba verb, *~ på!* hurry up!

snabbkaffe -t instant coffee

snabbköp -et = self-service shop

snabel -eln -lar trunk

snacka verb talk

snaps -en -ar glass of schnapps

snara -an -or snare

snarare adv rather

snarast adv, *~ möjligt* as soon as possible

snarka verb snore

snarkning -en -ar snore

snart adv soon; *så ~ som möjligt* as soon as possible

snask -et sweets

snatta verb pilfer, shoplift

snatteri -et -er shoplifting

snava verb stumble; *~ på ngt* stumble over sth.

sned adj crooked

snedsprång -et = affair

snegla verb, *~ på* glance furtively at

snett adv obliquely

snibb -en -ar corner; blöja tie pants

snickare -n = joiner

snickra verb do* woodwork

snida verb carve

snigel -eln -lar slug; med snäcka snail

sniken adj greedy

snille -t -n genius

snilleblixt -en -ar, *få en ~* have* a brainwave

snillrik adj brilliant

snitt -et = **1** cut **2** *i ~* genomsnitt on the average

sno verb **1** tvinna twist **2** vard., stjäla pinch **3** *~ sig* hurry up

snobb -en -ar snob

snobbig adj snobbish

snodd -en -ar cord

snok -en -ar grass snake
snoka *verb* pry
snopen *adj* disappointed
snopp -en -ar vard., penis willy
snor -en (-et) snot
snorig *adj* snotty
snorkel -eln -lar snorkel
snorunge -en -ar brat
snubbla *verb* stumble
snudda *verb*, ~ *vid ngt* touch sth. lightly
snurra I -an -or top **II** *verb* spin
snurrig *adj* yr giddy
snus -et -er snuff
snusa *verb* använda snus take* snuff
snusdosa -an -or snuffbox
snusk -et dirt
snuskig *adj* dirty
snuva -an -or cold
snuvig *adj*, *vara* ~ have* a cold
snyfta *verb* sob
snygg *adj* prydlig neat; vacker pretty
snyta *verb*, ~ *sig* blow one's nose
snål *adj* stingy
snåla *verb* be* stingy
snåljåp -en -ar miser
snår -et = thicket
snäcka -an -or skal shell; snäckdjur mollusc
snäll *adj* kind; *det var snällt av dig!* how kind of you!; *var* ~ *och hämta mjölken* fetch the milk, please

snärja *verb* ensnare
snäv *adj* **1** stramande tight **2** kort abrupt
snö -n snow
snöa *verb* snow
snöboll -en -ar snowball
snödjup -et = depth of snow
snödriva -an -or snowdrift
snöfall -et = snowfall
snögubbe -en -ar snowman
snöig *adj* snowy
snöplig *adj* disappointing
snöplog -en -ar snowplough
snöra *verb* lace
snöre -t -n string
snöskoter -ern -rar snowmobile
snöskottning -en clearing away snow
snöskred -et = avalanche
snöstorm -en -ar snowstorm
sobel -eln -lar sable
sober *adj* sober
social *adj* social
socialbidrag -et = social benefit
Socialdemokraterna the Social Democrats
socialgrupp -en -er social class
socialism -en socialism
socialist -en -er socialist
socialistisk *adj* socialist
societeten -en for society
sociolog -en -er sociologist
socionom -en -er trained social worker
socka -an -or sock
sockel -eln -lar base

sock|er -ret sugar
sockerbit -en -ar sugar cube
sockerdrick|a -an -or lemonade
sockerfri *adj* sugar-free
sockerkak|a -an -or sponge
cake
sockersjuka -n diabetes
sockra *verb* sugar
soda -n soda
sodavatt|en -net = soda
soff|a -an -or sofa
sofistikerad *adj* sophisticated
soja -n soya sauce
sojabön|a -an -or soya bean
sol -en -ar sun
sola *verb*, ~ *sig* bask in the
sun; solbada sunbathe
solari|um -et -er solarium
solbada *verb* sunbathe
solbränd *adj* brun tanned
solbränn|a -an -or tan
soldat -en -er soldier
soleksem -et = sunrash
solfjäd|er -ern -rar fan
solglasögon pl. sunglasses
solhatt -en -ar sunhat
solidarisk *adj* loyal
solig *adj* sunny
solist -en -er soloist
solkräm -en -er sun lotion
solnedgång -en -ar sunset
solo I *adj* o. *adv* solo **II** -t -n
solo
sololj|a -an -or suntan oil
solros -en -or sunflower
solsken -et sunshine

solskyddsfaktor -n -er sun
factor
solskyddsmed|el -let = sun
lotion
solsting -et sunstroke
solstrål|e -en -ar sunbeam
soluppgång -en -ar sunrise
solur -et = sundial
som I *pron*, *jag har en vän ~
heter Derek* I have a friend
who is called Derek; *Jill kom
inte, något ~ förvånade mig*
Jill didn't come, which sur-
prised me; *allt ~ glittrar är
inte guld* all that glitters is not
gold **II** *konj*, ~ *sagt* as I said;
en ~ hon a woman like her
sommar -en somrar summer; *i ~*
this summer; *i somras* last
summer; *på sommaren* in the
summer
sommargäst -en -er summer
visitor
sommarlov -et = summer
holidays
sommarsolstånd -et summer
solstice
sommarstug|a -an -or summer
cottage
sommartid I *adv* på sommaren
in the summer **II** -en ändrad
tid summer time
somna *verb* fall* asleep; ~ *om*
go* back to sleep
son -en söner son
sondera *verb* probe; ~ *terräng-
en* see how the land lies

son|dotter -dottern -döttrar granddaughter
sonhustru -n -r daughter-in-law
son|son -sonen -söner grandson
sopa *verb* sweep
sopbil -en -ar refuse lorry
sopborst|e -en -ar brush
sophink -en -ar refuse bucket
sophämtning -en refuse collection
sopkvast -en -ar broom
sopnedkast -et = refuse chute
sopor pl. refuse
sopp|a -an -or **1** soup **2** röra mess
sopptallrik -en -ar soup plate
soppås|e -en -ar bin-liner
sopran -en -er soprano
sopskyff|el -eln -lar dustpan
soptipp -en -ar dump
soptunn|a -an -or dustbin
sorbet -en sorbet
sorg -en -er **1** bedrövelse sorrow **2** efter avliden mourning
sorglig *adj* sad
sorglös *adj* unconcerned
sorgsen *adj* sad
sork -en -ar vole
sorl -et murmur
sort -en -er sort, kind
sortera *verb* sort; ~ *ut* sort out
sortiment -et = assortment
SOS SOS-et =, *ett* ~ an SOS
sot -et soot
sota *verb* sweep; alstra sot smoke

sotare -n = chimney-sweep
souvenir -en -er souvenir
souvenirbutik -en -er souvenir shop
sova *verb* sleep*; *sov gott!* sleep well!; ~ *middag* have* an afternoon nap; ~ *ut* sova länge have* a good sleep
sovkupé -n -er sleeping-compartment
sovmorg|on -onen -nar late morning
sovplats -en -er sleeping-place
sovrum -met = bedroom
sovsäck -en -ar sleeping-bag
sovvagn -en -ar sleeping-car
sovvagnsbiljett -en -er sleeping-berth ticket
spack|el 1 -let kitt putty **2** -eln -lar verktyg putty knife
spackla *verb* putty
spad -et liquid; köttspad juice
spad|e -et -ar spade
spader -n = spades
spaghetti -n spaghetti
spak -en -ar lever
spalt -en -er column
spana *verb* watch; ~ *efter ngt* watch out for sth.
Spanien Spain
spaning -en -ar search; av polis investigation; militär reconnaissance
spanjor -en -er Spaniard
spanjorsk|a -an -or Spanish woman
1 spann -en (-et) -ar på bro span

576

2 spann -en (-et) -ar hink bucket
spansk adj Spanish
spanska -n Spanish
spara verb save*; ~ på ngt keep* sth.; ~ ihop pengar put* by money
sparbank -en -er savings bank
sparbössa -an -or money box
spark -en -ar kick
sparka verb kick
sparris -en -ar asparagus
sparsam adj **1** ekonomisk economical **2** gles sparse
sparsamhet -en economy
sparv -en -ar sparrow
specerier pl. groceries
specialerbjudande -t -n special offer
specialisera verb, ~ sig specialize
specialist -en -er specialist
specialitet -en -er speciality
speciell adj special
specificera verb specify
specifikation -en -er specification
spegel -eln -lar mirror
spegelbild -en -er reflection
spegelvänd adj reversed
spegla verb reflect; ~ sig be* reflected; om person look in a mirror
speja verb spy; ~ efter ngt look out for sth.
spektrum -et = spectrum
spekulant -en -er **1** på hus o.d.

prospective buyer **2** på börs speculator
spekulera verb speculate
spel -et = **1** play; sätta ngt på ~ risk sth. **2** kortspel el. idrott game; hasardspel gambling
spela verb play; ~ teater act; ~ in ngt record sth.
spelare -n = player; hasardspelare gambler
spelautomat -en -er slot machine
spelkort -et = playing-card
spelman -mannen -män musician
spelrum -met scope; ge ngn fritt ~ give* sb. a free hand
spenat -en spinach
spendera verb spend*
sperma -n (-t) sperm
spermie -n -r sperm
1 spets -en -ar udd point
2 spets -en -ar trådarbete lace
3 spets -en -ar hund spitz
spetsig adj pointed
spett -et = **1** för stekning spit; för grillning skewer **2** av järn iron-bar lever
spex -et = student farce
spik -en -ar nail
spika verb nail; ~ fast nail down
spiksko -n -r spiked shoe
spill -et waste
spilla verb spill; ~ ut ngt spill sth.
spillra -an -or skärva splinter;

spillror, av t.ex. flygplan wreck-
age
spind|el -eln -lar djur spider
spinkig *adj* spindly
spinna *verb* **1** spin **2** om katt
purr
spion -en -er spy
spionera *verb* spy
spir|a I -an -or **1** topp spire
2 härskarstav sceptre II *verb*
sprout
spiral -en -er **1** spiral **2** preven-
tivmedel coil
spis -en -ar stove
spjut -et = spear; i sport javelin
spjutkastning -en javelin
spjäll -et = i eldstad damper; på
motor throttle
spjärna *verb*, ~ *emot* resist
splitt|er -ret = splinter
splittra *verb* shatter
splittring -en -ar oenighet
division
1 spola *verb* **1** med vatten flush
2 vard., förkasta flush
2 spola *verb* vinda upp wind
spolarvätsk|a -an -or wind-
screen washer fluid
spol|e -en -ar för sytråd bobbin;
för film o.d. spool; rulle reel; för
hår curlers
spoliera *verb* spoil
sponsor -n -er sponsor
sponsra *verb* sponsor
spontan *adj* spontaneous
sporadisk *adj* sporadic
sporra *verb* spur

sporr|e -en -ar spur
sport -en -er sport; flera slags
sporter sports
sporta *verb* go* in for sports
sportaffär -en -er sports shop
sportbil -en -ar sports car
sportdykning -en scuba diving
sportfiske -t angling
sportig *adj* sporty
sportlov -et = winter sports
holidays
sportnyheter pl. sports news
spotta *verb* spit
spraka *verb* crackle
spratt -et = trick; *spela ngn ett*
~ play a joke on sb.
sprattla *verb* flounder
sprej -en -er spray
sprejflask|a -an -or spray
sprick|a I -an -or crack II *verb*
crack
sprida *verb* spread; ~ *sig*
spread; ~ *ut* spread out
spridning -en -ar distribution;
av tidning circulation
1 spring|a -an -or slit; för mynt
slot
2 springa *verb* run*; ~ *bort*
run* away
springpojk|e -en -ar errand boy
sprit -en alcohol; dryck spirits
spritdryck -en -er alcoholic
drink
spritkök -et = spirit stove
spriträttigheter pl. license to
sell alcohol

spritta *verb*, ~ *till* give* a start

sprund -et = slit

sprut|a I -an -or injektion injection; instrument syringe **II** *verb* spurt

språk -et = language; *ut med språket!* out with it!

språkkurs -en -er language course

språkkänsla -n feeling for language

språklärare -n = language teacher

språkundervisning -en language teaching

språng -et = jump

spräcka *verb* crack; t.ex. kostnadsramar exceed

spräcklig *adj* speckled

spränga *verb* **1** burst; med sprängämne blast **2** värka ache

sprätta *verb* **1** stänka spatter **2** ~ *upp* rip open

spröd *adj* brittle; om sallad, bröd crisp

spröt -et = hos djur antenna

spurt -en -er spurt

spurta *verb* spurt

spy *verb* throw* up

spydig *adj* sarcastic

spå *verb* **1** ~ *ngn* tell* sb.'s fortune **2** förutsäga predict

spådom -en -ar prediction

spår -et = **1** som lämnats trace; som kan följas track; *vara på rätt* ~ be* on the right track

2 ledtråd clue **3** för tåg track **4** aning trace

spåra *verb* track; ~ *upp ngn* track sb. down; ~ *ur* om tåg be* derailed; om person, fest o.d. get* out of hand

spårvagn -en -ar tram

späd *adj* tender

späda *verb*, ~ *ut* dilute

spädbarn -et = infant

spänd *adj* taut; *vara* ~ *på ngt* be* eager to know sth.

spänna *verb* kännas trång be* tight; ~ *fast säkerhetsbältet* fasten the seat belt

spännande *adj* exciting

spänne -t -n clasp

spänning -en -ar tension

spänstig *adj* fit

spärr -en -ar barrier

spärra *verb* block; ~ *ett konto* block an account; ~ *av* close off

spö -et -n metspö rod; hästspö horsewhip

spöka *verb*, *det spökar i huset* the house is haunted

spöke -t -n ghost

spökhistori|a -en -er ghost story

1 squash -en spel squash

2 squash -en or grönsak squash

stab -en -er staff

stabil *adj* stable

stabilisera *verb*, ~ *sig* stabilize

stabilitet -en stability

stackare -n = poor creature

stackars *adj*, ~ *honom!* poor thing!

stad -en (stan) städer town; större city; *lämna stan* leave* town

stadg|a I -an **1** stadighet stability **2** pl. -or förordning rule **II** *verb* **1** göra stadig steady **2** förordna prescribe

stadig *adj* steady

stadion ett ~, pl. = stadium

stadi|um -et -er stage

stadsbud -et = porter

stadsdel -en -ar district

stadshus -et = town hall; större city hall

stadsmur -en -ar town wall

stadsrundtur -en -er city tour

stafett -en -er tävling relay race; *4x100 m* ~ 4x100 m relays

staffli -et -er easel

stagnation -en -er stagnation

stagnera *verb* stagnate

staka *verb* båt punt; ~ *sig* stumble; ~ *ut* mark out

stak|e -en -ar **1** stör stake **2** ljusstake candlestick **3** vard., framåtanda guts

staket -et = fence

stall -et = stable

stam -men -mar **1** på vaxt stem; tradstam trunk **2** ätt family

stamgäst -en -er regular

stamkund -en -er regular customer

stamma *verb* stammer

stamning -en stammering

stampa *verb* stamp; ~ *takten* beat time with one's foot

stamtavl|a -an -or pedigree

standard -en -er standard

stank -en -er stench

stanna *verb* **1** bli kvar stay **2** bli stående, stoppa stop

stanniol -en tinfoil

stap|el -eln -lar **1** hög pile **2** i diagram column **3** *gå av stapeln* take* place

stapla *verb* pile up

stappla *verb* stumble

star|e -en -ar starling

stark *adj* strong; *det är hans starka sida* that is his strong point

starksprit -en spirits

starkvin -et -er dessert wine

starköl -et (-en) = beer, export beer; *tre stora* ~ three pints of beer

start -en -er start; flygplans takeoff

starta *verb* start; om flygplan take* off

startban|a -an -or runway

startkab|el -eln -lar jump lead

startkapital -et - initial capital

startmotor -n -er starter

startnyck|el -eln -lar ignition key

startskott -et = starting shot

stat -en -er state

station -en -er station

statisk *adj* static

statistik -en -er statistics

statistisk adj statistical

stativ -et = stand

statlig adj state

statsbesök -et = state visit

statschef -en -er head of state

statskyrk|a -an -or state church

statsminist|er -ern -rar prime minister

statsråd -et = cabinet minister

statuera verb, ~ ett exempel set an example

status -en status

staty -n -er statue

statyett -en -er statuette

stav -en -ar staff

stava verb spell; hur stavas det? how is it spelt?

stavelse -n -r syllable

stavhopp -et = pole vault

stavning -en -ar spelling

stearinljus -et = candle

steg -et = step

steg|e -en -ar ladder

1 stegra verb öka increase

2 stegra verb, ~ sig rear

stegring -en -ar ökning increase

stek -en -ar maträtt roast

steka verb i ugn roast; i stekpanna fry; halstra grill

stekpann|a -an -or frying pan

stekspad|e -en -ar spatula

stekspett -et = spit

stekt adj fried

stel adj stiff

stelkramp -en tetanus

stelna verb 1 om kroppsdel o.d. stiffen 2 om vätska congeal

sten -en -ar stone

Stenbocken best. form Capricorn

stencil -en -er stencil; som delas ut handout

stengods -et stoneware

stenhus -et = stone house

stenig adj stony

stenografi -n shorthand

stenskott -et =, få ett ~ be* hit by a flying stone

steppa verb tap-dance

stereo -n -r stereo

stereoanläggning -en -ar stereo

stereotyp adj stereotyped

steril adj sterile

sterilisera verb sterilize

stetoskop -et = stethoscope

steward -en -ar (-er) steward

stick -et = 1 styng sting 2 i spel trick 3 lämna ngn i sticket leave* sb. in the lurch

stick|a I -an -or 1 flisa splinter 2 för stickning needle **II** verb 1 ge ett stick prick; om t.ex. bi sting 2 med stickor knit 3 kila push off; smita run* away 4 ~ fram stick out; ~ in ngt i ngt put* sth. in sth.

stickprov -et = spot check

stift verb = 1 att fästa med pin 2 att skriva med lead

stifta verb 1 grunda found 2 ~ bekantskap med ngn make* sb.'s acquaintance

stiftelse -n -r foundation

stift|tand -tanden -tänder pivot tooth

stig -en -ar path

stiga verb **1** stiga uppåt rise **2** ~ av bussen get* off the bus; stig in! come* in!; ~ på bussen get* on the bus; ~ upp get* up

stigbyg|el -eln -lar stirrup

stil -en -ar **1** style; något i den stilen something like that **2** handstil writing

stilett -en -er stiletto

stilig adj elegant

stilla I adj o. adv calm; stå ~ inte flytta sig stand* still **II** verb t.ex. begär satisfy

Stilla havet the Pacific

stillastående adj orörlig immobile

stillbild -en -er still

stilleben -et = still life

stillestånd -et = **1** stagnation standstill **2** vapenvila truce

stillsam adj quiet

stiltje -n period of calm

stim -met = **1** av fisk shoal **2** oväsen noise

stimulans -en -er stimulation

stimulera verb stimulate

sting -et = sting

stinka verb stink

stipendi|um -et -er scholarship

stirra verb stare; ~ på stare at

stjäla verb steal*

stjälk -en -ar stem

stjälpa verb overturn

stjärn|a -an -or star

stjärnbild -en -er constellation

stjärnteck|en -net = sign

stjärt -en -ar tail

sto -et -n mare

stock -en -ar stam log

stockning -en -ar standstill; trafikstockning traffic jam

stoff -et = material

stoft -et **1** damm powder **2** pl. = avlidens ashes

stoj -et noise

stoja verb make* a noise

stol -en -ar chair

stolp|e -en -ar post

stolpill|er -ret = suppository

stolt adj proud

stolthet -en pride

stomm|e -en -ar frame

stopp I -et = stoppage **II** interj stop!

1 stoppa verb stanna stop

2 stoppa verb **1** laga darn **2** fylla fill; ~ i sig stuff oneself **3** ~ in ngt i ngt put* sth. into sth.

stoppförbud -et på skylt no waiting

stopplikt -en obligation to stop

stoppnål -en -ar darning-needle

stoppsignal -en -er stop signal

stor adj **1** large; ledigare big; känslobetonat great **2** vuxen grown-up

storartad adj grand

storasyst|er -ern -rar big sister

Storbritannien Great Britain

store|bror -brodern -bröder big brother

storföretag -et = large enterprise

storhet -en -er greatness

stork -en -ar stork

storlek -en -ar size

storm -en -ar hård vind gale; oväder storm

storma *verb, det stormar* a storm is raging; ~ *fram* rush forward

stormakt -en -er great power

stormarknad -en -er hypermarket, superstore

stormig *adj* stormy

stormsteg, med ~ by leaps and bounds

stormvarning -en -ar gale warning

storsint *adj* magnanimous

storslagen *adj* grand

stor|stad -staden (-stan) -städer big city

storstädning -en -ar thorough cleaning

stortå -n -r big toe

straff 1 -et = punishment; dom sentence **2** -en -ar i sport penalty

straffa *verb* punish

stram *adj* tight

strama *verb* be* tight

strand -en stränder shore; för bad beach; av flod bank

strapats -en -er hardship

strategi -n -er strategy

strategisk *adj* strategic

strax *adv* soon

streb|er -ern -rar climber

streck -et = **1** drag stroke, line **2** spratt trick

strejk -en -er strike

strejka *verb* go* on strike

stress -en stress

stressad *adj* suffering from stress

stressig *adj* stressful

streta *verb* knoga work hard; ~ *emot* resist

strid -en -er fight; *det står i strid med...* it conflicts with...

strida *verb* fight; *det strider mot reglerna* it goes against the rules

stridsvagn -en -ar tank

strikt I *adj* strict **II** *adv* strictly

strila *verb* sprinkle

strimlla I -an -or shred **II** *verb* shred

strimm|a -an -or streak

stripp|a I vard. I -an -or stripper **II** *verb* strip

struktur -en -er structure

struma -n goitre

strump|a -an -or stocking; socka sock

strumpbyxor pl. tights

strunt -et (-en) rubbish

strunta *verb, ~ i ngt* not bother about sth.

struntsak -en -er trifle

struntsumm|a -an -or trifle;
köpa ngt för en ~ buy* sth.
for a song
strup|e -en -ar throat
struptag, *ta* ~ *på ngn* seize sb.
by the throat
strut -en -ar cone
struts -en -ar ostrich
stryk -et beating; *få* ~ take* a
beating
stryka *verb* **1** smeka stroke
2 med strykjärn iron **3** bestryka
coat; med färg paint; ~ *på
salva* smear salve **4** utesluta
cancel **5** ~ *för ngt* mark sth.
strykbräde -t -n ironing board
strykfri *adj* drip-dry
strykjärn -et = iron
strypa *verb* strangle
strå -et -n straw
stråk|e -en -ar bow
stråkinstrument -et = string
instrument
stråla *verb* beam
strålande *adj* brilliant
strål|e -en -ar **1** ray **2** av vätska
jet
strålkastare -n = på teater o.d.
spotlight; på bil o.d. headlight
strålning -en -ar radiation
sträck, *i ett* ~ at a stretch
sträck|a I -an -or stretch;
avstånd, vägsträcka distance
II *verb* stretch; ~ *sig* stretch;
~ *fram handen* hold* out
one's hand; ~ *på benen*
stretch one's legs

sträckning -en -ar riktning
direction
1 sträng *adj* severe
2 sträng -en -ar string
stränginstrument -et = string
instrument
sträv *adj* rough
sträva *verb*, ~ *efter* strive for
strävan en ~, pl. -den ambition
strö *verb* sprinkle; ~ *ut ngt*
strew sth.
ströbröd -et breadcrumbs
ström -men -mar **1** vattendrag
stream **2** elektrisk current
strömavbrott -et = power
failure
strömbrytare -n = switch
strömma *verb* stream; ~ *in*
pour in
strömming -en -ar Baltic
herring
strömning -en -ar current
strösock|er -ret granulated
sugar
ströva *verb*, ~ *omkring* roam
strövtåg -et = ramble
stubb|e -en -ar stump
stubin -en -er fuse
student -en -er student
studera *verb* study
studerande -n = schoolboy,
schoolgirl; vid universitet stu-
dent
studie -n -r study
studiebesök -et = study visit
studiecirk|el -eln -lar study
circle

studieres|a -an -or study tour

studio -n -r studio

studi|um -et -er study

studsa verb bounce

stug|a -an -or cottage

stugby -n -ar ung. holiday village

stuka verb skada sprain

stum adj dumb

stumfilm -en -er silent film

stump -en -ar **1** rest stump **2** melodi tune

stund -en -er while; om en ~ in a moment; för en ~ sedan a few minutes ago

stup -et = precipice

stupa verb **1** luta fall* steeply **2** falla fall* **3** dö be* killed

stuprör -et = drainpipe

1 stuva verb packa stow; ~ undan stow away

2 stuva verb mat cook in white sauce

stuvning -en -ar köttstuvning stew; svampstuvning creamed mushrooms

styck, två pund per ~ two pounds each

stycka verb cut up

styck|e -et -en piece; några stycken a few; vi var fem stycken there were five of us

stygg adj naughty, bad

stygn -et = stitch

stympa verb mutilate

styra verb **1** steer **2** regera govern **3** behärska control

styrbord oböjl. starboard

styrelse -n -r bolagsstyrelse board of directors

styrk|a I -an -or **1** fysisk strength; kraft power **2** trupp force II verb **1** göra starkare strengthen **2** bevisa prove

styrsel -n stability

styv adj **1** stiff **2** duktig clever

styvbarn -et = stepchild

styv|far -fadern -fäder stepfather

styv|mor -modern -mödrar stepmother

styvna verb stiffen

stå verb **1** stand*; det står i tidningen it says in the paper; ~ för ngt be* responsible for sth.; ~ kvar remain standing; vad står på? what's the matter?; hur står det till? how are you?; ~ ut med ngt stand* sth. **2** ha stannat have* stopped

stående adj standing

stål -et steel

stånd -et = **1** salustånd stall **2** växt plant **3** vard., erektion hard-on **4** skick condition; vara i ~ till be* capable of; få till ~ bring* about

ståndaktig adj firm

ståndpunkt -en -er standpoint

stång -en stänger pole

stånka verb puff and blow

ståplats -en -er standing ticket

ståt -en pomp

ståtlig adj grand

städa *verb* clean
städare -n = cleaner
städersk|a -an -or cleaner; på hotell chambermaid
ställ -et = stand*
ställa *verb* put*; t.ex. frågor ask; ~ *fram* put* out; ~ *ifrån sig* put* down
ställbar *adj* adjustable
ställe -t -n place; *i stället för ngn* in sb.'s place
ställföreträdare -n = deputy
ställning -en -ar **1** position; poängställning score **2** ställ stand
stämband -et = vocal cord
1 stämm|a I -an -or röst voice **II** *verb* **1** tune **2** *det stämmer* that's right
2 stämm|a I -an -or sammanträde meeting **II** *verb* **1** ~ *ngn för ngt* sue sb. for sth. **2** ~ *möte med ngn* arrange to meet sb.
1 stämning -en -ar sinnesstämning mood
2 stämning -en -ar inför rätta summons
stämp|el -eln -lar stamp
stämpla *verb* stamp
ständig *adj* constant
stänga *verb* shut; med lås lock; *det är stängt* om affär o.d. it's closed; ~ *av* shut off; ~ *in* lock up
stängs|el -let = fence
stänk -et = splash

stänka *verb* splash; ~ *ner* spatter
stänkskydd -et = mudflap
stänkskärm -en -ar wing
stäpp -en -er steppe
stärka *verb* göra starkare strengthen
stärkande *adj* strengthening
stärkelse -n starch
stöd -et = support
stöddig *adj* självsäker cocksure
stödja *verb* support; ~ *sig mot ngn* lean against sb.
stöka *verb* be* busy
stökig *adj* messy
stöld -en -er theft
stöldförsäkring -en -ar theft insurance
stöldgods -et stolen goods
stöna *verb* groan
stöpa *verb* cast
störa *verb* disturb; avbryta interrupt
störning -en -ar disturbance; avbrott interruption
större *adj* larger
störst *adj* largest
störta *verb* **1** beröva makten overthrow* **2** om flygplan crash; ~ *ner* fall* down
störtdykning -en -ar nose dive
störthjälm -en -ar crash helmet
störtlopp -et = downhill skiing
störtregn -et = downpour
störtregna *verb* pour down
stöt -en -ar thrust; elektrisk shock

stöta verb **1** strike, thrust; ~ *ihop med ngn* run* into sb. **2** krossa pound **3** väcka anstöt offend
stötdämpare -n = shock absorber
stötfångare -n = bumper
stött|a -an -or o. *verb* prop, support
stöv|el -eln -lar boot
subjektiv adj subjective
substans -en er substance
subtrahera verb subtract
subtraktion -en -er subtraction
subvention -en er subsidy
subventionera verb subsidize
succé -n -er success
successiv adj gradual
suck -en -ar sigh
sucka verb sigh
sudd -en -ar stet; tavelsudd duster
sudda verb, ~ *bort* rub out
suddgummi -t -n rubber
suddig adj blurred
sufflé -n -er soufflé
sufflett -en -er hood
suga verb suck; ~ *på ngt* suck sth.; ~ *upp* absorb
sugen adj, vara ~ *på ngt* feel* like sth.
sugrör -et = straw
sul|a I -an -or sole **II** verb sole
summ|a -an -or sum
summera verb sum up
sumpmark -en -er swamp
1 sund -et = sound, straits

2 sund adj healthy
sunnanvind -en -ar south wind
sup -en -ar snifter
supa verb booze; ~ *sig full* get* drunk
supé -n -er supper
supplement -et = supplement
support|er -ern -rar supporter; vard. fan
sur adj **1** motsats till söt sour **2** butter surly; *han är ~ på mig* he is cross with me **3** blöt wet
surdeg -en -ar leaven
surfa verb surf
surfing -en surfing
surfingbräd|a -an -or surfboard
surkål -en sauerkraut
surr -et hum
1 surra verb hum
2 surra verb med rep lash
surrogat -et = substitute
surströmming -en -ar fermented Baltic herring
sus -et whistling
susa verb whistle
susen, *göra ~* do* the trick
suspekt adj suspicious
suverän adj sovereign
svack|a -an -or hollow; formsvacka slump; ekonomisk downturn
svag adj weak; *det är hans svaga punkt* that is his weak point; *vara ~ för* be* fond of
svaghet -en -er weakness
sval adj cool

sval|la -an -or swallow

svalg -et = **1** throat **2** avgrund gulf

svalka I -n coolness **II** verb cool

svall -et = surge

svalla verb surge

svallvåg -en -or surge

svalna verb become* cool

svamla verb ramble

svam|mel -let drivel

svamp -en -ar **1** växt fungus; ätlig mushroom **2** tvättsvamp sponge

svan -en -ar swan

svans -en -ar tail

svar -et = answer

svara verb answer

svarslös adj, vara ~ be* at a loss for an answer

svart I adj black **II** adv olagligt illegally; arbeta ~ work off the books

svartlista verb blacklist

svartmåla verb, ~ ngn (ngt) paint sb. (sth.) black

svartpeppar -n black pepper

svartsjuk adj jealous

svartsjuka -n jealousy

svartvit adj black and white

svarv -en -ar lathe

svarva verb turn

svav|el -let sulphur

sveda -n smarting pain

svek -et = treachery

svekfull adj treacherous

svensk I adj Swedish **II** -en -ar Swede

svensk|a -an **1** pl. -or kvinna Swedish woman **2** språk Swedish

svep -et = sweep

svepa verb **1** wrap; ~ in ngt i ngt wrap sth. up in sth. **2** dricka down

svepskäl -et = pretext

Sverige Sweden

svetsa verb weld

svett -en sweat

svettas verb sweat

svettig adj sweaty

svida verb smart

svika verb fail; ~ sitt löfte break* one's promise

svikt -en spänst elasticity

svikta verb sag

svimma verb faint

svimning -en -ar faint

svin -et = pig

svindel -n **1** yrsel dizziness **2** bedrägeri swindle

svindlande adj dizzy; om pris o.d. enormous

svinga verb swing

svinläd|er -ret pigskin

svinstl|a -an -or pigsty

svit -en = **1** av rum suite **2** sviterna efter en sjukdom the effects of an illness

svordom -en -ar swearword

svullen adj swollen

svullna verb swell

svullnad -en -er swelling

svulst -en -er swelling

svulstig adj inflated, pompous

svåg|er -ern -rar brother-in-law

svångrem -men -mar belt

svår adj difficult; farlig, allvarlig grave; *ha svårt för ngt* find* sth. difficult

svårfattlig adj difficult to understand

svårhanterlig adj difficult to handle

svårighet -en -er difficulty

svårmod -et melancholy

svårsmält adj difficult to digest

svårtillgänglig adj remote, difficult of access

svägersk|a -an -or sister-in-law

svälja verb swallow

svälla verb swell

svält -en starvation

svälta verb starve

svämma verb, ~ *över* spill over

sväng -en -ar turn; kurva curve

svänga verb swing; ~ *till höger* turn to the right

svängning -en -ar pendling oscillation

svängrum -met space

svära verb swear

svärd -et = sword

svär|dotter -dottern -döttrar daughter-in-law

svär|far -fadern -fäder father-in-law

svärföräldrar pl. parents-in-law

svärm -en -ar swarm

svärma verb swarm; ~ *för ngn* have* a crush on sb.

svärmeri -et -er infatuation

svär|mor -modern -mödrar mother-in-law

svärord -et = swearword

svär|son -sonen -söner son-in-law

svärt|a I -an -or blackness
II verb blacken

sväva verb float; ~ *i fara* be* in danger

sy verb sew

sybehör pl. sewing materials

sybehörsaffär -en -er haberdasher's

syd adv south

Sydamerika South America

sydamerikansk adj South American

Sydeuropa Southern Europe

sydeuropé -n -er Southern European

sydeuropeisk adj Southern European

sydeuropeisk|a -an -or Southern European woman

sydlig adj southerly

sydländsk adj southern

sydost adv south-east

Sydpolen the South Pole

sydväst adv south-west

syfilis -en syphilis

syfta *verb*, ~ *på* refer to; mena mean*

syfte -t -n purpose

syl -en -ar awl

sylt -en -er jam

sylt|a -an-or mat brawn

syltlök -en -ar pickled onions

symaskin -en -er sewing- -machine

symbol -en -er symbol

symbolisera *verb* symbolize

symbolisk *adj* symbolic

symfoni -[e]n -er symphony

symfoniorkest|er -ern -rar symphony orchestra

symmetrisk *adj* symmetrical

sympati -n -er sympathy

sympatisera *verb* sympathize

sympatisk *adj* nice

symtom -et = symptom

syn -en **1** synsinne sight; *få* ~ *på* catch* sight of **2** synsätt view **3** pl. -er anblick sight

syna *verb* inspect; ~ *i sömmarna* check carefully

synagog|a -an -or synagogue

synas *verb* **1** vara synlig be* seen **2** framgå appear; *det syns att hon mår bra* you can tell she is all right

synd -en **1** pl. -er sin **2** skada, *det är ~ att du inte kan komma* it is a pity you cannot come; *det är ~ om henne* I feel sorry for her

synda *verb* sin

syndabock -en -ar scapegoat

syndig *adj* sinful

synfel -et = visual defect

synhåll, *inom* ~ within sight

synkronisera *verb* synchro- nize

synlig *adj* visible

synnerhet, *i* ~ particularly

synnerligen *adv* extremely

synonym -en -er synonym

synpunkt -en -er point of view

synskadad *adj* visually handi- capped, partly sighted

syntes -en -er synthesis

syntetisk *adj* synthetic

synvill|a -an -or optical illusion

synvink|el -eln -lar point of view

synål -en -ar needle

syr|a -an -or acid; *syrlig smak* acidity

syre -t oxygen

syren -en -er lilac

syrlig *adj* acid

syrs|a -an -or cricket

syskon -et = sibling; *de är* ~ they are brother and sister (brothers and sisters)

syskonbarn -et = pojke nephew; flicka niece

sysselsatt *adj* anstalld em- ployed; upptagen busy

sysselsätta *verb* ge arbete åt employ; ~ *sig med* busy oneself with

sysselsättning -en -ar **1** arbete o.d. employment **2** friare something to do

syssl|a I -an -or work **II** *verb*,

vad sysslar du med? just nu
what are you doing?
sysslolös *adj* idle
system -et = system
systematisk *adj* systematic
systembolag -et = **1** bolag
state-controlled company for
the sale of wines and spirits
2 butik liquor shop
syster -n systrar sister
syster|dotter -dottern -döttrar
niece
syster|son -sonen -söner nephew
sytråd -en -ar sewing-thread
1 så *verb* sow
2 så I *adv* **1** för att uttrycka sätt
so; ~ *här* like this; *hur* ~?
why? **2** för att uttrycka grad so,
such, that; ~ *gammal* so old;
~ *bra böcker* such good
books; ~ *mycket pengar har
jag inte* I haven't got that
much money **3** i utrop ofta
how, what; ~ *dumt!* how
silly! **4** sedan then **II** *konj* so;
~ *att* so that; *han var inte
där,* ~ *vi gick* he was not
there, so we left
sådan (vard. *sån*) *pron* such; i
utrop what; *sådana vänner*
such friends; *ett sådant
väder!* what weather!
sådd -en -er sowing
såg -en -ar saw
såga *verb* saw
sågspån -et = sawdust
såll -et = sieve

sålla *verb* sift; ~ *bort* sift out
sån se *sådan*
sång -en -er **1** sjungande singing
2 stycke song
sångare -n = singer
sångersk|a -an -or singer
sångröst -en -er singing-voice
såp|a -an -or soap
sår -et = wound
såra *verb* wound; kränka hurt
sårbar *adj* vulnerable
sårsalv|a -an -or ointment
sås -en -er sauce
såsom *konj* as; ~ *barn* as a
child; *ett klimat* ~ *vårt* a
climate like ours
såvida *konj* if; ~ *han inte...*
unless he...
såvitt *adv*, ~ *jag vet* as far as I
know
såväl *konj*, ~ *A som B* A as
well as B
säck -en -ar sack
säckig *adj* baggy
säckpip|a -an -or bagpipe
säd -en corn; utsäde seed
sädesslag -et = cereal
sädesärl|a -an -or wagtail
säga *verb* say*; *det vill* ~ that
is to say; ~ *emot ngn*
contradict sb.; ~ *till ngn att
göra ngt* tell* sb. to do sth.
säg|en -nen -ner legend
säker *adj* sure
säkerhet -en -er **1** visshet
certainty; trygghet safety; i

upptädande assurance **2** för lån security

säkerhetsbälte -t -n seat belt

säkerhetsnål -en -ar safety pin

säkerligen adv certainly

säkert adv med visshet certainly; tryggt safely

säkra verb secure

säkring -en -ar **1** elektrisk fuse **2** på vapen safety catch

säl -en -ar seal

sälg -en -ar sallow

sälja verb sell*

säljare -n = seller

sällan adv **1** seldom **2** vard., visst inte certainly not!

sällsam adj strange

sällskap -et = umgänge company; grupp party; förening society

sällskaplig adj sociable

sällskapsliv -et social life

sällskapsres|a -an -or conducted tour

sällsynt adj rare

sämja -n harmony

sämre adj o. adv worse

sämst adj o. adv worst

sända verb **1** send* **2** i radio broadcast; i TV televise

sändare -n = sender

sändebud -et = **1** ambassadör ambassador **2** budbärare messenger

sändning -en -ar **1** parti consignment **2** i radio el. TV broadcast

säng -en -ar bed

sängkammare -n = bedroom

sängkläder pl. bedclothes

sängliggande adj, vara ~ be* ill in bed

sängöverkast -et = bedspread

sänk|a I -an -or **1** dal valley **2** medicinsk sedimentation rate **II** verb minska lower

sänkning -en -ar minskning reduction, cut

sära verb, ~ på separate

särdeles adv extremely

särklass, den i ~ bästa filmen the most outstanding film

särskild adj special

särskilt adv particularly

säsong -en -er season

säte -t -n seat

sätt -et = **1** vis way **2** uppträdande manner

sätta verb put*; ~ sig sit* down; sätt av mig här! set me down here, please; ~ fast ngn put* sb. away; ~ igång start; ~ in pengar på ett konto pay* money into an account; ~ på t.ex. TV el. radio turn on; t.ex. skiva el. kassett put* on; ~ på sig ngt put* on sth.

söder I -n the south; i ~ in the south; mot ~ towards the south **II** adv, ~ om south of

söderut adv southwards

södra adj the southern; ~ Europa southern Europe

söka *verb* **1** seek **2** vilja träffa want to see **3** ansöka om apply for

sökande I *adj* searching **II** en ~, pl. = candidate

sökare -n = i kamera view-finder

söla *verb* vara långsam dawdle

sölig *adj* långsam dawdling

söm -men -mar seam

sömmersk|a -an -or dressmaker

sömn -en sleep*

sömnad -en -er sewing

sömngångare -n = sleepwalker

sömnig *adj* sleepy

sömnlös *adj* sleepless

sömnlöshet -en sleeplessness

sömnmed|el -let = sleeping pill

sömntablett -en -er sleeping pill

söndag -en -ar Sunday; *i söndags* last Sunday; *på ~* on Sunday

sönder *adj* o. *adv* **1** sönderslagen o.d. broken; *gå ~* break* **2** i olag out of order

sönderfall -et disintegration

söndra *verb* divide

sörja *verb* **1** en avliden mourn **2** ~ *för ngt* take* care of sth.

sörjande *adj* mourning

sörpla *verb* slurp

söt *adj* **1** som smakar sött sweet **2** vacker pretty, sweet

sötmand|el -eln -lar sweet almond

sötningsmed|el -let = sweetener

sötnos -en -ar sweetie

sötsaker pl. sweets

sötsur *adj* sweet and sour

sötvatt|en -net fresh water

söva *verb* put* to sleep

T

t t-et t-n t [utt. ti]

ta *verb* take*; komma med bring*; *hur lång tid tar det?* how long does it take?; ~ *av* take* off; ~ *av sig ngt* take* off sth.; ~ *ngt ifrån ngn* take* sth. away from sb.; ~ *fram ngt* take* out sth.; ~ *med sig* bring*; ~ *på sig ngt* put* on sth.

tabell -en -er table

tablett -en -er **1** läkemedel tablet **2** liten duk table mat

tabu -t -n taboo

tack I -et = thanks **II** *interj* ja ~! yes, please!; *nej* ~! no, thank you!; ~ *så mycket!* thank you very much!

1 tacka *verb* thank; ~ *ja* accept; ~ *nej* decline

2 tack|a -an -or fårhona ewe

3 tack|a -an -or av guld, silver bar

tackla *verb* tackle; ~ *av* fall* away

tacksam *adj* grateful

tacksamhet -en gratitude

1 tafatt, *leka* ~ play tag

2 tafatt *adj* awkward

tafsa *verb*, ~ *på ngn* paw sb.

tag -et **1** pl. = grip; *få* ~ *i get* hold of **2** *ett litet* ~ a little while; *två i taget* two at a time

1 tagg -en -ar törntagg thorn; på taggtråd o.d. barb

2 tagg -en -ar på bagage tag

taggtråd -en -ar barbed wire

tajma *verb* time

tak -et = yttre roof; inre ceiling

taklamp|a -an -or ceiling lamp

takluck|a -an -or roof hatch

takräcke -t -n roofrack

takt -en -er **1** tempo time; fart pace; *öka takten* increase the pace **2** finkänslighet tact

taktfast *adj* om steg measured

taktik -en -er tactics

taktisk *adj* tactical

tal -et = **1** antal number **2** anförande speech; *hålla* ~ make* a speech

tala *verb* speak*; prata, konversera talk; ~ *om ngt för ngn* tell* sb. sth.

talang -en -er talent

talare -n = speaker

talarstol -en -ar rostrum

talförmåg|a -an -or faculty of speech

talg -en tallow

talgox|e -en -ar great tit

talk -en talc

tall -en -ar pine

tallrik -en -ar plate

talrik *adj* numerous

talspråk -et = spoken language

tam *adj* tame

tambur -en -er hall

tampong

tampong -en -er tampon

tand -en tänder tooth; *visa tänderna* bare one's teeth

tandborst|e -en -ar toothbrush

tandemcyk|el -eln -lar tandem

tandkräm -en -er toothpaste

tandkött -et gums

tandlossning -en loosening of the teeth

tandläkare -n = dentist

tandlös *adj* toothless

tandpetare -n = toothpick

tandprotes -en -er denture

tandvård -en dental care

tandvärk -en toothache

tangent -en -er key

tango -n -r tango

tank -en -ar tank

tanka *verb* fill up

tank|e -en -ar thought

tankeläsare -n = mind-reader

tank|er -ern -rar tanker

tankfartyg -et = tanker

tankfull *adj* thoughtful

tanklös *adj* thoughtless

tankspridd *adj* absent-minded

tant -en -er aunt; obekant lady

tapet -en -er wallpaper

tapetsera *verb* paper

tapp -en -ar i tunna tap; i badkar plug

1 tappa *verb* hälla tap off; ~ *vatten i badkaret* run* a bath; ~ *upp* draw* off

2 tappa *verb* **1** låta falla drop **2** förlora lose*; ~ *en tand (en*

plomb) lose* a tooth (a filling)

tapper *adj* brave

tarm -en -ar intestine

tarvlig *adj* vulgar; lumpen shabby

tass -en -ar paw

tassa *verb* pad

tatuera *verb* tattoo

tatuering -en -ar, *en* ~ a tattoo

tavelgalleri -et -er picture gallery

tavl|a -an -or **1** picture; målning painting; grafiskt blad print **2** för anslag board

tax -en -ar dachshund

tax|a -an -or rate; för t.ex. körning fare; *till nedsatt* ~ at reduced rates

taxera *verb* **1** för skatt assess **2** uppskatta estimate

taxi -n = taxi

taxichaufför -en -er taxi driver

taxistation -en -er taxi rank

T-ban|a -an -or underground; vard. tube

te -et -er tea; *en kopp* ~ a cup of tea

teak -en teak

teat|er -ern -rar theatre; *gå på* ~ go* to the theatre

teaterbiljett -en -er theatre ticket

teaterföreställning -en -ar performance

teaterkikare -n = opera glasses

teaterpjäs -en -er play

teck|en -net = sign

teckenspråk -et = sign language

teckna *verb* **1** avbilda draw* **2** skriva sign **3** ge tecken make* a sign; använda teckenspråk sign

tecknare -n = draughtsman; i tidning o.d. cartoonist

teckning -en -ar **1** drawing **2** av aktier subscription

tefat -et = saucer

teg|el -let = brick

tegelpann|a -an -or tile

tegelsten -en -ar brick

tejp -en -er tape

tejpa *verb* tape

tekann|a -an -or teapot

teknik -en -er metod technique; vetenskap technology

tekniker -n = technician; ingenjör engineer

teknisk *adj* technical

teknologi -n -er technology

tekopp -en -ar teacup

telefax -et = meddelande fax **2** -en -ar apparat fax

telefon -en -er telephone; *det är ~ till dig* you are wanted on the phone; *tala i ~* talk on the phone

telefonautomat -en -er pay-phone

telefonhytt -en -er callbox

telefonist -en -er operator

telefonkatalog -en -er telephone directory

telefonkiosk -en -er callbox

telefonkort -et = phonecard

telefonlur -en -ar receiver

telefonnum|mer -ret = telephone number

telefonsamtal -et = telephone call

telefonsvarare -n = answering machine

telefontid -en -er telephone hours

telefonväckning -en -ar alarm call

telefonväx|el -eln -lar telephone exchange

telegraf -en -er telegraph

telegram -met = telegram

teleobjektiv -et = telephoto lens

telepati -n telepathy

teleskop -et = telescope

television -en television

tema -t -n theme

temp|el -let = temple

temperament -et = temperament

temperatur -en -er temperature; *ta temperaturen på ngn* take* sb.'s temperature

tempo -t -n fart pace; takt tempo

tendens -en -er tendency

tenn -et tin

tennis -en tennis

tennisban|a -an -or tennis court

tennisboll -en -ar tennis ball

tennisracket -en -ar tennis racket

tenor -en -er tenor

tent|a I -an -or exam **II** verb be* examined

tentam|en en ~, pl. -ina examination

tentera verb be* examined; ~ av ett ämne pass a subject

teologi -n theology

teoretisk adj theoretical

teori -n -er theory

tepås|e en -ar tea bag

terapeut -en -er therapist

terapi -n -er therapy

term -en -er term

termin -en -er i skola term

terminal -en -er terminal

termomet|er -ern -rar thermometer

termos -en -ar thermos®

termostat -en -er thermostat

terrakotta -n terracotta

terrass -en -er terrace

terrier -n = terrier

territori|um -et -er territory

terror -n terror

terrorisera verb terrorize

terrorist -en -er terrorist

terräng -en -er ground

terränglöpning -en cross-country running

tes -en -er thesis

tesil -en -ar tea-strainer

tesked -en -ar teaspoon; mått teaspoonful

1 test -et (-en) = (-er) prov test

2 test -en -ar av hår wisp

testa verb test

testamente -t -n will

testamentera verb will

testik|el -eln -lar testicle

tevatt|en -net water for the tea

teve -n -ar (=) television, TV; titta på ~ watch television, watch TV

text -en -er text

texta verb write* in block letters

textad adj, filmen är ~ the film has subtitles

textil adj textile

textilier pl. textiles

textilslöjd -en textile handicraft

thinner -n thinner

thriller -n = (-s) thriller

tia tian tior ten; mynt ten-krona piece

ticka verb tick

tid -en -er time; hur lång ~ tar det? how long does it take?; beställa ~ hos tandläkaren make* an appointment with the dentist; under tiden meanwhile

tidig adj early

tidning -en -ar newspaper

tidningsartik|el -eln -lar newspaper article

tidningsförsäljare -n = newsvendor

tidningskiosk -en -er newsstand

tidpunkt -en -er point of time

tidsbrist -en lack of time

tidsenlig adj contemporary

tidsfördriv -et = pastime
tidskrift -en -er periodical;
  vetenskaplig journal
tidskrävande adj time-
  -consuming
tidsskillnad -en -er difference
  in time
tidtabell -en -er timetable
tidtagarur -et = stopwatch
tidvatten -net tide
tidvis adv at times
tiga verb keep* silent
tiger -ern -rar tiger
tigga verb beg
tiggare -n = beggar
tik -en -ar bitch
till I prep to; gå ~ arbetet go*
  to work; sitta ~ bords be* at
  table; avresa ~ Lissabon
  leave* for Lisbon; fem ~
  antalet five in number;
  dörren ~ huset the door of
  the house; inget tecken ~ liv
  no sign of life; gå ~ fots go*
  on foot **II** adv, två ~ two
  more
tillaga verb cook
tillbaka adv back
tillbakadragen adj reserverad
  reserved
tillbakagång -en decline
tillbehör pl. accessories
tillbringa verb spend*
tillbringare -n -jug
tilldela verb, ~ ngn ngt allot
  sth. to sb.
tilldelning -en -ar allowance

tilldra verb, ~ sig hända
  happen
tilldragande adj attractive
tillfalla verb go* to
tillflykt -en refuge
tillfoga verb **1** tillägga add **2** ~
  ngn skada do* harm to sb.
tillfreds adv satisfied
tillfredsställa verb satisfy
tillfredsställande adj satisfac-
  tory
tillfriskna verb recover
tillfrisknande -t recovery
tillfångata verb capture
tillfälle -t -n när ngt inträffar
  occasion; lägligt opportunity;
  för tillfället at the moment
tillfällig adj occasional
tillfällighet -en -er chance
tillföra verb bring*
tillförlitlig adj reliable
tillförsikt -en confidence
tillgiven adj affectionate
tillgjord adj affected
tillgodo se till godo under godo
tillgodogöra verb, ~ sig profit
  by
tillgodose verb meet*
tillgång -en **1** tillträde access; ha
  ~ till have* access to **2** förråd
  supply; ~ och efterfrågan
  supply and demand **3** pl. -ar
  resurs asset
tillgänglig adj accessible; om
  t.ex. resurser available
tillhandahålla verb supply
tillhåll -et = haunt

tillhöra *verb* belong to; *hon tillhör den gruppen* she is a member of that group
tillhörighet -en -er possession
tillintetgöra *verb* annihilate
tillit -en trust
tillkalla *verb* send* for
tillkomma *verb* be* added
tillkomst -en creation
tillkännage *verb* announce
tillmötesgå *verb* oblige
tillreda *verb* prepare
tillräcklig *adj* sufficient
tillrätta *adv, sätta sig ~* settle down
tillrättavisa *verb* rebuke
tillrättavisning -en -ar rebuke
tills *konj* o. *prep* till
tillsammans *adv* together; *~ med ngn* together with sb.
tillsats -en -er addition
tillskott -et = bidrag contribution
tillströmning -en inflow
tillstymmelse -n -r suggestion; *inte en ~ till* not a shred of
tillstyrka *verb* support
1 tillstånd -et = tillåtelse permission
2 tillstånd -et = skick state
tillställning -en -ar fest party
tillstöta *verb* hända occur
tillsyn -en supervision
tillsägelse -n -r **1** befallning order **2** tillrättavisning reprimand

tillsätta *verb* **1** blanda i add **2** utnämna appoint
tillta *verb* increase
tilltag -et = trick
tilltagande *adj* increasing
tilltala *verb* **1** tala till speak* to **2** behaga appeal to
tilltro -n credit
tillträda *verb* take* over
tillträde -t -n **1** *~ förbjudet* no admittance **2** tillträdande taking over
tilltänkt *adj, hans tilltänkta* his wife to be
tillvarata *verb* ta hand om take* care of
tillvaro -n existence
tillverka *verb* manufacture
tillverkare -n = manufacturer
tillverkning -en -ar manufacture
tillväga *adv, gå ~* go* about it
tillväxt -en growth
tillåta *verb* allow
tillåtelse -n permission
tillåten *adj* allowed
tillägg -et = addition
tillägga *verb* add
tillägna *verb, ~ sig* kunskaper o.d. acquire
tillämpa *verb* apply
tillämpning -en -ar application
tillönska *verb, ~ ngn ngt* wish sb. sth.
timjan -en thyme
timlön -en -er hourly wage
timm|e -en -ar hour; lektion lesson; *50 km i timmen* 50

km an hour; *om en* ~ in an hour

tim|mer -ret = timber

timotej -en timothy

timvisare -n = hour hand

tina *verb* thaw

tindra *verb* twinkle

1 ting -et = domstol district court

2 ting -et = sak thing

tinning -en -ar temple

tio *räkn* ten, för sammansättningar med tio jfr *fem* med sammansättningar

tiokamp -en -er decathlon

tionde *räkn* tenth

tiondel -en -ar tenth

tiotal -et = ten

1 tippa *verb* stjälpa tip

2 tippa *verb* **1** förutsäga tip **2** på tips do* the pools

tips -et = **1** upplysning tip; *få ett* ~ *get** a tip **2** *vinna på tipset* win* on the pools

tipskupong -en -er pools coupon

tisdag -en -ar Tuesday; *i tisdags* last Tuesday; *på* ~ on Tuesday

tist|el -eln -lar thistle

tit|el -eln -lar title

titt -en -ar look; *ta sig en* ~ *på ngt* take* a look at sth.

titta *verb* look; ~ *fram* peep out

tittare -n = viewer

tivoli -t -n amusement park

tjafs -et drivel

tjafsa *verb* fuss

tjalla *verb* tell* tales; vard. squeal

tjat -et nagging

tjata *verb* nag

tjatig *adj* **1** gnatig nagging **2** tråkig boring

tjeck -en -er Czech

Tjeckien the Czech Republic

tjeckisk *adj* Czech

tjeckisk|a -an **1** pl. -or kvinna Czech woman **2** språk Czech

tjej -en -er girl

tjock *adj* thick

tjocklek -en -ar thickness

tjog -et = score

tjugo *räkn* twenty, för sammansättningar med tjugo jfr *femtio* med sammansättningar

tjugohundratalet, *på* ~ in the twenty-first century

tjugonde *räkn* twentieth

tjur -en -ar bull

tjura *verb* sulk

tjurig *adj* sulky

tjusig *adj* charming

tjusning -en charm

tjut -et = howling

tjuta *verb* howl

tjuv -en -ar thief; *de båda tjuvarna* the two thieves

tjuvlarm -et = burglars alarm

tjuvlyssna *verb* eavesdrop

tjuvstart -en -er false start

tjuvtitta *verb* peep

tjäd|er -ern -rar capercaillie

tjäle -n ground frost

tjäna verb **1** förtjäna earn **2** göra tjänst serve; *det tjänar inget till att göra det* it's no use doing it

tjänare I -n = servant **II** *interj* hallo!

tjänst -en -er service; anställning place; *göra ngn en ~ do* sb. a favour; *vad kan jag stå till ~ med?* what can I do for you?

tjänstefolk -et servants

tjänste|man -mannen -män statlig civil servant; kontorist clerk

tjänstgöra verb serve

tjänstledig adj, *vara ~* be* on leave

tjära -n tar

toa -n loo

toalett -en -er wc toilet

toalettartik|el -eln -lar toilet requisite

toalettbord -et = dressing table

toalettpapper -et = toilet paper

tobak -en tobacco

tobaksaffär -en -er tobacconist's

toff|el -eln -lor slipper

toffelhjält|e -en -ar hen-pecked husband

tofs -en -ar tuft

tok -en **1** pl. -ar person fool **2** *gå på ~ go* wrong

tokig adj mad

tolerant adj tolerant

tolerera verb tolerate

tolfte räkn twelfth

tolk -en -ar interpreter

tolka verb interpret

tolkning -en -ar interpretation

tolv räkn twelve, för sammansättningar med tolv jfr *fem* med sammansättningar

tom adj empty

tomat -en -er tomato

tomatketchup -en tomato ketchup

tomatsallad -en -er tomato salad

tomglas pl. empty bottle

tomgång -en bils idling; *gå på ~* idle

tomhänt adj empty-handed

tomrum -met = empty space; bildl. void

tomt -en -er obebyggd building site; kring villa garden

tomt|e -en -ar hustomte brownie; jultomte father Christmas

1 ton -net = vikt tonne; engelskt ton ton (= 1016 kg)

2 ton -en -er i musik tone

tona verb **1** ljuda sound; *~ bort* fade out **2** ge färgton åt tone; håret tint

tonart -en -er key

tonfall -et = intonation; som uttryck för viss sinnesstämning tone of voice

tonfisk -en -ar tuna fish

tonic -en tonic water

tonvikt -en stress; *lägga ~ på ngt* stress sth.

tonåring -en -ar teenager

topas -en -er topaz

topp -en -ar top

toppa *verb* top

toppen *interj* great!

toppform -en top form

tordas *verb* våga dare

torde *verb* förmodan, *det ~ finnas många som tycker om det* there are probably quite a few people who like it

torftig *adj* plain

torg -et = **1** salutorg market place **2** öppen plats square

tork -en -ar drier; *hänga på ~* hang up to dry

torka I -n drought II *verb* dry; *torka upp ngt* wipe up sth.

torkning -en drying

torn -et = byggnad tower; i schack rook

tornado -n -r (-s) tornado

torp -et = **1** i historisk betydelse croft **2** sommarstuga summer cottage

torpare -n = crofter

torped -en -er torpedo

torr *adj* dry

torrdass -et = privy

torsdag -en -ar Thursday; *i torsdags* last Thursday; *på ~* on Thursday

torsk -en -ar cod

tortera *verb* torture

tortyr -en -er torture

torv -en peat

torv|a -an -or turf

total *adj* total

tovig *adj* tangled

tradition -en -er tradition

traditionell *adj* traditional

trafik -en traffic; *vara i ~* run*

trafikant -en -er road-user; passagerare passenger

trafikera *verb* om resande use; om trafikföretag work

trafikflyg -et civil aviation; flygtrafik air services

trafikflygplan -et = passenger plane; större airliner

trafikförsäkring -en -ar third party insurance

trafikljus -et = traffic lights

trafikmärke -t -n road sign

trafikolyck|a -an -or traffic accident

trafiksignal -en -er traffic signal

trafikskol|a -an -or driving school

trafikstockning -en -ar traffic jam

tragedi -n -er tragedy

tragisk *adj* tragic

trail|er -ern -rar (-ers) trailer

trakassera *verb* harass

trakasserier pl. harassment

trakt -en -er district; *här i trakten* in this area

traktamente -t -n allowance for expenses

traktor -en -er tractor

tramp|a I *verb* trample II -an -or pedal

trampolin -en -er springboard

trams -et nonsense

tran|a -an -or crane

trans -en trance

transaktion -en -er transaction

transformator -n -er transform-er

transistorradio -n -r transistor radio

transithall -en -ar transit hall

transplantation -en -er trans-plantation

transplantera *verb* transplant

transport -en -er transport

transportera *verb* transport

transportmed|el -let = means of transport

transvestit -en -er transvestite

trapp|a l -an -or stairs; utomhus steps; *bo tre trappor upp* live on the third floor **ll** *verb*, ~ *upp* escalate

trappsteg -et = step

trappuppgång -en -ar staircase

tras|a l -an -or rag **ll** *verb*, ~ *sönder* tear to pieces

trasig *adj* **1** söndertrasad ragged **2** bruten broken **3** ur funktion out of order

trasmatt|a -an -or rag-rug

trass|el -let oreda tangle; besvär trouble

trasslig *adj* tangled

trast -en -ar thrush

tratt -en -ar funnel

trav -et trot; *hjälpa ngn på traven* help sb. to get started

1 trava *verb* stapla pile up

2 trava *verb* om häst trot

travban|a -an -or trotting track

trav|e -en -ar pile

travhäst -en -ar trotter

tre *räkn* three, för sammansätt-ningar med tre jfr *fem* med sammansättningar

tre|a -an -or three; lägenhet three-room flat

tredje *räkn* third

tredjedel -en -ar third

trehjuling -en -ar cykel tricycle

trekant -en -er triangle

trekantig *adj* triangular

trekvart oböjl. 45 minuter three quarters

trend -en -er trend

trestjärnig *adj* three-star

trettio *räkn* thirty

trettionde *räkn* thirtieth

tretton *räkn* thirteen, för sammansättningar med tretton jfr *femton* med sammansättningar

trettondagen best. form, pl. -ar Twelfth Day

trettonde *räkn* thirteenth

treva *verb* grope

trevande *adj*, ~ *försök* tenta-tive effort

trevlig *adj* nice; *det var trevligt att träffas!* it's been nice meeting you!; *vi hade mycket trevligt* we had a very nice time

trevnad -en comfort

triang|el -eln -lar triangle

1 trick -et = i kort odd trick

2 trick -et = knep trick

trikå -n -er tyg tricot; **trikåer** tights

trilla verb fall*

trilling -en -ar triplet

trimma verb trim

trio -n -r trio

tripp -en -ar trip; **ta en ~ till Paris** go* for a trip to Paris

trist adj dyster gloomy; sorglig sad

tristess -en gloominess

triumf -en -er triumph

triumfbåge -en -ar triumphal arch

triumfera verb triumph

trivas verb be* happy

trivial adj trivial

trivsam adj pleasant

trivsel -n cosy atmosphere

tro I -n belief **II** verb believe; **jag tror inte på henne** I don't believe her

troende adj believing; **en ~ kristen** a practising Christian

trofast adj faithful

trogen adj faithful

trohet -en fidelity

trolig adj probable

troligen adv probably

troll -et = troll; elakt goblin

trolla verb do* magic; **~ fram** conjure up

trolleri -et -er magic

trollkarl -en -ar magician

trolös adj unfaithful

tron -en -er throne

tronföljare -n = successor to the throne

tropikerna pl. the tropics

tropisk adj tropical

trosa -an -or, **en** ~ a pair of briefs

trots I -et defiance **II** prep in spite of; **~ att** although

trotsa verb defy

trotsig adj defiant

trottoar -en -er pavement

trottoarservering -en -ar pavement restaurant

trovärdig adj credible

trovärdighet -en credibility

trubadur -en -er troubadour

trubbig adj blunt

truck -en -ar truck; gaffeltruck fork-lift

truga verb, **~ på ngn ngt** force sth. on sb.

trumf -en = (-ar) trump

trumhinna -a -an -or eardrum

trumma I -an -or drum **II** verb drum

trumpen adj sullen

trumpet -en -er trumpet

trupp -en -er troop; i sport team

1 trut -en -ar fågel gull

2 trut -en -ar mun mouth; **håll truten!** shut up!

tryck -et = **1** pressure **2** av böcker o.d. print

trycka verb **1** press; **~ av** fire **2** böcker o.d. print

tryckeri -et -er printing works

tryckfel -et = misprint

tryckfrihet -en freedom of the press

tryckknapp -en -ar **1** för knäppning press stud **2** strömbrytare push button

tryckning -en -ar **1** pressure **2** av bok o.d. printing

tryffel -eln -lar truffle

trygg adj säker secure; utom fara safe

trygghet -en security; utom fara safety

tryta verb give* out

tråckla verb tack

tråd -en -ar thread

trådrulle -en -ar med tråd reel of cotton; tom cotton reel

tråka verb trakassera annoy; ~ ut ngn bore sb.

tråkig adj långtråkig boring; sorglig sad

tråkmåns -en -ar bore

trång adj narrow; om t.ex. skor tight

trångsynt adj narrow-minded

1 trä verb nål thread

2 trä -et -n wood; virke timber

träd -et = tree

träda verb step; ~ fram step forward; ~ i kraft take* effect; ~ tillbaka step down

trädgård -en -ar garden

trädgårdsmästare -n = gardener

trädstam -men -mar tree trunk

träff -en -ar **1** målträff hit **2** meeting; med pojk- el. flickvän date

träffa verb **1** möta meet* **2** mål hit*

träffande adj välfunnen apt

träffas verb meet*

trähus -et = wooden house

träna verb train

tränare -n = trainer; lagledare coach

tränga verb, ~ sig fram push forward; ~ sig före i kön jump the queue; ~ in i penetrate; ~ undan push aside

trängas verb crowd

trängsel -n crowd

träning -en -ar training

träningsoverall -en -er track suit

träsk -et = marsh

träsko -n -r clog

träslöjd -en woodwork

träsnitt -et = woodcut

träta verb quarrel

trög adj långsam slow; om t.ex. lås stiff; vara ~ i magen be* constipated

tröja -an -or sweater; kortärmad T-shirt

tröska I verb thresh **II** -an -or thresher

tröskel -eln -lar threshold

tröst -en comfort

trösta verb comfort

trött adj tired

trötta verb tire; ~ **ut** ngn tire sb. out

tröttna verb become* tired

tröttsam adj tiring

T-shirt -en -ar (-s) T-shirt

tub -en -er tube

tuberkulos -en tuberculosis (förk. TB)

tuff adj tough

tuffing -en -ar vard. tough customer

tugg|a I -an -or munfull bite

II verb chew

tuggummi -t -n chewing-gum

tull -en -ar **1** avgift duty; betala ~ **på** ngt pay* duty on sth. **2** myndighet Customs

tulla verb, ~ **för** ngt pay* duty on sth.

tullavgift -en -er duty

tullfri adj duty-free

tullkontroll -en -er customs check

tullpliktig adj dutiable

tulltax|a -an -or customs tariff

tulpan -en -er tulip

tum -men = inch

tumlare -[e]n = djur porpoise

tumma verb, ~ **på** ngt finger sth.; regler o.d. ease sth., modify sth.

tumm|e -en -ar thumb

tumstock -en -ar folding rule

tumult -et = tumult

tumvant|e -en -ar mitten

tumör -en -er tumour

tung adj heavy

tung|a -an -or **1** tongue **2** fisk sole

tungsint adj melancholy

tunik|a -an -or tunic

tunn adj thin

1 tunn|a -an -or barrel

2 tunna verb, ~ **av** glesna thin; ~ **ut** thin down; bildl. water down

tunn|el -eln -lar tunnel

tunnelban|a -an -or underground

tunnklädd adj thinly dressed

tunnland -et = ung. acre

tupp -en -ar cock

1 tur -en lycka luck; ha **tur** be* lucky

2 tur -en **1** ordning turn; det är min ~ it is my turn; i ~ **och** ordning in turn **2** pl. -er resa trip; ~ **och** retur return ticket

turas verb, ~ **om med** ngt take* turns at sth.

turban -en -er turban

turism -en tourism

turist -en -er tourist

turista verb, ~ **i ett land** go* touring in a country

turistbroschyr -en -er travel brochure

turistbuss -en -ar touring coach

turistbyrå -n -er tourist office

turistguide -n -r bok guidebook

turistinformation -en -er lokal tourist office

turistklass -en -er tourist class

turistort -en -er tourist resort

turk -en -ar Turk
Turkiet Turkey
turkisk adj Turkish
turkisk|a -an **1** pl. -or kvinna Turkish woman **2** språk Turkish
turkos I -en -er sten turquoise **II** adj turquoise
turlist|a -an -or timetable
turné -n -er tour
tur och retur-biljett -en -er return ticket
turtäthet -en frequency of train (bus etc.) services
tusch -et (-en) Indian ink
tuschpenn|a -an -or felt pen
tusen räkn thousand
tusendel -en -ar thousandth
tusenlapp -en -ar one--thousand-krona note
tusental -et =, ett ~ människor about a thousand people
tusentals adv thousands of
tuss -en -ar wad
tussilago -n -r coltsfoot
tut|a I verb med signalhorn o.d. hoot **II** -an -or horn
tuv|a -an -or tuft
TV -n -ar television, TV; titta på ~ watch television, watch TV
TV-apparat -en -er television set
tveka verb hesitate
tvekan en ~, best. form = hesitation
tveksam adj hesitant
tveksamhet -en -er hesitation

tvestjärt -en -ar earwig
tvetydig adj ambiguous
tvilling -en -ar twin; Tvillingarna stjärntecken Gemini
tvinga verb force
tvinna verb twine
tvist -en -er dispute
tvista verb dispute
tviv|el -let = doubt
tvivelaktig adj doubtful; skum shady
tvivla verb doubt; ~ på ngt doubt sth.
TV-kanal -en -er television channel
TV-program -met = television programme
TV-tittare -n = televiewer
tvungen adj, bli (vara) ~ att... be* forced to...; 'måste' have* to...
två räkn two, för sammansättningar med två jfr fem med sammansättningar
två|a -an -or two; lägenhet two-room flat
tvål -en -ar soap
tvång -et compulsion
tvåspråkig adj bilingual
tvär adj abrupt; brysk curt; om kurva sharp
tvärbromsa verb brake suddenly
tvärgat|a -an -or crossroad
tvärs adv, ~ över gatan just across the street
tvärstanna verb stop dead

tvärsäker adj absolutely sure

tvärtemot I prep quite contrary to **II** adv just the opposite

tvärtom adv on the contrary

tvätt -en -ar washing

tvätta verb wash; ~ sig wash; gå och ~ händerna! go wash your hands!

tvättbar adj washable

tvättbräde -t -n washboard

tvättlapp -en -ar face cloth

tvättmaskin -en -er washing machine

tvättmedel -let = detergent

tvättning -en -ar washing

tvättomat -en -er launderette®

tvättstuga -an -or laundry room

tvättställ -et = washbasin

tvättäkta adj washproof

1 ty konj because

2 ty verb, ~ sig till ngn turn to sb.

tycka verb anse think*; ~ om gilla like; ~ illa om dislike; vad tycker du om maten? how do you like the food?; jag tyckte jag hörde något I thought I heard something

tyckas verb seem; det tycks som om han inte kommer it seems to me that he is not coming

tycke -t -n **1** åsikt opinion; i mitt ~ in my opinion **2** smak

fancy; fatta ~ för take* a fancy to

tyda verb **1** tolka interpret **2** ~ på ngt point to sth.

tydlig adj distinct

tydligen adv obviously

tyfus -en typhoid fever

tyg -et -er material

tygel -eln -lar rein

tygla verb rein in

tyna verb, ~ bort fade away

tynga verb **1** vara tung weigh **2** belasta burden

tyngd -en -er weight

tyngdlyftning en weightlifting

tyngdpunkt -en -er centre of gravity

typ -en -er type

typisk adj, ~ för typical of

tyrann -en -er tyrant

tysk I adj German **II** -en -ar German

tyska -an **1** pl. -or kvinna German woman **2** språk German

Tyskland Germany

tyst I adj silent; lugn quiet **II** adv, tala ~ speak* softly **III** interj hush!; ~ med dig! be* quiet!

tysta verb silence; ~ ner ngn silence sb.; ~ ner ngt hush sth. up

tystlåten adj silent, taciturn

tystna verb fall* silent

tystnad -en silence

tyvärr adv unfortunately

tå -n -r toe

1 tåg -et = train

2 tåg -et = rep rope

tåga verb march

tågbyte -t -n change of trains

tågförbindelse -n -r train service

tågluffa verb interrail

tågluffare -n = interrailer

tågluffarkort -et = Interrail card

tågolyck|a -an -or railway accident

tågres|a -an -or train journey

tågtidtabell -en -er railway timetable

tåla verb bear; jag tål honom inte I cannot stand him

tålamod -et patience

tålig adj patient

tåls, ge sig till ~ be* patient

tånag|el -eln -lar toenail

1 tång -en tänger verktyg tongs

2 tång -en växt seaweed

tår -en -ar tear

tårt|a -an -or cake

tårögd adj with tears in one's eyes

täcka verb cover

täcke -t -n sängtäcke quilt

täckjack|a -an -or quilted jacket

täcknamn -et = cover name

täckning -en -ar covering

täckt adj covered

tälja verb whittle

tält -et = tent

tälta verb camp out

tältsäng -en -ar camp bed

tämja verb tame

tämligen adv fairly

tända verb light; ~ eld på ngt set fire to sth.

tändare -n = lighter

tändning -en i motor ignition

tändstick|a -an -or match

tändsticksask -en -ar match-box

tändstift -et = spark plug

tänja verb stretch; ~ på stretch

tänka verb **1** think*; ~ efter think* carefully; ~ sig imagine **2** ämna be* going to; i morgon tänker jag ta ledigt I am going to take a day off tomorrow

tänkbar adj conceivable

tänkvärd adj worth considering

täpp|a I -an -or patch **II** verb, ~ till ngt stop up sth.; jag är täppt i näsan my nose is stopped up

tära verb consume; ~ på ngn tax sb.

tärningar pl. dice

1 tät -en -er head; täten i tävling the leaders

2 tät adj **1** om t.ex. skog, dimma thick **2** ofta förekommande frequent **3** förmögen well-to-do

täta verb täppa till stop up

tätt *adv* closely; ~ *efter* close
  behind
tävla *verb* compete
tävling -en -ar competition
tö -et thaw
töa *verb* thaw
töja *verb*, ~ *sig* stretch
tölp -en -ar boor
töm -men -mar rein
tömma *verb* empty
tönt -en -ar drip
töntig *adj* corny
törna *verb*, ~ *emot* bump into
törs *verb*, *jag* ~ *inte* I don't
  dare to
törst -en thirst
törsta *verb* thirst; ~ *efter*
  thirst for
törstig *adj* thirsty
tövädler -ret thaw

U

u u-et u-n u [utt. jo]
ubåt -en -ar submarine
udd -en -ar point
udda *adj* odd
uddle -en -ar hög headland; låg
  el. smal point
ugglla -an -or owl
ugn -en -ar oven
ugnseldfast *adj* ovenproof
ugnsstekt *adj* roasted
u-land -et u-länder developing
  country
ull -en wool
ullgarn -et wool
ultimatum -et = ultimatum
ultraljud -et = ultrasound
umgås *verb*, ~ *med ngn* see*
  sb.
umgänge -t -n vänner friends;
  dåligt ~ bad company
undan I *adv* **1** bort away; *gå* ~
  get* out of the way **2** fort,
  arbeta ~ get* things done
  II *prep*, *söka skydd* ~ *regnet*
  take* shelter from the rain
undanbe *verb*, ~ *sig ngt*
  decline sth.
undandra *verb*, ~ *sig ngt* shirk
  sth.
undanflykt -en -er evasion;
  komma med undanflykter
  make* excuses

undanhålla verb, ~ ngn ngt keep* sth. from sb.

undanröja verb person, hinder remove

undanta verb make* an exception for, exempt

undantag -et = exception

undantagsfall -et =, i ~ in exceptional cases

1 und|er -ret = wonder

2 under I prep **1** i rumsbetydelse under; ~ samma tak under the same roof **2** i tidsbetydelse during; ~ dagen during the day **3** mindre än under; ~ 10 pund under 10 pounds **4** ~ tystnad in silence; ~ pausen in the break; ~ resan on the journey **II** adv underneath; nedanför below

underbar adj wonderful

underbygga verb support

underbyxor pl. för herrar underpants, pants; för damer briefs

underdel -en -ar lower part

underdånig adj humble

underfund adv, komma ~ med find* out

underförstådd adj implicit

undergiven adj submissive

undergång -en -ar fall ruin

underhåll -et = maintenance

underhålla verb **1** försörja support **2** sköta maintain **3** roa entertain

underhållande adj entertaining

underhållning -en -ar entertainment

underifrån adv from below

underkasta verb, ~ ngn ngt subject sb. to sth.; ~ sig ngt submit to sth.

underkjol -en -ar slip, underskirt

underkläder pl. underwear

underklänning -en -ar slip

underkropp -en -ar lower part of the body

underkuva verb subdue

underkyld adj, underkylt regn rain turning to ice

underkäk|e -en -ar lower jaw

underkänd adj, bli ~ fail; bli ~ i ett prov fail a test

underkänna verb reject; i skola fail

underlag -et = grund foundation

underlig adj strange

underliv -et = lower abdomen; könsorgan genitals

underläge -t, vara i ~ be* at a disadvantage

underlägg -et = mat

underlägsen adj inferior

underläpp -en -ar lower lip

underlätta verb facilitate

undermedvetet adv subconsciously

undernärd adj undernourished

underrätta verb, ~ ngn om ngt inform sb. of sth.

uppassning

underrättelse -n -r information
undersid|a -an -or underside
underskatta verb underestimate
underskott -et = deficit
underskrift -en -er signature
underst adv at the bottom
understiga verb be* (fall*) below
understryka verb emphasize
understöd -et = support
understödja verb support
undersöka verb examine
undersökning -en -ar examination
underteckna verb sign; **undertecknad** I the undersigned
undertröja -an -or vest
underutvecklad adj underdeveloped
underverk -et = miracle
undervisa verb teach; ~ i svenska teach Swedish
undervisning -en teaching
undervärdera verb underestimate
undgå verb escape
undkomma verb escape
undra verb wonder; jag undrar vart hon har tagit vägen I wonder where she has gone
undran en ~, best. form = wonder
undre adj lower
undsätta verb relieve
undsättning -en rescue; kom-

ma till ngns ~ come* to sb's rescue
undulat -en -er budgerigar
undvara verb do* without
undvika verb avoid
ung adj young
ungdom -en -ar ungdomstid youth; ungdomar teenagers
ungdomlig adj youthful
ung|e -en -ar **1** av djur young one **2** vard., barn kid
ungefär adv about
ungefärlig adj approximate
Ungern Hungary
ungersk adj Hungarian
ungersk|a -an **1** pl. -or kvinna Hungarian woman **2** språk Hungarian
ungkarl -en -ar bachelor
ungmö -n -r, en gammal ~ an old maid
ungrare -n = Hungarian
uniform -en -er uniform
unik adj unique
union -en -er union
universitet -et = university
universum -et (=) universe
unken adj musty
unna verb, ~ ngn ngt not begrudge sb. sth.; ~ sig ngt allow oneself sth.
upp adv up; längre ~ further up; vara ~ och ner be* upside-down
uppassare -n = waiter
uppassning -en waiting

uppbjuda verb, ~ alla krafter summon all one's strength

uppbringa verb skaffa raise

uppbrott -et = breaking up

uppdelning -en -ar division

uppdrag -et = commission; militärt mission

uppdriven adj intense

uppe adv up; sitta ~ stay up

uppehåll -et = 1 avbrott break 2 vistelse stay

uppehålla verb 1 hindra hinder 2 underhålla maintain 3 ~ sig be*

uppehållstillstånd -et = residence permit

uppehälle -t living; fritt ~ free board and lodging

uppenbar adj obvious

uppenbara verb reveal; ~ sig appear

uppfatta verb understand*

uppfattning -en -ar åsikt opinion

uppfinna verb invent

uppfinnare -n = inventor

uppfinning -en -ar invention

uppfinningsrik adj inventive

uppfostra verb bring* up

uppfostran en ~, best. form = upbringing

uppfriskande adj refreshing

uppfylla verb fulfil

uppfyllelse -n, gå i ~ come* true

uppfödning -en breeding

uppför prep up; ~ trappan upstairs

uppföra verb 1 bygga build* 2 framföra perform 3 ~ sig behave; ~ sig illa behave badly; ~ sig väl behave well

uppförande -t -n 1 framförande performance 2 beteende behaviour

uppförsbacke -en -ar hill

uppge verb state

uppgift -en -er 1 upplysning information 2 åliggande task; militär mission

uppgång -en -ar 1 väg upp way up 2 ökning rise

uppgörelse -n -r agreement

upphetsad adj excited

upphetsande adj exciting

upphetsning -en excitement

upphittad adj found

upphov -et = origin

upphovsman -mannen -män originator

upphäva verb abolish

upphöja verb raise

upphöra verb stop

uppifrån adv from above

uppiggande adj stimulating

uppkomma verb arise

uppkomst -en origin

uppkäftig adj vard. cheeky

uppköp -et = purchase

upplaga -an -or edition; tidnings circulation

uppleva verb experience

upplevelse -n -r experience

upplopp -et = tumult riot

upplysa verb inform; kan ni ~

uppslag

mig om när nästa buss går?
can you tell me when the
next bus leaves?

upplysning -en -ar **1** belysning
lighting **2** underrättelse infor-
mation

upplyst *adj* **1** lit up **2** fördomsfri
enlightened

uppläggning -en -ar bildl.
arrangement, strategi

upplösa *verb* dissolve

upplösning -en -ar dissolution;
slut end

uppmana *verb* tell*

uppmaning -en -ar request

uppmjukning -en -ar softening

uppmuntra *verb* encourage

uppmunt|ran en ~, pl. -ringar
encouragement

uppmärksam *adj* attentive;
göra ngn ~ på ngt call sb.'s
attention to sth.

uppmärksamhet -en attention

uppmärksamma *verb* observe

uppnå *verb* reach; mer formellt
obtain

uppochnedvänd *adj* turned
upside-down

uppoffra *verb* sacrifice; *~ sig*
sacrifice oneself

uppoffring -en -ar sacrifice

upprepa *verb* repeat

upprepning -en -ar repetition

uppriktig *adj* sincere

uppriktighet -en sincerity

upprop -et = **1** namnupprop
rollcall **2** vädjan appeal

uppror -et = rebellion; *göra ~*
rebel

upprustning -en -ar militär
rearmament; reparation repair

upprymd *adj* elated

upprätt *adj* o. *adv* upright

upprätta *verb* **1** inrätta es-
tablish **2** avfatta draw* up

upprättelse -n -r rehabilitation

upprätthålla *verb* maintain

upprörande *adj* shocking

upprörd *adj* upset; harmsen
indignant

uppsagd *adj*, *bli ~* be* given
notice

uppsats -en -er essay

uppsatt *adj*, *en högt ~ person*
a high-ranking person

uppseende -t sensation; *väcka
~* attract attention

uppseendeväckande *adj* sen-
sational

uppsikt -en supervision; *ha ~
över ngt* supervise sth.

uppskatta *verb* **1** beräkna esti-
mate **2** sätta värde på appreci-
ate

uppskattning -en -ar **1** beräkning
estimate **2** gillande apprecia-
tion

uppskov -et = postponement;
få ~ med betalningen be*
allowed to postpone the
payment

uppslag -et = **1** på byxa turn-up
2 i tidning spread **3** idé idea

uppslags|bok -boken -böcker
reference book

uppsluppen *adj* exhilarated

uppstoppad *adj* stuffed

uppstå *verb* uppkomma arise

uppståndelse -n **1** oro excitement **2** *Jesu* ~ the Resurrection

uppställning -en -ar **1** anordning arrangement **2** i sporter line-up

uppstötning -en -ar belch; *sura uppstötningar* heartburn

uppsving -et = rise; ekonomiskt boom

uppsvälld *adj* swollen

uppsyn -en -er ansiktsuttryck expression

uppsåt -et = intention

uppsägning -en -ar notice; *ha tre månaders ~* have* three months' notice

uppsättning -en -ar **1** av pjäs production **2** sats set

uppta *verb* ta i anspråk take* up

upptagen *adj* sysselsatt busy; om sittplats o.d. taken; om toalett occupied

upptakt -en -er **1** i musik upbeat **2** början beginning

upptill *adv* at the top

uppträda *verb* **1** framträda appear **2** uppföra sig behave

uppträdande -t -n **1** framträdande appearance **2** beteende behaviour

upptåg -et = prank

upptäcka *verb* discover

upptäckt -en -er discovery

upptäcktsfärd -en -er expedition

upptäcktsresande -n = explorer

uppvaknande -t -n awakening

uppvakta *verb* gratulera congratulate

uppvaktning -en -ar **1** vid högtidsdag congratulatory call **2** följe attendants

uppvigla *verb* stir up

uppvisa *verb* show*

uppvisning -en -ar exhibition

uppväcka *verb* framkalla awaken

uppväga *verb* outweight, compensate for

uppvärmning -en heating

uppväxt -en adolescence

uppåt I *prep* up to **II** *adv* upwards

1 ur -et = armbandsur watch

2 ur *prep* out of; ~ *bruk* out of use

uran -et (-en) uranium

urarta *verb* degenerate

urin -en urine

urinprov -et = specimen of urine

urinvånare -n = aborigine

urklipp -et = cutting

urladdning -en -ar discharge

urmakare -n = watchmaker

urn|a -an -or urn

urringad adj low-cut
urringning -en -ar décolletage; djup plunging neckline
ursinnig adj furious
urskilja verb distinguish
urskiljning -en discrimination
urskog -en -ar primeval forest
ursprung -et = origin
ursprunglig adj original
ursprungligen adv originally
ursäkt -en -er excuse
ursäkta verb excuse; ~ mig! excuse me!; ~ att jag är sen excuse me for being late
urusel adj lousy
urval -et = choice
urverk -et = clockwork
uråldrig adj ancient
USA the US
usel adj miserable
ut adv out; vara ~ och in be* turned inside out
utan I prep without **II** konj but
utanför prep o. adv outside
utanpå prep o. adv outside
utantill adv by heart
utarbeta verb work out
utbetalning -en -ar payment
utbetalningskort -et = giro payment order
utbilda verb educate; ~ sig till ngt train to become sth.
utbildning -en -ar education; för yrke training
utbreda verb spread; ~ sig spread

utbredning -en t.ex. åsikts, seds prevalence
utbringa verb, ~ en skål för ngn propose a toast to sb.
utbrista verb exclaim
utbrott -et = av t.ex. krig outbreak
utbud -et = supply
utbyta verb exchange
utbyte -t 1 utväxling exchange; i ~ mot in exchange for 2 benefit; ha ~ av ngt profit by sth.
utdelning -en -ar 1 distribution; av post delivery 2 på aktie dividend
utdrag -et = extract
utdragen adj drawn out
ute adv 1 i rumsbetydelse out 2 i tidsbetydelse, tiden är ~ your (his etc.) time is up
utebli verb om person fail to come
utelämna verb leave* out
uteservering -en -ar open-air café
utesluta verb exclude; det är inte uteslutet it is not impossible
uteslutande adv exclusively
utfall -et = resultat result
utfalla verb turn out; ~ väl turn out well
utfart -en -er exit
utflykt -en -er excursion
utforma verb design
utformning -en -ar design

utforska *verb* ta reda på find* out; undersöka investigate

utfärda *verb* issue

utför *prep* o. *adv* down; *det går ~ med honom* he is going downhill

utföra *verb* verkställa carry out

utförande -t -n **1** verkställande performance **2** modell, stil design

utförlig *adj* detailed

utförsback|e -en -ar downhill slope

utförsåkning -en downhill skiing

utförsäljning -en -ar clearance

utge *verb* **1** publicera publish **2** ~ *sig för att vara...* pass oneself off as...

utgift -en -er expense

utgå *verb* **1** om buss, tåg o.d. start out **2** uteslutas be* excluded **3** *jag utgår från att alla kommer* I assume that everybody is coming

utgång -en -ar **1** väg ut exit **2** slut end **3** resultat result

utgångspunkt -en -er starting--point

utgåv|a -an -or edition

utgöra *verb* constitute

uthyrning -en -ar, *till ~* om rum o.d. to let; om lösöre for hire

uthållig *adj* persevering

uthållighet -en perseverance

utifrån I *prep* from **II** *adv* from outside

utjämna *verb* level out

utjämning -en equalization

utkant -en -er, *i utkanten av staden* on the outskirts of the town

utkast -et = koncept draft

utkik -en -ar lookout; *hålla ~ efter* look out for

utklädd *adj* förklädd disguised

utkämpa *verb* fight

utlandet best. form foreign countries; *från ~* from abroad

utlandssamtal -et = overseas call

utlopp -et = discharge; bildl. outlet

utlova *verb* promise

utlysa *verb*, ~ *en tjänst* advertise a post; ~ *en tävling* announce a competition

utlåtande -t -n report

utlägg pl. expenses

utlämna *verb* överlämna give* up; till annan stat extradite

utländsk *adj* foreign

utlänning -en -ar foreigner; juridiskt alien

utlösa *verb* release

utmana *verb* challenge

utmanande *adj* provocative

utmaning -en -ar challenge

utmattad *adj* exhausted

utmattning -en fatigue

utmed *prep* along

utmynna *verb*, ~ *i ngt* end in sth.

utmärglad adj emaciated

utmärka verb **1** känneteckna distinguish **2 ~ sig** distinguish oneself

utmärkande adj characteristic

utmärkelse -n -r distinction

utmärkt I adj excellent **II** adv excellently

utnyttja verb tillgodogöra sig make* use of; *du utnyttjade mig!* you used me!

utnämna verb appoint

utnött adj worn out

utochinvänd adj turned inside out

utom prep **1** utanför outside; *vara ~ sig* be* beside oneself **2** med undantag av except

utomhus adv outdoors

utomlands adv abroad

utomordentlig adj extraordinary

utomstående I en ~, pl. = outsider **II** adj, *en ~ betraktare* an outside observer

utplåna verb obliterate

utpressning -en -ar blackmail

utpräglad adj pronounced, marked

utreda verb investigate

utredning -en -ar undersökning investigation

utrensning -en -ar purge

utresa -an -or outward journey

utrikes I adj foreign **II** adv abroad

utrikesflyg -et på skylt international flights

utrop -et = cry

utropsteck|en -net = exclamation mark

utrota verb root out

utrotningshotad adj endangered

utrusta verb equip

utrustning -en -ar equipment

utryckning -en -ar efter alarm turn-out

utrymma verb evacuate

utrymme -t -n space

utrymning -en evacuation

uträtta verb do*; *jag måste ~ ett ärende* there is something I need to do

utsatt adj **1** blottställd exposed; *vara ~ för ngt* be* subjected to sth. **2** bestämd fixed

utse verb choose*; *~ ngn till ordförande* appoint sb. chairman (chairwoman)

utseende -t -n appearance

utsid|a -an -or outside

utsikt -en -er **1** view; *ha ~ över ngt* om rum o.d. look on sth. **2** chans prospect

utskällning -en -ar telling-off

utslagen adj **1** om blomma full-blown **2** från tävling eliminated **3** *de utslagna* the down-and-outs

utsliten adj worn out

utsläpp -et = **1** avlopp outlet

2 från bil exhaust; från industri discharge, waste
utsmyckning -en -ar adornment
utspelas *verb* take* place
utspädd *adj* diluted
utstakad *adj* fixed
utstrålning -en -ar persons charisma
utsträckning -en -ar extension; *i stor ~* to a large extent
utstuderad *adj* studied
utstå *verb* endure
utstående *adj* protruding
utställning -en -ar exhibition
utsugning -en exploitation
utsvulten *adj* starved
utsvävande *adj* debauched
utsåld *adj* sold out
utsändning -en -ar transmission
utsätta *verb* expose; *~ ngn för ngt* expose sb. to sth.
utsökt *adj* exquisite
utsövd *adj* thoroughly rested
uttag -et = **1** för el socket **2** av pengar withdrawal
uttagning -en -ar i sport selection
uttagsautomat -en -er cashpoint
uttal -et = pronunciation
uttala *verb* **1** ord pronounce **2** uttrycka express
uttalande -t -n statement
uttryck -et = expression; *ge ~ åt ngt* express sth.
uttrycka *verb* express
uttrycklig *adj* tydlig explicit

uttrycksfull *adj* expressive
uttryckslös *adj* expressionless
utträkad *adj* bored
uttröttad *adj* weary
uttömma *verb* exhaust
uttömmande *adj* exhaustive
utvald *adj* chosen
utvandrare -n = emigrant
utvandring -en emigration
utveckla *verb* develop; *utveckla sig* develop
utveckling -en -ar development
utvecklingsstörd *adj* mentally handicapped
utvidga *verb* widen
utvidgning -en extension
utvilad *adj* rested
utvinna *verb* extract
utvisa *verb* **1** visa ut send* out; utlänning expel **2** visa show*
utvisning -en -ar **1** förvisning expulsion **2** i ishockey penalty
utväg -en -ar way out
utvändig *adj* external
utvärdera *verb* evaluate
utvärdering -en -ar evaluation
utvärtes *adj* external; *för ~ bruk* for external use
utåt I *prep* towards **II** *adv* outwards
utåtriktad *adj* om person extrovert
utöka *verb* increase
utöva *verb* exercise
utöver *prep* besides
uv -en -ar eagle owl

V

v v-et v-n v [utt. vi]
vaccin -et (-en) -er (=) vaccine
vaccination -en -er vaccination
vaccinera verb vaccinate
vacker adj skön beautiful;
förtjusande lovely
vackla verb totter
1 vad -en -er på ben calf
2 vad -et = vadhållning bet
3 vad I pron what; ~ är
klockan? what time is it?
II adv how; ~ du är lycklig!
how happy you are!
vada verb wade
vadd -en -ar cotton wool
vadhållning -en -ar betting
vag adj vague
vag|el -eln -lar sty
vagg|a I -an -or cradle II verb
rock
vagn -en -ar carriage
vaja verb sway
vaj|er -ern -rar cable; tunn wire
1 vak -en -ar isvak hole in the
ice
2 vak -et, ha ~ be* on night
duty
vak|a I -an or vigil II verb, ~
hos ngn sit* up with sb.; ~
över ngt watch over sth.
vaken adj **1** ej sovande awake
2 pigg bright

vakna verb wake* up
vaksam adj vigilant
vakt -en -er **1** vakthållning watch;
hålla ~ keep* watch **2** person
guard
vakta verb watch
vaktmästare -n = caretaker;
dörrvakt doorman
vakuum -et = vacuum
1 val -en -ar djur whale
2 val -et = **1** choice **2** omröstning
election
Wales Wales
walesare -n = Welshman
walesisk adj Welsh
walesisk|a -an **1** pl. -or kvinna
Welshwoman **2** språk Welsh
valfri adj optional
valfrihet -en freedom of choice
valk -en -ar callus
vall -en -ar **1** jordvall o.d. bank
2 för bete grazing-ground
1 valla verb djur graze
2 vall|a I -an -or skidvalla wax
II verb skidor wax
vallfärda verb go* on a
pilgrimage
vallgrav -en -ar moat
vallmo -n -r poppy
valnöt -en -ter walnut
valp -en -ar puppy
1 vals -en -er dans waltz
2 vals -en -ar i valsverk roll
valut|a -an -or myntslag currency
valutakurs -en -er exchange
rate
valutaväxling -en -ar exchange

valv -et = vault; båge arch
valör -en -er value
van adj experienced; *vara ~
vid att göra ngt* be* used to
doing sth.
van|a -an -or habit; sed custom;
ha för ~ att äta sent usually
eat* late
vandalisera verb vandalize
vandra verb walk; *~ i fjällen*
hike in the mountains
vandrare -n = wanderer
vandrarhem -met = youth
hostel
vandring -en -ar hike
vanebildande adj addictive
vanilj -en vanilla
vaniljsock|er -ret vanilla-
-flavoured sugar
vaniljsås -en -er custard sauce
vanka verb, *~ av och an* pace
up and down
vanlig adj bruklig usual;
vardaglig ordinary; gemensam
för många common
vanligen adv generally
vanmakt -en powerlessness
vanpryda verb disfigure
vansinne -t insanity
vansinnig adj mad
vanskapt adj deformed
vansklig adj difficult
vant|e -en -ar mitten
vantrivas verb be* uncom-
fortable
vanära I -n disgrace **II** verb
disgrace

vap|en -net = **1** redskap weapon
2 ätts coat of arms
vapenvil|a -an -or truce
vapenvägrare -n = conscien-
tious objector
1 var -et i sår pus
2 var pron **1** each; *vi fick 10
pund ~* we got £10 each; *~
och en av de nya gästerna*
each of the new guests **2** *~
femte dag* every fifth day
3 var adv where; *~ som helst*
anywhere
1 vara verb be*; finnas till
exist; *det är Eva* i telefon Eva
speaking; *hur är det med dig
då?* how are you?; *jag är
hungrig* I'm hungry; *~ med
om ngt* experience sth.
2 vara verb räcka last
3 var|a -an -or artikel article
4 vara, *ta ~ på* take* care of;
tid o.d. make* the most of
5 vara verb, *~ sig* fester
varaktig adj lasting
varandra pron each other
varannan räkn, *~ vecka* every
other (second) week
varbildning -en -ar suppuration
vardag -en -ar weekday; *på
vardagar* on weekdays
vardaglig adj ordinary
vardagsliv -et everyday life
vardagsrum -met = living room
vardera pron each
varefter adv after which
varelse -n -r being

varenda *pron* every
vare sig *konj*, ~ *han vill eller inte* whether he wants to or not
varför *adv* frågande why
varg -en -ar wolf
variant -en -er variant
variation -en -er variation
variera *verb* vary
varieté -n -er variety
varifrån *adv* from where
varje *pron* varje särskild each; varenda every; vardera av endast två either
varken *konj*, ~ *A eller B* neither A nor B
varm *adj* warm; het hot
varmbad -et -bath
varmfront -en -er warm front
varmhjärtad *adj* warm--hearted
varmrätt -en -er main dish
varmvatten -net hot water
varna *verb* warn; ~ *ngn för ngt* warn sb. of sth.
varning -en -ar warning
varningslampa -an -or warning lamp
varningsmärke -t -n warning sign
varningstriangel -eln -lar warning triangle
varpå *adv* after which
vars *pron* whose
varsam *adj* careful
varse *adj*, bli ~ notice
varsko *verb* warn

varsågod *interj* här har ni here you are!; ta för er help yourself, please!
1 vart *adv* where
2 vart, *jag kommer ingen* ~ I'm not getting anywhere
3 vart *pron*, ~ *femte år* every fifth year
vartannat *räkn*, ~ *år* every other (second) year
vartill *adv* to which
varudeklaration -en -er informative label
varuhus -et = department store
varumärke -t -n trademark
1 varv -et = **1** omgång turn; i sport lap **2** lager layer
2 varv -et = skeppsvarv shipyard
varva *verb* **1** ~ *ngt* put* sth. in layers **2** i sport lap
varvtal -et = revolutions per minute (förk. RPM)
vas -en -er vase
vaselin -et (-en) vaseline
vask -en -ar sink
1 vass *adj* sharp
2 vass -en -ar växt reed
Vatikanen the Vatican
watt -en = watt
vatten -net = water
vattendrag -et = watercourse
vattenfall -et = waterfall
vattenfärg -en -er watercolour
vattenkanna -an -or watering can
vattenklosett -en -er water closet, WC

vattenkraft -en water power, hydroelectric power

vattenkran -en -ar tap

vattenledning -en -ar water pipe

vattenmelon -en -er water-melon

vattenpolo -n water polo

vattenpöl -en -ar puddle

vattenskid|a -an -or water-ski

vattenslang -en -ar hose

vattenstämp|el -eln -lar water-mark

vattentät *adj* waterproof

vattenyt|a -an -or surface of water

vattenång|a -an -or steam

vattkoppor pl. chicken pox

vattna *verb* water

Vattumannen best. form Aquarius

vax -et -er wax

vaxa *verb* wax

vaxbön|a -an -or wax bean

vaxkabinett -et = waxworks

vax|ljus -et = wax candle

wc wc-t wc-n WC

veck -et -fold

1 vecka *verb* fold

2 veck|a -an -or week; *för tre veckor sedan* three weeks ago; *om en ~* in a week

veckig *adj* creased

veckla *verb*, *~ ihop* fold up; *~ ut* unfold

veckodag -en -ar day of the week

veckoslut -et = weekend

veckotidning -en -ar weekly

ved -en wood

vederbörande I *adj* proper **II** oböjl. the person concerned

vedertagen *adj* accepted

vedervärdig *adj* repulsive

vegetarian -en -er vegetarian

vegetarisk *adj* vegetarian

vegetation -en -er vegetation

vek *adj* weak

vek|e -en -ar wick

vekling -en -ar weakling

velig *adj* irresolute

vem *pron* who; efter preposition whom; *vilkendera* which

vemodig *adj* sad

ven -en -er vein

venerisk *adj*, *~ sjukdom* venereal disease (förk. VD)

ventil -en -er **1** till luftväxling ventilator **2** i maskin valve

ventilation -en -er ventilation

ventilera *verb* ventilate

verand|a -an -or veranda

verk -et = **1** arbete, alster work **2** ämbetsverk department **3** fabrik works

verka *verb* **1** göra verkan work **2** förefalla seem; *han verkar tycka om sitt arbete* he seems to like his work

verk|an en ~, pl. -ningar effect; *göra ~* have* an effect

verklig *adj* real

verkligen *adv* really

verklighet -en -er reality; *i*

verkligheten in real life; i själva verket actually

verksam *adj* active

verksamhet -en -er aktivitet activity; rörelse action

verk|stad -staden -städer workshop; för bil garage

verkställa *verb* carry out; t.ex. order execute

verktyg -et = tool

verktygslåd|a -an -or toolbox

vermouth -en vermouth

vernissage -n -r opening of an (the) exhibition

vers -en -er verse

version -en -er version

vessl|a -an -or **1** djur weasel **2** fordon snowmobile

vestibul -en -er entrance hall

veta *verb* know*; *få ~ ngt* get* to know sth.; *inte vilja ~ av ngn* not want to have anything to do with sb.

vete -t wheat

vetebröd -et = kaffebröd ung. buns and cakes

vetemjöl -et flour

vetenskap -en -er science

vetenskaplig *adj* scientific

vetenskaps|man -mannen -män scientist, researcher; humanist scholar

veteran -en -er veteran

veteranbil -en -ar antique car

veterinär -en -er veterinary surgeon

vetgirig *adj* eager to learn

vett -et sense; *han är från vettet* he is out of his mind

vetta *verb*, *~ mot ngt* face sth.

vettig *adj* sensible

vettskrämd *adj* scared stiff

vev -en -ar crank

veva *verb*, *~ i gång* motor o.d. start

whisky -n whisky; irländsk whiskey

vi *pron* we

via *prep* via

viadukt -en -er viaduct

vibration -en -er vibration

vibrera *verb* vibrate

vice *adj* vice

vicka *verb* wobble; *~ på höfterna* sway one's hips

1 vid *adj* wide

2 vid *prep* **1** i rumsbetydelse at; bredvid by; *stå ~ fönstret* stand* at the window; *sida ~ sida* side by side; *London ligger ~ Temsen* London stands on the Thames **2** i tidsbetydelse at; *~ jul* at Christmas **3** *dåligt väder* in bad weather; *hålla fast ~ ngt* stick to sth.

vida *adv* **1** *~ omkring* far and wide **2** i hög grad far

vidare *adj* o. *adv* further; *och så ~* and so on; *tills ~* until futher notice

vidarebefordra *verb* forward

vidbränd *adj*, *den är ~* it has got burnt

vidd -en **1** omfång width **2** omfattning extent

vide -t -n willow

video -n -r video

videoband -et = video tape

videobandspelare -n = video-casette recorder; vard. VCR

videofilma verb videotape

videokamer|a -an -or video camera

videokassett -en -er video-cassette

vidga verb widen; ~ sig widen

vidhålla verb maintain

vidimera verb certify, attest

vidlyftig adj **1** utförlig detailed **2** tvivelaktig shady

vidmakthålla verb maintain

vidrig adj disgusting

vidröra verb touch

vidskepelse -n -r superstition

vidskeplig adj superstitious

vidsträckt adj extensive; i ~ betydelse in a broad sense

vidsynt adj broad-minded

vidta verb, ~ åtgärder mot take* measures against

vidund|er -ret = monster

vidvinkelobjektiv -et = wide-angle lens

vidöppen adj wide open

Wien Vienna

wienerbröd -et = Danish pastry

wienerschnitz|el -eln -lar Wie-ner schnitzel

vifta verb wave; ~ med ngt wave sth.

vig adj lithe

viga verb brudpar marry

vigs|el -eln -lar marriage

vigselring -en -ar wedding ring

vigör in vigour; vara vid god ~ be* in good health

vik -en -ar bay; mindre cove; större gulf

1 vika verb fold; ~ ihop fold up; ~ av till höger turn right

2 vika adv, ge ~ give* way

vikarie -n -r substitute; lärare supply teacher

vikariera verb, ~ för stand* in for

viking -en -ar Viking

vikt -en -er **1** weight; gå ner i ~ lose* weight; gå upp i ~ gain weight **2** betydelse importance

viktig adj **1** betydelsefull impor-tant **2** högfärdig self-important

vila I -n rest II verb rest; ~ sig rest

vild adj wild

vilddjur -et = wild beast

vild|e -en -ar savage

vildmark -en er wilderness

vildsvin -et = wild boar

vilj|a I -an -or will II verb **1** önska want; ha lust like; jag vill att du ska komma I want you to come; jag skulle ~ ha en pepparstek I would like a pepper steak, please; skulle du ~ ta ner min väska? would you please take down my suitcase? **2** i fråga och svar ibland will; *vill du låna mig lite pengar?* will you lend me some money?; *klart att jag vill!* of course I will! **3** *det vill säga* that is

viljestark *adj* strong willed

viljesvag *adj* weak-willed

vilken (*vilket, vilka*) *pron* **1** frågeord, 'vad för en?', *vilka städer har du varit i?* what cities have you been to?; *vilka är de där flickorna?* who are those girls? **2** frågeord vid urval, *vilken köpte du?* which did you buy?; *vilka av er kan komma?* which of you can come? **3** i utrop, *~ vacker dag!* what a lovely day!; *vilket uselt väder!* what miserable weather!

vill|a -an -or house

villebråd -et = game

villervalla -n confusion

villfarelse -n -r error

villig *adj* willing

villkor -et = condition

villospår -et =, *vara på ~ be** on the wrong track

villoväg -en -ar, *råka på villovägar* go* astray

villrådig *adj* irresolute

vilohem -met = rest home

vilse *adv, gå ~ get** lost

vilseledande *adj* misleading

vilsen *adj* lost

vilstol -en -ar lounge chair

vimla *verb* swarm; *det vimlar av människor på torget* the square is teeming with people

vim|mel -let crowd

vimp|el -eln -lar streamer

vimsig *adj* scatterbrained

vin -et -er wine; växt vine

vinbutik -en -er wine shop

vinbär -et = currant; *röda ~* redcurrants; *svarta ~* black-currants

1 vind -en -ar blåst wind

2 vind -en -ar i byggnad attic

3 vind *adj* sned warped

vindistrikt -et = wine district

vindrut|a -an -or windscreen

vindrutespolare -n = wind-screen washer

vindrutetorkare -n = wind-screen wiper

vindruv|a -an -or grape

vindstilla *adj* calm

vindsurfa *verb* windsurf

vindsurfing -en windsurfing

vindtät *adj* windproof

vindögd *adj* squint-eyed

vinflask|a -an -or tom wine bottle; *flaska vin* bottle of wine

ving|e -en -ar wing

vingla *verb* stagger

vinglas -et = wineglass

vinglig *adj* reeling, unsteady

vingård -en -ar vineyard

vink -en -ar wave; antydan hint

vinka *verb* wave

vink|el -eln -lar angle
vinkelrät adj perpendicular
vinkällare -n = wine cellar
vinlista -an -or winelist
vinna verb win*; förskaffa sig gain
vinnare -n = winner
vinranka -an -or grapevine
vinröd adj wine-red
vinst -en -er gain; förtjänst profit; på ~ och förlust on speculation
vinstlott -en -er winning ticket
vint|er -ern -rar winter
vinterdäck -et = snow tyre
vintersolstånd -et winter solstice
vintersport -en -er winter sport
vintertid adv på vintern in the winter
vinäger -n vinegar
viol -en -er violet
violett adj violet
violin -en -er violin
violinist -en -er violinist
vira verb wind; ~ in ngt i ngt wrap up sth. in sth.
virka verb crochet
virke -t wood
virrig adj confused
virrvarr -et confusion
virus -et = virus
virv|el -eln -lar whirl
virvla verb whirl
1 vis -et = way
2 vis adj wise
1 vis|a -an -or song, tune

2 visa verb show*; ~ sig show* up; ~ sig vara en bluff turn out to be a fraud; ~ fram (upp) show*
visare -n = på klocka hand
visdom -en wisdom
vishet -en wisdom
vision -en -er vision
visit -en -er call
visitera verb search
visitkort -et = card
viska verb whisper
viskning -en -ar whisper
visning -en -ar demonstration; det är två visningar om dagen på slottet visitors are shown over the castle twice a day
visp -en -ar whisk; elektrisk mixer
vispa verb whip
vispgrädde -n whipped cream
viss adj certain; i ~ mån to a certain extent
visselpip|a -an -or whistle
vissen adj faded; känna sig ~ feel* out of sorts
visserligen adv certainly
visshet -en certainty
vissla verb whistle
vissling -en -ar whistle
vissna verb fade
visst adv säkert certainly; ja ~! of course!
vistas verb stay
vistelse -n -r stay
visum -et = (visa) visa

våldsam

visumtvång -et = visa requirement

vit adj white

vital adj vital

vitamin -et -er vitamin

vitaminbrist -en vitamin deficiency

vitkål -en cabbage

vitlök -en -ar garlic

vitlöksklyft|a -an -or clove of garlic

vitpeppar -n white pepper

vits -en -ar joke; ordlek pun

vitsig adj witty

vitsipp|a -an -or wood anemone

vitt adv widely; ~ **och brett** far and wide

vittna verb testify; ~ **om ngt** bildl. indicate sth.

vittne -t -n witness

vittnesbörd -et = evidence

vittnesmål -et = testimony

vittra verb crumble

vodka -n vodka

wok -en wok

woka verb wok

vokal -en -er vowel

volang -en -er flounce

volleyboll -en volleyball

1 volt -en = elektrisk spänning volt

2 volt -en -er i vissa sporter somersault; **slå en** ~ do* a somersault

volym -en -er volume

vrak -et = wreck

vrede -n anger

vredesmod, **i** ~ in anger

vresig adj surly

vricka verb sprain; ~ **foten** sprain one's ankle

vrickning -en -ar sprain

vrida verb turn; ~ **sig** turn; ~ **om ngt** twist sth.

vriden adj **1** snodd twisted **2** tokig crazy

vrist -en -er fotled ankle

vrå -n -r corner

vrål -et = roar

vråla verb roar

vräka verb **1** regnet vräker ner the rain is pouring down; ~ **bort** varor sell* off; ~ **ur sig** blurt out **2** avhysa evict

vulgär adj vulgar

vulkan -en -er vulcano

vuxen adj adult

vy -n -er view

vykort -et = postcard

våffl|a -an -or waffle

1 våg -en -ar för vägning scale; **Vågen** stjärntecken Libra

2 våg -en -or bölja o.d. wave

våga verb dare

vågad adj daring

våghalsig adj reckless

våglängd -en -er wavelength

vågrät adj horizontal

våld -et violence; **med** ~ by force

våldföra verb, ~ **sig på ngn** rape sb.

våldsam adj violent

våldta *verb* rape
våldtäkt -en -er rape
völla *verb* cause; ~ *ngn besvär* cause sb. trouble
vålnad -en -er ghost
vånda -an -or agony
våndas *verb* be* in agony
våning -en -er **1** lägenhet flat **2** etage floor
1 vår *pron* our; *den är* ~ it is ours
2 vår -en -ar spring; *i* ~ this spring; *i våras* last spring; *på våren* in the spring
vård -en omvårdnad care
vårda *verb* take* care of
vårdad *adj* well-kept
vårdagjämning -en -ar vernal equinox
vårdare -n = keeper
vårdcentral -en -er medical centre
vårdhem -met = nursing home
vårdslös *adj* careless
vårdslöshet -en -er carelessness
vårflod -en -er spring flood
vårt *pron* our; *det är* ~ it's ours
vårta -an -or wart
vårtermin -en -er spring term
våt *adj* wet
våtservett -en -er wet wipe
väcka *verb* **1** göra vaken wake* **2** framkalla arouse; ~ *uppmärksamhet* attract attention

väckarklock|a -an -or alarm clock
väckning -en -ar, *beställa* ~ book an alarm call
väd|er -ret = weather; *det är vackert* ~ the weather is fine
väderkvarn -en -ar windmill
väderlek -en weather
väderleksrapport -en -er weather report
väderprognos -en -er weather forecast
väderstreck -et = direction, point of the compass
vädja *verb* appeal; ~ *till ngn* appeal to sb.
vädjan en ~, best. form = appeal
vädra *verb* **1** lufta air **2** få väderkorn på scent
Väduren best. form Aries
väg -en -ar anlagd road; sträcka way; *ge sig i* ~ leave*; *gå sin* ~ go* away; *vart har plånboken tagit vägen?* where on earth is my wallet?; *vara på* ~ *att göra ngt* be* on the point of doing sth.
väga *verb* weigh; ~ *upp ngt* weigh out sth.
vägarbete -t -n road works
vägban|a -an -or roadway
vägg -en -ar wall
vägguttag -et = socket
vägkant -en -er roadside
vägkart|a -an -or road map
vägkorsning -en -ar crossroads

väglag -et state of the road; *dåligt* ~ poor roads; *halt* ~ icy roads

vägleda *verb* guide

vägledning -en -ar guidance

vägmärke -t -n road sign

vägnar, *å hans* ~ on his behalf

vägra *verb* refuse

vägran en ~, best. form = refusal

vägren -en -ar verge

vägskäl -et = fork

vägsträcka -an -or distance

vägtrafikant -en -er road-user

vägvisare -n = **1** person guide **2** skylt signpost

väja *verb*, ~ *för ngt* give* way to sth.

väl *adv* **1** bra well; *det var* ~ *att inget har hänt henne* it is a good thing she came to no harm **2** *när han* ~ *har kommit ut* once he is out **3** *du kommer* ~? you are coming, aren't you?

välartad *adj* well-behaved

välbefinnande -t well-being

välbehag -et pleasure

välbehållen *adj* om person safe and sound

välbehövlig *adj* badly needed

välbekant *adj* well-known

välbärgad *adj* well-to-do

väldig *adj* huge

välfärd -en welfare

välförsedd *adj* well-stocked

välförtjänt *adj* well-deserved

välgjord *adj* well-made

välgrundad *adj* well-founded

välgång -en success

välgärning -en -ar kind deed

välgörande *adj* barmhärtig charitable; hälsosam salutary

välgörenhet -en charity

välja *verb* choose*; genom röstning elect

väljare -n = voter

välklädd *adj* well-dressed

välkommen *adj* welcome; *mycket* ~ *till...* it's a pleasure to welcome you to...

välkänd *adj* well-known

välla *verb*, ~ *fram* well out

välling -en -ar gruel

vällust -en voluptuousness

välmenande *adj* well-meaning

välment *adj* well-meant

välmående *adj* healthy

välsigna *verb* bless

välsignelse -n -r blessing

välskött *adj* well-managed

välsmakande *adj* tasty

välsorterad *adj* well-stocked

välstånd -et prosperity

välta *verb* overturn; ~ *omkull ngt* overturn sth.

vältalig *adj* eloquent

välunderrättad *adj* well-informed

väluppfostrad *adj* well-bred

välvd *adj* arched

välvilja -n benevolence

välvillig *adj* benevolent

välväxt *adj* well-built

vän -nen -ner friend

vända *verb* turn; ~ *sig till ngn* turn to sb.; ~ *sig om* turn back; ~ *upp och ner på ngt* turn sth. upside-down; ~ *ut och in på ngt* turn sth. inside out

vändning -en -ar turn

vändpunkt -en -er turning-point

väninn|a -an -or girlfriend

vänja *verb* accustom; ~ *sig vid* get* used to

vänlig *adj* kind; *med ~ hälsning* Yours sincerely

vänlighet -en -er kindness

vänort -en -er twin town

vänskap -en -er friendship

vänster *adj* o. *adv* left; *till ~* to the left; *på ~ sida om...* to the left...; *vänstern* politiskt the left

vänsterhänt *adj* left-handed

vänsterparti -et -er left-wing party

Vänsterpartiet the Left

vänsterprass|el -let an affair on the side

vänstertrafik -en left-hand traffic

vänta *verb* wait; ~ *på ngn* wait for sb.; ~ *sig ngt* expect sth.; ~ *med ngt* put* off doing sth.

väntan en ~, best. form = waiting

väntetid -en -er wait

väntrum -met = waiting room

väntsal -en -ar waiting room

1 värd -en -ar host

2 värd *adj* worth; *vara ~ mycket pengar* be* worth a lot of money

värde -t -n value; *sätta ~ på ngt* appreciate sth.

värdefull *adj* valuable

värdeförsändelse -n -r brev registered letter; paket registered parcel

värdehandling -en -ar valuable document

värdelös *adj* worthless

värdera *verb* beräkna etc. value; på uppdrag appraise

värdering -en -ar **1** beräkning etc. valuation; av hus, föremål appraisal **2** *värderingar* normer values

värdesak -en -er article of value

värdesätta *verb* appreciate

värdfolk -et = host and hostess

värdig *adj* dignified

värdinn|a -an -or hostess

värd|land -landet -länder host country

värdshus -et = inn

värja *verb*, ~ *sig mot ngt* defend oneself against sth.

värk -en -ar ache

värka *verb* ache

värktablett -en -er painkiller

värld -en -ar world

världsberömd *adj* world-famous

världsdel -en -ar part of the world

världshav -et = ocean

världskart|a -an -or map of the world

världskrig -et = world war; *andra världskriget* the Second World War, WW II

världslig *adj* worldly

världsmästare -n = world champion

världsmästarinn|a -an -or world champion

världsmästerskap -et = world championship

världsrekord -et = world record

värma *verb* warm; *~ upp* inför match o.d. warm up; *~ upp ngt* warm sth.

värme -n warmth; eldning heating

värmebölj|a -an -or heatwave

värmefilt -en -ar electric blanket

värmeflask|a -an -or hot-water bottle

värmeledning -en -ar central heating

värmepann|a -an -or boiler

värmeutslag -et = heat rash

värna *verb*, *~ om ngt* protect sth.

värnlös *adj* defenceless

värnplikt -en national service

värpa *verb* lay* eggs

värre *adj* o. *adv* worse

värst *adj* o. *adv* worst

värva *verb* recruit

väsa *verb* hiss

väsen -det **1** natur essence **2** pl. = varelse being **3** oväsen noise; *göra mycket ~ av ngt* make* a lot of fuss about sth.

väsentlig *adj* essential

väsk|a -an -or bag; resväska case

väsnas *verb* make* a noise; *sluta ~!* stop making that noise!

vässa *verb* sharpen

1 väst -en -ar plagg waistcoat

2 väst oböjl. the west; västvärlden the West

västanvind -en -ar west wind

väster I -n the west; *i ~* in the west; *mot ~* towards the west **II** *adv*, *~ om...* to the west of...

västerländsk *adj* western

västerlänning -en -ar Westerner

västerut *adv* westwards

Västeuropa Western Europe

västeuropé -n -er West European

västeuropeisk *adj* West European

Västindien the West Indies

västlig *adj* westerly

västra *adj* the west; *~ Kina* western China

väta I -n wet **II** *verb* wet

väte -t hydrogen

vätsk|a -an -or liquid

väv -en -ar fabric, cloth

väva *verb* weave

vävstol -en -ar loom

växa *verb* grow*; ~ *bort*
disappear; ~ *upp* grow* up

väx|el -eln -lar **1** pengar change
2 på bil gear; *lägga i ettans* ~
put* the car in first gear **3** för
telefon switchboard

växelkontor -et = exchange
office

växelkurs -en -er exchange rate

växellåd|a -an -or gear box

växelpengar pl. change

växelspak -en -ar gear lever

växelström -men alternating
current (förk. AC)

väx|la *verb* change; *kan ni ~
100 kronor?* can you change
100 crowns?

växlande *adj* varying, variable

växt -en -er planta plant

växthus -et = greenhouse

vördnad -en respect

Y

y y-et y-n y [utt. oaj]

yacht -en -er yacht

yla *verb* howl

ylle -t wool

ylletröj|a -an -or jersey

ylletyg -et -er woollen cloth

yngel -let = fry; grodyngel
tadpoles

yngling -en -ar youth

yngre *adj* younger; senare later

yngst *adj* youngest

ynklig *adj* miserable; ömklig
pitiful

yoga -n yoga

yoghurt -en yoghurt

yr *adj* i huvudet dizzy

yra I -n vild framfart frenzy
II *verb* **1** om febersjuk be*
delirious **2** om snö whirl; om
damm swirl

yrka *verb*, ~ *på ngt* demand; i
parlament o.d. move

yrkande -t -n demand; i
parlament o.d. motion

yrke -t -n lärt profession;
hantverk trade; sysselsättning
occupation

yrkesarbetare -n = skilled
worker; kollektivt skilled
labour

yrkeskvinn|a -an -or career
woman

yrkes|man -mannen -män professional
yrsel -n svindel dizziness
yrvaken *adj* drowsy with sleep
yrväd|er -ret = snowstorm
yt|a -an -or surface; *på ytan* on the surface
ytlig *adj* superficial
ytterdörr -en -ar outer door
ytterkläder pl. outdoor clothes
ytterligare *adj* o. *adv* further
ytterlighet -en -er extreme
ytterområde -t -n periphery
ytterrock -en -ar overcoat
yttersid|a -an -or outer side
ytterst *adv* **1** längst ut farthest out **2** i högsta grad extremely
yttersta *adj* **1** längst bort belägen farthest; *den ~ delen* the extremity **2** störst, högst utmost; *jag ska göra mitt ~* I will do my utmost
yttertak -et = roof
yttra *verb* utter; *~ sig om ngt* comment on sth.
yttrande -t -n remark; utlåtande expert report
yttrandefrihet -en freedom of speech
yttre I *adj* external **II** oböjl. exterior; *till det ~* externally
yvig *adj* tät bushy; om gest sweeping
yx|a -an -or axe

z z-at z-n z [utt. zed]
zigenare -n = gypsy
zink -en zinc
zon -en -er zone
zoo -t -n zoo
zoolog -en -er zoologist
zoologi -n zoology
zoologisk *adj* zoological
zooma *verb*, *~ in ngt* zoom in sth.
zucchini -n -er courgette

Å

1 å å-et å-n bokstav the letter å, the letter a with a circle over it

2 å -n -ar vattendrag small river

3 å interj oh!

åberopa verb, ~ ngt refer to sth.

åd|er -ern -ror vein

åderförkalkad adj, han börjar bli ~ he is getting senile

ådr|a -an -or vein

åhörare -n = listener

åka verb go*; ~ bil drive*, go* by car; ~ skidor ski; ~ tåg go* by train; ~ bort go* away

åk|er -ern -rar field

åklagare -n = prosecutor

åkomm|a -an -or complaint

åksjuka -n travel sickness

åksjuketablett -en -er tablet against travel sickness

åktur -en -er drive

ål -en -ar eel

åla verb, ~ sig crawl

åld|er -ern -rar age; vid 20 års ~ at 20

ålderdom -en old age

ålderdomlig adj old-fashioned

ålderdomshem -met = old people's home

åldersgräns -en -er age limit

åldersskillnad -en -er difference in age

åldras verb age

åldring -en -ar man old man; kvinna old woman

åldringsvård -en geriatric care

åliggande -t -n duty

ålägga verb, ~ ngn ngt impose sth. on sb.

ång|a I -an -or steam **II** verb steam

ångbåt -en -ar steamboat

ånger -n regret

ångerfull adj regretful, repentant

ångest -en anxiety

ångmaskin -en -er steam engine

ångpann|a -an -or boiler

ångra verb regret; ~ sig regret it; ändra sig change one's mind

ångstrykjärn -et = steam iron

år -et = year; ~ 1997 in 1997; gott nytt ~! A Happy New Year!; i ~ this year; han är tjugo ~ he is twenty years old, he is twenty

år|a -an -or oar

åratal, i ~ for years; på ~ for years

årgång -en -ar **1** av tidskrift volume **2** av vin vintage

årgångsvin -et -er vintage wine

århundrade -t -n century

årlig adj annual

årsavgift -en -er annual charge; i förening annual dues

årsinkomst -en -er annual income

årskort -et = annual season ticket

årskurs -en -er form

årslön -en -er annual salary

årsmodell -en -er model

årsmöte -t -n annual meeting

årsskifte -t -n turn of the year

årstid -en -er season

årtal -et = date

årtionde -t -n decade

årtusende -t -n millennium

ås -en -ar ridge

åsidosätta verb disregard

åsikt -en -er view, opinion

åsk|a I an -or thunder II verb thunder

åskväd|er -ret = thunderstorm

åskådare -n = spectator

åskådlig adj clear

åsn|a -an -or donkey

åstadkomma verb få till stånd bring* about

åsyn -en sight; i ngns ~ in front of sb.

åt prep 1 to; ge ngt åt ngn give* sth. to sb. 2 at; blinka åt ngn wink at sb.

åtagande -t -n undertaking

åtal -et = prosecution; väcka ~ mot ngn för ngt prosecute sb. for sth.

åtala verb prosecute; mer formellt indict

åtanke, ha ngt i ~ bear sth. in mind

åter adv 1 tillbaka back 2 igen again

återanvändning -en re-use

återbesök -et = next visit

återbud -et = excuse; lämna ~ cancel one's appointment

återbäring -en -ar refund

återfall -et = relapse; få ~ have* a relapse

återfinna verb recover

återfå verb, ~ ngt get* back sth.

återförena verb reunite

återförening -en -ar reunion

återge verb tolka render

återgå verb 1 återvända go* back 2 upphävas be* cancelled

återhållsam adj restrained

återkalla verb 1 ~ ngn call sb. back 2 ställa in cancel

återkomma verb return

återkomst -en return

återlämna verb return

återse verb, ~ ngn see* sb. again

återseende -t reunion; på ~! I'll be seeing you!

återstod -en -er rest

återstå verb remain

återställa verb restore

återställare -n -, ta sig en ~ have* a pick-me-up

återställd adj, bli ~ recover

återta verb ta tillbaka take* back; återuppta resume

återuppliva verb revive

återupprätta verb re-establish

återuppta *verb* resume
återvinna *verb* **1** win* back **2** ur avfall o.d. recycle
återvända *verb* return
återvändo, *det finns ingen* ~ there is no turning back
återvändsgat|a -an -or dead end street
åtfölja *verb* accompany
åtgång -en consumption
åtgärd -en -er measure
åtgärda *verb* attend to
åtkomlig *adj* within reach
åtlöje -t ridicule; *göra sig till* ~ make* a fool of oneself
åtminstone *adv* at least
åtnjuta *verb* enjoy
åtnjutande -t enjoyment
åtrå I -n desire **II** *verb* desire
åtråvärd *adj* desirable
åtsittande *adj* tight-fitting
åtskilliga *adj* several
åtskilligt *adv* a good deal
åtstramning -en -ar politisk belt-tightening, measures; ekonomisk credit squeeze
ått|a I *räkn* eight **II** -an -or eight, för sammansättningar med åtta jfr *fem* med sammansättningar
åttio *räkn* eighty
åttionde *räkn* eightieth
åttonde *räkn* eighth
åttondel -en -ar eighth
åverkan en ~, best. form = damage

Ä

ä ä-et ä-n the letter a with two dots
äcklig *adj* disgusting
ädel *adj* noble
ädelost -en -ar blue cheese
ädelsten -en -ar precious stone
äga *verb* **1** possess **2** ~ *rum* take* place
ägare -n = owner
ägg -et = egg; *hårdkokt* ~ hard-boiled egg; *löskokt* ~ soft-boiled egg
äggkopp -en -ar egg cup
äggledare -n = Fallopian tube
äggröra -n scrambled eggs
äggstock -en -ar ovary
ägg|ula -an -or yolk
äggvit|a -an -or egg white
ägna *verb* devote; ~ *sig åt ngt* devote oneself to sth.
ägo oböjl., *vara i ngns* ~ be* in sb.'s possession
ägodelar pl. property
äkta *adj* genuine; ~ *par* married couple
äktenskap -et = marriage
äkthet -en genuineness
äldre *adj* older
äldst *adj* oldest
älg -en -ar elk; nordamerikansk moose

älska verb love; ~ med ngn make* love to sb.

älskad adj beloved

älskare -n = lover

älskarinn|a -an -or mistress

älskling -en -ar darling

älsklingsrätt -en -er favourite dish

älskvärd adj kind

älv -en -ar river

älv|a -an -or fairy

ämbete -t -n office

ämna verb intend; ~ göra ngt intend to do sth.

ämne -t -n **1** material **2** i skola subject

ämneslärare -n = subject teacher

ämneslärarinn|a -an -or subject teacher

ämnesomsättning -en metabolism

än I adv **1** se ännu **2** hur jag ~ gör whatever I do; vad som ~ händer whatever happens **II** prep o. konj than; äldre ~ older than; mer ~ more than

** änd|a I** -an **1** pl. -ar end **2** pl. -or vard., bakdel behind **II** verb end **III** adv, ~ från början from the very beginning; ~ sedan dess ever since then

ändamål -et = purpose

ändamålsenlig adj suitable

änd|e -en -ar end

ändelse -n -r ending

ändhållplats -en -er terminus; vard. last stop

ändra verb change; ~ på change; ~ sig förändras change; ändra beslut change one's mind

ändring -en -ar change

ändå adv **1** likväl yet **2** ~ bättre even better

äng -en -ar meadow

ängel -eln -lar angel

ängslas verb worry

ängslig adj anxious

änk|a -an -or widow

änkling -en -ar widower

ännu adv **1** om ngt ej inträffat yet; fortfarande still; jag har ~ inte sett filmen I haven't seen the film yet **2** ytterligare more; ~ en gång once more **3** ~ större even larger

äntligen adv at last

äppelmos -et apple sauce

äppelpaj -en -er apple pie

äppelträd -et = apple tree

äpple -t -n apple

ära -n honour; har den ~ på födelsedagen! happy birthday!; till ngns ~ in sb.'s honour

ärende -t -n **1** errand; ha ett ~ till stan have* some business in town **2** fråga matter

ärftlig adj hereditary

ärg -en verdigris

ärkebiskop -en -ar archbishop

ärlig adj honest

ärlighet -en honesty; *i ärlighetens namn* to be honest
ärm -en -ar sleeve
ärr -et = scar; *ett fult* ~ an ugly scar
ärt|a -an -or pea
ärtsoppa -n pea soup
ärva *verb* inherit
äss -et = ace
äta *verb* eat*; ~ *frukost (lunch, middag)* have* breakfast (lunch, dinner); ~ *ute* eat* out
ätlig *adj* edible
ätt -en -er family
ättika -n vinegar
ättiksgurk|a -an -or pickled gherkin
ättling -en -ar descendant
även *adv* also
äventyr -et = adventure
äventyrare -n = adventurer
äventyrlig *adj* adventurous

Ö

1 ö ö-et ö-n bokstav the letter o with two dots
2 ö -n -ar island
1 öde -t -n fate
2 öde *adj* deserted; ~ ö desert island
ödelägga *verb* devastate
ödemark -en -er wilderness
ödesdiger *adj* fateful
ödl|a -an -or lizard
ödmjuk *adj* humble
ödmjukhet -en humility
ödslig *adj* deserted
ög|a -at -on eye
ögl|a -an -or loop
ögna *verb*, ~ *igenom ngt* glance through sth.
ögonblick -et = moment; *ett* ~*!* one moment, please!
ögonbryn -et = eyebrow
ögondroppar pl. eye drops
ögonfrans -en -ar eyelash
ögonkast -et = glance
ögonlock -et = eyelid
ögonläkare -n = eye specialist
ögonskugga -n eyeshadow
ögontjänare -n = timeserver
ögonvatt|en -net eye lotion
ögonvittne -t -n eyewitness
ögonvrå -n -r corner of one's eye
ögrupp -en -er group of islands

öka *verb* increase

ök|en -nen -nar desert

öknamn -et = nickname

ökning -en -ar increase

ökänd *adj* notorious

öl -et (-en) = beer

ölflaska -an -or tom beer bottle; full bottle of beer

ölglas -et = beer glass

öm *adj* tender

ömhet -en tenderness

ömma *verb* feel* tender

ömse *adj*, *på ~ sidor* on both sides

ömsesidig *adj* mutual

ömtålig *adj* som lätt tar skada easily damaged; känslig sensitive

önska *verb* wish; *vad önskar hon sig i present?* what would she like to have as a present?

önsk|an en ~, pl. -ningar wish

önskemål -et = wish

önskvärd *adj* desirable

öppen *adj* open; *på öppet köp* on approval

öppenhet -en openness

öppethållande -t opening hours

öppettider pl. opening hours

öppna *verb* open; *affärerna öppnar klockan 9* the shops open at 9 o'clock

öppning -en -ar opening

ör|a -at -on **1** hörselorgan ear **2** handtag handle

öre -t -n (=) öre

Öresund the Sound

örfil -en -ar box on the ear

örhänge -t -n earring

örn -en -ar eagle

örngott -et = pillow case

öroninflammation -en -er inflammation of the ears

öronläkare -n = ear specialist

öronpropp -en -ar **1** vaxpropp plug of wax **2** skyddspropp earplug

öronvärk -en earache

örsprång -et earache

ört -en -er herb

örtte -et -er herbal tea

ösa *verb* scoop; *det öser ner* it's pouring down

ösregna *verb* pour

öst oböjl. the east

östanvind -en -ar east wind

öster I -n the east; *i ~* in the east; *mot ~* to the east **II** *adv* east

österrikare -n = Austrian

Österrike Austria

österrikisk *adj* Austrian

österrikisk|a -an -or Austrian woman

Östersjön the Baltic

österut *adv* eastwards

Östeuropa Eastern Europe

östeuropeisk *adj* East European

östlig *adj* easterly

östra *adj* the east; *~ Tibet* eastern Tibet

öva verb train; ~ *sig i ngt* practise sth.

över I prep **1** i rumsbetydelse over; *ha tak ~ huvudet* have* a roof over one's head **2** högre än above; ~ *havsytan* above sea level **3** *en karta ~ London* a map of London **4** mer än over **5** angående about, at; *vara ledsen ~ ngt* be* sorry about sth.; *vara förvånad ~ ngt* be* surprised at sth. **II** adv over

överallt adv everywhere

överanstränga verb overexert; ~ *sig* overexert oneself

överansträngd adj om muskel overstrained; utarbetad overworked

överansträngning -en overexertion

överbefolkning -en overpopulation

överbevisa verb convict

överblick -en -ar survey

överblicka verb survey

överbliven adj remaining; ~ *mat* rester leftovers

överbokning -en -ar overbooking

överdel -en -ar top

överdos -en -er overdose; vard. OD

överdrift -en -er exaggeration; *gå till* ~ go* too far

överdriva verb exaggerate

överens adv, *komma bra ~ med ngn* get* on well with sb.; *komma ~ med ngn om ngt* agree with sb. on sth.

överenskommelse -n -r agreement; *enligt* ~ as agreed

överensstämma verb agree

överensstämmelse -n -r agreement

överfalla verb assault

överflöd -et abundance

överflödig adj superfluous

överfull adj overfull

överföra verb t.ex. pengar transfer

överföring -en -ar av t.ex. pengar transfer

överge verb abandon

övergiven adj abandoned

övergrepp -et = wrong, injustice; ~ *mot barn* child abuse

övergående adj passing

övergång -en -ar **1** bildl. transition **2** vid järnväg o.d. el. för fotgängare crossing

övergångsställe -t -n crossing

överhand, *få överhanden* get* the upper hand

överhuvud -et = head

överhuvudtaget adv on the whole; *om han ~ kommer* if he comes at all

överhängande adj urgent; fara imminent

överinseende -t supervision

överkast -et = bedspread

överklaga verb appeal

överklass -en -er upper class

överkomlig adj om hinder o.d. surmountable; om pris o.d. reasonable

överkropp -en -ar upper part of the body

överkäk|e -en -ar upper jaw

överkänslig adj hypersensitive

överkörd adj, bli ~ be* run over

överleva verb survive

överlevande en ~, pl. = survivor

överlista verb outwit

överlåta verb 1 överföra transfer 2 ~ ngt åt ngn leave* sth. in sb.'s hands

överläge -t advantage

överlägga verb confer, discuss

överläggning -en -ar discussion

överlägsen adj superior

överläkare -n = chief physician

överlämna verb deliver

överläpp -en -ar upper lip

över|man -mannen -män superior; finna sin ~ meet* one's match

övermogen adj overripe

övermorgon, i ~ the day after tomorrow

övermänsklig adj superhuman

övernatta verb stay overnight

övernaturlig adj supernatural

överordnad I en ~, pl. -e superior **II** adj superior

överraska verb surprise

överraskning -en -ar surprise

överres|a -an -or crossing

överrock -en -ar overcoat

överrumpla verb surprise

överräcka verb hand over

överrösta verb, musiken överröstade henne the music drowned her voice

överse verb, ~ med ngt overlook sth.

överseende I -t indulgence **II** adj indulgent

översid|a -an -or top side

översikt -en -er survey

överskatta verb overrate

överskott -et = surplus

överskrida verb t.ex. gräns cross; ~ sina befogenheter exceed one's authority

överskrift -en -er heading

överskådlig adj clear

överslag -et = estimate

överspänd adj overexcited

överst adv uppermost

överst|e -en -ar colonel

överstiga verb exceed

överständen adj, vara ~ be* over

översvallande adj exuberant

översvämma verb flood

översvämning -en -ar flood

översyn -en -er overhaul

översätta verb translate

översättare -n = translator

översättning -en -ar translation

överta verb take* over

övertag -et = advantage; få övertaget över ngn get* the upper hand of sb.

övertala *verb* persuade

övertalning -en -ar persuasion

övertid -en overtime; *arbeta ~* work overtime

överträda *verb* transgress

överträdelse -n -r transgression; kränkning violation

överträffa *verb* surpass; *~ ngn i ngt* be* better than sb. in sth.

övertyga *verb*, *~ ngn om ngt* convince sb. of sth.

övertygande *adj* convincing

övertygelse -n -r conviction

övervakare -n = probation officer

övervakning -en supervision

övervikt -en overweight; *betala för ~* pay* for excess luggage

övervinna *verb* overcome*

övervintra *verb* winter

överväga *verb* betänka consider

1 övervägande -t -n consideration; *ta ngt under ~* take* sth. into consideration

2 övervägande I *adj* predominant **II** *adv* huvudsakligen mainly

överväldigad *adj* overwhelmed

överväldigande *adj* overwhelming

övervärdera *verb* overestimate

övning -en -ar **1** träning training **2** uppgift exercise

övningsbil -en -ar learner car

övre *adj* upper

övrig *adj* återstående remaining; *det övriga* the rest; *de övriga* the others; *för övrigt* by the way

Engelsk minigrammatik
Swedish Grammar in Brief
Swedish Pronunciation

Engelsk minigrammatik

Substantiv

Den obestämda artikeln är a framför ord som börjar på en konsonant, och an framför ord som börjar på en vokal. Den bestämda artikeln är i bägge fallen the.

a car – the car
an eye – the eye

Plural av de flesta engelska substantiven bildas genom att man lägger till -s på slutet av ordet:

cars
eyes

Adjektiv

De engelska adjektiven är oböjliga:

a blue car
the blue car
blue cars

Verb

Engelskans regelbundna verb böjs enligt följande
mönster:

Infinitiv

walk

Presens

I walk
you walk
he/she/it walks
we walk
you walk
they walk

Imperfekt

walked (i alla personer)

Perfekt

I have walked
you have walked
he/she/it has walked
we have walked
you have walked
they have walked

I engelska språket finns också ett antal oregelbundna verb. Här nedan följer en uppställning över temaformer till de vanligaste. I ordboken är verben i denna lista markerade med en asterisk *.

Infinitiv	Presens	Imperfekt	Perfekt particip
be	I am, you are he/she/it is we/they are	was	been
become		became	become
begin		began	begun
bite		bit	bitten
break		broke	broken
bring		brought	brought
build		built	built
burn		burnt	burnt
buy		bought	bought
catch		caught	caught
choose		chose	chosen
come		came	come
cost		cost	cost
cut		cut	cut
do	he/she/it does	did	done
draw		drew	drawn
dream		dreamt, dreamed	dreamt, dreamed

Infinitiv	Presens	Imperfekt	Perfekt particip
drink		drank	drunk
drive		drove	driven
eat		ate	eaten
fall		fell	fallen
feel		felt	felt
find		found	found
fly		flew	flown
forget		forgot	forgotten
forgive		forgave	forgiven
get		got	got
give		gave	given
go		went	gone
grow		grew	grown
have		had	had
hear		heard	heard
hit		hit	hit
hold		held	held
keep		kept	kept
know		knew	known
lay		laid	laid
leave		left	left
lend		lent	lent
let		let	let
lie		lay	lain

Infinitiv	Presens	Imperfekt	Perfekt particip
lose		lost	lost
make		made	made
mean		meant	meant
meet		met	met
pay		paid	paid
put		put	put
read		read	read
run		ran	run
say		said	said
see		saw	seen
sell		sold	sold
send		sent	sent
show		showed	shown
shrink		shrank	shrunk
sing		sang	sung
sit		sat	sat
sleep		slept	slept
speak		spoke	spoken
spend		spent	spent
stand		stood	stood
steal		stole	stolen
take		took	taken
tell		told	told
think		thought	thought

Infinitiv	Presens	Imperfekt	Perfekt particip
throw		threw	thrown
wake		woke	woken
wear		wore	worn
win		won	won
write		wrote	written

Adverb

Adverb bildas vanligen genom att ändelsen -ly läggs till adjektivet:

normal*ly*

Personliga pronomen

som subjekt

I	jag
you	du
he	han
she	hon
it	den/det
we	vi
you	ni
they	de

som objekt

me	mig
you	dig
him	honom
her	henne
it	den/det
us	oss
you	er
them	dem

Possessiva pronomen

my book	min bok
your book	din bok
his book	hans bok
her book	hennes bok
our book	vår bok
your book	er bok
their book	deras bok

Swedish Grammar in Brief

Nouns

As a help to non-Swedish users, inflections of
Swedish nouns are given in the Swedish-English
part. In English the definite form is a separate
word – *the* – but in Swedish it is a word ending.

Swedish has two genders: non-neuter and neuter:

* Non-neuter words end in -n in the definite form
and take the indefinite article en.

> Example: väg / vägen / en väg
> *(road / the road / a road)*

* Neuter words end in -t in the definite form and
take the indefinite article ett.

> Example: bord / bordet / ett bord
> *(table / the table / a table)*

Inflections

The first inflected form given is the definite form
singular, and the second is the indefinite form plu-
ral (if the word can occur in the plural):

> dörr -en -ar

Some words have no ending in the definite form singular. In such cases only the indefinite form is given:

> början en ~, best. form =

If only one form is given, this means that the word does not exist in the plural:

> bly -et

In some cases, the first ending is followed by a numeral. This indicates that only one or some of the senses can occur in the plural, or that different senses have different plural forms. In these cases the respective plural forms are shown after the numeral:

> amerikansk|a -an 1 pl. -or... 2...

Variant singular or plural forms are shown in round brackets:

> 1 test -et (-en) = (-er)

The sign = indicates that the indefinite form singular and plural are the same:

> besök -et =

Some headwords are given in the plural, and are
marked *pl*. This means that the word usually
occcurs in the plural:

   antibiotika pl.

A small number of nouns are indeclinable. They
are marked *oböjl.*:

   april oböjl.

Adjectives

The inflection of a Swedish adjective always fol-
lows the noun it qualifies. There are the following
forms:

* *no ending* in the non-neuter: en stor **båt** / **båten**
är stor *(a big boat / the boat is big)*

* ends in -t in the neuter: ett stort **hus** / **huset** är
stort *(a big house / the house is big)*

* ends in -a in the plural: stora **båtar** / stora **hus** /
båtarna är stora / **husen** är stora *(big boats / big
houses / the boats are big / the houses are big)*

* after the definite article *den/det/de* all adjectives
end in -*a*: den stora **båten** / det stora **huset** / de
stora **båtarna** / de stora **husen** *(the big boat / the
big house / the big boats / the big houses)*

Some common adjectives with irregular comparison

bra, bättre, bäst *(good, better, best)*
dålig, sämre, sämst *(bad, worse, worst)*
gammal, äldre, äldst *(old, older, oldest)*
liten, mindre, minst *(small, smaller, smallest)*
många, fler, flest *(many, more, most)*
stor, större, störst *(big, bigger, biggest)*

Pronouns

Singular	jag *I*	mig *me*
	du *you*	dig *you*
	han *he*	honom *him*
	hon *she*	henne *her*
	den/det *it*	den/det *it*
Plural	vi *we*	oss *us*
	ni *you*	er *you*
	de *they*	dem *them*

min, pl. mina *my (mine)*	
din, pl. dina *your (yours)*	
hans, sin, pl. sina *his*	
hennes, sin, pl. sina *her (hers)*	
sin, pl. sina *its*	
vår, pl. våra *our (ours)*	
er, pl. era *your (yours)*	
deras, sin, pl. sina *their (theirs)*	

Verbs

Swedish verbs have the same ending in the 1st, 2nd and 3rd person.

Examples in the present tense:

jag simmar, du simmar, han/hon/den/det simmar, vi simmar, ni simmar, de simmar

(Compare English: I swim, you swim, he/she/it swims, we swim, you swim, they swim)

Some common irregular verbs

Infinitive	Present tense	Past tense	Perfect
be	ber	bad	har bett
binda	binder	band	har bundit
bita	biter	bet	har bitit
bjuda	bjuder	bjöd	har bjudit
brinna	brinner	brann	har brunnit
bryta	bryter	bröt	har brutit
bära	bär	bar	har burit
dra	drar	drog	har dragit
dricka	dricker	drack	har druckit
driva	driver	drev	har drivit
dö	dör	dog	har dött
falla	faller	föll	har fallit

Infinitive	Present tense	Past tense	Perfect
finna	finner	fann	har funnit
flyga	flyger	flög	har flugit
flyta	flyter	flöt	har flutit
frysa	fryser	frös	har frusit
försvinna	försvinner	försvann	har försvunnit
ge	ger	gav	har gett
glädja	gläder	gladde	har glatt
gripa	griper	grep	har gripit
gråta	gråter	grät	har gråtit
gå	går	gick	har gått
göra	gör	gjorde	har gjort
heta	heter	hette	har hetat
hugga	hugger	högg	har huggit
hålla	håller	höll	har hållit
kliva	kliver	klev	har klivit
knyta	knyter	knöt	har knutit
komma	kommer	kom	har kommit
le	ler	log	har lett
lida	lider	led	har lidit
ligga	ligger	låg	har legat
ljuga	ljuger	ljög	har ljugit
låta	låter	lät	har låtit
lägga	lägger	lade	har lagt
njuta	njuter	njöt	har njutit

Infinitive	Present tense	Past tense	Perfect
nysa	nyser	nös	har nyst
rida	rider	red	har ridit
riva	river	rev	har rivit
se	ser	såg	har sett
sitta	sitter	satt	har suttit
sjunga	sjunger	sjöng	har sjungit
sjunka	sjunker	sjönk	har sjunkit
skilja	skiljer	skilde	har skilt
skina	skiner	sken	har skinit
skjuta	skjuter	sköt	har skjutit
skrika	skriker	skrek	har skrikit
skriva	skriver	skrev	har skrivit
skära	skär	skar	har skurit
slita	sliter	slet	har slitit
slå	slår	slog	har slagit
snyta	snyter	snöt	har snutit
sova	sover	sov	har sovit
spricka	spricker	sprack	har spruckit
sprida	sprider	spred/spridde	har spridit/sprit
springa	springer	sprang	har sprungit
stiga	stiger	steg	har stigit
stjäla	stjäl	stal	har stulit
stryka	stryker	strök	har strukit
stå	står	stod	har stått

Infinitive	*Present tense*	*Past tense*	*Perfect*
säga	säger	sa/sade	har sagt
sälja	säljer	sålde	har sålt
sätta	sätter	satte	har satt
ta	tar	tog	har tagit
tiga	tiger	teg	har tigit
veta	vet	visste	har vetat
vika	viker	vek	har vikit
vinna	vinner	vann	har vunnit
välja	väljer	valde	har valt
vänja	vänjer	vande	har vant
växa	växer	växte	har vuxit/växt
äta	äter	åt	har ätit

Swedish Pronunciation

The Swedish alphabet

The Swedish alphabet has 28 letters. The last three, *å, ä*, and *ö*, are special för Swedish.

The letter *w* (called "double v" in Swedish) is treated as a variant of *v*, mostly used in names. Similarly the letter *q* corresponds in most cases with *k* (*qu=kv*) and is only found in names or foreign words.

Pronunciation

Vowels

The nine Swedish vowels *a, e, i, o, u, y, å, ä, ö* may be pronounced long or short. A vowel is long when it is stressed and is followed by one consonant only, or no consonants. A vowel is short when followed by two or more consonants or when it is unstressed. For some vowels – see below – the difference between the long and the short pronunciation changes the character of the sound, while others have more or less the same sound quality, whether pronounced long or short. There are no diphthongs in standard Swedish.

Swedish letter	Example	Pronounced like
a (short)	*hatt*	cut, but more open
a (long)	*hat*	father
e (short)	*penna*	bed
e (long)	*ben*	French thé
i (short)	*vinna*	bid, but longer
i (long)	*vin*	teen
o (short)	*bonde*	put
o (long)	*ros*	moon

Note that in some words o is pronounced like the letter å (see below).

u (short)	*hund*	French lui
u (long)	*hus*	brew, but with rounded lips
y (short)	*nytt*	French tu
y (long)	*ny*	see, but with rounded lips
å (short)	*rått*	hot
å (long)	*rå*	raw, but shorter
ä (short)	*sätt*	bed
ä (long)	*säte*	men, but longer
ö (short)	*rött*	French peu, but short
ö (long)	*röd*	French peu, but long

Consonants and consonant combinations

Many of the Swedish consonants are pronounced more or less the same as in English: b, c, d, f, h, l, m, n, p, q, t, v, x, z.

ch is pronounced sh (*charm*)

g is pronounced g before *a, o, u, å* (*gata, god, gud, gå*), and y before *e, i, y, ö* (*ge, gift, gylf, göra*)

gn is pronounced with a g (*gnaga*); after a vowel it is pronounced ngn (*ugn*)

dj, gj, hj, j are pronounced y (*djup, gjort, hjul, jul*)

k is pronounced k before *a, o, u, å* (*kan, ko, kul, kår*), and sh before *e, i, y, ä, ö* (*kemi, kilo, kyrka, kär, köpa*)

kj is pronounced sh (*kjol*)

kn is pronounced with a k (*knä*)

lj is pronounced y (*ljus*)

r is pronounced like a Scottish r (*röd*)

rs is pronounced sh (*fors*)

s is always pronounced as in *so*, never as in *rose*

sj is pronounced like sh (*sju*)

sk is pronounced sk before *a, o, u, å* (*ska, sko, skum, skåda*), and sh before *e, i, y, ä, ö* (*ske, skida, skydda, skära, skön*)

skj, stj and tj are pronounced sh (*skjuta, stjärna, tjugo*)

Engelsk reseparlör

Artighetsfraser m.m.

Adjö!
Good-bye!

Får jag presentera ...
I'd like you to meet ...

God afton!
Good evening!

God dag!
se God morgon
(middag, afton)

God middag!
Good afternoon!

God morgon!
Good morning!

God natt!
Good night!

Hej!
Hello!

Hej då!
Bye-bye!

Hör av er (dig)!
Stay in touch!

Kör försiktigt!
Drive carefully!

Lycka till!
Good luck!

Trevlig resa!
Have a nice trip!

Trevligt att träffas!
Nice meeting you!

På återseende!
I'll be seeing you!

Vad heter ni (du)? Jag heter ...
What is your name?
My name is ...

**Vi ses i morgon
(nästa vecka, etc.)!**
See you tomorrow
(next week, etc.)!

Välkomna (Välkommen)!
Welcome!

Vanliga ord och fraser

*När man ber om något tilläggs
först eller sist:* please

Det finns ...
There is (are) ...

Det gör ingenting!
Never mind!

Ett ögonblick.
One moment.

Får jag komma in?
May I come in?

Förlåt!
Sorry!

Förlåt, jag hörde inte?
Sorry, I didn't hear.

Förlåt, kan jag få komma förbi?
Excuse me, may I pass?

Förlåt, var ligger ...?
Excuse me, where is ...?

Gärna.:
ja tack, gärna
yes, please!

det gör jag gärna
I'd love to!

det vill jag gärna
with pleasure!

Hjälp!
Help!

Hjälp mig att ...
Can you help me ...

Hur?
How?

Hur dags?
At what time?

Hur mycket?
How much?

Hur mycket kostar det?
How much is it?

Hur mår ni (du)?
How are you?

Hur sa?
I beg your pardon?

Hur är det?
How are you?

Ingen orsak!
Not at all!

Inte alls.
Not at all.

Ja.
Yes.

Ja tack.
Yes, please.

Jag behöver ...
I need ...

Jag fryser.
I am cold.

Jag förstår.
I understand.

Jag förstår inte.
I don't understand.

Jag är hungrig (trött, törstig).
I am hungry (tired, thirsty).

Jag skulle vilja ha ...
I'd like ...

Jaså!
Oh!

Javisst.
Certainly.

Kan jag få ...
Could I have ...

Kan ni (du) säga mig ...?
Could you tell me ...?

Kan ni (du) visa mig ...?
Can you show me ...?

Kom in!
Come in!

Lite.
A little.

Med nöje.
With pleasure.

Nej.
No.

Nej tack.
No, thank you.

När?
When?

Skål!
Cheers!

Smaklig måltid!
Enjoy your meal!

Stör jag?
Am I disturbing you?

Tack.
Thank you!

Tack, detsamma!
The same to you!

Tack för hjälpen!
Thanks for the help!

Tack så mycket!
Thank you very much!

Tusen tack!
Thanks a lot!
Tyvärr, ...
I'm sorry but ...
Ursäkta!
Excuse me!
Vad sa du?
What did you say?
Var?
Where?
Var finns (ligger) ...?
Where is ...?
Var ligger närmaste post (bank)?
Where is the nearest post office (bank)?
Var så god
när man överräcker något:
Here you are!
då man bjuder:
Help yourself!
vid artig uppmaning:
Would you please ...
vid tillåtelse:
Certainly!
Varför?
Why?

Övriga uttryck (skyltar o.d.)

höger – vänster
right – left
till höger – till vänster
to the right – to the left

damer – herrar
ladies – gentlemen
ingång – utgång
entrance – exit
kallt – varmt
cold – hot
ledigt – upptaget
free – occupied
rökning förbjuden
no smoking
rökning tillåten
smoking allowed
stängt – öppet
closed – open
toalett
damtoalett
ladies'
herrtoalett
men's

Språk och nationalitet

Varifrån är ni (du)?
Where do you come from?
Jag är från Sverige.
I am from Sweden.
Jag är svensk (svenska).
I am Swedish.
Talar ni (du) engelska?
Do you speak English?
Jag pratar inte så bra engelska, men jag förstår lite.
I don't speak much English, but I understand a little.

Jag förstår inte vad ni (du) säger.
  I don't understand you.
Finns det någon här som talar engelska?
  Is there anyone here who speaks English?
Jag talar inte engelska.
  I don't speak English.
Jag talar bara lite engelska.
  I only speak a little English.
Jag talar inte engelska så bra.
  I don't speak English very well.
Kan ni (du) tala lite långsammare?
  Could you talk more slowly, please?
Var snäll och säg om det!
  Would you repeat that, please?
Vad betyder det här?
  What does this mean?
Vad heter det på engelska?
  What is it called in English?
Hur stavas det?
  How do you spell it?
Kan ni (du) bokstavera det?
  Could you spell it, please?
Vad sa ni (du)?
  What did you say?
Kan ni (du) översätta det här till engelska?
  Could you translate this into English?

Klockan

Hur mycket är klockan?
  What time is it?
Vi ses klockan två.
  I'll see you at two o'clock.
Klockan är ...
  It is ...
två
  two o'clock
fem över två
  five past two
tio över två
  ten past two
kvart över två
  a quarter past two
tjugo över två
  twenty past two
fem i halv två
  twenty-five past two
halv tre
  half past two
fem över halv tre
  twenty-five to three
tjugo i tre
  twenty to three
kvart i tre
  a quarter to three
tio i tre
  ten to three
fem i tre
  five to three

Räkneord

1	**16**
one	sixteen
2	**17**
two	seventeen
3	**18**
three	eighteen
4	**19**
four	nineteen
5	**20**
five	twenty
6	**30**
six	thirty
7	**40**
seven	fourty
8	**50**
eight	fifty
9	**60**
nine	sixty
10	**70**
ten	seventy
11	**80**
eleven	eighty
12	**90**
twelve	ninety
13	**100**
thirteen	a hundred
14	**1000**
fourteen	a thousand
15	
fifteen	

Vid gränsen

Kan jag få se på er pass?
May I have your passport?
Hur länge har ni tänkt stanna?
How long are you planning to stay?
Vill ni vara snäll och fylla i den här blanketten.
Fill in this form, please.
Har ni något att förtulla?
Do you have anything to declare?
Jag har inget att förtulla.
I have nothing to declare.
Var snäll och öppna den här resväskan.
Open this suitcase, please.
Alltsammans är saker för eget bruk.
It is all for personal use.
Har ni cigaretter eller sprit?
Do you have cigarettes or spirits?
Var finns växelkontoret?
Where is the exchange office?

På resa

Var ligger närmaste resebyrå?
Where is the nearest travel agency?
Var ligger Svenska ambassaden (konsulatet)?
Where is the Swedish embassy (consulate)?

Hur lång tid tar resan?
How long does the trip take?
Hur dags är vi i ...?
When do we arrive in ...?
Kan jag få en tidtabell?
Can I have a timetable?
Jag skulle vilja avbeställa den här biljetten.
I'd like to cancel this ticket.
När går bussen (båten, flyget, tåget) till ...?
When does the bus (boat, flight, train) for ...leave?

Lokala transportmedel m.m.

Med vilken buss kommer jag till ...?
I want to go to ... Which bus should I take?
Måste man byta?
Do I (we) have to change buses (trains)?
Var är närmaste busshållplats (tunnelbanestation)?
Where is the nearest bus stop (underground station)?
Jag ska till ...
I'm going to ...
Kan Ni säga till var jag ska stiga av?
Can you tell me where to get off?
Rakt fram och sedan till vänster (höger).
Straight on and then to the left (right).

Kan Ni ringa efter en taxi, tack.
Would you call a taxi, please?
Var snäll och kör till Harrods.
Harrods, please.

Tågresa

Var köper man biljetter?
Where can I (we) buy a ticket?
Hur mycket kostar en biljett till ...?
How much is a ticket to ...?
En enkel (tur och retur) andra klass till ...
A single (return) second class to ..., please.
Jag skulle vilja ha en platsbiljett (liggplatsbiljett, sovplatsbiljett) till ...
I'd like a seat reservation (couchette, sleeping-berth ticket) to ...
När går tåget till ...?
When does the train for ...leave?
Måste man byta?
Do I (we) have to change trains?
Vilken tid är vi framme?
When will we arrive in ...?
Från vilket spår?
From which platform?
Är tåget försenat?
Is the train late?

Tåget till ...går från spår 10.
  The train to ...departs from
  platform 10.
Är det här tåget till ...?
  Is this the train to ...?
Är den här platsen ledig?
  Is this seat taken?
Ja, den är ledig.
  No, it's free.
Nej, den är upptagen.
  Yes, it's taken.
**Ursäkta, jag har platsbiljett
till den här platsen.**
  Excuse me, I have a
  reservation for this seat.
Biljetterna tack!
  Tickets, please!
**Det är för varmt (kallt) i
vagnen.**
  It's too hot (cold) in this
  carriage.
**Får jag öppna (stänga)
fönstret?**
  Can I open (close) the
  window?
Det drar.
  There's a draught.
Var är restaurangvagnen?
  Where is the dining-car?
Var är sovvagnen till ...?
  Where is the sleeping-car to
  ...?
**Ursäkta, har ni något emot att
jag röker?**
  Excuse me, do you mind if I
  smoke?

Flygresa

Kan jag få en biljett till ...?
  I'd like a ticket to ..., please.
Kan jag få boka om min biljett?
  Can I change my booking?
När går planet till ...?
  When does the flight for
  ...leave?
Går det direkt till ...?
  Is it a non-stop flight to ...?
Det mellanlandar i ...
  It makes an intermediate
  landing in ...
**När avgår bussen till (från)
flygplatsen?**
  When does the the airport bus
  leave?
**Varifrån avgår bussen till
(från) flygplatsen?**
  Where does the airport bus
  leave from?
**Hur lång tid i förväg måste
man checka in?**
  How long in advance do I
  (we) have to check in?
**Kan jag ta den här väskan
som handbagage?**
  Can I take this bag as hand-
  luggage?
**Måste jag checka in det här
(den här väskan)?**
  Do I have to check in this
  (this bag)?
**Väger den här väskan för
mycket?**
  Does this bag weigh too much?

När kan jag gå ombord?
When can I go on board?

Gå till gate nummer ...
Go to gate number ...

Vill ni ha något att dricka?
Would you like something to drink?

Vi landar om tio minuter.
We'll be landing in ten minutes.

Bilresa

Går den här vägen till ...?
Is this the way to ...?

Hur långt är det till (Var ligger) närmaste bensinstation (bilverkstad)?
How far is it to (Where is) the nearest petrol station (garage)?

Jag har fått fel på bilen. Kan ni (du) hjälpa mig?
There's something wrong with my car. Could you help me, please?

Kan ni (du) bogsera mig?
Could you tow me, please?

Stanna! Stopp!
Stop! Stop!

Vilken är den kortaste vägen till ...?
Which is the shortest way to ...?

Kan ni (du) visa mig vägen på kartan?
Can you show me the way on the map?

Finns det något matställe (motell) i närheten?
Is there a restaurant (motel) anywhere near?

På bensinstationen, på bilverkstaden

Full tank, tack.
Fill her up, please!

Jag skulle vilja tvätta bilen.
I'd like to wash my car.

Kan ni laga punkteringen?
Can you repair the flat tyre?

Jag vill byta olja.
I want to change the oil.

Kan ni kolla luften i framhjulen (bakhjulen)?
Could you check the air pressure in the front wheels (rear wheels)?

Min bil startar inte.
My car won't start.

Kan ni kolla tändstiften?
Could you check the spark plugs?

Jag skulle vilja ha ...
I'd like ...

en fläktrem
a fan belt

k-sprit
some carburettor spirit

kylarvatten
some cooling water

motorolja
some motor oil
spolarvätska
some windscreen washer fluid
en säkring
a fuse
ett tändstift
a spark plug
en vindrutetorkare
a windscreen wiper
Var kan man hyra en bil?
Where can I (we) rent a car?
Det är något fel på motorn.
There's something wrong with
the motor.
När tror ni att bilen är klar?
When do you think you'll
have it ready?
**Hur mycket kommer
reparationen att kosta?**
How much will the repair
cost?

På hotellet

Har ni några rum lediga?
Do you have a room?
**Jag har beställt (skulle vilja
ha) rum för en natt (tre nätter,
en vecka, fjorton dagar).**
I have booked (I'd like) a
room for one night (three
nights, a week, two weeks).
**Kan jag få ett tyst enkelrum
(dubbelrum) med dusch eller
bad?**

Can I have a quiet single
room (double room) with a
shower or a bath?
**Ett rum med dubbelsäng
(extrabädd).**
A room with a double bed
(spare bed).
**Vad kostar rummet per dygn
(vecka)?**
How much is it a day
(a week)?
**Och med helpension
(halvpension)?**
And with full board
(half board)?
**Finns det ett större (mindre,
billigare) rum?**
Do you have a larger (smaller,
cheaper) room?
Hur länge stannar ni?
How long will you be staying?
Jag reser i morgon.
I'm leaving tomorrow.
Kan jag få se på rummet?
Could I see the room, please?
Jag tar det här rummet.
I'll take this room.
**Finns det telefon (TV) på
rummet?**
Is there a telephone (TV) in
the room?
Får jag be om ert pass?
*Could I have your passport,
please?*
Ni har rum nummer ...
You have room number ...

Vilken tid serveras frukosten (lunchen, middagen)?

At what time is breakfast (lunch, dinner) served?

Ingår frukost i rumspriset?

Is breakfast included?

Kan jag få frukosten på rummet?

Can I have breakfast served in my room?

Var finns frukostmatsalen?

Where is breakfast served?

Var kan jag parkera bilen?

Where can I park?

Finns det garage?

Is there a garage?

Kan jag lämna bilen på gatan över natten?

Can I leave my car in the street overnight?

Kan ni beställa en taxi åt mig?

Would you order a taxi for me, please?

Jag skulle vilja ringa (skicka ett fax).

I'd like to make a phone call (send a fax).

Har det kommit någon post till mig?

Is there any post for me?

Var finns toaletten?

Where is the lavatory?

Får jag be om nyckeln till rum nummer ..., tack.

The key to room number ..., please.

Gör i ordning räkningen till i morgon bitti.

Could you have the bill ready by tomorrow morning, please.

Jag vill beställa väckning till i morgon bitti klockan sju.

Please call me at 7 tomorrow morning.

Vill ni vara snäll och bära ner mina väskor.

Please carry my bags downstairs.

På restaurangen

Kan ni rekommendera en trevlig restaurang?

Can you recommend a nice restaurant?

Kan jag få beställa ett bord för en person (två personer) till lunch (middag) klockan ...

I'd like to book a table for one person (two persons) for lunch (dinner) at ...o'clock

Kan vi få ett bord för två?

Could we have a table for two?

Är det ledigt här?

Is this seat taken?

Får jag slå mig ner?

May I sit down?

Får jag be om matsedeln (vinlistan)!

The menu (wine-list), please!

Kan jag få beställa?

May I order?

Jag tar dagens rätt.
I'll have today's special.
Har ni någon vegetarisk rätt?
Do you have a vegetarian dish?
Vi vill hellre äta à la carte.
We'd rather have à la carte.
Har ni barnportioner?
Do you serve smaller portions
for children?
Har ni någon specialitet?
Is there a speciality of the
house?
Jag vill ha ...
I'd like ...
Jag vill bara ha litet ...
I only want a little ...
Jag vill bara ha något lätt.
I only want something light.
**Jag vill ha en typisk engelsk
rätt.**
I'd like a typical English dish.
Vilket vin rekommenderar ni?
What wine do you
recommend?
En karaff vin, tack.
One carafe of wine, please.
**Ge mig en flaska ... (en
halvflaska ..., ett glas ...)**
Give me a bottle of ... (half a
bottle of ..., a glass of ...),
please.
Skål!
Cheers!
Kan vi få mineralvatten, tack.
Could we have mineral water,
please.

Får jag be om saltet.
Could you pass me the salt,
please.
**Kan jag få smör och bröd till
salladen?**
Could I have bread and butter
with my sallad?
**Jag skulle vilja ha några
smörgåsar.**
I'd like a couple of sandwiches.
Det räcker, tack.
That's fine, thank you.
Kan jag få lite mer, tack.
Could I have some more,
please?
**Kan jag få tala med
hovmästaren?**
Could I speak to the head
waiter.
Kan vi få två kaffe.
Two coffees, please!
Får jag be om notan.
The bill, please!
Jag betalar för oss alla.
I'll pay for all of us.
Vi betalar var för sig.
Each of us will pay for
himself (herself).
Är serveringsavgiften inräknad?
Is service included?
Det är jämnt!
Keep the change!
**Var ligger damrummet
(herrtoaletten)?**
Where is the ladies' room
(men's lavatory)?

Svensk-engelska ordlistor

à la carte
  à la carte
aperitif
  aperitif
askfat
  ash tray
assiett
  side plate
bar
  bar
barnportion
  portion for
  children
bestick
  knife, fork and
  spoon
betala
  pay
blodig
  rare
bord
  table
bröd
  bread
bär
  berry
dagens rätt
  today's special
damtoalett
  ladies' room
dans
  dance
dessert
  dessert

dricksglas
  glass
dricks
  tip
drink
  drink
drycker
  drinks
duk
  table cloth
efterrätt
  dessert
fisk
  fish
fisk- och skaldjur
  seafood
flamberad
  flambé
flaska
  bottle
frukost
  breakfast
äta frukost
  have breakfast
frukt
  fruit
fågel
  poultry
färsk
  fresh
förrätt
  first course
  starter

gaffel
  fork
garderob
  cloakroom
genomstekt
  well done
glas
  glass
grill
  grill
grillad
  grilled
grönsak
  vegetable
halstrad
  grilled
herrtoalett
  men's lavatory
hovmästare
  head waiter
huvudrätt
  main course
is
  ice
isbit
  ice cube
kafé
  café
kaffe
  coffee
kall
  cold
karaff
  carafe

kassa
cash-desk
kniv
knife
kokt
boiled
kopp
cup
kryddor
spices
kvällsmat
supper
äta kvällsmat
have supper
kypare
waiter
kött
meat
kötträtt
meat dish
ledigt
free
lunch
lunch
äta lunch
have lunch
mat
food
maträtt
dish
matsedel
menu
medium
medium rare
meny
menu

middag
dinner
äta middag
have dinner
nota
bill
portion
portion
helping
pub
pub
rekommendera
recommend
restaurang
restaurant
rå
raw
rökt
smoked
sallad
salad
salt
salt
saltad
salted
servett
napkin
servitris
waitress
servitör
waiter
självservering
self-service
skaldjur
shellfish

sked
spoon
soppa
soup
specialitet
speciality of the
house
stekt
fried
stol
chair
sås
sauce
söt
sweet
tallrik
plate
tandpetare
toothpick
varm
hot
varmrätt
main course
vatten
water
vegetarian
vegetarian
vin
wine
vinglas
wine glass
vinlista
wine-list

Bröd och bakverk

bakverk
pastry
bakelse
pastry
bröd
bread
grovt
brown
ljust
white
mörkt
brown
vitt
white
bulle
bun
franska
white bread
giffel
croissant
kex
biscuit
rostat bröd
toast
rågbröd
rye bread
småfranska
roll
tårta
cake
gâteau
vetebröd
buns

Kryddor m.m.

ketchup
ketchup
kryddor
spices
majonnäs
mayonnaise
olivolja
olive oil
olja
oil
peppar
pepper
salladsdressing
dressing
salt
salt
senap
mustard
socker
sugar
svartpeppar
black pepper
sås
sauce
vinäger
vinegar
vitpeppar
white pepper
örtkryddor
herbs

Förrätter m.m.

grönsallad
lettuce
kallskuret
cold cuts
korv
sausage
omelett
omelet
ost
cheese
pannkaka
pancake
råkost
raw vegetables
sardiner
sardines
skinka
ham
kokt
boiled
rökt
smoked
smör
butter
smörgås
open sandwich
ägg
egg
hårdkokt
hard-boiled
kokt
boiled
löskokt
lightly boiled

stekt
fried
äggröra
scrambled eggs

Soppor

blomkålssoppa
cauliflower soup
buljong
clear soup
champinjonsoppa
mushroom soup
fisksoppa
fish soup
grönsakssoppa
vegetable soup
löksoppa
onion soup
puré
purée
soppa
soup
sparrissoppa
asparagus soup
spenatsoppa
spinach soup
tomatsoppa
tomato soup

Fisk

fisk
fish
kokt
boiled
grillad
grilled
rökt
smoked
stekt
fried
fiskfilé
fillet of fish
forell
trout
lax
salmon
piggvar
turbot
rödspätta
plaice
sjötunga
sole
tonfisk
tuna
torsk
cod

Skaldjur m.m.

bläckfisk
octopus
mindre: squid
havskräfta
Norway lobster
Dublin prawn
hummer
lobster
krabba
crab
kräftor
crayfish
musslor
mussels
clams
ostron
oyster
räkor
shrimps
större: prawns
skaldjur
shellfish

Kötträtter

bacon
bacon
biff
steak
utskuren
sirloin steak
blodig
rare
chateaubriand
chateaubriand
entrecôte
entrecôte
fläsk
pork
fläskfilé
fillet of pork
fläskkotlett
pork chop
genomstekt
well done
hamburgare
hamburger
hare
hare
hjort
venison
kalvkotlett
veal cutlet
kalvstek
roast veal
kanin
rabbit
kotlett
chop
cutlet

kött
meat
köttbullar
meat balls
lamm
lamb
lammkotlett
lamb chop
lammstek
roast lamb
leg of lamb
lever
liver
njure
kidney
oxfilé
fillet of beef
oxkött
beef
pannbiff
hamburger
rostbiff
roast beef
rådjur
venison
schnitzel
schnitzel
skinka
ham
stek
roast
tunga
tongue
wienerschnitzel
wiener schnitzel

Fågel

anka
duck
fasan
pheasant
fågel
tam
poultry
vild
game birds
gås
goose
höns
chicken
kalkon
turkey
kyckling
chicken
grillad
grilled
kokt
boiled
ugnsstekt
roast

Grönsaker m.m.

aubergine
eggplant
aubergine
blomkål
cauliflower
bondbönor
broad beans

broccoli
  broccoli
bönor
  beans
gröna
  green
röda
  red
vita
  white
champinjoner
  mushrooms
endive
  chicory
fänkål
  fennel
grönsak
  vegetable
grönsallad
  lettuce
gurka
  cucumber
jordärtskocka
  Jerusalem
  artichoke
kastanjer
  chestnuts
kronärtskocka
  artichoke
kål
  cabbage
linser
  lentils
lök
  onion

majs
  sweet corn
majskolv
  corn on the cob
morötter
  carrots
oliver
  olives
paprika
  sweet pepper
pommes frites
  chips
potatis
  potatoes
potatisgratäng
  potatoes au gratin
potatismos
  mashed potatoes
rotfrukt
  root vegetable
rädisa
  radish
rödbeta
  beetroot
sallad
  lettuce
selleri
blekselleri
  celery
rotselleri
  celeriac
sparris
  asparagus
spenat
  spinach

squash
  squash
svamp
  mushrooms
tomat
  tomato
vitkål
  cabbage
vitlök
  garlic
ärter
  peas

Efterrätter

bakelse
  pastry
brylépudding
  crème caramel
chokladsås
  chocolate sauce
chokladmousse
  chocolate mousse
chokladtårta
  chocolate cake
efterrätt
  dessert
frukt
  fruit
konserverad
  tinned
fruktsallad
  fruit salad
gelé
  jelly

glass
  ice cream
chokladglass
  chocolate ice
  cream
vaniljglass
  vanilla ice cream
grädde
  cream
kompott
  stewed fruit
mousse
  mousse
ost
  cheese
pudding
  pudding
rulltårta
  swiss roll
vaniljkräm
  custard
vispgrädde
  whipped cream
äppelkaka
  apple cake

**Frukt och bär
m.m.**

ananas
  pineapple
apelsin
  orange
aprikos
  apricot
banan
  banana
bär
  berry
citron
  lemon
clementin
  clementine
dadel
  date
fikon
  fig
frukt
  fruit
grapefrukt
  grapefruit
hallon
  raspberry
hasselnötter
  hazelnuts
jordgubbar
  strawberries
jordnötter
  peanuts
kiwifrukt
  kiwi
körsbär
  cherry

mandarin
  mandarine
mandlar
  almonds
mango
  mango
melon
  melon
nektarin
  nectarine
papaya
  papaya
persika
  peach
plommon
  plum
päron
  pear
russin
  raisin
smultron
  wild strawberry
valnötter
  walnuts
vattenmelon
  water melon
vinbär
  currant
röda
  red currants
svarta
  black currants
vindruvor
  grapes
äpple
  apple

Drycker

alkoholfri dryck
soft drink

apelsinjuice
orange juice

aperitif
aperitif

bordeaux
Bordeaux

röd, *även:*
claret

bourgogne
Burgundy

brännvin
schnapps

champagne
champagne

choklad
cocoa

cider
cider

cocktail
cocktail

drink
drink

druvjuice
grape juice

dryck
drink
beverage

espresso
espresso

fatöl
draught beer

flaska
bottle

flasköl
bottled beer

gin
gin

glas
glass

isvatten
iced water

juice
fruit juice

kaffe
coffee

med mjölk
with milk

med socker
with sugar

koffeinfritt
decaffeinated

konjak
brandy
finare: cognac

likör
liqueur

läsk
soft drink

mineralvatten
mineral water

mjölk
milk

mousserande
sparkling

portvin
port

saft
fruit drink
fruit juice

sherry
sherry

sodavatten
soda

spritdrycker
spirits

te
tea

vatten
water

med kolsyra
carbonated

utan kolsyra
not carbonated

vermut
vermouth

whisky
whisky

vin
wine

rött (vitt) vin
red (white) wine

torrt (sött) vin
dry (sweet) wine

**ortens (traktens)
vin**
the local wine

husets vin
the wine of the
house

vodka
vodka

öl
beer

Att läsa matsedeln. Engelsk-svenska ordlistor

Allmänt

afternoon tea
te med tillbehör
(smörgåsar och
kakor)
bar
bar
bill
nota
bottle
flaska
breakfast
frukost
café
kafé
carafe
karaff
carvery
stekrestaurang
cash desk
kassa
cashier
1. kassa
2. kassörska
chair
stol
children´s menu
barnmeny
cloakroom
garderob
coffee bar
cafeteria

coffee shop
kafé
cover charge
serveringsavgift
cream tea
te med scones, sylt
och grädde
cup
kopp
dancing
dans
dessert
dessert
dinner
middag
dish
1. maträtt
2. fat
fork
gaffel
free
ledig
glass
glas
grill
grill
grillrestaurang
high tea
temåltid med
smårätter
hot meal
varm mat

lagad mat
inn
värdshus
knife
kniv
lavatory
toalett
lunch, luncheon
lunch
main course
huvudrätt
varmrätt
maitre d´hotel
hovmästare
meal
måltid
menu
meny
matsedel
napkin
servett
pay
betala
plate
tallrik
pub
pub, ofta med
matservering
recommend
rekommendera
reserved
reserverat
restaurant

restaurang
self-service
självservering
serviette
servett
speciality
specialitet
starter
förrätt
spoon
sked
sweet
dessert
table
bord
tablecloth
duk
teacup
tekopp
teaspoon
tesked
tip
dricks
today´s special
dagens rätt
toilet
toalett
toothpick
tandpetare
vegetarian
vegetarisk
waiter
kypare
hovmästare
waitress
servitris
wine list

vinlista

Mat

almond
mandel
anchovies
sardeller
apple crumble
smulpaj med äpple
apple fritters
friterade
äppelskivor
apple pie
äppelpaj
apple sauce
äppelmos
artichoke
kronärtskocka
asparagus
sparris
baked
ugnsbakad
baked Alaska
glace au four
baked beans
vita bönor i
tomatsås
bangers and mash
korv och
potatismos
baps
småfranska
basil
basilika
beans
bönor
beef

nötkött
beef Wellington
inbakad oxfilé
beetroot
rödbeta
biscuit
kex
blackberry
björnbär
black currants
svarta vinbär
boiled
kokt
boiled beef and
carrots
grytstek
ungefär:
pepparrotskött
Bolton hot pot
sjömansbiff med
lamm, lök och
njure
brandy snaps
rullade flarn med
gräddfyllning
Brazil nut
paranöt
bread
bröd
bread and butter
pudding
brödpudding
breadsticks
brödpinnar
grissini
bream
braxen

broad beans
bondbönor
brown bread
grahamsbröd
Brussels sprouts
brysselkål
bun
bulle
butter
smör
cabbage
kål
carrot
morot
cauliflower
blomkål
cauliflower cheese
ostgratinerad
blomkål
Cheddar cheese
cheddarost
cheese
ost
cheese straws
oststänger
cherry
körsbär
chestnuts
kastanjer
chicken
kyckling
chicken curry
currygryta med
kyckling
chipped potatoes
pommes frites

chips
pommes frites
chives
gräslök
chocolate
choklad
chop
kotlett
chowder
tjock soppa med
musslor, fisk och
grönsaker
Christmas pudding
ångkokt
julpudding med
russin och nötter
clarified butter
skirat smör
clotted cream
slags tjock grädde
corned beef hash
lappskojs med
corned beef
Cornish pasties
köttpiroger med
nötkött, lök och
potatis
corn on the cob
majskolv
cottage cheese
keso®
färskost
cottage pie
köttpudding med
potatismos

crab
krabba
cream
grädde
creamed
stuvad
creamed potatoes
potatispuré
cream tea
te med scones, sylt
och grädde
crème caramel
brylépudding
crisps
chips
croquettes
kroketter
crumble
smulpaj
crumpet
slags porös tekaka
som äts rostad
med smör
cucumber
gurka
cullen skink
soppa på rökt
kolja
Cumberland sauce
cumberlandsås
cup cake
muffin
curried chicken
kyckling i currysås

curry
  curry
  maträtt kryddad
  med curry
custard
  vaniljsås
cutlet
  kotlett
date
  dadel
deep-fried
  friterad
devilled kidneys
  njurar med stark
  kryddning
Devonshire splits
  bullar med grädde
  och sylt
duck
  anka
duckling
  unganka
Eccles cake
  kaka fylld med
  korinter och
  citronskal
eel
  ål
egg
  ägg
fig
  fikon
fillet
  filé
fillet of beef
  oxfilé

fillet of pork
  fläskfilé
fish
  fisk
fish and chips
  friterad fisk med
  pommes frites
fishcake
  fiskkrokett
fish fingers
  fiskpinnar
fish pie
  fiskpaj
flambé
  flamberad
fried
  stekt
fritter
  friterad bit av t ex
  frukt eller grönsak
fruit
  frukt
fruit salad
  fruktsallad
game pie
  viltpaj
gammon
  rökt och saltad
  skinka
garlic
  vitlök
gâteau
  tårta
ginger
  ingefära

gingerbread
  pepparkaka
ginger nut
  pepparnöt
  hård pepparkaka
goose
  gås
gooseberry
  krusbär
gooseberry fool
  krusbärsmousse
grapes
  vindruvor
haddock
  kolja
haggis
  slags pölsa på får
halibut
  hälleflundra
ham
  skinka
hardboiled egg
  hårdkokt ägg
hare
  hare
hazelnut
  hasselnöt
herbs
  örtkryddor
herring
  sill
horseradish
  pepparrot
hot cross bun
  bulle med korinter,
  suckat och glasyr

ice cream
glass

icing
glasyr

jam
sylt
marmelad *på bär*

jam tart
mördegsbakelse
med sylt

jelly
gelé
gelédessert

Jerusalem artichoke
jordärtskocka

jugged hare
har-ragu

kedgeree
risotto med ägg
och rökt fisk

kidney
njure

kidney bean
skärböna

kipper
saltad, rökt och
torkad fisk

lamb
lamm

lamb chop
lammkotlett

leek
purjolök

leg of lamb
lammstek

lemon
citron

lemon curd
citronkräm som
ofta äts på rostat
bröd

lentils
linser

lettuce
grönsallat

liver
lever

lobster
hummer

macaroni cheese
ostgratinerade
makaroner

mackerel
makrill

maderia cake
sockerkaka

marmalade
citrusmarmelad

mashed potatoes
potatismos

meat
kött

medium rare
medium
rosastekt

minced meat
köttfärs

mincemeat
kakfyllning med
russin, nötter och
konjak

mince pie
mördegspastej
med *mincemeat*
som äts vid jul

mint sauce
kall myntasås som
äts till lamm

mixed grill
grilltallrik

muffin
slags porös tekaka
som gräddas i
stekpanna och äts
varm

mulligatawny
currysoppa med
höns

mushroom
svamp

mussels
musslor

mustard
senap

mutton
fårkött

oil
olja

onion
lök

orange
apelsin

oxtail
oxsvans

oyster
ostron

pancake
  pannkaka
parsley
  persilja
partan bree
  krabbsoppa
partridge
  rapphöns
pastry
  1. bakverk
  2. deg
peach
  persika
peanut
  jordnöt
pear
  päron
peas
  ärtor
pepper
  1. peppar
  2. paprika
pheasant
  fasan
pickle
  inlagda grönsaker,
  frukter m m
pickled eggs
  hårdkokta ägg
  inlagda i vinäger
pig´s trotters
  grisfötter
pilaf, pilau
  pilaffris

pinapple
  ananas
plaice
  rödspätta
ploughman´s lunch
  liten pubmåltid
  med ost, bröd och
  pickle
plum
  plommon
pork
  fläsk
  griskött
pork chop
  fläskkotlett
pork pie
  fläskpastej
potato
  potatis
poultry
  fågel
prawn
  räka
prune
  katrinplommon
pudding
  pudding
  dessert
puff pastry
  smördeg
quail
  vaktel
queen cake
  muffin
rabbit
  kanin

radish
  rädisa
raisin
  russin
rare
  blodig
raspberry
  hallon
raw
  rå
red currants
  röda vinbär
rice
  ris
rice pudding
  risgrynspudding
roast
  1. stek
  2. ugnsstekt
roast beef
  rostbiff
roll
  småfranska
rosemary
  rosmarin
sage
  salvia
salad
  sallad
salad cream
  salladsdressing
  med majonnäs
salmon
  lax
salmon trout
  laxöring

sandwich
dubbelsmörgås

sausage
korv

scallop
kammussla

Scotch broth
köttsoppa med korngryn

Scotch eggs
hårdkokta ägg med färs runt

scrambled eggs
äggröra

seafood
skaldjur och fisk

Shepherd´s pie
gratäng på lamm och potatismos

shellfish
skaldjur

shortbread,

shortcake
mördegskaka

shortcrust pastry
mördeg

shrimp
liten räka

sirloin steak
utskuren biff

smoked
rökt

softboiled egg
löskokt ägg

sole
sjötunga

soup
soppa

spare ribs
revbensspjäll

spatchcock
kyckling som klyvts och grillats

spice
krydda

spinach
spenat

sponge cake
sockerkaka

Spotted Dick
ångkokt russinpudding

sprats
ansjovis

spring onion
salladslök

steak
biff

steak and kidney pie
kött- och njurpaj

Stilton cheese
slags grönmögelost

stuffing
fyllning (i kyckling m.m.)

sucking-pig
spädgris

swede
kålrot

sweetbread
bräss

sweet corn
majs

Swiss roll
rulltårta

tarragon
dragon

tart
mördegsbakelse mördegspaj

thyme
timjan

toad in the hole
ugnspannkaka med korv

toast
rostat bröd

tomato
tomat

tongue
tunga

treacle
sirap

trifle
dessert med sockerkaka, vaniljkräm, gelé och frukt

tripe
komage

trout
forell

tuna
tonfisk

turbot
piggvar

turkey
  kalkon
turnip
  kålrot
veal
  kalvkött
vegetable
  grönsak
venison
  rådjurskött
  hjortkött
vinegar
  vinäger
walnut
  valnöt
watercress
  vattenkrasse
water melon
  vattenmelon
well done
  genomstekt
Welsh rarebit
  rostat bröd med
  smält ost
whipped cream
  vispgrädde
Yorkshire pudding
  slags
  ugnspannkaka
  som äts till kött

Drycker

Babycham®
  slags mousserande
  päroncider

beer
  öl
bitter
  öl med kraftig
  humlesmak
black coffee
  kaffe utan mjölk
bottled beer
  flasköl
brandy
  konjak
Burgundy
  bourgogne
cider
  äppelcider
claret
  röd Bourdeaux
cocoa
  choklad
coffee
  kaffe
decaffeinated coffee
  koffeinfritt kaffe
draught beer
  fatöl
fruit juice
  juice
Guinness®
  slags porter
half a pint of beer
  en liten öl (ca 0,25 l)
iced water
  isvatten
lager
  ljust öl

lemonade
  sockerdricka
liqueur
  likör
milk
  mjölk
mineral water
  mineralvatten
pale ale
  ljust öl
a pint of beer
  en stor öl (ca 0,5 l)
port
  portvin
scrumpy
  slags alkoholstark
  cider
shandy
  blandning av
  lemonade och öl
soft drink
  läskedryck
sparkling wine
  mousserande vin
spirits
  sprit
stout
  porter
tea
  te
water
  vatten
white coffee
  kaffe med mjölk
wine
  vin

Telefon

Var finns närmaste telefon?
Where is the nearest telephone?

Finns det någon mynttelefon (korttelefon) i närheten?
Is there a coin phone (card phone) nearby?

Får jag beställa ett samtal till ...
I'd like to make a phone call to ...

Ett ögonblick.
One moment.

Var god och dröj.
Hold on, please.

De svarar inte.
There is no answer.

Ni har slagit fel.
You have dialled the wrong number.

Lägg inte på!
Don't hang up!

På vilket nummer kan jag nå er?
At what number can I reach you?

Kan ni ta emot ett meddelande?
Can you take a message?

Säg att ...har ringt.
Please tell him (her) that ... has called.

Kan jag få tala med ...?
May I speak to ...?

Vem får jag hälsa från?
What name am I to say?

Ursäkta om jag stör, men ...
I'm sorry if I'm interrupting, but ...

Jag skulle vilja ringa.
I'd like to make a phone call.

Jag skulle vilja beställa ett samtal där mottagaren betalar.
I'd like to make a reversed charge call.

Var snäll och ge mig telefonkatalogen.
Would you hand me the directory, please.

Det är upptaget.
It's occupied.

Jag ringer igen (senare, i morgon).
I'll call back (later, tomorrow).

Post, bank, valuta, växling

Var finns en brevlåda?
Where is there a postbox?

Var ligger närmaste postkontor?
Where is the nearest post office?

Jag vill skicka ...
I'd like to send ...

Hur mycket är portot för det här brevet?
How much does it cost to send this letter?

Kan jag få tio frimärken till Sverige?

Could I have ten stamps for Sweden?

Hur mycket kostar det att rekommendera det här brevet?

How much does it cost to register this letter?

Skriv under här.

Sign here, please.

Har ni växel?

Have you got change?

Vet ni var man kan växla pengar?

Do you know where I can change money?

Jag skulle vilja växla ...

I'd like to change ...

Hur mycket tar ni i växlingsavgift?

How much do you charge for changing money?

Jag skulle vilja lösa in de här resecheckarna.

I'd like to cash these traveller's cheques.

Hur många ...får jag för hundra svenska kronor?

How many ...do I get for one hundred Swedish Crowns?

Jag ska be att få små sedlar, tack.

I'd like small notes, please.

Jag har inga småpengar.

I have no change.

På polisstationen

Var ligger närmaste polisstation?

Where is the nearest police station?

Jag skulle vilja anmäla en stöld.

I want to report a theft.

Jag har tappat ...

I have lost ...

Jag har blivit rånad.

I have been robbed.

Jag har blivit bestulen på ...

I have had ...stolen.

Det har varit inbrott i min bil.

My car has been broken into.

Min bil har blivit påkörd.

My car has been run into.

Bilen stod parkerad på ...

The car was parked in ...

Jag behöver ett intyg till mitt försäkringsbolag.

I need a certificate for my insurance company.

Shopping

När är affärerna öppna?
When are the shops open?
Jag vill bara titta lite.
I'm just looking around.
Jag skulle vilja se på (köpa) ...
I'd like to have a look at (to buy) ...
Finns det ...?
Is there ...?
Var finns ...?
Where is (are) ...?
Visa mig ...som ni har i skyltfönstret.
Would you show me ...that is in the window, please.
Kan jag få prova den?
Can I try it on?
Den (Färgen) passar inte.
It (the colour) does not suit me.
Den är för liten (stor).
It's too small (large).
Det är för dyrt.
It's too expensive.
Finns det inget billigare?
Have you got something cheeper?
Är det bra kvalitet?
Is the quality good?
Jag tar den.
I'll take it.
Kan jag få ...också?
Could I also have ...?

Går det att få den inslagen?
Could I have it wrapped, please?
Var betalar man?
Where do I pay?
Får jag be om ett kvitto.
I'd like a receipt, please.

Smycken, souvenirer m.m.

Jag skulle vilja ha någon souvenir som är typisk för den här trakten.
I'd like a souvenir that is typical for this area.
Jag skulle vilja ha något typiskt engelskt.
I'd like something typically English.

I skoaffären

Jag skulle vilja titta på ett par skor, tack.
I'd like to have a look at a pair of shoes, please.
Med höga (låga) klackar.
With high (low) heels.
Kan jag få prova det här paret?
Can I try this pair?
Vad har ni för skonummer?
What size shoes do you take?
De är lite för stora (trånga).
They are a bit too large (tight).

Ge mig ett nummer (ett halvnummer) större (mindre).
Give me a larger (smaller) number (half-number), please.

Vad kostar de?
How much do they cost?

Kläder

Vilken storlek?
What size?

Vilket nummer?
What number?

Jag har storlek (nummer) ...
I take size (number) ...

Den passar inte.
It doesn't fit.

Den är för stor (liten).
It's too big (small)

Har ni en storlek (ett nummer) större (mindre)?
Do you have a larger (smaller) size (number)?

Den är för dyr.
It's too expensive.

Har ni något billigare?
Have you got something cheaper?

Finns den i någon annan färg?
Do you have this in another colour?

Människokroppen, sjukdomar m.m.

Kan ni ringa efter en läkare?
Could you send for a doctor, please?

Kalla på en läkare, snabbt!
Call a doctor, quick!

Ring efter en ambulans!
Call an ambulance!

När har läkaren mottagning?
What are the doctor's surgery hours?

När kan jag få komma?
When can I come?

Jag är sjuk.
I'm ill.

Jag mår inte bra.
I'm not feeling well.

Jag har ont i halsen (i huvudet, i magen).
I have a sore throat (headache, bellyache).

Jag har magbesvär (magsmärtor).
I have an upset stomach (pain in my stomach).

Jag mår illa.
I feel sick.

Jag har feber.
I have a temperature.

Jag är förkyld..
I've got a cold.

Jag är allergisk mot ...
I'm allergic to ...

Jag är diabetiker.
I'm a diabetic.

Jag har glömt min medicin hemma.
I've forgotten my medicine at home.

Jag har vrickat foten.
I have sprained my ankle.

Det gör ont här.
It hurts here.

Kan jag få ett recept på ...?
Could I have a prescription for ...?

Kan ni ge mig något smärtstillande?
Could you give me a painkiller?

Är det smittsamt?
Is it infectious?

När kan jag resa hem?
When can I go home?

Tre gånger dagligen.
Three times a day.

En kapsel till natten.
One capsule before going to bed.

Är det receptbelagt?
Is it on prescription?

Kan jag få ett intyg till försäkringskassan.
Could I have a certificate of illness for my social insurance office.

Måste jag ligga till sängs?
Do I have to stay in bed?

Hur länge bör jag stanna i sängen?
How long do I have to stay in bed?

Hos tandläkaren

Var kan jag hitta en tandläkare?
Where can I find a dentist?

Jag har tandvärk.
I have a toothache.

Det värker i den här tanden.
This tooth hurts.

Jag har tappat en plomb.
I've lost a filling.

Jag är allergisk mot bedövningsmedel.
I'm allergic to anaesthetics.

På apoteket

Var ligger närmaste apotek?
Where is the nearest chemist's?

Kan jag få något bra medel mot ...?
Could I have something for ...?

Har ni något som hjälper mot solsveda (insektsbett)?
Do you have something against sunburn (insect bites)?

Jag skall be att få en förpackning huvudvärkstabletter.
I'd like a box of headache tablets.

Kan ni rekommendera någon värktablett?
Could you recommend a painkiller?

Är det receptbelagt?
Is it on prescription?

Har ni något receptfritt mot ...?
Have you got something for
...that is available without a
prescription?

För invärtes (utvärtes) bruk.
For internal (external) use.

Kan jag få det här receptet expedierat?
Could I have this prescription
made up, please?

När kan jag hämta medicinen?
When can I collect my
medicine?

Nyckel till uttalsanvisningarna

De engelska sje-ljuden anges i uttalsangivelserna aldrig med något annat än *sch*, *tch*, eller ʒ. Bokstavskombinationer av typen *sj*, *sk*, *ti* m.fl. som i svenska ord kan uttalas som ett sje-ljud ska i uttalsangivelserna alltid uttalas var för sig som s + j, s + k, t + i osv. I det engelska ordet **skin** t.ex., där uttalet anges som [skinn], ska inte *sk* uttalas som i svenskans *skina*, utan som i svenskans *skola*.

Vokalerna uttalas enligt följande:

a kort, som i svenskans *katt*
a: långt, som i svenskans *far*
e kort, som i svenskans *helg*
e: långt, som i svenskans *ner*
i kort, som i svenskans *mitt*
i: långt, som i svenskans *mil*
o kort, som i svenskans *bott*
o: långt, som i svenskans *kjol*
å kort, som i svenskans *gått*
å: långt, som i svenskans *får*
ä kort, som i svenskans *ärta*
ö: långt, som i svenskans *för*

öjande fonetiska tecken används, eftersom ljudet
aknar motsvarighet på svenska:

ə obetonat ö-ljud, som ett mellanting mellan
   e och ö.
ɵ läspljud
ʒ tonande sje-ljud
ð tonande läspljud

Tecknet ' anger betoning, och placeras framför den
stavelse som är betonad:

   ['bå:ring]

Tecknet ˌ anger en svagare betoning, och förekom-
mer endast i ord som även innehåller '. Den stavel-
se som föregås av ' betonas alltså mest, och den
som föregås av ˌ något mindre:

   ['nittingˌni:dl]

Nyckel till uttalsanvisningarna

De engelska sje-ljuden anges i uttalsangivelserna aldrig med något annat än *sch*, *tch*, eller ʒ.

Bokstavskombinationer av typen *sj*, *sk*, *ti* m.fl. som i svenska ord kan uttalas som ett sje-ljud ska i uttalsangivelserna alltid uttalas var för sig som s + j, s + k, t + i osv. I det engelska ordet *skin* t.ex., där uttalet anges som [skinn], ska inte *sk* uttalas som i svenskans *skina*, utan *sk* uttalas som i svenskans *skola*.

Vokalerna uttalas enligt följande:

a kort, som i svenskans *katt*
a: långt, som i svenskans *far*
e kort, som i svenskans *helg*
e: långt, som i svenskans *ner*
i kort, som i svenskans *mitt*
i: långt, som i svenskans *mil*
o kort, som i svenskans *bott*
o: långt, som i svenskans *kjol*
å kort, som i svenskans *gått*
å: långt, som i svenskans *får*
ä kort, som i svenskans *ärta*
ö: långt, som i svenskans *för*